Você tem em mãos
uma publicação da **Saint Paul Editora**,
referência em finanças e negócios no país.

A excelência em conhecimento, marca da qualidade Saint Paul, é consolidada por meio de cursos, publicações e consultorias empresariais. Conheça as empresas que compõem o grupo Saint Paul:

A **Saint Paul Escola de Negócios**, eleita uma das melhores escolas para executivos do mundo pelo Financial Times, é escolhida para capacitar os executivos das maiores organizações presentes no mercado brasileiro. Os cursos Saint Paul, ministrados por mais de 250 professores de excelente titulação, didática e experiência, são voltados à prática dos negócios e habilitam milhares de executivos por ano.

A **Saint Paul Editora** publica conceituadas obras nas áreas de finanças e negócios, diferenciadas pela precisão técnica e excelência para o uso didático. Editamos títulos de grandes e respeitáveis organizações, como John Wiley & Sons, PwC, IBEF, IBGC, PROVAR-FIA, entre outras.

A **Saint Paul Advisors** realiza consultorias empresariais na área de finanças, com projetos adaptados à necessidade e ao tamanho de cada organização. A excelente equipe de consultores, todos necessariamente doutores, mestres ou especialistas em finanças, desenvolvem os projetos sempre com o objetivo de agregar valor ao cliente e proporcionar resultados sustentáveis.

Visite nosso site: **www.saintpaul.com.br**

Quer adotar este livro em aula?
Entre em contato: editora@saintpaul.com.br

CÁLCULO FINANCEIRO DAS **TESOURARIAS**

BANCOS E EMPRESAS

ORGANIZAÇÃO
JOSÉ ROBERTO **SECURATO**

CÁLCULO FINANCEIRO DAS **TESOURARIAS**
BANCOS E EMPRESAS

―

5.ª EDIÇÃO

COAUTORES
Anderson C. D. Silva
André Luiz Oda
Edson Ferreira de Oliveira
Jorge Arnaldo Maluf Filho
Junio Fuentes
Luiz Carlos Jacob Perera
Paulo Beltrão Fraletti
Rafael Paschoarelli Veiga
Ricardo Humberto Rocha

REVISORES TÉCNICOS
Edson Ferreira de Oliveira
Sergio Securato

© 2015, Saint Paul Editora Ltda.
1.ª edição, 1999
2.ª edição, 2003
3.ª edição, 2005
4.ª edição, 2008
5.ª edição, 2015

Todos os direitos reservados.
É proibida a reprodução total ou parcial de qualquer forma ou por qualquer meio. A violação dos direitos do autor (Lei n. 9.610/1998) é crime estabelecido pelo artigo 184 do Código Penal.

Depósito Legal na Biblioteca Nacional conforme Lei n. 10.994, de 14 de dezembro de 2004.

Coordenação editorial: José Cláudio Securato
Supervisora de produção editorial: Deise Anne Rodrigues
Revisão: Deise Anne Rodrigues, Juliana Andrade e Luciano Rigobelo
Estagiária de texto: Liriane de Andrade
Revisão técnica: Edson Ferreira de Oliveira e Sergio Securato
Capa: Gustavo Rigoni Abumrad
Imagens da capa: © PPAMPicture/iStockphoto
Diagramação: Gustavo Rigoni Abumrad e Nathalia Pinheiro

Dados Internacionais de Catalogação na Publicação (CIP)
(Câmara Brasileira do Livro, SP, Brasil)

Cálculo financeiro das tesourarias : bancos e empresas / organização José Roberto Securato ; [revisão técnica Edson Ferreira Oliveira, Sergio Securato]. -- 5. ed. -- São Paulo : Saint Paul Editora, 2015.

Vários autores.
Bibliografia.
ISBN 978-85-8004-114-9

1. Administração financeira 2. Matemática financeira 3. Mercado de ações 4. Juros - Taxas 5. Risco - Administração I. Securato, José Roberto. II. Oliveira, Edson Ferreira. III. Securato, Sérgio.

15-06166   CDD-658.15

Índices para Catálogo Sistemático:
1. Cálculo financeiro : Tesourarias : Administração financeira 658.15
2. Tesourarias : Cálculo financeiro : Administração financeira 658.15

Edição revisada conforme o Novo Acordo Ortográfico da Língua Portuguesa.

Saint Paul Editora Ltda.
R. Pamplona, n. 1616, portão 3, Jardim Paulista | São Paulo, SP | Brasil | CEP 01405-002
www.saintpaul.com.br | editora@saintpaul.com.br
Saint Paul Editora Ltda. é uma empresa do Grupo Saint Paul Institute of Finance S. P. Ltda.

Sumário

Sobre o organizador 15
Sobre os coautores 17
Sobre os revisores técnicos 19
Prefácio da 5.ª edição 21
Prefácio da 4.ª edição 23
Prefácio da 3.ª edição 25
Prefácio da 2.ª edição 27
Prefácio da 1.ª edição 29

CAPÍTULO 1
Matemática financeira 33
1.1 Introdução 35
1.2 Capital 35
1.3 Fluxo de caixa 35
1.4 Juros 36
1.5 Taxa de juros 36
1.6 Regimes de capitalização 38
    1.6.1 Regimes de capitalização discreta 38
        1.6.1.1 Regime de capitalização simples 38
        1.6.1.2 Regime de capitalização composta 39
        1.6.1.3 Comparação entre os regimes de capitalização simples e composta 44
    1.6.2 Regime de capitalização contínua 45
1.7 Séries uniformes de pagamentos 47
    1.7.1 Série uniforme postecipada de pagamentos 48
        1.7.1.1 Valor futuro ou montante de uma série uniforme postecipada de pagamentos 50
    1.7.2 Série uniforme antecipada de pagamentos 51
        1.7.2.1 Valor futuro ou montante de uma série uniforme antecipada de pagamentos 52
    1.7.3 Perpetuidade 53
        1.7.3.1 Perpetuidade com crescimento g 54
1.8 Métodos de avaliação de investimentos 59
    1.8.1 Taxa mínima de atratividade 59
    1.8.2 Rentabilidade simples 60
    1.8.3 Período de retorno do investimento 60
    1.8.4 *Payback* descontado 61
    1.8.5 Valor presente líquido 61
        1.8.5.1 Valor presente líquido com taxa mínima de atratividade variável 63
    1.8.6 Valor presente líquido modificado 63
    1.8.7 Taxa interna de retorno 64
    1.8.8 Taxa interna de retorno modificada (TIRM) 65
    1.8.9 Sistemas de amortização 75
        1.8.9.1 Sistema de amortização francês (Tabela Price) 75
        1.8.9.2 Sistema de amortização constante (SAC) 79
        1.8.9.3 Sistema de amortização americano (SAA) 83

CAPÍTULO 2
Taxas de juros 93
2.1 Introdução 95
2.2 Taxas proporcionais 95
2.3 Taxas equivalentes 98
2.4 Taxa nominal *versus* taxa efetiva 101
    2.4.1 Taxa nominal (i_N) 101
    2.4.2 Taxa efetiva (i_E) 102
    2.4.3 Relação da taxa nominal com a taxa efetiva 102
2.5 A taxa *over* anual do mercado brasileiro a partir de 1998 104
    2.5.1 A estrutura mensal das taxas de juros no Brasil 104
    2.5.2 Construindo a taxa *over* ano 106
    2.5.3 A taxa *over* ano 106
    2.5.4 As metas inflacionárias no Brasil 107
    2.5.5 Copom 108
    2.5.6 Histórico das taxas de juros fixadas pelo Copom e evolução da taxa Selic ... 109
        2.5.6.1 Selic *over* (diária) 111
2.6 Taxas variáveis ou flutuantes 116
2.7 Taxa acumulada 119
    2.7.1 Regime de capitalização composta 119
2.8 Taxa média 122
    2.8.1 Regime de capitalização composta 122
2.9 Taxa real 125
    2.9.1 Fórmula de Fisher 125
    2.9.2 Fórmula de Fisher generalizada 128

CAPÍTULO 3
Produtos do mercado financeiro 133
3.1 Introdução 135
3.2 Títulos de captação bancária 135
    3.2.1 Certificado de Depósito Interbancário (CDI) 135
    3.2.2 Certificado de Depósito Bancário (CDB) e Recibo de Depósito Bancário (RDB) ... 137
    3.2.3 Caderneta de poupança 143
    3.2.4 Depósito a prazo com garantia especial 145
    3.2.5 Letras financeiras 147
3.3 Títulos de crédito 148
    3.3.1 Cédula de crédito bancário 148
    3.3.2 Cédula de crédito à exportação e Nota de crédito à exportação ... 149
    3.3.3 Adiantamento de contrato de câmbio e Adiantamento sobre cambiais entregues ... 151
    3.3.4 Financiamento de importação 152
    3.3.5 Pré-pagamento 153
    3.3.6 *Export note* 153
3.4 Títulos imobiliários 155
    3.4.1 Certificado de recebíveis imobiliários 155
    3.4.2 Letra de crédito imobiliário 157
3.5 Títulos agrícolas 159
    3.5.1 Letras de crédito do agronegócio 159
    3.5.2 Desconto simples de duplicatas e notas promissórias 161
    3.5.3 *Hot money* 168
    3.5.4 Leasing financeiro 171
3.6 Modalidades de financiamento 175
    3.6.1 Crédito direto ao consumidor 175

CAPÍTULO 4
Estrutura das taxas de juros ... 181
4.1 Introdução ... 183
4.2 Os principais mercados de taxas de juros ... 185
    4.2.1 Os mercados financeiros ... 185
    4.2.2 O Selic e a Cetip ... 186
        4.2.2.1 Sistema especial de liquidação e custódia (Selic) ... 186
        4.2.2.2 Central de custódia e de liquidação financeira de títulos (Cetip) ... 187
    4.2.3 Reestruturação do sistema de pagamentos brasileiro ... 188
    4.2.4 Taxa Selic e taxa Cetip-CDI ... 188
        4.2.4.1 Taxa Selic ... 188
        4.2.4.2 Taxa Cetip-CDI ... 189
    4.2.5 Informações sobre as taxas Selic e Cetip ... 193
    4.2.6 Taxas de juros e o efeito do prazo de liquidação das operações ... 194
    4.2.7 Outras taxas de juros do mercado financeiro brasileiro ... 197
        4.2.7.1 Poupança ... 197
        4.2.7.1 DI futuro ... 199
        4.2.7.3 Selic futuro ... 201
        4.2.7.4 Taxa referencial ... 201
        4.2.7.5 Taxa de juros de longo prazo ... 203
4.3 Estrutura das taxas de juros em relação a doadores e tomadores de recursos ... 206
    4.3.1 Introdução ... 206
    4.3.2 Bancos: estrutura das taxas de juros em relação a doadores e tomadores de recursos ... 206
    4.3.3 Empresas: estrutura das taxas de juros em relação a doadores e tomadores de recursos ... 208
4.4 Estrutura das taxas de juros em relação à cobertura de riscos – Formação do *spread* ... 210
    4.4.1 Risco conjuntural e risco próprio ... 210
    4.4.2 Um modelo de estrutura de taxas em relação ao risco ... 212
    4.4.3 Formação do *spread* bancário ... 214
    4.4.4 Funds transfer pricing ... 215

CAPÍTULO 5
Estrutura temporal das taxas de juros ... 219
5.1 Introdução ... 221
5.2 Exemplos ... 222
    5.2.1 Estrutura das taxas de juros para o mercado brasileiro baseado nas NTN-Fs ... 222
    5.2.2 Estrutura das taxas de juros para o mercado americano ... 228
5.3 Informações para a elaboração da estrutura temporal das taxas de juros ... 233
    5.3.1 Introdução ... 233
        5.3.1.1 Taxa efetiva mês ... 235
        5.3.1.2 Juros reais ... 235
        5.3.1.3 Comportamento das taxas CDI e Selic ... 236
    5.3.2 Outras informações sobre a estrutura temporal das taxas de juros ... 236
        5.3.2.1 Datas de recolhimento de impostos ... 237
        5.3.2.2 Compulsório dos bancos ... 237
        5.3.2.3 Dados históricos de longo prazo ... 237
        5.3.2.4 Base monetária e meios de pagamento ... 238
    5.3.3 Relação entre a taxa do CDB e a do CDI ... 240
    5.3.4 Contratos futuros ... 243

CAPÍTULO 6

Mercados futuros e a estrutura temporal das taxas de juros ... 247
6.1 Introdução ... 249
6.2 A existência natural dos mercados futuros ... 249
6.3 Os contratos de DI futuro na BM&FBOVESPA ... 253
    6.3.1 Introdução ... 253
    6.3.2 Entendendo o contrato de DI futuro ... 256
6.4 Informações obtidas a partir dos contratos de DI futuro da BM&FBOVESPA ... 259
    6.4.1 Cálculo das taxas *forward* ... 268

CAPÍTULO 7

Carregamento de ativos ... 271
7.1 Introdução ... 273
7.2 Carregamento de ativos ... 276
    7.2.1 Carregamento de títulos ... 276
    7.2.2 Características dos carregamentos de títulos ... 280
7.3 Elementos de um carregamento de títulos ... 281
    7.3.1 Curvas de compra do papel ... 281
    7.3.2 Curva de carregamento do papel ... 285
    7.3.3 Curva de carregamento estimada ... 287
7.4 Carregamento da tesouraria ... 289
7.5 Carregamento de títulos e valor de um título a mercado ... 294

CAPÍTULO 8

Duration e convexidade ... 295
8.1 Introdução ... 297
8.2 Conceito de prazo médio ... 297
    8.2.1 A taxa de juros dos fluxos de caixa ... 297
    8.2.2 Definição de prazo médio ... 298
    8.2.3 Aplicações do prazo médio ... 299
8.3 *Duration* ... 301
    8.3.1 O conceito de *duration* ... 301
8.4 Aplicações da *duration* ... 304
    8.4.1 Equivalência entre uma carteira de títulos de renda fixa e um título sintético, a mercado ... 304
    8.4.2 Aplicação da *duration* no carregamento de ativos e passivos ... 311
8.5 Estudo da variação do preço dos títulos em função das variações das taxas de juros do mercado ... 317
    8.5.1 Introdução ... 317
    8.5.2 O título sintético equivalente à carteira de títulos e à estrutura das taxas de juros de mercado ... 317
    8.5.3 O preço de mercado da carteira e a variação das taxas de juros de seus títulos ... 320
    8.5.4 Forma literal da variação do preço de mercado em função do título sintético ... 325
8.6 Sensibilidade do valor da carteira em relação à estrutura temporal da taxa de juros ... 326
    8.6.1 Variação do preço da carteira em função da variação da taxa sintética ... 326
    8.6.2 Convexidade ... 329

CAPÍTULO 9
Formação de preços dos títulos públicos 333
9.1 Introdução 335
   9.2 Características da dívida pública federal 339
      9.2.1 Estoque 339
         9.2.1.1 Estoque da dívida pública federal total 339
         9.2.1.2 Estoque da dívida pública federal interna 340
         9.2.1.3 Estoque da dívida pública federal externa 341
      9.2.2 Detentores da dívida pública federal 342
      9.2.3 Estrutura de vencimentos 342
         9.2.3.1 Dívida interna 342
         9.2.3.2 Dívida externa 343
      9.2.4 Custo médio 344
         9.2.4.1 Dívida interna 344
         9.2.4.2 Dívida externa 347
      9.2.5 Histórico da classificação para a dívida de longo prazo 347
9.3 Formação de preço dos títulos prefixados 349
      9.3.1 Formação de preço das Letras do Tesouro Nacional (LTN) 350
      9.3.2 Formação de preço das Notas do Tesouro Nacional Série F (NTN-F) 354
9.4 Formação de preço dos títulos pós-fixados 357
      9.4.1 Formação de preço das Letras Financeiras do Tesouro (LFT) 357
      9.4.2 Formação de preço das Notas do Tesouro Nacional Série B (NTN-B), Notas do Tesouro Nacional Série B Principal (NTN-B Principal) e Série C (NTN-C) 360
      9.4.3 Formação de preço das Notas do Tesouro Nacional Série D (NTN-D) 368
      9.4.4 Formação de preço das Notas do Tesouro Nacional Série H (NTN-H) 370
      9.4.5 Títulos da dívida externa 372
         9.4.5.1 Global U$ *Bonds* e Global BRL *Bonds* 372
         9.4.5.2 Euro *Bonds* 373
         9.4.5.3 A-*Bond* 374
         9.4.5.4 Global 21 375

CAPÍTULO 10
Estrutura temporal das taxas de juros em dólar no mercado doméstico 379
10.1 Introdução 381
10.2 Formas de expressão das taxas de juros e outras convenções de mercado 381
      10.2.1 Forma de capitalização 382
      10.2.2 Período convencional 383
      10.2.3 Contagem de dias 384
      10.2.4 Libor 387
      10.2.5 Liquidação financeira e vencimento das operações a termo 387
      10.2.6 Mercado brasileiro 388
10.3 Formação de taxas de juros em dólar no mercado brasileiro 389
      10.3.1 A curva básica ou primária de taxas dólar no mercado internacional 390
      10.3.2 O *spread* de risco para instituições brasileiras no mercado internacional de dólar 391
      10.3.3 O risco inerente à internação de recursos dolarizados 393
      10.3.4 Outros fatores que impactam a formação das taxas de juros em dólar domésticas 394
      10.3.5 Considerações acerca da formação de taxa de juros em dólar no mercado brasileiro 396
10.4 Estrutura temporal das taxas de juros em dólar no mercado doméstico 396
      10.4.1 Vértices da curva 397
      10.4.2 Métodos de interpolação 399

10.5 Mercados futuros de dólar e taxas de juros para operações domésticas indexadas ao dólar ... 400
    10.5.1 O contrato futuro de taxa de câmbio de reais por dólar comercial da Bolsa de Mercadorias & Futuros ... 400
    10.5.2 A forma usual de determinação de preços dos contratos futuros de dólar ... 401
    10.5.3 Obtenção prática do cupom cambial a partir de preços de contratos futuros ... 405
    10.5.4 Uma forma alternativa para avaliação de preços dos contratos futuros de dólar ... 407
    10.5.5 Futuro sintético de dólar ... 408
    10.5.6 Formação de preços dos contratos futuros de dólar ... 410
    10.5.7 Obtenção prática da taxa de juros para operações domésticas indexadas ao dólar, a partir de preços de contratos futuros ... 411
    10.5.8 Conciliação entre as fórmulas usual e modificada ... 412

CAPÍTULO 11
Títulos de longo prazo ... 417

11.1 Introdução ... 419
11.2 O que são títulos de longo prazo ... 420
11.3 Características das debêntures ou obrigações ... 420
11.4 Rendimento de uma obrigação ... 423
11.5 A taxa de juros básica ... 426
    11.5.1 Os títulos zero cupom ... 429
    11.5.2 *Coupon stripping* ... 429
11.6 Comercialização de títulos (mercados primário e secundário) ... 430
    11.6.1 *US treasury bills* ... 430
    11.6.2 *US treasury notes* ... 431
    11.6.3 *US treasury bonds* ... 432
    11.6.4 *US savings bonds* ... 432
    11.6.5 Comercialização de títulos corporativos ... 433
    11.6.6 *Eurobonds* ... 433
    11.6.7 *Foreign bonds* ... 435
11.7 O prêmio por risco ... 435
    11.7.1 Tipos de emissão ... 435
    11.7.2 Credibilidade percebida do emissor ... 436
        11.7.2.1 Ratings ... 436
    11.7.3 Prazo de vencimento (maturidade) ... 437
    11.7.4 Inclusão de cláusulas de opções ... 438
    11.7.5 Impostos sobre os juros ... 439
    11.7.6 Expectativa de liquidez de um título ... 441
11.8 Risco e taxas de juros ... 441
    11.8.1 Taxas de retorno prometidas *versus* esperadas ... 443
11.9 Avaliando títulos híbridos ... 445
    11.9.1 Títulos conversíveis ... 445
        11.9.1.1 Valor do título ... 446
        11.9.1.2 Valor da conversão ... 447
        11.9.1.3 Valor de mercado ... 447
        11.9.1.4 Determinantes do valor ... 448
        11.9.1.5 Aplicação: avaliando uma obrigação conversível ... 449
        11.9.1.6 Os títulos conversíveis são mais baratos? ... 450
    11.9.2 Ações preferenciais ... 450
11.10 Inovações no mercado de títulos de longo prazo ... 451

CAPÍTULO 12
Introdução ao risco 453
12.1 Introdução 455
12.2 A média 456
12.3 Variância e desvio-padrão 457
12.4 A distribuição de dados 458
12.5 A distribuição normal 460
12.6 Aplicações em finanças: testando os modelos 463
    12.6.1 Para o futuro 466
12.7 Aplicações em finanças: o conceito de volatilidade e risco 467
12.8 Considerações finais 468

CAPÍTULO 13
Introdução ao *value at risk* 469
13.1 Motivação para controlar os riscos 471
13.2 Conceitos importantes sobre gestão de risco 472
    13.2.1 Riscos de mercado 472
    13.2.2 Gestão de riscos 477
        13.2.2.1 Requisitos para eficácia da gestão de riscos de mercado 477
    13.2.3 Apuração da exposição 484
    13.2.4 Sensibilidade aos fatores de risco 493
    13.2.5 Geração de cenários para os mercados financeiros 496
    13.2.6 *Value at risk* 498
13.3 Apuração do *value at risk* 504
    13.3.1 Exemplificando o conceito de *value at risk* 507
    13.3.2 *Value at risk* não paramétrico – Simulação histórica 521
    13.3.3 Exemplos de cálculo de *value at risk* 524
        13.3.3.1 Risco de taxa de juros 524
        13.3.3.2 Risco de taxa de câmbio 526
        13.3.3.3 Risco global 529

Referências 531

Apêndice 533
Apêndice A Histórico das taxas de juros fixadas pelo Copom e evolução da taxa Selic 533
Apêndice B Títulos de longo prazo 539
    B.1 Avaliando um título conversível 539
    B.2 Problemas com a utilização do modelo Black-Scholes 540
    B.3 Precificando uma opção embutida 541
        B.3.1 Calculando o preço de lançamento da debênture da Santana Hills 542

Sobre o organizador

José Roberto Securato

É doutor em Administração pela Universidade de São Paulo (FEA-USP), mestre em Matemática pela Pontifícia Universidade Católica de São Paulo (PUC-SP), bacharel e licenciado em Matemática e graduado em Engenharia Mecânica. É professor titular e livre-docente da Faculdade de Economia, Administração e Contabilidade da FEA-USP e professor titular da PUC-SP. É docente da FEA-USP e da PUC-SP em turmas de graduação e pós-graduação, mestrado e doutorado; da Fundação Instituto de Administração (FIA), do Laboratório de Finanças da FIA, dos programas de MBA da FIA e da Fundação Instituto de Pesquisas Contábeis, Atuariais e Financeiras (Fipecafi) e da Saint Paul Escola de Negócios. É coordenador do Laboratório de Finanças da FIA e do MBA Finanças Empresariais da FIA. Já lecionou na Universidade Mackenzie, na PUC-RJ, no programa de MBA do Instituto Brasileiro de Mercado de Capitais (Ibmec) e na Faculdade de Engenharia Industrial (FEI).

É membro do Conselho Consultivo do Instituto Brasileiro de Executivos Financeiros (IBEF) e diretor-fundador da Sociedade Brasileira de Finanças (SBFin).

Atuou no mercado financeiro em diretorias de bancos e corretoras, na área de tesouraria e como consultor nas áreas de crédito, fundos de investimento, avaliação de empresas e gestão de risco.

Suas diversas atividades acadêmicas – artigos, pareceres e outras publicações – encontram-se às dezenas nas revistas especializadas. Realizou diversos cursos, palestras e consultorias em diversas instituições financeiras. Além do *Cálculo financeiro das tesourarias*, publicou outros livros, como *Crédito - Análise e avaliação do risco*, *500 testes para Certificação ANBID/CPA 20*, *Decisões financeiras em condições de risco* e *Mercado financeiro - Conceitos, cálculo e análise de investimento*.

Sobre os coautores

Anderson Caputo Delfino Silva
É M.Sc. e Ph.D. em Finanças pela Universidade de Illinois e graduado em Administração de Empresas pela Universidade de Brasília. Trabalhou na Secretaria do Tesouro Nacional, no Ministério da Fazenda, onde, entre outras atividades, foi gerente da mesa de operações de títulos públicos domésticos e coordenador-geral de planejamento estratégico da dívida pública, responsável pelo desenho da estratégia de financiamento do governo, gestão de risco, análise macroeconômica e relacionamento com investidores e agências de rating. Atualmente, é especialista principal em Mercados de Capitais pelo Banco Mundial, em Washington, fornecendo assistência técnica para diversos países em nível global.

André Luiz Oda
É doutor e mestre em Administração na área de Finanças pela FEA-USP, e graduado em Engenharia Mecatrônica pela Escola Politécnica da USP. É professor de diversos cursos para executivos, como no Laboratório de Finanças da FIA. Também é consultor de instituições financeiras nas áreas de Administração de carteiras e Avaliação de empresas.

Edson Ferreira de Oliveira
É doutor em Controladoria e Contabilidade pela FEA-USP, mestre e doutor em Administração de Empresas pela Universidade Mackenzie. É graduado em Engenharia de Produção pela Escola Politécnica da USP e em Matemática pelo IME-USP. É autor de vários livros e trabalhos acadêmicos. Atualmente é professor em diversas instituições, como Saint Paul Escola de Negócios, FIA, Fipecafi, FEA, PUC e Unifieo, nas áreas de graduação e pós-graduação em Administração.

Jorge Arnaldo Maluf Filho
É mestre e doutor em Administração de Empresas pela FEA-USP. É graduado em Administração de Empresas pela FEA-USP e Engenharia Civil pela Escola Politécnica da USP. É professor do Departamento de Administração na área de Finanças da FEA--USP, professor dos programas de MBA Executivo da FEA-USP e Ebmec. Instrutor dos programas de treinamento da Fundação Instituto de Administração (FIA) e consultor de empresas.

Junio Fuentes
É doutor em Finanças e mestre em Administração de Empresas pela FEA-USP, e graduado em Administração Pública pela EAESP-FGV. É professor e pesquisador da área de Finanças Corporativas. Desenvolveu sistemas para gestão do risco de carteiras de renda variável, participou de projetos de abertura de capital de empresas nacionais e

de treinamentos em títulos de dívida internacionais. Atualmente é especialista em modelagem financeira para tomada de decisão e coordena projetos de avaliação econômico-financeira e estruturação das áreas de Finanças e Controladoria de empresas.

Luiz Carlos Jacob Perera

É Ph.D. em Finanças pela FEA-USP, pós-doutor pela Université Pierre Mendès France, Grenoble-FRA e pós-graduado em Sociologia pela PUC-RS. É professor da Universidade Presbiteriana Mackenzie e consultor para as áreas de Banking, Risco financeiro e Crédito.

Paulo Beltrão Fraletti

É doutor em Administração de Empresas pela FEA-USP, M.Sc. in Business Administration pela London Business School e graduado em Engenharia Civil. É professor da FGV-EAESP, do Insper e dos programas para executivos da BM&FBOVESPA, FIA-USP e Fipecafi-USP. Foi tesoureiro, engenheiro financeiro, *trader* de derivativos e gerente de riscos nas instituições financeiras internacionais J.P. Morgan, Banque Nationale de Paris e Bank of America. Consultor com experiência nas áreas de Administração de riscos, Gestão de tesourarias, Finanças corporativas e Aspectos organizacionais de instituições financeiras e não financeiras.

Rafael Paschoarelli Veiga

É doutor e mestre em Administração na área de Finanças pela FEA-USP, especialista em Administração pela FGV-SP e graduado em Engenharia pela Escola Politécnica da USP. É professor do Laboratório de Finanças da FIA, da Fipecafi, da Fipe, da Fundação Vanzolini, e da Fundação Dom Cabral e atuou como executivo de empresas de telecomunicações.

Ricardo Humberto Rocha

É doutor em Administração, na área de Finanças pela FEA-USP, mestre em Administração financeira pela PUC-SP, especialista em Economia e derivativos pela Fipe-USP, especialista em Derivativos pela BM&FBOVESPA, em Economia pela Fundação Getúlio Vargas de São Paulo e bacharel em Administração de Empresas pela FAAP. É professor de Finanças do Insper, da FIA e da Saint Paul Escola de Negócios. É consultor da Anbima, Febraban, BM&FBOVESPA e da Fundação Carlos Chagas. Coautor dos livros *Planejamento financeiro pessoal e Gestão do patrimônio, Esticando a mesada, Esticando a grana, Como esticar seu dinheiro,* coautor dos livros *Crédito - Análise e avaliação do risco, Mercado financeiro – Conceitos, cálculo e análise de investimento, Testes para Certificação em Finanças e Árvore binomial* e *Formação de preços dos Direitos Contingenciais.*

Sobre os revisores técnicos

Edson Ferreira de Oliveira

É doutor em Controladoria e Contabilidade pela FEA-USP, mestre e doutor em Administração de Empresas pela Universidade Mackenzie. É graduado em Engenharia de Produção pela Escola Politécnica da USP e em Matemática pelo IME-USP. Atua como professor em diversas instituições, como Saint Paul Escola de Negócios, FIA, Fipecafi, FEA, PUC e Unifieo.

Sergio Securato

É mestre em Ciências Contábeis e Financeiras (PUC-SP), possui MBA em Derivativos pela USP/BM&FBOVESPA e MBA Executivo pelo Insper, e é graduado em Administração de Empresas. Atua há 16 anos em tesourarias de bancos no Brasil.

Prefácio da 5.ª edição

Desde o lançamento da primeira edição do *Cálculo financeiro das tesourarias*, em 1998, o conteúdo inerente ao livro superou drasticamente o ambiente das tesourarias bancárias e das empresas, e alcançou por completo o mundo dos negócios no Brasil.

Altas taxas de juros, inflação resistente aliada ao boom da inclusão de operações financeiras em produtos bancários, e produtos ligados a meios de pagamentos e ao consumo varejista são exemplos que exigiram o domínio de conhecimentos sobre cálculo de tesourarias.

No fundo, a sofisticação das operações e estruturas financeiras no Brasil requer um domínio por completo do cálculo financeiro.

Talvez, essas sejam as razões que fizeram deste título um *best seller*. Superar 40 mil exemplares vendidos, considerando a complexidade dos temas aqui tratados, é motivo de muito orgulho, satisfação e realização para mim e todos aqueles que se dedicam ao conhecimento do tema.

Esta quinta edição se fazia necessária há algum tempo. Por isso, trabalhamos duro para revisar, atualizar e ampliar o livro, preservando suas características essenciais: preciosismo técnico, estado da arte do conhecimento, metodologia didática e aplicabilidade prática inquestionável.

Dessa forma, vale ressaltar o que evoluiu nesta edição: atualização dos exemplos com taxas mais próximas do mercado atual; inclusão de produtos novos e atualização dos existentes com exemplos práticos; maior detalhamento da dívida pública, inclusive da sua composição, e o cálculo de cada título com base nas taxas do mercado no momento da atualização; histórico de taxas do mercado; inclusão de tópicos de tributação e de exemplos práticos.

Os agradecimentos pela nova edição e pelo sucesso que o título representa, faço com muito prazer e destaque:

- aos coautores do livro, citando especialmente o amigo Anderson Caputo, pela revisão de seu capítulo e sugestões de melhorias em todo livro.
- aos professores que adotam o livro como bibliografia em seus programas de extensão, cursos *in company*, graduação, pós-graduação *lato sensu* e *strictu senso* em todo o Brasil.
- à equipe de revisão do livro, co-coordenada pelo Prof. Adriano Mussa. Nessa equipe, destaque para Guilherme Matiolli, responsável por parte relevante dos trabalhos, e Adriano Machado, Ana Flávia Vieira, Beatriz Dietrich, Daniel Victorino, Julio Hideo Massuyama, Luiz Guilherme Correia, Pedro Luiz Barbosa, Richard Melo e Victor Romano.

- ao amigo de longuíssima data, Prof. Edson Ferreira de Oliveira, professor referência no tema, absolutamente detalhista e incansável em suas revisões na busca pelo melhor produto final.
- ao meu sobrinho, Sergio Securato, co-coordenador da equipe de revisão do livro, brilhante executivo de tesouraria do mercado, professor e profundo conhecedor do assunto. Sergio contribuiu de forma decisiva para atualização de produtos, verificação de aplicabilidade prática dos temas tratados e ampliação do conteúdo. Com muito prazer, ele passa a ter seu nome no livro. De fato, ele deixou sua marca.

Último reconhecimento, agora em outro âmbito, faço ao time editorial da Saint Paul Editora. O livro está totalmente reformulado, com nova capa, tamanho, diagramação e formatação. Esforços não foram medidos para que a experiência de leitura fosse a melhor e mais prazerosa possível, alinhada às características desta obra. Assim, agradeço a Deise Anne, líder da área editorial, e ao meu filho José Cláudio Securato, editor chefe.

Agradeço muito a você, leitor. Para muitos de vocês essa edição será mais uma entre as que você já tem para acompanhar sua formação, desenvolvimento e atuação profissional. Para outros, a primeira, espero que de muitas, para conhecer e se aprofundar em cálculo financeiro.

Este livro é o reflexo da junção dos meus 30 anos de experiência como executivo de mercado financeiro, muitos em tesouraria, e dos 45 anos como professor. Produto final não poderia ser melhor: ter este livro, *Cálculo Financeiro das Tesourarias*, reconhecido por todos vocês como a "bíblia" das tesourarias.

Boa leitura!

José Roberto Securato
Julho de 2015

Prefácio da 4.ª edição

Há dez anos, estruturei e escrevi grande parte deste livro. Quando convidei outros professores e profissionais da área para colaborarem com ele, confesso que não tinha a pretensão de publicar algo tão marcante e que se tornasse referência para estudiosos e profissionais da área.

À época, a grande motivação para escrevê-lo foram as operações de tesouraria no Brasil, por suas especificidades e tipicidades. Além disso, o mercado financeiro brasileiro é diferenciado e sofisticado diante de outros mercados, o que faz suas tesourarias também o serem.

Entre as várias obras que retratam os estudos comuns de valores de dinheiro no tempo e de matemática financeira, nenhuma delas trata detalhadamente as operações diferenciadas das tesourarias, seja das tesourarias dos bancos, tampouco das empresas, que também se sofisticaram.

Como tenho ampla experiência nessa área, resolvi passar meu conhecimento para este livro, que traz o conteúdo de todas as aplicações de matemática financeira empregadas nas sofisticadas operações de tesourarias de bancos e de empresas.

Trata-se de uma obra adotada em todo o Brasil por graduações, MBAs, programas de *trainees*, além de profissionais de bancos e empresas, que o fazem pela excelente aplicabilidade do livro na gestão da tesouraria, pois o leitor aprende realmente o que é empregado no dia a dia.

É uma obra singular. Como a linguagem de mercado é hermética, os profissionais que atuam na área geralmente não têm habilidade didática de escrever. Dessa forma, houve muito cuidado na escolha dos coautores, que prepararam o texto cuidadosamente e que, em seguida, foi revisado por mim para assegurar uma linguagem inteligível.

O mercado financeiro brasileiro continua se sofisticando cada vez mais. Com isso, o livro também tem de ser sofisticado. Portanto, continuaremos a fazer as alterações, atualizações e revisões necessárias para mantê-lo no patamar de qualidade que o fez ser insuperável nestes últimos 10 anos.

Atualmente, a principal necessidade da área das tesourarias é uma boa obra que aborde os derivativos, que complementaria este livro. Por isso, pretendo escrever sobre esse tema, retratando como operar as principais estratégias de derivativos, com o emprego da linguagem das tesourarias.

Finalmente, renovamos nossos agradecimentos aos milhares de alunos, professores e profissionais de mercado que contribuíram ao longo destes anos para transformar este título na "Bíblia das Tesourarias", tornando-se um livro ideal para quem pretende entrar no mercado financeiro – e permanecer nele.

José Roberto Securato
Maio de 2008

Prefácio da 3.ª edição

É com extrema satisfação que publicamos a 3.ª edição do livro *Cálculo financeiro das tesourarias – Bancos e empresas*.

Diversos fatores motivaram nossos esforços para, novamente, revisar, atualizar e ampliar esta obra. Entre esses fatores, destacam-se: (i) a imensa aceitação da obra pelos profissionais do mercado financeiro, os quais frequentemente recorrem ao texto para o esclarecimento de dúvidas; (ii) a ampla utilização do livro por instituições de ensino, como faculdades e universidades, em cursos de graduação, pós-graduação (especialização, MBA, mestrado e doutorado) em todo o Brasil; (iii) a importante participação dos professores e instrutores no envio de críticas e sugestões; (iv) o positivo retorno de alunos que utilizam o livro, particularmente os próximos à Faculdade de Economia, Administração e Contabilidade da Universidade de São Paulo (FEA-USP), ao Ibemec Educacional, à Pontifícia Universidade Católica de São Paulo (PUC-SP), à Fundação Instituto de Administração, ao Laboratório de Finanças da FIA e, evidentemente, aos treinamentos da Saint Paul Escola de Negócios.

Nessa 3.ª edição, apresentamos o Prof. Rafael Paschoarelli Veiga, responsável técnico pela completa revisão, atualização e ampliação do livro. Conheci o Prof. Rafael como aluno de mestrado e doutorado em Administração na Faculdade de Economia, Administração e Contabilidade da Universidade de São Paulo (FEA-USP), tendo sido seu orientador em ambas as titulações. Extremamente dedicado e capaz, Rafael rapidamente se destacou como aluno, pesquisador e docente. Profissionalmente, sua experiência no mercado financeiro foi decisiva para a aplicação de conceitos e pesquisas nos livros, cursos e consultorias em que atuamos.

Especificamente sobre o livro, a 3.ª edição de *Cálculo financeiro das tesourarias – Bancos e empresas* foi revisada em diversos aspectos, como diagramação, correção gramatical e de língua portuguesa, revisão de padronização, entre outros.

Tecnicamente, a 3.ª edição apresenta as seguintes modificações em relação às edições anteriores:

- novas tabelas são apresentadas, contendo dados da taxa meta Selic e resultados das reuniões do Copom até meados de 2005;
- novos gráficos foram inseridos no livro, evidenciando a trajetória das taxas Selic e CDI até meados de 2005;
- atualização de muitos exemplos para a realidade pós-Sistema de Pagamentos Brasileiro (SPB);

- uniformização dos diagramas de fluxo de caixa, para melhor compreensão do leitor;
- os capítulos dos livros passaram a fazer menção a capítulos anteriores de maneira a integrar os diferentes assuntos tratados;
- os enunciados e as resoluções de muitos exercícios foram depurados de maneira a aumentar o entendimento por parte do leitor dos conceitos envolvidos.

Dessa forma, reiteramos nossos esforços em manter a excelência do livro e colaborar com a pesquisa de temas acadêmicos e de extrema aplicabilidade profissional. Reiteramos, no mais, que esses esforços continuam para a consolidação de novas edições.

José Roberto Securato
Maio de 2005

Prefácio da 2.ª edição

É com muita alegria que estamos apresentando a 2.ª edição do livro *Cálculo financeiro das tesourarias – Bancos e empresas.*

Queremos inicialmente agradecer a acolhida da 1.ª edição por parte dos profissionais do mercado financeiro, das grandes escolas do país e dos professores da área que fizeram do nosso livro uma referência. Vários programas de pós-graduação e cursos de MBA adotam o livro, bem como alguns excelentes cursos de graduação em Administração e Economia, o que nos deixou extremamente gratificados. Agradecemos também a grande acolhida do nosso livro pelo sistema financeiro brasileiro, visto que se tornou leitura obrigatória em vários programas de treinamento bancário no Brasil, particularmente na Associação Nacional dos Bancos de Investimento (Anbid), a qual indicou um grande número de capítulos para seus programas de certificação de profissionais do mercado. Foram distribuídos 12 mil volumes no período de 1999 a 2002, o que mostra a vontade de conhecimento de um assunto tão específico, apesar de sua importância.

Nesta 2.ª edição, procuramos incorporar as mudanças ocorridas nos últimos quatro anos, de forma que o livro está adaptado às transformações do mercado brasileiro até o início de 2003.

As principais mudanças foram as seguintes:

a. apreçamento dos diversos produtos do mercado monetário brasileiro, utilizando-se o conceito de taxa *over* anual (base 252), em consonância com as práticas do Banco Central do Brasil;

b. da mesma forma, para a construção da estrutura a termo das taxas de juros por meio das taxas implícitas nos contratos futuros, utilizou-se a taxa *over* anual, bem como a projeção dessas taxas no critério *spot* e *forward*;

c. no contexto de carregamento de ativos, foram incorporados os conceitos de descasamento e estratégias de construção deles;

d. no Capítulo 9, que trata de títulos públicos, o livro está atualizado segundo os novos critérios do Tesouro Nacional, em conformidade com a Lei de Responsabilidade Fiscal.

Queremos também apresentar o Prof. Ricardo Humberto Rocha, com vasta experiência no mercado financeiro brasileiro e, atualmente, doutorando em Finanças pelo Programa de pós-graduação em Administração da Faculdade de Economia, Administração e Contabilidade da Universidade de São Paulo (FEA-USP), que realizou a revisão da 1.ª edição, adaptou os textos, bem como introduziu novos conceitos que atualizam esta 2.ª edição.

Queremos agradecer e evidenciar o trabalho de Patrícia Oda e do editor deste livro e grande responsável pela existência desta 2.ª edição, o Prof. José Cláudio Securato.

Na esperança de continuar contribuindo com a ampliação do conhecimento das operações do mercado financeiro brasileiro, colocamos à disposição de nossos amigos esta 2.ª edição.

José Roberto Securato
Janeiro de 2003

Prefácio da 1.ª edição

O mercado financeiro brasileiro desenvolveu ao longo do últimos 40 anos uma série de práticas com a finalidade de prever e controlar os fluxos de caixa das tesourarias de bancos e empresas.

Em um mercado no qual taxas podiam saltar de 36% para 51%, em apenas um dia útil, pode-se ter uma ideia das dificuldades de análise, decisão e controle às quais os executivos financeiros estiveram expostos. Mesmo com o Plano Real, que conteve o processo inflacionário, muitas dessas características permanecem intactas no mercado financeiro brasileiro. O perfil de curto prazo e o tratamento de taxas do tipo *over*, ou seja, por dia útil, ainda é o grande elemento de análise para a decisão.

Este texto procura tratar as principais práticas das tesourarias dos bancos, desde as ideias de carregamento de títulos, estrutura temporal de taxas de juros, formação das taxas de juros e *duration* até as questões que envolvem os riscos nas tesourarias. O texto procura expandir os conceitos para tesourarias das empresas e as adaptações que devem ser elaboradas para tal.

Os três primeiros capítulos tratam dos principais conceitos da matemática financeira, procurando aplicá-los às operações do mercado brasileiro.

São capítulos importantes, mesmo para os que conhecem matemática financeira, mas que não possuem a prática do mercado. Nesses capítulos são tratadas várias operações e procura-se introduzir os principais termos usados nas mesas de dinheiro. A estrutura desses capítulos baseou-se nos cursos ministrados pelo Prof. Securato, desde a década de 1970. Coube ao Prof. Edson passar para texto corrido o conteúdo e a estrutura das aulas ministradas pelo Prof. Securato.

Os Capítulos 4 a 8 foram escritos pelo Prof. Securato e tratam dos principais elementos para a tomada de decisão nas tesourarias. Examina-se, inicialmente, a estrutura das taxas de juros no mercado brasileiro e a formação de *spreads*. Em seguida, estudamos a estrutura temporal das taxas de juros, informações para sua previsão, contratos futuros, carregamento de títulos e curvas de papéis. Tratamos também da questão de *duration* e convexidade de fluxos de caixa, e construção de título sintético equivalente a um fluxo de caixa. Finalmente, deixamos um capítulo para tratar das taxas *over* anuais, que surgiram no mercado brasileiro em 1998.

O Capítulo 9, escrito por Anderson C. D. Silva, trata da formação das taxas de juros dos títulos públicos federais. É um capítulo importante, em que teoria e prática se interligam, explorando a competência do autor como funcionário da Secretaria do Tesouro Nacional.

O Capítulo 10, escrito pelo Prof. Fraletti, trata da questão de formação da taxa de juros em dólares para o mercado internacional e local. Trata-se de um capítulo no qual se pode observar o diferencial de taxas entre mercados, bem como captar o risco inerente aos títulos brasileiros.

O Capítulo 11, escrito pelo Prof. Perera, trata dos títulos de longo prazo e suas principais características no mercado local e internacional. No que se refere ao mercado internacional, apresenta as principais denominações, formas de negociação e de análise desses títulos, assuntos tão importantes quanto a globalização dos mercados.

Os capítulos finais tratam das questões de risco das operações financeiras. No Capítulo 12, escrito por Oda e Fuentes, são tratados os principais conceitos sobre risco e no Capítulo 13, escrito pelo Prof. Maluf, tratou-se do VaR – *value at risk*, ou seja, do valor em risco devido ao posicionamento de ativos e passivos de uma instituição, questão extremamente atual e importante para as tesourarias de bancos e empresas.

Gostaríamos de salientar o prazer que foi escrever este livro com os vários participantes. Quando estruturamos o texto, tínhamos em mente escrevê-lo por completo. Com as dificuldades do dia a dia, de pesquisa, de consultoria e do mercado financeiro, percebemos que o trabalho poderia ser desenvolvido de forma mais rápida, com vantagens, com a ajuda de alguns colaboradores que trariam, inclusive, visão mais completa sobre alguns dos assuntos tratados. Assim, com vários companheiros da área de Finanças do Departamento de Administração da Faculdade de Economia Administração e Contabilidade da Universidade de São Paulo, lançamo-nos ao trabalho que ora estamos apresentando.

Nossos agradecimentos aos companheiros de texto Prof. Dr. Jorge Arnaldo Maluf Filho, professor do DA-FEA-USP, aos doutorandos da FEA-USP Prof. Luiz Carlos Jacob Perera e Prof. Edson Ferreira de Oliveira, ao Prof. Paulo Beltrão Fraletti, mestre pela London Business School e executivo da área de tesouraria de vários bancos; aos mestrandos da FEA-USP Prof. Junio Fuentes e André Luiz Oda, e Anderson C. D. Silva, doutorando da University of Illiniois, que foi aluno especial na pós-graduação da FEA-USP. Devemos também agradecer aos monitores do Laboratório de Finanças da FIA-FEA-USP, Alexandre Noburo Chara e Maria Carlota Morandin Senger, especialmente a esta última, que digitou todo o texto, entendendo-o e discutindo-o. Devemos agradecer também a José Afonso Pontin, grande amigo e ex-aluno, do Banco do Brasil, que como homem de letras e finanças, fez a revisão deste texto.

Nossos agradecimentos a Rubens Janny Teixeira, que foi praticamente coautor deste livro. Foi o responsável por toda a revisão dos conceitos, pela adequação dos textos de vários autores e contribuiu muitíssimo para o melhor entendimento dos assuntos tratados, bem como de sua adaptação às várias mudanças que ocorreram no mercado financeiro brasileiro, enquanto o livro estava sendo escrito.

Também devemos agradecer aos alunos do MBA em Finanças da FIA-FEA-USP, que foram "cobaias" do texto, na forma de apostila, nos vários cursos ministrados pelos professores Edson e Securato nos anos de 1996-1997.

Finalmente, nossos agradecimentos a todas as esposas, namoradas, filhos e filhas envolvidos com os autores, que de alguma forma tiveram sacrificada sua convivência familiar.

José Roberto Securato
Julho de 1998

CAPÍTULO 1
Matemática financeira

1.1 Introdução

Neste capítulo apresentaremos os principais conceitos e modelos que entram na composição da Matemática financeira.

Estabeleceremos os conceitos básicos que servem de ponto de partida para o desenvolvimento da teoria e, em seguida, examinaremos os principais modelos de capitalização. Finalizando, abordaremos as séries uniformes de pagamento, os métodos de avaliação de investimentos e os sistemas de amortização, que ocorrem com elevada frequência nos mercados financeiros.

A finalidade básica deste capítulo é a fixação de conceitos e notações que serão utilizados nos capítulos seguintes.

1.2 Capital

Do ponto de vista econômico, o capital pode ser visto como um dos fatores de produção. É considerado também a expressão monetária de um bem ou serviço.

Genericamente indicamos o capital pela letra P. Quando for interessante evidenciar a data t, à qual o capital se refere, lançaremos mão da notação P_t.

1.3 Fluxo de caixa

Fluxo de caixa de um projeto ou investimento é o conjunto das entradas e saídas de capital ao longo do tempo.

Convencionaremos que as entradas de caixa ou créditos são valores positivos de capital e as saídas de caixa ou débitos são valores negativos de capital.

Desse modo, o fluxo de caixa pode ser representado, esquematicamente, por meio do seguinte diagrama:

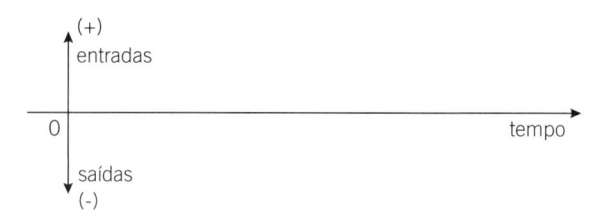

Do ponto de vista financeiro, podemos dizer que os eventos econômicos podem ser sintetizados por intermédio de fluxos de caixa.

1.4 Juros

O conceito de juros pode ser apresentado como sendo a remuneração pelo uso do capital.

A medida dos juros, em um dado intervalo de tempo, é obtida pela diferença entre o capital no final do intervalo e o capital no início do intervalo.

Em símbolos:

$$J = F - P \quad (1)$$

Em que:

J = juros
F = capital final ou montante
P = capital inicial ou principal

Consequentemente,

$$F = P + J \quad (2)$$

1.5 Taxa de juros

Os juros, no mercado financeiro, costumam ser expressos como uma fração do capital inicialmente empregado em uma dada unidade de tempo.

Assim, a taxa de juros de uma operação financeira pode ser entendida, em um dado intervalo de tempo, como a remuneração da unidade de capital inicial.

Indicamos a taxa de juros com a letra i. Em símbolos, temos:

$$i = \frac{J}{P} \quad (3)$$

Consequentemente,

$$J = P \times i \quad (4)$$

NOTA

a. É fundamental expressar claramente a unidade de tempo da taxa de juros ao usar a expressão (3). Por exemplo, uma operação com prazo de um ano pode ser expressa em meses (12), dias corridos (360 ou 365), dias úteis (252) ou trimestres (4).

b. Na expressão (4), J indica os juros recebidos no período de tempo a que se refere a taxa.

Exemplo 1.1

Um indivíduo investe $ 5.000,00 em um negócio pelo prazo de dois meses. No final do prazo, ele recebe $ 5.300,00. Determine:

a. O fluxo de caixa do indivíduo
b. Os juros recebidos
c. A taxa de juros do negócio

Resolução

a. Fluxo de caixa do indivíduo

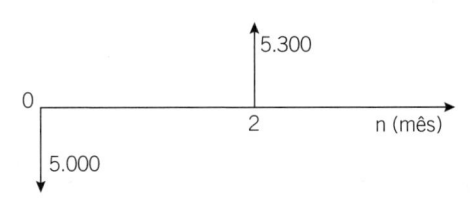

b. Juros recebidos

$J = F - P$

Logo,

$J = 5.300 - 5.000$

$J = \$ 300$

c. Taxa de juros do negócio

Da definição de taxa de juros, temos:

$i = \dfrac{J}{P}$

Logo,
$$i = \frac{300}{5.000}$$

Disso decorre:

$i = 0{,}06$ a.p. (forma unitária)

ou

$i = 6\%$ a.p. (forma percentual)

1.6 Regimes de capitalização

Regime de capitalização é o nome dado ao processo de formação de capital ao longo do tempo.

Do ponto de vista formal, existem, basicamente, dois tipos de regimes de capitalização, a saber: discreto e contínuo.

1.6.1 Regimes de capitalização discreta

Quando operamos com regimes de capitalização discreta, os juros gerados são incorporados ao capital somente no fim de cada intervalo de tempo a que se refere a taxa de juros considerada.

Os regimes de capitalização discreta usuais em finanças são: regime de capitalização simples e regime de capitalização composta.

1.6.1.1 Regime de capitalização simples

No regime de capitalização simples, os juros são gerados exclusivamente pelo capital P inicialmente investido.

Os juros j, formados ao fim de cada intervalo unitário de tempo, expressos na taxa de juros i, são calculados por: $j = P \times i$

Logo:

- Juros gerados durante o primeiro intervalo unitário de tempo: $j_1 = P \times i$
- Juros gerados durante o segundo intervalo unitário de tempo: $j_2 = P \times i$
- Juros gerados durante o terceiro intervalo unitário de tempo: $j_3 = P \times i$
- Juros gerados durante o n-ésimo intervalo unitário de tempo: $j_n = P \times i$

Os juros totais ao final de n intervalos unitários de tempo valem:

$$J = j_1 + j_2 + j_3 + \ldots + j_n \ (n \text{ parcelas})$$

$$J = P \times i + P \times i + P \times i + \ldots + P \times i$$

$$\boxed{J = n \times P \times i} \quad (5)$$

Como, pela expressão (2),

$$F = P + J$$

Decorre que:

$$F = P + n \times P \times i$$

$$\boxed{F = P(1 + n \times i)} \quad (6)$$

> **NOTA**
>
> **a.** A expressão (5) indica que os juros simples J são diretamente proporcionais ao capital inicial P, ao número *n* de intervalos unitários de tempo e à taxa de juros *i*.
>
> **b.** O domínio da função indicada na expressão (6) é o conjunto dos inteiros não negativos. Podemos, sem prejuízo da precisão de conceitos, estendê-lo ao conjunto dos reais não negativos.

1.6.1.2 Regime de capitalização composta

O regime de capitalização composta é a forma de capitalização mais utilizada nas práticas financeiras no Brasil.

No regime de capitalização composta, os juros (formados no fim de cada intervalo unitário de tempo) são gerados pelo montante existente no início de cada intervalo. Ou seja, os juros são gerados pela soma do capital P, inicialmente investido, com os juros acumulados até o fim do intervalo imediatamente anterior.

O modelo matemático associado ao regime de capitalização composta considera uma certa taxa de juros, constante, em que está expresso o intervalo unitário de tempo, ao fim do qual os juros formados são incorporados ao capital.

Retomando o conceito de taxa de juros, temos:

$$i = \frac{J}{P}$$

Decorre, então, que:

$$J = P \times i$$

No fim do primeiro intervalo unitário de tempo:

$$J_1 = P \times i \quad e \quad F_1 = P + J_1 = P(1+i)$$

No fim do segundo intervalo unitário de tempo:

$$J_2 = F_1 \times i \quad e \quad F_2 = F_1 + J_2 = P(1+i)^2$$

No fim do terceiro intervalo unitário de tempo:

$$J_3 = F_2 \times i \quad e \quad F_3 = F_2 + J_3 = P(1+i)^3$$

Generalizando para o n-ésimo intervalo unitário de tempo, resulta:

$$F = P(1+i)^n \quad (7)$$

NOTA

O domínio da função indicada na expressão (7) é o conjunto dos inteiros não negativos. Podemos estendê-lo igualmente ao conjunto dos reais não negativos.

Exemplo 1.2

Uma instituição financeira paga taxa de juros simples de 9% ao ano (a.a.). Aplicando hoje $ 20.000,00, qual será o montante no fim de cinco anos?

Resolução

Fluxo de caixa do aplicador:

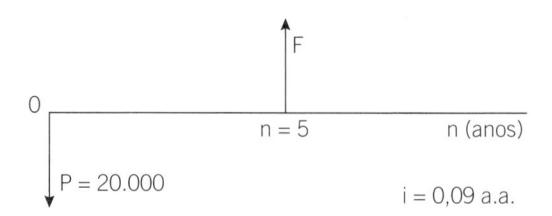

```
              ↑F
    0 ─────────┼──────────────
              n = 5        n (anos)
    ↓
    P = 20.000              i = 0,09 a.a.
```

Sendo o regime de capitalização simples, decorre:

$\quad F = P(1 + n \times i)$

Logo,

$\quad F = 20.000(1 + 5 \times 0,09)$

$\quad F = \$ 29.000,00$

Exemplo 1.3

Uma instituição financeira paga a taxa de juros simples de 2% ao mês (a.m.). Determine a quantia a ser aplicada para que se obtenham $ 100.000,00 em dois anos.

Resolução

Fluxo de caixa do aplicador:

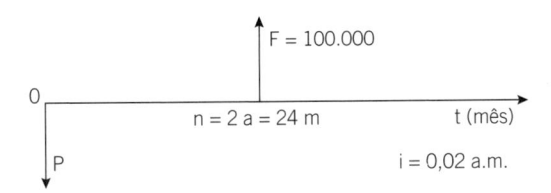

$$F = 100.000$$
$$n = 2\,a = 24\,m \qquad t\,(\text{mês})$$
$$P \qquad i = 0{,}02\,\text{a.m.}$$

Sendo o regime de capitalização simples, temos:

$$F = P(1 + n \times i)$$

Logo,

$$P = \frac{F}{1 + n \times i}$$

Portanto:

$$P = \frac{100.000}{1 + 24 \times 0{,}02}$$

$$P = \$\ 67.567{,}57$$

Exemplo 1.4

Um investidor aplica a quantia de $ 50.000,00 por quatro dias, no regime de juros simples, à taxa de 0,8% a.m. Determinar os rendimentos auferidos no período do investimento.

Resolução

No caso:

$$P = 50.000$$
$$i = 0{,}008\,\text{a.m.}$$
$$n = 4\,\text{dias} = \frac{4}{30}\,\text{mês (mês comercial)}$$

Logo,

$$J = n \times P \times i$$
$$J = \frac{4}{30} \times 50.000 \times 0{,}008$$
$$J = \$\ 53{,}33$$

Exemplo 1.5

Uma pessoa toma um empréstimo de $ 20.000,00 por quatro meses, com pagamento no fim do período. O custo da operação é de 0,65% a.m. Determinar o montante do empréstimo no final, no regime de juros compostos.

Resolução

Fluxo de caixa do tomador do empréstimo:

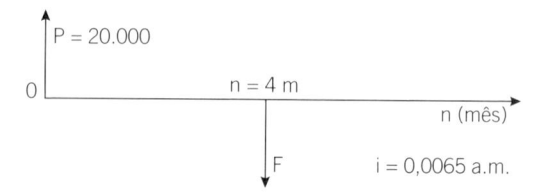

$$P = 20.000$$
$$n = 4 \text{ m}$$
$$i = 0,0065 \text{ a.m.}$$

Sendo o regime de capitalização composta, obtemos o seguinte resultado:

$$F = P(1 + i)^n$$
$$F = 20.000(1 + 0,0065)^4$$
$$F = \$ 20.525,09$$

Exemplo 1.6

Um título de crédito deverá ser resgatado por $ 30.000,00 em seu vencimento, que ocorrerá daqui a cinco meses. Admitindo que o custo do capital é de 0,71% a.m., determine seu valor atual para liquidação antecipada, no regime de juros compostos.

Resolução

No caso:

$$F = 30.000$$
$$n = 5 \text{ meses}$$
$$i = 0,0071 \text{ a.m.}$$

Sendo,

$$F = P(1 + i)^n$$

Obtemos:

$$P = \frac{F}{(1 + i)^n}$$
$$P = \frac{30.000}{(1 + 0,0071)^5}$$
$$P = \$ 28.957,31$$

Exemplo 1.7

Um capital inicial de $ 60.000,00 é investido por 81 dias no regime de juros compostos, à taxa de 0,61% a.m. Determine o valor bruto do resgate.

Resolução

No caso:

$$P = 60.000$$

$$i = 0,0061 \text{ a.m.}$$

$$n = 81 \text{ dias} = \frac{81}{30} \text{ meses (mês comercial)}$$

Sendo,

$$F = P(1 + i)^n$$

Obtemos:

$$F = 60.000(1 + 0,0061)^{81/30}$$

$$F = \$ 60.993,33$$

Exemplo 1.8

Uma aplicação financeira envolvendo capital inicial de $ 40.000,00 gera o montante de $ 55.700,00 em 68 dias, no regime de capitalização composta. Determine a taxa de juros mensal da operação.

Resolução

No caso:

$$P = 40.000$$

$$F = 55.700$$

$$n = 68 \text{ dias} = \frac{68}{30} \text{ meses (mês comercial)}$$

Sendo o regime de juros compostos, temos:

$$F = P(1 + i)^n$$

Daí decorre que:

$$i = \left(\frac{F}{P}\right)^{\frac{1}{n}} - 1$$

Portanto,

$$i = \left(\frac{55.700}{40.000}\right)^{\frac{30}{68}} - 1$$

$$i = 15,73\% \text{ a.m.}$$

> **NOTA**
>
> A taxa $i = \left(\dfrac{F}{P}\right)^{\frac{1}{n}} - 1$ é também conhecida como taxa efetiva da operação.

1.6.1.3 Comparação entre os regimes de capitalização simples e composta

Para comparar os regimes de capitalização simples e composta, observamos o Exemplo 1.9, a seguir.

Exemplo 1.9

José empresta a Salim a quantia de $ 10.000,00 por cinco meses à taxa de 7,1% ao ano, no regime de juros compostos. Salim repassa a mesma quantia, nas mesmas condições, para Onofre no regime de juros simples. Determine quanto Salim ganhou ou perdeu.

Resolução

Analisemos, inicialmente, o empréstimo de José a Salim.

Sendo o regime de juros compostos, o montante que José receberá de Salim é expresso por:

$$F_1 = P(1 + i)^n$$

Em que:

$P = 10.000$

$i = 0,071$ a.a.

$n = 5 \text{ meses} = \dfrac{5}{12}$ ano

Logo,

$$F_1 = 10.000(1 + 0,071)^{\frac{5}{12}}$$

$$F_1 = \$ \ 10.289,93$$

Analisemos, agora, o empréstimo de Salim a Onofre.

Sendo o regime de juros simples, o montante que Salim receberá de Onofre é expresso por:

$$F_2 = P(1 + n \times i)$$

Em que:

$P = 10.000$

$i = 0,071$ a.a. $\quad$ mesmas condições anteriores

$n = 5 \text{ meses} = \dfrac{5}{12}$ ano

Logo,

$$F_2 = 10.000 \left(1 + \dfrac{5}{12} \times 0,071\right)$$

$$F_2 = \$ \ 10.295,83$$

Como $F_2 > F_1$, Salim recebeu de Onofre uma quantia superior a que terá de pagar a José. Logo, Salim ganhou!

O valor do ganho de Salim é:

$\Delta F = F_2 - F_1$

$\Delta F = 10.295{,}83 - 10.289{,}93$

$\Delta F = \$\ 5{,}90$

Graficamente, teríamos:

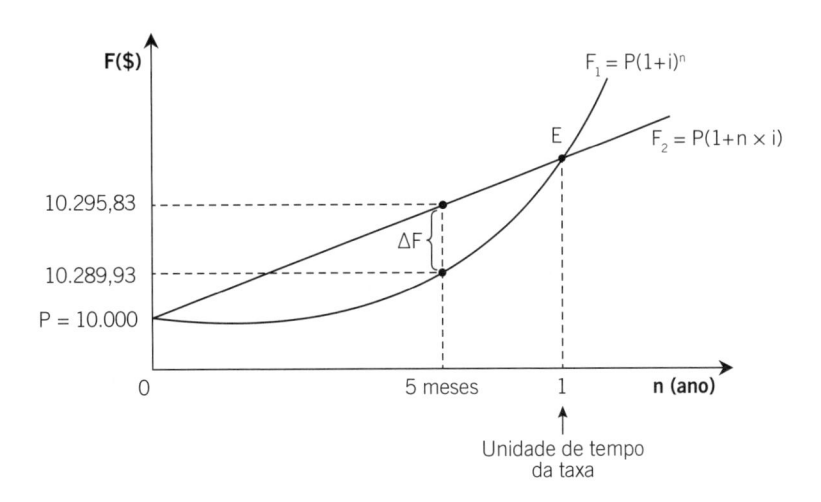

NOTA

a. As curvas F_1 e F_2 se cruzam no ponto E de abscissa $n = 1$.

b. No intervalo $0 < n < 1 \Rightarrow F_1 < F_2$

No intervalo $n > 1 \Rightarrow F_1 > F_2$

1.6.2 Regime de capitalização contínua

No regime de capitalização contínua, consideramos uma taxa de juros I, dita instantânea, referida a um intervalo de tempo infinitesimal, no fim do qual os juros formados se incorporam ao capital.

O modelo matemático associado ao regime de capitalização contínua considera que os juros – ou acréscimos de capital – dP_t são diretamente proporcionais ao capital P_t, ao intervalo infinitesimal de tempo dt e à taxa I suposta constante durante a capitalização.

Assim,

$$dP_t = P_t \times dt \times I$$

Logo,

$$\frac{dP_t}{P_t} = I \times dt$$

Ou

$$\int \frac{dP_t}{P_t} = \int I\, dt$$

E concluímos que:

$$\ln P_t = I \times t + k$$

Em que *k* é uma constante de integração.

Portanto,

$$P_t = e^{I \times t + k}$$

Ou

$$P_t = e^{I.t} \cdot e^k$$

Como para *t* = 0 temos:

$$P_0 = P = e^k$$

Então,

$$P_t = P \times e^{I \times t} \quad (8)$$

Representado graficamente:

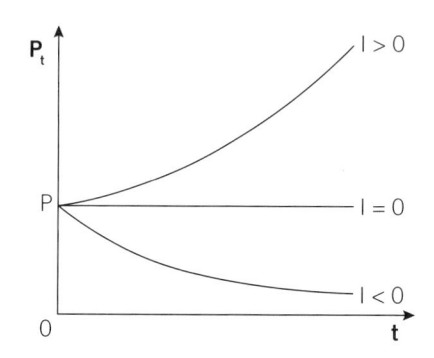

> **NOTA**
>
> Adotando a simbologia anterior, se fizermos $F = P_t$ e $t = n$ podemos escrever:
>
> $$F = P \times e^{I \times n} \quad (9)$$

Exemplo 1.10

Em uma determinada bolsa de valores, o preço de fechamento de uma dada ação X sai do valor de $ 100,00 e atinge $ 105,00 em três pregões consecutivos.

Considerando o regime de capitalização contínua, determine a taxa média diária de juros do evento.

Resolução

No caso,

$$F = 105$$
$$P = 100$$
$$n = 3 \text{ dias}$$

Sendo:

$$F = P \times e^{I \times n}$$

Então,

$$105 = 100 \, e^{3 \times I}$$

Portanto,

$$e^{3 \times I} = \frac{105}{100}$$

$$3I = \ln \frac{105}{100}$$

$$3I = 0,048790$$

$$I = 0,016263$$

$$I = 1,6263\% \text{ a.d.}$$

1.7 Séries uniformes de pagamentos

Uma série de pagamentos (entradas ou saídas de caixa) iguais – indicada por R –, que ocorre em datas separadas por intervalos de tempo constantes e iguais, é denominada série uniforme de pagamentos.

Exemplo 1.11

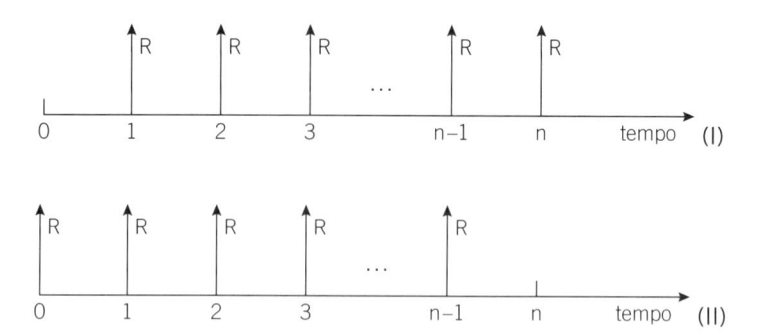

```
      R    R    R         R    R
      ↑    ↑    ↑         ↑    ↑
      |    |    |   ...   |    |
  0   1    2    3        n-1   n   tempo   (I)


  R    R    R    R         R
  ↑    ↑    ↑    ↑         ↑
  |    |    |    |   ...   |
  0    1    2    3        n-1   n   tempo   (II)
```

NOTA

a. A série uniforme é a série de pagamentos mais comum na prática.

b. Quando os pagamentos são efetuados no fim de cada intervalo de tempo, a série é dita postecipada e, nesse caso, não há pagamento na data zero. Veja o exemplo (I).

c. Quando os pagamentos são efetuados no início de cada intervalo de tempo, a série é dita antecipada e, nesse caso, o primeiro pagamento ocorre na data zero. Veja o exemplo (II).

d. Quando a primeira prestação somente é efetuada após um certo número k de intervalos de tempo, contados a partir da data zero, a série é dita diferida.

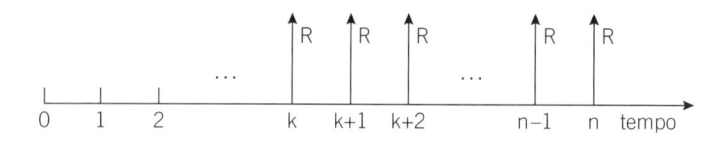

```
                    R    R    R         R    R
                    ↑    ↑    ↑         ↑    ↑
      |    |  ...   |    |    |   ...   |    |
  0   1    2        k   k+1  k+2       n-1   n   tempo
```

1.7.1 Série uniforme postecipada de pagamentos

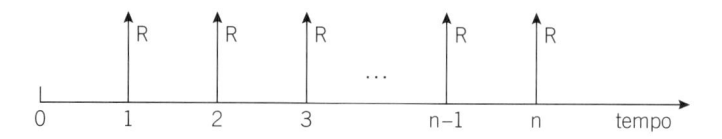

```
      R    R    R         R    R
      ↑    ↑    ↑         ↑    ↑
      |    |    |   ...   |    |
  0   1    2    3        n-1   n   tempo
```

A expressão (7) pode ser transformada, gerando a seguinte relação:

$$P = \frac{F}{(1+i)^n} \quad (10)$$

Na expressão (10) o valor P pode ser entendido como o valor presente ou atual de certa quantia F, em uma data futura *n*. Ou seja, P é o valor equivalente à quantia F, na data zero, a uma dada taxa de juros *i*.

O valor presente da série (P) pode ser obtido somando-se os valores presentes de cada um dos pagamentos.

Logo,

$$P = \frac{R}{1+i} + \frac{R}{(1+i)^2} + \frac{R}{(1+i)^3} + \ldots + \frac{R}{(1+i)^n}$$

Podemos perceber que o valor presente da série é a soma dos termos de uma progressão geométrica em que o primeiro termo é:

$$\frac{R}{1+i}$$

A razão é:

$$\frac{1}{1+i}$$

O *n*-ésimo termo é:

$$\frac{R}{(1+i)^n}$$

Da teoria das progressões obtemos, então, o valor presente da série:

$$P = R \frac{(1+i)^n - 1}{(1+i)^n \times i} \quad (11)$$

E também:

$$R = P \frac{(1+i)^n \times i}{(1+i)^n - 1} \quad (12)$$

Nas expressões (11) e (12), *n* corresponde ao número de pagamentos da série. Nessas expressões, as unidades de tempo associadas a *i* e a *n* devem ser as mesmas.

1.7.1.1 Valor futuro ou montante de uma série uniforme postecipada de pagamentos

Dada uma série uniforme de pagamentos:

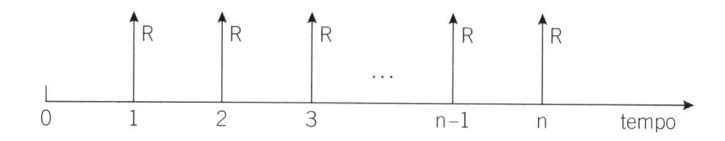

Podemos obter o valor futuro ou o montante da série (F) na data n, após a ocorrência do último pagamento.

Tomemos a expressão (7):

$$F = P(1 + i)^n$$

Nela, F pode ser considerado como o valor futuro ou montante de uma certa quantia P. Ou seja, F é o valor equivalente à quantia P, na data n, a uma dada taxa de juros i.

O valor futuro ou montante da série, na data n, pode ser obtido somando-se todos os valores futuros de cada um dos pagamentos componentes.

Logo,

$$F = R(1 + i)^{n-1} + R(1 + i)^{n-2} + R(1 + i)^{n-3} + \ldots + R$$

Podemos perceber que o valor futuro, ou montante da série, é a soma dos termos de uma progressão geométrica cujo primeiro termo é:

$$R(1 + i)^{n-1}$$

A razão é:

$$(1 + i)^{-1}$$

O termo final é R.

Da teoria das progressões, obtemos, então, o valor futuro ou montante da série uniforme postecipada de pagamentos:

$$F = R \frac{(1+i)^n - 1}{i} \quad (13)$$

E também:

$$R = F \frac{i}{(1+i)^n - 1} \quad (14)$$

Nas expressões (13) e (14), n corresponde ao número de pagamentos da série e inclui o pagamento feito na data n.

1.7.2 Série uniforme antecipada de pagamentos

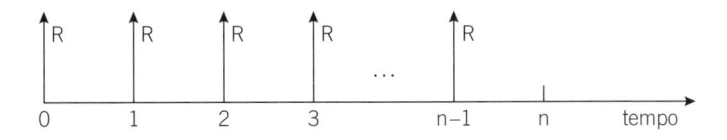

O valor presente (ou atual) da série é obtido por meio da expressão:

$$P = R + \frac{R}{1+i} + \frac{R}{(1+i)^2} + \cdots + \frac{R}{(1+i)^{n-1}}$$

Como podemos perceber, o valor presente da série é a soma dos termos de uma progressão geométrica cujo primeiro termo é R.

A razão é:

$$\frac{1}{1+i}$$

O termo final é:

$$\frac{R}{(1+i)^{n-1}}$$

A partir da Teoria das Progressões, temos:

$$P = R \frac{(1+i)^n - 1}{(1+i)^n \times i}(1+i) \quad (15)$$

E também:

$$R = P\frac{(1+i)^n \times i}{(1+i)^n - i} \times \frac{1}{(1+i)} \quad (16)$$

Nas expressões (15) e (16), n corresponde ao número de pagamentos da série e inclui o pagamento feito na data zero.

As unidades de tempo associadas a i e a n devem ser as mesmas.

1.7.2.1 Valor futuro ou montante de uma série uniforme antecipada de pagamentos

Dada uma série uniforme de pagamentos:

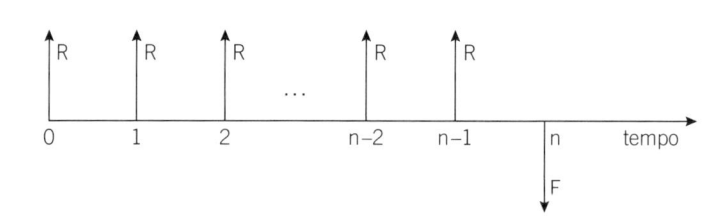

Seguindo o raciocínio desenvolvido na seção 1.7.1.1, mas sabendo que se trata de uma série antecipada de pagamentos e, portanto, deve-se considerar o fluxo da data zero, temos:

O valor futuro ou montante da série, na data n, pode ser obtido somando-se todos os valores futuros de cada um dos pagamentos componentes.

Logo,

$$F = R(1 + i)^n + R(1 + i)^{n-1} + R(1 + i)^{n-2} + \ldots + R(1 + i)$$

Podemos perceber que o valor futuro, ou montante da série, é a soma dos termos de uma progressão geométrica cujo primeiro termo é:

$$R(1 + i)^n$$

A razão é:

$$(1 + i)^{-1}$$

O termo final é $R(1 + i)$.

Da teoria das progressões, obtemos, então, o valor futuro ou montante da série antecipada de pagamentos:

$$F = \frac{R \times (1+i) \times [(1+i)^n - 1]}{i} \quad (17)$$

E também:

$$R = F \frac{1}{(1+i)} \times \frac{i}{(1+i)^n - i} \quad (18)$$

Nas expressões (17) e (18), *n* corresponde ao número de pagamentos da série e incluem o pagamento feito na data zero.

1.7.3 Perpetuidade

Em algumas situações o número de pagamentos da série uniforme pode ser considerado infinito. Temos, então uma série perpétua, também conhecida por perpetuidade.

Considerando uma série uniforme postecipada com número de pagamentos infinito, obtemos:

$$P = \lim_{n \to \infty} \left[R \frac{(1+i)^n - 1}{(1+i)^n \times i} \right]$$

E,

$$P = R \times \lim_{n \to \infty} \left[\frac{(1+i)^n - 1}{(1+i)^n \times i} \right] = R \times \lim_{n \to \infty} \left[\frac{(1+i)^n}{(1+i)^n \times i} - \frac{1}{(1+i)^n \times i} \right]$$

$$P = R \times \lim_{n \to \infty} \left[\frac{1}{i} - \frac{1}{(1+i)^n \times i} \right]$$

Do que decorre:

$$P = R \frac{1}{i}$$

$$P = \frac{R}{i} \quad (19)$$

Em outras palavras, o valor presente ou atual de uma série postecipada perpétua é igual ao valor do pagamento dividido pela taxa de juros.

1.7.3.1 Perpetuidade com crescimento g

Em algumas situações o número de pagamentos crescentes a uma taxa g da série uniforme pode ser considerado infinito. Temos, então uma série perpétua crescente à taxa g.

Nessas situações, quando $i > g$, o valor presente da série perpétua crescente à taxa g é determinado com a seguinte expressão:

$$P_n = \frac{A_n (1+g)}{i-g}$$

É importante ressaltar que o resultado do valor presente calculado por essa fórmula está na primeira data, imediatamente anterior à data de início da série perpétua crescente. Caso seja necessário obter o resultado em alguma outra data, deve-se capitalizar o fluxo à taxa de juros i utilizando o período adequado.

Exemplo 1.12

Um bem está à venda nas seguintes condições: $ 7.000,00 de entrada e seis prestações de $ 3.000,00, mensais e consecutivas. A primeira prestação é paga um mês após a entrada.

Sabe-se que a taxa de juros de financiamento nas lojas é de 5% a.m. Determine o preço à vista do bem.

Resolução

O preço à vista do bem (P_{vista}) pode ser considerado igual à soma da entrada (E) com o valor financiado (P). Ou seja:

$P_{vista} = E + P$

O valor financiado corresponde, por sua vez, ao valor presente das prestações (R).

No que se refere ao fluxo de caixa, teríamos:

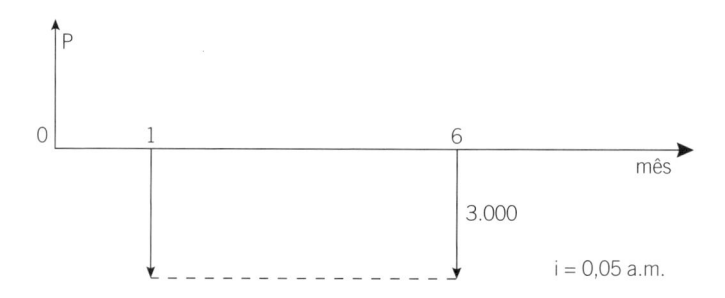

Logo, lançando mão do valor presente para séries uniformes postecipadas, teremos:

$$P = R\frac{(1+i)^n - 1}{(1+i)^n \times i}$$

$$P = 3000\frac{(1,05)^6 - 1}{(1,05)^6 \times 0,05}$$

$$P = 15.227,08$$

Finalmente,

$$P_{vista} = 7.000 + 15.227,08$$

$$P_{vista} = \$\ 22.227,08$$

Exemplo 1.13

Um automóvel, cujo preço à vista é $ 20.000,00, pode ser financiado com entrada de 30% e o restante em 12 suaves parcelas mensais, iguais e consecutivas. A primeira parcela é paga um mês após a compra. Determine o valor de cada parcela, admitindo que a taxa de financiamento seja de 4,5% a.m.

Resolução

O valor financiado é igual à diferença entre o preço à vista e a entrada. Ou seja:

$$P = P_{vista} - E$$

$$P = 20.000 - 0,30 \times 20.000$$

$$P = 14.000$$

A seguir, podemos considerar o seguinte fluxo de caixa:

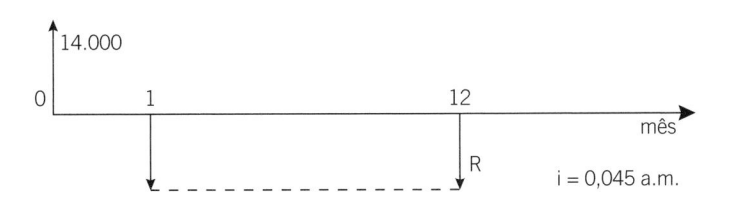

Utilizando a expressão dos pagamentos das séries uniformes postecipadas, obtemos:

$$R = P\frac{(1+i)^n \times i}{(1+i)^n - 1}$$

$$R = 14.000\frac{(1,045)^{12} \times 0,045}{(1,045)^{12} - 1}$$

$$R = \$\ 1.535,33$$

Exemplo 1.14

Determinar o fator de financiamento para seis pagamentos mensais postecipados em uma loja que opera à taxa de juros de 4% a.m.

Resolução

Na expressão que permite calcular os pagamentos nas séries uniformes postecipadas, ou seja:

$$R = P \frac{(1+i)^n \times i}{(1+i)^n - 1}$$

O fator em destaque é denominado fator de financiamento (α).

A partir desta situação, calculamos:

$$\alpha = \frac{(1+i)^n \times i}{(1+i)^n - 1}$$

$$\alpha = \frac{(1,04)^6 \times 0,04}{(1,04)^6 - 1}$$

$$\alpha = 0,1908$$

NOTA

Pela expressão: $R = P \times \alpha$ podemos calcular o valor dos pagamentos (R), basta multiplicar o valor financiado (P) pelo fator de financiamento (α). É o que normalmente acontece nas lojas quando o cliente recorre ao financiamento.

Exemplo 1.15

Uma pessoa vai a uma loja e financia um aparelho eletrodoméstico em quatro prestações mensais, iguais e consecutivas, sendo a primeira delas paga no ato (1 + 3). O valor de cada prestação é $ 200,00. O custo do financiamento é de 3,5% a.m. Determine o preço à vista do aparelho.

Resolução

Podemos apresentar o fluxo de caixa da operação, do ponto de vista do comprador, da seguinte forma:

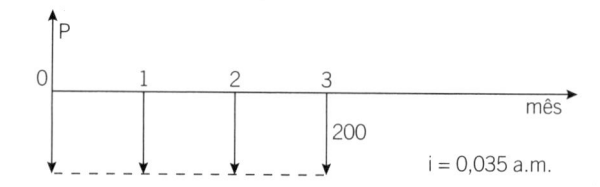

Estamos, portanto, diante de uma série uniforme de pagamentos antecipados.

$$P = R\frac{(1+i)^n - 1}{(1+i)^n \times i}(1+i)$$

$$P = 200\frac{(1,035)^4 - 1}{(1,035)^4 \times 0,035}1,035$$

$$P = \$\ 760,33$$

Exemplo 1.16

Um bem, cujo preço à vista é de $ 2.000,00, pode ser adquirido em cinco prestações mensais, iguais e consecutivas, sendo a primeira delas paga no ato da compra (1 + 4). O custo de financiamento é de 4% a.m. Determine o valor das prestações.

Resolução

O fluxo de caixa da operação, do ponto de vista do cliente comprador, é o seguinte:

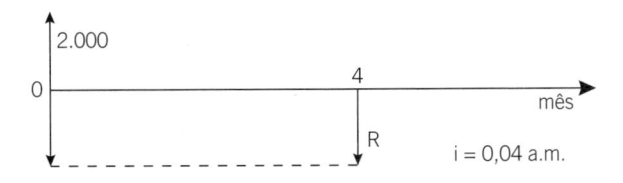

Como se trata de uma série uniforme antecipada, temos:

$$R = P\frac{(1+i)^n \times i}{(1+i)^n - 1} \times \frac{1}{(1+i)}$$

$$R = 2000\frac{(1,04)^5 \times 0,04}{(1,04)^5 - 1} \times \frac{1}{(1,04)}$$

$$R = \$\ 431,98$$

Exemplo 1.17

Determine o fator de financiamento para seis pagamentos mensais antecipados em uma instituição financiadora que opera com taxa de juros de 3% a.m.

Resolução

Conforme vimos anteriormente, a expressão a seguir permite calcular os pagamentos nas séries uniformes antecipadas:

$$R = P \times \frac{(1+i)^n \times i}{(1+i)^n - 1} \times \frac{1}{(1+i)}$$

O fator em destaque é denominado fator de financiamento (β).

No caso em análise, ocorre:

$$\beta = \frac{(1+i)^n \times i}{(1+i)^n - 1} \times \frac{1}{(1+i)}$$

$$\beta = \frac{(1,03)^6 \times 0,03}{(1,03)^6 - 1} \times \frac{1}{1,03}$$

$$\beta = 0,1792$$

NOTA

A expressão $R = P \times \beta$ permite calcular o valor dos pagamentos (R), bastando multiplicar o valor financiado (P) pelo fator de financiamento (β). Nas séries antecipadas o valor financiado é o próprio preço à vista.

Exemplo 1.18

Um indivíduo preocupado com sua aposentadoria poupa em um fundo de renda fixa a quantia de $ 500,00 mensais por 15 anos (180 meses). Durante o período de poupança, o fundo rende, em média, 1% a.m. Determine o montante da poupança no final do período.

Resolução

Podemos esquematizar a situação do seguinte modo:

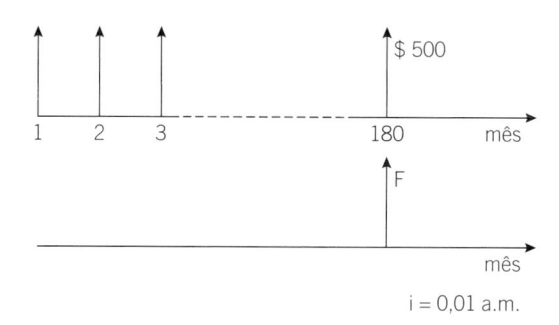

$i = 0,01$ a.m.

O montante ou valor futuro da série de valores mensais poupados é expresso por:

$$F = R \, \frac{(1+i)^n - 1}{i}$$

$$F = 500 \, \frac{(1,01)^{180} - 1}{0,01}$$

$$F = \$\ 249.790,10$$

Exemplo 1.19

Um indivíduo, determinado a comprar um automóvel, começa a reservar imediatamente $ 750,00 por 12 meses, aplicando a uma taxa de 0,5% a.m. para poder dar uma entrada na aquisição do veículo. Determine quanto esse indivíduo terá ao término do período.

Resolução

A situação pode ser esquematizada da seguinte forma:

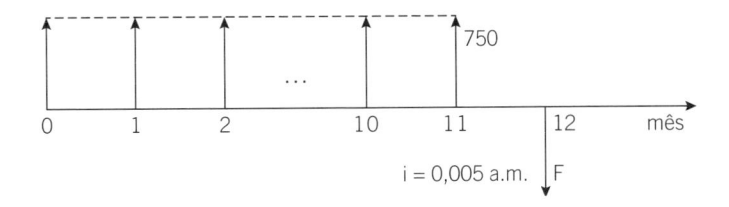

O montante ou valor futuro da série antecipada dos valores poupados é expresso por:

$$F = \frac{R \times (1 + i) \times [(1 + i)^n - 1]}{i}$$

$$F = \frac{750 \times (1 + 0,005) \times [(1 + 0,005)^{12} - 1]}{0,005}$$

$$F = 9.297,93$$

1.8 Métodos de avaliação de investimentos

Os administradores de empresas, independentemente do tamanho delas e do seu campo de atuação, sempre defrontaram-se com a necessidade de avaliar projetos de investimento.

Os métodos para realizar essa avaliação variam desde a pura intuição do administrador aos mais sofisticados modelos matemáticos.

Antes de abordar os métodos de avaliação de investimento, precisamos introduzir um conceito de fundamental importância para o tópico que pretendemos apresentar. Trata-se da taxa mínima de atratividade de um projeto de investimento.

1.8.1 Taxa mínima de atratividade

Na concretização de um projeto de investimento, o capital utilizado é, em geral, remunerado. É o custo da utilização do capital por parte da empresa.

É claro que o projeto de investimento só será interessante, do ponto de vista econômico, se a taxa de rendimento que ele produzir for superior à taxa de custo do capital.

Em outra situação, ao avaliar um projeto, temos de levar em conta a taxa de juros do mercado financeiro. Obviamente, essa taxa de juros funciona como custo de oportunidade.

Para que o projeto seja viável economicamente, a taxa de rendimento do projeto deve, simultaneamente, ser superior à taxa de juros do mercado financeiro e remunerar o investidor pelo risco inerente ao projeto.

Tais situações práticas identificam a taxa de custo do capital (ou a taxa de juros do mercado financeiro) como a taxa de rentabilidade mínima aceitável para um projeto de investimento.

A taxa de custo do capital e a taxa de juros do mercado financeiro constituem-se, cada uma a seu tempo, as referenciais para determinar a taxa mínima de atratividade (TMA) de um projeto e caracterizam um parâmetro para sua aceitação ou rejeição.

1.8.2 Rentabilidade simples

Trata-se de um método muito utilizado para a avaliação de um projeto de investimento. O método baseia-se em uma relação denominada rentabilidade simples do projeto, que indicamos com a letra h.

A rentabilidade simples é a relação entre o fluxo de caixa anual médio provável gerado pelo projeto, indicado por L, e o total do investimento, indicado por G. Desse modo, temos:

$$h = \frac{L}{G} \quad (20)$$

Como podemos ver, o índice h revela o retorno anual por unidade de capital investido no projeto. O projeto de investimento será tanto melhor quanto maior for a quantidade de recuperação de recursos por unidade de investimento.

A grande vantagem desse índice é a facilidade de cálculo, obtido a partir das receitas e custos orçados para o projeto. O índice apresenta, entretanto, a desvantagem básica de não considerar os efeitos do tempo sobre o valor do dinheiro.

Seria um erro calcular a rentabilidade simples utilizando lucro. É importante ter em mente que, quando se utilizam técnicas de análise de investimento, deve-se empregar o fluxo de caixa.

1.8.3 Período de retorno do investimento

Também conhecido por *payback period*, o período de retorno do investimento é um dos métodos de avaliação mais largamente difundidos entre os administradores de empresas.

O método consiste, basicamente, na determinação do número de períodos necessário para recuperar o capital investido.

A partir desse dado, a empresa decide sobre a implementação do projeto, comparando-o com os seus referenciais de tempo para a recuperação do investimento.

Como o método do período de retorno do investimento não leva em conta o valor do dinheiro no tempo, poderão ocorrer situações em que projetos desiguais do ponto de vista do fluxo de caixa apresentem o mesmo *payback period*, tornando-os indiferentes à luz desse indicador.

Essas considerações tornam desaconselhável o uso do método do *payback period* como critério de avaliação de investimento. Deve ser utilizado apenas como informação complementar sobre a recuperação do investimento realizado.

1.8.4 *Payback* descontado

Com a finalidade de contornar parcialmente as restrições mencionadas no *payback period*, de modo a levar em consideração o valor do dinheiro no tempo, o período de retorno de investimento pode ser determinado após serem transferidas para a data zero as entradas e saídas de caixa do projeto por meio da sua taxa mínima de atratividade.

Após transferir as entradas e saídas de caixa para a data zero é possível determinar o número de períodos necessários para recuperar o capital investido, seguindo o método de raciocínio do *payback period*.

Esse método é conhecido como *payback* descontado, pois, para determinar o período de retorno do investimento, é preciso descontar os fluxos até a data zero.

1.8.5 Valor presente líquido

O método do valor presente líquido, também conhecido como método do valor atual líquido, é caracterizado, basicamente, pela transferência para a data zero das entradas e saídas do fluxo de caixa associado ao projeto, tendo como base de cálculo sua taxa mínima de atratividade.

Considerando as entradas e saídas de caixa, representadas ao longo do tempo por R_0, R_1, R_2, ... , R_n:

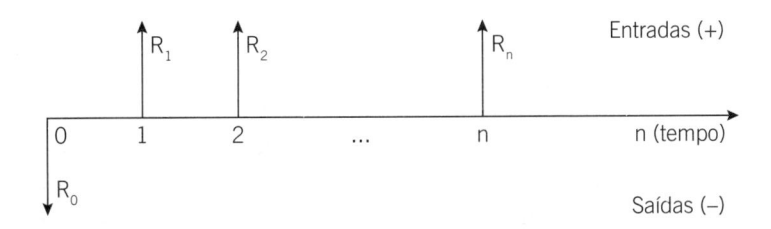

E a taxa mínima de atratividade do projeto, representada por *i*, o valor presente líquido do projeto, indicado por VPL, é obtido pela expressão:

$$VPL = -R_0 + \frac{R_1}{(1+i)} + \frac{R_2}{(1+i)^2} + ... + \frac{R_n}{(1+i)^n}$$

(21)

Ou

$$VPL = -R_0 + \sum_{j=1}^{n} \frac{R_j}{(1+i)^j} \quad (22)$$

O VPL do projeto, calculado segundo a expressão (22), pode ser positivo, negativo ou nulo.

Os projetos convencionais são os mais frequentes. Projeto convencional é aquele no qual (a), a sequência de entradas e saídas de caixa, apresenta uma única mudança de sinal, e (b), a soma das entradas, é maior que a soma das saídas em valores absolutos.

Para um projeto convencional, a representação gráfica da expressão (22), em um diagrama VPLx *i*, é a seguinte:

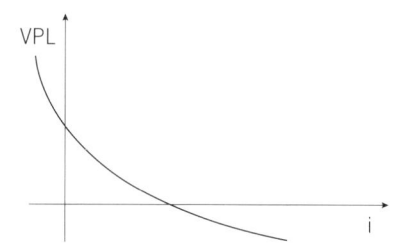

Sendo assim, teremos:

a. **VPL > 0**
   O resultado positivo significa que o valor presente das entradas supera o valor presente das saídas de caixa. Nesse caso, o projeto será economicamente interessante à taxa de juros considerada. Quanto maior o VPL, mais interessante será o projeto de investimento.

b. **VPL = 0**
   Significa que o valor presente das entradas é igual ao valor presente das saídas de caixa. Nesse caso, o projeto ainda não é desinteressante do ponto de vista econômico, pois as entradas futuras são equivalentes aos desembolsos realizados com o projeto. Isso implica dizer que o projeto produz retorno igual à taxa mínima de atratividade do projeto.

c. **VPL < 0**
   Significa que o valor presente das entradas é inferior ao valor presente das saídas de caixa. Nesse caso, o projeto não será economicamente interessante à taxa de juros considerada, pois não ocorre sequer a recuperação do investimento realizado.

1.8.5.1 Valor presente líquido com taxa mínima de atratividade variável

Até aqui admitimos que a taxa mínima de atratividade do projeto se mantenha constante durante seu desenvolvimento. Caso essa taxa varie de modo sensível ao longo do intervalo de tempo em que o projeto ocorre, seu VPL será calculado da seguinte forma:

$$VPL = -R_0 + \frac{R_1}{(1+i_1)} + \frac{R_2}{(1+i_1)(1+i_2)} + \ldots + \frac{R_n}{(1+i_1)(1+i_2)\ldots(1+i_n)} \quad (23)$$

Ou

$$VPL = -R_0 + \sum_{j=1}^{n} \frac{R_j}{\prod_{e=1}^{j} (1+i_e)}$$

Em que $i_1, i_2, \ldots, i_n$ representam as taxas mínimas de atratividade ao longo do tempo.

É importante deixar claro que o VPL de um projeto depende da taxa mínima de atratividade usada em seu cálculo. Não há uma medida única de VPL: ela é função da taxa de juros utilizada.

1.8.6 **Valor presente líquido modificado**

Dada a expressão de cálculo do VPL:

$$VPL = -R_0 + \frac{R_1}{(1+i)} + \frac{R_2}{(1+i)^2} + \ldots + \frac{R_n}{(1+i)^n}$$

É possível escrevê-la da seguinte maneira, fazendo as adequações algébricas necessárias:

$$VPL = -R_0 + R_1 \times (1+i)^{-1} + R_2 \times (1+i)^{-2} + \ldots + R_n \times (1+i)^{-n}$$

Multiplicando e dividindo a expressão destacada a seguir por $(1+i)^n$, temos:

$$VPL = -R_0 + [R_1 \times (1+i)^{-1} + R_2 \times (1+i)^{-2} + \ldots + R_n \times (1+i)^{-n}] \times \frac{(1+i)^n}{(1+i)^n} \quad (24)$$

A expressão (24) mostra que o reinvestimento dos retornos à taxa mínima de atratividade desejada, desde a sua geração até o término do prazo de análise, é uma premissa implícita ao cálculo do VPL.

Nem sempre é possível respeitar essa condição de reinvestimento dos retornos, a mesma TMA, durante toda execução do projeto, sendo necessário fazer os reinvestimentos a taxas diferentes da TMA. Dessa forma, podemos escrever a expressão (24) da seguinte maneira:

$$VPLM = -R_0 + \frac{R_1 \times (1+i')^{n-1} + R_2 \times (1+i')^{n-2} + \ldots + R_n}{(1+i)^n} \quad (25)$$

A expressão (25) permite o cálculo do valor presente líquido modificado, ou seja, o valor na data zero das entradas e saídas do fluxo de caixa associado ao projeto, tendo como base de cálculo sua taxa mínima de atratividade e o reinvestimento dos retornos a taxas diferentes da TMA do projeto.

Com o cálculo do VPLM teremos:

a. **VPLM > 0**

O resultado positivo significa que o valor presente das entradas reinvestidas até o final do prazo de análise à taxa i', descontadas pela TMA do projeto, supera o valor presente das saídas de caixa. Nesse caso, o projeto será economicamente interessante à taxa de juros considerada. Quanto maior o VPLM, mais interessante será o projeto de investimento.

b. **VPLM = 0**

Significa que o valor presente das entradas reinvestidas até o final do prazo de análise à taxa i', descontadas pela TMA do projeto, é igual ao valor presente das saídas de caixa. Nesse caso, o projeto ainda não é desinteressante do ponto de vista econômico, pois as entradas futuras são equivalentes aos desembolsos realizados com o projeto. Isso implica dizer que o projeto produz retorno igual à taxa mínima de atratividade do projeto.

c. **VPLM < 0**

Significa que o valor presente das entradas reinvestidas até o final do prazo de análise à taxa i', descontadas pela TMA do projeto, é inferior ao valor presente das saídas de caixa. Nesse caso, o projeto não será economicamente interessante à taxa de juros considerada, pois não ocorre sequer a recuperação do investimento realizado.

1.8.7 Taxa interna de retorno

Por definição, a taxa interna de retorno (TIR) de um projeto convencional é a taxa de juros i para a qual o VPL é nulo.

Ou seja,

$$-R_0 + \frac{R_1}{(1+i)} + \frac{R_2}{(1+i)^2} + \ldots + \frac{R_n}{(1+i)^n} = 0 \quad (26)$$

A solução da equação anterior é, de modo geral, razoavelmente complexa e exige métodos matemáticos sofisticados.

Para projetos convencionais, a taxa interna de retorno existe e é única.

Do que foi dito até aqui, podemos concluir que a TIR de um projeto é a taxa de juros para a qual o valor presente das entradas iguala, em valores absolutos, o valor presente das saídas do seu fluxo de caixa. Caracteriza, dessa forma, a taxa de remuneração do capital investido.

Após determinar a TIR do projeto, devemos compará-la com sua TMA. O projeto será considerado rentável e, portanto, atraente do ponto de vista econômico, se sua TIR for, no mínimo, igual à TMA. Ou seja, TIR deve ser maior, ou igual, a TMA.

> **NOTA**
>
> O método ora apresentado pressupõe, implicitamente, que os fluxos intermediários de caixa do projeto sejam reinvestidos à sua taxa interna de retorno. Essa premissa é de fundamental importância na utilização prática do método.
>
> Nessa linha de raciocínio, ou seja, no que diz respeito a reinvestimento dos fluxos intermediários à TIR, o método que analisamos é mais adaptado a projetos de maior duração, nos quais a empresa pode efetivamente reinvestir os mencionados fluxos intermediários.

1.8.8 Taxa interna de retorno modificada (TIRM)

Há situações em que a condição de investir os fluxos intermediários à TIR não pode ser respeitada, apesar dos esforços durante a implantação do projeto. O reinvestimento dos retornos a taxas diferentes da TIR não permite que o cálculo da taxa seja feito da maneira apresentada no tópico anterior.

Baseado no que foi apresentado no tópico sobre o valor presente líquido modificado, que permite o reinvestimento dos retornos a taxas diferentes da TMA do projeto, temos:

$$VPLM = -R_0 + \frac{R_1 \times (1 + i')^{n-1} + R_2 \times (1 + i')^{n-2} + \ldots + R_n}{(1 + i)^n}$$

Considerando que a TIRM é a taxa que zera o VPLM, temos:

$$0 = -R_0 + \frac{R_1 \times (1 + i')^{n-1} + R_2 \times (1 + i')^{n-2} + \ldots + R_n}{(1 + TIRM)^n}$$

Isolando a TIRM, temos:

$$TIRM = \left[\frac{R_1 \times (1 + i')^{n-1} + R_2 \times (1 + i')^{n-2} + \ldots + R_n}{R_0}\right]^{\frac{1}{n}} - 1$$

(27)

A expressão (29) permite a determinação da rentabilidade periódica do projeto, considerando o reinvestimento dos fluxos intermediários, até o término do projeto a taxas diferentes da TIR.

Após determinar a TIRM do projeto, devemos compará-la a sua TMA. O projeto será considerado rentável e, portanto, atraente do ponto de vista econômico se sua TIRM for, no mínimo, igual à TMA. Ou seja, TIRM deve ser maior ou igual à TMA.

Exemplo 1.20

Um financiamento bancário internacional apresenta o seguinte fluxo de caixa, do ponto de vista do banco financiador, em dólares:

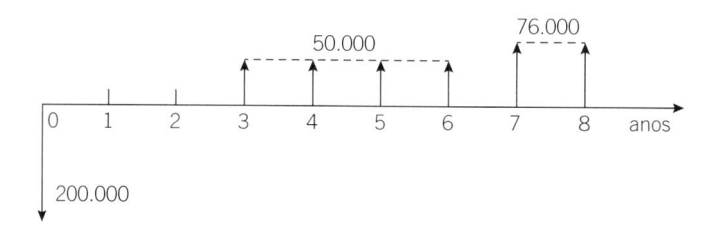

Admitindo que a TMA do banco seja de 8% a.a., determine:

a. O VPL do financiamento
b. A TIR do financiamento

Resolução

a. O VPL do financiamento é calculado pela expressão:

$$VPL = R_0 + \frac{R_1}{(1+i)} + \frac{R_2}{(1+i)^2} + ... + \frac{R_8}{(1+i)^8}$$

Em que,

$R_0 = -200.000$
$R_1 = R_2 = 0$
$R_3 = R_4 = R_5 = R_6 = 50.000$
$R_7 = R_8 = 76.000$
$i = 0,08$ a.a.

Desse modo, temos:

$$VPL = -200.000 + \frac{50.000}{(1,08)^3} + \frac{50.000}{(1,08)^4} + \frac{50.000}{(1,08)^5} + \frac{50.000}{(1,08)^6} + \frac{76.000}{(1,08)^7} + \frac{76.000}{(1,08)^8}$$

Utilizando uma máquina calculadora financeira, obtemos:

VPL = 27.386,45 dólares

b. A TIR do financiamento é obtida por meio da solução da seguinte equação:

$$0 = R_0 + \frac{R_1}{(1+i)} + \frac{R_2}{(1+i)^2} + \ldots + \frac{R_8}{(1+i)^8}$$

E,

$$0 = -200.000 + \frac{50.000}{(1+i)^3} + \frac{50.000}{(1+i)^4} + \frac{50.000}{(1+i)^5} + \frac{50.000}{(1+i)^6} + \frac{76.000}{(1+i)^7} + \frac{76.000}{(1+i)^8}$$

A equação anterior pode ser resolvida por métodos matemáticos sofisticados, entre eles os métodos iterativos, conhecidos por "tentativa e erro".

As máquinas calculadoras financeiras incorporam tais métodos matemáticos e facilitam a obtenção da TIR.

Na máquina calculadora financeira obtemos:

TIR = i = 10,54% a.a.

NOTA

Verifique que VPL > 0 e TIR > TMA. Portanto, o financiamento é interessante economicamente para o banco financiador.

Exemplo 1.21

Uma determinada empresa está examinando dois projetos de investimento com o intuito de melhorar seu desempenho produtivo.

Ano	Projeto A ($)	Projeto B ($)
0	–25.000	–25.000
1	10.000	9.000
2	7.500	8.000
3	7.500	8.000
4	5.000	7.500
5	5.000	7.500
6	5.000	7.500

Determine qual dos projetos deve ser escolhido, utilizando o método do *pay-back period* e, posteriormente, o método do valor presente líquido (VPL), a uma taxa mínima de atratividade (TMA) de 10% a.a.

Resolução

Payback period

Eis os fluxos de caixa acumulados para os projetos A e B:

Ano	Projeto A ($)	Projeto B ($)
0	–25.000	–25.000
1	–15.000	–16.000
2	–7.500	–8.000
3	0	0
4	5.000	7.500
5	10.000	15.000
6	15.000	22.500

Como se pode perceber, em ambos os projetos o *payback period*, ou seja, o tempo de recuperação do investimento inicial é de três anos.

Logo, do ponto de vista do método do *payback period*, é indiferente escolher o projeto A ou o projeto B.

Valor presente líquido (VPL)

- Projeto A

$$VPL_A = -25.000 + \frac{10.000}{1,10} + \frac{7.500}{(1,10)^2} + \frac{7.500}{(1,10)^3} + \frac{5.000}{(1,10)^4} + \frac{5.000}{(1,10)^5} + \frac{5.000}{(1,10)^6}$$

E,

$$VPL_A = \$ \ 5.266,16$$

- Projeto B

$$VPL_B = -25.000 + \frac{9.000}{1,10} + \frac{8.000}{(1,10)^2} + \frac{8.000}{(1,10)^3} + \frac{7.500}{(1,10)^4} + \frac{7.500}{(1,10)^5} + \frac{7.500}{(1,10)^6}$$

E,

$$VPL_B = \$ \ 9.816,97$$

Como $VPL_B > VPL_A$, à taxa de 10% a.a., o projeto B contribui mais para o crescimento do patrimônio líquido da empresa do que o projeto A.

Logo, do ponto de vista do método do valor presente líquido (VPL), o projeto B deve ser o escolhido.

Exemplo 1.22

Um projeto de investimento é representado pelo seguinte fluxo de caixa:

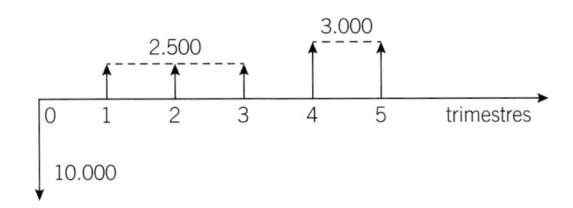

```
                    2.500         3.000
              ↑------↑-----↑  ↑----↑
         ┌────┴──┴───┴─────┴──┴────┴───────→
         0    1   2   3    4   5      trimestres
         ↓
        10.000
```

Se a taxa mínima de atratividade para o investidor é de 6% ao trimestre (a.t.), o projeto deve ser levado adiante? Justifique.

Resolução

a. Usando o método do VPL

$$VPL = -10.000 + \frac{2.500}{1,06} + \frac{2.500}{(1,06)^2} + \frac{2.500}{(1,06)^3} + \frac{3.000}{(1,06)^4} + \frac{3.000}{(1,06)^5}$$

VPL = $ 1.300,59

Como o VPL é positivo, o projeto deve ser implementado.

b. Usando o método da TIR

VPL = 0 ⇒ i = TIR

$$0 = -10.000 + \frac{2.500}{(1+i)} + \frac{2.500}{(1+i)^2} + \frac{2.500}{(1+i)^3} + \frac{3.000}{(1+i)^4} + \frac{3.000}{(1+i)^5}$$

Resolvendo a equação anterior, usando a máquina calculadora financeira, obtemos:

i = TIR = 10,48% a.t.

Como TIR > TMA, o projeto deve ser levado adiante.

Exemplo 1.23

Um eletrodoméstico é vendido à vista por $ 1.300,00 ou, a prazo, por meio de entidade financeira, com uma entrada de $ 300 e mais três pagamentos mensais consecutivos. O primeiro pagamento é de $ 350,00, seguido de um segundo pagamento de $ 400,00, e um terceiro pagamento de $ 450,00. Determine a taxa de juros do financiamento.

Resolução

O fluxo de caixa da operação, do ponto de vista do comprador, é o seguinte:

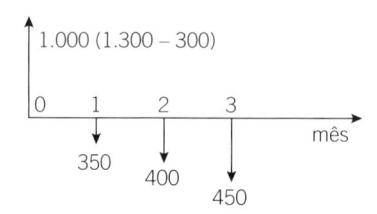

A taxa de juros do financiamento corresponde à taxa interna de retorno do fluxo de caixa.
Logo, como VPL = 0 $\Rightarrow$ i = TIR, temos:

$$0 = 1.000 - \frac{350}{(1+i)} - \frac{400}{(1+i)^2} - \frac{450}{(1+i)^3}$$

Resolvendo a equação anterior, obtemos:

$i = TIR = 9,28\%$ a.m.

Exemplo 1.24

Uma empresa pretende construir uma indústria. Após as análises de mercado, estimam-se os seguintes fluxos de caixa para o empreendimento:

	Ano	Valor (em milhares de U$)
Investimento inicial	0	–40.000
Fluxo de caixa anual antes dos investimentos adicionais	1 a 4	10.000
Investimento adicional	4	–20.000
Fluxo de caixa anual antes dos investimentos adicionais	5 a 8	15.000
Valor residual	8	5.000

O investimento adicional será realizado com a retenção de 50% dos fluxos de caixa gerados anualmente durante os quatro primeiros anos e aplicados a 10% a.a.

A taxa mínima de atratividade da empresa é de 10% a.a.

Determinar a taxa de retorno do empreendimento e se ele deve ser implementado.

Resolução

O fluxo de caixa do empreendimento é o seguinte:

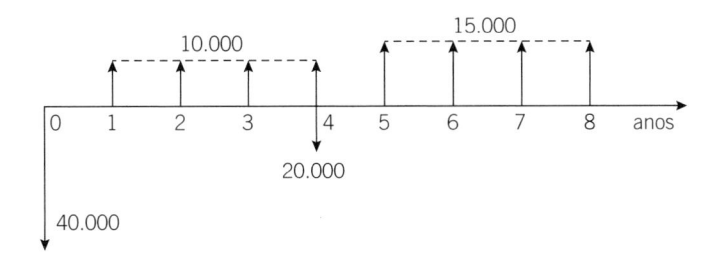

O investimento adicional será lastreado com a retenção de 50% de U$ 10.000, ou seja, U$ 5.000 por ano, durante os quatro primeiros anos. Tal retenção será investida a 10% a.a. No fim do quarto ano teremos o seguinte montante da aplicação:

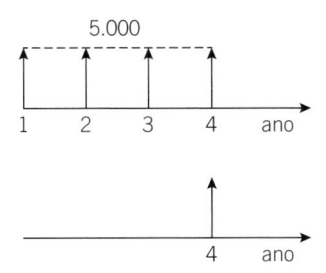

$$F = 5.000 \frac{(1 + 0,10)^4 - 1}{0,10}$$

$$F = \$ 23.205$$

Logo, o montante da aplicação devido à retenção será suficiente para o investimento adicional de U$ 20.000,00, previsto para o ano 4, e ainda restarão U$ 3.205 que serão acrescidos ao fluxo do ano 4.

Sendo assim, então, o fluxo de caixa definitivo será:

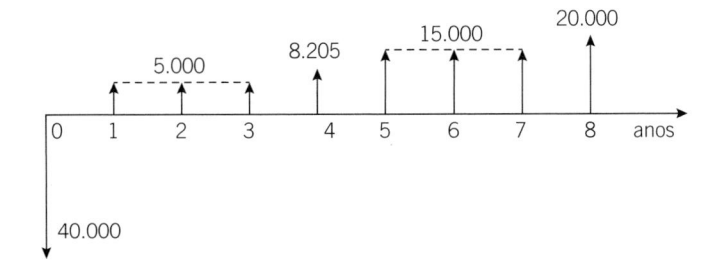

A taxa de retorno do empreendimento corresponde à taxa interna de retorno do fluxo de caixa anterior. Isto é:

$$0 = -40.000 + \frac{5.000}{(1+i)} + \frac{5.000}{(1+i)^2} + \frac{5.000}{(1+i)^3} + \frac{8.205}{(1+i)^4} + \frac{15.000}{(1+i)^5} + \frac{15.000}{(1+i)^6} + \frac{15.000}{(1+i)^7} + \frac{20.000}{(1+i)^8}$$

Lançando mão de uma calculadora financeira, obtemos:

i = TIR = 16,28% a.a.

Como TIR > TMA, o empreendimento deve ser implementado.

Como curiosidade, a contribuição do empreendimento para o patrimônio líquido da empresa, ou seja, o seu VPL, à taxa mínima de atratividade, vale:

$$VPL = -40.000 + \frac{5.000}{(1,10)} + \frac{5.000}{(1,10)^2} + \frac{5.000}{(1,10)^3} + \frac{8.205}{(1,10)^4} + \frac{15.000}{(1,10)^5} + \frac{15.000}{(1,10)^6} + \frac{15.000}{(1,10)^7} + \frac{20.000}{(1,10)^8}$$

VPL = U$ 12.846,83

Exemplo 1.25

Uma loja de brinquedos possui um rendimento mensal de $ 20.000,00. Um indivíduo se interessa pelo negócio e deseja saber qual a quantia que deverá oferecer ao dono da loja, a fim de comprar o estabelecimento. Sabendo que a taxa de juros do período é de 0,6 a.m. e que o valor do imóvel utilizado para as vendas é de $ 100.000,00. Calcule o valor presente da loja.

Resolução

Dado que o problema se trata de uma série perpétua uniforme, para calcularmos o valor presente dos rendimentos da loja, temos:

$$VP = \frac{R}{i}$$

R = 20.000

i = 0,006

$$VP = \frac{20.000}{0,006} = 3.333.333,33$$

Adicionando a esse valor presente o valor do imóvel da loja, obtemos o valor presente total do negócio:

VP_{total} = VP + 100.000 = $ 3.433.333,33

Exemplo 1.26

Um poço de petróleo gera um rendimento anual de $ 1.000.000,00; a uma progressão g = 7% a.a. Seu proprietário, a fim de obter um capital imediato, deseja saber a que preço deverá avaliar seu negócio para disponibilizá-lo à venda. Sabendo que a taxa de juros do período é de 8% a.a., calcule o valor presente do poço de petróleo.

Resolução

Dado que o problema se trata de uma série com progressão geométrica com $i > g$, temos:

$$VP = \frac{R(1+g)}{i-g}$$

$R = 1.000.000$
$i = 0,08$
$g = 0,07$

$$VP = \frac{1.000.000(1+0,07)}{0,08-0,07} = \$\ 107.000.000$$

Exemplo 1.27

Uma mineradora fez um investimento de $ 2.000.000 em equipamentos, de modo que no ano seguinte consiga adicionar em minérios à sua produção um valor de $ 1.500.000 no ano 1, $ 1.000.000 no ano 2 e $ 800.000 no ano 3. Sabendo que a taxa mínima de atratividade para o investidor é de i = 7% a.a., e a taxa de reinvestimento obtida nos períodos é de i' = 7,2% a.a., calcule o valor presente líquido e a taxa interna de retorno modificados do projeto.

Resolução

Calculando o valor dos reinvestimentos até a data do final do projeto, temos:

$VF_1 = 1.500.000(1 + 0,072)^2 = 1.723.776$

$VF_2 = 1.000.000(1 + 0,072) = 1.072.000$

$VF_3 = 800.000$

$VF_{i'} = VF_1 + VF_2 + VF_3 = 3.595.776$

Descontando para o período inicial, o valor futuro obtido pelos reinvestimentos à taxa mínima de atratividade, temos:

$$VP_i = \frac{(3.595.776)}{(1,07)^3} = 2.935.224,32$$

Descontando o valor do investimento inicial, $R_0 = 2.000.000$ dos reinvestimentos na data presente, e $VP_i = 2.935.224,32$, chegamos ao VPLM:

$VPLM = VP_i - R_0 = 935.224,32$

Calculando a TIRM, temos:

$$TIRM = \left(\frac{VF_{i'}}{R_0}\right)^{\frac{1}{n}} - 1 = \left(\frac{3.595.776}{2.000.000}\right)^{\frac{1}{3}} = 21,6\% \text{ a.a.}$$

Exemplo 1.28

Uma indústria, em busca de melhorar sua produção, analisa dois investimentos com o seguinte fluxo:

Ano	Investimento A ($)	Investimento B ($)
0	–100.000	–105.000
1	30.000	50.000
2	40.000	70.000
3	60.000	70.000
4	65.000	70.000
5	65.000	70.000
6	65.000	70.000

A partir dos dados, analise os investimentos com o método *pay-back* descontado, definindo qual deles é o mais rentável a uma taxa de 8% a.a.

Resolução

Para encontrarmos o melhor investimento pelo método pedido, descontamos os valores de cada ano para o ano 0:

Investimento A

Entrada ano 1: $VP_{A1} = \dfrac{30.000}{1,08} = 27.777,78$

Entrada ano 2: $VP_{A2} = \dfrac{40.000}{(1,08)^2} = 34.293,55$

Entrada ano 3: $VP_{A3} = \dfrac{60.000}{(1,08)^3} = 47.629,93$

Nesse período, notamos que as entradas descontadas no ano 0 (zero) já somam um valor superior ao do investimento inicial, sendo assim, o ano 3 é o período de retorno do investimento.

Investimento B

Entrada ano 1: $VP_{B1} = \dfrac{50.000}{1,08} = 46.296,30$

Entrada ano 2: $VP_{B2} = \dfrac{70.000}{(1,08)^2} = 60.013,72$

Nesse período, notamos que as entradas descontadas no ano 0 (zero) já somam um valor superior ao do investimento inicial, sendo assim, o ano 2 é o período de retorno do investimento.

Como o período de retorno do investimento do projeto B antecede ao do projeto A, concluímos que o investimento B é o mais rentável para a indústria.

1.8.9 Sistemas de amortização

1.8.9.1 Sistema de amortização francês (Tabela Price)

O sistema de amortização francês, também conhecido como Tabela Price ou Sistema Price, é caracterizado por apresentar prestações periódicas, iguais e consecutivas, sendo que o valor de cada prestação é composto por uma parcela de juros e outra de capital (amortização). Nesse sistema as amortizações são crescentes e os juros decrescentes, pois estes incidem sobre o saldo devedor que também é decrescente.

Para determinar o valor das prestações a serem pagas, utilizamos a mesma expressão da série uniforme postecipada de pagamentos:

$$R = P \frac{(1+i)^n \times i}{(1+i)^n - 1}$$

Os juros são calculados a partir do saldo devedor do período anterior:

$$J_{n+1} = i \times SD_n$$

A amortização é determinada fazendo a diferença entre a prestação e os juros do período:

$$A_n = R - J_n$$

O saldo devedor do período seguinte é determinado fazendo o saldo devedor do período anterior, menos a amortização do período:

$$SD_{n+1} = SD_n - A_{n+1}$$

Exemplo 1.29

Uma empresa adquire uma dívida de $ 50.000,00, com juros de 1,3% a.m. (mês com 30 dias), por 15 meses. Sabendo que o sistema de amortização desse financiamento é o francês, monte uma tabela detalhando o fluxo do pagamento desse empréstimo, informando o valor de juros, o de amortização e o da parcela para cada pagamento.

Resolução

No caso, temos:

P = 50.000,00

n = 15 meses

i = 1,3% a.m. (30 dias)

$$R = P \frac{(1+i)^n \times i}{(1+i)^n - 1} = 50.000 \frac{(1+0{,}013)^{15} \times 0{,}013}{(1+0{,}013)^{15} - 1} = 3.690{,}4$$

Mês 1

$R = 3.690,44$
$J_1 = i \times SD$
$J_1 = 0,013 \times 50.000 = 650,00$
$A_1 = R - J_1$
$A_1 = 3.690,44 - 650$
$A_1 = 3.040,44$
$SD_1 = 50.000 - 3.040,44 = 46.959,56$

Mês 2

$R = 3.690,44$
$J_2 = i \times SD_1$
$J_1 = 0,013 \times 46.959,56 = 610,47$
$A_2 = R - J_2$
$A_2 = 3.690,44 - 610,47$
$A_2 = 3.079,97$
$SD_2 = 46.959,56 - 3.079,97 = 43.879,59$

Esse processo deve ser repetido para os períodos seguintes até o saldo devedor igualar a zero. A amortização dessa operação pode ser representada pela Tabela 1.1:

Tabela 1.1 | Planilha do empréstimo

n (mês)	Saldo devedor (SD_n)	Amortização (A_n)	Juros (J_n)	Prestação (R)
0	50.000,00	–	–	–
1	46.959,56	3.040,44	650,00	3.690,44
2	43.879,59	3.079,97	610,47	3.690,44
3	40.759,58	3.120,01	570,43	3.690,44
4	37.599,01	3.160,57	529,87	3.690,44
5	34.397,36	3.201,65	488,79	3.690,44
6	31.154,09	3.243,27	447,17	3.690,44
7	27.868,65	3.285,44	405,00	3.690,44
8	24.540,50	3.328,15	362,29	3.690,44
9	21.169,09	3.371,41	319,03	3.690,44
10	17.753,85	3.415,24	275,20	3.690,44
11	14.294,21	3.459,64	230,80	3.690,44
12	10.789,59	3.504,62	185,82	3.690,44
13	7.239,41	3.550,18	140,26	3.690,44
14	3.643,08	3.596,33	94,11	3.690,44
15	–	3.643,08	47,36	3.690,44
Total	–	50.000		

Ao término do financiamento, o saldo devedor é zerado e o valor total das amortizações é igual ao emprestado no começo da operação. Os juros são calculados a partir do saldo devedor do período anterior, dessa forma, são decrescentes ao longo do tempo. Para respeitar a condição de prestação constante, as amortizações apresentam valores crescentes.

Sistema de amortização francês com carência

Nas operações de crédito é possível, muitas vezes, diferir a data de início dos pagamentos. A carência permite a postergação do início do pagamento do principal, podendo incluir ou não os juros da operação, dependendo das condições determinadas pelos contratos. A seguir, serão apresentados dois exemplos de um financiamento amortizado pelo Sistema de amortização francês com carência, com a inclusão e exclusão dos juros ao principal durante o período de carência.

Exemplo 1.30

Dívida com carência de amortização e pagamento de juros mensais

Considerando os dados do Exemplo 1.29, agora com a primeira prestação ocorrendo quatro meses após o início da dívida, e havendo pagamento mensal dos juros durante esse período, monte uma nova tabela detalhando o sequenciamento do pagamento do empréstimo.

Resolução

O novo plano de financiamento pode ser representado pela Tabela 1.2:

Tabela 1.2 | Planilha do empréstimo

n (mês)	Saldo devedor (SD_n)	Amortização (A_n)	Juros (J_n)	Prestação (R)
0	50.000,00	–	–	–
1	50.000,00	–	650,00	650,00
2	50.000,00	–	650,00	650,00
3	50.000,00	–	650,00	650,00
4	46.959,56	3.040,44	650,00	3.690,44
5	43.879,59	3.079,97	610,47	3.690,44
6	40.759,58	3.120,01	570,43	3.690,44
7	37.599,01	3.160,57	529,87	3.690,44
8	34.397,36	3.201,65	488,79	3.690,44
9	31.154,09	3.243,27	447,17	3.690,44
10	27.868,65	3.285,44	405,00	3.690,44
11	24.540,50	3.328,15	362,29	3.690,44
12	21.169,09	3.371,41	319,03	3.690,44
13	17.753,85	3.415,24	275,20	3.690,44
14	14.294,21	3.459,64	230,80	3.690,44
15	10.789,59	3.504,62	185,82	3.690,44
16	7.239,41	3.550,18	140,26	3.690,44
17	3.643,08	3.596,33	94,11	3.690,44
18	–	3.643,08	47,36	3.690,44
Total	–	50.000		

Nos três períodos iniciais há somente o pagamento dos juros referentes ao financiamento (50.000 × 0,013). Na sequência, o programa de financiamento segue a mesma estrutura e particularidades apresentadas na resolução do Exemplo 1.29, porém o total de juros e prestações pagos na operação são maiores.

Exemplo 1.31

Dívida em carência de amortização e sem pagamento de juros mensais

Considerando os dados do Exemplo 1.29, agora com a primeira prestação ocorrendo quatro meses após o início da dívida, e sem pagamento de juros durante esse período, monte uma nova tabela detalhando o sequenciamento do pagamento do empréstimo. Nesse caso, os juros não pagos serão acrescidos ao saldo devedor inicial, mês a mês, aumentando a dívida.

Resolução

O novo plano de financiamento pode ser apresentado pela Tabela 1.3:

Tabela 1.3 | Planilha do empréstimo

n (mês)	Saldo devedor (SD_n)	Amortização (A_n)	Juros (J_n)	Prestação (R)
0	50.000,00	–	–	–
1	50.650,00	–	(650,00)	–
2	51.308,45	–	(658,45)	–
3	51.975,46	–	(667,01)	–
4	48.814,89	3.160,57	675,68	3.836,25
5	45.613,23	3.201,66	634,59	3.836,25
6	42.369,95	3.243,28	592,97	3.836,25
7	39.084,51	3.285,44	550,81	3.836,25
8	35.756,36	3.328,15	508,10	3.836,25
9	32.384,94	3.371,42	464,83	3.836,25
10	28.969,69	3.415,25	421,00	3.836,25
11	25.510,05	3.459,64	376,61	3.836,25
12	22.005,43	3.504,62	331,63	3.836,25
13	18.455,25	3.550,18	286,07	3.836,25
14	14.858,92	3.596,33	239,92	3.836,25
15	11.215,84	3.643,08	193,17	3.836,25
16	7.525,40	3.690,44	145,81	3.836,25
17	3.786,98	3.738,42	97,83	3.836,25
18	–	3.786,98	49,27	3.836,25
Total	–	51.975,46		

1.8.9.2 Sistema de amortização constante (SAC)

O sistema de amortização constante é caracterizado por apresentar amortizações do principal sempre constantes em todo o período da operação, sendo que o valor de cada prestação é composto por uma parcela de juros e outra de capital (amortização). Nesse sistema as prestações são periódicas, sucessivas e decrescentes em progressão aritmética.

A amortização é determinada fazendo a divisão do valor do empréstimo pelo número de prestações:

$$A = \frac{\text{valor do empréstimo}}{\text{N. de prestações}}$$

Os juros são calculados a partir do saldo devedor do período anterior:

$$J_{n+1} = i \times SD_n$$

O saldo devedor do período seguinte é determinado calculando o saldo devedor do período anterior menos a amortização do período:

$$SD_{n+1} = SD_n - A$$

Para determinar o valor das prestações a serem pagas, soma-se o valor da amortização aos juros do período:

$$R_n = A + J_n$$

Exemplo 1.32

Uma empresa adquire uma dívida de $ 75.000,00, com juros de 2,4% a.m., por 15 meses. Sabendo que o sistema de amortização desse financiamento é o SAC, monte uma tabela detalhando o sequenciamento do pagamento desse empréstimo.

Resolução

Temos:

P = 75.000

n = 15 meses

i = 2,4% a.m.

$$A = \frac{\text{Valor do empréstimo}}{\text{N. de prestações}}$$

$$A = \frac{75.000}{15} = 5.000$$

Mês 1

$A = 5.000$
$J_1 = i \times SD_0$
$J_1 = 0,024 \times 75.000 = 1.800,00$
$R_1 = 5.000 + 1.800 = 6.800$
$SD_1 = 75.000 - 5.000 = 70.000$

Mês 2

$A = 5.000$
$J_2 = i \times SD_1$
$J_2 = 0,024 \times 70.000 = 1.680,00$
$R_2 = 5.000 + 1.680 = 6.680$
$SD_2 = 70.000 - 5.000 = 65.000$

Esse processo deve ser repetido para os períodos seguintes até o saldo devedor igualar a zero. A amortização dessa operação pode ser representada pela Tabela 1.4:

Tabela 1.4 | Planilha do empréstimo

n (mês)	Saldo devedor (SD_n)	Amortização (A_n)	Juros (J_n)	Prestação (R)
0	75.000,00	–	–	–
1	70.000,00	5.000,00	1.800,00	6.800,00
2	65.000,00	5.000,00	1.680,00	6.680,00
3	60.000,00	5.000,00	1.560,00	6.560,00
4	55.000,00	5.000,00	1.440,00	6.440,00
5	50.000,00	5.000,00	1.320,00	6.320,00
6	45.000,00	5.000,00	1.200,00	6.200,00
7	40.000,00	5.000,00	1.080,00	6.080,00
8	35.000,00	5.000,00	960,00	5.960,00
9	30.000,00	5.000,00	840,00	5.840,00
10	25.000,00	5.000,00	720,00	5.720,00
11	20.000,00	5.000,00	600,00	5.600,00
12	15.000,00	5.000,00	480,00	5.480,00
13	10.000,00	5.000,00	360,00	5.360,00
14	5.000,00	5.000,00	240,00	5.240,00
15	–	5.000,00	120,00	5.120,00
Total	–	75.000,00		

Ao término do financiamento, o saldo devedor é zerado e o valor total das amortizações é igual ao emprestado no começo da operação. Os juros são calculados a partir do saldo devedor do período anterior; dessa forma, são decrescentes ao longo do tempo. Consequentemente o valor das prestações também decresce.

Sistema de amortização constante com carência

Assim como nas operações de crédito do Sistema de amortização francês é possível, muitas vezes, diferir a data de início dos pagamentos no SAC. A carência permite a postergação do início do pagamento do principal, podendo incluir ou não os juros da operação, dependendo das condições determinadas pelos contratos. A seguir, serão apresentados três exemplos de um financiamento amortizado pelo SAC com carência, com a inclusão e exclusão dos juros ao principal durante o período de carência.

Exemplo 1.33

Dívida com carência da amortização e pagamento de juros mensais

Considerando o Exemplo 1.32, porém sabendo que no contrato foi definido que a primeira prestação ocorrerá quatro meses após o início da dívida, e com pagamento dos juros durante esse período, monte uma nova tabela detalhando o fluxo do pagamento do empréstimo.

Resolução

O novo plano de financiamento pode ser representado pela Tabela 1.5:

Tabela 1.5 | Planilha do empréstimo

n (mês)	Saldo devedor (SD_n)	Amortização (A_n)	Juros (J_n)	Prestação (R)
0	75.000,00	–	–	–
1	75.000,00	–	1.800,00	1.800,00
2	75.000,00	–	1.800,00	1.800,00
3	75.000,00	–	1.800,00	1.800,00
4	70.000,00	5.000,00	1.800,00	6.800,00
5	65.000,00	5.000,00	1.680,00	6.680,00
6	60.000,00	5.000,00	1.560,00	6.560,00
7	55.000,00	5.000,00	1.440,00	6.440,00
8	50.000,00	5.000,00	1.320,00	6.320,00
9	45.000,00	5.000,00	1.200,00	6.200,00
10	40.000,00	5.000,00	1.080,00	6.080,00
11	35.000,00	5.000,00	960,00	5.960,00
12	30.000,00	5.000,00	840,00	5.840,00
13	25.000,00	5.000,00	720,00	5.720,00
14	20.000,00	5.000,00	600,00	5.600,00
15	15.000,00	5.000,00	480,00	5.480,00
16	10.000,00	5.000,00	360,00	5.360,00
17	5.000,00	5.000,00	240,00	5.240,00
18	–	5.000,00	120,00	5.120,00
Total	–	75.000,00		

Nos três períodos iniciais há somente o pagamento dos juros referentes ao financiamento (75.000 × 0,024). Ao término do período de carência, com o prazo entre as parcelas de um mês (com 30 dias), o programa de financiamento segue a mesma estrutura e particularidades apresentadas na resolução do Exemplo 1.32, porém o total de juros das prestações pagos na operação são maiores. Ao término do financiamento, o saldo devedor é zerado e o valor total das amortizações é igual ao emprestado do começo da operação.

Exemplo 1.34

Dívida com carência de amortização e sem pagamento de juros mensais

Considerando o Exemplo 1.32, porém sabendo que no contrato foi definido que a primeira prestação ocorrerá quatro meses após o início da dívida e o pagamento dos juros será feito juntamente com a primeira prestação, monte uma nova tabela detalhando o fluxo do pagamento do empréstimo.

Resolução

O novo plano de financiamento pode ser representado pela Tabela 1.6:

Tabela 1.6 | Planilha do empréstimo

n (mês)	Saldo devedor (SD_n)	Amortização (A_n)	Juros (J_n)	Prestação (R)
0	75.000,00	–	–	–
1	76.800,00	–	(1.800,00)	–
2	78.643,20	–	(1.843,20)	–
3	80.530,64	–	(1.887,44)	–
4	70.000,00	5.000,00	1.932,74	6.932,74
5	65.000,00	5.000,00	1.680,00	6.680,00
6	60.000,00	5.000,00	1.560,00	6.560,00
7	55.000,00	5.000,00	1.440,00	6.440,00
8	50.000,00	5.000,00	1.320,00	6.320,00
9	45.000,00	5.000,00	1.200,00	6.200,00
10	40.000,00	5.000,00	1.080,00	6.080,00
11	35.000,00	5.000,00	960,00	5.960,00
12	30.000,00	5.000,00	840,00	5.840,00
13	25.000,00	5.000,00	720,00	5.720,00
14	20.000,00	5.000,00	600,00	5.600,00
15	15.000,00	5.000,00	480,00	5.480,00
16	10.000,00	5.000,00	360,00	5.360,00
17	5.000,00	5.000,00	240,00	5.240,00
18	–	5.000,00	120,00	5.120,00
Total	–	75.000,00		

Nos três períodos iniciais não há o pagamento dos juros referentes ao financiamento e a dívida foi rolada seguindo as regras de cálculo de valor futuro ($FV_{n+1} = PV_n \times (1 + i)$). Na sequência, há o pagamento total dos juros acumulados juntamente com a primeira prestação, após o valor ser corrigido de acordo com a taxa vigente. A partir do quarto mês, o programa de financiamento segue a mesma estrutura e particularidades apresentadas na resolução do Exemplo 1.32, porém o total de juros e prestações pagos na operação são maiores. Ao término do financiamento, o saldo devedor é zerado e o valor total das amortizações é igual ao emprestado do começo da operação.

1.8.9.3 Sistema de amortização americano (SAA)

O sistema de amortização americano é caracterizado por apresentar a devolução do principal emprestado somente ao término do período da operação. Nesse sistema não ocorrem amortizações intermediárias e normalmente os juros são pagos periodicamente.

As operações do sistema de amortização americano podem ser representadas pelo seguinte fluxo de caixa:

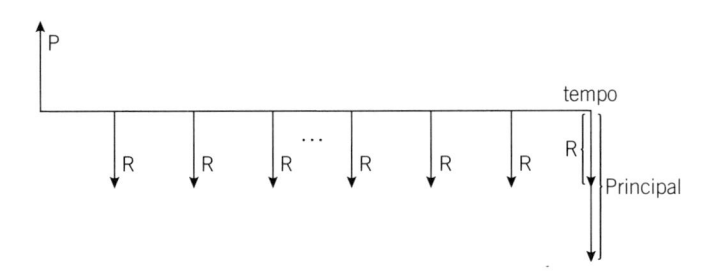

Os juros são calculados a partir do saldo devedor do período anterior:

$$J_{n+1} = i \times SD_n$$

Exemplo 1.35

Uma empresa adquire uma dívida de $ 150.000,00, com juros de 0,8% a.m., por 15 meses. Sabendo que o sistema de amortização desse financiamento é o americano, monte uma tabela detalhando o sequenciamento do pagamento desse empréstimo.

Resolução

Temos:

P = 150.000

n = 15 meses

i = 0,8% a.m.

Mês 1

Os juros são calculados da seguinte forma:

$J_{n+1} = i \times SD_n$

$J_1 = i \times SD_0 = 0,008 \times 150.000 = 1.200$

Mês 2

Os juros são calculados da seguinte forma:

$J_2 = i \times SD_1 = 0,008 \times 150.000 = 1.200$

Esse processo deve ser repetido para os períodos seguintes até o término da operação. A amortização dessa operação pode ser representada pela Tabela 1.7:

Tabela 1.7 | Planilha do empréstimo

n (mês)	Saldo devedor (SD_n)	Amortização (A_n)	Juros (J_n)	Prestação (R)
0	150.000,00	–	–	–
1	150.000,00	–	1.200,00	1.200,00
2	150.000,00	–	1.200,00	1.200,00
3	150.000,00	–	1.200,00	1.200,00
4	150.000,00	–	1.200,00	1.200,00
5	150.000,00	–	1.200,00	1.200,00
6	150.000,00	–	1.200,00	1.200,00
7	150.000,00	–	1.200,00	1.200,00
8	150.000,00	–	1.200,00	1.200,00
9	150.000,00	–	1.200,00	1.200,00
10	150.000,00	–	1.200,00	1.200,00
11	150.000,00	–	1.200,00	1.200,00
12	150.000,00	–	1.200,00	1.200,00
13	150.000,00	–	1.200,00	1.200,00
14	150.000,00	–	1.200,00	1.200,00
15	–	150.000,00	1.200,00	151.200,00
Total	–	150.000,00		

O principal é carregado integralmente até o término do período, sendo amortizado no último mês. Os juros são pagos a cada período, de acordo com a taxa vigente na operação.

Exemplo 1.36

Um imóvel no valor de $ 300.000,00 é financiado com juros de 1,1% a.m. (mês com 30 dias), por 20 meses. Utilizando o sistema Price de amortização, construa uma tabela detalhando o fluxo do pagamento desse financiamento informando o valor de juros, o de amortização e o da parcela a cada pagamento.

Resolução

Temos:

P = $ 300.000

n = 20 meses

i = 1,1% a.m. (mês com 30 dias)

$$R = P \frac{(1+i)^n \times i}{(1+i)^n - 1}$$

$$R = 300.000 \frac{(1+0,011)^{20} \times 0,011}{(1+0,011)^{20} - 1} = 16.792,47$$

Mês 1

$R = 16.792,47$
$J_1 = i \times SD_0$
$J_1 = 0,011 \times 300.000 = 3.300,00$
$A_1 = R - J_1$
$A_1 = 16.792,47 - 3.300,00 = 13.492,47$
$SD_1 = 300.000 - 13.492,47 = 286.507,53$

Mês 2

$R = 16.792,47$
$J_2 = i \times SD_1$
$J_2 = 0,011 \times 286.507,53 = 3.151,58$
$A_2 = R - J_2$
$A_2 = 16.792,47 - 3.151,58$
$A_2 = 13.640,89$
$SD_2 = 286.507,53 - 13.640,89 = 272.866,64$

Esse processo se repete para os períodos seguintes até o saldo devedor igualar a zero.

A amortização dessa operação pode ser representada pela Tabela 1.8:

Tabela 1.8 | Planilha do empréstimo

n (mês)	Saldo devedor (SD_n)	Amortização (A_n)	Juros (J_n)	Prestação (R)
0	300.000,00	–	–	–
1	286.507,53	13.492,47	3.300,00	16.792,47
2	272.866,64	13.640,89	3.151,58	16.792,47
3	259.075,70	13.790,94	3.001,53	16.792,47
4	245.133,06	13.942,64	2.849,83	16.792,47
5	231.037,05	14.096,01	2.696,46	16.792,47
6	216.785,99	14.251,06	2.541,41	16.792,47
7	202.378,17	14.407,82	2.384,65	16.792,47
8	187.811,86	14.566,31	2.226,16	16.792,47
9	173.085,32	14.726,54	2.065,93	16.792,47
10	158.196,79	14.888,53	1.903,94	16.792,47
11	143.144,48	15.052,31	1.740,16	16.792,47
12	127.926,60	15.217,88	1.574,59	16.792,47
13	112.541,32	15.385,28	1.407,19	16.792,47
14	96.986,80	15.554,52	1.237,95	16.792,47
15	81.261,18	15.725,62	1.066,85	16.792,47
16	65.362,58	15.898,60	893,87	16.792,47
17	49.289,10	16.073,48	718,99	16.792,47
18	33.038,81	16.250,29	542,18	16.792,47
19	16.609,77	16.429,04	363,43	16.792,47
20	–	16.609,77	182,70	16.792,47
Total	–	300.000,00		

Exemplo 1.37

Uma pessoa adquire uma dívida de $ 50.000,00, com juros de 0,95% a.a., por 10 meses. Sabendo que a primeira prestação ocorrerá três meses após o início da dívida, com pagamento mensal dos juros nesse período, e que o sistema de amortização desse financiamento é o francês, monte uma tabela demonstrando o fluxo de pagamento desse empréstimo que informe o valor de juros, o de amortização e o da parcela para cada pagamento.

Resolução

Temos:

P = 50.000

n = 18 meses (15 prestações + 3 meses de carência)

i = 0,95% a.m. (30 dias)

$$R = P\frac{(1+i)^n \times i}{(1+i)^n - 1}$$

$$R = 50.000\frac{(1+0,0095)^{15} \times 0,0095}{(1+0,0095)^{15} - 1} = 3.592,25$$

Meses 1, 2 e 3

Período de carência, porém, com juros cobrados: $J_1 = J_2 = J_3 = 475$

Mês 3

R = 3.592,25

$J_3 = i \times SD$

$J_3 = 0,0095 \times 50.000 = 475$

$A_3 = R - J_1$

$A_3 = 3.592,25 - 475$

$A_3 = 3.117,25$

$SD_3 = 50.000 - 3.117,25 = 46.882,75$

Mês 4

R = 3.592,25

$J_4 = i \times SD_1$

$J_4 = 0,0095 \times 46.882,75 = 445,39$

$A_4 = R - J_5$

$A_4 = 3.592,25 - 445,39$

$A_4 = 3.146,86$

$SD_4 = 46.882,75 - 3.146,86 = 43.735,89$

Esse processo se repete nos períodos seguintes até o saldo devedor igualar a zero.

A amortização dessa operação pode ser representada pela Tabela 1.9:

Tabela 1.9 | Planilha do empréstimo

n (mês)	Saldo devedor (SD_n)	Amortização (A_n)	Juros (J_n)	Prestação (R)
0	50.000,00	–	–	–
1	50.000,00	–	475,00	475,00
2	50.000,00	–	475,00	475,00
3	46.882,75	3.117,25	475,00	3.592,25
4	43.735,89	3.146,86	445,39	3.592,25
5	40.559,13	3.176,76	415,49	3.592,25
6	37.352,19	3.206,94	385,31	3.592,25
7	34.114,79	3.237,40	354,85	3.592,25
8	30.846,63	3.268,16	324,09	3.592,25
9	27.547,42	3.299,21	293,04	3.592,25
10	24.216,87	3.330,55	261,70	3.592,25
11	20.854,68	3.362,19	230,06	3.592,25
12	17.460,55	3.394,13	198,12	3.592,25
13	14.034,18	3.426,37	165,88	3.592,25
14	10.575,25	3.458,93	133,32	3.592,25
15	7.083,46	3.491,79	100,46	3.592,25
16	3.558,50	3.524,96	67,29	3.592,25
17		3.558,50	33,75	3.592,25
Total		50.000	4.833,75	

Exemplo 1.38

Um carro no valor de $ 30.000,00 foi financiado em 15 meses, com juros de 0,8%. Utilizando o sistema de amortização constante (SAC), demonstre em uma tabela o fluxo de pagamentos desse financiamento informando os juros, amortizações e as parcelas de cada pagamento.

Resolução

Temos:

P = 30.000

n = 15 meses

i = 0,8% a.m.

$$A = \frac{\text{Valor do empréstimo}}{\text{N. de prestações}}$$

$$A = \frac{30.000}{15} = 2.000$$

Mês 1

$A = 2.000$
$J_1 = i \times SD_0$
$J_1 = 0,008 \times 30.000 = 240$
$R_1 = 2.000 + 240 = 2.240$
$SD_1 = 30.000 - 2.000 = 28.000$

Mês 2

$A = 5.000$
$J_2 = i \times SD_1$
$J_2 = 0,008 \times 28.000 = 224$
$R_2 = 2.000 + 224,00 = 2.224$
$SD_2 = 28.000 - 2.000 = 26.000$

Esse processo deve ser repetido para os períodos seguintes até o saldo devedor igualar a zero. A amortização dessa operação pode ser representada pela Tabela 1.10:

Tabela 1.10 | Planilha do empréstimo

n (mês)	Saldo devedor (SD_n)	Amortização (A_n)	Juros (J_n)	Prestação (R)
0	30.000	–	–	–
1	28.000	2.000	240	2.240
2	26.000	2.000	224	2.224
3	24.000	2.000	208	2.208
4	22.000	2.000	192	2.192
5	20.000	2.000	176	2.176
6	18.000	2.000	160	2.160
7	16.000	2.000	144	2.144
8	14.000	2.000	128	2.128
9	12.000	2.000	112	2.112
10	10.000	2.000	96	2.096
11	8.000	2.000	80	2.080
12	6.000	2.000	64	2.064
13	4.000	2.000	48	2.048
14	2.000	2.000	32	2.032
15	–	2.000	16	2.016
Total	–	30.000	1.920	

Exemplo 1.39

Uma indústria adquire uma dívida de $ 200.000,00, com juros de 0,75% a.m., pagos em 25 meses, porém com a primeira prestação ocorrendo três meses após o início da dívida. Utilizando o sistema SAC de financiamento, monte uma tabela detalhando o sequenciamento do pagamento desse empréstimo.

Resolução

Temos:

P = 200.000,00

n = 28 meses (25 meses de pagamentos + 3 de carência)

i = 0,75% a.m.

$$A = \frac{\text{Valor do empréstimo}}{\text{N. de prestações}}$$

$$A = \frac{200.000}{25} = 8.000$$

Meses 3 a 27

Período de carência, porém, com juros cobrados: $J_1 = J_2 = J_3 = 1.500$

Mês 3

A = 8.000
$J_3 = i \times SD$
$J_3 = 0,0075 \times 200.000 = 1.500$
$R_3 = 8.000 + 1.500 = 9.500$
$SD_3 = 200.000 - 8.000 = 192.000$

Mês 4

A = 8.000
$J_4 = i \times SD_4$
$J_4 = 0,0075 \times 192.000 = 1.440$
$R_4 = 8.000 + 1.440 = 9.440$
$SD_4 = 192.000 - 8.000 = 184.000$

Esse processo deve ser repetido para os períodos seguintes até o saldo devedor igualar a zero. A amortização dessa operação pode ser representada pela Tabela 1.11:

Tabela 1.11 | Planilha do empréstimo

n (mês)	Saldo devedor (SD_n)	Amortização (A_n)	Juros (J_n)	Prestação (R)
0	200.000	–	–	–
1	200.000		1.500	1.500
2	200.000		1.500	1.500
3	192.000	8.000	1.500	9.500
4	184.000	8.000	1.440	9.440
5	176.000	8.000	1.380	9.380
6	168.000	8.000	1.320	9.320
7	160.000	8.000	1.260	9.260
8	152.000	8.000	1.200	9.200
9	144.000	8.000	1.140	9.140
10	136.000	8.000	1.080	9.080
11	128.000	8.000	1.020	9.020
12	120.000	8.000	960	8.960
13	112.000	8.000	900	8.900
14	104.000	8.000	840	8.840
15	96.000	8.000	780	8.780
16	88.000	8.000	720	8.720
17	80.000	8.000	660	8.660
18	72.000	8.000	600	8.600
19	64.000	8.000	540	8.540
20	56.000	8.000	480	8.480
21	48.000	8.000	420	8.420
22	40.000	8.000	360	8.360
23	32.000	8.000	300	8.300
24	24.000	8.000	240	8.240
25	16.000	8.000	180	8.180
26	8.000	8.000	120	8.120
27	–	8.000	60	8.060
Total	–	200.000	22.500	

Exemplo 1.40

Uma fazenda no valor de $ 500.000,00 foi comprada com o pagamento feito após 20 meses, a uma taxa de 0,9% a.m. Utilizando o sistema de amortização americano, monte uma tabela demonstrando o fluxo de pagamento desse financiamento.

Resolução

Temos:

P = 500.000
n = 20 meses
i = 0,9% a.m.

Mês 1

Os juros são calculados da seguinte forma:
$J_{n+1} = i \times SD_n$
$J_1 = i \times SD_0 = 0,009 \times 500.00 = 4.500$

Mês 2

Os juros são calculados da seguinte forma:
$J_2 = i \times SD_1 = 0,009 \times 500.00 = 4.500$

Esse processo deve ser repetido para os períodos seguintes até o termino da operação. O fluxo de pagamento da operação pode ser representada pela Tabela 1.12:

Tabela 1.12 | Planilha do empréstimo

n (mês)	Saldo devedor (SD_n)	Amortização (A_n)	Juros (J_n)	Prestação (R)
0	500.000	–	–	–
1	500.000	–	4.500	4.500
2	500.000	–	4.500	4.500
3	500.000	–	4.500	4.500
4	500.000	–	4.500	4.500
5	500.000	–	4.500	4.500
6	500.000	–	4.500	4.500
7	500.000	–	4.500	4.500
8	500.000	–	4.500	4.500
9	500.000	–	4.500	4.500
10	500.000	–	4.500	4.500
11	500.000	–	4.500	4.500
12	500.000	–	4.500	4.500
13	500.000	–	4.500	4.500
14	500.000	–	4.500	4.500
15	500.000	–	4.500	4.500
16	500.000	–	4.500	4.500
17	500.000	–	4.500	4.500
18	500.000	–	4.500	4.500
19	500.000	–	4.500	4.500
20	–	500.000	4.500	504.500
Total	–	500.000	90.000	

CAPÍTULO 2
Taxas de juros

2.1 Introdução

Neste capítulo especificaremos os diferentes tipos de taxas de juros que são utilizadas nas operações financeiras correntes. Vamos defini-las e apresentá-las conceitualmente. Em seguida, estabeleceremos as relações básicas entre elas, bem como sua utilidade prática.

É fundamental dominar os tópicos deste capítulo, pois dele dependerá a adequada compreensão dos capítulos seguintes.

2.2 Taxas proporcionais

Duas taxas de juros i_1 e i_2, expressas em unidades de tempo distintas, são ditas proporcionais quando, incidindo sobre um mesmo principal, durante um mesmo prazo, produzem um mesmo montante, no regime de capitalização simples.

Consideremos um mesmo principal P sobre o qual incidam as taxas i_1 e i_2, durante um mesmo prazo, expresso por n_1 e n_2 em relação às unidades de tempo de i_1 e i_2, respectivamente, gerando um mesmo montante F. A partir disso, calculamos:

$$F = P(1 + n_1 i_1)$$

E,

$$F = P(1 + n_2 i_2)$$

Logo,

$$n_1 i_1 = n_2 i_2 \quad (28)$$

Exemplo 2.1

Determinar a taxa trimestral proporcional à taxa (a.t.) melhor de 8% a.a.

Resolução

Temos:

$i_1 = i_a$ = taxa anual
$i_2 = i_t$ = taxa trimestral
$n_1 = 1$ ano
$n_2 = 1$ ano = 4 trimestres

Sendo assim,

$n_1 \times i_1 = n_2 \times i_2$
$1 \times i_a = 4 \times i_t$
$i_a = 4i_t \Rightarrow i_t = \dfrac{i_a}{4}$

Portanto,

$i_t = \dfrac{8\%}{4} = 2\%$

$i_t = 2\%$ (a.t.)

Exemplo 2.2

Determinar a taxa mensal proporcional à taxa de 7,2% a.a.

Resolução

Temos:

$i_1 = i_a$ = taxa anual
$i_2 = i_m$ = taxa mensal
$n_1 = 1$ ano
$n_2 = 1$ ano = 12 meses

Sendo assim,

$n_1 \times i_1 = n_2 \times i_2$
$1 \times i_a = 12 \times i_m$
$i_a = 12 i_m \Rightarrow i_m = \dfrac{i_a}{12}$

Portanto,

$i_m = \dfrac{7,2\%}{12} = 0,6\%$

$i_m = 0,6\%$ a.m.

Exemplo 2.3

Determinar a taxa diária proporcional à taxa de 0,9% a.m.

Resolução

Temos:

$i_1 = i_m$ = taxa mensal
$i_2 = i_d$ = taxa diária
$n_1 = 1$ mês
$n_2 = 1$ mês = 30 dias (mês comercial)

Sendo assim,

$n_1 \times i_1 = n_2 \times i_2$
$1 \times i_m = 30 \times i_d$
$i_m = 30 i_d \Rightarrow i_d = \dfrac{i_m}{30}$

Portanto,

$i_d = \dfrac{0,9\%}{30} = 0,03\%$

$i_d = 0,03\%$ a.d.

Exemplo 2.4

Determinar a taxa anual proporcional à taxa de 0,0053% ao dia (a.d.).

Resolução

Temos:

$i_1 = i_a$ = taxa anual
$i_2 = i_d$ = taxa diária
$n_1 = 1$ ano
$n_2 = 1$ ano = 360 dias (ano comercial)

Sendo assim,

$n_1 \times i_1 = n_2 \times i_2$
$1 \times i_a = 360 \times i_d$
$i_a = 360 \times i_d$

Portanto,

$i_a = 360 \times 0,0053$
$i_a = 1,908\%$ a.a.

2.3 Taxas equivalentes

Duas taxas de juros i_1 e i_2, expressas em unidades de tempo distintas, são ditas equivalentes quando, incidindo sobre um mesmo principal durante um mesmo prazo, produzem um mesmo montante, no regime de capitalização composta.

Consideremos um mesmo principal P, sobre o qual incidem as taxas i_1 e i_2 durante um mesmo prazo, expresso por n_1 e n_2 em relação às unidades de tempo de i_1 e i_2, respectivamente, gerando um mesmo montante F. A partir disso, calculamos:

$$F = P(1+i_1)^{n_1}$$

E,

$$F = P(1+i_2)^{n_2}$$

Logo:

$$(1+i_1)^{n_1} = (1+i_2)^{n_2} \quad (29)$$

Exemplo 2.5

Determinar a taxa trimestral equivalente à taxa de 6,5% a.a.

Resolução

Temos:

$i_1 = i_a$ = taxa anual
$i_2 = i_t$ = taxa trimestral
$n_1 = 1$ ano
$n_2 = 1$ ano = 4 trimestres

Sendo assim,

$$(1 + i_1)^{n_1} = (1 + i_2)^{n_2}$$

$$(1 + i_a)^1 = (1 + i_t)^4 \Rightarrow i_t = (1 + i_a)^{\frac{1}{4}} - 1$$

Portanto,

$$i_t = (1 + 0{,}065)^{\frac{1}{4}} - 1$$

$$i_t = 1{,}59\% \text{ a.t.}$$

Exemplo 2.6

Determinar a taxa anual equivalente à taxa de 0,8% a.m.

Resolução

Temos:

$i_1 = i_a$ = taxa anual
$i_2 = i_m$ = taxa mensal
$n_1 = 1$ ano
$n_2 = 1$ ano = 12 meses

Sendo assim,

$$(1 + i_1)^{n_1} = (1 + i_2)^{n_2}$$

$$(1 + i_a)^1 = (1 + i_m)^{12} \Rightarrow i_a = (1 + i_m)^{12} - 1$$

Portanto,

$$i_a = (1 + 0{,}008)^{12} - 1$$

$$i_a = 10{,}03\% \text{ a.a.}$$

Exemplo 2.7

Determinar a taxa diária equivalente à taxa de 0,65% a.m.

Resolução

Temos:

$i_1 = i_m$ = taxa mensal
$i_2 = i_d$ = taxa diária
$n_1 = 1$ mês
$n_2 = 1$ mês = 30 dias (mês comercial)

Sendo assim,

$$(1 + i_1)^{n_1} = (1 + i_2)^{n_2}$$

$$(1 + i_m)^1 = (1 + i_d)^{30} \Rightarrow i_d = (1 + i_m)^{\frac{1}{30}} - 1$$

Portanto,

$$i_d = (1 + 0{,}0065)^{\frac{1}{30}} - 1$$

$$i_d = 0{,}0216\% \text{ a.d.}$$

> **NOTA**
>
> A taxa diária equivalente é também conhecida como taxa por dia corrido. O mercado financeiro, visando equalizar os cálculos, utiliza com maior frequência taxas baseadas na quantidade de dias úteis contida nos prazos das operações, como veremos a seguir.

Exemplo 2.8

Determine a taxa por dia útil equivalente à taxa de 5,3% a.m., considerando o mês comercial com 21 dias úteis.

Resolução

Temos:

$i_1 = i_m$ = taxa mensal

$i_2 = i_d$ = taxa diária (dia útil)

$n_1 = 1$ mês

$n_2 = 1$ mês = 21 dias úteis

Sendo assim,

$$(1 + i_1)^{n_1} = (1 + i_2)^{n_2}$$

$$(1 + i_m)^1 = (1 + i_d)^{21} \Rightarrow i_d = (1 + i_m)^{\frac{1}{21}} - 1$$

Portanto,

$$i_d = (1 + 0{,}053)^{\frac{1}{21}} - 1$$

$$i_d = 0{,}2462\% \text{ a.d.u.}$$

Exemplo 2.9

Em um determinado investimento a taxa auferida foi de 18,7% ao período (a.p.), considerando o período de 67 dias úteis. Determine a taxa por dia útil equivalente.

Resolução

Temos:

$i_1 = i_p$ = taxa do período

$i_2 = i_d$ = taxa diária (dia útil)

$n_1 = 1$ período

$n_2 = 1$ período = 67 dias úteis

Sendo assim,

$$(1 + i_1)^{n_1} = (1 + i_2)^{n_2}$$

$$(1 + i_p)^1 = (1 + i_d)^{67} \Rightarrow i_d = (1 + i_p)^{\frac{1}{67}} - 1$$

Portanto,

$$i_d = (1 + 0{,}0187)^{\frac{1}{67}} - 1$$

$$i_d = 0{,}2562\% \text{ a.d.u.}$$

Exemplo 2.10

Dada a taxa de 26% a.a., determine a taxa equivalente no período de 92 dias corridos do ano comercial. O ano comercial possui 360 dias corridos.

Resolução

Temos:

$$i_1 = i_a = \text{taxa anual}$$
$$i_2 = i_p = \text{taxa do período}$$
$$n_1 = 1 \text{ ano}$$
$$n_2 = 1 \text{ ano} = \frac{360}{92} \text{ períodos}$$

Sendo assim,

$$(1 + i_1)^{n_1} = (1 + i_2)^{n_2}$$

$$(1 + i_a)^1 = (1 + i_p)^{\frac{360}{92}} \Rightarrow i_p = (1 + i_a)^{\frac{92}{360}} - 1$$

Portanto,

$$i_p = (1 + 0{,}26)^{\frac{92}{360}} - 1$$

$$i_p = 6{,}08\% \text{ a.p.}$$

2.4 Taxa nominal *versus* taxa efetiva

2.4.1 Taxa nominal (i_N)

A taxa nominal é expressa em uma unidade de tempo que não coincide com o período de tempo no qual os juros são capitalizados.

Por exemplo:
  a. 6% a.a., com capitalização mensal
  b. 2,7% a.m., com capitalização diária

Essa taxa é usada no mercado financeiro com relativa frequência, principalmente no exterior. Entretanto, não é usada em cálculos financeiros, pois o que de fato interessa é como os juros são efetivamente capitalizados.

2.4.2 Taxa efetiva (i_E)

A taxa efetiva é expressa em uma unidade de tempo coincidente com o período de tempo em que os juros são capitalizados.

Por exemplo:
   a. 5% a.m., com capitalização mensal
   b. 0,2% a.d., com capitalização diária
   c. 10% a.a., com capitalização anual

2.4.3 Relação da taxa nominal com a taxa efetiva

Dada uma taxa nominal, qual é a taxa efetiva a ser usada nos cálculos?

Por convenção, dada uma taxa nominal i_N, a taxa efetiva correspondente, relativa ao período de capitalização, será a taxa i_E que lhe seja proporcional.

Simbolicamente podemos escrever:

$$i_E = \frac{i_N}{k} \quad (30)$$

Em que k é o número de períodos de capitalização contidos na unidade de tempo no qual a taxa nominal é expressa.

Exemplo 2.11

Dada a taxa nominal de 6% a.a., capitalizada mensalmente, determinar a taxa efetiva.

Resolução

No caso, i_N = 6% a.a. e k = 12.

Sendo assim,

$$i_E = \frac{i_N}{k}$$

$$i_E = \frac{6\%}{12}$$

i_E = 0,5% a.m. (taxa efetiva mensal)

Logo,

$$i_E = (1 + 0{,}005)^{12} - 1$$

$$i_E = 6{,}17\% \text{ a.a. (taxa efetiva anual)}$$

Exemplo 2.12

Dada a taxa nominal de 6,2% a.a., capitalizada trimestralmente, determine a taxa efetiva.

Resolução

No caso, $i_N = 6{,}2\%$ a.a. e $k = 4$.

Sendo assim,

$$i_E = \frac{i_N}{k}$$

$$i_E = \frac{6{,}2\%}{4}$$

$$i_E = 1{,}55\% \text{ a.t. (taxa efetiva trimestral)}$$

Logo,

$$i_E = (1 + 0{,}0155)^4 - 1$$

$$i_E = 6{,}35\% \text{ a.a. (taxa efetiva anual)}$$

Exemplo 2.13

Dada a taxa nominal de 0,58% a.m., capitalizados anualmente, determine a taxa efetiva.

Resolução

No caso, $i_N = 0{,}58\%$ a.m. e $k = \frac{1}{12}$.

Sendo assim,

$$i_E = \frac{i_N}{k}$$

$$i_E = \frac{0{,}58\%}{\frac{1}{12}}$$

$$i_E = 6{,}96\% \text{ a.a. (taxa efetiva anual)}$$

Logo,

$$i_E = (1 + 0{,}0696)^{\frac{1}{12}} - 1$$

$$i_E = 0{,}56\% \text{ a.m. (taxa efetiva mensal)}$$

Exemplo 2.14

A taxa nominal da caderneta de poupança "antiga"[1] é de 6% a.a., capitalizados mensalmente. Determine a taxa efetiva anual.

Resolução

No caso, $i_N = 6\%$ a.a. e $k = 12$.

Sendo assim,

$$i_E = \frac{i_N}{k}$$

$$i_E = \frac{6\%}{12}$$

$$i_E = 0{,}5\% \text{ a.m. (taxa efetiva mensal)}$$

Logo,

$$i_E = (1 + 0{,}005)^{12} - 1$$

$$i_E = 6{,}17\% \text{ a.a. (taxa efetiva anual)}$$

2.5 A taxa *over* anual do mercado brasileiro a partir de 1998

2.5.1 A estrutura mensal das taxas de juros no Brasil

A partir da década de 1960, a economia brasileira passou a sofrer um processo crônico de inflação crescente.

Diante da inflação, procuravam-se defesas contra os preços crescentes. No comércio, a remarcação constante era a solução, no entanto com os salários, aluguéis e outros preços contratados surgiram problemas. Por exemplo, podiam ser vistos contratos de aluguel que estabeleciam correção de 25% no valor da locação para o primeiro e segundo anos, e 35% para o terceiro ano, em uma tentativa de adivinhar o crescimento dos preços e se estabelecer a defesa do valor de compra da moeda. Nessas condições, podemos imaginar a desestabilização da economia, caso ocorressem valores muito diferentes daqueles previstos nos contratos. Sempre uma das partes se sentiria lograda, e não pela contraparte, mas pelo governo.

Seguramente, um grande avanço foi a criação da correção monetária. Ela procurava corrigir o efeito da inflação nos contratos. A caderneta de poupança, criada no final de 1964, estabelecia que, no fim de cada trimestre, os recursos depositados seriam corrigidos pela inflação passada e os juros seriam pagos sobre esse valor corrigido. Provavelmente, foi nesse ponto que a medida por taxas anuais dos fatores econômicos começou a

---

[1] Para depósitos de poupança até a data de 3 de maio de 2012, a taxa de juros aplicada ao investimento é a própria taxa nominal de caderneta de poupança. Para datas posteriores, esse investimento passou a seguir um novo padrão, assunto que será abordado no Capítulo 3.

mudar de base no Brasil, passando a ser trimestral e posteriormente mensal, em virtude do crescimento contínuo da inflação na década de 1970.

Se quisermos estabelecer uma data, podemos considerar o ano de 1971 como o início das operações de *open market*, a partir do qual toda a formação de preços da economia brasileira passou a ser mensal. A ideia do *open market*, com operações semanais, que rapidamente evoluiu para o *overnight* (operações de um dia), era pagar, ao longo do mês, pelo menos a inflação do período.

Nessas condições, a cada início de mês, o governo, com a finalidade de desenvolver sua política monetária, era obrigado a sinalizar ao mercado, por meio das taxas do *overnight*, a sua estimativa de inflação para o mês.

Consideremos, por exemplo, o mês de março de 1973, que teve 20 dias úteis em 31 dias corridos. Os agentes superavitários poderiam aplicar recursos por um dia no *overnight*, mantendo a liquidez. A remuneração era suficiente para que não perdessem o poder de compra da moeda, ou seja, a remuneração pela expectativa de inflação era plenamente suficiente. Assim, no primeiro dia útil de março de 1973, a taxa *overnight* era construída com base na expectativa de inflação do mês. Se a inflação esperada fosse de 15% para março, então:

$$i_{dia} = (1+0,15)^{\frac{1}{20}} - 1 = 0,7013\% \text{ ao dia útil (a.d.u.)} - \text{Taxa efetiva por dia útil}$$

Ou,

$$0,7013\% \times 30 = 21,04\% \text{ ao mês } over \text{ (a.m.o)} - \text{Taxa mensal } over$$

Com o passar do tempo, as taxas com base mensal foram se tornando tão importantes na economia que mesmo as taxas tradicionalmente cotadas ao ano eram transformadas em taxas ao mês para facilitar a comparação.

A estrutura básica de taxas mensais em nossa economia se manteve até 1997. No entanto, a inflação passou a ter cada vez menos importância, a partir de 1995, com o Plano Real já mostrando resultados. Em 1996 e 1997, seguramente, a construção da taxa básica mensal já não tinha mais como parâmetro importante a expectativa de inflação. Nessas condições, era razoável a tentativa de uma volta a parâmetros anuais de taxas de juros, mesmo que as operações fossem diárias.

Desde o advento do Plano Real, as taxas de juros são sinalizadas pelo Banco Central, levando em conta a questão da política monetária e não mais a remuneração da inflação passada. Assim, dada uma sinalização de taxa de juros pelo Banco Central, ela deve ser entendida como constante, a menos das forças de mercado, até que uma nova sinalização seja dada.

Consideremos, por exemplo, que o Banco Central tenha sinalizado uma taxa de 2,7% efetiva para o mês de janeiro de 1996, com 20 dias úteis.

Então:

$$(1+0{,}027)^{\frac{1}{20}} - 1 = 0{,}133\% \text{ a.d.u} \quad \text{ou} \quad 4{,}00\% \text{ a.m.o}$$

Se a taxa de 2,7% for mantida para o mês de fevereiro, com 17 dias úteis, teremos:

$$(1+0{,}027)^{\frac{1}{17}} - 1 = 0{,}1568\% \text{ a.d.u} \quad \text{ou} \quad 4{,}71\% \text{ a.m.o}$$

Como se observa, o efeito do número de dias úteis dá a falsa impressão de aumento das taxas de juros de 4% a.m.o., para 4,71% a.m.o., que será mostrado no mercado de CDI. Essa forma de cotação das taxas de juros, com base no mês corrente, traz inconvenientes que precisam ser sanados.

No final de 1997, o Banco Central do Brasil elaborou uma inteligente configuração para as taxas de juros com dois objetivos importantes:

1. Indicar a continuidade da taxa, independentemente do mês e do efeito dos dias úteis.
2. Tratar as taxas com base ano, procurando dar conotação de longo prazo.

2.5.2 Construindo a taxa *over* ano

Em 20 de junho de 1996, foi instituído o Comitê de Política Monetária (Copom), com o objetivo de estabelecer as regras de direcionamento da política monetária e a fixação das taxas de juros.

A criação do Copom teve como objetivo fornecer maior transparência para que as diretrizes da política monetária fossem estabelecidas e, dessa forma, a sociedade passasse a acompanhar melhor as ações do Banco Central na fixação da taxa de juros básica da economia.

O Banco Central, ao instituir o Copom, espelhou-se no Federal Open Market Committee (FOMC) do Banco Central dos Estados Unidos.

Desde 1996, o regulamento do Copom sofreu uma série de alterações, visando aperfeiçoar o mecanismo de fixação da taxa de juros.

2.5.3 A taxa *over* ano

Uma das preocupações do Banco Central foi mudar a forma de fixação da taxa de juros, que, ao ser fixada mensalmente (taxa *over* mês), era influenciada pelo problema do número de dias úteis, que pode variar de 18 a 23, dependendo do mês em questão.

Dessa forma, o Banco Central, por meio da Circular n. 2.761, de 18 de junho de 1997, estabeleceu o ano-base em 252 dias úteis, criando a chamada taxa *over* ano.

Essa mudança foi muito importante na consolidação do processo de desindexação da economia brasileira. A criação do ano-base com 252 dias úteis permitiu que fosse preservada a tradição do mercado brasileiro de fixar suas projeções de taxa de juros levando em consideração o número de dias úteis.

No período de 1/7/1996 a 4/3/1999, o Copom fixava a chamada Taxa do Banco Central (TBC), que funcionava como o piso da taxa de juros.

Em 28/8/1996, o Copom instituiu a Taxa Básica de Assistência do Banco Central (TBAN), que tinha por finalidade fixar o teto da taxa básica e informar aos bancos o custo das linhas de redesconto. A TBAN foi extinta em 4/3/1999.

2.5.4 As metas inflacionárias no Brasil

O Decreto n. 3.088, de 21 de junho de 1999, instituiu o conceito de meta de inflação (*inflation target*), que é definida pelo Conselho Monetário Nacional[2]. Com isso, a política monetária subordinou-se a essas metas inflacionárias e o Banco Central passou, então, a fixar a chamada meta Selic e seu eventual viés.

Tabela 2.1 | Histórico de metas de inflação no Brasil

Ano	Meta (%)	Banda (p.p.)	Limite inferior e superior (%)	Inflação efetiva (IPCA % a.a.)
1999	8	2	6 – 10	8,94
2000	6	2	4 – 8	5,97
2001	4	2	2 – 6	7,67
2002	3,5	2	1,5 – 5,5	12,53
2003*	3,25	2	1,25 – 5,25	9,30
	4%	2,5	1,5 – 6,5	
2004*	3,75	2,5	1,25 – 6,25	7,60
	5,5%	2,5	3 – 8	
2005	4,5	2,5	2 – 7	5,69
2006	4,5	2	2,5 – 6,5	3,14
2007	4,5	2	2,5 – 6,5	4,46
2008	4,5	2	2,5 – 6,5	5,90
2009	4,5	2	2,5 – 6,5	4,31

---

[2] O Conselho Monetário Nacional (CMN) é o órgão deliberativo máximo do Sistema Financeiro Nacional. Ao CMN compete: estabelecer as diretrizes gerais das políticas monetária, cambial e creditícia; regular as condições de constituição, funcionamento e fiscalização das instituições financeiras; e disciplinar os instrumentos de política monetária e cambial. O CMN é constituído pelo Ministro de Estado da Fazenda (presidente), pelo Ministro de Estado do Planejamento e Orçamento e pelo Presidente do Banco Central do Brasil (Bacen). Os serviços de secretaria do CMN são exercidos pelo Bancen (BANCO CENTRAL DO BRASIL, 2012).

Ano	Meta (%)	Banda (p.p.)	Limite inferior e superior (%)	Inflação efetiva (IPCA % a.a.)
2010	4,5	2	2,5 – 6,5	5,91
2011	4,5	2	2,5 – 6,5	6,50
2012	4,5	2	2,5 – 6,5	–
2013	4,5	2	2,5 – 6,5	–
2014	4,5	2	2,5 – 6,5	–

* A carta aberta, de 21/1/2003, estabeleceu metas ajustadas de 8,5% para 2003 e de 5,5% para 2004.

Fonte: elaborado com dados do Banco Central do Brasil.

A Tabela 2.1 mostra, desde 1999, ano de instituição do sistema de metas de inflação, a meta estabelecida pelo Conselho Monetário Nacional (CMN), a banda de tolerância que permite a variação percentual da meta para cima ou para baixo, os limites inferiores e superiores e a inflação medida pelo Índice de Preços ao Consumidor Amplo (IPCA)[3], utilizado como o índice de preços oficial para cada ano até 2014.

Para maiores detalhes do modelo de metas de inflação e justificativas para o cumprimento ou não das metas estabelecidas para cada ano consulte no livro de *Economia brasileira – História, conceitos e atualidades*, de José Cláudio Securato (2011), o tópico referente a "Metas de inflação".

2.5.5 Copom

A partir do ano 2000, as reuniões do Copom passaram a ser realizadas mensalmente, e divididas em dois dias.

A primeira parte da reunião ocorre às terças-feiras, reservadas às apresentações técnicas de conjuntura doméstica, abrangendo inflação, nível de atividade, evolução dos agregados monetários, finanças públicas, balanço de pagamentos, economia internacional, mercado de câmbio, reservas internacionais, mercado monetário, operações de mercado aberto, avaliação prospectiva das tendências da inflação e expectativas gerais para variáveis macroeconômicas. A segunda parte ocorre às quartas-feiras. Após a análise das projeções atualizadas para a inflação, são apresentadas alternativas para a taxa de juros de curto prazo e são feitas recomendações acerca da política monetária. A divulgação das decisões do Copom é feita na data da segunda sessão da reunião, após o fechamento dos mercados. As atas das reuniões do Copom são divulgadas, em português, às 8h30 da quinta-feira da semana posterior a cada reunião, dentro do prazo regulamentar de seis dias úteis, e publicadas na página do Banco Central na internet e para a imprensa.

---

[3] O Sistema Nacional de Índices de Preços ao Consumidor (SNIPC) que desenvolveu o Índice Nacional de Preços ao Consumidor Amplo (IPCA) e o Índice Nacional de Preços ao Consumidor (INPC) efetua a produção contínua e sistemática de índices de preços ao consumidor, tendo como unidade de coleta estabelecimentos comerciais e de prestação de serviços, concessionária de serviços públicos e domicílios (para levantamento de aluguel e condomínio). Também são produzidos indexadores com objetivos específicos, como é o caso atualmente do Índice Nacional de Preços ao Consumidor Amplo Especial (IPCA-E).

O Copom é composto por oito membros da Diretoria Colegiada do Banco Central, com direito a voto. Cabe ao presidente do Banco Central dirigir o comitê e dar o voto de qualidade.

2.5.6 Histórico das taxas de juros fixadas pelo Copom e evolução da taxa Selic

O Apêndice A mostra a evolução do histórico das taxas de juros fixadas pelo Copom e a evolução da taxa Selic desde a primeira reunião a ocorrida em 26/6/1996, até a 170.ª reunião realizada em 10/10/2012, também indicando o período de vigência, o viés adotado, a taxa acumulada no período de vigência e a taxa média anual, com base em 252 dias úteis.

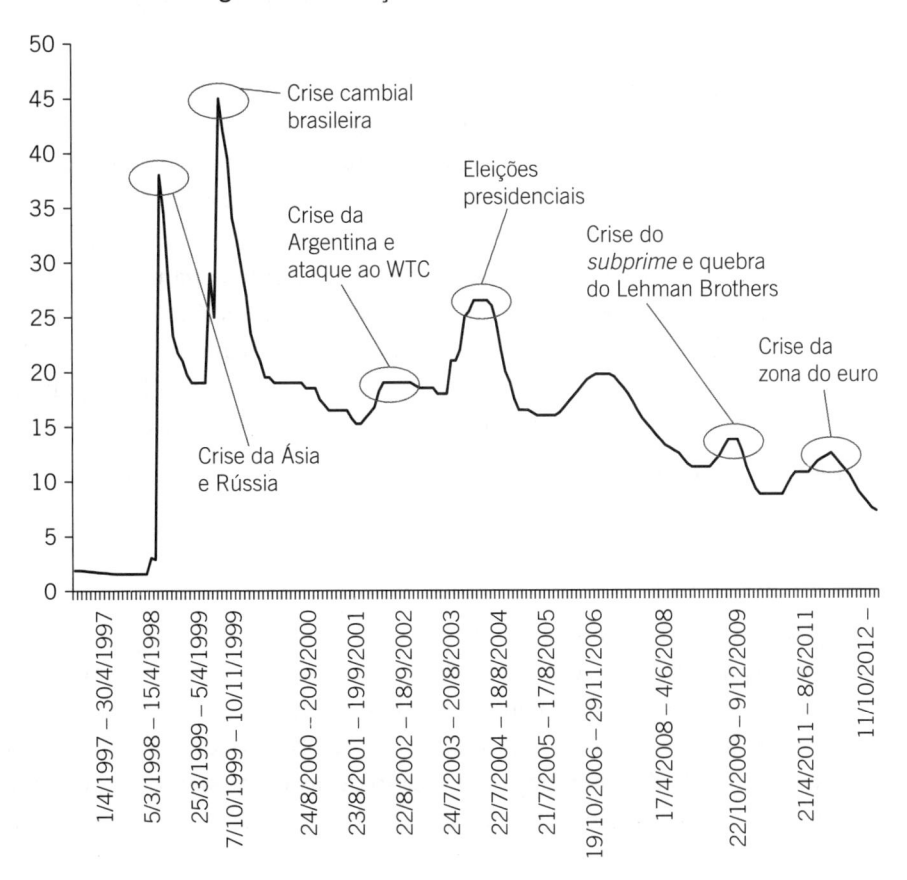

Figura 2.1 | Evolução da taxa Selic meta no Brasil

A Figura 2.1 mostra a evolução da taxa Selic meta relacionando os picos da taxa com alguns fatos históricos relevantes que contribuíram para o seu aumento. A seguir estão relacionados os principais aspectos de cada um desses eventos:

- **Crise da Ásia e Rússia:** a crise da Ásia, segundo Stanley Fischer, foi causada por déficits externos significativos, bolhas nos mercados imobiliários e de ações, manutenção de uma taxa fixa por um longo período e fracas ferramentas de regulamentação, supervisão e controle governamentais aplicadas ao setor financeiro. Já a crise da Rússia foi provocada por uma política fiscal insustentável e influenciada pela redução da liquidez internacional, proveniente das crises do México e da Ásia, que contribuíram para a desvalorização da moeda brasileira, forçando um aumento da taxa básica de juros para controle inflacionário.

- **Crise cambial brasileira:** o cenário internacional impactado por três crises anteriores (México, Ásia e Rússia) criaram dificuldades para o Brasil defender o regime cambial administrado (bandas cambiais) durante as crises, forçando o governo a elevar sucessivamente a taxa de juros básica da economia, em resposta à redução de liquidez mundial e à crise de confiança nas economias emergentes, o que levou à desvalorização da moeda brasileira.

- **Crise da Argentina e ataque ao WTC:** a crise da Argentina foi uma das mais graves da história, deixando o país em uma recessão profunda e um forte descontrole das finanças públicas. Ela foi consequência de uma série de eventos ocorridos na década de 1990, com destaque para dois: a estrutura de estabilização adotado em 1991 e a sequência de crises financeiras internacionais entre 1994 e 1999. Os ataques ao World Trade Center, chamados também de atentados de 11 de setembro, em 2001, foram uma série de atos terroristas a alguns símbolos do Estado norte-americano. Quatro aviões comerciais foram sequestrados, as Torres Gêmeas do World Trade Center, o Pentágono e um campo próximo a Shanksville foram atingidos pelas aeronaves.

- **Eleições presidenciais:** em 2002 o ambiente influenciado pelas eleições presidenciais provocou um clima de insegurança no mercado financeiro, ocasionando uma desvalorização da moeda brasileira e forçando o governo a elevar a taxa básica de juros para evitar uma crise.

- **Crise do *subprime* e quebra do Lehman Brothers**: a crise do *subprime* surgiu no mercado imobiliário a partir de 2006, resultado da grande expansão na construção e no financiamento de novas residências. No segundo semestre de 2008, a crise ficou mais intensa, provocando grandes quedas em preços de ações, perda de confiança no mercado de ações, aumento no desemprego, queda na atividade produtiva dos países, além de falências de bancos e outras instituições financeiras, como o banco de investimentos Lehman Brothers.

- **Crise da zona do euro:** essa crise deu-se, principalmente, pela piora nos indicadores econômicos, desconfiança do mercado e pelo excesso de endividamento e de déficit orçamentário de alguns países europeus. A crise da zona do euro está sendo tratada com muito cuidado e preocupação, pois vários países foram contaminados por ela, o que criou, grande instabilidade política e econômica no bloco, colocando em cheque, inclusive, a sustentação da União Europeia.

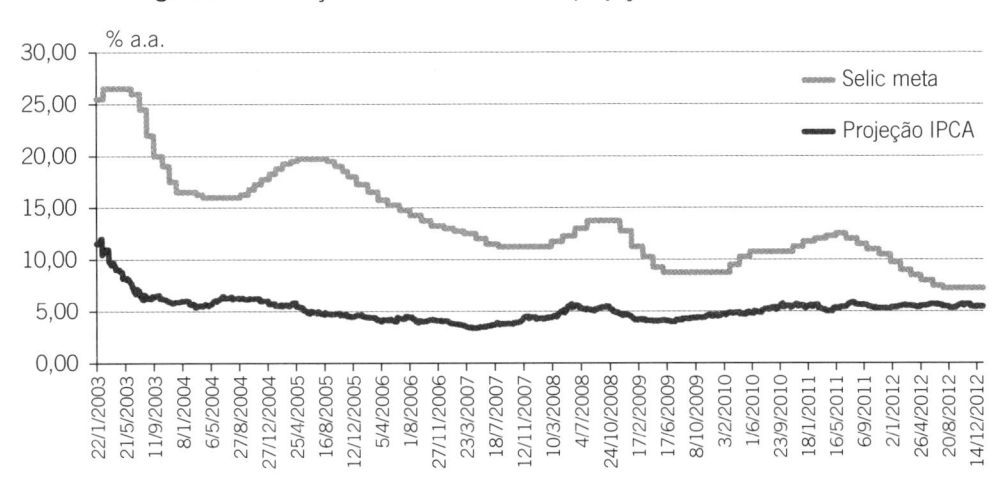

Figura 2.2 | Evolução da Selic meta com a projeção de mercado do IPCA

Observando a Figura 2.2, notamos um acompanhamento entre os índices. O Copom, a fim de manter o equilíbrio com a inflação, estabelece a Selic meta, de acordo com a conjuntura econômica do período. As variações da Selic refletem uma maior ou menor liquidez do mercado que, por sua vez, gera um aumento ou uma diminuição no consumo, de modo que os preços fiquem dentro da meta.

Outra importante informação evidenciada na Figura 2.2 é a diferença entre a Selic e o IPCA: o juro real. Observe que para cada data há uma amplitude entre os dois índices, sendo que, quanto maior essa amplitude, maior é o juro real da economia. Mesmo que possa parecer bom ter um rendimento maior nos títulos, proveniente de uma taxa real alta, obtêm-se alguns prejuízos na economia como um todo. Com esse juro acima da média, é melhor alocar recursos excedentes em títulos públicos do que alocá-los na atividade produtiva, o que deixa a atividade empresarial comprometida, pois, além da dívida pública crescente, devido ao juro real alto, passa-se a consumir boa parte da carga tributária, enquanto essa tributação poderia ser destinada à atividade produtiva.

2.5.6.1 Selic *over* (diária)

Apesar do Copom definir a Selic meta para determinado período, a taxa Selic, que ocorre no mercado, não é exatamente a taxa Selic meta. A taxa Selic *over*, ou taxa Selic diária surge da necessidade de atingir o ponto ótimo entre oferta e demanda dos fundos públicos. Desse modo, ela é definida pela média das operações compromissadas com títulos públicos de um dia útil.

Diferentemente dessa taxa Selic *over*, a Selic meta é o que o Banco Central espera que vá acontecer nas relações interbancárias. Com suas operações de mercado aberto, ele transaciona títulos públicos, gerando variações nessas taxas de juros.

Como exemplo de investimentos indexados a essa taxa Selic diária temos as Letras Financeiras do Tesouro (LFTs), contratos de empréstimos e contratos futuros de Selic.

Exemplo 2.15

O Banco Central divulgou a taxa Selic meta (taxa básica de juros do Banco Central) para o período de 30/8/2012 a 10/10/2012. Sendo essa taxa igual a 7,50% a.a., calcule a taxa equivalente por dia útil. Veja o histórico das taxas de juros fixadas pelo Copom no Apêndice A, p. 531.

$$(1 + i_{d.u.}) = (1 + i_a)^{\frac{1}{252}}$$

$$i_{d.u.} = (1 + i_a)^{\frac{1}{252}} - 1$$

$$i_{d.u.} = (1 + 0,0750)^{\frac{1}{252}} - 1$$

$$i_{d.u.} = 0,0287\% \text{ a.d.u.}$$

Calcule a taxa ao ano *over* (a.a.o.) correspondente à taxa efetiva por dia útil de 0,033%.

$$i = (1 + i_d)^{d.u.} - 1$$

$$i_{d.u.} = (1+0,00033)^{252} - 1$$

$$i_{d.u.} = 8,67\% \text{ a.a.o.}$$

No cotidiano do mercado monetário, costumava-se, por tradição, multiplicar a taxa ao dia útil por 30, obtendo-se o que se convencionou chamar taxa *over* expressa ao mês ou taxa *over* ao mês, cuja unidade chamaremos por t.o.m.[4]

Vejamos um exemplo prático, para melhor esclarecer o que foi dito.

Um indivíduo aplica R$ 200.000,00 em um ativo financeiro por um período de 61 dias corridos (d.c.), nos quais estão contidos 42 dias úteis. No fim do período, o montante é de R$ 203.000, 00.

O fluxo de caixa de operação, do ponto de vista do indivíduo, é o seguinte:

```
                                      F = 203.000 ↑
        0 ─────────────────────────────────────────
                    n = 1 período = 61 d.c. = 42 d.u.
        ↓ P = 200.000
```

a. Taxa efetiva no período

$$i = \left(\frac{F}{P}\right)^{\frac{1}{n}} - 1 \quad (n = 1 \text{ período})$$

$$i_p = \left(\frac{203.000}{200.000}\right) - 1$$

$$i_p = 1,50\% \text{ a.p.}$$

---

[4] Esta forma de trabalhar com a taxa *over* ao mês (t.o.m.) era utilizada para algumas operações do mercado monetário, como, por exemplo, nas cotações de *hot money*, os chamados *hot over*.

b. Taxa efetiva por dia corrido

$$i = \left(\frac{F}{P}\right)^{\frac{1}{n}} - 1 \quad (n = 61 \text{ dias corridos})$$

$$i_d = \left(\frac{203.000}{200.000}\right)^{\frac{1}{61}} - 1$$

$i_d = 0{,}0244\%$ a.d. (corrido)

c. Taxa efetiva por dia útil – Taxa *over*

$$i = \left(\frac{F}{P}\right)^{\frac{1}{n}} - 1 \quad (n = 42 \text{ dias úteis})$$

$$i_d = \left(\frac{203.000}{200.000}\right)^{\frac{1}{42}} - 1$$

$i_d = 0{,}0355\%$ a.d.u.
$i_{over} = 30 \times i_d$
$i_{over} = 30 \times 0{,}0355\% = 1{,}06366\%$ a.m.o.

NOTA

Às vezes, com o intuito de simplificar, usamos a seguinte expressão:

$$i_{over} = \left[\left(\frac{F}{P}\right)^{\frac{1}{d.u.}} - 1\right] \times 3.000$$

(d.u. = número de dias úteis)

Em consequência, quando quisermos fazer o caminho inverso, a partir da taxa *over* expressa ao mês, basta dividirmos por 30, obtendo a taxa efetiva por dia útil, e capitalizarmos, em termos compostos, pelo número de dias úteis do período. Ou seja:

a. $i_d = \dfrac{i_{over}}{30}$

$$i_d = \frac{1{,}0650}{30} = 0{,}0355\% \text{ a.d.u.}$$

b. $(1 + i_p) = (1 + i_d)^{d.u.}$

$i_p = (1 + i_d)^{d.u.} - 1$
$i_p = (1+0{,}000355)^{42} - 1$
$i_p = 1{,}50\%$ a.p.

Exemplo 2.16

Dada a taxa *over* de 0,97% a.m., determine a taxa efetiva.

Resolução

O conceito de taxa *over* está relacionado ao dia útil. Logo, a taxa efetiva pedida é a taxa por dia útil.
Temos:

$$i_d = \frac{i_{over}}{30}$$

$$i_d = \frac{0,97\%}{30}$$

$$i_d = 0,032333\% \text{ a.d.u.}$$

Exemplo 2.17

Dada a taxa *over* de 1,07% a.m., determine a taxa efetiva mensal em um mês de 21 dias úteis.

Resolução

$$i_d = \frac{i_{over}}{30}$$

$$i_d = \frac{1,07\%}{30}$$

$$i_d = 0,035667\% \text{ a.d.u.}$$

Em seguida, capitalizamos essa taxa, em termos compostos, pelo número de dias úteis do período:

$$(1 + i_m) = (1 + i_d)^{d.u.}$$
$$i_m = (1 + i_d)^{d.u.} - 1$$
$$i_m = (1 + 0,000357)^{21} - 1$$
$$i_m = 0,752383\% \text{ a.m.}$$

NOTA

Às vezes, com o intuito de simplificar, usamos a seguinte expressão:

$$i_m = \left[\left(1 + \frac{i_d}{100}\right)^{d.u.} - 1\right]$$

Exemplo 2.18

Um investidor obtém, em uma dada aplicação, a taxa efetiva de 1,2% a.p., em um período com 37 dias úteis. Determine a taxa *over* ao mês (t.o.m.) correspondente.

Resolução

Da relação

$$i = \left(\frac{F}{P}\right)^{\frac{1}{n}} - 1$$

Temos:

Para n = 1 período $\Rightarrow (1 + i_p) = \left(\frac{F}{P}\right)$ (I)

Para n = número dias úteis do período $\Rightarrow (1 + i_d) = \left(\frac{F}{P}\right)^{\frac{1}{d.u.}}$ (II)

Decorre, então:

$$(1 + i_d)^{d.u.} = (1 + i_p)$$

Logo,

$$i_d = (1 + i_p)^{\frac{1}{d.u.}} - 1$$

$$i_d = (1 + 0,012)^{\frac{1}{37}} - 1$$

$i_d = 0,032245\%$ a.d.u.

$i_{over} = 30 \times i_d$

$i_{over} = 30 \times 0,032245\% = 0,967350\%$ t.o.m.

NOTA

A expressão sintética para obtermos a taxa *over* expressa ao mês é a seguinte:

$$i_{over} = \left[\left(1 + \frac{i_p}{100}\right)^{\frac{1}{d.u.}} - 1\right] \times 3.000$$

Exemplo 2.19

Uma operação financeira é fechada à taxa *over* ao mês (t.o.m.) de 0,84% a.m., por um período de 47 dias úteis. Determine a taxa efetiva no período.

Resolução

Partindo da relação vista no exemplo anterior:

$$(1 + i_d)^{d.u.} = (1 + i_p)$$

Temos:

$$i_p = (1 + i_d)^{d.u.} - 1$$

Em que,

$$i_d = \frac{i_{over}}{30}$$

$$i_d = \frac{0,84\%}{30}$$

$$i_d = 0,028\% \text{ a.d.u.}$$

Logo,

$$i_p = (1 + 0,00028)^{47} - 1$$

$$i_p = 1,32\% \text{ a.p.}$$

NOTA

A expressão sintética para obtermos a taxa efetiva no período, partindo da taxa *over* expressa ao mês, é a seguinte:

$$i_p = \left[\left(1 + \frac{i_{over}}{3.000}\right)^{d.u.} - 1\right]$$

Como já foi mencionado no início do capítulo, atualmente a taxa *over* é utilizada na base anual (252 dias úteis). Nos capítulos posteriores serão apresentados exemplos práticos nos quais se trabalha com a taxa *over* anualizada.

2.6 Taxas variáveis ou flutuantes[5]

No regime de capitalização composta, a relação entre o principal, o montante, a taxa efetiva e o tempo é expressa, como foi visto no primeiro capítulo, por:

$$F = P(1+i)^n \quad (7)$$

Nessa expressão, supõe-se que a taxa efetiva *i* seja constante em todos os períodos de capitalização, conforme o fluxo de caixa a seguir:

---

[5] Flutuante é um termo bastante usado no mercado para definir, por exemplo, operações indexadas ao CDI.

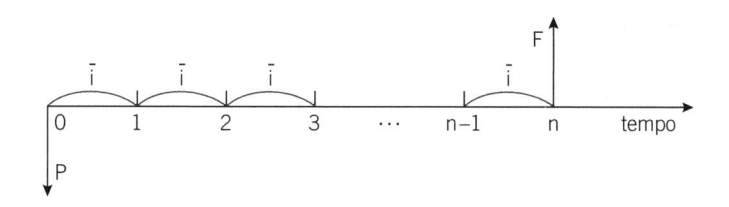

Caso a taxa seja variável ao longo dos períodos de capitalização, a relação entre o principal, o montante e as taxas efetivas muda ao longo do tempo.

De outro modo, o fluxo de caixa associado, nesse caso, seria o seguinte:

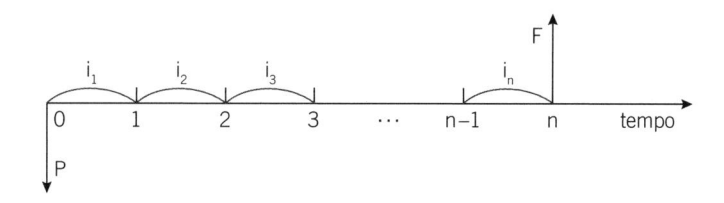

Em que i_1, i_2, i_3, ... , i_n são as taxas efetivas relativas aos intervalos unitários de tempo 1, 2, 3, ..., n, respectivamente.

No fim do primeiro intervalo unitário de tempo, temos:

$$J_1 = P \times i_1 \quad \text{e} \quad F_1 = P + J_1 = P(1+ i_1)$$

No fim do segundo intervalo unitário de tempo, temos:

$$J_2 = F_1 \times i_2 \quad \text{e} \quad F_2 = F_1 + J_2 = P(1 + i_1)(1 + i_2)$$

No fim do terceiro intervalo unitário de tempo, temos:

$$J_3 = F_2 \times i_3 \quad \text{e} \quad F_3 = F_2 + J_3 = P(1+i_1)(1 + i_2)(1 + i_3)$$

Generalizando para o n-ésimo intervalo unitário de tempo, teremos:

$$F = P(1+i_1)(1 + i_2)(1 + i_3) \ldots (1 + i_n) \quad (31)$$

Exemplo 2.20

Uma pessoa investe $ 50.000,00 no mercado financeiro por três meses, obtendo as seguintes rentabilidades efetivas mensais:

Mês 1	Mês 2	Mês 3
0,6%	0,7%	0,5%

Determine o montante do resgate.

Resolução

O fluxo de caixa da operação do ponto de vista da pessoa é:

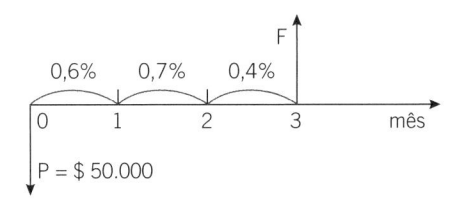

Logo,

$F = P(1+i_1)(1 + i_2)(1 + i_3)$
$F = 50.000(1 + 0,006)(1 + 0,007)(1 + 0,005)$
$F = \$ 50.905,36$

Exemplo 2.21

Uma operação interbancária envolvendo um principal de $ 500.000,00 é realizada por quatro dias úteis. As taxas *over* da operação são as seguintes:

1.º dia	2.º dia	3.º dia	4.º dia
0,935% a.m.o.	0,938% a.m.o.	0,936% a.m.o.	0,940% a.m.o.

Determine o montante da operação.

Resolução

O fluxo de caixa da operação, no que diz respeito à taxa efetiva por dia útil, é o seguinte:

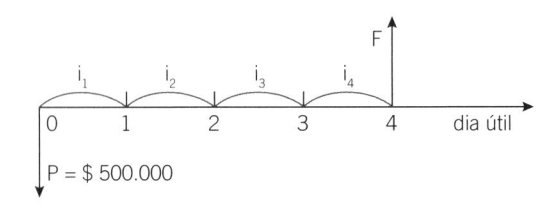

Logo,

$$F = P(1+i_1)(1 + i_2)(1 + i_3)(1 + i_4)$$

$$F = 500.000\left(1 + \frac{0,935}{3.000}\right)\left(1 + \frac{0,938}{3.000}\right)\left(1 + \frac{0,936}{3.000}\right)\left(1 + \frac{0,940}{3.000}\right)$$

$$F = \$\ 500.625,13$$

2.7 Taxa acumulada

2.7.1 Regime de capitalização composta

Considere um capital inicial P aplicado durante n períodos unitários de tempo, nos quais vigoram as taxas efetivas $i_1, i_2, i_3, ..., i_n$, no regime de capitalização composta:

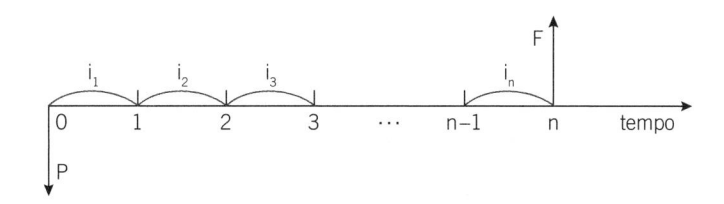

Podemos, então, deduzir:

a. Taxa efetiva no período da aplicação (i_{AC})

Do conceito de taxa de juros, temos:

$$i_{AC} = \frac{J}{P}$$

$$i_{AC} = \frac{F-P}{P} \Rightarrow i_{AC} = \frac{F}{P} - 1 \quad \text{(I)}$$

b. Montante da aplicação no fim do período

Do exposto anteriormente:

$$F = P(1+i_1)(1 + i_2)(1 + i_3) ... (1 + i_n)$$

Logo,

$$\frac{F}{P} = (1+i_1)(1+i_2)(1+i_3) ... (1+i_n) \quad \text{(II)}$$

Substituindo a relação (II) em (I), obtemos:

$$i_{AC} = (1+i_1)(1+i_2)(1+i_3) \ldots (1+i_n) - 1 \quad (32)$$

E, também:

$$(1+i_{AC}) = (1+i_1)(1+i_2)(1+i_3) \ldots (1+i_n) \quad (33)$$

NOTA

As expressões 32 e 33 permitem calcular a taxa efetiva no período (i_{AC}), também conhecida como taxa acumulada no período.

Exemplo 2.22

Um investidor aplicou $ 300.000,00 na bolsa de valores durante cinco meses consecutivos, nos quais obteve as seguintes rentabilidades efetivas mensais:

Mês 1	Mês 2	Mês 3	Mês 4	Mês 5
6,5%	3,2%	5,7%	-4,8%	10,8%

Determinar o montante do investimento e a taxa acumulada no período.

Resolução

O fluxo de caixa de operações, do ponto de vista do investidor, é o seguinte:

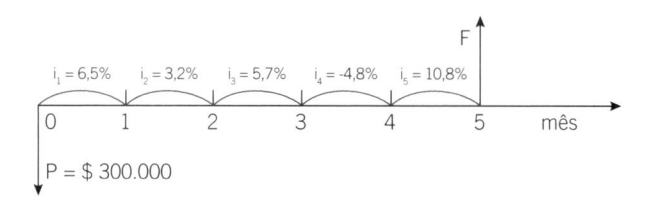

Montante do investimento

$F = P(1+i_1)(1 + i_2)(1 + i_3)(1 + i_4)(1 + i_5)$

$F = 300.000(1 + 0,065)(1 + 0,032)(1 + 0,057)(1 - 0,048)(1 + 0,108)$

$F = \$ 367.622,65$

Taxa acumulada no período

$(1 + i_{AC}) = (1+i_1)(1 + i_2)(1 + i_3)(1 + i_4)(1 + i_5)$

$(1 + i_{AC}) = (1+0,065)(1 + 0,032)(1 + 0,057)(1 - 0,048)(1 + 0,108)$

$1 + i_{AC} = 1,2254$

$i_{AC} = 0,2254 \Rightarrow i_{AC} = 22,54\%$ a.p.

> **NOTA**
>
> Outra maneira de se obter a taxa acumulada no período é pela expressão:
>
> $$i_{AC} = \frac{F}{P} - 1$$
>
> Ou seja,
>
> $$i_{AC} = \frac{367.622,65}{300.000} - 1 \Rightarrow i_{AC} = 22,54\% \text{ a.p.}$$

Exemplo 2.23

Uma operação interbancária foi realizada por três dias úteis, nos quais vigoraram as seguintes taxas *over* mês:

1.º dia	2.º dia	3.º dia
0,945% a.m.o.	0,948% a.m.o.	0,951% a.m.o.

Determine a taxa efetiva no período de operação.

Resolução

Operando com taxa efetiva por dia útil, temos:

$$1.º \text{ dia} \Rightarrow i_1 = \frac{0,945}{3.000} \text{ ao dia útil (a.d.u)}$$

$$2.º \text{ dia} \Rightarrow i_2 = \frac{0,948}{3.000} \text{ a.d.u.}$$

$$3.º \text{ dia} \Rightarrow i_3 = \frac{0,951}{3.000} \text{ a.d.u.}$$

Logo, a taxa efetiva no período é obtida por meio da expressão:

$$(1 + i_{AC}) = (1+i_1)(1 + i_2)(1 + i_3)$$

$$1 + i_{AC} = \left(1 + \frac{0,945}{3.000}\right)\left(1 + \frac{0,948}{3.000}\right)\left(1 + \frac{0,951}{3.000}\right)$$

$$1 + i_{AC} = 1,0009483$$

$$i_{AC} = 0,0009483$$

$$i_{AC} = 0,09483\% \text{ a.p.}$$

2.8 Taxa média

2.8.1 Regime de capitalização composta

Consideremos o seguinte fluxo de caixa envolvendo taxas efetivas variáveis:

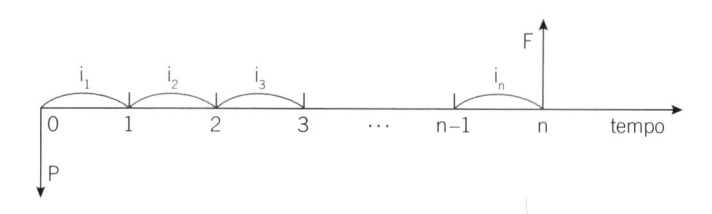

No qual o montante é obtido por meio da relação:

$$F = P(1+i_1)(1 + i_2)(1 + i_3) \ldots (1 + i_n) \quad (I)$$

Se admitirmos que há uma taxa efetiva constante em todos os períodos unitários de capitalização que, incidindo sobre o mesmo principal, durante o mesmo prazo, acarrete o mesmo montante, teremos:

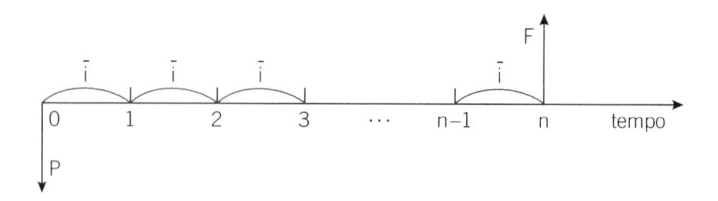

Como a taxa efetiva é constante, podemos escrever:

$$F = P(1 + \bar{i})^n \quad (II)$$

Da comparação das expressões anteriores (I) e (II) decorre:

$$P(1 + \bar{i})^n = P(1 + i_1)(1 + i_2)(1 + i_3) \ldots (1 + i_n)$$

E obtemos, então:

$$(1+\bar{i})^n = (1+i_1)(1+i_2)(1+i_3) \ldots (1+i_n) \quad (34)$$

E, também:

$$\bar{i} = \left[(1+i_1)(1+i_2)(1+i_3)...(1+i_n)\right]^{\frac{1}{n}} - 1 \quad (35)$$

A taxa efetiva $\bar{i}$ é denominada taxa média geométrica.

Exemplo 2.24

Uma pessoa investiu no mercado acionário e obteve as seguintes rentabilidades efetivas durante os meses de investimento:

Mês 1	Mês 2	Mês 3	Mês 4
3,5%	5,2%	-2,5%	18,7%

Determine a rentabilidade mensal média.

Resolução

Temos:

$i_1 = 3,5\%$ a.m.
$i_2 = 5,2\%$ a.m.
$i_3 = -2,5\%$ a.m.
$i_4 = 18,7\%$ a.m.

Sendo assim,

$\bar{i} = \left[(1+i_1)(1+i_2)(1+i_3)...(1+i_n)\right]^{\frac{1}{n}} - 1$

$\bar{i} = \left[(1+0,035)(1+0,052)(1-0,025)(1+0,187)\right]^{\frac{1}{4}} - 1$

$\bar{i} = 0,0595 \Rightarrow \bar{i} = 5,95\%$ a.m.

NOTA

A rentabilidade média também é denominada patamar de rentabilidade.

Exemplo 2.25

Uma operação interbancária no mercado monetário é feita por cinco dias úteis às seguintes taxas *over*:

1.º dia	2.º dia	3.º dia	4.º dia	5.º dia
0,825% a.m.o.	0,821% a.m.o.	0,833% a.m.o.	0,840% a.m.o.	0,841% a.m.o.

Determine a taxa *over* média do período.

Resolução

Transformando as taxas dadas em taxas efetivas por dia útil, temos:

$$1.º \text{ dia} \Rightarrow i_1 = \frac{0,825}{3.000} \text{ a.d.u.}$$

$$2.º \text{ dia} \Rightarrow i_2 = \frac{0,821}{3.000} \text{ a.d.u.}$$

$$3.º \text{ dia} \Rightarrow i_3 = \frac{0,833}{3.000} \text{ a.d.u.}$$

$$4.º \text{ dia} \Rightarrow i_4 = \frac{0,840}{3.000} \text{ a.d.u.}$$

$$5.º \text{ dia} \Rightarrow i_5 = \frac{0,841}{3.000} \text{ a.d.u.}$$

A taxa efetiva diária útil média é a seguinte:

$$\bar{i}_d = [(1 + i_1)(1 + i_2)(1 + i_3)(1 + i_4)(1 + i_5)]^{\frac{1}{5}} - 1$$

$$\bar{i}_d = \left[\left(1 + \frac{0,825}{3.000}\right)\left(1 + \frac{0,821}{3.000}\right)\left(1 + \frac{0,833}{3.000}\right)\left(1 + \frac{0,840}{3.000}\right)\left(1 + \frac{0,841}{3.000}\right)\right]^{\frac{1}{5}} - 1$$

$$\bar{i}_d = 0,0002773$$

$$\bar{i}_d = 0,02773\% \text{ a.d.}$$

Exprimindo o resultado em taxa *over* expressa ao mês, temos:

$$\bar{i}_{over} = 30\bar{i}_d$$

$$\bar{i}_{over} = 30 \times 0,02773\%$$

$$\bar{i}_{over} = 0,83190\% \text{ a.m.o.}$$

2.9 Taxa real

No mundo dos negócios as decisões que tomamos estão envoltas pela incerteza – em maior ou menor grau – e, de certa forma, vivemos administrando o risco.

Entretanto, o risco, de um modo geral, é indesejável. E, assim sendo, o risco só é assumido se a ele corresponder um certo prêmio. Ou seja, em circunstâncias normais, quanto maior o risco associado a um negócio, maior deverá ser o retorno esperado dele para compensar o risco assumido.

No mundo prático, o nível de risco associado a um evento varia de acordo com as informações disponíveis a seu respeito e com a forma de utilização dessas informações por parte dos agentes econômicos.

2.9.1 Fórmula de Fisher[6]

A inflação, caracterizada pelo crescimento do nível geral dos preços dos bens e serviços, causa o fenômeno da ilusão monetária nas práticas financeiras e é um dos principais tipos de risco a que estamos sujeitos em finanças.

A fórmula de Fisher estabelece o efeito da inflação sobre as taxas de juros e é expressa por meio da relação:

$$(1 + i) = (1 + \theta)(1 + r) \quad (36)$$

Em que:

i = taxa efetiva

θ = taxa de inflação obtida por meio de um índice de preços

r = taxa real

As taxas i, θ e r são relativas a um mesmo período de tempo.

Um exemplo prático facilita o entendimento da questão.

Consideremos uma instituição financeira que deseja obter uma remuneração real de 0,80% a.m. nos empréstimos liberados a seus clientes, em uma conjuntura econômica em que a inflação prevista é de 0,53% a.m. Sendo assim, temos:

$$(1 + i) = (1 + 0{,}0053)(1 + 0{,}0080)$$

$$i = 1{,}33\% \text{ a.m.}$$

---

[6] O nome Fórmula de Fisher foi dado como uma homenagem ao economista Irving Fisher (1867 – 1947), que desenvolveu essa teoria. Irving Fisher foi graduado e doutor pela Yale University (B.A., 1888; Ph.D., 1891), realizou contribuições expressivas e inovadoras às Ciências Econômicas, publicando diversas obras, como *The Rate of Interest* (1907), *Appreciation and Interest* (1896), *The Nature of Capital and Income* (1906), entre outras.

Desse modo, a instituição financeira deve cobrar de seus clientes 1,33% a.m., a fim de repassar-lhes o risco de uma inflação de até 0,53% a.m., auferindo um ganho real de 0,80% a.m.

A previsão de inflação é o componente de risco da situação apresentada. Dela vai depender o nível da taxa efetiva a ser exigida do cliente contratualmente. Na economia brasileira recente não tem sido tarefa fácil.

No mercado brasileiro podemos observar uma possibilidade de rendimentos reais ao comprar um título público indexado ao IPCA, o chamado NTN-B. Por meio dele o investidor pode obter rentabilidade em termos reais, mantendo seu poder de compra ao se proteger das flutuações do IPCA (índice oficial de referência para o regime de metas de inflação) ao longo do investimento, de modo que se proteja do erro de previsão da inflação em outros investimentos. Esse título é indicado para investimentos de poupança de médio/longo prazos.

Tabela 2.2 | Histórico de preços e taxas | NTN-B

Vencimento em 15/5/2035

Dia	Taxa compra manhã	Taxa venda manhã	PU compra manhã	PU venda manhã	PU base manhã
2/1/2013	4,16%	4,26%	896,59	877,61	877,26
3/1/2013	4,11%	4,21%	906,59	887,40	887,05
4/1/2013	4,04%	4,14%	921,08	901,58	900,79
7/1/2013	3,99%	4,09%	931,37	911,64	911,28
8/1/2013	3,99%	4,09%	931,73	912,00	911,64
9/1/2013	3,99%	4,09%	932,10	912,36	912,00
10/1/2013	3,95%	4,05%	940,89	920,97	920,59
11/1/2013	3,95%	4,05%	941,75	921,81	920,97
14/1/2013	3,93%	4,03%	946,18	926,15	925,76
15/1/2013	3,95%	4,05%	942,52	922,57	922,19
16/1/2013	3,91%	4,01%	951,01	930,88	930,50
17/1/2013	3,90%	4,00%	953,44	933,25	932,87
18/1/2013	3,89%	3,99%	956,35	936,11	935,25
21/1/2013	3,94%	4,04%	946,56	926,54	926,16
22/1/2013	3,89%	3,99%	957,13	936,88	936,49
23/1/2013	3,88%	3,98%	959,57	939,27	938,88
24/1/2013	3,87%	3,97%	963,33	942,95	941,57
28/1/2013	3,89%	3,99%	959,64	939,35	938,93
29/1/2013	3,90%	4,00%	958,01	937,76	937,34
30/1/2013	3,94%	4,04%	950,28	930,20	929,79
31/1/2013	3,98%	4,08%	942,61	922,71	922,29

Vencimento em 15/5/2035

Dia	Taxa compra manhã	Taxa venda manhã	PU compra manhã	PU venda manhã	PU base manhã
1/2/2013	3,98%	4,08%	943,58	923,66	922,71
4/2/2013	4,03%	4,13%	933,98	914,27	913,86
5/2/2013	4,06%	4,16%	928,43	908,85	908,45
6/2/2013	4,07%	4,17%	926,87	907,33	906,92
7/2/2013	4,15%	4,25%	911,34	892,14	891,74
8/2/2013	4,18%	4,28%	906,93	887,83	886,46
13/2/2013	4,26%	4,36%	892,01	873,25	872,86
14/2/2013	4,27%	4,37%	890,51	871,79	871,40
15/2/2013	4,25%	4,35%	894,84	876,02	875,50
18/2/2013	4,23%	4,33%	898,93	880,02	879,75
19/2/2013	4,21%	4,31%	903,04	884,04	883,77
20/2/2013	4,21%	4,31%	903,31	884,32	884,04
21/2/2013	4,18%	4,28%	909,37	890,25	889,97
22/2/2013	4,17%	4,27%	911,84	892,67	892,14
25/2/2013	4,18%	4,28%	910,47	891,33	891,03
26/2/2013	4,14%	4,24%	918,55	899,24	898,93
27/2/2013	4,11%	4,21%	924,73	905,29	904,99
28/2/2013	4,10%	4,20%	927,01	907,52	907,21
1/3/2013	4,10%	4,20%	927,63	908,13	907,52
4/3/2013	4,11%	4,21%	925,97	906,51	906,21
5/3/2013	4,07%	4,17%	934,18	914,54	914,24
6/3/2013	4,02%	4,12%	944,47	924,62	924,31
7/3/2013	4,03%	4,13%	942,78	922,96	922,65
8/3/2013	4,04%	4,14%	942,37	922,57	921,83
11/3/2013	4,09%	4,19%	932,76	913,17	912,83
12/3/2013	4,09%	4,19%	933,11	913,51	913,17
13/3/2013	4,15%	4,25%	921,64	902,31	901,97
14/3/2013	4,21%	4,31%	910,33	891,25	890,91
15/3/2013	4,22%	4,32%	909,01	889,96	889,36
18/3/2013	4,19%	4,29%	915,11	895,93	895,63
19/3/2013	4,19%	4,29%	915,41	896,23	895,93
20/3/2013	4,18%	4,28%	917,66	898,43	898,13
21/3/2013	4,18%	4,28%	917,96	898,73	898,43
22/3/2013	4,28%	4,38%	899,33	880,51	879,92
25/3/2013	4,35%	4,45%	886,35	867,81	867,52
26/3/2013	4,35%	4,45%	886,64	868,10	867,81

Fonte: elaborado com base em dados do Tesouro Nacional.

A Tabela 2.2 mostra que para um investimento, por exemplo, na data 26/3/2013, com vencimento em 15/5/2035, o investidor obterá uma taxa de compra manhã real de 4,35% e uma taxa real de venda manhã de 4,45%.

Mais detalhes sobre esse tema serão abordados no Capítulo 10.

2.9.2 Fórmula de Fisher generalizada

Como se pode perceber, a ideia central da fórmula de Fisher é obter a taxa efetiva i, que garanta ganho real r, após o repasse do risco da inflação θ.

Se fizermos agora uma extensão de raciocínio considerando outros tipos de risco aos quais o capital esteja sujeito, além do risco inflacionário, o problema se torna mais abrangente.

Nesse caso, então, a taxa efetiva i deve ser suficiente para repassar os custos dos diversos tipos de risco envolvidos em uma dada operação financeira e ainda garantir a remuneração real r.

A obtenção da fórmula de Fisher generalizada parte do pressuposto de que o capital está sujeito a uma série de riscos independentes, com taxas associadas:

$$\text{Risco 1} \Rightarrow \text{taxa } q_1$$
$$\text{Risco 2} \Rightarrow \text{taxa } q_2$$
$$\text{Risco 3} \Rightarrow \text{taxa } q_3$$
$$\vdots$$
$$\text{Risco n} \Rightarrow \text{taxa } q_n$$

As taxas q_1, q_2, q_3, ..., q_n devem ser relativas ao mesmo período e expressas na mesma unidade de tempo.

Pode-se demonstrar que, partindo de um capital P, sujeito às taxas de risco mencionadas e taxa real r, o montante F é obtido da seguinte forma:

$$F = P(1 + q_1)(1 + q_2)(1 + q_3)...(1 + q_n)(1 + r) \quad (37)$$

Como já vimos anteriormente, a taxa efetiva no período (i) pode ser obtida por meio da relação:

$$i = \frac{F}{P} - 1 \quad \text{(item 2.7.1.a)}$$

Tirando o quociente da expressão 35 e substituindo na relação anterior, temos:

$$(1 + i) = (1 + q_1)(1 + q_2)(1 + q_3)...(1 + q_n)(1 + r) \quad (38)$$

A expressão 36 é denominada fórmula de Fisher generalizada.

> **NOTA**
>
> Se não houver outros riscos além da inflação fazemos:
>
> $q_1 = \theta$ e $q_2 = q_3 = ... = q_n = 0$
>
> e chegamos à expressão:
>
> $(1 + i) = (1 + \theta)(1 + r)$
>
> que se constitui na fórmula original de Fisher.

Vamos lançar mão de um exemplo prático de modo a facilitar a compreensão do que foi apresentado.

Uma loja de eletrodomésticos opera no segmento de vendas a prazo. Ela opera, basicamente, com três tipos de risco: inflação, inadimplência e atrasos nos pagamentos. A sua taxa efetiva operacional deve, portanto, cobrir esses riscos e proporcionar um determinado retorno real.

Eis as premissas com as quais a loja está trabalhando no momento:

a. Taxa de inflação prevista, em média, para os próximos meses: 0,5% a.m.

b. Taxa de inadimplência, baseada em levantamento de dados históricos recentes: 2% a.m.

c. Taxa de atraso nos pagamentos, baseada em levantamento de dados históricos recentes: 1% a.m.

d. Taxa real pretendida: 0,5% a.m.

Temos, portanto:

- $q_1 = 0{,}5\%$ a.m. (inflação)
- $q_2 = 2\%$ a.m. (inadimplência)
- $q_3 = 1\%$ a.m. (atrasos)
- $r = 0{,}5\%$ a.m. (retorno real)

Logo, aplicando a fórmula de Fisher generalizada, obtemos a taxa efetiva mensal *i* com a qual a loja deve operar com os clientes por ocasião do financiamento de suas compras:

$$(1 + i) = (1 + q_1)(1 + q_2)(1 + q_3)(1 + r)$$

$$(1 + i) = (1 + 0{,}005)(1 + 0{,}02)(1 + 0{,}01)(1 + 0{,}005)$$

$$i = 4{,}05\% \text{ a.m.}$$

Seria interessante observar que o risco q_1, associado à inflação, está associado à conjuntura econômica. É, portanto, um risco conjuntural. Já os riscos q_2 e q_3, correspondentes à inadimplência e aos atrasos, são riscos do negócio. São, portanto, riscos próprios da atividade.

Exemplo 2.26

Uma pessoa investiu no mercado acionário em um dado período e obteve a rentabilidade efetiva de 20% a.p. No período considerado, a taxa de inflação foi de 30% a.p. Determinar a taxa real propiciada pelo investimento no período considerado.

Resolução

Tomando por base a fórmula de Fisher generalizada, temos:

$$(1 + i) = (1 + q_1)(1 + q_2)(1 + q_3)...(1 + q_n)(1 + r)$$

Em que,

- i = 20% a.p. (efetiva)
- $q_1 = \theta$ = 30% a.p. (inflação)
- $q_2 = q_3 = ... = q_n = 0$ (demais riscos)

Logo,

$$(1 + i) = (1 + \theta)(1 + r) \text{ (fórmula de Fisher)}$$

Portanto,

$$1 + r = \frac{1 + i}{1 + \theta}$$

$$1 + r = \frac{1 + 0{,}20}{1 + 0{,}30}$$

$$1 + r = 0{,}9231$$
$$r = -0{,}0769$$
$$r = -7{,}69\% \text{ a.p.}$$

Exemplo 2.27

Um indivíduo aplicou no mercado financeiro, no início de janeiro de um determinado ano, a quantia de $ 500.000,00 e resgatou, no final de abril do mesmo ano, o montante de $ 530.000,00. As taxas de inflação mensal do período foram as seguintes:

Janeiro	Fevereiro	Março	Abril
0,51%	0,96%	0,45%	0,28%

Determine:

a. A taxa efetiva obtida pelo indivíduo no período da aplicação
b. A taxa de inflação acumulada no período da aplicação
c. A taxa real de retorno do indivíduo no período da aplicação

Resolução

a. O fluxo de caixa da operação, do ponto de vista do indivíduo, é o seguinte:

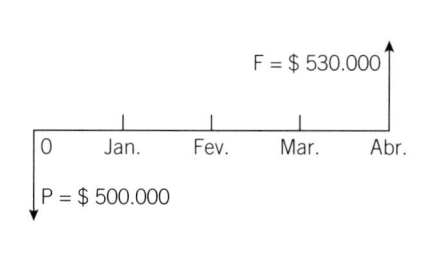

$$F = \$ 530.000$$

0 Jan. Fev. Mar. Abr.

$$P = \$ 500.000$$

Logo,

$$i = \frac{F}{P} - 1$$

$$i = \frac{530.000}{500.000} - 1$$

$$i = 6\% \text{ a.p.}$$

b. A taxa de inflação acumulada no período vale:

$$(1 + \theta) = (1 + \theta_{Jan})(1 + \theta_{Fev})(1 + \theta_{Mar})(1 + \theta_{Abr})$$

$$(1 + \theta) = (1 + 0,0051)(1 + 0,0096)(1 + 0,0045)(1 + 0,0028)$$

$$\theta = 2,22\% \text{ a.p.}$$

c. A taxa real é obtida pela fórmula de Fisher, ou seja:

$$(1 + i) = (1 + \theta)(1 + r)$$

$$1 + r = \frac{1 + i}{1 + \theta}$$

$$1 + r = \frac{1 + 0,0600}{1 + 0,0222}$$

$$r = 3,70\% \text{ a.p.}$$

CAPÍTULO 3

Produtos do mercado financeiro

3.1 Introdução

Neste capítulo, vamos apresentar os principais produtos de investimento e de financiamento do mercado financeiro.

Vamos conceituá-los resumidamente e, em seguida, desenvolver exemplos práticos, de modo a destacar suas características operacionais.

Daremos ênfase ao regime de capitalização, ao processo de cálculo e aos detalhes específicos de cada produto.

Nele, integramos de maneira interessante os conhecimentos adquiridos nos capítulos anteriores, e revelamos ao leitor o lado essencialmente prático do cálculo financeiro. Além disso, no final do capítulo, acrescentamos explicações sobre aspectos comuns de muitos produtos que apresentados a seguir, e que são requeridos para a resolução dos exercícios. Os temas abordados são Impostos de Renda (IR), Fundo Garantidor de Crédito (FGC) e Imposto sobre Operações Financeiras (IOF).

3.2 Títulos de captação bancária

3.2.1 Certificado de depósito interbancário (CDI)

Os Depósitos Interfinanceiros (DIs) são títulos de emissão de instituições financeiras, que servem de lastro para as operações interbancárias no mercado monetário. São isentos de IOF e de IR na fonte. Sua função é transferir recursos de uma instituição financeira para outra. As operações são registradas eletronicamente na Câmara de Custódia e Liquidação (Cetip).

Apesar de o mercado utilizar a expressão "a taxa do CDI", a bem da verdade deveria ser "a taxa do DI", pois essa é a atual denominação dada pela Cetip, *clearing house*, que calcula diariamente o DI.

A Cetip, por intermédio dos Comunicados n. 113 e 114, de 1998, evidencia a metodologia de cálculo do DI *over*. Segundo tais comunicados, as estatísticas do ativo DI *over* (extragrupo) calculadas e divulgadas diariamente são apuradas com base nas operações de emissão de Depósitos Interfinanceiros prefixados, pactuadas por um dia útil e registradas e liquidadas pelo sistema Cetip, conforme determinação do Banco Central do Brasil.

Ainda segundo esses comunicados, a Cetip seleciona no universo do mercado interbancário as operações de um dia útil de prazo (*over*), considerando apenas as operações realizadas entre instituições de conglomerados diferentes (extragrupo), desprezando as demais (intragrupo). A taxa média encontrada para o DI é fruto, portanto, de taxa prefixada para operações de um dia útil de prazo.

O *fallback* é caracterizado em um cenário no qual, em um dia de negociação, o número de operações usadas para os cálculos seja inferior a dez. Nessa situação, usa-se uma metodologia específica com base na Selic.

Exemplo 3.1

Uma operação interbancária, lastreada em CDI, foi realizada por três dias úteis considerando as seguintes taxas *over*:

1.º dia	2.º dia	3.º dia
11,36% a.a.o.	11,21% a.a.o.	10,22% a.a.o.

O principal envolvido foi de $ 15.000.000,00. Determine:

a. O montante da operação
b. A taxa efetiva da operação no período
c. A taxa *over* média da operação

Resolução

As operações de CDI são realizadas no regime de capitalização composta a taxa variáveis. Portanto, os cálculos envolvendo CDI seguem as mesmas regras desse regime.

Podemos expressar o fluxo de caixa da operação da seguinte forma:

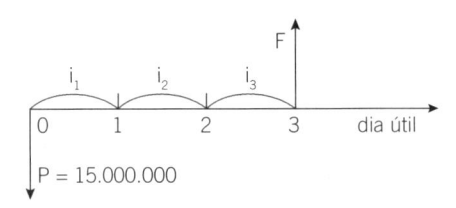

a. Montante da operação

Por se tratar de uma série com taxas variáveis, para calcular o montante usamos:

$$F = P(1 + i_1)(1 + i_2)(1 + i_3) \ldots (1 + i_n)$$

Em que,

$$F = 15.000.000 \left(1 + \frac{11,36}{100}\right)^{\frac{1}{252}} \left(1 + \frac{11,21}{100}\right)^{\frac{1}{252}} \left(1 + \frac{11,22}{100}\right)^{\frac{1}{252}}$$

F = 15.018.532,64

b. A taxa efetiva da operação no período

Para calcular a taxa efetiva da operação usamos:

$$i_p = \frac{F}{P} - 1$$

$$i_p = \frac{15.018.532,64}{15.000.000} - 1$$

$$i_p = 0,1236\% \text{ a.p.}$$

c. A taxa *over* ao ano média da operação

O cálculo da taxa média no período é dado por:

$$(1 + \bar{i})^3 = (1 + i_p)$$

$$(1 + \bar{i})^3 = (1 + 0,001236)$$

$$\bar{i} = (1,001236)^{\frac{1}{3}} - 1$$

$$\bar{i} = 0,0412\% \text{ a.d.u.}$$

Para calcular a taxa *over* média da operação devemos elevar a taxa média no período à base 252 (*over* ano). Sendo assim, temos:

$$\bar{i}_{over\,ano} = (1 + 0,000412)^{252} - 1$$

$$\bar{i}_{over\,ano} = 10,93\% \text{ a.a.o.}$$

3.2.2 Certificado de depósito bancário (CDB) e Recibo de depósito bancário (RDB)

O CDB e o RDB são títulos emitidos por bancos, registrados na Cetip e utilizados para captação de recursos entre os investidores. Tais recursos são, posteriormente, repassados aos clientes nas operações de financiamento tradicionais do mercado de crédito.

Pela legislação atualmente em vigor[1]:

- CDB e RDB podem ser prefixados, pós-fixados, ou indexados à taxa flutuante.
- CDB e RDB prefixados ou emitidos com taxa flutuante não têm prazo mínimo de emissão, mas estão sujeitos à tabela de IOF, como mostra a Tabela 3.1 a seguir, caso sejam resgatados antes de 30 dias.

---

[1] Consideramos, neste tópico, a legislação vigente até 2013, podendo haver modificações nos anos subsequentes.

Tabela 3.1 | Tabela de IOF

Número de dias	% do rendimento	Número de dias	% do rendimento	Número de dias	% do rendimento
1	96	11	63	21	30
2	93	12	60	22	26
3	90	13	56	23	23
4	86	14	53	24	20
5	83	15	50	25	16
6	80	16	46	26	13
7	76	17	43	27	10
8	73	18	40	28	6
9	70	19	36	29	3
10	66	20	33	30	0

- CDB é transferível por endosso nominativo e o RDB é intransferível.
- CDB e RDB são tributados na fonte no momento do resgate e seguem um critério de tributação decrescente, de acordo com o prazo de permanência dos recursos na aplicação, conforme tabela de IR.

Salvo exceções de isenção, ou regra de tributação especifica:

- CDB e RDB, quando emitidos, a taxa flutuante deve ser regulamentada e de conhecimento público.
- CDB e RDB possuem garantia junto ao Fundo de Garantia de Créditos (FGC) de até R$ 250.000,00.

Exemplo 3.2

Um investidor aplica $ 200.000,00 em um CDB prefixado, à taxa de 24,80% a.a. (base 360 dias), por um período de 32 dias, no qual estão contidos 21 dias úteis. O imposto de renda é retido na fonte à alíquota de 22,5% sobre o rendimento bruto.

Determine, do ponto de vista do investidor:

a. O montante bruto
b. O rendimento bruto
c. O imposto de renda retido na fonte
d. O montante líquido
e. A taxa efetiva líquida do período
f. A taxa *over* ano equivalente
g. A taxa *over* ano líquida equivalente

Resolução

A operação é orientada pelo regime de capitalização composta. O fluxo de caixa, do ponto de vista do investidor, é o seguinte:

$$\begin{array}{c} 0 \quad i = 0{,}2480 \text{ a.a.} \quad F \\ n = 32 \\ P = 200.000 \end{array}$$

a. Montante bruto

$$F = P(1 + I)^n$$
$$F = 200.000(1 + 0{,}2480)^{\frac{32}{360}}$$
$$F = \$ \ 203.977{,}57$$

b. Rendimento bruto

$$RB = F - P$$
$$RB = 203.977{,}57 - 200.000$$
$$RB = \$ \ 3.977{,}57$$

c. Imposto de renda na fonte

$$IR = \text{Alíquota} \times RB$$
$$IR = 22{,}5\% \times 3.977{,}57$$
$$IR = \$ \ 894{,}95$$

d. Montante líquido

$$F^* = F - IR$$
$$F^* = 203.977{,}57 - 894{,}95$$
$$F^* = \$ \ 203.082{,}62$$

e. Taxa efetiva líquida no período

$$i^* = \frac{F^*}{P} - 1$$
$$i^* = \frac{203.082{,}62}{200.000{,}00} - 1$$
$$i^* = 1{,}5413\% \text{ a.p.}$$

f. Taxa *over* ano equivalente

$$i_{\text{ano over}} = \left[\left(1 + \frac{24{,}80}{100}\right)^{\frac{32}{360}}\right]^{\frac{252}{21}} - 1$$

$$i_{ano\,over} = \left[(1+0,2480)^{\frac{32}{360}}\right]^{\frac{252}{21}} - 1$$

$$i_{ano\,over} = \left[(1+0,01989)\right]^{\frac{252}{21}} - 1$$

$i_{ano\,over}$ = 26,66% a.a.o

g. Taxa *over* ano líquida equivalente

$$i_{ano\,over} = \left(\frac{203.082,62}{200.000,00}\right)^{\frac{252}{21}} - 1$$

$i_{ano\,over}$ = 20,15% a.a.o.

Exemplo 3.3

Um investidor aplica $ 100.000,00 em um CDB pós-fixado, à taxa de TR + 12,70% a.a., por um período de 120 dias. O imposto de renda é retido na fonte à alíquota de 15% sobre o rendimento bruto. A TR do período corresponde a 2,92%.

Determinar, do ponto de vista do investidor:

a. O montante bruto

b. O rendimento bruto

c. O imposto de renda retido na fonte

d. O montante líquido

e. A taxa efetiva líquida no período

Resolução

A operação é regida pelo regime de capitalização composta. A expressão TR + 12,70% a.a. indica que sobre o principal, previamente atualizado pela TR do período, incide a taxa de 12,70% a.a.

O fluxo de caixa, do ponto de vista do investidor, é o seguinte:

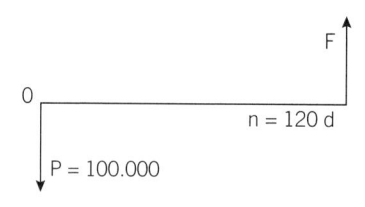

a. Montante bruto

$$F = P(1 + TR_{período})(1 + i_{período})$$

$$F = 100.000\,(1+0,0292)(1+0,1270)^{\frac{120}{360}}$$

$$F = \$\ 107.104,51$$

b. Rendimento bruto

$$RB = F - P$$
$$RB = 107.104,51 - 100.000$$
$$RB = \$ 7.104,51$$

c. Imposto de renda na fonte

$$IR = \text{Alíquota} \times RB$$
$$IR = 15\% \times 7.104,51$$
$$IR = \$ 1.065,68$$

d. Montante líquido

$$F^* = F - IR$$
$$F^* = 107.104,51 - 1.065,68$$
$$F^* = \$ 106.038,83$$

e. Taxa efetiva líquida no período

$$i^* = \frac{F^*}{P} - 1$$
$$i^* = \frac{106.038,83}{100.000} - 1$$
$$i = 6,04\% \text{ a.p.}$$

Exemplo 3.4

Um banco está captando recursos via CDB no mercado, à taxa efetiva bruta de 25% a.a., para operações de 31 dias, com 20 dias úteis. Um cliente, por motivos particulares, quer realizar uma operação de 33 dias, com 22 dias úteis, acrescentando mais dois dias corridos e úteis às operações-padrão do momento.

Determine a taxa efetiva bruta anual que o banco deve oferecer ao cliente.

Resolução

As operações-padrão do banco, no momento, apresentam o seguinte fluxo de caixa, do ponto de vista do cliente, para um principal de $ 100,00:

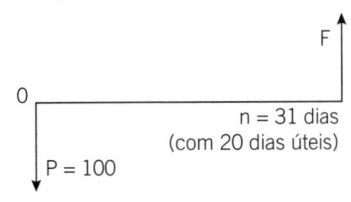

```
         0 _____ F
           |                ↑
           |        n = 31 dias
           ↓        (com 20 dias úteis)
         P = 100
```

O montante bruto vale:

$$F = P(1 + i)^n$$
$$F = P(1 + 0,250)^{\frac{31}{360}}$$
$$F = \$ 101,94$$

A taxa efetiva bruta do período é obtida:

$$i_p = \frac{F}{P} - 1$$

$$i_p = \frac{101{,}94}{100} - 1$$

$$i_p = 1{,}94\% \text{ a.p.}$$

A taxa *over* vale, portanto:

$$(1 + i_d)^{d.u.} = (1 + i_p)$$

$$i_d = (1 + i_p)^{\frac{1}{d.u.}} - 1$$

$$i_d = (1 + 0{,}0194)^{\frac{1}{20}} - 1$$

$$i_d = 0{,}0961\% \text{ a.d.u.}$$

Desse modo, em operações-padrão o cliente aufere taxa efetiva bruta de 25,00% a.a. correspondente à taxa efetiva de 0,0961% a.d.u.

Para não prejudicar o cliente, o banco, em sua ótica, vai oferecer a mesma taxa efetiva por dia útil, ou seja, 0,0961%, para os dois dias seguintes. O fluxo de caixa, do ponto de vista do cliente, passa a ser:

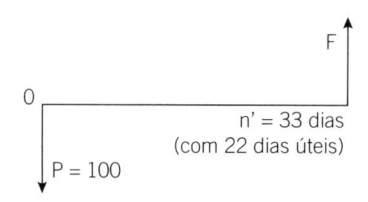

```
                                    F ↑
        0 _____
                                n' = 33 dias
                                (com 22 dias úteis)
        ↓ P = 100
```

Nessa situação, o montante passa a ser:

$$F' = P(1 + i_d)^{d.u.}$$

$$F' = 100(1 + 0{,}000961)^{22}$$

$$F' = \$\ 102{,}14$$

E, raciocinando com os novos dias corridos e a nova taxa efetiva anual:

$$F' = P(1 + i')^{n'}$$

$$102{,}14 = 100(1 + i')^{\frac{33}{360}} - 1$$

$$i' = \left(\frac{102{,}14}{100}\right)^{\frac{360}{33}} - 1$$

$$i' = 25{,}98\% \text{ a.a.}$$

Sendo assim, na operação especial solicitada pelo cliente, o banco deve oferecer a taxa efetiva bruta de 25,98% a.a., de modo a permitir que ele mantenha a mesma rentabilidade por dia útil das operações-padrão.

De certa forma, essa conclusão é paradoxal, pois, em geral, as pessoas acreditam que na operação especial deveria ser mantida a taxa efetiva bruta anterior de 25% a.a.

Assim, a avaliação correta de taxas deve ser feita relativamente à taxa efetiva por dia útil (taxa *over*).

3.2.3 Caderneta de poupança

A caderneta de poupança é a forma mais popular de aplicação de recursos no Brasil. Seus atrativos são: pequenas quantias e liquidez imediata, além da garantia do FGC para saldos até determinado valor.

Há isenção de qualquer tipo de imposto para pessoas físicas e jurídicas, não é tributada com base no lucro real, o que incentiva ainda mais essa tradicional aplicação financeira.

A rentabilidade é calculada em duas parcelas, sendo a primeira calculada pela remuneração básica, dada pela Taxa Referencial (TR), e a segunda parcela, uma remuneração adicional. Para essa segunda parcela, há uma condição, se a meta Selic no período de rendimento for superior a 8,5% ao ano, a remuneração será de 0,5% ao mês, mas se a meta Selic for igual ou inferior a 8,5% ao ano, a remuneração será de 70% da meta Selic ao ano, mensalizada, vigente na data de início do período de rendimento.

Selic > 8,5%	Selic ≤ 8,5%
Remuneração: TR + 0,5% a.m.	Remuneração: TR + 70% da meta Selic ao ano

No período anterior a 2012, a caderneta de poupança era remunerada apenas pela TR (da data de aniversário) mais 0,5% a.m. Para os depósitos realizados nesse período, a regra de remuneração variável pela meta Selic não é aplicável.

Nesse sentido, existem atualmente dois modelos de remuneração para as cadernetas de poupança: operações feitas até 3 de maio de 2012 têm remuneração de TR + 0,5% a.m., independente da taxa Selic meta; enquanto aplicações feitas a partir de 4 de maio de 2012, seguem o modelo de cálculo descrito anteriormente.

Exemplo 3.5

Um indivíduo pretende aplicar seu dinheiro na caderneta de poupança visando guardar R$ 10.000,00 por um período de quatro meses. Sabendo que as TRs nas datas de aniversário foram:

Mês 1	Mês 2	Mês 3	Mês 4
0,022%	0,0194%	0,0083%	0,00%

E que as metas Selic do período foram:

Mês 1	Mês 2	Mês 3	Mês 4
9,5% a.a.	8,5% a.a.	8,5% a.a.	8,0% a.a.

Utilizando as regras da nova poupança apontadas anteriormente, determine:

a. O montante disponível para saque no fim do período
b. A rentabilidade efetiva acumulada no período

Resolução

Inicialmente, pode-se ver que a meta Selic do Mês 1 foi 9,5% a.a., portanto, a remuneração do mês será calculada da seguinte forma:

Fórmula geral: $(1 + i_1) = (1 + TR)[(1 + \text{Selic anual} \times 0,7)^{1/12}]$ para a situação Selic $\leq$ 8,5%

- Mês 1

    $(1 + i_1) = (1 + TR_1)(1 + 0,005)$
    $(1 + i_1) = (1 + 0,00022)(1 + 0,005)$
    $(1 + i_1) = 1,005221$
    $i_1 = 0,5221\%$ a.m.

A partir do segundo mês, vemos que a meta Selic foi 8,5% a.a., no Mês 2 e no Mês 3, e 8,0% a.a. no Mês 4, sendo assim, a remuneração será calculada da seguinte forma:

- Mês 2

    Selic Mês 2 = 8,5% a.a.
    $(1 + i_2) = (1 + TR_2) [(1 + \text{Selic anual} \times 0,7)^{1/12}]$
    $(1 + i_2) = (1 + 0,000194) [(1 + 0,085 \times 0,7)^{1/12}]$
    $(1 + i_2) = (1,000194)(1,004828)$
    $(1 + i_2) = 1,005023$
    $i_2 = 0,5023\%$ a.m.

- Mês 3

    Selic Mês 3 = 8,5% a.a.
    $(1 + i_3) = (1 + TR_3) [(1 + \text{Selic anual} \times 0,7)^{1/12}]$
    $(1 + i_3) = (1 + 0,000083) [(1 + 0,085 \times 0,7)^{1/12}]$
    $(1 + i_3) = (1,000083)(1,004828)$
    $(1 + i_3) = 1,004911$
    $I_3 = 0,4911\%$ a.m.

- Mês 4

    Selic Mês 4 = 8,0% a.a.
    $(1 + i_4) = (1 + TR_4) [(1 + \text{Selic anual} \times 0,7)^{1/12}]$
    $(1 + i_4) = (1 + 0,00) [(1 + 0,080 \times 0,7)^{1/12}]$
    $(1 + i_4) = (1,00)(1,004551)$
    $(1 + i_4) = 1,004551$
    $i_4 = 0,4551\%$ a.m.[2]

---

[2] A TR_4 foi igual a 0,00%. Isso pode acontecer, de acordo com o contexto econômico. No período de setembro de 2012 a abril de 2013, vimos um exemplo disso.

a. Montante disponível no fim do período

$F = P(1 + i_1)(1 + i_2)(1 + i_3)(1+i_4)$

$F = 10.000 \times 1,005221 \times 1,005023 \times 1,004911 \times 1,004551$

$F = 10.198,52$

b. Rentabilidade efetiva acumulada no período

$(1 + i_p) = (1 + i_1)(1 + i_2)(1 + i_3)(1+i_4)$

$(1 + i_p) = 1,005221 \times 1,005023 \times 1,004911 \times 1,004551$

$(1 + i_p) = 1,019852$

$i_p = 1,9852\%$ a.p.

Ou, então:

$i_p = \dfrac{F}{P} - 1$

$i_p = \dfrac{10.198,52}{10.000} - 1$

$i_p = 1,9852\%$ a.p.

3.2.4 Depósito a prazo com garantia especial

O Depósito a Prazo com Garantia Especial (DPGE) é um título de renda fixa emitido por bancos de investimento, múltiplos, comerciais, de desenvolvimento, pelas sociedades de crédito, financiamento e investimento e pelas caixas econômicas, tanto de pequeno como de médio porte, com o objetivo de auxiliar essas instituições em suas captações de recursos, pois esse título é objeto da garantia especial proporcionada pelo Fundo Garantidor de Créditos (FGC). Não há emissão de certificado e, apesar de o resgate do DPGE ser negociado na hora da compra, ele é limitado a um prazo mínimo de 12 meses e máximo de 36, não sendo possível resgatá-lo antecipadamente, total ou parcialmente.

Exemplo 3.6

Um DPGE com rendimento prefixado de 10% a.a. (base 360 dias) recebeu um investimento de R$ 1,5 mi. O investidor manteve seu capital aplicado por um período de dois anos e dois meses (780 dias corridos). O imposto de renda é retido na fonte e a alíquota segue na tabela IR:

Tabela do IR sobre o DPGE

Desde 1.º de janeiro de 2005, a incidência de IR ocorre de acordo com a tabela a seguir (OURINVEST, 2011):

Prazo de aplicação	Alíquota de IR
Até 180 dias	22,50%
De 180 dias até 360 dias	20,00%
De 361 dias até 720 dias	17,50%
Acima de 721 dias	15,00%

Determine, do ponto de vista do investidor:

a. Montante bruto
b. O rendimento bruto
c. O imposto de renda retido na fonte
d. O montante líquido
e. A taxa efetiva líquida no período

Resolução

Podemos representar essa situação pelo seguinte fluxo de caixa:

$$i = 0{,}10 \text{ a.a.} \qquad n = \frac{780}{360}$$

$$P = 1.500.000{,}00 \qquad F$$

a. Montante bruto

Para calcular o montante, usamos a mesma fórmula do regime de capitalização composta, mas devemos fazer o cálculo no período em questão (780 dias corridos). Portanto, temos:

$$F = P(1 + i_{a.a.})^n$$
$$F = 1.500.000(1 + 0{,}1)^{\frac{780}{360}}$$
$$F = 1.844.061{,}54$$

b. Rendimento bruto

O rendimento bruto é dado pela diferença entre o montante e o valor presente, sendo assim:

$$RB = F - P$$
$$RB = 1.844.061{,}54 - 1.500.000$$
$$RB = 344.061{,}54$$

c. Imposto de renda na fonte

A alíquota do imposto de renda é calculada a partir do rendimento bruto. Portanto, temos:

$$IR = \text{Alíquota} \times RB$$
$$IR = 15\% \times 344.061{,}54$$
$$IR = 51.609{,}23$$

d. Montante líquido

O montante líquido é o resultado da diferença entre o montante e a alíquota do imposto de renda, ou seja, o montante depois de deduzido o imposto de renda. Portanto, temos:

$$F^* = F - IR$$
$$F^* = 1.844.061{,}54 - 51.609{,}23$$
$$F^* = 1.792.452{,}31$$

e. Taxa efetiva líquida no período

A taxa efetiva líquida é o resultado do quociente entre o montante líquido e o valor presente, sendo assim:

$$i^* = \left[\frac{F}{P}\right]^{\frac{1}{n}} - 1$$

$$i^* = \left[\frac{1.792.452,31}{1.500.00}\right]^{\frac{360}{780}} - 1$$

$i^* = 8,568\%$ a.a.

3.2.5 Letras financeiras

São títulos emitidos por instituições financeiras com o objetivo de captar recursos de longo prazo junto aos clientes e no mercado em geral. As letras financeiras são uma fonte mais estável de recursos, mesmo em períodos de maior volatilidade.

Esses títulos podem ser emitidos por bancos múltiplos, bancos comerciais, bancos de investimento, sociedades de crédito, financiamento e investimento, caixas econômicas, companhias hipotecárias ou sociedades de crédito imobiliário. Além desses, o Banco Nacional de Desenvolvimento Econômico e Social (BNDES) também tem autorização para emiti-los. Apresentam prazo mínimo de dois anos para o vencimento, sem possibilidade de resgate total ou parcial, antes desse prazo.

Têm valor nominal unitário mínimo de R$ 150 mil (R$ 300 mil se contiver cláusula de subordinação), remuneração com parâmetro prefixado – combinado ou não com juros flutuantes –, ou por índices de preço, além de admitir o pagamento periódico de rendimentos em um intervalo de, no mínimo, seis meses. Podem ser recomprados pelas instituições financeiras emissoras em montantes que não ultrapassem 5% do total emitido.

Exemplo 3.7

Uma aplicação de R$ 350.000,00 foi feita em uma letra financeira com rentabilidade 9,7% a.a. (base 360 dias) durante três anos, com pagamentos de juros semestrais, determine:

a. O rendimento pago semestralmente (considerar o semestre de 180 dias)

b. A rentabilidade mensal

Resolução

a. Rendimento pago semestralmente o cálculo do rendimento semestral, primeiro devemos calcular a taxa equivalente ao semestre do investimento:

$$i_{a.s.} = (1 + i_{a.a.})^{\frac{180}{360}} - 1 = 0,04738 = 4,738\% \text{ a.s.}$$

Como esse rendimento é constante, e supondo que é retirado a cada semestre, ele será obtido da seguinte forma:

$$R_s = 0{,}04738 \times P = 0{,}04738 \times 350.000 = 16.583{,}00$$

b. Rentabilidade mensal

$$i_{a.m.} = (1 + i_{a.a.})^{\frac{1}{12}} - 1 = 0{,}0077 = 0{,}77\% \text{ a.m.}$$

3.3 Títulos de crédito

3.3.1 Cédula de crédito bancário

A Cédula de Crédito Bancário (CCB) é um título de crédito, representativo de uma promessa de pagamento em dinheiro, emitido por qualquer pessoa física ou por uma pessoa jurídica, decorrente de uma operação de crédito, havendo instituição financeira como credora. Dessa forma, cria-se a possibilidade de captar recursos financeiros para pessoas físicas ou empresas por meio de uma operação estruturada que atenda às necessidades específicas de cada segmento, como fluxos diferenciados e garantias flexíveis.

Caracteriza-se por ser um instrumento de crédito ágil, que pode ser emitido com ou sem garantia, real ou fidejussória, tendo, como lastro, imóveis, recebíveis, valores mobiliários, aplicações financeiras, entre outras. A remuneração da CCB pode ser por taxa prefixada ou flutuante, índices de preços e variação cambial.

Exemplo 3.8

Uma empresa emite uma Cédula de Crédito Bancário (CCB), no valor de R$ 110.000.000,00, pelo prazo de cinco anos. Esse título apresenta rentabilidade de 15% a.a.o., com pagamento semestral de juros e o principal no final do prazo. Qual o fluxo de caixa da CCB?

(Considerar 126 dias úteis o semestre).

Cálculo dos juros

$$J = \left[P(1+i)^{\frac{126}{252}} \right] - P$$

$J = 110.000.000 \times (1{,}15)^{0{,}5} - 110.000.000$

$J = 110.000.000 \times (1{,}07238053) - 110.000.000$

$J = 117.961.858{,}24 - 110.000.000$

$J = 7.961.858{,}24$

Tabela 3.2 | Tabela de IOF

	Datas	Prazo (dias corridos)	Prazo (dias úteis)	Principal	Juros	15% Principal + Juros	Saldo devedor
	24/6/2014						110.000.000,00
6	17/12/2014	176	126		7.961.858,24	7.961.858,24	110.000.000,00
12	23/6/2015	364	252		7.961.858,24	7.961.858,24	110.000.000,00
18	21/12/2015	545	378		7.961.858,24	7.961.858,24	110.000.000,00
24	23/6/2016	730	504		7.961.858,24	7.961.858,24	110.000.000,00
30	22/12/2016	912	630		7.961.858,24	7.961.858,24	110.000.000,00
36	26/6/2017	1.098	756	...	7.961.858,24	7.961.858,24	110.000.000,00
42	26/12/2017	1.281	882		7.961.858,24	7.961.858,24	110.000.000,00
48	28/6/2018	1.465	1.008		7.961.858,24	7.961.858,24	110.000.000,00
54	28/12/2018	1.648	1.134		7.961.858,24	7.961.858,24	110.000.000,00
60	2/7/2019	1.834	1.260	110.000.000,00	7.961.858,24	117.961.858,24	–

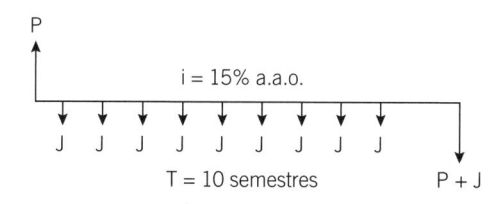

$$
\begin{array}{c}
P \uparrow \\
i = 15\%\ a.a.o. \\
\downarrow\downarrow\downarrow\downarrow\downarrow\downarrow\downarrow\downarrow\downarrow \\
J\ J\ J\ J\ J\ J\ J\ J\ J \\
T = 10\ \text{semestres} \qquad P + J
\end{array}
$$

3.3.2 Cédula de crédito à exportação e Nota de crédito à exportação

Cédula de Crédito à Exportação (CCE) e Nota de Crédito à Exportação (NCE) são títulos de crédito negociáveis, emitidos por pessoas físicas e jurídicas para operação de financiamento à exportação, a produção de bens destinados à exportação, ou ainda às atividades de apoio e complementação da exportação realizada por instituição financeira. Busca atender empresas exportadoras que necessitem de recursos para capital de giro, objetivando a aquisição de bens e insumos diretamente ligados à produção de produtos e serviços voltados à exportação.

A NCE ou CCE representam um compromisso de pagamento em dinheiro, por intermédio da emissão de título de crédito, com lastro em produtos de exportação. A correção do financiamento terá como base os índices do mercado financeiro brasileiro, fixados pelo Conselho Monetário Nacional.

Essa modalidade de operação é isenta de IOF (Lei n. 6.313, de 16/12/1975); sendo assim, uma alternativa para evitar o pré-pagamento que está com prazo limitado a 365 dias e às captações e empréstimos externos, que devem ter prazo mínimo de cinco anos, menos do que isso, para evitar os 6% de IOF.

Essa operação, além de isenção de IOF, conta com não vinculação do financiamento ao embarque para exportação, flexibilidade na escolha no modo de amortização, podendo ser emitida com remuneração pré ou pós-fixada e garantia real, constituída por cédulas, além de ser concedida apenas em moeda local. Somente as instituições financeiras que possuem balanço patrimonial podem fazer esse tipo de operação no Brasil.

O serviço é destinado a médias e grandes empresas e pessoa jurídica pública, que operam com comércio exterior e pessoa física ou jurídica, que se dedique à atividade de exportação de mercadorias ou serviços. As operações são pós-fixadas, tanto para pessoa pública, quanto privada.

Exemplo 3.9

Um investidor brasileiro adquire uma Cédula de Crédito à Exportação (CCE) de um exportador, de valor nominal U$ 5.000.000,00, em abril 2013, pelo prazo de 420 dias corridos (292 dias úteis), com remuneração de variação cambial (VC) + 3,5% a.a., base 360.

- Cotação do dólar no vencimento: R$ 2,24 reais.
- Cotação do dólar no início: R$ 2,00 reais.

Calcule:

a. Rendimento do título em dólares

b. Rendimento do título em reais

c. Taxa efetiva ao período em reais

d. Taxa ao ano *over* (base 252) em reais

Resolução

a. Rendimento do título em dólares

U$ 5.000.000,00 × (0,035 × $\frac{420}{360}$)

U$ 5.000.000,00 × (0,040833333) =

U$ 204.166,67

b. Rendimento do título em reais

(U$ 5.204.166,67 × 2,24) − (U$ 5.000.000 × 2,00) =

R$ 11.657.333,33 − R$ 10.000.000,00 =

= R$ 1.657.333,33

c. Taxa efetiva ao período em reais

$$\frac{(U\$\ 5.204.166,67 \times 2,24)}{(U\$\ 5.000.000 \times 2,00)} - 1 =$$

$$\frac{R\$\ 11.657.333,33}{R\$\ 10.000.000,00} - 1 = 16,57\%\ \text{a.p.}$$

d. Taxa ao ano *over* (base 252) em reais

$$\left(\frac{\text{U\$ } 5.204.166{,}67 \times 2{,}24}{\text{U\$ } 5.000.000 \times 2{,}00} \right)^{\frac{252}{292}} - 1 =$$

$$\left(\frac{\text{R\$ } 11.657.333{,}33}{\text{R\$ } 10.000.000{,}00} \right)^{\frac{252}{292}} - 1 = 14{,}15\% \text{ a.a.o.}$$

3.3.3 Adiantamento de contrato de câmbio e Adiantamento sobre cambiais entregues

Os bancos autorizados a operar com câmbio podem conceder Adiantamentos sobre Contratos de Câmbio (ACC) às empresas exportadoras. É uma antecipação parcial ou total de reais equivalentes à quantia de moeda estrangeira adquirida a termo (pelo banco) dos exportadores. A empresa exportadora vende ao banco (antes ou após o embarque dos produtos) a moeda estrangeira. O ACC é concedido antes do embarque da mercadoria ou da prestação do serviço.

Tem como finalidade financiar o capital de giro das empresas exportadoras, na forma de antecipação, para que possam produzir e comercializar os produtos, objetos de exportação, e também com a finalidade de incentivar a exportação e torná-la mais competitiva, uma vez que os juros do financiamento são praticados pelo mercado internacional.

O Adiantamento sobre Cambiais Entregues (ACE) consiste na antecipação da entrega de reais, do valor da exportação, ao exportador, após o embarque da mercadoria. Portanto, é uma operação na qual a empresa vai ao banco antecipar o recebimento dos dólares de sua exportação, quando a mercadoria já foi embarcada. A entrega de documentos deve ocorrer na data da celebração do contrato de ACE, que é concedido após o embarque da mercadoria ou da prestação do serviço.

Exemplo 3.10

Suponha uma exportação de U$ 1.000.000,00, daqui a 360 dias, na qual o exportador fechou um ACC com o banco, conforme descrição a seguir:

- Libor de um ano= 1,5% a.a.
- *Spread over* Libor = 4,0% a.a.
- Taxa do ACC = 5,5% a.a.
- Dólar *spot* = R$ 2,2045

Pede-se:

a. Montar o fluxo do ACC na visão do exportador
b. Calcular o valor em reais (R$) recebido pelo exportador
c. Calcular o valor dos juros em dólares (U$) cobrado pelo banco

Resolução

a. Fluxo do ACC

```
                    U$ 1.055.000 ↑
                    ┌──────────────
                         n = 360 dias
    U$ 1.000.000 ↓
```

b. Valor em reais (R$)

U$ 1.000.000 × R$ 2,2045 =

R$ 2.204.500,00

c. Valor dos juros em dólar (U$)

$$U\$\ 1.000.000 \times \left(1 + \left[(0,055) \times \left(\frac{360}{360}\right)\right]\right) - 1.000.000$$

U$ 1.000.000 × (1,055) − 1.000.000

U$ 55.000,00

3.3.4 Financiamento de importação

O Financiamento de Importação (Finimp) possui duas modalidades:

a. Finimp direto: é um financiamento concedido por um banco no exterior, diretamente ao importador brasileiro.

Direcionado às empresas que buscam um financiamento de importação em moeda estrangeira e que optam pelo fechamento de câmbio e contrato em inglês.

No Finimp direto o importador arcará com os seguintes custos: Libor, taxa de juros (*spread* do banco no exterior), imposto de renda sobre os juros (normal = 15%, banco sediado em paraíso fiscal = 25%, banco no Japão = 12,5%).

b. Finimp repasse: financiamento concedido por um banco brasileiro a um importador brasileiro, lastreado em linha de crédito obtida junto a banco no exterior.

Voltado às empresas que buscam um financiamento de importação, em moeda estrangeira, na liquidação da operação.

No Finimp repasse o importador arcará com os seguintes custos: Libor, *spread* do banco no exterior, *spread* do Banco no Brasil (ou comissão fixa, para baixos valores), imposto de renda sobre os juros (normal = 15%, banco sediado em paraíso fiscal = 25%, banco no Japão = 12,5%).

3.3.5 Pré-pagamento

O pré-pagamento é operação de financiamento ao exportador brasileiro na fase de pré-embarque, com a finalidade de prover capital de giro para viabilizar as vendas ao exterior. Essa operação tem como finalidade antecipar os recursos à empresa exportadora brasileira por conta de exportação futura. Portanto, é utilizado por empresas que necessitam financiar suas exportações na fase de pré-embarque das mercadorias.

O pagamento do principal é feito pelo importador (ou o banco do importador), no exterior, em moeda estrangeira, na conta do banco brasileiro até a data de vencimento do contrato. Já o pagamento dos juros é feito no Brasil, pelo exportador, na data de liquidação final do contrato. O valor da antecipação pode ser de até 100% do valor da mercadoria a ser embarcada.

Produto destinado à empresas brasileiras habilitadas a exportar mercadorias e serviços de qualquer natureza. O prazo pode ser determinado segundo cada contrato; entretanto, prazos superiores a 360 dias necessitam de emissão de Registro de Operações Financeiras (ROF) junto ao Banco Central do Brasil. As condições e garantias do contrato também são determinadas caso a caso.

3.3.6 *Export note*

Export note é o nome dado aos contratos de cessão de crédito de exportação.

Trata-se, em linhas gerais, da seguinte operação: um exportador fecha um contrato de exportação e, para obter recursos que lhe permitam realizá-la, transfere os direitos de venda a um investidor local, recebendo, em troca, os reais equivalentes ao valor da operação em moeda estrangeira.

A garantia da operação é feita com a emissão de uma nota promissória, pelo exportador, no valor da venda na moeda estrangeira em que foi fechado o contrato de exportação.

O investidor recebe uma remuneração por meio de um desconto sobre o valor nominal da nota promissória e retém, na fonte, a alíquota de IR que depende do prazo da operação.

Do ponto de vista do investidor, as *export notes* funcionam como *hedge* cambial, protegendo-o das oscilações do câmbio. Esse fato torna as *export notes* atrativas para empresas que possuam dívidas em moedas estrangeiras.

Exemplo 3.11

Um investidor aplica seu dinheiro em uma *export note* emitida por um exportador. O valor nominal (face) do título é de U$ 75.000,00. O prazo da operação é de 180 dias e a taxa de desconto é de 9% a.a. (base 360 dias). A taxa de conversão do dia da aplicação é de R$ 1,8410/U$ e a taxa de conversão do dia do resgate é de R$ 1,9825/U$. A alíquota de IR, retido na fonte, na ocasião de resgate é de 15% sobre o rendimento bruto em reais.

Determine:

a. O valor aplicado em dólares
b. O valor aplicado em reais
c. O valor do IR retido
d. O valor de resgate líquido em reais
e. A taxa efetiva líquida da operação no período, em reais, do ponto de vista do investidor

Resolução

NOTA

Nos cálculos em moeda estrangeira as *export notes* são regidas pelo regime de capitalização simples.

a. Valor aplicado em dólares

O fluxo de caixa do investidor pode ser expresso da seguinte forma:

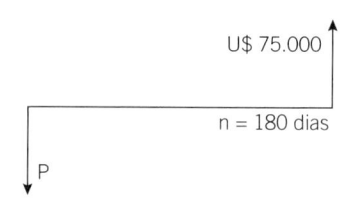

$$\text{U\$ 75.000} \uparrow$$
$$n = 180 \text{ dias}$$
$$P \downarrow$$

Para determinar o valor aplicado é preciso determinar o valor presente (P) da operação, em dólares, seguindo as regras do regime de capitalização simples.

Assim, temos:

$$F = P(1 + n \times i)$$

$$P = \frac{F}{1 + n \times i}$$

$$P = \frac{75.000}{1 + \frac{180}{360} \times 0{,}09}$$

$$P = \text{U\$ } 71.770{,}33$$

b. Valor aplicado em reais

Para determinar o valor aplicado em reais devemos fazer a conversão das moedas usando a taxa de conversão do dia da aplicação, temos:

$$P_{(reais)} = P_{(dólares)} \times \text{taxa de conversão}$$
$$P_{(reais)} = 71.770,33 \times 1,8410$$
$$P_{(reais)} = R\$ \ 132.129,18$$

c. Valor do IR retido

Para determinar o valor de IR devemos calcular o valor de resgate bruto em reais. Temos:

$$F_{(reais)} = F_{(dólares)} \times \text{taxa de conversão}$$
$$F_{(reais)} = 75.000 \times 1,9825$$
$$F_{(reais)} = R\$ \ 148.687,50$$

Agora que determinamos o valor futuro, em reais, é possível calcular o IR retido:

$$IR = \text{alíquota} \times RB$$
$$IR = \text{alíquota} \times (F - P)$$
$$IR = 15\% \times (148.687,50 - 132.129,18)$$
$$IR = 2.483,75$$

d. Valor de resgate líquido em reais

Para determinar o valor de resgate líquido em reais devemos subtrair o IR retido do valor futuro em reais, temos:

$$F^* = F_{(reais)} - IR$$
$$F^* = 148.687,50 - 2.483,75$$
$$F^* = R\$ \ 146.203,75$$

e. Taxa efetiva líquida, em reais, do ponto de vista do investidor

A taxa efetiva líquida da operação no período é determinada da seguinte forma:

$$i_p^* = \frac{F^*}{P_{(reais)}}$$
$$i_p^* = \frac{146.203,75}{132.129,18} - 1$$
$$i_p^* = 10,65\% \text{ a.p.}$$

3.4 Títulos imobiliários

3.4.1 Certificado de recebíveis imobiliários

O Certificado de Recebíveis Imobiliários (CRI) é um título de crédito de renda fixa de longo prazo, com lastro em um empreendimento imobiliário, que paga juros ao investidor em troca do recebimento do fluxo de recebíveis de médio ou longo prazo pelas empresas incorporadoras, construtoras, imobiliárias, e outras que possuam créditos com lastro imobiliário atrelando uma garantia imobiliária.

Emitido exclusivamente pelas companhias securitizadoras, tem resgate dos recursos na data de vencimento do título e por meio de parcelas pagas periodicamente ao longo do tempo, com remuneração garantida por taxa prefixada, flutuante, TR, TJLP ou índice de preços. Apresenta isenção do Imposto de Renda, sobre sua remuneração, para investidores pessoa física.

Exemplo 3.12

Um investidor comprou cinco CRIs emitidas por uma securitizadora, em janeiro de 2014. O valor da emissão foi de R$ 270.000.000,00, composta por 900 CRIs, pelo prazo de dez anos, com valores não atualizados. O título é prefixado e rende 9,5% ao ano, com pagamento semestral de juros e o principal na data de vencimento. Pede-se (base 360 dias):

a. Quanto foi o valor investido em CRIs

b. Juros do primeiro semestre

c. Taxa efetiva desse período

d. Montante líquido no final do período

e. O fluxo de caixa da operação

Resolução

a. CRIs

Para o cálculo do investimento em 5 CRIs:

Valor CRI (1 unidade): 270.000.000,00 ÷ 900 = R$ 300.000,00

Valor CRI (5 unidades): 300.000,00 × 5 = R$ 1.500.000,00

b. Juros do primeiro semestre

Para o cálculo dos juros do primeiro semestre:

$$\text{Juros semestrais} = \left[1.500.000,00 \times (1 + 0,095)^{\frac{180}{360}} \right] - 1.500.000,00 = 69.633,72$$

c. Taxa efetiva do período

Para encontrarmos a taxa efetiva do período, temos:

$$i_{período} = \left[\frac{J}{P} \right] = \frac{69.633,72}{1.500.000,00} = 0,0464 = 4,64\% \text{ a.p.}$$

d. Montante líquido no final do período

Montante a ser pago no vencimento:

Montante = [1.500.000,00 + 69.633,72] = 1.569.633,72

e. Fluxo de caixa da operação

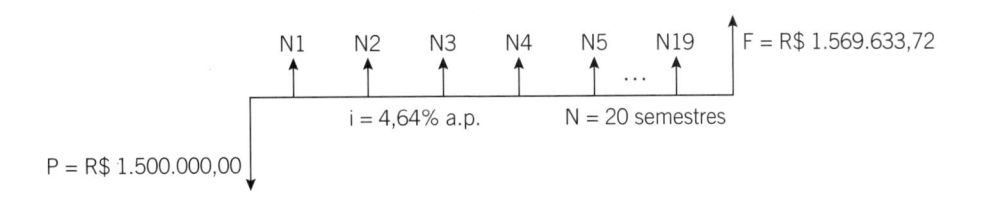

P = R$ 1.500.000,00 → N1 N2 N3 N4 N5 ... N19 → F = R$ 1.569.633,72

i = 4,64% a.p.   N = 20 semestres

Tabela 3.3 | Fluxo de caixa da operação

	Datas	DC	Principal	Juros	P + Juros	Saldo devedor
	1/1/2014					1.500.000,00
1	1/7/2014	180		69.633,72	69.633,72	1.500.000,00
2	1/1/2015	360		69.633,72	69.633,72	1.500.000,00
3	1/7/2015	540		69.633,72	69.633,72	1.500.000,00
4	1/1/2016	720		69.633,72	69.633,72	1.500.000,00
5	1/7/2016	900		69.633,72	69.633,72	1.500.000,00
...	...	...	...	...	...	...
19	1/7/2023	1080		69.633,72	69.633,72	1.500.000,00
20	1/1/2024	1260	1.500.000,00	69.633,72	1.569.633,72	–

3.4.2 Letra de crédito imobiliário

A Letra de Crédito Imobiliário (LCI) é um título de crédito vinculado a direitos creditórios originados de negócios realizados por agentes da cadeia produtiva do setor imobiliário. São utilizados como fonte de recursos no setor para a aplicação em financiamentos habitacionais.

Apresenta remuneração por taxa pré ou pós-fixada com prazo mínimo variando de acordo com o indexador que possui (mínimo de 60 dias, caso não utilizado índice de preços), contado a partir da data que um terceiro, pessoa física ou jurídica, adquirir o título da instituição emissora. Possui alíquota zero de IOF, independentemente do prazo da aplicação, respeitando o prazo mínimo do produto, sendo elegível à cobertura do Fundo Garantidor de Crédito (FGC). Para investidores pessoas físicas, há isenção de recolhimento do imposto de renda.

Exemplo 3.13

Um banco visando captar recursos para financiamento imobiliário emite LCIs. Um empresário compra uma LCI em sua emissão pelo valor de R$ 50.000,00. Pelo prazo de um ano, o papel apresenta remuneração pós-fixada indexada a 90% do CDI.

O CDI do período é de 10%. Determine:

a. Taxa efetiva desse período

b. Montante no vencimento

Resolução

a. Taxa efetiva do período

i = remuneração × CDI do período

$i = 90\% \times 10\%$

$i = 9\%$ a.p.

b. Montante no vencimento

Qual o montante a ser resgatado no vencimento do título?

$F_{final} = 50.000,00 \times (1 + 9\%)^1$ ou

$F_{final} = 54.500,00$

Considerando que a alternativa do investidor era aplicar em um CDB, a 103% do CDI de prazo igual, pergunta-se: qual a melhor alternativa de investimento?

Resolução

Calcula-se primeiramente o rendimento efetivo do período:

i = Remuneração × CDI do período

$i = 103\% \times 10\%$

$i = 10,3\%$ a.p.

Em seguida, o montante ao final do período:

$F_{final} = 50.000,00 \times (1 + 10,3\%)^1$ ou

$F_{final} = 55.150,00$

Porém, o CDB sofre incidência do IR, conforme tabela de IR, pelo período citado, com alíquota de 17,5%. Assim temos:

VL = F − (IR × Rendimento), em que VL = montante líquido

Rendimento = F − P

Rendimento = 55.150,00 − 50.000

Rendimento = 5.150,00

VL = 55.150,00 − (17,5% × 5.150)

VL = 54.248,75

Portanto, apesar do rendimento do CDB ser maior no período, após o desconto do imposto de renda a LCI se mostra a alternativa mais vantajosa para o investidor.

3.5 Títulos agrícolas

3.5.1 Letras de crédito do agronegócio

A Letra de Crédito do Agronegócio (LCA) é um título utilizado na captação de recursos para o fomento do agronegócio, representativo de promessa de dívida de pagamento em dinheiro, vinculado a direitos creditórios de negócios entre produtores rurais, suas cooperativas e agentes da cadeia produtiva do agronegócio.

Tem garantia do FGC, para letras emitidas a partir de 23 de maio de 2013. Possui atualmente alíquota zero de IOF, independentemente do prazo da aplicação, além de isenção de recolhimento de imposto de renda para pessoa física.

Exemplo 3.14

Com o objetivo de financiar o agronegócio, uma instituição financeira emite LCA. Um investidor (pessoa física) aplica R$ 580.000,00 nesse título que tem como características:

- Isenção de impostos
- Rentabilidade: 7,49% a.a.
- Prazo: 15 meses

Determine, do ponto de vista do investidor:

a. O montante a receber no final do período e o rendimento efetivo
b. Compare com uma aplicação de CDB que tenha a mesma rentabilidade
c. Se a rentabilidade fosse pós-fixada, atrelada a 90% do CDI, qual seria o montante após três meses? Utilize a tabela a seguir:

Meses	1 + CDI acumulado
Mês 1	1,005866
Mês 2	1,004815
Mês 3	1,005377

Resolução

a. Montante a receber

Primeiramente, deve-se converter a taxa para se adequar ao período estipulado:

i = 7,49% a.a.

$i = (1 + 7,49\%)^{\frac{1}{12}} - 1$

i = 0,603712% a.m.

Então temos:

n = 15 meses

i = 0,603712% a.m.

P = 580.000,00

F = 580.000(1 + 0,603712%)^{15}

F = 634.801,6879

O rendimento efetivo do período é:

$$i = \frac{F}{P} - 1$$

i = 9,45% a.p.

b. Comparação com uma aplicação de CDB

A rentabilidade é:

i = 0,603712% a.m.

P = 580.000,00

n = 15 meses

F = 580.000(1 + 0,603712%)^{15}

F = 634.801,6879

Porém, o CDB sofre incidência do IR, conforme tabela IR, pelo período citado, com alíquota de 17,5%. Portanto, temos:

VL = F − (IR × Rendimento), em que VL = montante líquido

Rendimento = F − P
Rendimento = 634.801,6879 − 580.000,00
Rendimento = 54.801,6879
VL = 634.801,6879 − (17,5% × 54801,6879)
VL = 625.211,39

O rendimento efetivo do período é:

$$i = \left(\frac{VL}{P}\right) - 1$$

i = 7,80% a.p.

c. Rentabilidade pós-fixada, atrelada a 90% do CDI

CDI mês 1

Acumulado do mês = 1,005866

Percentual do CDI: (1,005866 − 1) × 0,9 = 0,005279

CDI mês 2

Acumulado do mês = 1,004815

Percentual do CDI: (1,004815 − 1) × 0,9 = 0,004334

CDI mês 3

> Acumulado do mês = 1,005377
>
> Percentual do CDI: (1,005377 − 1) × 0,9 = 0,004839

Acumulado dos três meses

> $1 + CDI_{acum.} = (1,005279 \times 1,004334 \times 1,004839) = 1,014522$

Montante após três meses

> $F = P \times (1 + CDI_{acum.})$
> $F = 580.000 \times 1,014522$
> $F = 588.422,76$

3.5.2 Desconto simples de duplicatas e notas promissórias

Também conhecido por desconto por fora, o desconto simples de duplicatas e notas promissórias é um tipo de operação bancária tradicional.

Em geral, esse produto bancário procura atender às necessidades de capital de giro das empresas.

O desconto simples corresponde a juros antecipados deduzidos do valor do título (duplicata, nota promissória etc.) apresentado ao banco para saque antecipado.

A expressão dos juros antecipados (desconto) D é semelhante a dos juros simples. Ou seja:

$$D = n \times VN \times \delta$$

Em que,

> n = prazo a decorrer (desde o início da operação de desconto até o vencimento do título) em dias corridos
>
> VN = valor nominal ou futuro do título (valor de face, a ser pago no dia do vencimento do título)
>
> δ = taxa de juros antecipados (taxa de desconto)

O valor presente ou atual do título, ou seja, o valor recebido pela empresa que recorre ao banco, simbolizado por A, vale:

$$A = VN - D$$

$$A = VN - n \times VN \times \delta \Rightarrow \boxed{A = VN(1 - n \times \delta)}$$

Esquematicamente, temos, do ponto de vista da empresa:

NOTA

a. Nas operações de desconto simples, além do desconto (D) propriamente dito, ocorrem outras despesas: Imposto sobre Operações Financeiras e o $IOF_{adicional}$. Nessa hipótese, o valor presente ou atual do título (A) é determinado pela expressão:

$A = VN - D - IOF - IOF_{adic}$

b. No caso de duplicatas e notas promissórias para empresas o IOF é calculado por:
$IOF = n \times (VN - D) \times \alpha$, em que α = alíquota de IOF

c. E o IOF_{adic} é calculado por:
$IOF_{adic} = (N - D) \times \alpha_{adic}$, em que α_{adic} = alíquota de $IOF_{adicional}$

d. O desconto simples pode ser realizado por empresas de *factoring*. Essas empresas, respaldadas por dispositivos legais, adquirem o faturamento de pessoas jurídicas representado por duplicatas

Exemplo 3.15

Uma empresa realiza uma operação de desconto simples de duplicata à taxa de desconto de 2,8% a.m., pelo prazo de 18 dias corridos. Sabendo que o valor nominal da duplicata é de $ 500.000,00. Determine, desconsiderando os impostos:

a. O valor do desconto
b. O valor colocado à disposição da empresa
c. O fluxo de caixa da operação, do ponto de vista do banco
d. A taxa efetiva no período da operação
e. A taxa efetiva mensal da operação

Resolução

a. Valor do desconto

Da definição de desconto simples, temos:

$D = n \times VN \times \delta$

$D = \dfrac{18}{30} \times 500.000 \times 0,028$

$D = 8.400$

b. Valor colocado à disposição da empresa

Para determinar o valor disponibilizado para a empresa basta subtrair o valor do desconto pelo valor nominal da duplicata. Assim, temos:

A = VN − D

A = 500.000 − 8.400

A = 491.600

c. Fluxo de caixa da operação, do ponto de vista do banco

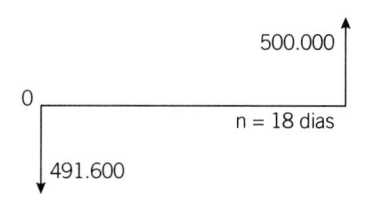

```
                          500.000 ↑
        0 ┌─────────────────────┐
          │         n = 18 dias
          │
          ↓ 491.600
```

Note que, na data zero, houve uma saída de $ 491.600, que corresponde ao valor colocado à disposição da empresa. Passados 18 dias ocorreu uma entrada de $ 500.000, que representa o pagamento feito pelo cliente da empresa que fez o desconto da duplicata.

d. Taxa efetiva no período da operação

O cálculo da taxa efetiva vem do conceito do regime de juros compostos, sendo o valor presente a quantia disponibilizada à empresa. Portanto, temos:

$$i_p = \frac{VN}{A} - 1$$

$$i_p = \frac{500.000}{491.600} - 1$$

$$i_p = 1,71\% \text{ a.p.}$$

e. Taxa efetiva mensal da operação

Para determinar a taxa efetiva mensal da operação é preciso calcular a taxa equivalente a um período de 30 dias. Assim, temos:

$$i = \left(\frac{VN}{A}\right)^{\frac{1}{n}} - 1$$

$$i_m = \left(\frac{500.000}{491.600}\right)^{\frac{1/18}{30}} - 1$$

$$i_m = 2,86\% \text{ a.m.}$$

Exemplo 3.16

Uma empresa realiza uma operação de desconto simples de duplicata, à taxa de desconto de 26% a.a., pelo prazo de 62 dias corridos e 41 dias úteis. O valor nominal da duplicata é de $ 100.000,00. A alíquota de IOF é de 0,0041% a.d. Considere ainda a alíquota de 0,38% correspondente ao IOF adicional que incide sobre o valor colocado à disposição. Determine, para a empresa:

a. O desconto simples
b. O imposto sobre a operação
c. O valor colocado à disposição da empresa
d. A taxa efetiva no período de operação
e. A taxa efetiva mensal da operação
f. A taxa ao mês *over* da operação

Resolução

a. Desconto simples

Da definição de desconto simples temos:

$$D = n \times VN \times \delta$$

$$D = \frac{62}{360} \times 100.000 \times 0,26$$

$$D = 4.477,78$$

b. Imposto sobre a operação

Em casos de duplicatas e notas promissórias para empresas, o cálculo do IOF é dado por:

$$IOF = n \times (VN - D) \times \alpha, \text{ em que } \alpha = 0,0041\% \text{ a.d.}$$

Nesse caso, temos:

$$IOF = 62 \times (100.000 - 4.477,78) \times 0,000041$$

$$IOF = 242,82$$

E temos ainda:

$$IOF_{adic} = (N - D) \times \alpha_{adic}, \text{ em que } \alpha_{adic} = 0,38\%$$

Logo:

$$IOF_{adic} = (100.000 - 4.477,78) \times 0,0038$$

$$IOF_{adic} = 362,98$$

c. Valor colocado à disposição da empresa

Para determinar o valor disponibilizado para a empresa, basta subtrair o valor do desconto e dos impostos do valor nominal da duplicata. Assim, temos:

$$A = VN - D - IOF - IOF_{adic}$$

$$A = 100.000 - 4.477,78 - 242,82 - 362,98$$

$$A = 94.916,42$$

d. Taxa efetiva no período de operação

O cálculo da taxa efetiva vem do conceito do regime de juros compostos, sendo o valor presente a quantia disponibilizada à empresa. Portanto, temos:

$$i_p = \frac{VN}{A} - 1$$

$$i_p = \frac{100.000}{94.916,42} - 1$$

$$i_p = 5,36\% \text{ a.p.}$$

e. Taxa efetiva mensal da operação

Para determinar a taxa efetiva mensal da operação é preciso calcular a taxa equivalente a um período de 30 dias. Calculamos:

$$i = \left(\frac{VN}{A}\right)^{\frac{1}{n}} - 1$$

$$i_m = \left(\frac{100.000}{94.916,42}\right)^{\frac{1}{\frac{62}{30}}} - 1$$

$$i_m = 2,56\% \text{ a.m.}$$

f. Taxa ao mês *over* da operação

Antes de calcular a taxa ao mês *over* é preciso determinar a taxa efetiva ao dia útil equivalente do período. Desse modo:

$$(1 + i_p) = (1 + i_d)^{d.u.}$$

$$i_d = (1 + i_p)^{\frac{1}{d.u.}} - 1$$

$$i_d = (1 + 0,0536)^{\frac{1}{41}} - 1$$

$$i_d = 0,1274\% \text{ a.d.u.}$$

Cálculo da taxa *over*

$$i_{over} = 30 \times i_d = 30 \times 0,1274\%$$

$$i_{over} = 3,82\% \text{ a.m.o.}$$

Exemplo 3.17

Uma organização realizou uma operação de desconto simples de duplicata à taxa de desconto de 19% a.a., pelo prazo de 275 dias corridos. Sabendo que o valor nominal da duplicata é de $ 180.000,00, determine, desconsiderando os impostos.

a. O valor do desconto

b. O valor colocado à disposição da empresa

c. O fluxo de caixa da operação do ponto de vista do banco

d. A taxa efetiva no período da operação

e. A taxa efetiva mensal da operação

Resolução

a. Valor do desconto

$$D = n \times VN \times \delta$$

$$D = \frac{275}{360} \times 180.000 \times 0,19$$

$$D = 26.125$$

b. Valor colocado à disposição da empresa

$$A = VN - D$$

$$A = 180.000 - 26.125$$

$$A = 153.875$$

c. Fluxo de caixa da operação do ponto de vista do banco

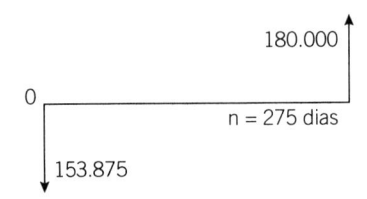

```
                               180.000 ↑
            0
            ┌──────────────────────────
            │              n = 275 dias
         ↓ 153.875
```

d. Taxa efetiva no período da operação

$$i_p = \frac{VN}{A} - 1$$

$$i_p = \frac{180.000}{153.875} - 1$$

$$i_p = 16,98\% \text{ a.p.}$$

e. Taxa efetiva mensal da operação

$$i = \left(\frac{VN}{A}\right)^{\frac{1}{n}} - 1$$

$$i_m = \left(\frac{180.000}{153.875}\right)^{\frac{1}{\frac{275}{30}}} - 1$$

$$i_m = 1,73\% \text{ a.m.}$$

Exemplo 3.18

Uma exportadora descontou uma duplicata, à taxa de desconto de 15% a.a., pelo prazo de 130 dias corridos e 98 dias úteis. O valor nominal da duplicata é de $ 5.500.000,00. A alíquota de IOF é de 0,0041% a.d. Considere ainda a alíquota de 0,38% correspondente ao IOF adicional. Determine, para a empresa:

a. O desconto simples
b. O IOF e o $IOF_{adicional}$ sobre a operação
c. O valor colocado à disposição da empresa
d. A taxa efetiva no período de operação
e. A taxa efetiva mensal da operação
f. A taxa ao mês *over* da operação
g. A taxa ao ano *over* da operação

Resolução

a. Desconto simples

$$D = n \times VN \times \delta$$
$$D = \frac{130}{360} \times 5.500.000 \times 0,15$$
$$D = 297.916,67$$

b. Impostos sobre a operação

$$IOF = n \times (VN - D) \times \alpha$$
$$IOF = 130 \times (5.500.000 - 297.916,67) \times 0,000041$$
$$IOF = 27.727,10$$

$$IOF_{adic} = (N - D) \times \alpha_{adic}$$
$$IOF_{adic} = (5.500.000 - 297.916,67) \times 0,0038$$
$$IOF_{adic} = 19.767,92$$

c. Valor colocado à disposição da empresa

$$A = VN - D - IOF - IOF_{adic}$$
$$A = 5.500.000 - 297.916,67 - 27.727,10 - 19.767,92$$
$$A = 5.154.588,31$$

d. Taxa efetiva no período de operação

$$i_p = \frac{VN}{A} - 1$$
$$i_p = \frac{5.500.000}{5.154.588,31} - 1$$
$$i_p = 6,70\% \text{ a.p.}$$

e. Taxa efetiva mensal da operação

$$i = \left(\frac{VN}{A}\right)^{\frac{1}{n}} - 1$$

$$i_m = \left(\frac{5.500.000}{5.154.588,31}\right)^{\frac{1}{\frac{130}{30}}} - 1$$

$$i_m = 1,51\% \text{ a.m.}$$

f. Taxa ao mês *over* da operação

$$(1 + i_p) = (1 + i_d)^{d.u.}$$

$$i_d = (1 + i_p)^{\frac{1}{d.u.}} - 1$$

$$i_d = (1 + 0,0670)^{\frac{1}{98}} - 1$$

$$i_d = 0,0662\% \text{ a.d.u.}$$

$$i_{over} = 30 \times i_d = 30 \times 0,0662\%$$

$$i_{over} = 1,986\% \text{ a.m.o.}$$

g. Taxa ao ano *over* da operação

$$i_{over} = (1 + 0.0662\%)^{252} - 1$$

$$i_{over} = 18,14811\% \text{ a.a.o.}$$

3.5.3 *Hot money*

Hot money é um empréstimo de curtíssimo prazo (em geral, de um dia a uma semana) para atender às necessidades de capital de giro das empresas.

A taxa do *hot money* é formada tomando-se por base a taxa do CDI do dia da operação, acrescida dos custos fiscais e do *spread* do banco.

No mercado financeiro, a taxa do *hot money* é, em geral, expressa na linguagem de taxa *over* e repactuada diariamente. A cada repactuação ocorre incidência de IOF sobre o valor inicial da operação diária.

Exemplo 3.19

Uma empresa solicita a um banco um empréstimo de $ 100.000,00 em *hot money*, renovando por cinco dias úteis com taxas repactuadas. As taxas *over* da operação são as seguintes:

1.° dia	2.° dia	3.° dia	4.° dia	5.° dia
3,90% a.m.o.	3,81% a.m.o.	3,74% a.m.o.	3,85% a.m.o.	3,93% a.m.o

A alíquota de IOF (α) é de 0, 0041% a.d. e de IOF adicional é de 0,38%.

Determine para a empresa:

a. O montante da operação, supondo que o banco financie diariamente os juros
b. A taxa efetiva da operação no período

Resolução

a. Montante da operação

Como os juros são financiados diariamente precisamos realizar os cálculos a cada dia.

Assim, temos:

1.º dia

Capital solicitado: P = 100.000,00

IOF: $IOF = P \times \alpha = 100.000,00 \times \dfrac{0,0041}{100} = 4,10$

$IOF_{adic} = P \times \alpha_{adic} = 100.000 \times 0,0038 = 380$

Valor liberado: $A_1 = P - IOF - IOF_{adic}$

Valor liberado: $A_1 = 100.000,00 - 4,10 - 380 = 99.615,90$

Juros: $J_1 = P \times i_1 = 100.000,00 \times \dfrac{\frac{3,9}{100}}{30} = 130,00$

Montante: $F_1 = P + J_1 = 100.000 + 130,00 = 100.130,00$

2.º dia

Capital solicitado: $F_1 = 100.130,00$

IOF: $IOF = F_1 \times \alpha = 100.130 \times \dfrac{0,0041}{100} = 4,11$

$IOF_{adic}: IOF = F_1 \times \alpha_{adic} = 100.130 \times 0,0038 = 380,49$

Valor liberado: $A_2 = F_1 - IOF - IOF_{adic}$

Valor liberado: $A_2 = 100.130 - 4,10 - 380,49 = 99.745,41$

Juros: $J_2 = F_1 \times i_2 = 100.130,00 \times \dfrac{\frac{3,81}{100}}{30} = 127,17$

Montante: $F_2 = F_1 + J_2 = 100.130,00 + 127,17 = 100.257,17$

3.º dia

Capital solicitado: $F_2 = 100.257,17$

IOF: $IOF = F_2 \times \alpha = 100.257,17 \times \dfrac{0,0041}{100} = 4,11$

$IOF_{adic}: IOF_{adic} = F_2 \times \alpha_{adic} = 100.257,17 \times 0,0038 = 380,98$

Valor liberado: $A_3 = F_2 - IOF - IOF_{adic}$

Valor liberado: $A_3 = 100.257,17 - 4,11 - 380,98 = 99.872,08$

Juros: $J_3 = F_2 \times i_3 = 100.257,17 \times \dfrac{\frac{3,74}{100}}{30} = 124,99$

Montante: $F_3 = F_2 + J_3 = 100.257,17 + 124,99 = 100.382,16$

4.º dia

Capital solicitado: $F_3 = 100.382,16$

IOF: $IOF = F_3 \times \alpha = 100.382,16 \times \dfrac{0,041}{100} = 4,12$

IOF_{adic}: $IOF_{adic} = F_3 \times \alpha_{adic} = 100.382,16 \times 0,0038 = 381,45$

Valor liberado: $A_4 = F_3 - IOF - IOF_{adic}$

Valor liberado: $A_4 = 100.382,16 - 4,12 - 381,45 = 99.996,59$

Juros: $J_4 = F_3 \times i_4 = 100.378,04 \times \dfrac{\frac{3,85}{100}}{30} = 128,82$

Montante: $F_4 = F_3 + J_4 = 100.382,16 + 128,82 = 100.510,98$

5.º dia

Capital solicitado: $F_4 = 100.510,98$

IOF: $IOF = F_4 \times \alpha = 100.510,98 \times \dfrac{0,0041}{100} = 4,12$

Valor liberado: $A_5 = F_4 - IOF - IOF_{adic}$

Valor liberado: $A_5 = 100.510,98 - 4,12 - 381,94 = 100.124,91$

Juros: $J_5 = F_4 \times i_5 = 100.510,98 \times \dfrac{\frac{3,93}{100}}{30} = 131,67$

Montante: $F_5 = F_4 + J_5 = 100.510,98 + 131,67 = 100.642,65$

b. Taxa efetiva da operação no período

O fluxo de caixa da operação, do ponto de vista da empresa, pode ser representado por:

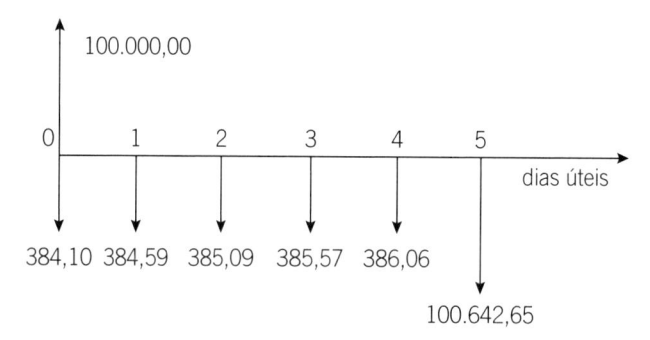

A taxa efetiva por dia útil corresponde à taxa interna de retorno do fluxo (TIR).

Usando uma máquina de calcular financeira, temos:

$i_d = 0,5143\%$ a.d.u.

A taxa efetiva no período é obtida com a relação:

$(1 + i_p) = (1 + i_d)^{\text{n. dias úteis}}$

$i_p = (1 + i_d)^{\text{n. dias úteis}} - 1$

$i_p = (1 + 0,005143) - 1$

$i_p = 2,7360\%$ a.p.

> **NOTA**
>
> Fazendo os cálculos desconsiderando o IOF teríamos:
>
> ```
>         100.000,00
>              ↑
>     0    1   2   3   4   5
>     |----|---|---|---|---|-----→ dias úteis
>                              
>                         ↓
>                     100.642,65
> ```
>
> Cálculo da taxa efetiva no período:
>
> $$i_p = \frac{F}{P} - 1$$
>
> $$i_p = \frac{100.642,65}{100.000} - 1$$
>
> $$i_p = 0,6427\% \text{ a.p.}$$
>
> Nesse caso (desconsiderando o IOF), podemos calcular o montante pela expressão:
>
> $$F = P(1 + i_1)(1 + i_2)(1 + i_3)(1 + i_4)(1 + i_5)$$
>
> $$F = 100.000 \times \left[1 + \left(\frac{\frac{3,90}{100}}{30}\right)\right] \times \left[1 + \left(\frac{\frac{3,81}{100}}{30}\right)\right] \times \left[1 + \left(\frac{\frac{3,74}{100}}{30}\right)\right] \times \left[1 + \left(\frac{\frac{3,85}{100}}{30}\right)\right] \times \left[1 + \left(\frac{\frac{3,93}{100}}{30}\right)\right]$$
>
> $$F = 100.642,65$$

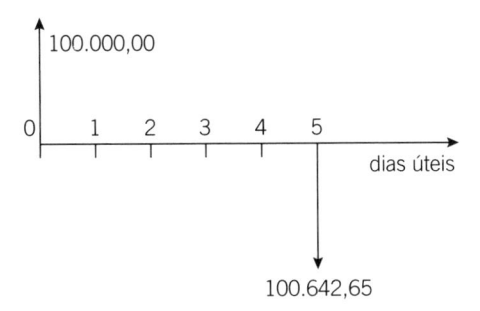

Nota-se, portanto, que no caso de *hot money* o IOF afeta apenas o cálculo da taxa efetiva no período e não o cálculo do montante.

3.5.4 Leasing financeiro

O leasing, também conhecido por arrendamento mercantil, é um contrato especial de aluguel de bens móveis ou imóveis, no fim do qual a arrendatária (tomadora do leasing) tem o direito de renová-lo, devolver o bem à arrendadora (empresa de leasing) ou comprar o bem por preço discriminado no contrato.

O preço de compra, denominado valor residual garantido (VRG), corresponde a um percentual do valor do bem. Os aluguéis, ou contraprestações, podem ser fixos ou reajustáveis por um indexador previamente definido (dólar, TR etc.).

O prazo mínimo do leasing é de 24 meses para veículos e de 36 meses para os demais bens. No sentido financeiro, portanto, o leasing se constitui em um financiamento de médio a longo prazo. Ele parte do princípio de que é a utilização do bem que gera o lucro e não sua propriedade.

Algumas vantagens do leasing: liberação de capital de giro, financiamento total do bem, possibilidade de renovação dos equipamentos e economia de imposto de renda (os aluguéis são considerados despesa operacional, reduzindo o lucro tributável da arrendatária).

É interessante ficar claro que o bem pertence à arrendadora. Assim sendo, a arrendatária não se beneficia da depreciação do bem para redução do lucro tributável, nem pode oferecê-lo como garantia em operações de empréstimo.

Exemplo 3.20

Uma empresa necessita de um veículo utilitário cujo valor à vista é de $ 85.000,00. Ela pode comprar esse veículo á vista com recursos próprios ou fazer leasing. A taxa mínima de atratividade (TMA) da empresa é de 10% a.m. Os dados disponíveis da empresa e da compra do veículo são:

- A alíquota de IR da empresa é 22%.
- O veículo será vendido após 24 meses de uso.
- O valor de revenda é estimado em 30% do preço à vista.
- O valor residual garantido é de 4% do valor de aquisição.
- O pagamento das contraprestações do leasing é postecipado.
- O coeficiente das contraprestações é de 0,0733 para os 24 meses.
- A depreciação do veículo é linear, à base de 20% a.a. (ou de 1,67% a.m.).

Resolução

Alternativa 1: compra à vista

O fluxo de caixa dessa alternativa é elaborado da seguinte forma, do ponto de vista da empresa:

- Mês 0

    No mês zero ocorre o desembolso de $ 85.000,00 para comprar o veículo.

- Meses 1 a 23

    Nos meses de 1 a 23 ocorre a contabilização da depreciação ocorrida a cada mês. Assim, temos:

    Depreciação = 0,0167 × 85.000 = 1.419,50

    A compra de ativos imobilizados gera a contabilização de despesas com depreciação a cada período para a empresa. Essa depreciação proporciona um benefício fiscal ao diminuir o valor tributável de IR. Portanto, para calcular esse benefício devemos multiplicar o valor da depreciação contábil pela alíquota de IR da empresa. Sendo assim:

    Benefício fiscal = 1.419,50 × 22% = 312,29

- Mês 24
    - Benefício fiscal

        Assim como nos outros meses houve um benefício fiscal gerado pela contabilização da depreciação:

        Benefício fiscal = 1.419,50 × 22% = 312,29

- Valor de venda

    A estimativa de valor de venda do veículo era de 30% do preço à vista. Portanto, temos:

    Valor de venda = 30% × 85.000 = 25.500

- Contabilização da venda do veículo

    Para determinar se a venda do veículo gerou lucro ou prejuízo é preciso calcular o valor contábil dele. Desse modo:

    Valor contábil do veículo = 85.000 − 24 × 1419,50 = 50.932,00

    Como o valor de venda era estimado em 30% do valor à vista, essa operação gerou um resultado negativo para empresa, pois um veículo que contabilmente vale $ 50.932,00 foi vendido por 25.500,00. Assim, temos:

    Prejuízo contábil na venda = 50.932 − 25.500 = 25.432,00

    Esse resultado negativo reduz o valor tributável de IR e gera um benefício fiscal que pode ser calculado por:

    Benefício fiscal com a venda = 22% × 25.432 = 5.595,04

    O fluxo de caixa dessa operação pode ser expresso por:

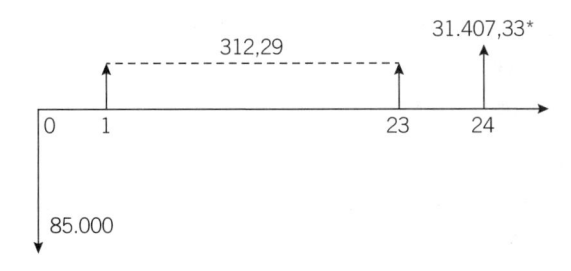

    *31.407,33 = 25.500,00 + 312,29 + 5.595,04

Para fazermos a comparação entre a alternativa de compra à vista ou por leasing, calcularemos o valor presente líquido (VPL) de cada operação, sabendo que a TMA da empresa é de 10% a.a. Desse modo:

$$VPL_1 = -85.000 + \frac{312,29}{1,10} + \frac{312,29}{(1,10)^2} + \ldots + \frac{312,29}{(1,10)^{23}} + \frac{31.407,33}{(1,10)^{24}}$$

Usando uma máquina calculadora financeira, temos:

$VPL_1 = -\$\ 79.037,21$

Alternativa 2: leasing

O fluxo de caixa dessa alternativa, do ponto de vista da empresa, é assim elaborado:

- Mês 0

  No mês zero não ocorre nenhuma entrada ou saída de caixa.

- Meses 1 a 23

  Como foi citado no enunciado, no momento do contrato, foi firmado o pagamento de contraprestações de 0, 0524 a cada mês. Essas contraprestações reduzem o valor que será tributado, gerando uma recuperação fiscal calculada da seguinte forma:

  Contraprestações = 0,0733 × $ 85.000 = 6.230,50

  Recuperação fiscal = 22% × 6.230,50 = 1.370,71

- Mês 24

  ▸ Benefício fiscal

    Assim como nos outros meses, houve um benefício fiscal gerado pelas contraprestações:

    Contraprestações = 0,0733 × $ 85.000 = 6.230,50

    Recuperação fiscal = 22% × 6.230,50 = 1.370,71

  ▸ Valor residual garantido

    Como estabelecido no contrato da operação, o valor residual garantido (VRG) corresponde a 4% do valor de aquisição. Portanto, temos:

    VRG = 4% × 85.000 = 3.400

  ▸ Lucro contábil na venda

    Para determinar se a venda do veículo gerou lucro ou prejuízo é preciso calcular o valor contábil dele. Desse modo:

    Lucro contábil na venda = 25.500 – 3.400 = 22.100

    A venda, nesse caso, gerou um resultado positivo, dado que não foi feito nenhum desembolso anterior para compra do veículo. Portanto, sobre essa operação será tributada a alíquota de IR vigente. Assim, temos:

    IR sobre o lucro contábil na venda = 22% × 22.100 = 4.862

    O fluxo de caixa dessa operação pode ser expresso por:

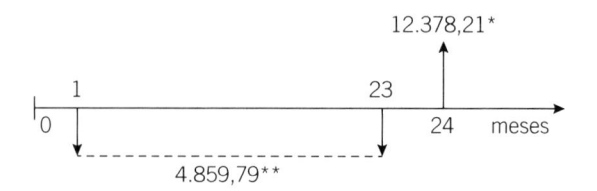

*12.378,21 = 25.500,00 – 3.400,00 – 6.230,50 + 1.370,71 – 4.862
**6.230,50 – 1.370,71 = 4.859,79

Para fazermos a comparação entre a alternativa de compra à vista ou por leasing, calcularemos o valor presente líquido (VPL) de cada operação, sabendo que a TMA da empresa é de 10% a.m. Logo:

$$VPL_2 = -\frac{4.859,79}{1,10} - \frac{4.859,79}{(1,10)^2} - \ldots - \frac{4.859,79}{(1,10)^{23}} + \frac{12.378,21}{(1,10)^{24}}$$

Usando uma máquina calculadora financeira, temos:

$VPL_2 = -41.913,87$

Conclusão

Fazer o leasing nessas condições é mais vantajoso do que comprar à vista, pois $VPL_2 > VPL_1$.

3.6 Modalidades de financiamento

3.6.1 Crédito direto ao consumidor

O Crédito Direto ao Consumidor, usualmente denominado CDC, é uma operação de financiamento ao consumidor ou usuário final, para aquisição de bens e serviços, concedido pelas sociedades de crédito, financiamento e investimento, conhecidas por financeiras.

Os bens financiados são, geralmente, veículos e eletrodomésticos, e, sempre que possível, são usados como garantia da operação (alienação fiduciária).

Na maioria das vezes, o financiamento é amortizado em prestações mensais, iguais e consecutivas. Os encargos presentes no CDC são, basicamente, os juros e o Imposto sobre Operações Financeiras (IOF).

Os recursos para as operações de CDC são obtidos pelas financeiras por meio da colocação de letras de câmbio no mercado. Com o surgimento dos bancos múltiplos, esses recursos passaram a ser obtidos também via CDBs.

Exemplo 3.21

Uma pessoa física solicita um empréstimo de $ 75.000,00 para financiar a compra de um automóvel. A compra será realizada mediante o pagamento de uma entrada de $ 25.000,00 e o restante será financiado em 18 parcelas iguais, mensais e consecutivas a uma taxa de 3% a.m. A alíquota do IOF é 0,125% a.m. e a alíquota do IOF adicional é 0,38%.

a. O valor bruto financiado (incluindo o IOF e o IOF_{adic})
b. O valor do IOF e do IOF_{adic}
c. O valor das prestações mensais
d. A taxa efetiva mensal, do ponto de vista da pessoa física

Resolução

a. Valor bruto financiado

Para determinar o valor bruto do financiamento devemos acrescentar os valores do IOF e do IOF_{adic} ao valor que será financiado. Portanto, temos:

P = valor líquido desejado

α = alíquota de IOF

α_{adic} = alíquota de IOF adicional

n = número de prestações mensais

P* = valor bruto financiado

Disso, decorre:

$$P^* = P + IOF + IOF_{adic}$$

Em que:

$$IOF = \bar{n} \times \alpha \times P^* \quad e \quad IOF_{adic} = P^* \times \alpha_{adic}$$

Assim,

$\bar{n}$ = prazo médio das parcelas (pois há várias parcelas e alíquota α deve ser multiplicada pelo prazo médio das parcelas) *on duration* de Macaulay

Pode-se demonstrar que:

$$\bar{n} = \left[\frac{n(1+i)^n}{(1+i)^n - 1} - \frac{1}{i} \right]$$

Logo:

$P^* = P + \bar{n} \times \alpha \times P^* + P^* \alpha_{adic}$
$P = P^* - \bar{n} \times \alpha \times P^* - P^* \alpha_{adic}$
$P = P^* (1 - \bar{n} \times \alpha - \alpha_{adic})$
$P^* = \dfrac{P}{(1 - \bar{n} \times \alpha - \alpha_{adic})}$

Em que:

P = 75.000 − 25.000 = $ 50.000

$$\bar{n} = \left[\frac{18(1+0,03)^{18}}{(1+0,03)^{18} - 1} - \frac{1}{0,03} \right] = 10,29 \text{ meses}$$

α = 0,125% a.m. = 0,00125 a.m.

α = 0,38% = 0,0038

Decorre, então:

$$P^* = \frac{50.000}{(1 - 10,29 \times 0,00125 - 0,0038)} \Rightarrow P^* = \$\ 50.847,24$$

b. Valor do IOF e do IOF_{adic}

$IOF = \bar{n} \times \alpha \times P^* = 10{,}29 \times 0{,}00125 \times 50.847{,}24 = \$\ 654{,}02$

$IOF_{adic} = P^* \times \alpha_{adic} = 50.847{,}24 \times 0{,}0038 = \$\ 193{,}22$

c. Valor das prestações mensais

Trata-se de uma série uniforme postecipada. Logo, o valor das prestações mensais é expresso por:

$$R = P^* \frac{(1+i)^n \times i}{(1+i)^n - 1}$$

$$R = 50.847{,}24\ \frac{(1+0{,}03)^{18} \times 0{,}03}{(1+0{,}03)^{18} - 1}$$

$$R = 3.697{,}04$$

d. Taxa efetiva mensal, do ponto de vista da pessoa física

O fluxo de caixa da operação, do ponto de vista da pessoa física, pode ser representado por:

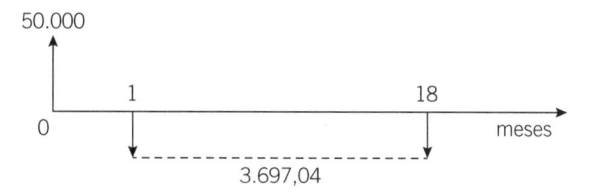

A taxa efetiva mensal da operação é:

$$0 = 50.000 - \frac{3.697{,}04}{1+i} - \frac{3.697{,}04}{(1+i)^2} - \ldots - \frac{3.697{,}04}{(1+i)^{24}} - \frac{3.697{,}04}{(1+i)^{25}}$$

Utilizando uma máquina calculadora financeira, temos:

$i = 3{,}1995\%$ a.m.

Exemplo 3.22

Um financiamento de uma geladeira foi feito nas seguintes condições:

Valor líquido solicitado: $\$\ 8.000{,}00$

Número de prestações mensais, iguais e postecipadas: 12

Taxa de financiamento: 5% a.m.

A alíquota do IOF é 0,125% a.m. e alíquota do IOF adicional é 0,38%.

Determine:

a. O valor bruto financiado

b. O valor do IOF e do IOF adicional

c. O valor das prestações mensais

d. A taxa efetiva mensal, do ponto de vista da pessoa física

Resolução

a. Valor bruto financiado

Para determinar o valor bruto do financiamento devemos acrescentar os valores do IOF e do IOF_{adic} ao valor que será financiado. Portanto, temos:

P = valor líquido desejado
α = alíquota de IOF
α_{adic} = alíquota de IOF adicional
n = número de prestações mensais
P* = valor bruto financiado

Disso, decorre:

$$P^* = P + IOF + IOF_{adic}$$

Em que:

$$IOF = \bar{n} \times \alpha \times P^* \quad e \quad IOF_{adic} = P^* \times \alpha_{adic}$$

Assim,

$\bar{n}$ = prazo médio das parcelas *on duration* de Macaulay

Pode-se demonstrar que:

$$\bar{n} = \left[\frac{n(1+i)^n}{(1+i)^n - 1} - \frac{1}{i} \right]$$

Logo:

$$P^* = P + \bar{n} \times \alpha \times P^* + P^* \alpha_{adic}$$

E decorre:

$$P^* = \frac{P}{(1 - \bar{n} \times \alpha - \alpha_{adic})}$$

Em que:

P = $ 8000

$$\bar{n} = \left[\frac{12(1+0,05)^{12}}{(1+0,05)^{12} - 1} - \frac{1}{0,05} \right] = 7,08 \text{ meses}$$

α = 0,125% a.m. = 0,00125 a.m.
α_{adic} = 0,38% a.m. = 0,0038 a.m.

Decorre, então:

$$P^* = \frac{8.000}{(1 - 7,08 \times 0,00125 - 0,0038)} \Rightarrow P^* = \$ 8.102,50$$

b. Valor do IOF e do IOF adicional

$$IOF = \bar{n} \times \alpha \times P^* = 7{,}08 \times 0{,}00125 \times 8.102{,}50 = \$\ 71{,}71$$
$$IOF_{adic} = P^* \times \alpha_{adic} = 8.102{,}50 \times 0{,}0038 = \$\ 30{,}79$$

c. Valor das prestações mensais

Trata-se de uma série uniforme posteciada. Logo, o valor das prestações mensais é expresso por:

$$R = P^* \frac{(1+i)^n \times i}{(1+i)^n - 1}$$

$$R = 8.102{,}50 \frac{(1+0{,}05)^{12} \times 0{,}05}{(1+0{,}05)^{12} - 1}$$

$$R = 914{,}17$$

d. Taxa efetiva mensal, do ponto de vista da pessoa física

O fluxo de caixa da operação, do ponto de vista da pessoa física, pode ser representado por:

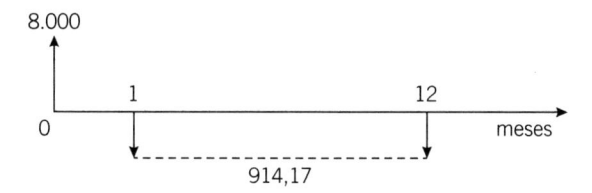

A taxa efetiva mensal da operação é:

$$0 = 8.000 - \frac{914{,}17}{1+i} - \frac{914{,}17}{(1+i)^2} - \ldots - \frac{914{,}17}{(1+i)^{11}} - \frac{914{,}17}{(1+i)^{12}}$$

Utilizando uma máquina calculadora financeira, temos:

$i = 5{,}2265\%$ a.m.

4

Estrutura
das taxa
de juros

4.1 Introdução

De modo simplista, podemos dizer que o segredo para ter lucro em qualquer operação é comprar barato e vender caro, mas não necessariamente nessa ordem. O problema é que todos os participantes do sistema estarão imbuídos do mesmo intuito, diferenciando-se apenas as opiniões sobre quando as coisas estão caras e quando estão baratas. Essa questão dependerá basicamente das informações de cada um dos participantes, de suas oportunidades e dos riscos envolvidos.

Consideremos, como exemplo, operações do mercado financeiro de um dia útil e admitamos que as taxas estejam subindo, chegando a 8,50% a.a.o. Vamos supor que temos informações que indicam grande liquidez do mercado, e nos levam a crer que as taxas de juros vão cair. Nessas condições, damos dinheiro a 8,50% ao ano *over* (a.a.o.), ou seja, aplicamos nossos recursos por um dia útil a essa taxa, e esperamos o efeito do aumento da liquidez ocorrer de forma a baixar as taxas de juros. Se ao longo do dia conseguirmos captar esses recursos, por exemplo, a 8,00% a.a.o., teremos feito lucro na operação. Essas operações de compra e venda de ativos em um mesmo dia são o que o mercado chama de *day trade* e podemos observá-las em todos os mercados, tais como o mercado de *over* ou o mercado de dinheiro de um dia, o mercado de câmbio, as bolsas de valores, enfim, qualquer tipo de mercado no qual são comprados e vendidos ativos de forma geral.

No exemplo citado, temos um caso típico em que o lucro foi feito em virtude de informações sobre a conjuntura do mercado, que se mostraram corretas. Assim, todos os dias, as tesourarias devem iniciar suas atividades, antes da abertura do mercado, estabelecendo um conjunto de informações sobre as taxas de juros e a conjuntura econômica, política e social de curto, médio e longo prazos. A partir dessas previsões é que são traçadas as estratégias da tesouraria para cada ocorrência de conjuntura prevista.

Mas examinemos o caso de quem tomou nossos recursos à taxa de 8,5% a.a.o. Pode ser que a análise conjuntural do tomador tenha sido errada, visto que as taxas de juros caíram no decorrer do dia. Se isso ocorreu, ele estará zerando sua posição, ou seja, realizando uma operação contrária em relação a anterior, o mais rápido possível, para minimizar as perdas. Claro que é possível haver falha dos operadores, crença e até teimosia em relação à posição assumida, de forma que os prejuízos sejam maiores, o que é uma forma cara de aprendizado. Por outro lado, pode ter ocorrido simplesmente o seguinte: a captação feita a 8,5% a.a.o. serviu para zerar uma posição realizada há poucos minutos, a uma taxa de 8,80% a.a.o., ou então, para repassar os recursos captados para algum cliente, em uma operação ativa, à taxa de 9,50% a.a.o.

Como se observa, durante todo o período em que o mercado está aberto, estaremos comprando e vendendo dinheiro conforme as informações e oportunidades que surgem no decorrer do dia. É interessante notar que as instituições financeiras e, mais propriamente, os bancos, abrem posições de compra e venda sem ter contraparte, que poderão ser zeradas ao longo do dia.

Toda a descrição feita para recursos de um dia útil pode ser estendida para operações de 30 dias, ou mais, formando o *open market*, ou mercado de dinheiro. Essas operações de captação e aplicação de recursos são realizadas por meio da compra e venda de títulos e valores mobiliários, públicos ou privados, tais como Notas do Tesouro Nacional (NTN), Certificados de Depósito Interfinanceiro (CDI), Certificados de Depósito Bancário (CDB), debêntures etc. Em geral, a intermediação dos recursos é feita pelas instituições financeiras – bancos, corretoras, distribuidoras etc. –, sendo as pessoas físicas e jurídicas os tomadores ou doadores finais dos recursos. Da mesma forma, podemos ampliar essas ideias para os mercados de moedas, nos quais o dólar é a moeda mais negociada no Brasil, para o mercado de ações e muitos outros ativos financeiros que são negociados no dia a dia.

Na verdade, todos esses mercados de compra e venda de ativos, de captação e aplicação de recursos, têm um parâmetro de negociação em comum que é a taxa de juros, embora a liquidação das operações possa ser em reais, dólares ou outras moedas. Assim, a taxa de juros é a verdadeira moeda de negociação do mercado financeiro.

Entendido esse fato, é fácil perceber o quão importante é conhecer a formação das taxas de juros e as formas de previsão para a tomada de decisão e de elaboração de estratégias das tesourarias. Podemos captar recursos em dólares e aplicar em títulos em reais, captar recursos fazendo estoques que serão pagos a prazo e os produtos fabricados com esses estoques sendo vendidos à vista, captar em reais e aplicar em ações, ou utilizar muitas outras formas de captar e aplicar recursos – mas sempre, por trás das operações, estaremos comprando e vendendo dinheiro, ou ativos que se transformarão em dinheiro, e a moeda de troca é a taxa de juros.

Para que possamos entender melhor as taxas de juros, examinemos seus principais mercados no Brasil.

4.2 Os principais mercados de taxas de juros

4.2.1 Os mercados financeiros

Os mercados financeiros são os mercados de captação e aplicação de recursos em prazos, volumes e moedas diversos, negociados direta ou indiretamente pelo parâmetro da taxa de juros, que funciona, praticamente, como moeda de negociação. Esse fato é extremamente importante para o mercado brasileiro por causa dos grandes períodos inflacionários vividos pelo país, de forma que se aprendeu a ver a taxa de juros em toda e qualquer operação, ficando em segundo plano a moeda de liquidação da operação.

Podemos inicialmente pensar nos mercados monetários, que se caracterizam por operações de curto e curtíssimo prazo e de grande liquidez. Assim, os papéis que dão lastro a essas operações, ou seja, que são comprados e vendidos transformando-se em dinheiro ou aplicações, são aceitos no mercado a preços bem definidos, caracterizando sua liquidez.

Os títulos mais importantes do mercado monetário são:

- **Letras Financeiras do Tesouro Nacional (LFT)**: títulos emitidos pela Secretaria do Tesouro Nacional com o objetivo de prover recursos necessários à cobertura de déficit orçamentário ou para a realização de operações de crédito por antecipação da receita orçamentária. São corrigidos pela variação da taxa Selic.

- **Letras do Tesouro Nacional (LTN)**: assim como as LFTs são títulos emitidos pela Secretaria do Tesouro Nacional com o objetivo de prover recursos necessários à cobertura de déficit orçamentário ou para a realização de operações de crédito por antecipação da receita orçamentária. São títulos prefixados cuja rentabilidade é definida no momento da compra.

- **Notas do Tesouro Nacional (NTN):** títulos emitidos pelo Tesouro Nacional com finalidade orçamentária. Esses títulos são emitidos em várias séries, sendo mais significativos os da:
  - série C: corrigidos pelo Índice Geral de Preços do Mercado (IGPM) e com prazo mínimo de 12 meses;
  - série B: corrigidos pelo Índice Nacional de Preços ao Consumidor Amplo (IPCA) e com prazo mínimo de dois anos;
  - série F: títulos prefixados prefixados cuja rentabilidade é definida no momento da compra e com prazo de seis anos.

- **Certificado de Depósito Interfinanceiro (CDI)**[1]: títulos emitidos pelos bancos, negociados apenas entre instituições financeiras e com prazo mínimo de um dia útil.

---

[1] O correto é usar DI e não CDI, uma vez que o título é escritural, não havendo emissão de certificado.

É importante ressaltar que todos esses títulos podem ser emitidos com rentabilidade pré ou pós-fixada e com diversos prazos de vencimento. Além disso, muitos outros títulos já foram emitidos, tais como: Obrigações Reajustáveis do Tesouro Nacional (ORTN), Bônus do Banco Central (BBC) e Notas do Banco Central (NBC), para mencionar apenas alguns deles. Antigamente, existiam ainda os títulos emitidos pelos estados e municípios que, em geral, tinham liquidez mais apertada, porém, a Lei de Responsabilidade Fiscal, que entrou em vigor a partir de maio de 2000, não permite a emissão de títulos por estados, municípios e pelo Banco Central. Atualmente somente o Tesouro Nacional pode emitir títulos de dívida pública. Existem títulos privados de menor liquidez, como os Certificados de Depósito Bancário (CDBs) e debêntures. No Capítulo 9 serão apresentados de forma mais completa os principais títulos emitidos pelo governo e suas características.

Todos esses títulos são escriturais, ou seja, eles não são emitidos fisicamente, são exclusivamente eletrônicos, e desde 1990 são nominativos, visto que foram proibidos os títulos ao portador no sistema financeiro brasileiro. Dessa forma, temos dois sistemas que fazem a custódia e a liquidação de títulos, o Selic e a Cetip, que passaremos a explicar.

4.2.2 O Selic e a Cetip

Esses sistemas de custódia e liquidação de títulos foram fundamentais para a organização e a boa liquidação das operações de *open market* – compra e venda de títulos de curto prazo –, gerando liquidez para os títulos públicos e privados. Suas principais características são:

4.2.2.1 Sistema especial de liquidação e custódia (Selic)

Consiste em uma associação entre o Banco Central e a Associação Brasileira das Entidades dos Mercados Financeiro e de Capitais (Anbima), sendo gerido pelo Bacen e operado pela Anbima. Tem por finalidade a emissão, o resgate, o pagamento dos juros, custódia de títulos públicos e a liquidação financeira da negociação entre compradores e vendedores, sempre condicionada à disponibilidade do título negociado na conta de custódia do vendedor e à disponibilidade de recursos por parte do comprador. A criação do Selic foi de grande importância para o sistema financeiro nacional, pois eliminou as fraudes nas negociações dos títulos públicos. Com esse sistema, foi possível estabelecer procedimentos de segurança nas transações de tais títulos, por meio dos quais o sistema se responsabiliza pela existência de lastro e dos recursos necessários para a liquidação financeira, efetivando-se as operações somente contra o seu pagamento. Hoje, todos os títulos são escriturais, isto é, não são emitidos fisicamente, e, portanto, o Selic é que controla a posse do título. Os títulos negociados via Selic são liquidados em tempo real em reserva bancária, ou seja, com recursos que não necessitam de confirmação ou compensação. O Selic só transfere a posse do título contra a entrada das reservas, o que garante a boa liquidação da operação.

Os principais títulos negociados nesse sistema são os títulos federais.

4.2.2.2 Central de custódia e liquidação financeira de títulos (Cetip)

Com projeto iniciado em 1981, a Central de Custódia e de Liquidação Financeira de Títulos, atualmente Cetip SA – Mercados Organizados entrou em funcionamento em março de 1986, com o nome de Central de Títulos Privados (Cetip), e mantém a sigla até os dias de hoje. Sua criação ocorreu juntamente com a edição do Plano Cruzado e possibilitou a criação do Certificado de Depósito Interbancário (CDI), um antigo pleito do mercado e de fundamental importância na transferência de liquidez para o sistema financeiro. A Cetip é uma companhia de capital aberto listada no Novo Mercado desde 2009, mas antigamente era mantida por um conjunto de associações de entidades financeiras, das quais faziam parte Febraban, Andima, Anbid, Acrefi e Abecip (Andima e Anbid juntaram-se formando a Anbima).

A Cetip destinou-se, inicialmente, à custódia e à liquidação das operações de títulos privados, tais como: Certificado de Depósito Interbancário (CDI), Certificado de Depósito Bancário (CDB), Recibo de Depósito Bancário (RDB), *export notes*, notas promissórias (tipo *commercial papers*) e debêntures. Mais recentemente tem custodiado e liquidado títulos do governo em mãos do setor privado, tais como Letras Financeiras do Tesouro (LFT) e Títulos da Dívida Agrária (TDA), além de atuar na prestação de serviços de registro, depósito ou custódia, negociação e liquidação financeira para diferentes tipos de instrumentos financeiros de renda fixa e derivativos de balcão. Também presta serviços de registro e custódias de gravames e venda de informações para o mercado de financiamento de veículos.

O maior volume de títulos da Cetip é formado pelos CDIs e CDBs, que são títulos escriturais, mas existem outros títulos importantes como as debêntures, TDAs, instrumentos de renda fixa, derivativos, entre outros. Além de fazer a custódia dos títulos, a Cetip é responsável pela boa liquidação das operações. Os títulos da Cetip são liquidados por transferência de recursos. Isso significa que, negociado um título, a Cetip fará a transferência de custódia do antigo para o novo proprietário, após ocorrer a compensação. Somente esse fato já nos permite avaliar a grande importância da Cetip no que diz respeito à boa liquidação financeira e da autenticidade dos títulos negociados.

Diante do que foi exposto, podemos dizer que temos dois grandes sistemas de custódia e liquidação: o Selic, voltado para títulos públicos, e a Cetip, mais voltada para títulos privados. Esses dois sistemas movimentam praticamente todo o volume de recursos do *open market* e praticamente todo o mercado monetário, da ordem de U$ 600 bilhões por dia. Pela forma de liquidação dos títulos em cada um dos sistemas, surgiram no mercado duas taxas de juros: a taxa Selic e a taxa Cetip ou ADM, sendo que o termo ADM teve origem nas operações de cheques administrativos.

Atualmente a taxa Cetip não é mais ADM, conforme veremos a seguir.

4.2.3 Reestruturação do sistema de pagamentos brasileiro

Nosso atual sistema de pagamentos possui ampla automatização dos processos com rápido tempo de processamento. Os títulos negociados são todos escriturais (desmaterializados), permitindo sistemas de custódia eletrônica. As câmaras de compensação existentes operam de forma adequada, ocorrendo uma grande parceria entre o Banco Central e o mercado.

Preocupado em modernizar o sistema de pagamentos, o Banco Central do Brasil vem promovendo uma ampla discussão com os agentes financeiros, realizando uma série de audiências públicas.

A partir de 2002, uma série de modificações foi colocada em prática, tornando o Sistema de Pagamentos Brasileiro compatível com as recomendações dos organismos internacionais de regulamentação prudencial, tais como Banco Mundial, Banco de Compensações Internacionais ou Banco de Pagamentos Internacionais (em inglês, Bank for International Settlements – BIS) e Fundo Monetário Internacional (FMI). Outras informações sobre as modificações podem ser encontradas no site do Banco Central do Brasil.

4.2.4 Taxa Selic e taxa Cetip-CDI

Vejamos as principais características dessas taxas e como podemos relacioná-las.

4.2.4.1 Taxa Selic

Já vimos que os principais títulos negociados por meio da taxa Selic são os públicos. Assim, é possível comprar e vender esses títulos diariamente e, para isso, foi criada a taxa *overnight*, que é a taxa média ponderada pelo volume das operações de financiamento por um dia útil, ou seja, é publicada aproximadamente às 9 horas da manhã seguinte ao dia de referência. Esse fato de aplicarmos nossos recursos por um dia útil a uma certa taxa de juros, nos dá a primeira ideia de carregamento de títulos. Costuma-se dizer que o aplicador está carregando o título e a taxa de aplicação é chamada de taxa de carregamento.

Como esses títulos são liquidados em reserva bancária, possuem grande liquidez e mínimo risco, como é o caso das LTNs, visto que são emitidos pelo governo e aceitos no mercado como se fossem dinheiro. Dessa forma, as taxas desses títulos são os grandes balizadores do mercado no que diz respeito à formação das taxas de juros. Atualmente, o Banco Central fixa regularmente a taxa Selic (meta Selic), nas reuniões do Comitê de Política Monetária (Copom). Além disso, diariamente, o Selic divulga a taxa média das operações compromissadas com lastro em títulos públicos cujo prazo é de um dia útil, a Selic diária (*over*).

Tabela 4.1 | Taxa Selic diária (2013)

Data	Selic meta (% a.a.)	Selic *over* (% a.a.)	Volume operado (milhões)
1/2/2013	7,25	7,11	650.558
2/2/2013	7,25	7,11	653.818
3/2/2013	7,25	7,11	661.575
4/2/2013	7,25	7,11	652.266
5/2/2013	7,25	7,11	660.665
6/2/2013	7,25	7,11	650.846
7/2/2013	7,25	7,11	646.951
8/2/2013	7,25	7,11	654.517
9/2/2013	7,25	7,11	651.908
10/2/2013	7,25	7,11	660.513
11/2/2013	7,25	7,11	669.983
12/2/2013	7,25	7,11	661.988
13/2/2013	7,25	7,11	656.440
14/2/2013	7,25	7,11	667.026
15/2/2013	7,25	7,11	650.612
16/2/2013	7,25	7,11	667.461
17/2/2013	7,25	7,11	658.599
18/2/2013	7,25	7,11	674.254

Fonte: Bacen (2013a).

4.2.4.2 Taxa Cetip-CDI

No caso das operações da Cetip, após a entrada em funcionamento do Sistema de Pagamentos Brasileiro (SPB), eliminou-se a figura da reserva em D+1. Podemos, utilizando o jargão do mercado, dizer que temos uma reserva dentro do Selic (reserva selicada) e uma reserva dentro da Cetip (reserva cetipada), não havendo mais risco de arbitragem entre a reserva em D+0 e a reserva em D+1.

Era comum chamarmos o Selic de taxa em D+0, pois sua liquidação se faz na data zero, hoje, em reserva, e a taxa Cetip de taxa D+1, pois os recursos só viram reserva no dia seguinte, após a compensação do cheque.

As tesourarias acompanhavam esses movimentos com muito cuidado, buscando eventuais possibilidades de arbitragem entre a taxa Selic (reserva) e a taxa Cetip-CDI (não reserva).

No que diz respeito à taxa Cetip, em geral, estaremos falando da taxa dos CDIs, que são os títulos tomados como referência. Os CDIs representam os títulos emitidos pelos bancos para a captação e aplicação de recursos entre eles. São extremamente líquidos e negociados por um dia útil. A taxa do CDI também tem características de taxa livre de risco, sendo que, embora a taxa do CDI acompanhe a taxa Selic, o mercado acabou elegendo a taxa do CDI como taxa *benchmark*, pois ela é formada pelo próprio mercado. Dessa forma, as taxas Selic e CDI são, em geral, muito próximas e suas variações se dão em decorrência do mercado estar mais ou menos líquido em relação ao caixa disponível para o dia, sendo essa liquidez uma consequência da conjuntura econômica.

Deve-se observar, no entanto, que a base das taxas de juros é a taxa Selic, que nos dá o custo do dinheiro dentro do sistema financeiro. Temos, assim, dois tipos de taxas de juros de referência que, a princípio, são muito próximas:

Tabela 4.2 | Taxas DI e Selic diária

Data	N. operações	Volume operado (milhares)	Taxa DI (%)	Taxa Selic diária (%)
2/1/2013	15	1892.473	6,92	7,11
3/1/2013	16	2007.587	6,92	7,11
4/1/2013	17	2138.985	6,93	7,11
7/1/2013	18	2208.986	6,92	7,11
8/1/2013	18	2246.656	6,91	7,11
9/1/2013	18	2172.479	6,9	7,11
10/1/2013	16	2082.401	6,91	7,11
11/1/2013	15	1992.743	6,92	7,11
14/1/2013	16	1928.781	6,93	7,11
15/1/2013	12	1921.170	6,94	7,11
16/1/2013	12	1912.588	6,94	7,11
17/1/2013	12	1944.194	6,94	7,11
18/1/2013	18	2052.894	6,92	7,11
21/1/2013	17	1985.565	6,93	7,11
22/1/2013	18	2051.742,3	6,93	7,11
23/1/2013	17	2018.822,5	6,93	7,11
24/1/2013	18	2016.691,29	6,93	7,11
25/1/2013	18	2048.257,75	6,94	7,11
28/1/2013	16	1896.386,45	6,94	7,11
29/1/2013	19	1938.078,44	6,95	7,11
30/1/2013	15	1838.558,11	6,95	7,11
31/1/2013	14	1741.265,4	6,95	7,11
1/2/2013	14	1726.177,46	6,95	7,11
4/2/2013	15	1882.114	6,96	7,11
5/2/2013	14	1969.822,77	6,96	7,11
6/2/2013	13	1959.020	6,96	7,11
7/2/2013	12	1974.899	6,95	7,11
8/2/2013	16	1986.632,9	6,95	7,11

Data	N. operações	Volume operado (milhares)	Taxa DI (%)	Taxa Selic diária (%)
13/2/2013	17	1958.975	6,95	7,11
14/2/2013	19	2029.019	6,94	7,11
15/2/2013	18	2014.240,59	6,94	7,11
18/2/2013	18	1934.999,01	6,94	7,11
19/2/2013	18	2068.910,45	6,93	7,11
20/2/2013	17	2005.873,47	6,95	7,11
21/2/2013	18	1943.881,52	6,95	7,11
22/2/2013	17	1964.344,08	6,96	7,11
25/2/2013	17	1864.642,67	7	7,11
26/2/2013	18	1892.107,68	6,98	7,18
27/2/2013	18	1899.953,76	6,98	7,2
28/2/2013	16	1797.988,75	6,98	7,2
1/3/2013	18	1883.887,47	6,98	7,14
4/3/2013	19	1986.080,88	6,99	7,12
5/3/2013	16	2053.447,96	6,99	7,12
6/3/2013	17	2040.142,04	6,99	7,14
7/3/2013	16	1924.384,61	6,99	7,12
8/3/2013	16	1949.142,18	6,99	7,13
11/3/2013	15	1944.995,1	6,99	7,13
12/3/2013	18	2011.427,38	6,99	7,14
13/3/2013	19	2008.468,94	6,99	7,15
14/3/2013	17	1901.803,09	6,99	7,16
15/3/2013	18	1886.806,27	6,99	7,16
18/3/2013	19	1821.796	6,99	7,16
19/3/2013	16	1860.577	6,99	7,16
20/3/2013	18	1834.414	6,99	7,16
21/3/2013	17	1714.783	6,99	7,16
22/3/2013	16	1709.893,22	6,99	7,16
25/3/2013	18	1668.536,02	6,99	7,16
26/3/2013	17	1627.809,57	6,99	7,16
27/3/2013	13	1554.535,34	6,99	7,16
28/3/2013	13	1570.494,81	7,01	7,16
1/4/2013	12	1634.519,93	7,02	7,16
2/4/2013	22	1820.282,89	7,02	7,16
3/4/2013	20	1923.361,45	7,01	7,16
4/4/2013	23	1943.687,16	7,01	7,16
5/4/2013	25	2047.266,5	7,01	7,16
8/4/2013	21	1920.495,53	7,01	7,16
9/4/2013	22	1922.602,28	7,01	7,16

Fonte: elaborado com base nos dados da Cetip (2013).

Note que o volume em operações interbancárias está muito menor do que o volume em operações de títulos públicos, gerando uma taxa Selic diária maior que a taxa DI. Isso é uma consequência da conjuntura econômica para esse determinado período.

Atualmente, com a utilização da taxa *over* base 252 dias úteis, eliminou-se o efeito calendário que ocorria na virada dos meses. O Exemplo 4.1 a seguir ilustra uma operação de arbitragem que, no passado, era praticada habitualmente pelo mercado. Recomendamos ao leitor estudar este exemplo, que elucida esse tipo de operação. Vale ressaltar que as mudanças promovidas pelo Sistema de Pagamentos Brasileiro eventualmente podem permitir a utilização desses conceitos.

Exemplo 4.1

Arbitrando a taxa Selic × taxa CDI

Consideremos um mês com 31 dias corridos e 21 dias úteis, para o qual a taxa efetiva do mês é de 1,72% a.m.

Nessas condições a taxa *over* será dada:

- para cada P = R$ 100,00, teremos:

$$F = 100(1 + 0,0172)^{\frac{31}{30}} = 101,77784$$

- a taxa por dia útil será:

$$i = \left(\frac{101,77784}{100,00}\right)^{\frac{1}{21}} - 1 = 0,0008395$$

- o que corresponde a 0,08395% a.d.u., sendo equivalente à taxa *over* de 2,52% a.m.o.

Em geral, nossas operações estão relacionadas a taxas de juros para liquidação em cheque, ou equivalente, visto que eram a forma mais comum de fazer nossas operações no Brasil. Dessa forma, vamos supor que a taxa de 1,72% a.m., equivalente a 2,52% a.m.o., é uma taxa Cetip.

Vamos supor, também, que não existam motivos para diferenças entre as taxas Selic e Cetip, logo a taxa Selic também será de 2,52% a.m.o.

Consideremos que na virada do mês, a partir do primeiro dia útil, a taxa CDI seja de 2,60% a.m.o., pelo fato de que o mês tem menor quantidade de dias úteis e admitindo que as situações conjunturais são as mesmas, de forma que não se justifiquem diferenças entre as taxas Selic e CDI.

Vejamos o que pode ocorrer na virada do mês a partir dos dados das informações a seguir:

	Último dia útil do mês M	Primeiro dia útil do mês M+1
Taxa Selic	2,52% a.m.o.	2,60% a.m.o.
Taxa CDI	i*	2,60% a.m.o.

Consideremos que $i^* = 2,52\%$ a.m.o. Então, nesse caso, alguém poderia captar recursos no último dia do mês liquidando em cheque. Esses recursos estariam disponíveis no dia seguinte em reserva e, portanto, poderiam ser aplicados no primeiro dia do mês seguinte à taxa de 2,60% a.m.o. no Selic. Note que nesse primeiro dia do mês seguinte estaríamos também emitindo um cheque para pagar a captação feita no dia anterior à taxa de 2,52% a.m.o. Ocorre que esse cheque só será compensado no dia seguinte, quando as reservas devem estar disponíveis para cobertura do cheque, significando que as reservas estarão disponíveis no segundo dia útil do mês M + 1. Mas como aplicamos em reservas no primeiro dia útil do mês M + 1, esses recursos em reservas estarão disponíveis mais os juros de 2,60% a.m.o.

Em síntese, seria possível realizar uma operação de arbitragem, que consistiria em obter lucro na operação sem corrermos risco, a não ser o de crédito. No caso, captamos recursos a 2,52% a.m.o. e aplicamos por 2,60% a.m.o., por um dia útil.

Sendo assim, para evitar a arbitragem, o mercado se antecipa a essa situação e, na realidade, teremos $i^* = 2,60\%$ a.m.o., e não 2,52% a.m.o. como consideramos inicialmente.

4.2.5 Informações sobre as taxas Selic e Cetip

Vários jornais e revistas apresentam as taxas de títulos públicos, a taxa Selic, e as taxas do CDI, fornecidas pela Cetip. O jornal *Valor Econômico* em seu Caderno C, Finanças, e principalmente sites relacionados ao mercado financeiro, trazem essas informações, além de muitas outras a que vamos nos referir adiante.

O Exemplo 4.1, em que a questão da arbitragem foi apresentada, mostra como as taxas se comportam. Na realidade, observando as taxas de juros dos títulos públicos e do CDI, constatamos que se mantêm os movimentos de subida e descida, na maioria das vezes. Mas os bancos e as instituições financeiras, na maioria, procuram obter ou deduzir esses tipos de movimento de taxas de juros e atuam de forma especulativa nesses mercados. Entende-se o especulador, nesse contexto, como aquele que fixa posições segundo suas crenças, ou seja, segundo um conjunto de informações primárias e secundárias, obtido de forma profissional, que caracteriza a competência da instituição.

As tesourarias sempre estarão procurando oportunidades de arbitragem – ou seja, em obter lucro com certeza –, que existirão somente em momentos de desequilíbrio de mercado. As tesourarias estarão, em geral, atuando de forma especulativa, fazendo previsões sobre o futuro que, na maioria das vezes, tem de ser corretas em virtude da especialidade que devem ter sobre o assunto.

É importante ter essa visão sobre a atuação das tesourarias, para que possamos entender o porquê da natureza de suas operações e da procura da estrutura e do funcionamento do sistema de taxas de juros a que estamos nos dedicando.

Tabela 4.3 | Taxas CDI e Selic

Data	Taxa CDI % a.a.o.	Taxa Selic % a.a.o.	Data	Taxa CDI % a.a.o.	Taxa Selic % a.a.o.
1/10/2012	7,36	7,39	17/10/2012	7,06	7,14
2/10/2012	7,35	7,39	18/10/2012	7,08	7,14
3/10/2012	7,36	7,39	19/10/2012	7,08	7,14
4/10/2012	7,36	7,39	22/10/2012	7,12	7,14
5/10/2012	7,36	7,39	23/10/2012	7,12	7,14
8/10/2012	7,36	7,39	24/10/2012	7,13	7,14
9/10/2012	7,35	7,39	25/10/2012	7,11	7,14
10/10/2012	7,33	7,39	26/10/2012	7,09	7,14
11/10/2012	7,04	7,14	29/10/2012	7,08	7,14
15/10/2012	7,04	7,14	30/10/2012	7,07	7,14
16/10/2012	7,05	7,14	31/10/2012	7,09	7,14

Fonte: elaborado com base nos dados da CETIP (2013).

4.2.6 Taxas de juros e o efeito do prazo de liquidação das operações

Existem outros efeitos sobre as taxas de juros e a data de liquidação das operações no mercado financeiro que podem transformar-se em oportunidades. Como exemplo, podemos citar as operações de câmbio que têm liquidação em D+2. Na BM&FBOVESPA as liquidações são feitas em D+3.

Nessas condições, os participantes do mercado estarão sempre atentos para aproveitar as operações de arbitragem ou especulativas, conforme as informações disponíveis.

No caso das operações de câmbio, é comum haver negociação para que a liquidação da operação seja antecipada para D+0 ou D+1, ao contrário da praxe de dois dias. Operações desse tipo podem servir para captação ou aplicação de recursos e em alguns casos permitem arbitragens. Vejamos:

Exemplo 4.2

Captação de recursos no câmbio

Considere que compramos U$ 1 milhão à taxa de R$ 2,003. Nessas condições, vamos considerar a situação em que pagaremos pelos dólares o valor de R$ 2.003.000,00 em dois dias. Ocorre que o vendedor dos dólares deve torná-los disponíveis em D+1, ou seja, um dia útil, esta é a regra do mercado. Assim, se no mesmo dia de compra dos dólares fizermos a venda dos mesmos dólares, negociando uma liquidação em reais para D+1, a que preço devemos vender esses dólares?

Do ponto de vista da liquidação dos dólares, não temos problemas, pois como a compra e a venda dos dólares foram feitas no mesmo dia, ambas as operações serão liquidadas em D+1, ou seja, quando no dia seguinte depositarem em nossa conta U$ 1 milhão, também será sacado o mesmo U$ 1 milhão.

Em relação à operação em reais, estaremos pagando na data D+2 o valor de R$ 2.003.000,00 pela compra dos dólares e recebendo em D+1 ela venda dos dólares, conforme o fluxo de caixa:

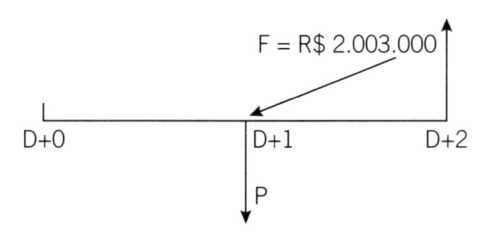

```
                    F = R$ 2.003.000 ↑
              |_____↙
            D+0        D+1        D+2
                        ↓
                        P
```

Assim, o preço justo para vendermos os dólares consiste no valor que vamos receber, corrigido pela taxa *over* da data D+1. É nesse ponto que está nossa oportunidade de especular sobre a taxa *over* do dia, em dois dias. Vamos supor que o mercado tem uma expectativa de que a taxa será de 8,00% a.a.o., mas que nós tenhamos informações profissionais, portanto éticas, de que será de 8,60% a.a.o. Nessas condições, teremos:

a. preço que o comprador estará disposto a pagar pelos dólares com liquidação antecipada em D+1:

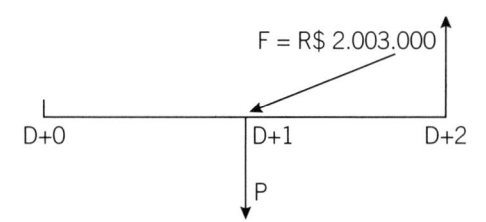

```
                    F = R$ 2.003.000 ↑
              |_____↙
            D+0        D+1        D+2
                        ↓
                        P
```

$$P = \frac{2.003.000}{\left(1 + \frac{8,00}{100}\right)^{\frac{1}{252}}} = 2.002.388$$

b. preço que o vendedor estará disposto a pagar pelos dólares com liquidação antecipada em D+1:

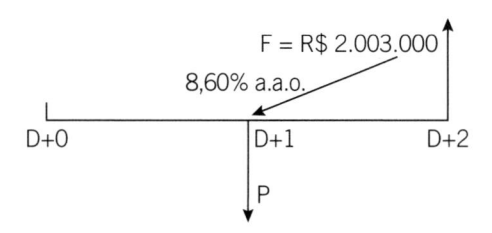

```
                    F = R$ 2.003.000 ↑
              8,60% a.a.o. ↙
              |_____
            D+0        D+1        D+2
                        ↓
                        P
```

$$P = \frac{2.003.000}{\left(1 + \frac{8,60}{100}\right)^{\frac{1}{252}}} = 2.002.344$$

Se a operação fosse feita em condições extremas daria um lucro de R$ 44,00 por milhão de dólares e seria equivalente a captar recursos a 8,00% a.a.o. e repassá-los a 8,60% a.a.o.

Exemplo 4.3

Vamos utilizar o problema anterior supondo que as contrapartes sejam as mesmas. Uma delas é um banco estrangeiro que está comprando U$ 100 milhões e deseja continuar com os dólares como defesa para possíveis desvalorizações do real. Na outra ponta, temos um banco brasileiro que não está exposto a essa desvalorização. Vamos supor que o banco estrangeiro aceite uma taxa de 15% a.a. em dólares como uma boa remuneração para cada dia útil de operação. Assim, a operação terá o seguinte desenho:

Banco estrangeiro

O banco estrangeiro vende U$ 100 milhões para liquidação em D+2 e, no mesmo instante, compra quantidade conveniente de dólares, para liquidação em um dia útil ao preço de R$ 2,003, de forma a ganhar 15% a.a.

A solução de quantos dólares devem ser comprados hoje é dada por:

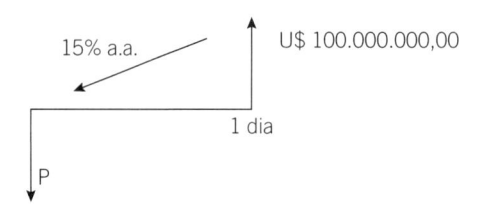

$$P = \frac{100.000.000}{1 + \frac{0,15}{365} \times 1} = 99.958.920,98$$

Para resolver este exemplo, utilizamos a taxa linear de 15% a.a., na base 365. Contudo, é bastante comum no Brasil utilizar a taxa linear base 360 nas operações referenciadas em dólar.

Nesse caso, o banco estrangeiro estará:

- pagando em D+1: 99.958.920,98 × 2,003 = R$ 200.217.718,7
- e recebendo em D+2: 100.000.000 × 2,003 = R$ 200.300.000,00

Isto equivale a aplicar a uma taxa *over* de:

$$i = \frac{200.300.000,00}{200.217.718,70} - 1 = 0,0411\% \text{ a.d.u.} = 10,91\% \text{ a.a.o.}$$

Banco brasileiro

Do ponto de vista do banco brasileiro, ele estará captando em D+1 a quantia de R$ 200.217.718,70, que poderá aplicar a taxas de mercado de 19,00% a.a.o., segundo os dados atuais, resgatando a quantia de R$ 200.355.974,80. Como o banco deve pagar em D+2 R$ 200.300.000,00, terá um lucro de R$ 55.974,80 por dia de operação.

Esse é um caso típico de oportunidades e informações a que estarão sujeitas as partes por terem interesses ou obrigações distintas. Para o banco brasileiro, temos um lucro por uma oportunidade, e para o banco estrangeiro, é o preço de um *hedge*. Note que não se trata de perda, pois a taxa de 15% a.a., em termos internacionais, é uma boa taxa.

Como observação final, se essa operação for tratada por um prazo longo, o cálculo da quantidade de dólares a 15% a.a. deveria ser feito a juros compostos com base em 250 dias, que é o número médio de dias úteis do ano. Nessas condições, a quantidade de dólares a comprar em D+1 seria:

$$P = \frac{100.000.000}{(1 + 0{,}15)^{\frac{1}{250}}} = U\$\ 99.944.110{,}85$$

Dessa forma, ele pagaria em D+1 99.944.110,85 × 2,003 = R$ 200.188.054,00 e receberia R$ 231.000.000,00 em D+2, o que corresponderia a uma taxa de 15,12% a.a.o., o que ainda é um bom negócio no que se refere a um banco brasileiro que estaria aplicando em torno de 19,00% a.a.o.

Esses são alguns exemplos de arbitragem e de especulação – no sentido correto do termo – de taxas de juros que se pode fazer usando os prazos distintos de liquidação em nosso mercado. Considere como exemplo o caso de dar ou tomar recursos em uma operação de *box* com ações, liquidados em D+3, o que é um bom exercício.

4.2.7 Outras taxas de juros do mercado financeiro brasileiro

A partir das taxas Selic e CDI, que são as taxas básicas do mercado financeiro brasileiro, é que são elaboradas as demais taxas do mercado. A seguir apresentamos algumas delas:

4.2.7.1 Poupança

Os recursos captados em depósitos pelas entidades do Sistema Brasileiro de Poupança e Empréstimo (SBPE) são direcionados principalmente para operações de financiamento imobiliário, sendo divididos da seguinte maneira:

- No mínimo, 65% do total captado devem ser direcionados para operações de financiamento imobiliário, sendo no mínimo 80% desse percentual para operações de financiamento habitacional no âmbito do Sistema Financeiro de Habitação (SFH). O restante pode ser usado em operações de financiamento imobiliário contratadas a taxas de mercado.
- 20% em encaixe obrigatório no Banco Central do Brasil.
- Os recursos remanescentes são alocados em disponibilidades financeiras e em outras operações admitidas nos termos da legislação e da regulamentação em vigor.

Em 2012, a forma de remuneração da poupança passou por alterações, sendo que depósitos até 03/5/2012 são remunerados pela TR mais 0,5% a.m. e para depósitos a partir de 04/5/2012 a remuneração está atrelada à taxa Selic, meta definida pelo Banco Central do Brasil. Caso a Selic esteja acima de 8,5%, a rentabilidade é dada pela TR mais 0,5%, e se estiver abaixo de 8,5%, rende a TR mais 70% da meta da taxa Selic ao ano.

A seguir temos a Tabela 4.4 que mostra os rendimentos obtidos pela caderneta de poupança em 2012:

Tabela 4.4 | Índices de rendimento das cadernetas de poupança em 2012
Pessoas físicas – rendimentos diários*

Dia	Janeiro	Fevereiro	Março	Abril	Maio	Junho a	Junho b	Julho a	Julho b	Agosto a	Agosto b	Setembro a	Setembro b	Outubro a	Outubro b	Novembro a	Novembro b	Dezembro a	Dezembro b
1	0,5942	0,5868	0,5	0,6073	0,5228	0,547	n.d.	0,5	0,4828	0,5145	0,4973	0,5124	0,4675	0,5	0,4273	0,5	0,4273	0,5	0,4134
2	0,5604	0,6407	0,5228	0,5622	0,5284	0,5868	n.d.	0,5	0,4828	0,5488	0,5316	0,5	0,4551	0,5	0,4273	0,5	0,4273	0,5	0,4134
3	0,5711	0,6269	0,5259	0,5631	0,5159	0,5539	n.d.	0,5	0,4828	0,5049	0,4877	0,5	0,4551	0,5	0,4273	0,5	0,4273	0,5	0,4134
4	0,6007	0,6161	0,5018	0,5895	0,5096	0,5146	0,5146	0,5101	0,4928	0,5562	0,539	0,5	0,4551	0,5	0,4273	0,5	0,4273	0,5	0,4134
5	0,633	0,5979	0,5018	0,6169	0,5106	0,514	0,514	0,5	0,4828	0,5	0,4828	0,5	0,4551	0,5	0,4273	0,5	0,4273	0,5	0,4134
6	0,6384	0,557	0,5225	0,6273	0,5	0,5357	0,5357	0,5	0,4828	0,5	0,4828	0,5237	0,4788	0,5	0,4273	0,5	0,4273	0,5	0,4134
7	0,6274	0,5696	0,5032	0,5936	0,5	0,5558	0,5558	0,5	0,4828	0,5	0,4828	0,5	0,4551	0,5	0,4273	0,5	0,4273	0,5	0,4134
8	0,6	0,5887	0,5012	0,5585	0,516	0,5381	0,5381	0,5	0,4828	0,5034	0,4862	0,5	0,4551	0,5	0,4273	0,5	0,4273	0,5	0,4134
9	0,569	0,6319	0,528	0,5396	0,5561	0,5492	0,5492	0,5	0,4828	0,5172	0,5	0,5	0,4551	0,5	0,4273	0,5	0,4273	0,5	0,4134
10	0,5612	0,6365	0,5087	0,5291	0,5264	0,5	0,5	0,5076	0,4904	0,5213	0,5041	0,5	0,4551	0,5	0,4273	0,5	0,4273	0,5	0,4134
11	0,5899	0,6084	0,5	0,5537	0,5459	0,5083	0,5083	0,5447	0,5275	0,5144	0,4972	0,5	0,4551	0,5	0,4273	0,5	0,4134	0,5	0,4134
12	0,6393	0,5858	0,5	0,5767	0,5228	0,5	0,5	0,5128	0,4956	0,5	0,4551	0,5	0,4551	0,5	0,4273	0,5	0,4134	0,5	0,4134
13	0,6286	0,5823	0,509	0,5882	0,5018	0,5221	0,5221	0,5195	0,5023	0,5	0,4551	0,5	0,4551	0,5	0,4273	0,5	0,4134	0,5	0,4134
14	0,6302	0,5488	0,5215	0,5995	0,5	0,524	0,524	0,5067	0,4895	0,5	0,4551	0,5	0,4551	0,5	0,4273	0,5	0,4134	0,5	0,4134
15	0,6095	0,577	0,5311	0,5522	0,5005	0,5222	0,5222	0,5	0,4828	0,5	0,4551	0,5	0,4551	0,5	0,4273	0,5	0,4134	0,5	0,4134
16	0,5654	0,6123	0,507	0,533	0,5218	0,5266	0,5266	0,5	0,4828	0,5177	0,4728	0,5	0,4551	0,5	0,4273	0,5	0,4134	0,5	0,4134
17	0,5687	0,6264	0,517	0,5494	0,5335	0,512	0,512	0,5	0,4828	0,5016	0,4567	0,5	0,4551	0,5	0,4273	0,5	0,4134	0,5	0,4134
18	0,5877	0,6293	0,5	0,575	0,5232	0,5	0,5	0,5233	0,5061	0,5009	0,456	0,5	0,4551	0,5	0,4273	0,5	0,4134	0,5	0,4134
19	0,6095	0,6152	0,5	0,5888	0,5143	0,5	0,5	0,5123	0,4951	0,5	0,4551	0,5	0,4551	0,5	0,4273	0,5	0,4134	0,5	0,4134
20	0,6327	0,572	0,5247	0,5885	0,5	0,5173	0,5173	0,5125	0,4953	0,5	0,4551	0,5	0,4551	0,5	0,4273	0,5	0,4134	0,5	0,4134
21	0,6055	0,5252	0,5509	0,5914	0,5	0,5464	0,5464	0,5	0,4828	0,5	0,4551	0,5	0,4551	0,5	0,4273	0,5	0,4134	0,5	0,4134
22	0,5937	0,5252	0,5735	0,5569	0,5	0,5053	0,5053	0,5	0,4828	0,5	0,4551	0,5	0,4551	0,5	0,4273	0,5	0,4134	0,5	0,4134
23	0,5627	0,5752	0,5556	0,5284	0,5201	0,5318	0,5318	0,5	0,4828	0,5216	0,4767	0,5	0,4551	0,5	0,4273	0,5	0,4134	0,5	0,4134
24	0,5708	0,5822	0,5862	0,5337	0,5173	0,5	0,5	0,5	0,4828	0,5182	0,4733	0,5	0,4551	0,5	0,4273	0,5	0,4134	0,5	0,4134
25	0,6003	0,5576	0,5575	0,5584	0,5346	0,5	0,5	0,5226	0,5054	0,5233	0,4784	0,5	0,4551	0,5	0,4273	0,5	0,4134	0,5	0,4134
26	0,6287	0,5365	0,5575	0,5889	0,5141	0,5	0,5	0,5161	0,4989	0,5	0,4551	0,5	0,4551	0,5	0,4273	0,5	0,4134	0,5	0,4134
27	0,6261	0,5087	0,5836	0,581	0,5197	0,5059	0,5059	0,5	0,4828	0,5	0,4551	0,5	0,4551	0,5	0,4273	0,5	0,4134	0,5	0,4134
28	0,6292	0,5223	0,5819	0,6112	0,5	0,523	0,523	0,5	0,4828	0,5	0,4551	0,5	0,4551	0,5	0,4273	0,5	0,4134	0,5	0,4134

* Índice (%) de rendimentos inclui correção monetária e juros.
(a) Remuneração da poupança = TR + 0,5% a.m. Depósitos até 3/5/2012.
(b) Remuneração da poupança = TR + 70% da Selic. Depósitos a partir de 4/5/2012.
Nota: as poupanças abertas nos dias 29, 30 e 31 têm como data de aniversário o dia 1.° do mês seguinte (Lei n. 8.177, de 1/3/1991) e, portanto, índice de remuneração também deste dia.

Fonte: Bacen/Desig (2013).

A Tabela 4.4 mostra os rendimentos obtidos ao dia com aplicações nas cadernetas de poupança em 2012. Note que a partir de 3/5/2012, há dois rendimentos indicados, sendo um referente à regra "antiga", indicados pela letra "a", e o outro referente à regra "nova", indicados pela letra "b". É importante ressaltar que os rendimentos só são obtidos se o depositante sacar os valores nas datas de aniversário da caderneta de poupança. Caso o saque seja feito anteriormente, os rendimentos do mês são perdidos.

4.2.7.2 DI futuro

Os contratos de Depósito Interfinanceiro (DI) futuro são indicadores importantes da expectativa da taxa DI em períodos futuros. Contratos são acordos de compra ou venda da expectativa de taxa de juro de DI para o período compreendido entre a data de negociação e a data de vencimento do contrato, inclusive. Os valores dos contratos de DI Futuro são calculados de acordo com as taxas médias calculadas pela Cetip. A seguir apresentamos o Quadro 4.1 com as características dos contratos futuros de DI:

Quadro 4.1 | Contrato futuro de taxa média para depósitos interfinanceiros de um dia

Início das negociações	5 de junho de 1991
Objeto de negociação	Taxa de juro efetiva até o vencimento do contrato, definida, para esse efeito, pela acumulação das taxas médias de Depósitos Interfinanceiros no período compreendido entre a data de negociação e o último dia de negociação do contrato, inclusive
Código	DI1
Tamanho do contrato	Preço unitário (PU) multiplicado pelo valor em reais de cada ponto, estabelecido pela BM&FBOVESPA
Variação mínima de apregoação	0,001 ponto de taxa para os três primeiros vencimentos e 0,01 ponto de taxa para os demais
Cotação	Taxa de juro efetiva anual, base 252 dias úteis, com até três casas decimais
Oscilação máxima diária	Taxa de juro de referência +/-90 pontos-base (0,9%)
Lote padrão	Lote padrão: 5. Nota: para o 1.º vencimento em aberto, o limite de oscilação será suspenso nos três últimos dias de negociação
Último dia de negociação	Dia útil anterior à data de vencimento
Data de vencimento	1.º dia útil do mês de vencimento
Meses de vencimento	Quatro primeiros meses subsequentes ao mês em que a operação for realizada e, a partir daí, os meses que se caracterizarem como de início de trimestre
Limites de posição	De 10.000 a 162.000 contratos, dependendo da *duration* do vencimento em questão ou 20% das posições em aberto, o que for maior
Liquidação	Financeira no dia útil seguinte à data de vencimento, pela cotação (preço unitário) de 100.000 pontos
Margem de garantia	Será exigida margem de garantia de todos os comitentes com posição em aberto, cujo valor será atualizado diariamente pela Bolsa, de acordo com critérios de apuração de margem para contratos futuros
Horário de negociação	Negociação normal: das 9 às 16 horas
	Call eletrônico: 16h10
	Negociação estendida (D+0): das 16h50 às 18 horas

Fonte: elaborado com base em dados da Bovespa (2012).

Tabela 4.5 | DI de um dia (contrato = R$ 100.000,00; cotação = taxa de juro)

Vencimento	Contratos abertos	Contratos fechados	N. negociados	Contratos negociados	Volume	Preço abertura	Preço mínimo	Preço máximo	Preço médio	Último preço	Última oferta de compra	Última oferta de venda
Jan/2013	3.560.806	3.616.276	40	195.323	19.485.362.300	6,971	6,962	6,980	6,969	6,970	6,962	6,970
Fev/2013	322.830	327.935	10	27.350	2.712.349.648	7,000	6,975	7,000	6,994	6,975	6,975	7,000
Mar/2013	63.295	64.195	4	1.350	133.229.542	7,025	7,025	7,025	7,025	7,025	7,010	7,025
Abr/2013	1.309.716	1.320.791	22	31.196	3.062.066.572	7,030	7,030	7,050	7,035	7,040	7,030	7,040
Jul/2013	2.747.748	2.747.392	97	53.315	5.145.291.647	7,030	7,010	7,040	7,023	7,020	7,020	7,030
Out/2013	225.392	225.747	14	2.056	194.910.230	7,050	7,020	7,070	7,032	7,030	7,020	7,040
Jan/2014	2.954.354	2.871.069	553	208.575	19.425.867.819	7,080	7,070	7,090	7,079	7,070	7,070	7,080
Abr/2014	454.438	470.503	49	41.565	3.805.022.541	7,140	7,120	7,150	7,136	7,130	7,130	7,200
Jul/2014	621.698	630.719	154	34.978	3.143.159.847	7,270	7,250	7,280	7,268	7,270	7,260	7,270
Out/2014	70.155	70.485	8	580	51.008.494	7,460	7,420	7,460	7,458	7,460	7,440	7,470
Jan/2015	1.356.536	1.340.198	603	101.658	8.744.682.468	7,630	7,620	7,670	7,647	7,660	7,650	7,660
Abr/2015	152.661	153.591	17	3.445	290.283.446	7,800	7,750	7,800	7,779	7,780	7,780	7,800
Jul/2015	64.642	64.522	13	315	25.980.596	7,930	7,880	7,930	7,919	7,920	7,910	7,920
Out/2015	48.427	48.552	5	150	12.094.356	8,030	8,020	8,040	8,036	8,040	8,010	8,050
Jan/2016	796.676	798.254	477	55.572	4.380.130.930	8,160	8,130	8,190	8,156	8,170	8,160	8,170
Abr/2016	33.874	33.854	2	70	5.398.225	8,250	8,250	8,250	8,250	8,250	8,230	0,000
Jul/2016	161.752	178.436	38	22.795	1.718.357.330	8,340	8,330	8,360	8,340	8,330	8,330	8,350
Out/2016	14.206	14.166	5	165	12.152.775	8,420	8,410	8,420	8,413	8,410	8,350	0,000
Jan/2017	758.664	750.012	1.177	136.342	9.825.125.484	8,450	8,430	8,490	8,466	8,480	8,470	8,480
Abr/2017	21.599	21.599	1	50	3.521.719	8,530	8,530	8,530	8,530	8,530	0,000	0,000
Jul/2017	26.215	26.335	13	610	42.069.400	8,560	8,560	8,560	8,560	8,560	0,000	0,000

Fonte: elaborado com base nos dados da Bovespa (2013).

A Tabela 4.5 mostra alguns dados da negociação de contratos de DI Futuro de um dia. Os meses de vencimento seguem a legenda destacada abaixo da tabela, em que cada letra representa um respectivo mês. O número indicado depois da letra indica o ano do vencimento do contrato. Portanto, por exemplo, um contrato com vencimento em F13 vence em janeiro de 2013 outro com vencimento em V15 vence em outubro de 2015.

4.2.7.3 Selic futuro

Lançado em fevereiro de 2013, este novo derivativo de taxa de juros surgiu com base na iniciativa do governo (em maio de 2012) de atrelar a remuneração da poupança à taxa Selic. Com o código OC1, esse novo produto tem como principal característica sua base, a taxa básica de juros, tendo assim uma relação próxima com as decisões de política monetária. Juntamente com o contrato futuro de Selic foram criadas as opções compra e venda com base na taxa, e, como referência dessas opções, o Índice de Taxa de Operações Compromissada (ITC) – índice calculado pela BM&FBOVESPA.

Quadro 4.2 | Contrato futuro de taxa média para operações compromissadas de um dia (OC1)

Início das negociações	1 de março de 2013
Ativo-objeto	Taxa média das operações compromissadas de um dia, lastreadas em títulos públicos federais, apurada a Selic, com base anual de 252 dias úteis
Código de negociação	OC1
Tamanho do contrato	Dado pela multiplicação entre o PU da operação e o valor em reais de cada ponto (R$ 1,00)
Variação mínima de apregoação	0,001 ponto de taxa para os três primeiros vencimentos e 0,01 ponto de taxa para os demais vencimentos
Cotação	Taxa de juro efetiva anual, base de 252 dias úteis, com três casas decimais até o 3.º vencimento e duas casas decimais para os demais vencimentos
Lote-padrão	Cinco contratos
Meses de vencimento	Quatro primeiros meses subsequentes ao mês em que a operação for realizada e, a partir daí, os meses que se caracterizarem como de início de trimestre
Data de vencimento	1.º dia útil do mês de vencimento
Horario da negociação	Negociação normal: das 9 às 16 horas
	Negociação estendida: das 16h50 às 18 horas

4.2.7.4 Taxa referencial

A Taxa Referencial (TR) foi criada no Plano Collor II com o intuito de ser uma taxa básica referencial dos juros a serem praticados no mês iniciado e não como um índice que refletisse a inflação do mês anterior. A TR é utilizada como índice de remuneração básica de caderneta de poupança e do FGTS. A TR é calculada a partir de uma amostra das 30 maiores instituições financeiras do país, de acordo com o volume de captação efetuado por meio de certificados e recibos de depósito bancário (CDB/RDB), com prazo de 30 a 35 dias corridos, inclusive, e remunerados a taxas prefixadas, entre bancos múltiplos, bancos comerciais, bancos de investimento e caixas econômicas.

Obtemos o cálculo da TR por meio da Taxa Básica Financeira (TBF) aplicada ao "redutor" (R). A TBF foi criada pela Lei n. 10.192 de 14/2/2001, em seu artigo 5.º, para ser utilizada como indexador de operações com prazo superior a dois meses. Seu cálculo está baseado nas emissões de CDBs prefixados das 30 maiores instituições financeiras do Brasil, com vencimento em 30 a 35 dias corridos. Já o "redutor" é definido pelo governo, levando em conta a política monetária, fatores conjunturais, entre outros. A partir destes dados, obtemos o R com a seguinte equação:

$$R = 1{,}005 + b \times \frac{TBF}{100}$$

Sendo que este cálculo é obtido a partir dos dados conjunturais fornecidos pelo Banco Central:

TBF	b
TBF > 16%	0,48
16% ≥ TBF > 15%	0,44
15% ≥ TBF > 14%	0,4
14% ≥ TBF > 13%	0,36
13% ≥ TBF > 11%	0,32
11% > TBF > 10,50%	0,32
10,50% > TBF ≥ 10%	0,31
10% > TBF > 9,50%	0,26
9,50% > TBF ≥ 9%	0,23

Fonte: elaborado com base em dados do Bacen (2013b).

A partir desses dados, definimos a TR:

$$TR = \left[1 + \frac{TBF}{R} \right]^{-1}$$

A seguir, a Figura 4.1 mostra a rentabilidade da TR do mês de setembro de 1994 a setembro de 2012.

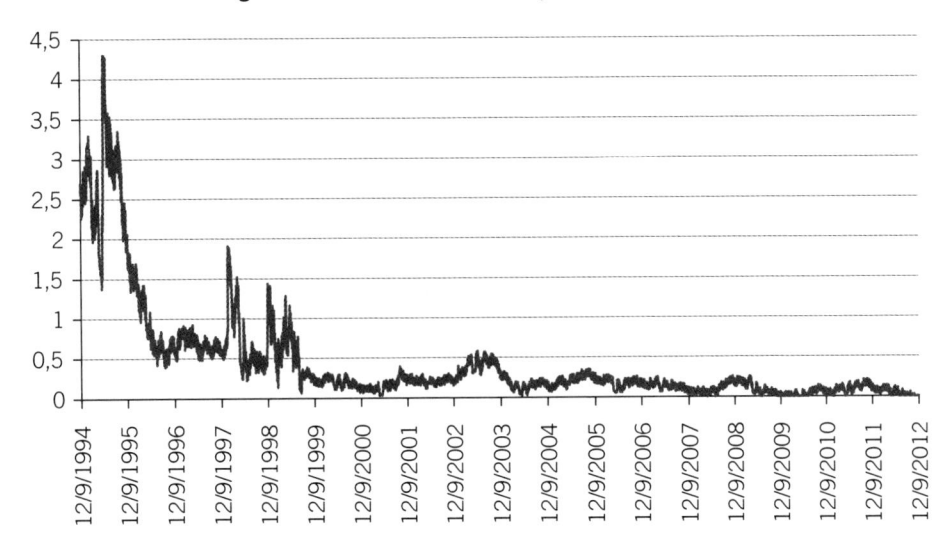

Figura 4.1 | Taxa referencial de juros – TR – % a.m.

Fonte: elaborado com base nos dados do Banco Central (2013c).

4.2.7.5 Taxa de juros de longo prazo

A Taxa de Juros de Longo Prazo (TJLP) foi criada em novembro de 1994 e tem por finalidade estimular os investimentos nos setores de infraestrutura e consumo, privilegiando investimentos de longo prazo. A TJLP é utilizada para remunerar os recursos do Fundo de Participação PIS-PASEP, do Fundo de Amparo ao Trabalhador e do Fundo da Marinha Mercante, além de ser utilizada como o custo básico dos financiamentos concedidos pelo Banco Nacional do Desenvolvimento (BNDES).

Desde 1.º de outubro de 1999, a TJLP tem período de vigência de um trimestre-calendário e é calculada a partir dos seguintes parâmetros:

- meta de inflação calculada *pro rata* para os 12 meses seguintes ao primeiro mês de vigência da taxa, inclusive, baseada nas metas anuais fixadas pelo Conselho Monetário Nacional;
- prêmio de risco.

A seguir, a Figura 4.2 mostra a evolução da TJLP desde dezembro de 1994 até março de 2012:

Figura 4.2 | Taxa de juros de longo prazo – % a.m.

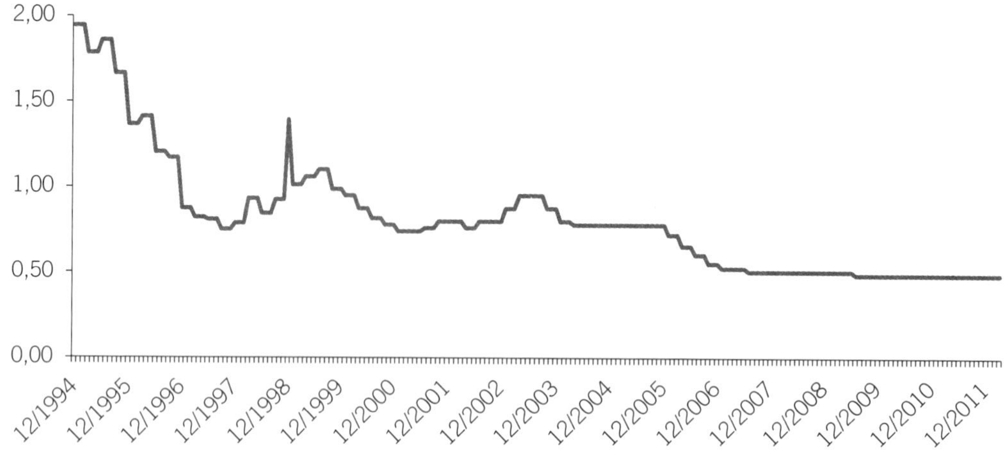

Fonte: elaborado com base nos dados do Bacen (2013c).

A Tabela 4.6 a seguir mostra a evolução das taxas de juros das operações de crédito com recursos livres para diferentes produtos divididos em taxas prefixadas, pós-fixadas e flutuantes de 2000 a 2011.

Tabela 4.6 | Evolução anual das taxas de juros das operações de crédito com recursos livres (Pessoas jurídicas) - Taxa média ponderada pelos valores mensais tomados em crédito (em % ao ano)

	2000	2001	2002	2003	2004	2005	2006	2007	2008	2008	2010	2011
Hot money	44,70	45,50	49,09	56,29	49,94	52,35	51,92	47,68	52,27	53,24	47,41	36,24
Desconto de duplicatas	48,41	47,52	50,48	52,75	41,15	42,91	38,72	33,29	41,10	41,13	39,66	42,70
Desconto de promissórias	54,27	52,56	51,88	60,13	50,52	53,07	51,00	43,96	54,33	57,45	49,28	56,41
Capital de giro	38,40	35,69	38,00	42,49	35,94	38,69	33,72	29,35	32,84	32,32	29,16	28,49
Conta garantida	54,74	58,09	66,31	76,95	67,09	69,62	67,71	62,73	70,25	79,77	87,58	107,33
Aquisição de bens	32,93	32,44	35,65	37,07	28,13	30,09	26,53	18,81	18,50	17,53	18,03	16,47
Vendor	24,08	23,78	26,00	29,63	21,85	24,20	20,24	16,24	19,36	17,61	16,48	18,70
Total PJ prefixada	41,87	41,07	44,42	49,81	41,11	43,67	40,05	34,51	38,82	40,40	38,55	40,70
Total geral prefixada	27,63	30,50	28,98	35,82	30,18	32,90	28,88	24,12	27,80	27,74	27,58	30,35
ACC	18,76	23,57	11,26	24,95	22,02	23,39	16,95	12,22	17,18	15,57	14,48	13,28
Repasses externos	16,34	21,72	21,81	22,65	19,17	19,12	15,32	11,92	17,89	17,55	17,88	17,39
Total PJ pós-fixada	17,57	22,67	16,35	24,18	20,97	21,77	16,28	12,10	17,50	16,12	15,23	14,02

	2000	2001	2002	2003	2004	2005	2006	2007	2008	2008	2010	2011
Capital de giro	28,86	27,40	27,25	31,91	26,42	28,12	24,17	20,06	21,04	19,16	17,39	19,21
Conta garantida	24,39	25,79	28,49	34,33	25,85	28,01	23,85	19,74	21,48	21,87	20,52	23,37
Aquisição de bens	22,57	24,51	27,58	32,61	24,21	26,16	21,10	17,13	21,95	18,24	13,48	15,33
Vendor	21,95	24,95	25,07	26,76	20,50	24,06	19,06	15,67	22,14	21,27	20,92	22,50
Total PJ flutuante	25,40	26,17	27,82	32,80	25,99	27,89	23,70	19,73	21,18	19,53	17,76	19,66

Fonte: elaborado com base em Febraban (2013).

O Banco Central divulga mensalmente as taxas consolidadas e por instituição para as mais diversas modalidades de crédito tanto para pessoa física como para pessoa jurídica. Segundo o próprio site do Bacen:

> As informações consolidadas do sistema financeiro nacional são divulgadas para cada modalidade de crédito com a classificação por tipo de encargo e por categoria de tomador. Apresentam periodicidade mensal e referem-se ao volume total de crédito, às novas concessões efetuadas no período, às taxas médias de juros, ao *spread* e, ainda, ao prazo médio e aos níveis de atraso das carteiras de crédito.
>
> Os dados relativos ao volume indicam o saldo total do sistema financeiro no último dia de cada mês, enquanto os valores relativos às concessões totais (fluxo) são apresentados na forma de soma dos recursos liberados em cada mês e também como a média diária das concessões.
>
> As taxas de juros representam a média do mercado e são calculadas a partir das taxas diárias das instituições financeiras ponderadas por suas respectivas concessões em cada data. São divulgadas sob o formato de taxas anuais e taxas mensais. As taxas médias mensais são obtidas pelo critério de capitalização das taxas diárias ajustadas para um período padrão de 21 dias úteis. As taxas de cheque especial constituem exceção, pois considera-se o número de dias úteis contidos no período de 30 dias corridos contados na data de referência, incluindo-se o primeiro dia útil subsequente caso o vencimento ocorra em dia não útil.
>
> As taxas anuais são calculadas elevando-se a média geométrica das taxas mensais a 12 (meses). Adicionalmente às informações de taxas de juros, são divulgados também os *spreads* médios de cada modalidade de crédito, que representam o resultado da diferença entre as taxas das operações de crédito e os custos referenciais de captação, calculados a partir da taxa dos Certificados de Depósitos Bancários (CDB), para as modalidades com prazo em torno de 30 dias, e das taxas dos contratos de *swaps* DI x Pré com prazos similares aos prazos médios das demais modalidades.
>
> Os prazos médios das modalidades correspondem a média do número de dias de todas as operações ou parcelas registradas na carteira. Os níveis de inadimplência representam a participação de cada faixa de atraso (15-30 dias, 31-90 dias e superior a 90 dias) no volume de crédito concedido.
>
> Esclarecimentos metodológicos adicionais podem ser obtidos na Circular n. 2.957, de 30 de dezembro de 1999, e no Comunicado n. 7.569, de 25 de maio de 2000.

4.3 Estrutura das taxas de juros em relação a doadores e tomadores de recursos

4.3.1 Introdução

Quando pensamos na ideia de estruturar as taxas de juros, podemos fazê-la de várias formas, a saber:

- com relação aos doadores e tomadores de recursos
- com relação aos riscos que uma taxa de juros deve cobrir
- com relação à estrutura temporal das taxas de juros

Na realidade, essa separação é apenas de caráter didático, visto que ocorrem todas ao mesmo tempo e devem estar quantificadas ao se definir uma taxa de juros.

Vamos inicialmente examinar a estrutura das taxas de juros em relação a doadores e tomadores de dois pontos de vista: os bancos e as empresas.

4.3.2 Bancos: estrutura das taxas de juros em relação a doadores e tomadores de recursos

Entre as instituições financeiras e não financeiras, os bancos são as que têm essa estrutura melhor definida em termos de taxas de juros. Mesmo internamente, por causa da tesouraria, essa estrutura é muito bem organizada.

Em relação à captação dos bancos, podemos considerar uma hierarquia de taxas de juros, das menores para as maiores, como segue:

- pessoas físicas de pequeno porte
- pequenas empresas
- empresas de porte médio
- pessoas físicas, grandes aplicadores – *private bank*
- grandes corporações – *corporate*
- mercado institucional – fundos de pensão e gestores de fundos em geral
- outros bancos – CDI

Até para as grandes corporações a captação de recursos é feita por meio da área comercial do banco, enquanto a captação de recursos de outros bancos é feita diretamente pela Tesouraria do banco, por meio do mercado interbancário. No caso das grandes corporações, algumas delas possuem tamanho poder de barganha que os bancos mantêm suas tesourarias abertas para elas, muitas vezes conseguindo operar com taxas melhores que o próprio CDI. Isso ocorre pelo fato de que o banco procura obter ganhos dessas empresas por meio de outras operações. Bem, isso não é fácil de ocorrer, pois essas grandes corporações tratam as negociações com os bancos, em geral, caso a caso. O fato é que as grandes corporações são, muitas vezes, maiores que os bancos, o que faz com que tenham um tratamento preferencial.

Em termos de aplicação dos bancos, podemos considerar a hierarquia de taxas de juros, das menores para as maiores, como segue:

- outros bancos – CDI
- grandes corporações – *corporate*
- mercado institucional – fundos de pensão e gestores de fundos em geral
- pessoas físicas de grande porte – *private bank*
- empresas de porte médio
- pequenas empresas
- pessoas físicas de pequeno porte

Nesse caso também as grandes corporações, quando tomadoras, o fazem a taxas próximas das do CDI, às vezes menores, como se fossem bancos. O porte delas é que justifica esse tratamento, como já citamos.

A Figura 4.3 a seguir nos mostra a hierarquia de taxas de juros da captação e aplicação do banco:

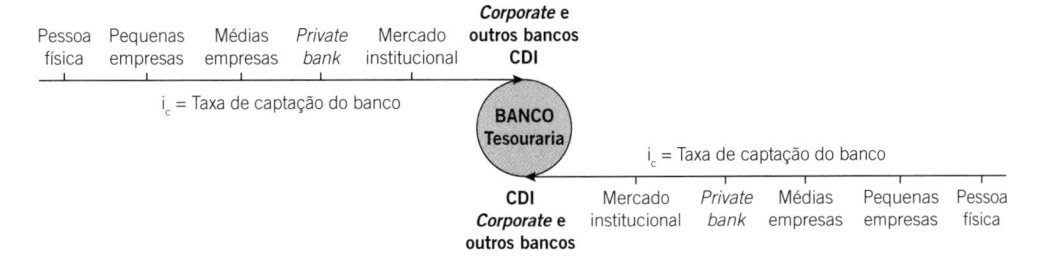

Figura 4.3 | Hierarquia da captação e aplicação de taxas de juros

i_c = Taxa de captação do banco

i_c = Taxa de captação do banco

É fácil perceber a lógica dessa hierarquia. Quando um banco capta recursos de um cliente pessoa física por 30 dias, ele tentará passar pelo mesmo prazo, a outro cliente pessoa física, como crédito direto ao consumidor, por exemplo. Caso não consiga, poderá passar os recursos para uma empresa de porte médio ou, se não conseguir ainda, em último caso, passará a um banco no CDI. Mas nesse caso o fará por apenas um dia útil, visto que no dia seguinte tentará repassar novamente a outro cliente pessoa física, obtendo um retorno maior. Vamos supor que consiga passar os recursos, após um dia útil, a uma pessoa física por 30 dias. Nessas condições o banco já sabe que estará descasado no fim de 29 dias e deverá tomar recursos por um dia útil a fim de *zerar a posição*, ou seja, igualar os recursos dados e tomados na data.

Quando o banco tiver de tomar recursos para cobrir sua posição, irá tomá-los da forma mais barata possível, com as pessoas físicas; não conseguindo, tentará as jurídicas; e em último caso tomará recursos no CDI de outro banco. Mas neste caso também o fará por um dia, pois o banco admite que no dia seguinte poderá captar a taxas mais baixas.

4.3.3 Empresas: estrutura das taxas de juros em relação a doadores e tomadores de recursos

No caso das empresas, também podemos hierarquizar as taxas de juros da captação e aplicação, embora isso não seja uma questão tão visível. Essa hierarquia de taxas de juros é melhor observada pela tesouraria de cada empresa e pode variar de empresa para empresa, conforme suas peculiaridades.

Estabeleceremos a seguir uma hierarquia de taxas de juros, tendo a empresa como doadora e tomadora de recursos, o que deve ser entendido apenas como uma indicação.

Quanto à captação de recursos pelas empresas, podemos considerar a hierarquia de taxas, das menores para as maiores, como segue:

- pagamento de pessoal
- pagamento de impostos e taxas
- financiamento de fornecedores
- *hot money* e conta garantida
- capital de giro
- *factoring*

Dependendo da situação cambial, algumas operações podem ser de baixo custo, como:

- ACC e ACE, que são adiantamentos de contratos de câmbio
- *export notes* para captação de recursos
- repasses do BNDES
    - operações 63 de captação de recursos no exterior

Quanto à aplicação de recursos pelas empresas, podemos considerar a hierarquia de taxas de juros, das menores para as maiores, como segue:

- fundos de investimento de baixo risco
- CDBs
- fundos mais agressivos
- financiamento dos clientes
- investimentos na própria empresa

Embora a hierarquização de taxas proposta possa sofrer variações, como já foi mencionado, chamamos a atenção para as taxas de retorno dos investimentos na própria empresa. Considerando todos os recursos disponíveis, aplicados da forma mais conveniente em termos da empresa, eles deverão propiciar uma taxa de retorno que seja superior a qualquer alternativa oferecida pelo mercado financeiro. Claro que a empresa poderá dar prejuízo ou ter retorno equivalente a um CDB durante algum tempo, mas quando pensamos no longo prazo, a taxa de retorno deverá ser maior que qualquer alternativa oferecida pelo mercado financeiro, pois, caso contrário, é melhor aplicar no próprio mercado financeiro.

Naturalmente, são vários os motivos pelos quais podemos manter uma empresa ou um projeto que não tenha retorno adequado, e essa é uma decisão do "dono do dinheiro". Chamamos a atenção apenas para o fato de que:

- deve-se determinar claramente a taxa de retorno do projeto ou da empresa;
- se a taxa não for adequada, deve-se ter uma boa explicação, que necessita ser revista periodicamente, para a manutenção da empresa ou do projeto.

Do ponto de vista da tesouraria das empresas, estas devem estar atentas à taxa básica da economia (meta Selic ou CDI) e construir uma estrutura temporal desta.

Assim, as tesourarias das empresas devem, como os bancos, estabelecer suas taxas de captação e aplicação tendo por base a taxa do CDI, o que não é uma tarefa fácil. Como, nessa questão de taxas de juros as empresas estão fora de seu negócio, é comum termos distorções entre as taxas de captação e aplicação das empresas. Essas distorções ocorrerão frequentemente, cabendo às tesourarias minimizar esses efeitos.

Para entendermos melhor essa questão, lembremos que a taxa de CDI é a taxa de corte entre captação e aplicação para os bancos, conforme o seguinte esquema:

```
  Taxa de captação  |  Taxa CDI  |  Taxa de aplicação
────────────────────────────────────────────────────→
                            Taxa dos bancos
```

No que tange à taxa do CDI, os bancos poderão dar ou captar recursos, zerando suas posições diárias. No caso das empresas, teremos uma situação mais complicada, que pode ser vista na Figura 4.4:

Figura 4.4 | Hierarquia de taxas com base na taxa CDI

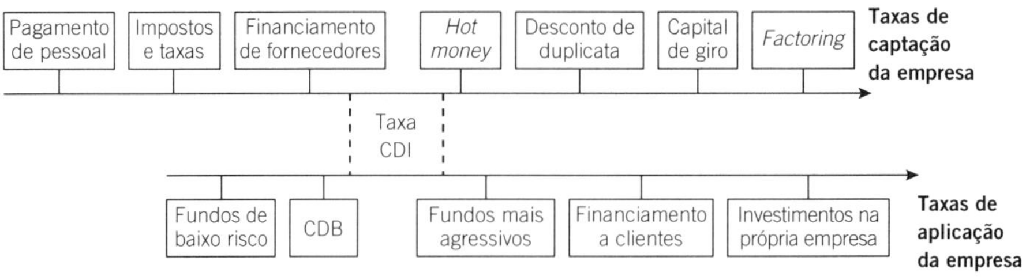

Isso significa que podemos captar recursos para a empresa a taxas mais altas que o financiamento a seus clientes. A empresa estará zerando sua posição diária nas aplicações de baixa rentabilidade quando for superavitária ou em contas garantidas quando estiver deficitária. As taxas de juros nesses casos chegam a representar 60% do CDI, quando da aplicação, e 130% do CDI, quando da captação, sendo altamente penalizantes para a empresa. Isso mostra o quão importante é a administração do caixa, feita pela tesouraria da empresa, para se tornar uma fonte de lucro. A falta de controle das tesourarias das empresas faz com que muitas vezes se tornem fonte de prejuízos sem que isto seja observado.

Assim, é fundamental para uma boa tesouraria desenvolver uma estrutura de taxa de juros, de captação e aplicação, tendo como base a taxa do CDI ou Selic (taxa *benchmark*) e, a partir dessa estrutura, elaborar as estratégias e controles de seu fluxo de caixa, minimizando as distorções.

4.4 Estrutura das taxas de juros em relação à cobertura de riscos – Formação do *spread*

4.4.1 Risco conjuntural e risco próprio

Quando vamos aplicar nossos recursos, desejamos que a taxa de juros nos remunere em termos reais. Para tanto, a taxa efetiva *i* deve cobrir todos os riscos a que estamos sujeitos e termos ainda uma remuneração real.

No Capítulo 2 já vimos que a fórmula de Fisher nos dá a seguinte equação:

$$(1 + i) = (1 + q_1)(1 + q_2) \ldots (1 + q_n)(1 + r)$$

Na qual temos:

i_A ou *red. i* = taxa efetiva desejada na aplicação

q_j = taxas que representam os vários tipos de risco a que estamos sujeitos

(j = 1, 2, ... n)

r = taxa real

Quanto às taxas θ_j, que representam o tipo de risco a que estamos sujeitos, podemos classificá-las em dois tipos: risco conjuntural e risco próprio, que examinaremos a seguir.

a. Risco conjuntural: consiste no risco a que estamos sujeitos em função das variações da conjuntura econômica, política e social. Atinge todos os ativos sujeitos a essa conjuntura, cada um deles reagindo com características próprias em relação a essas variações. Esse tipo de risco – também chamado de sistemático – ocorrerá independentemente de nossos desejos e nossa atuação. A inflação é um exemplo desse tipo de risco, e irá influenciar a política monetária implantada na economia, indicando o patamar da taxa de juros. No Brasil, quando dizemos que a taxa Selic representa a taxa livre de risco para nosso mercado, na realidade queremos dizer que essa taxa já contempla em sua estrutura uma série de riscos conjunturais. Então, ao aplicarmos à taxa Selic, estaremos cobertos em relação a esses riscos, daí a ideia de a taxa ser livre dos riscos básicos da economia, que são também chamados de conjunturais.

Consideremos, por exemplo, que o Comitê de Política Monetária (Copom) tenha fixado a taxa Selic (meta Selic) em 7,25% a.a.o., em termos efetivos. Na realidade, essa taxa estará cobrindo a expectativa da inflação e mais a relação oferta-procura de bens e serviços, que corresponde aos efeitos da política monetária e da credibilidade do sistema, além de dar uma remuneração real para os aplicadores.

Assim, em uma equação, teríamos:

$$(1 + q_{Selic}) = (1 + \theta_{Inflação})(1 + q_{Política\ monetária\ e\ credibilidade})(1 + r_{Real})$$

Em que:

$$(1 + \theta_{Conjuntura}) = (1 + \theta_{Inflação})(1 + q_{Política\ monetária\ e\ credibilidade})$$

Se a perspectiva ou meta de inflação perseguida pela autoridade monetária é de 5,42% a.a., teremos:

$$(1 + 0{,}0725) = (1 + 0{,}0542)(1 + q_{Política\ monetária\ e\ credibilidade})(1 + r_{Real})$$

Podemos calcular os efeitos da política monetária e credibilidade em uma única taxa. Para isso, precisamos estimar o ganho real dos investidores. Supondo que esse ganho seja de 0,9% a.a., teremos:

$$\theta_{PM\ e\ C} = \frac{1{,}0725}{1{,}0524 \times 1{,}009} - 1 = 1\%$$

Nesse exemplo, isto quer dizer que a economia brasileira, em função de sua conjuntura, trabalha com um peso de juros de 1% a.a. É comum no mercado financeiro brasileiro, tratarmos o efeito do juros reais e da política monetária de forma conjunta, apresentando ambos como juros reais da economia. Nas condições do exemplo teríamos (1 + 0,01)(1 + 0,009) = 1,0191, o que corresponderia a uma taxa de juros real, segundo a versão do mercado, de 1,91% a.a. Essa visão do mercado é bastante razoável, visto que, para aqueles que participam da economia brasileira, suas alternativas de investimento estão no Brasil, e os títulos públicos correspondem ao menor risco dessa economia. Naturalmente, parte desse ganho será pago de alguma outra forma como, por exemplo, por efeitos recessivos da economia.

O que poderia ter ocorrido, com a estabilização da economia, é que o efeito da política monetária-credibilidade fosse minimizado, diminuindo essa taxa real de juros. Entretanto, isso acabou não ocorrendo em função das adversidades causadas por várias crises ocorridas desde 1997 (crise da Ásia, crise da Rússia, desvalorização do real, desaceleração da economia americana, *efeito tango* etc.).

b. Risco próprio: o risco próprio – ou não sistemático – está ligado a características próprias da aplicação que estamos fazendo. No caso de empréstimos a uma empresa, estaremos preocupados com as características próprias da mesma, ou seja, quem são seus administradores, seus dados de balanço, faturamento, perspectivas futuras etc. Estamos claramente falando de crédito, ou seja, devemos ter uma taxa que remunere sua qualidade. Assim, isso significa que a taxa de juros deve cobrir o não pagamento, atrasos ou disputas judiciais que possam ocorrer. Enfim, devemos nos cobrir de todas as dúvidas que possamos ter pelas características próprias do ativo em que estamos aplicando.

4.4.2 Um modelo de estrutura de taxas em relação ao risco

Do exposto, poderíamos obter uma primeira equação dada por:

$$(1 + i_A) = (1 + \theta_C)(1 + q_P)(1 + r)$$

Em que:

i_A = taxa de aplicação no ativo

θ_C = taxa de representatividade dos riscos conjunturais

q_P = taxa de representatividade dos riscos próprios

r = taxa real

Observe que, estando cobertos todos os riscos conjunturais e próprios, a remuneração *r* deve ser a mínima existente dentro da economia, visto que não se justifica uma remuneração real diferenciada quando todos os riscos estão cobertos. Como a taxa Selic ou a taxa CDI, que já vimos que podemos confundi-las na prática, são dadas por:

$$(1 + q_{Selic}) = (1 + \theta_{Inflação})(1 + q_{Política\ monetária\ e\ credibilidade})(1 + r)$$

Então, a taxa de aplicação tem a forma final:

$$(1 + i_A) = (1 + q_{Selic})(1 + q_P)$$

Esta equação nos mostra que, ao fazer uma aplicação, temos direito à cobertura dos riscos conjunturais e mais aos juros reais da economia, que estão embutidos na taxa Selic, e a um ganho pelo risco próprio do ativo no qual fazemos a aplicação.

Vejamos alguns exemplos dessas questões:

Exemplo 4.4

Taxa de aplicação em títulos públicos

Aplicando a equação, teremos:

$$(1 + i_A) = (1 + q_{Selic})(1 + 0)$$

Na qual o risco próprio dos títulos públicos é $q_P = 0$, visto que estão sujeitos apenas ao riscos conjunturais já cobertos pela taxa q_{Selic}.

Logo,

$$i_A = q_{Selic}$$

Exemplo 4.5

Taxa de operações de crédito

Neste caso, a equação será:

$$(1 + i_A) = (1 + q_{selic})(1 + q_P)$$

Na qual θ_P dependerá do perfil do tomador de crédito.

Como ideia dos níveis de taxas de risco próprio podemos considerar:

θ_P (Crédito direto ao consumidor) > θ_P (Empresas de pequeno porte) > θ_P (Empresas de porte médio) > θ_P (Corporações)

Podemos ter, como ideia de risco próprio, os seguintes valores:

θ_P Taxa de risco próprio	Características do tomador de crédito
2,5 a 6% a.m.	Crédito direto ao consumidor
2,5 a 4% a.m.	Empresas de pequeno porte
2 a 3,5% a.m.	Empresas de médio porte
0,5 a 2% a.a.	Corporações

4.4.3 **Formação do *spread* bancário**

Já vimos que a taxa do CDI e da Selic são as que balizam todas as operações do mercado financeiro brasileiro. No caso dos bancos, eles devem captar recursos a taxas menores que o CDI/Selic, e aplicar recursos a taxas maiores que o CDI/Selic, em função do risco das operações.

Com relação à taxa de aplicação, vimos que sua estrutura é dada por:

$$(1 + i_A) = (1 + \theta_{CDI})(1 + q_P),$$

que envolve a taxa de CDI/Selic, indicada por θ_{CDI}, e o risco próprio da aplicação θ_P.

Mas no caso dos bancos, essas operações financeiras correspondem a sua função de produção. É delas que devem obter o lucro do negócio, remuneração do capital próprio e cobertura dos custos de produção, correspondentes a pessoal, equipamentos, publicidade etc. Chamamos de *spread* bancário a taxa que engloba as receitas do banco para fazer frente a suas obrigações e ao lucro.

Em termos simplistas, o *spread* é a diferença entre a taxa de aplicação e a taxa de captação do banco, dada pela equação seguinte:

$$(1 + i_A) = (1 + i_C)(1 + s)$$

Em que:

i_A = taxa de aplicação

i_C = taxa de captação

s = *spread* bancário

Igualando as duas equações que nos dão as taxas de aplicação, teremos:

$$(1 + i_C)(1 + s) = (1 + \theta_{CDI})(1 + q_P)$$

Essa equação nos mostra que, se a taxa de captação i_C for próxima à taxa de CDI/Selic, então o *spread* bancário é obtido pelo risco que o banco corre. Esta é uma questão importante, que deve estar sempre em mente. Embora todo banqueiro se apresente como conservador, o segredo do seu lucro está nos riscos que ele corre. Nesse ponto, é importante lembrar que o estudo da relação risco *versus* retorno é fundamental na administração da carteira de ativos.

Dentro desse contexto, é razoável que o banqueiro procure captar recursos a taxas menores que o CDI/Selic. Assim, devemos ter:

$$i_C = \alpha\, \theta_{CDI},\ 0 < \alpha \leq 1$$

Na qual α é um redutor da taxa de CDI/Selic para captação que em geral varia de 80% a 100%.

São comuns operações em que os bancos garantem remuneração ao cliente, o que corresponde a sua captação, em termos de um percentual do CDI da ordem de 95% a 99%. Conforme o momento do mercado e a liquidez do sistema, podem existir casos de captação acima de 100% do CDI.

Nessas condições, a taxa de aplicação dos bancos pode ser expressa na forma:

$$(1 + i_A) = (1 + \alpha \times \theta_{CDI})(1 + s)$$

Na qual, em sua forma final, o *spread* s embute todos os custos, lucros e risco próprio da operação.

4.4.4 Funds transfer pricing

O Fund Transfer Pricing (FTP) é uma ferramenta que mede a performance das unidades bancárias. Por meio dele é medido o saldo entre os empréstimos feitos pelas unidades superavitárias para as unidades deficitárias. Esse processo otimiza a alocação dos recursos internos do banco, aumentando sua lucratividade. Os resultados da mensuração do preço de transferência de fundos podem ser usados para avaliar a rentabilidade de produtos e relações com clientes e para isolar retornos de vários riscos assumidos no processo de intermediação financeira.

Exemplo 4.6

Fixação da taxa pela tesouraria dos bancos

Na realidade, a taxa de CDI não é fixa durante todo o funcionamento do mercado. Assim, as tesourarias dos bancos devem indicar uma taxa para captação e empréstimo, a suas agências, a fim de que as operações possam fluir durante o dia. Com a abertura do mercado é possível estabelecer um intervalo de taxas de CDI, a partir do qual, acrescentadas as informações sobre futuros, é possível estabelecer a taxa mínima para empréstimos e a máxima para captação.

Consideremos que a tesouraria estabelece um intervalo de taxas de CDI/Selic entre 7,50%-8,00% a.a.o., a partir do qual elabora o intervalo de captação-aplicação, por exemplo, na faixa de 98% CDI – 102% CDI. Assim, temos:

- Intervalo de taxas esperado: 7,50% – 8,00% a.a.o.
- Taxa máxima de captação: 7,35% a.a.o.
- 8,16% a.a.o.

A partir dessas taxas de um dia útil, são obtidas as taxas para períodos mais longos, levando em conta as informações dos mercados futuros, que serão examinados posteriormente com mais detalhes.

Nesse ponto, já podemos observar o *spread* da tesouraria, dado por:

$$(1 + s) = \frac{(1 + i_A)}{(1 + i_C)} = \frac{1 + \frac{8,16}{100}}{1 + \frac{7,35}{1000}} = 1,0075\%$$

s = 0,75% a.a.o.

A partir dos valores básicos para a captação de 7,35% a.a.o. e de 8,16% a.a.o. para a aplicação é que serão formados os resultados das demais áreas do banco. A área de captação deve captar a taxas menores que 7,35% a.a.o., e o *spread* formado representa seus resultados. As várias áreas de aplicação partirão de um custo de 8,16% a.a.o., acrescentando os riscos das operações, e formarão seus *spreads,* que caracterizarão seus resultados.

Finalmente, é importante notar que a tesouraria estará constantemente em contato com as áreas de captação e aplicação, caso ocorram mudanças das taxas de juros. Essas áreas devem informar regularmente os valores captados e aplicados, para que a tesouraria possa manter zerada sua posição a cada dia. Temos um trabalho de informações que deve ser direto e de preferência *on-line*. Sistemas computacionais são importantes para que o conjunto informação-decisão possa fluir normalmente a cada dia de mercado.

Para completar este assunto, devemos tratar da estrutura temporal das taxas de juros. Por ser um assunto de grande importância, vamos dispor de todo o capítulo seguinte para tal.

CAPÍTULO 5

Estrutura temporal das taxas de juros

5.1 Introdução

Quando, no Capítulo 4, iniciamos a questão da estrutura das taxas de juros, nós propusemos três níveis de estudo:

- relativamente aos doadores e tomadores de recursos;
- relativamente aos riscos que uma taxa de juros deve cobrir;
- relativamente à estrutura temporal das taxas de juros.

Examinamos os dois primeiros itens e chegamos a expor como são fixadas as taxas de juros para captação e aplicação por um dia útil.

A questão que se coloca é: como estabelecemos essas taxas de juros para 30 dias, 45 dias ou mais? Enfim, necessitamos de uma estrutura temporal de taxas de juros, ou seja, de como estimamos as taxas de juros para o futuro para que possamos realizar nossas operações. Essa é uma questão presente em qualquer tesouraria de empresa ou banco, visto que eles estão operando a prazos de 30, 60 e 90 dias ou tomando decisões para um, dois anos ou mais, que envolvem juros.

Em relação ao mercado financeiro brasileiro, a taxa por dia útil, isto é, a taxa do CDI e da Selic são as bases para a construção da estrutura temporal de taxas de juros. É a partir dessas taxas que estabelecemos as taxas de aplicação e captação para 30, 60 e 90 dias ou mais.

O horizonte de tempo dessa estrutura temporal de taxas de juros depende, e muito, da volatilidade e do nível de inflação da economia. Nos Estados Unidos, pode-se elaborar uma estrutura de cinco anos com bom nível de acerto. No que se refere ao Brasil, quando a inflação era muito alta, o horizonte não passava de 30 dias. Após o Plano Real, esse horizonte foi ampliado, e já podemos considerar aceitável um horizonte de cinco a dez anos. Na medida em que se pode ter maior confiança nas previsões das taxas de juros para prazos maiores, as operações passam a ocorrer em tais prazos.

Examinemos um pouco melhor esse tipo de raciocínio com exemplos.

5.2 Exemplos

5.2.1 Estrutura das taxas de juros para o mercado brasileiro baseado nas NTN-Fs

Taxas negociadas para NTN-Fs compradas em 2013 para cada data de vencimento:

Prazo	Taxa
1 ano	7,82% a.a.
2 anos	8,26% a.a.
3 anos	8,66% a.a.
4 anos	9,06% a.a.
5 anos	9,19% a.a.

Por simplificação, vamos considerar que os juros são pagos no final, ou seja, que não haja pagamentos de cupons intermediários. Nessas condições, para determinar a estrutura das taxas de juros do mercado, teremos o seguinte raciocínio:

a. A taxa de juros de um ano será de 7,82% a.a.

b. Para o segundo ano, devemos considerar que se um título de dois anos for negociado por um ano, com recompra ao final desse prazo, então o aplicador deverá receber apenas a remuneração de um ano, ou seja 7,82% a.a., para que não ocorram arbitragens.

Dessa forma, se a taxa de um título de dois anos é 8,26% a.a., e no primeiro ano é de 7,82 % a.a., então podemos determinar a taxa para o segundo ano, como segue:

$$F_2 = P(1 + i)^n = 100(1 + 0,0826)^2 = 117,20$$

Então o título terá o seguinte fluxo de caixa:

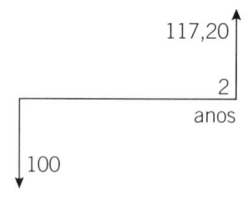

Como a operação, com resgate em um ano, pagará 7,82% a.a., então na data de um ano o título valerá:

$$F_1 = P(1 + i)^n = 100(1 + 0,0782)^1 = 107,82$$

Então a taxa do segundo ano é aquela que iguala o fluxo da data um ano ao da data dois anos:

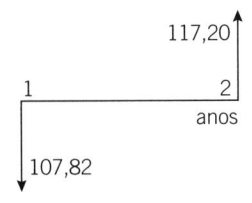

O que nos permite calcular a taxa para o segundo ano:

$$i_2 = \frac{F}{P} - 1 = \left(\frac{117,20}{107,82}\right) - 1 = 0,0870$$

c. Para os títulos de três anos, repetimos o raciocínio e obtemos a taxa para o terceiro ano, como segue:

▸ Título de três anos à taxa de 8,66% a.a.

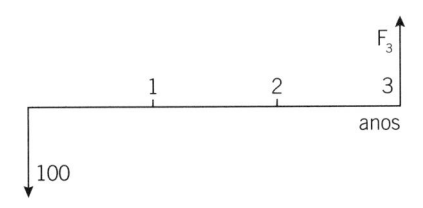

Em que:

$$F_3 = P(1 + i)^n = 100(1 + 0,0866)^3 = 128,29$$

▸ Título valorizado até a data de dois anos à taxa de 7,82% a.a. para o primeiro ano e de 8,70% a.a. para o segundo ano.

$$F_3 = P(1 + i_1)(1 + i_2) = 100(1 + 0,0782)(1,870) = 117,20$$

A taxa do terceiro ano será dada por:

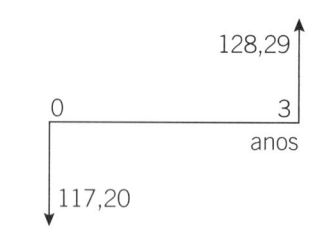

$$i_3 = \left(\frac{F}{P}\right) - 1 = \left(\frac{128,29}{117,20}\right) - 1 = 0,0946$$
$$i_3 = 9,46\% \text{ a.a.}$$

d. Para os títulos de quatro anos a taxa é de 9,06% a.a., dos quais podemos tirar a taxa do quarto ano, como segue:

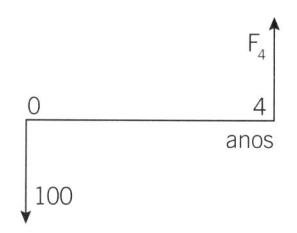

$$F_4 = P(1 + 0,0906)^4 = 141,47$$

Como o resgate para o ano seguinte deve ser igual ao dos títulos com vencimento em 2017, teremos a taxa do quarto ano dada por:

$$i_4 = \frac{F}{P} - 1 = \left(\frac{141,47}{128,29}\right) - 1 = 0,1027$$
$$i_4 = 10,27\% \text{ a.a.}$$

e. Para os títulos de cinco anos, a taxa é de 9,19% a.a., então teremos:

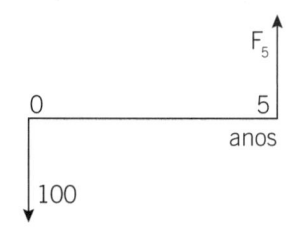

$$F_5 = P(1 + 0,0919)^5 = 155,21$$

A partir do valor de resgate no quarto ano, obtemos a taxa do quinto ano, como segue:

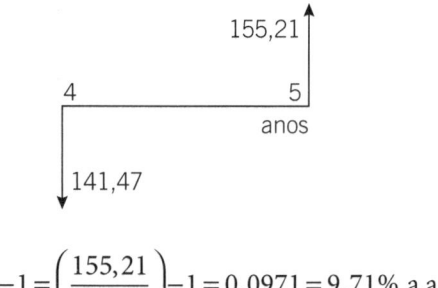

$$i_6 = \frac{F}{P} - 1 = \left(\frac{155,21}{141,47}\right) - 1 = 0,0971 = 9,71\% \text{ a.a.}$$

Assim, a partir do mercado podemos obter a estrutura de taxas de juros expressa na Figura 5.1 a seguir:

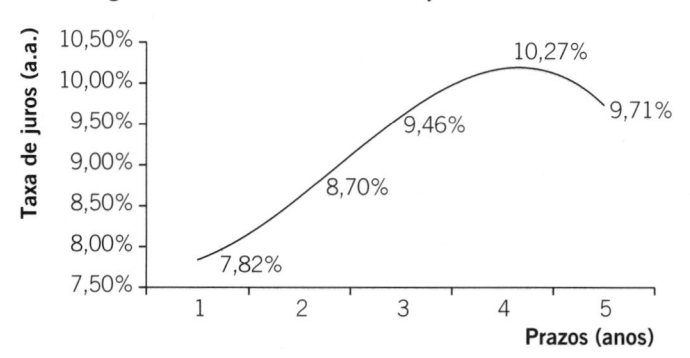

Figura 5.1 | Estrutura de taxa de juros no mercado

A partir desse gráfico, podemos tirar as taxas de juros para qualquer prazo dentro do período de dez anos e extrapolar para prazos maiores que dez anos.

Essa curva de estrutura das taxas de juros não é fixa naturalmente. Cada vez que variam as taxas de juros de curto prazo, por exemplo a taxa de um ano, toda a curva se modifica.

O fato de ter um mercado financeiro com grande faixa de negociação de títulos, em relação ao prazo, facilita a construção da curva e o estabelecimento da taxa de juros. Se quisermos lançar títulos de seis anos, deveremos apenas estimar a taxa do sexto ano.

Exemplo 5.1

Como exemplo, vamos estimar a taxa do sexto ano por aproximação linear, utilizando semelhança de triângulos, obtendo:

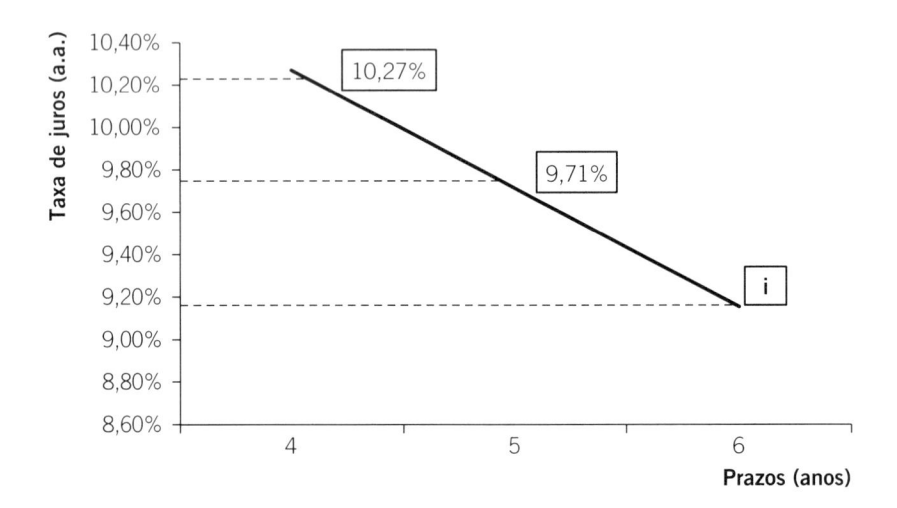

$$\frac{10{,}27 - i}{10{,}27 - 9{,}71} = \frac{2}{1}$$

$i_6 = 9{,}15\%$ a.a.

Nessas condições, para cada $ 100 aplicados, o resgate de um título de seis anos será:

$F_6 = P(1 + i_1)(1 + i_2)(1 + i_3)(1 + i_4)(1 + i_5)(1 + i_6)$

$F_6 = P(1 + 0{,}0782)(1 + 0{,}0870)(1 + 0{,}0946)(1 + 0{,}1027)(1 + 0{,}0971)(1 + 0{,}0915)$
$= 169{,}40$

A taxa de colocação do título de seis anos será:

$$i = \left(\frac{F}{P}\right)^{\frac{1}{n}} - 1 = \left(\frac{169{,}40}{100}\right)^{\frac{1}{6}} - 1 = 0{,}0918 = 9{,}18\% \text{ a.a.}$$

NOTA

a. No exemplo, fizemos uma aproximação linear para calcular a taxa do sexto ano. Existem técnicas mais interessantes para o ajuste de toda a curva e extrapolações. São muito utilizados para esses ajustes os *splines* (SHEID, 1991, p. 92).

b. Vamos supor que as taxas de juros do mercado do exemplo são de títulos AAA, que é a melhor avaliação das empresas de rating. Então poderíamos obter uma estrutura de taxas de juros para cada tipo de classificação quanto ao risco. Teríamos um gráfico com a forma:

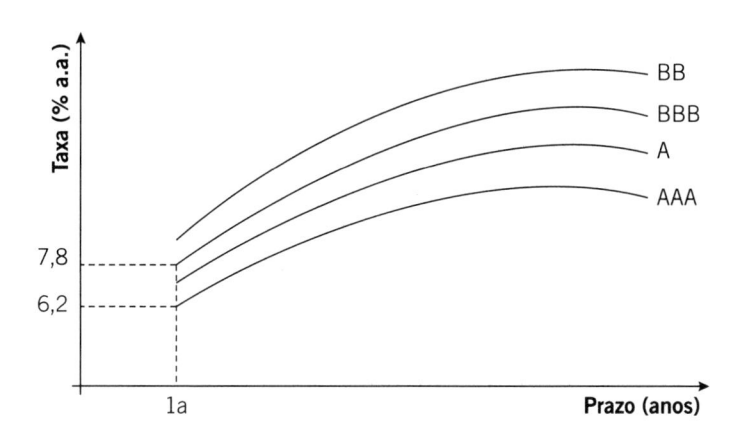

Obtendo essas várias curvas de estrutura temporal das taxas de juros, conforme a classificação do título, poderíamos obter o componente de risco de cada uma das taxas de juros. Considerando os títulos AAA como praticamente livres de risco, teríamos:

$$(1 + i_{BBB}) = (1 + i_{AAA})(1 + \theta_p)$$

Sendo:

i_{BBB} = taxa dos títulos BBB

i_{AAA} = taxa dos títulos AAA

θ_p = taxa de risco dos títulos BBB

No exemplo, para a taxa de um ano, teríamos:

$$(1 + 0{,}078) = (1 + 0{,}062)(1 + q_p)$$

Em que:

$$\theta_p = \frac{1{,}078}{1{,}062} - 1 = 0{,}01507$$

Ou seja, 1,507% a.a. de componente de risco próprio dos títulos BBB.

5.2.2 Estrutura das taxas de juros para o mercado americano

Vamos supor que o mercado americano esteja negociando títulos de um a cinco anos a taxas de juros conforme a tabela:

Prazo	Taxa
1 ano	0,12
2 anos	0,19
3 anos	0,26
4 anos	0,32

Por simplificação, vamos considerar que os juros são pagos no final, ou seja, que não haja pagamentos de cupons intermediários. Nessas condições, para determinar a estrutura das taxas de juros do mercado americano, teremos o seguinte raciocínio:

a. A taxa de juros de um ano será de 0,12% a.a. conforme foi fixado pelo mercado;

b. Para o segundo ano, devemos considerar que se um título de dois anos for negociado por um ano, com recompra ao final desse prazo, então o aplicador deverá receber apenas a remuneração de um ano, ou seja 0,12% a.a., para que não ocorram arbitragens.

Dessa forma, se a taxa de um título de dois anos é 0,19% a.a., e no primeiro ano é de 0,12% a.a., então podemos determinar a taxa para o segundo ano.

Supondo uma aplicação de $ 100, por dois anos à taxa de 0,19% a.a. teremos no fim:

$$F_2 = P(1 + i)^n = 100(1 + 0,0019)^2 = 100,38$$

Então o título terá o seguinte fluxo de caixa:

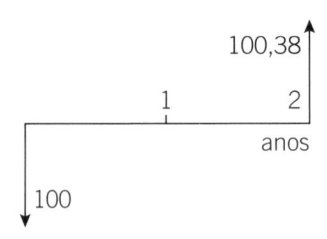

Como a operação, com resgate em um ano, pagará 0,12% a.a., então na data de um ano o título valerá:

$$F_1 = P(1 + i)^n = 100(1 + 0,0012)^1 = 100,12$$

Daí a taxa do segundo ano é aquela que iguala o fluxo da data de um ano ao da data de dois anos:

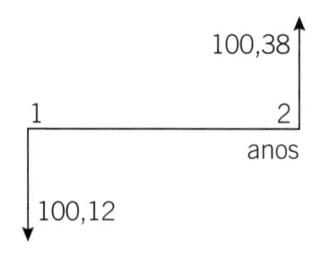

O que nos permite calcular a taxa para o segundo ano:

$$i_2 = \frac{F}{P} - 1 = \left(\frac{100,38}{100,12}\right) - 1 = 0,0026$$

c. Para os títulos de três anos repetimos o raciocínio e obtemos a taxa para o terceiro ano, como segue:

▸ Título de três anos à taxa de 0,26% a.a.

Em que:

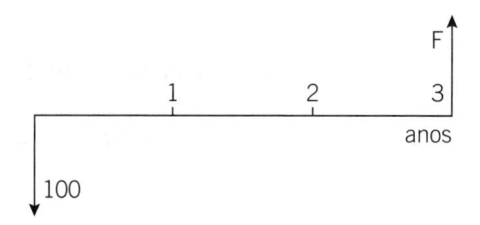

$$F_3 = P(1 + i)^n = 100(1 + 0,0026)^3 = 100,78$$

▸ Título valorizado até a data de dois anos à taxa de 0,12% a.a. para o primeiro ano e de 0,26% a.a. para o segundo ano.

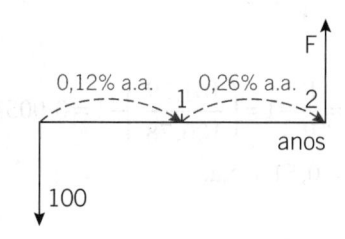

$$F_2 = P(1 + i_1)(1 + i_2) = 100(1 + 0,0012)(1 + 0,0026) = 100,38$$

A taxa do terceiro ano será dada por:

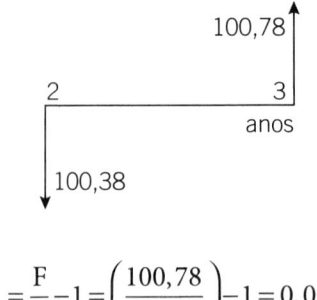

$$i_3 = \frac{F}{P} - 1 = \left(\frac{100,78}{100,38}\right) - 1 = 0,0040$$
$$i_3 = 0,40\% \text{ a.a.}$$

d. Para os títulos de quatro anos a taxa é de 0,32% a.a., daí teremos:

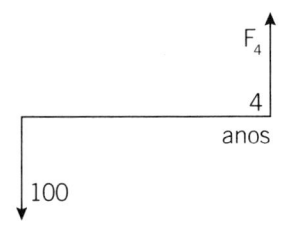

$$F_4 = P(1 + i)^n = 100(1 + 0,0032)^4 = 101,29$$

A partir do valor de resgate no quarto ano, obtemos a taxa do quinto ano, como segue:

$$i_4 = \frac{F}{P} - 1 = \left(\frac{101,29}{100,78}\right) - 1 = 0,0051$$
$$i_4 = 0,51\% \text{ a.a.}$$

Assim, a partir do mercado podemos obter a estrutura de taxas de juros expressa na Figura 5.2 a seguir:

Figura 5.2 | Estrutura de taxas de juros do mercado

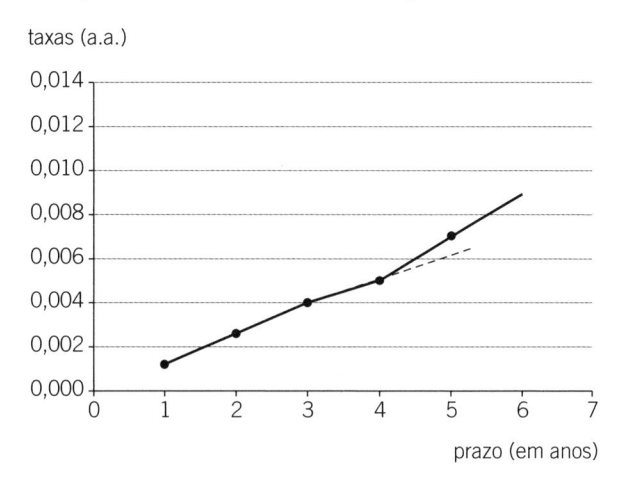

A partir desse gráfico, podemos tirar as taxas de juros para qualquer prazo dentro do período de quatro anos e extrapolar para prazos maiores que quatro anos.

Se quisermos lançar títulos de seis anos, deveremos apenas estimar a taxa do sexto ano.

Vamos estimar a taxa do sexto ano por aproximação linear, utilizando semelhança de triângulos, obtendo:

Figura 5.3 | Taxa de juros do sexto ano por aproximação

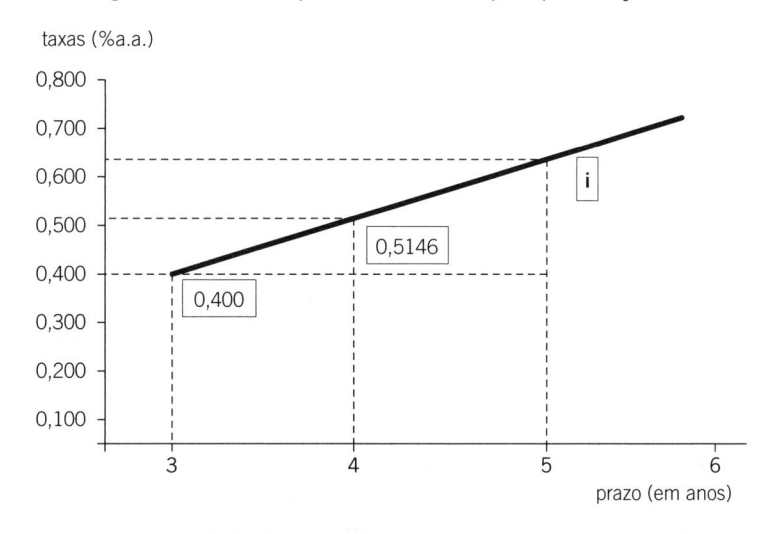

$$\frac{i_5 - 0,40}{0,51 - 0,40} = \frac{2}{1}$$

$$i_5 = 0,62\% \text{ a.a.}$$

Nessas condições, para cada $ 100 aplicados, o resgate de um título de cinco anos será:

$$F_5 = P(1 + i_1)(1 + i_2)(1 + i_3)(1 + i_4)(1 + i_5)$$
$$F_5 = 100(1 + 0{,}0012)(1 + 0{,}0026)(1 + 0{,}0040)(1 + 0{,}0051)(1 + 0{,}0062)$$
$$F_5 = 101{,}92$$

A taxa de colocação do título de cinco anos será:

$$i = \left(\frac{F}{P}\right)^{\frac{1}{n}} - 1 = \left(\frac{101{,}92}{100}\right)^{\frac{1}{5}} - 1 = 0{,}0038$$

$$i = 0{,}38\% \text{ a.a.}$$

NOTA

a. No exemplo, fizemos uma aproximação linear para calcular a taxa do quinto ano. Existem técnicas mais interessantes para o ajuste de toda a curva e extrapolações. São muito utilizados para esses ajustes os *splines* (SHEID, 1991, p. 92).

b. Vamos supor que as taxas de juros do mercado do exemplo são de títulos AAA, que é a melhor avaliação das empresas de rating. Então poderíamos obter uma estrutura de taxas de juros para cada tipo de classificação quanto ao risco. Teríamos um gráfico com a forma:

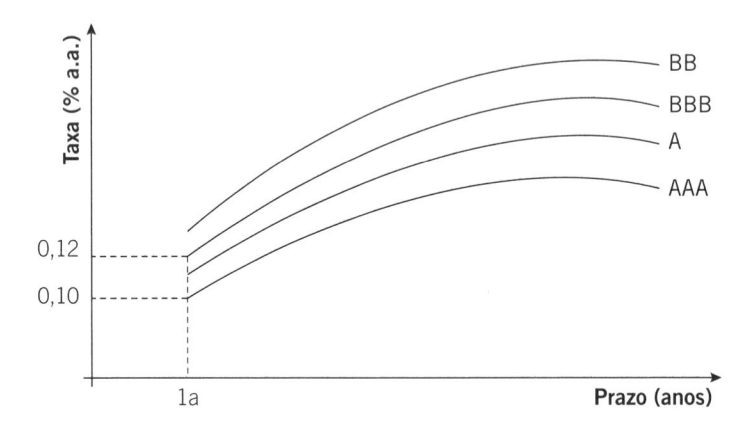

Obtido essas várias curvas de estrutura temporal das taxas de juros, conforme a classificação do título, poderíamos obter o componente de risco de cada uma das taxas de juros. Considerando os títulos AAA como praticamente livres de risco, teríamos:

$$(1 + i_{BBB}) = (1 + i_{AAA})(1 + \theta_p)$$

Em que,

i_{BBB} = taxa dos títulos BBB

i_{AAA} = taxa dos títulos AAA

θ_p = taxa de risco dos títulos BBB

No exemplo, para a taxa de um ano, teríamos:
$$(1 + 0{,}0012) = (1 + 0{,}0010)(1 + \theta_p)$$

Em que,
$$\theta_p = \frac{1{,}0012}{1{,}0010} - 1 = 0{,}0002$$

Ou seja, 0,02% a.a. de componente de risco próprio dos títulos BBB.

5.3 Informações para a elaboração da estrutura temporal das taxas de juros

5.3.1 Introdução

O sistema de taxas de juros do mercado brasileiro baseia-se na taxa do CDI e Selic, como já vimos. Assim, se quisermos examinar as taxas do CDI e Selic em termos futuros, uma primeira abordagem será examinar uma série de taxas de juros passadas, com a finalidade de melhor compreendê-las.

A partir de dados da Cetip obtivemos um conjunto de dados históricos para estudo.

As variáveis de estudo fixadas foram:

- Taxa do CDI
- Taxa Selic
- Taxa do CDB
- Dias úteis do mês
- Dias corridos do mês
- Data e dias da semana
- IPCA (meta de inflação)

Os dados históricos referentes a essas variáveis foram levantados dos meses de setembro, outubro, novembro e dezembro de 2012, como base para a previsão das mesmas variáveis nos próximos meses, que é nosso objetivo final.

Tabela 5.1 | Dados históricos

Setembro/2012

Data	Dia da semana	Taxa CDI (% a.a.)	Taxa Selic (% a.a.)	Data	Dia da semana	Taxa CDI (% a.a.)	Taxa Selic (% a.a.)
3/9	Seg	7,32	7,39	18/9	Ter	7,10	7,39
4/9	Ter	7,30	7,39	19/9	Qua	7,45	7,39
5/9	Qua	7,32	7,39	20/9	Qui	7,29	7,39
6/9	Qui	7,30	7,39	21/9	Sex	7,45	7,39
10/9	Seg	7,30	7,39	24/9	Seg	7,30	7,39
11/9	Ter	7,30	7,39	25/9	Ter	7,30	7,39
12/9	Qua	7,30	7,39	26/9	Qua	7,35	7,39
13/9	Qui	7,30	7,39	27/9	Qui	7,30	7,39
14/9	Sex	7,32	7,39	28/9	Sex	7,30	7,39
17/9	Seg	7,31	7,39				

Outubro/2012

Data	Dia da semana	Taxa CDI (% a.a.)	Taxa Selic (% a.a.)	Data	Dia da semana	Taxa CDI (% a.a.)	Taxa Selic (% a.a.)
1/10	Seg	7,30	7,39	17/10	Qua	6,60	7,14
2/10	Ter	7,30	7,39	18/10	Qui	6,50	7,14
3/10	Qua	7,30	7,39	19/10	Sex	7,10	7,14
4/10	Qui	7,30	7,39	22/10	Seg	7,10	7,14
5/10	Sex	7,30	7,39	23/10	Ter	7,10	7,14
8/10	Seg	7,30	7,39	24/10	Qua	7,10	7,14
9/10	Ter	7,30	7,39	25/10	Qui	7,05	7,14
10/10	Qua	7,25	7,39	26/10	Sex	7,05	7,14
11/10	Qui	6,90	7,14	29/10	Seg	7,05	7,14
15/10	Seg	7,00	7,14	30/10	Ter	7,04	7,14
16/10	Ter	7,00	7,14	31/10	Qua	7,07	7,14

Novembro/2012

Data	Dia da semana	Taxa CDI (% a.a.)	Taxa Selic (% a.a.)	Data	Dia da semana	Taxa CDI (% a.a.)	Taxa Selic (% a.a.)
1/11	Qui	7,06	7,14	19/11	Seg	7,01	7,14
5/11	Seg	7,08	7,14	20/11	Ter	7,01	7,14
6/11	Ter	7,20	7,14	21/11	Qua	6,99	7,14
7/11	Qua	6,89	7,14	22/11	Qui	7,00	7,14
8/11	Qui	6,60	7,14	23/11	Sex	6,60	7,14
9/11	Sex	7,06	7,14	26/11	Seg	7,05	7,14
12/11	Seg	7,06	7,14	27/11	Ter	7,05	7,14
13/11	Ter	7,05	7,14	28/11	Qua	7,05	7,14
14/11	Qua	7,03	7,14	29/11	Qui	6,50	7,14
16/11	Sex	6,89	7,14	30/11	Sex	7,07	7,14

Dezembro/2012

Data	Dia da semana	Taxa CDI (% a.a.)	Taxa Selic (% a.a.)	Data	Dia da semana	Taxa CDI (% a.a.)	Taxa Selic (% a.a.)
3/12	Seg	7,02	7,14	17/12	Seg	6,90	7,12
4/12	Ter	7,03	7,14	18/12	Ter	6,85	7,11
5/12	Qua	7,03	7,14	19/12	Qua	6,85	7,11
6/12	Qui	7,05	7,14	20/12	Qui	7,03	7,11
7/12	Sex	7,05	7,14	21/12	Sex	6,95	7,11
10/12	Seg	7,00	7,14	24/12	Seg	6,95	7,19
11/12	Ter	6,89	7,13	26/12	Qua	6,95	7,24
12/12	Qua	6,94	7,13	27/12	Qui	6,90	7,25
13/12	Qui	6,89	7,13	28/12	Sex	6,90	7,27
14/12	Sex	6,87	7,12	31/12	Seg	6,90	7,29

Fonte: Cetip (2013).

A partir da Tabela 5.1 podemos obter uma série de informações, tais como:

5.3.1.1 Taxa efetiva mês

Para o cálculo da taxa efetiva mês do CDI e Selic, basta capitalizá-las dia a dia.

Tomando por base o mês de setembro de 2012, teríamos para o CDI o seguinte:

$$(1+i) = \left(1+\frac{7,32}{100}\right)^{\frac{1}{252}} \left(1+\frac{7,30}{100}\right)^{\frac{1}{252}} \left(1+\frac{7,32}{100}\right)^{\frac{1}{252}} \ldots \left(1+\frac{7,30}{100}\right)^{\frac{1}{252}}$$

Efetuando o cálculo e capitalizando todos os dias, teremos:

$$(1+i) = 1,0731$$

Ou: $i = 7,31\%$ a.a.o. (taxa efetiva – base 252)

Da mesma forma, calculamos as taxas efetivas mês do CDI e Selic para todos os meses da tabela.

5.3.1.2 Juros reais

Com o IPCA de cada mês e a taxa efetiva do CDI e Selic obtemos os juros reais de cada mês pago por tipo de título, usando a fórmula:

$$(1 + i_{CDI/Selic}) = (1 + i_{IPCA})(1 + r_{Reais})$$

Tabela 5.2 | Cálculo de juros reais

CDI % a.a.	IPCA % a.a.	Juros reais % a.a.		Selic % a.a.	IPCA % a.a.	Juros reais % a.a.
7,31	7,06	0,24	**Setembro**	7,39	7,06	0,31
7,09	7,31	-0,21	**Outubro**	7,23	7,31	-0,08
6,96	7,44	-0,45	**Novembro**	7,14	7,44	-0,28
6,95	9,90	-2,69	**Dezembro**	7,16	9,90	-2,50
Taxa real média do período*		-0,78		Taxa real média do período*		-0,64

*Para efeito de cálculo, a taxa do IPCA foi anualizada.

Fonte: elaborado com base em Cetip (2013) e IBRE – FGV (2013).

5.3.1.3 Comportamento das taxas CDI e Selic

A taxa Selic meta é definida nas reuniões do Copom a cada 45 dias, ou seja, a taxa se mantém constante até a próxima reunião, de modo que em um gráfico de sua estrutura temporal notamos "degraus" a cada 45 dias, mostrando o salto da taxa Selic meta para o próximo período. A taxa *over* do CDI está sempre acompanhando a Selic meta, porém, por ser uma taxa *over*, ela também está sujeita às alterações do mercado, de modo que em um gráfico de sua estrutura temporal, notamos uma maior suavidade nas suas variações.

Figura 5.4 | Estrutura temporal da taxa *over*

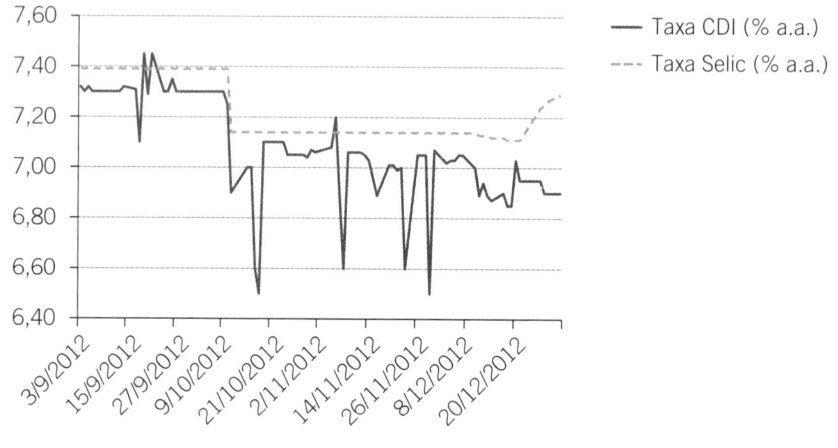

Fonte: Cetip (2013).

5.3.2 Outras informações sobre a estrutura temporal das taxas de juros

Além dos dados históricos que nos ensinam sobre o comportamento da taxa Selic e das taxas do CDI no dia a dia, outros fatores podem ser observados, tais como:

5.3.2.1 Datas de recolhimento de impostos

Quando os impostos têm data de recolhimento concentrada, pode haver diminuição da liquidez do sistema, com elevação das taxas de juros. Atualmente, no Brasil, os vencimentos estão bastante diluídos, de forma que tal situação não tem ocorrido. A ideia é que ocorrendo mudanças, ou possíveis concentrações, elas devem ser observadas e analisadas.

5.3.2.2 Compulsório dos bancos

O fator multiplicador de recursos dos bancos e seu controle é conhecido, e do ponto de vista de política econômica, é feito pelos depósitos compulsórios. Isso significa que parte dos depósitos efetuados nos bancos, que estariam disponíveis para empréstimos, devem ser depositados no Banco Central. Com esse fator se procura, também, controlar a liquidez do sistema financeiro, o que acaba por afetar as taxas de juros. Quando houver concentração do recolhimento desse compulsório, ela poderá afetar a taxa do CDI. No Brasil, existe o compulsório sobre depósitos à vista e depósitos a prazo. Este último foi fortemente utilizado no período 1995-1998 como uma forma de forçar a elevação das taxas de juros e, com isso, diminuir a oferta de crédito. No fim de 2001, voltou a ser utilizado como um mecanismo para diminuir a pressão sobre o câmbio. Em setembro de 2012, o Bacen reduziu a alíquota incidente sobre os depósitos à vista de 6% para zero e a dos depósitos a prazo de 12% para 11%. Além disso, permitiu que até metade do recolhimento compulsório sobre depósito a prazo fosse cumprida mediante aquisição de Letras Financeiras e carteiras de crédito de bancos pequenos. Essas medidas contribuíram para alongar o perfil de captação desses bancos no sistema e melhorar a distribuição da liquidez no mercado interbancário. Os compulsórios devem ser objeto de observação atenta por parte dos gestores financeiros, pois podem produzir impactos na oferta de crédito, bem como no custo dos empréstimos.

5.3.2.3 Dados históricos de longo prazo

Na tentativa de procurarmos evidências sobre o comportamento das taxas de juros é sempre interessante observar o comportamento de longo prazo das taxas e de ativos que possam ter algum tipo de ligação com elas, como pode ser visto nos gráficos a seguir.

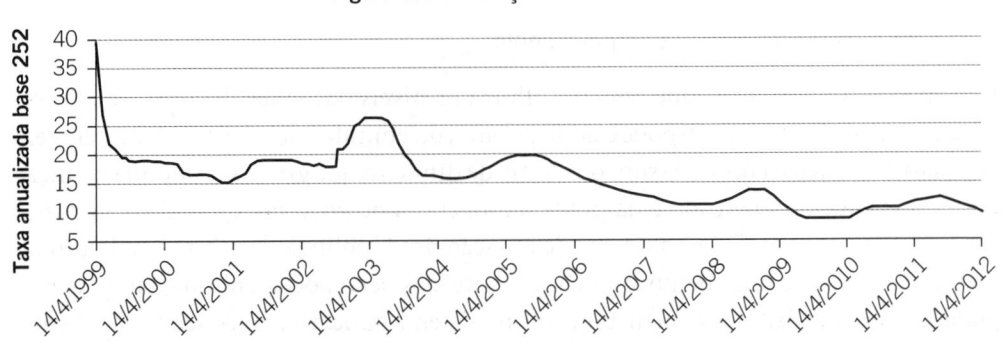

Figura 5.5 | Evolução da Selic *over*

Fonte: Bacen (2013c).

Figura 5.6 | Evolução CDI *over*

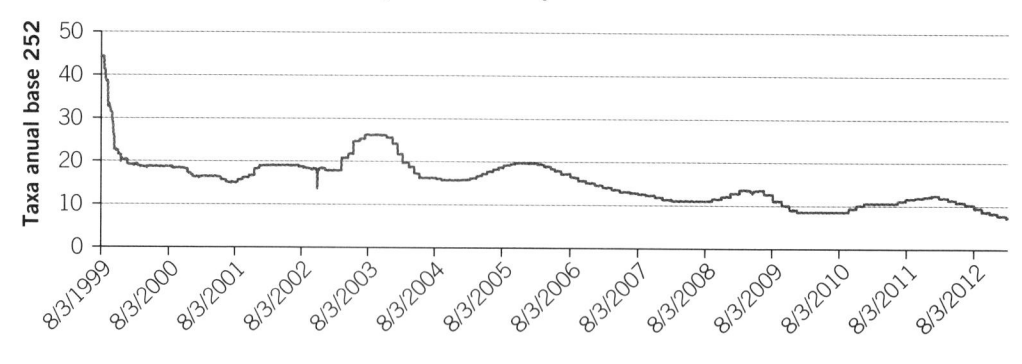

Fonte: Cetip (2013).

Figura 5.7 | Dólar PTAX-800

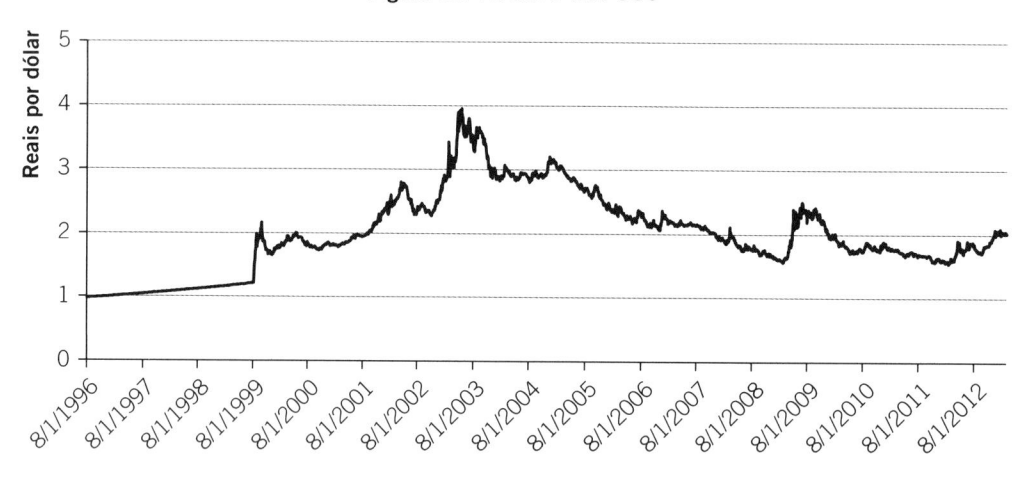

Fonte: Sisbacen (2013).

> **NOTA**
> Veja itens 2.5.3. e 2.5.4. do Capítulo 2 para verificar taxas que antecederam a Selic e que tinham por finalidade balizar as taxas de juros no país.

5.3.2.4 Base monetária e meios de pagamento

Informações importantes, que podem influir nos níveis das taxas de juros, se referem à base monetária, que corresponde ao papel-moeda emitido e às reservas bancárias em depósito no Banco Central. Assim, o volume de dinheiro que gira na economia é função das necessidades de mercado e da política monetária do governo, exercida pelo Banco Central, sendo a taxa de juros o fator de atuação dessa política. Isso está ligado diretamente aos meios de pagamento, que são constituídos pela moeda emitida, em poder do público, e por depósitos à vista disponíveis no sistema bancário, no conceito M_1. Assim, se aumentarmos a base monetária, estaremos aumentando os meios de pagamento e, portanto, a liquidez do sistema, o que pode implicar uma atuação sobre as taxas de juros. Os meios de pagamento, que contêm na sua composição depósitos à vista, indicam os recursos disponíveis para os bancos fazerem seus empréstimos, o que novamente pode interferir nas taxas de juros. Em relação à política monetária, o governo atua sobre esses depósitos à vista por meio do compulsório, que irá influenciar o nível das taxas de juros. Esses indicadores devem ser acompanhados constantemente.

Tabela 5.3 | Moeda

Moeda (em R$ milhões)	Ago/2012	Set/2012	Out/2012	Nov/2012
Base monetária (B)*	196.988	205.555	206.025	206.508
Variação % no mês	–	4,35	0,23	0,23
Meios de pagamento (M_1)*	265.993	274.492	275.764	278.104
Variação % no mês	–	3,20	0,46	0,85
Depósitos de poupança**	3.497,04	55.951,43	3.241,54	4.084,55

* Média dos saldos diários
** Captação líquida

Fonte: Bacen (2013c).

Na Tabela 5.3 pode-se observar a evolução da base monetária, indicada por B, e dos meios de pagamento, indicada por M_1, e assim podemos obter o multiplicador bancário, indicado por k, que é calculado pelo quociente da variação de M_1 pela variação de B.

Mês	$k = \dfrac{\Delta M_1}{\Delta B}$
Set/2012	$k = \dfrac{8.499}{8.567} = 0,99$
Out/2012	$k = \dfrac{1.272}{470} = 2,71$
Nov/2012	$k = \dfrac{2.340}{483} = 4,84$

O quociente k indica o quanto do acréscimo da base monetária transformou-se em acréscimo dos meios de pagamento. Como o compulsório se mantém em percentual fixo, então o crescimento de k indica o crescimento nos empréstimos do sistema bancário. Como se observa pelos dados da tabela, o crescimento de k está indicando um aumento da liquidez para os meses de outubro e novembro, que deve ser acompanhado por níveis baixos das taxas de juros, o que de fato ocorreu.

5.3.3 Relação entre a taxa do CDB e a do CDI

Quando examinamos a estrutura das taxas de juros entre tomadores e doadores, tendo como intermediários os bancos, já sabíamos que a taxa de captação deveria ser menor que a taxa de aplicação. A forma mais comum de captação dos bancos é realizada por meio de CDBs, visto que os depósitos à vista, sem remuneração, devem ser reduzidos às necessidades de caixa imediatas. Como o CDI é a principal forma de aplicação e captação dos bancos para zerar o caixa, então os bancos devem procurar captar no CDB, de forma que as taxas oferecidas aos clientes sejam inferiores às do CDI.

Queremos, inicialmente, estabelecer essa relação entre a taxa do CDI e a taxa do CDB. Tomando por base o mês de dezembro de 2012, vamos obter a relação entre a taxa de captação do CDB 30 dias e a taxa do CDI.

Para tanto, vamos estabelecer, para cada dia útil, o conjunto de cálculos que desenvolveremos para o exemplo seguinte:

Exemplo 5.2

Relação entre as taxas do CDB e do CDI para 3 de dezembro de 2012 (primeiro dia útil)

O conjunto de dados e cálculos que faremos consiste em:

a. A taxa média do CDB para o primeiro dia útil de dezembro (3/12/2012 – segunda-feira) foi de 6,77% a.a., com desvio de 0,11% a.a., para 30 dias corridos.

b. A partir desses dados, que podem ser obtidos dia a dia, devemos construir a seguinte tabela:

Dia da semana	Dias corridos	Dias úteis	Taxa média do CDB na base 252	Desvio-padrão da taxa
3/12/2012	28	20	6,77	0,11

Cada uma das colunas foi construída como segue:

Taxas anuais com base nos rendimentos dos CDBs	
(–) desvio (% a.a.)	(+) desvio (% a.a.)
6,66	6,88

Taxa efetiva % por dia útil do CDB (*over*)		
(–) desvio	média	(+) desvio
0,02559	0,02600	0,02641

Taxa efetiva média do CDI para os dias úteis
6,94% ao ano base 252 equivalente a 0,02663% a.d.u.

Relação CDB = X% x CDI		
X (–) desvio %	X médio %	X (+) desvio %
96,09%	97,63%	99,17%

O CDI médio foi determinado a partir dos valores médios divulgados pela Cetip para o mês de dez/12, como mostrado pela tabela a seguir:

Data	CDI médio diário (% a.a.o.)
3/12/2012	7,07
4/12/2012	7,07
5/12/2012	7,06
6/12/2012	7,05
7/12/2012	7,04
10/12/2012	7,01
11/12/2012	6,97
12/12/2012	6,97
13/12/2012	6,95
14/12/2012	6,90
17/12/2012	6,89
18/12/2012	6,87
19/12/2012	6,84
20/12/2012	6,85
21/12/2012	6,87
24/12/2012	6,87
26/12/2012	6,90
27/12/2012	6,90
28/12/2012	6,90
31/12/2012	6,90

Fonte: Cetip (2013).

$$(1+i) = \left(1 + \frac{7,07}{100}\right)^{\frac{1}{252}} \left(1 + \frac{7,07}{100}\right)^{\frac{1}{252}} \left(1 + \frac{7,06}{100}\right)^{\frac{1}{252}} \ldots \left(1 + \frac{6,90}{100}\right)^{\frac{1}{252}} = 1,0053424$$

A taxa média para o período é determinada por:

$$\bar{\imath} = (1,0053424)^{\frac{252}{20}} - 1 = 6,94\% \text{ a.a.o.}$$

c. A partir de dados informados no site da Cetip, obtemos.
   ▸ Dia: 3/12/2012
   ▸ Dias corridos: 28

d. De um calendário, obtemos:
   ▸ Dia da semana: segunda-feira
   ▸ Dias úteis: 20 d.u.

O uso de redomas para cálculo dos dias úteis facilita este processo. Não esquecer que se conta o primeiro dia da aplicação e não se conta o último, data em que os recursos ficam disponíveis.

e. Taxa média e desvio também são dados pela Cetip:
- Taxa média: 6,77% a.a.
- Desvio: 0,11% a.a.

Então, supondo a distribuição normal, somando e subtraindo um desvio da média, obtemos:

$i_{(-) Desvio} = 6,77 - 0,11 = 6,66\%$ a.a.

$i_{(+) Desvio} = 6,77 + 0,11 = 6,88\%$ a.a.

Indicando que 68,4% das operações foram feitas a taxas nesse intervalo. É discutível o fato de supormos a distribuição normal, mas deixaremos de lado essa questão neste texto.

f. Para o cálculo das taxas efetivas por dia útil do CDB, devemos inicialmente capitalizar a taxa dada por dia útil:

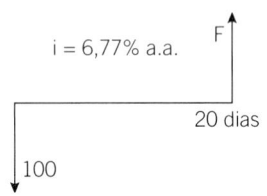

$$i = 6,77\% \text{ a.a.} \quad F$$
$$20 \text{ dias}$$
$$100$$

$$F = P(1 + i)^n = 100(1 + 0,0677)^{\frac{1}{252}} = 100,02600$$

Correspondendo a uma taxa *over* de 0,02600% a.d.u.

Repetindo os mesmos cálculos para as taxas com (+) 1 desvio e (-) 1 desvio, obtemos:

$i_{(-) Desvio} = 6,66\%$ a.a. $= 0,02559\%$ a.d.u.

$i_{(+) Desvio} = 6,88\%$ a.a. $= 0,02641\%$ a.d.u.

g. Para o cálculo da taxa do CDI, devemos considerar as taxas diárias do CDI do período de aplicação do CDB e obter sua taxa média, como segue:

A partir do quadro em que encontramos as taxas de todos os 20 dias do período de 3/12/2012 a 31/12/2012, inclusive, obtemos a taxa do período e a taxa média por dia útil:

Ou seja, $(1 + i)^{252} = (1,0694)$, o que nos dá uma taxa *over* de 0,02663% a.d.u. para o CDI.

Analogamente, podemos calcular os valores de CDI com desvio ao dia:

- Taxa média do CDB:

$$X\% = \frac{CDB}{CDI} \times 100 = \frac{0,02600}{0,02663} = 97,63\%$$

- Taxa média menos um desvio:

$$X\% = \frac{CDB}{CDI} \times 100 = \frac{0,02559}{0,2663} = 96,09\%$$

- Taxa média mais um desvio:

$$X\% = \frac{CDB}{CDI} \times 100 = \frac{0,02641}{0,2663} = 99,17\%$$

5.3.4 **Contratos futuros**

Os contratos futuros de DI, por serem baseados na esperança do seu valor futuro, podem ser considerados como a melhor expectativa do que será a taxa DI.

A Figura 5.8 a seguir nos mostra a taxa dos contratos, as quais podemos nos basear para construirmos nossas expectativas.

Figura 5.8 | Taxa de contratos

Ativo	Ult	Var	OCp	OVd	Hora	Max	Min	CNg
DI1K13	7.075	+0.14%	7.070	7.080	15:47	7.075	7.070	4580
DI1M13	7.100	+0.020	7.095	7.110	14:45	7.100	7.071	2300
DI1N13	7.220	+0.035	7.216	7.220	15:38	7.225	7.175	36270
DI1Q13	7.350	+0.030	7.360	7.370	14:45	7.350	7.340	700
DI1V13	7.59	+0.06	7.58	7.60	15:40	7.59	7.52	3855
DI1F14	7.80	+0.04	7.80	7.81	15:46	7.81	7.76	202020
DI1J14	7.95	+0.04	7.94	7.96	15:01	7.96	7.90	12400
DI1N14	8.12	+0.03	8.11	8.13	15:46	8.13	8.07	12690
DI1V14	8.23	+0.00	8.26	8.29	10:55	8.26	8.23	10
DI1F15	8.42	+0.02	8.41	8.42	15:46	8.43	8.35	240180
DI1J15	8.56	+0.04	8.55	8.57	15:43	8.56	8.50	2555
DI1N15	8.68	+0.06	8.66	8.68	15:26	8.68	8.61	3270
DI1V15	8.71	+0.03	8.73	8.78	10:06	8.76	8.71	10
DI1F16	8.85	+0.03	8.85	8.86	15:46	8.87	8.78	48565
DI1J16	8.84	+0.00	8.89	8.92	10:40	8.85	8.84	10
DI1N16	8.99	+0.03	8.98	8.99	15:46	9.00	8.92	1930
DI1V16	9.02	+0.01	9.03	9.07	11:56	9.02	9.02	30
DI1F17	9.11	+0.01	9.10	9.11	15:47	9.13	9.04	112470
DI1J17	9.13	+0.01	9.13	9.16	11:57	9.13	9.13	30
DI1N17	9.19	+0.02	9.19	9.20	15:46	9.19	9.18	160
DI1V17	9.24	+0.02	9.22	9.24	15:45	9.24	9.24	10
DI1F18	9.29	+0.02	9.27	9.29	15:45	9.29	9.22	590
DI1J18	9.52	04/04		9.33				
DI1N18	9.41	11/03						
DI1V18	9.24	14/02						
DI1F19	9.42	+0.02	9.41	9.43	15:08	9.44	9.36	1045
DI1J19	9.61	14/03						
DI1N19	9.68	04/04						
DI1V19	8.88	13/12						

Fonte: Bloomberg (2013).

Já para expectativas inflacionárias, temos o relatório semanal Focus. A partir da média de pesquisas feitas por instituições financeiras do país, são divulgadas expectativas de mercado para os principais índices de inflação do Brasil, como o IPCA, IGP-DI, IGP-M e IPC-Fipe. Tendo em mão esses dados, há a facilidade de direcionarmos nossos investimentos, como por exemplo, em papéis do Tesouro Nacional indexados por esses índices.

As Figuras 5.9 e 5.10 a seguir mostram como é divulgado esse relatório:

Figura 5.9 | Expectativa do mercado - Inflação nos próximos 12 meses suavizada

Mediana – Agregado	Há quatro semanas	Há uma semana	Hoje	Comportamento semanal*	
IPCA (%)	5,66	5,68	5,78	▲	(3)
IGP-DI (%)	5,75	5,83	5,74	▼	(2)
IGP-M (%)	5,64	5,91	5,68	▼	(1)
IPC-Fipe (%)	5,22	5,2	5,19	▼	(1)

* Comportamento dos indicadores desde o último Relatório de Mercado; os valores entre parênteses expressam o número de semanas em que vem ocorrendo o último comportamento.

(▲ aumento, ▼ dimimuição ou = estabilidade)

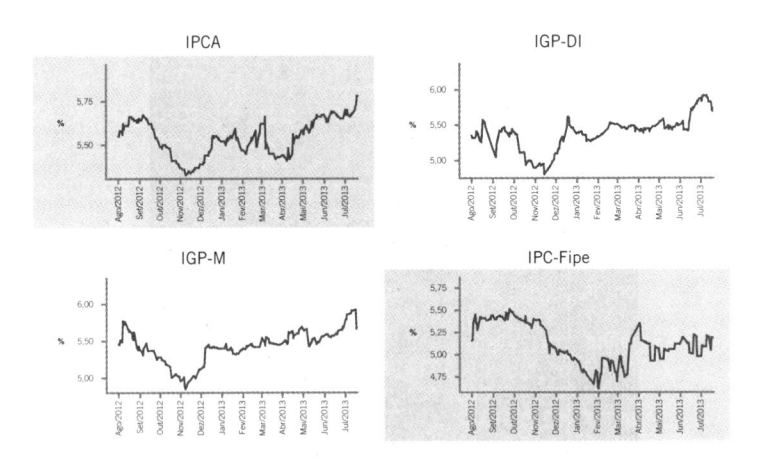

Figura 5.10 | Expectativa do mercado

	Jul/2013				
Mediana – Agregado	Há quatro semanas	Há uma semana	Hoje	Comportamento semanal*	
IPCA (%)	0,25	0,20	0,05	▼	(3)
IGP-DI (%)	0,43	0,43	0,38	▼	(2)
IGP-M (%)	0,44	0,50	0,49	▼	(1)
IPC-Fipe (%)	0,39	0,35	0,31	▼	(1)
Taxa de câmbio – fim de período (R$/U$)	2,14	2,22	2,25	▲	(9)
Taxa Selic meta	8,50	–	–		

	Ago/2013			
Mediana – Agregado	Há quatro semanas	Há uma semana	Hoje	Comportamento semanal*
IPCA (%)	0,30	0,30	0,30	= (1)
IGP-DI (%)	0,43	0,45	0,45	= (2)
IGP-M (%)	0,43	0,46	0,46	= (1)
IPC-Fipe (%)	0,39	0,38	0,37	▼ (1)
Taxa de câmbio – fim de período (R$/U$)	2,14	2,22	2,24	▲ (10)
Taxa Selic meta	9,00	9,00	9,00	= (4)

* Comportamento dos indicadores desde o último Relatório de Mercado; os valores entre parênteses expressam o número de semanas em que vem ocorrendo o último comportamento.

(▲ aumento, ▼ dimimuição ou = estabilidade)

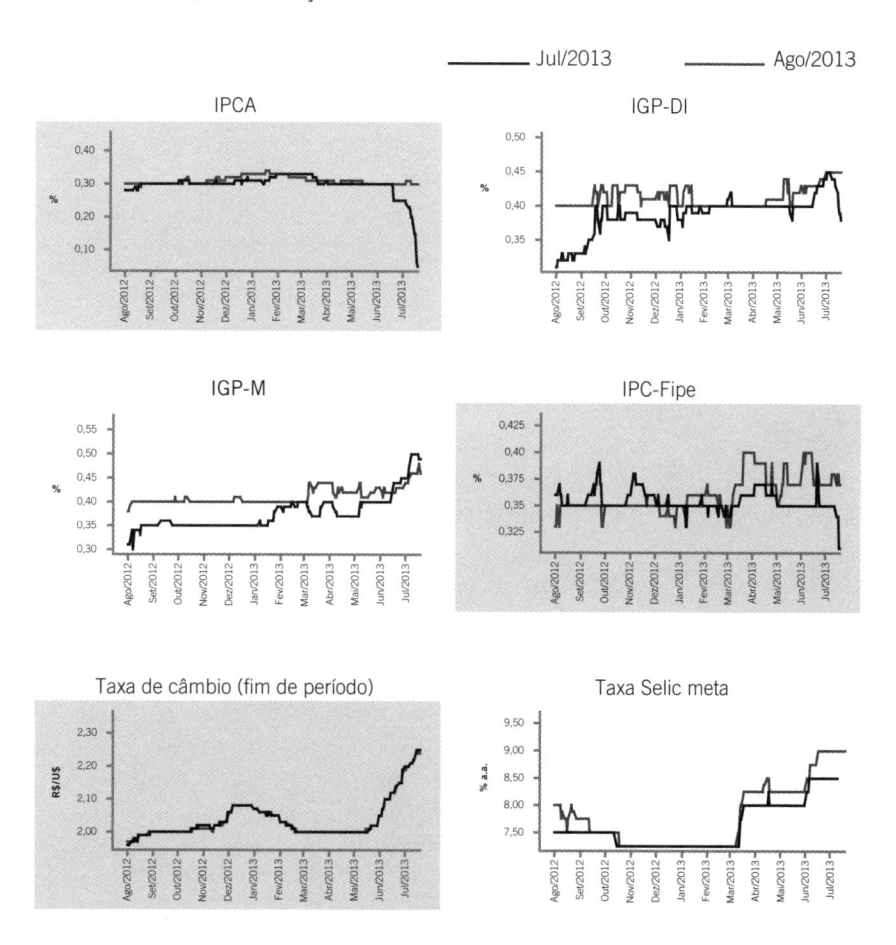

Fonte: Bacen (2013d).

Mais detalhes sobre os contratos futuros serão abordados no Capítulo 6.

CAPÍTULO 6

Mercados futuros e a estrutura temporal das taxas de juros

6.1 Introdução

No capítulo anterior examinamos, por meio de um exemplo simples, a forma de fazer a previsão das taxas do CDI/Selic e, a partir destas, as do CDB. Vimos também que poderíamos examinar as taxas de mercado dos CDBs como variáveis de controle em relação ao CDI. Esse processo, corrigido dia a dia conforme o conjunto de novas informações, nos deve levar a uma estrutura temporal de taxas de juros com razoável nível de acerto. E por fim, introduzimos como referência o mercado de futuros.

A partir de 1986, com o surgimento da Bolsa de Mercadorias e Futuros (BM&F), o mercado financeiro brasileiro passou a contar com o mercado de futuros, no qual um dos produtos desenvolvidos foi a taxa de juros. Esses mercados de taxas de juros foram baseados, de início, nas Obrigações do Tesouro Nacional (OTN). Posteriormente, tivemos os contratos de Certificados de Depósito (CD), que procuravam estabelecer o andamento das taxas futuras do Certificado de Depósito Bancário (CDB). Finalmente, a partir de julho de 1991, apareceram os contratos de DI futuro que têm por base as taxas do CDI. Esses contratos passaram a ser os mais negociados da BM&F, tanto por parte de participantes com ponto de vista especulativo, como de operações de *hedge* defesa. A grande liquidez desses contratos fez com que as taxas negociadas pudessem ser entendidas como expectativas bastante confiáveis das taxas de juros futuras, o que tem sido prática constante de muitos bancos atualmente. A partir de 2008, os contratos passaram a ser negociados na BM&FBOVESPA, instituição formada após a fusão da Bolsa de Valores de São Paulo e da BM&F. Em 2013 foi criado um novo derivativo de taxa de juros, a Selic futuro, pela BM&FBOVESPA.

6.2 A existência natural dos mercados futuros

A existência dos mercados futuros, de negociação de ativos, acaba ocorrendo de forma natural pelo fato de tomarmos decisões hoje em função de nossas expectativas futuras. A crença nessas expectativas é que nos leva a estas operações com futuros. Para entendermos melhor esta questão, vejamos, por meio de um exemplo, como pode ocorrer a negociação de um contrato a futuro.

Exemplo 6.1

Negociação de taxas a futuro

Vamos supor que estamos no mês de fevereiro de 2012 e os bancos A e B tenham feito suas previsões para o mês de março de 2012, como explicado no capítulo anterior.

Vamos considerar que o banco A acredite que a taxa média do CDI para março de 2012 será de 9,00% a.a.o., e o banco B fixe suas expectativas em 9,50% a.a.o.

Como o CDI é a taxa básica de nosso mercado financeiro, devemos ter as seguintes posturas quanto aos bancos:

- **Banco A**: estará disposto a captar recursos a taxas menores ou iguais a 9,00% a.a.o. e aplicá-los a taxas maiores.
- **Banco B**: estará disposto a captar recursos a taxas menores ou iguais a 9,50% a.a.o. e aplicá-los a taxas maiores.

De acordo com as expectativas dos dois bancos, vamos supor que fizessem uma negociação à taxa de 9,25% a.a.o. para o mês de março, com base em $ 100 milhões. Assim, teríamos a seguinte postura de cada um dos bancos:

- **Banco A**: como ele acredita que a taxa média do CDI para os dias úteis de março será de 9,00% a.a.o., então aplicar $ 100 milhões a 9,25% a.a.o. é um bom negócio, ou seja, o banco A estaria captando recursos no CDI à taxa média de 9,00% a.a. e vendendo esses recursos a 9,25% a.a.o.
- **Banco B**: acredita que a taxa média do CDI para os dias úteis de março será de 9,50% a.a.o. Nessas condições, captar $ 1 milhão a 9,25% a.a.o. é um bom negócio, visto que poderá repassá-los a 9,50% a.a.o.

Assim, o banco A estará vendendo recursos a 9,25% a.a.o. e o banco B estará comprando recursos a essa mesma taxa.

Para que os dois bancos pudessem fazer essas operações, eles deveriam examinar as condições de crédito, quando da aplicação de seus recursos, e as condições de liquidez do sistema, quando da captação de recursos, o que seriam novos elementos de decisão para a efetivação da operação.

Na realidade, os dois bancos estão procurando obter um ganho em função do que cada um deles acredita, em relação ao outro, ser uma expectativa errada quando confrontado com as verdadeiras taxas do CDI, que ocorrerão nos dias úteis de março.

Dentro dessas condições, os bancos estariam negociando expectativas. Sem necessidade de envolvimento de estudos de crédito e de liquidez, os bancos poderiam realizar uma operação com as seguintes características:

a. Banco A: vende para o banco B recursos à taxa de CDI de 9,25% a.a.o., para o mês de março, com base em $ 100 milhões.

b. Banco B: compra do banco A recursos à taxa do CDI de 9,25% a.a.o., para o mês de março, com base em $ 100 milhões.

c. Os bancos não transacionam os recursos. Estes servem apenas de base para o resultado final da operação.

d. No fim dos dias úteis do mês de março de 2012, portanto, no primeiro dia útil de abril de 2012, serão feitos os cálculos das taxas que realmente ocorreram para o CDI, obtendo-se uma diferença em reais, com base em $ 100 milhões em relação à taxa pactuada entre os bancos, de 9,25% a.a.o. Assim, um dos bancos será o ganhador dessa diferença e o outro perdedor.

Para que se entenda melhor esta operação, vamos considerar que para os 22 dias úteis de março de 2012 tenha ocorrido uma taxa média de 9,66% a.a.o., como mostrado na Tabela 6.1 a seguir:

Tabela 6.1 | CDI médio

Data	CDI médio (% a.a.o.)	Data	CDI médio (% a.a.o.)	Data	CDI médio (% a.a.o.)
1/3/2012	10,27	13/3/2012	9,46	22/3/2012	9,48
2/3/2012	10,26	14/3/2012	9,45	23/3/2012	9,52
5/3/2012	10,26	15/3/2012	9,45	26/3/2012	9,49
6/3/2012	10,25	16/3/2012	9,49	27/3/2012	9,49
7/3/2012	10,22	19/3/2012	9,48	28/3/2012	9,48
8/3/2012	9,53	20/3/2012	9,48	29/3/2012	9,48
9/3/2012	9,51	21/3/2012	9,48	30/3/2012	9,52
12/3/2012	9,48				

Fonte: elaborado com base em dados da Cetip.

A taxa média é dada por:

$$(1 + i) = \left(1 + \frac{10,27}{100}\right)^{\frac{1}{252}} \left(1 + \frac{10,26}{100}\right)^{\frac{1}{252}} \left(1 + \frac{10,26}{100}\right)^{\frac{1}{252}} \cdots \left(1 + \frac{9,52}{100}\right)^{\frac{1}{252}} = 1,008083$$

$$\bar{i} = (1,008083)^{\frac{252}{22}} - 1 = 9,66\% \text{ a.a.o.}$$

Nessas condições, para cada um dos bancos teríamos:

Banco A

Vendeu recursos a 9,25% a.a.o. segundo o fluxo:

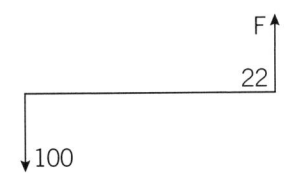

Então:

$$F = 100.000.000 \left(1 + \frac{9,25}{100}\right)^{\frac{22}{252}} = 100.775.335,60$$

Captou recursos no CDI à taxa média de 9,66% a.a.o. segundo o fluxo:

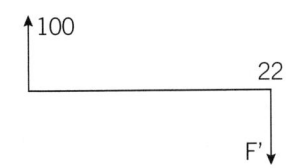

Então:

$$F' = 100.000.000 \left(1 + \frac{9,66}{100}\right)^{\frac{22}{252}} = 100.808.296,30$$

É o valor a pagar pela captação, significando uma perda de $ 32.960,70 para cada $ 100 milhões.

Banco B

Terá uma posição exatamente contrária a do banco A e terá ganho $ 32.960,70 para cada $ 100 milhões negociados.

Operações como essa é que caracterizam os contratos a futuro, nos quais são fixados os seguintes parâmetros:

- fixação do ativo objeto, que no caso foram as taxas do CDI;
- data futura fixada para indicar o valor do ativo objeto, que no caso foi a taxa do CDI do mês de março, fixada no primeiro dia útil do mês seguinte;
- tamanho do contrato, que no exemplo foi de $ 100 milhões, que serviram de base para os cálculos de ganhos e perdas de cada participante;
- a taxa pactuada entre os bancos foi de 9,25% a.a.o. para uma operação de 22 d.u., enquanto a taxa média do CDI no período foi de 9,66% a.a.o.;
- liquidação financeira da operação na data futura fixada.

Exemplo 6.2

Para encerrarmos este assunto, vejamos outro exemplo. Vamos considerar o seguinte diálogo entre duas pessoas, A e B:

A: Acho que o futebol está perdendo a graça. No próximo jogo Palmeiras x Corinthians acho que não vão 20.000 pessoas ao estádio.

B: Você está louco! Em um Palmeiras x Corinthians vão muito mais que 20.000 pessoas.

A: Aposto $ 0,50 por pessoa de diferença.

B: Fechado.

Neste exemplo, temos um típico contrato futuro com as seguintes características:

- Ativo objeto: público pagante, no estádio, do jogo Palmeiras x Corinthians.
- Data de vencimento: próximo jogo entre Palmeiras e Corinthians.
- Base de cálculo: $ 0,50 por diferença entre o número de pessoas negociado e o que realmente ocorrer.
- Valor negociado: 20.000 pessoas.

Estes exemplos procuram mostrar os aspectos de uma negociação a futuro. Sempre que negociamos, hoje, um ativo com seu preço fixado para uma data futura, temos uma espécie de contrato futuro. Tecnicamente são chamados de contratos futuros somente quando também a liquidação dos contratos é feita nessa data futura. Não trataremos mais deste assunto no presente texto, mas o estudo de derivativos, entre eles os futuros, não podem ser deixados de lado e são obrigatórios para os que trabalham com finanças.

6.3 Os contratos de DI futuro na BM&FBOVESPA

6.3.1 Introdução

Com a finalidade de estabelecer padrões de negociação, as bolsas, quando estruturam seus contratos futuros, devem fixar uma série de variáveis para que os participantes saibam exatamente o que estão negociando e as formas de negociação.

No caso dos contratos de DI futuro de um dia, a BM&FBOVESPA estabelece como principais especificações do contrato o seguinte:

a. **Objeto de negociação**: a taxa de juros efetiva dos Depósitos Interfinanceiros (DIs), definida para esse efeito, pela acumulação das taxas médias diárias dos CDIs de um dia, calculados pela Central de Custódia e Liquidação Financeira de Títulos (Cetip), para o período compreendido entre o dia da operação no mercado futuro, inclusive, e o último dia da negociação, inclusive.

b. **Cotação**: taxa de juro efetiva anual, base 252 dias úteis, com até três casas decimais.

c. **Variação mínima de apregoação**: 0,001 ponto de taxa.

d. **Unidade de negociação**: PU[1] multiplicado pelo valor em reais de cada ponto, estabelecido pela BM&FBOVESPA.

e. **Meses de vencimento**: os quatro meses subsequentes e depois os meses que encabeçam os trimestres.

f. **Data de vencimento**: primeiro dia útil do mês de vencimento.

g. **Último dia de negociação**: dia útil anterior à data de vencimento.

h. **Ajuste diário**: as posições em aberto são ajustadas diariamente de acordo com critérios estabelecidos pela Bolsa.

i. **Margem de garantia**: será exigida margem de garantia de todos os comitentes com posição em aberto, cujo valor será atualizado diariamente pela Bolsa, de acordo com critérios de apuração de margem para contratos futuros.

---

[1] Preço unitário (PU): o valor, em pontos, correspondente a 100.000, descontado pela taxa de juro descrita no item a.

Tabela 6.2 | DI de um dia (contrato = R$ 100.000,00; cotação = taxa de juro) em 15/1/2013

Dados				Volume				Cotações								Lim.
Gráfico	Mercado	Vencimento	C/V	Contrato aberto	Número negociado	Contrato negociado	Volume	Preço exercício	Preço de abertura	Preço mínimo	Preço máximo	Preço médio	Último preço	Última oferta de compra	Última oferta de venda	
	FUT	Fev/2013		454.627	2	505	50.325.512	0	6,94	6,9	6,94	6,94	6,9	6,9	0	
	FUT	Mar/2013		72.670	2	15	1.487.704	0	6,92	6,92	6,92	6,92	6,92	6,945	6,95	
	FUT	Abr/2013		1.551.247	8	6.245	616.038.136	0	6,97	6,97	6,98	6,973	6,97	6,97	6,98	
	FUT	Mai/2013		17.665	7	5.655	554.554.156	0	7	6,97	7	6,98	6,97	6,98	6,99	
	FUT	Jul/2013		2.665.167	27	27.420	2.659.233.709	0	7,01	7	7,02	7,01	7,01	7,01	7,02	
	FUT	Out/2013		205.024	4	2.105	200.489.309	0	7,05	7,05	7,06	7,06	7,05	7,05	7,07	
	FUT	Jan/2014		2.152.044	166	79.365	7.426.628.754	0	7,11	7,09	7,11	7,098	7,1	7,1	7,11	
	FUT	Abr/2014		508.210	7	1.865	171.526.071	0	7,16	7,15	7,16	7,16	7,15	7,15	7,17	
	FUT	Jul/2014		716.983	39	8.574	773.982.694	0	7,32	7,29	7,32	7,302	7,31	7,31	7,32	
	FUT	Out/2014		70.610	2	10	883.751	0	7,48	7,47	7,48	7,475	7,47	7,49	7,52	
	FUT	Jan/2015		1.314.075	698	188.106	16.249.396.608	0	7,7	7,68	7,73	7,704	7,7	7,7	7,71	
	FUT	Abr/2015		169.857	12	1.320	111.697.978	0	7,83	7,82	7,84	7,834	7,84	7,84	7,85	
	FUT	Jul/2015		68.562	18	1.240	102.711.255	0	7,98	7,95	7,98	7,97	7,95	7,96	7,98	
	FUT	Out/2015		46.827	1	5	405.129	0	8,06	8,06	8,06	8,06	8,06	8,07	8,09	
	FUT	Jan/2016		762.626	321	16.580	1.312.686.769	0	8,21	8,18	8,22	8,197	8,2	8,19	8,2	

Fonte: elaborado com base em dados da BM&FBOVESPA.

A Figura 6.1 traz algumas informações de contratos DI de um dia negociados na BM&FBOVESPA em 15/1/2013. Note pela tabela anterior, que os quatro meses subsequentes são: fevereiro, março, abril e maio. Após os quatro meses, temos vencimentos trimestrais.

Figura 6.1 | DI de um dia em 15/4/2013

GRAB

OCAF4 Comdty | 1) Settings | 2) Actions | 3) Feedback | Contract Table

4) Futures | Sort By Expiration | As of 04/15/13

ONE-DAY REPUR AG 7) BMF (CEM)

Contracts 44 | Aggr Vol 0 | Aggr Open Int 830

Description	Last	Change	Time	Bid	Ask	Open Int	Volume	Previous
21) May13		--	04/12					7.400
22) Jun13		--	04/12					7.471
23) Jul13		--	04/12					7.651
24) Aug13		--	04/12					7.820
25) Oct13		--	04/12					8.090
26) Jan14	8.340 s	+.040	15:54			830		8.300
27) Apr14		--	04/12					8.430
28) Jul14		--	04/12					8.570
29) Oct14		--	04/12					8.680
30) Jan15		--	04/12					8.800
31) Apr15		--	04/12					8.910
32) Jul15		--	04/12					9.010
33) Oct15		--	04/12					9.100
34) Jan16		--	04/12					9.170
35) Apr16		--	04/12					9.230
36) Jul16		--	04/12					9.260
37) Oct16		--	04/12					9.310
38) Jan17		--	04/12					9.390
39) Apr17		--	04/12					9.410
40) Jul17		--	04/12					9.460
41) Oct17		--	04/12					9.492

Zoom 100%

Australia 61 2 9777 8600 Brazil 5511 3048 4500 Europe 44 20 7330 7500 Germany 49 69 9204 1210 Hong Kong 852 2977 6000
Japan 81 3 3201 8900 Singapore 65 6212 1000 U.S. 1 212 318 2000 Copyright 2013 Bloomberg Finance L.P.
SN 530038 G662-2679-3 15-Apr-13 18:11:37 ART GMT-3:00

GRAB

ODF7 Comdty | 1) Settings | 2) Actions | 3) Feedback | Contract Table

4) Futures | Sort By Expiration | As of 04/15/13

ONE-DAY BANK DEP 7) BMF (CEM)

Contracts 44 | Aggr Vol 3280780 | Aggr Open Int 15774666

Description	Last	Change	Time	Bid	Ask	Open Int	Volume	Previous
44) Jul18	9.420 s	-.030	15:54			440		9.450
45) Oct18	9.446 s	-.030	15:54			110		9.476
46) Jan19	9.470 s	-.030	15:44	9.400	9.440	45935	2560	9.500
47) Apr19	9.500 s	-.035	15:54			750		9.535
48) Jul19	9.528 s	-.040	15:54			790		9.568
49) Oct19	9.555 s	-.046	15:54			120		9.601
50) Jan20	9.580 s	-.050	16:26	9.520	9.560	24645	1175	9.630
51) Jul20	9.616 s	-.041	15:54			1125		9.657
52) Jul20	9.648 s	-.034	15:54			1810		9.682
53) Oct20	9.681 s	-.026	15:54			1910		9.707
54) Jan21	9.710 s	-.020	16:43	9.670	9.700	265294	23830	9.730
55) Jul21		--	04/12					9.746
56) Jul21	9.746 s	-.015	15:54			55		9.761
57) Oct21		--	04/12					9.776
58) Jan22	9.780 s	-.010	16:21	9.740	9.790	33536	600	9.790
59) Jul22	9.801 s	-.020	15:54			55		9.821
60) Jan23	9.820 s	-.030	16:31	9.770	9.830	93623	1390	9.850
61) Jul23		--	04/12					9.850
62) Jan24		--	04/12					9.850
63) Jul24		--	04/12					9.850
64) Jan25	9.820 s	-.030	15:54			69		9.850

Zoom 100%

Australia 61 2 9777 8600 Brazil 5511 3048 4500 Europe 44 20 7330 7500 Germany 49 69 9204 1210 Hong Kong 852 2977 6000
Japan 81 3 3201 8900 Singapore 65 6212 1000 U.S. 1 212 318 2000 Copyright 2013 Bloomberg Finance L.P.
SN 530038 G662-2679-3 15-Apr-13 18:10:35 ART GMT-3:00

Fonte: Bloomberg (2013).

As telas anteriores trazem os dados de DI futuro em 15/4/2013, extraídos do Bloomberg, plataforma utilizada para acompanhar em tempo real dados sobre o mercado.

6.3.2 Entendendo o contrato de DI futuro

Com base nas principais especificações dos contratos de DI futuro da BM&FBOVESPA, vamos procurar entender um pouco mais seu mecanismo por meio de um exemplo.

Exemplo 6.3

Contrato de DI futuro para maio de 2012

a. Período envolvido: considerando que estamos no dia 2/4/2012 e vamos à BM&FBOVESPA para negociar o contrato de DI futuro de maio de 2012.

Pelas especificações da BM&FBOVESPA, esse contrato vence no primeiro dia útil do mês de referência. Assim, os contratos de DI Futuro para maio de 2012 vencem em 2/5/2012, que é o primeiro dia útil do mês.

Nessas condições, temos que o período coberto por esse contrato será de 2/4/2012 a 2/5/2012, quando são computadas as taxas do CDI de 2/4/2012, inclusive, a 30/4/2012, inclusive, com vencimento em 2/5/2012, data em que são conhecidos todos os valores do CDI. Nessa data, podemos fazer os cálculos dos ganhos ou perdas das partes, que devem ser liquidados financeiramente no dia seguinte.

Na figura temos a seguintes datas:

```
Primeiro                                           Último
dia útil                                           dia útil
de CDI                                             de CDI

●────●────●────●────●─────────●────■────□──▶
2/4/2012  3/4/2012  4/4/2012  ...  30/4/2012  1/5/2012  2/5/2012
Data de                            Data do    Data do    Data da
abertura do                        último CDI vencimento liquidação
contrato                           do mês     do contrato financeira
```

Em que:
- Indica os dias úteis em que temos negociação do CDI. No caso, trata-se do período de 2/4/2012 a 30/4/2012, incluindo os extremos, obtendo-se 20 dias úteis no período.
- Indica a data de vencimento do contrato DI futuro de maio de 2012. Nessa data, 2/5/2012, é que o contrato vale R$ 100.000,00. Comparamos esse valor às taxas realmente ocorridas no CDI com as taxas negociadas a futuro entre as partes. Essa data é escolhida pelo fato de que apenas no dia útil seguinte saberemos qual foi a taxa média do CDI do dia anterior.
- Feitos os cálculos de ganhos e perdas no dia 2/5/2012, então em 3/5/2012 é feita a liquidação financeira destes resultados.

Do exemplo, já podemos fazer algumas considerações nos seguintes termos:

- O contrato de DI futuro de maio de 2012 envolve as taxas do CDI anteriores a esse mês. No caso, como estamos em 2/4/2012, estamos falando nas taxas do CDI de 2/4/2012 a 30/4/2012.
- Se estivéssemos tratando do contrato de DI futuro de junho de 2012, esse contrato venceria no primeiro dia útil de junho.
- Esse é o procedimento geral sempre que estivermos tratando das taxas do CDI, da data de hoje até o dia útil anterior ao do mês de vencimento. Então, um contrato de DI futuro de julho de 2012 envolve as taxas do CDI a partir de hoje, 2/4/2012, até o último dia útil de junho, com vencimento no primeiro dia útil de julho.

b. Cálculo do PU: o cálculo do preço por unidade (PU) consiste no preço a valores de hoje para receber cada unidade de R$ 100.000,00 no fim do contrato.

Assim, vamos considerar que um determinado banco estima, por meio de suas previsões, que a taxa do CDI, dia a dia, será em média de 8,75% a.a.o. para os próximos dias úteis de abril, a partir da data de hoje, 2/4/2012. Nessas condições, esse banco estaria disposto a dar recursos a taxas maiores que 8,75% a.a.o. e captar recursos a taxas menores. Vamos supor que outro banco estivesse disposto a captar a 8,80% a.a.o., e os dois bancos fechassem negócio a essa taxa. Então, teríamos:

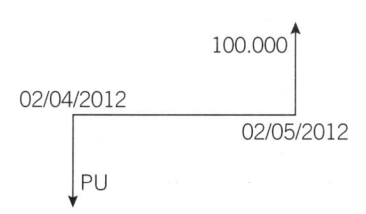

O PU nada mais é que o valor presente do fluxo, descontada a taxa de 8,80% a.a.o. que os bancos negociaram, um deles dando recursos, e o outro captando. A contagem de dias úteis do período nos leva a 20 dias úteis, do que podemos obter:

$$PU = \frac{F}{(1+i)^n} = \frac{100.000}{\left(1+\frac{8,80}{100}\right)^{\frac{20}{252}}} = 99.332,86$$

- **Banco doador de recursos**

    Nessas condições, o banco estaria dando recursos no valor de R$ 99.332,86 para após 20 dias úteis receber R$ 100.000,00, o que corresponderia a uma taxa do CDI de 8,80% a.a.o. para cada um dos dias úteis.

    No mercado dizemos que esse banco vendeu recursos à taxa de juros de 8,80% a.a.o. ou ainda que comprou PU, visto que estaria pagando R$ 99.332,86 para receber R$ 100.000,00 no vencimento do contrato.

- **Banco captador de recursos**

    Em contrapartida, o banco que fez a operação contrária estaria comprando recursos à taxa de juros de 8,80% a.a.o., ou então, dizemos que vendeu PU, visto que recebeu R$ 99.332,86 para pagar R$ 100.000,00 no vencimento do contrato.

▪ **Resultado da operação**

Nessas condições, as partes fixaram o PU = 99.332,86, equivalente à taxa *over* ano de 8,80% a.a.o. para 20 dias, com resgate de R$ 100.000,00.

Assim, nos próximos 20 dias ocorrerão as verdadeiras taxas do CDI, obtidas das negociações diárias do mercado e informadas pela Cetip. A partir da data hoje, de 2/4/2012, a Cetip informa, no dia seguinte, a taxa média praticada no dia em foco.

Dessa forma, basta tomarmos o PU = 99.332,86 negociado entre as partes e corrigi-lo pelas taxas diárias que ocorrerem no CDI, até o último dia útil de negociação do contrato, inclusive. O valor obtido deve ser comparado com os R$ 100.000,00 que as partes haviam acertado quando da fixação do PU. É como se no vencimento do contrato tivéssemos algo que podemos comprar ou vender por R$ 100.000,00, mas que estará valendo, nessa data, o valor do PU corrigido pelas taxas do CDI, que provavelmente será diferente de R$ 100.000,00.

Vamos supor que, passados os dias úteis de abril, estamos no primeiro dia útil de maio, ou seja, 2/5/2012. Nessa data conhecemos todas as taxas do CDI, dia a dia, dadas a público pela Cetip, como mostrado a seguir:

Data	CDI Médio (% a.a.o.)	Data	CDI Médio (% a.a.o.)	Data	CDI Médio (% a.a.o.)
2/4/2012	9,50	12/4/2012	9,48	23/4/2012	8,77
3/4/2012	9,50	13/4/2012	9,48	24/4/2012	8,72
4/4/2012	9,53	16/4/2012	9,47	25/4/2012	8,72
5/4/2012	9,52	17/4/2012	9,46	26/4/2012	8,72
9/4/2012	9,50	18/4/2012	9,47	27/4/2012	8,73
10/4/2012	9,52	19/4/2012	8,72	30/4/2012	8,70
11/4/2012	9,49	20/4/2012	8,73		

Fonte: elaborado com base em dados da Cetip.

Como o valor negociado entre as partes foi PU = 99.332,86, basta corrigi-lo às taxas ocorridas do CDI, obtendo:

$$F = PU = \left(1 + \frac{9,50}{100}\right)^{\frac{1}{252}} \left(1 + \frac{9,50}{100}\right)^{\frac{1}{252}} \left(1 + \frac{9,53}{100}\right)^{\frac{1}{252}} \ldots \left(1 + \frac{8,70}{100}\right)^{\frac{1}{252}}$$

A capitalização das taxas no período nos dá:

$(1+i_{CDI\ abril\ 2012}) = 1,006999$

Significando que a taxa do CDI em abril de 2012 foi:

$i_{CDI\ abril\ 2012} = 0,006999$

Ou

$[(1 + 0,006999)^{\frac{252}{20}} - 1] \times 100 = 9,19\%$ a.a.o.

Deste resultado já podemos observar que, tendo as partes negociado à taxa média de 8,80% a.a.o., então o banco que captou recursos a essa taxa ganhou, pois teria captado a uma taxa média de 9,19% a.a.o., e o banco doador de recursos perdeu.

c. O banco que vendeu recursos à taxa de 8,80% a.a.o., a futuro, ou seja, que comprou PU ao valor de R$ 99.332,86, deveria receber R$ 100.000,00, conforme estabelecido inicialmente. Para determinar o resultado da operação é preciso corrigir o PU pelas taxas do CDI e liquidar pela diferença. Nestas condições, o PU corrigido seria:

$$F = PU(1 + i_{CDI\ abril\ 2012}) = 99.332,86 \left(1 + \frac{9,19}{100}\right)^{\frac{20}{252}} = 100.028,40$$

Agora, basta liquidar a operação pela diferença:

- Valor a receber estabelecido inicialmente: R$ 100.000,00
- Valor a pagar a mercado: (R$ 100.028,40)
- Resultado: perda de R$ 28,40

d. O banco que comprou recursos à taxa de 8,80% a.a.o., a futuro, ou seja, vendeu PU ao valor de R$ 99.932,86, deveria pagar R$ 100.000,00, conforme estabelecido inicialmente. Como o PU corrigido pelas taxas do CDI, vale R$ 100.028,40, então basta liquidar a operação pela diferença:

- Valor a pagar estabelecido inicialmente: R$ 100.000,00
- Valor a receber a mercado: (R$ 100.028,40)
- Resultado: ganho de R$ 28,40

e. Finalmente, somente devemos observar que os ganhos e perdas das partes são calculados no primeiro dia útil do mês seguinte, no caso 2/5/2012, e devem ter liquidação financeira no dia útil seguinte, ou seja, 3/5/2012.

Como essas operações são feitas em bolsa, em geral, deveríamos considerar os custos de corretagem, cobrados pelas corretoras, e os emolumentos, cobrados pela Bolsa de Mercadorias e Futuros, onde a operação foi registrada, o que deixamos de considerar neste exemplo.

6.4 Informações obtidas a partir dos contratos de DI futuro da BM&FBOVESPA

Como foi visto, os contratos de DI futuro de um dia eram negociados na BM&FBOVESPA, dia a dia, em termos de PU (após 17/1/2002 a negociação se dá com taxa anual base 252), significando preço-hoje por unidade de R$ 100.000.000, a receber no primeiro dia útil do mês seguinte, mês este que dá nome ao contrato. A cada final de dia obtêm-se os valores de PU, negociados entre as partes, divulgados nos jornais. A tabela seguinte foi estruturada a partir dos dados do site da BM&FBOVESPA. A data-base escolhida foi 3/12/2012, portanto, as negociações ainda eram feitas pela compra ou venda de PU.

Acreditamos que, do ponto de vista didático, para o leitor que está estudando o assunto pela primeira vez, trabalhar com preço unitário (PU) tem se mostrado mais adequado.

Tabela 6.3 | Mercado futuro de juros – DI de um dia – Data-base 3/12/2012

Código de vencimento	Data de vencimento	Preço de negociação de PU	N. dias úteis até o vencimento
F13	2/1/2013	99.456,35	20
G13	1/2/2013	98.867,91	42
H13	1/3/2013	98.385,35	60
J13	1/4/2013	97.851,79	80

Fonte: elaborado com base em dados da BM&FBOVESPA.

A Tabela 6.3 fornece as cotações do contrato futuro de DI em 3/12/2012.

As cotações estão expressas em PU.

Nessa tabela, temos as cotações de PU da BM&FBOVESPA, onde esses tipos de contratos são negociados.

Com os dados de mercado e um calendário podemos construir a Tabela 6.4:

Tabela 6.4 | Mercado futuro de juros – DI de um dia – Data-base 3/12/2012

Mês de referência	Mês do contrato	Código de vencimento	Data de vencimento	Último dia útil antes do vencimento	PU médio negociado em 3/12/2012	N. dias úteis do mês	Obtemos o CDI previsto pelo mercado para
Dez/2012	Jan/2013	F13	2/1/2013	31/12/2012	99.456,33	20	Dezembro
Jan/2013	Fev/2013	G13	1/2/2013	31/1/2013	98.867,91	22	Dezembro e janeiro
Fev/2013	Mar/2013	H13	1/3/2013	28/2/2013	98.385,35	20	Dezembro, janeiro e fevereiro
Mar/2013	Abr/2013	J13	1/4/2013	28/3/2013	97.851,79	21	Dezembro, janeiro, fevereiro e março

Fonte: elaborado com base em dados da BM&FBOVESPA.

A partir desses dados, podemos obter a previsão que o mercado faz das taxas do CDI para dezembro de 2012, janeiro, fevereiro e março de 2013:

    a. Contrato jan/2013: a partir do PU, dias úteis e o valor final do contrato, que é de R$ 100.000,00, temos:

$$i = \frac{F}{P} - 1 = \frac{100.000}{99.456,33} - 1 = 0,54664\%\ \text{a.p.}$$

Essa taxa de 0,54664%, é a taxa prevista pelo mercado para o mês de dezembro de 2012.

Para podermos comparar esta projeção com a da taxa Selic, fixada pelo Banco Central (meta Selic), vamos transformá-la em taxa anual (*over* ano):

$$i_{dez/12} = \left[\left(1 + \frac{0,54664}{100}\right)^{\frac{252}{20}} - 1\right] \times 100 = 7,11\% \text{ a.a.o.}$$

Esta é a taxa prevista pelo mercado no início de dezembro de 2012 para o mês em questão.

Na realidade, a taxa obtida é para os 31 dias de dezembro, o que corresponde a uma taxa ao período. Em termos de taxa efetiva mês, devemos considerar o mês-base de 30 dias, o que nos leva a uma correção que é muito importante.

Assim, a taxa efetiva mês será obtida como segue:

$$i = \left(\frac{F}{P}\right)^{\frac{1}{n}} - 1 = \left(\frac{100.546,64}{100.000}\right)^{\frac{1}{\frac{31}{30}}} - 1 = 0,0052896$$

Ou seja, i = 0,52896% a.m., em termos efetivos.

b. Taxa *over* ano de cada contrato: no item anterior, calculamos a taxa *over* ano do mês de dezembro, taxa projetada pelo mercado, obtendo 7,11% a.a.o. Podemos repetir esse procedimento com os demais contratos.

A partir dos dados do contrato de fevereiro de 2013, podemos construir o seguinte fluxo:

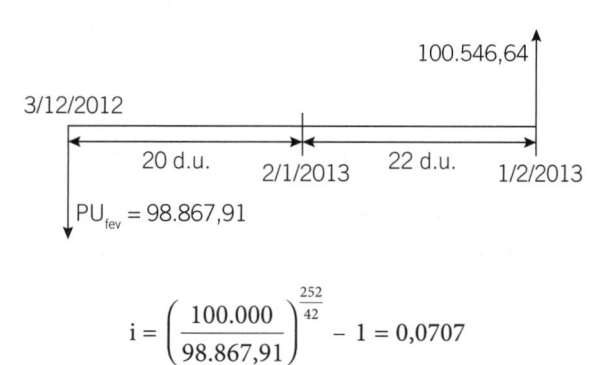

$$i = \left(\frac{100.000}{98.867,91}\right)^{\frac{252}{42}} - 1 = 0,0707$$

O que corresponde a 7,07% a.a.o.. A taxa no período de 42 dias úteis é de:

$$i_n = \left[(1{,}0707)^{\frac{42}{252}} - 1\right] \times 100 = 1{,}14505\% \text{ a.p.}$$

Essa taxa corresponde à expectativa do CDI por parte do mercado para o período de 42 dias úteis.

Nesse momento encontramos as taxas esperadas pelo mercado para os meses de dezembro e janeiro.

Passaremos agora a encontrar a taxa esperada para o mês de janeiro.

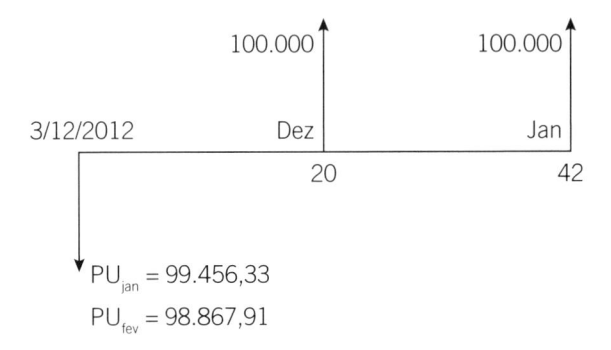

```
                        100.000        100.000
                          ↑              ↑
3/12/2012               Dez            Jan
    ┌───────────────────┬──────────────┤
    │                   20             42
    ↓
  PU_jan = 99.456,33
  PU_fev = 98.867,91
```

A taxa obtida para o período 3/12 – 2/1 foi de 7,11% a.a.o. (0,54664% a.p.) para dezembro/2012 (20 dias úteis).

A taxa obtida para o período 3/12 – 1/2 foi de 7,07% a.a. (1,14505% a.p.) para dezembro/2012 e janeiro/2013 (42 dias úteis).

Considerando que as taxas projetadas representam a variação da taxa do CDI no período, temos:

$$(1 + i_{CDI\,dez/jan}) = (1 + i_{CDI\,dez})(1 + i_{CDI\,jan})$$

$$(1{,}0707)^{\frac{42}{252}} = (1{,}0716)^{\frac{20}{252}} (1 + i_{CDI\,jan})$$

$$(1 + i_{CDI\,jan}) = \frac{(1{,}0707)^{\frac{42}{252}}}{(1{,}0716)^{\frac{20}{252}}}$$

$$i_{CDI\,jan} = 0{,}59516\% \text{ a.p. ou } 7{,}03\% \text{ a.a.o.}$$

Vamos continuar e encontrar as taxas esperadas para 62 dias (dezembro, janeiro e fevereiro) e, finalmente, 83 dias (dezembro, janeiro, fevereiro e março).

Na sequência, vamos obter as taxas para os meses de fevereiro e março de 2013.

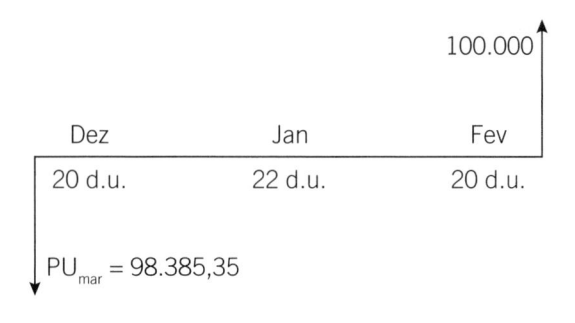

$$i = \left(\frac{F}{P}\right)^{\frac{252}{n}} - 1 = \left(\frac{100.000}{98.385,35}\right)^{\frac{252}{62}} - 1 = 0,0684$$

O que corresponde a 6,84% a.a.o.

A taxa no período de 62 dias é:

$$i_n = \left[(1,0684)^{\frac{62}{252}} - 1\right] \times 100 = 1,64115\% \text{ a.p.}$$

Esta taxa corresponde à expectativa do CDI por parte do mercado no período de 62 dias úteis, ou seja, a taxa projetada ou esperada do CDI para os meses de dezembro, janeiro e fevereiro.

Vamos, agora, encontrar a taxa esperada para o mês de fevereiro:

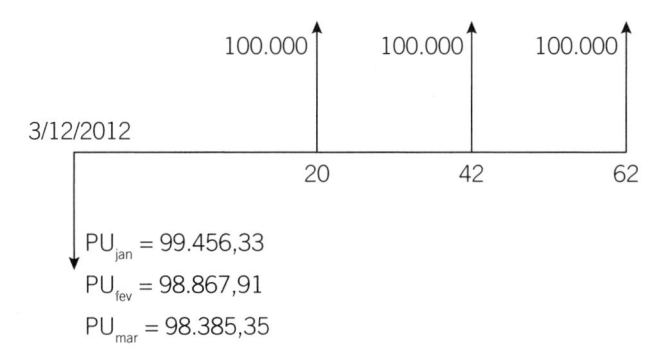

De forma análoga ao que foi feito anteriormente, podemos escrever:

$$(1 + i_{CDI\ dez/jan/fev}) = (1 + i_{CDI\ dez/jan})(1 + i_{CDI\ fev})$$

$$(1 + 0{,}0684)^{\frac{62}{252}} = (1 + 0{,}0707)^{\frac{42}{252}}(1 + i_{CDI\ fev})$$

$$(1 + i_{CDI\ fev}) = \frac{(1 + 0{,}0684)^{\frac{62}{252}}}{(1 + 0{,}0707)^{\frac{42}{252}}}$$

$$i_{CDI\ fev} = 0{,}49048\%\ \text{a.p. ou } 6{,}36\%\ \text{a.a.o.}$$

Finalmente, vamos encontrar as taxas projetadas pelo mercado para 83 dias úteis (dez/jan/fev e mar).

▸ Contrato: abril/2013

```
                                              100.000 ↑
                                              │
   Dez.        Jan.        Fev.       Mar.
   ─┬──────────┬───────────┬──────────┬───────
    20 d.u.    22 d.u.     20 d.u.    21 d.u.
    │
    │ PU_abr = 97.851,79
    ↓
```

$$i = \left(\frac{F}{P}\right)^{\frac{252}{n}} - 1 = \left(\frac{100.000}{97.851{,}79}\right)^{\frac{252}{83}} - 1 = 0{,}0682$$

$$I = 6{,}82\%\ \text{a.a.o.}$$

A taxa no período de 83 dias úteis é:

$$i_n = \left[(1{,}0682)^{\frac{83}{252}} - 1\right] \times 100 = 2{,}19537\%\ \text{a.p.}$$

Ou seja, é a taxa que corresponde à expectativa do CDI por parte do mercado para os próximos 83 dias úteis.

Agora, vamos finalizar o procedimento, calculando a taxa prevista para o mês de março de 2013.

Após estes cálculos, vamos utilizar uma síntese das informações obtidas pelos contratos futuros de taxa de juros DI futuro negociados na BM&FBOVESPA.

- Taxa projetada para março/2013

$$(1 + i_{CDI\ dez/jan/fev/mar}) = (1 + i_{CDI\ dez/jan/fev})(1 + i_{CDI\ mar})$$

$$(1 + 0{,}0682)^{\frac{83}{252}} = (1 + 0{,}0684)^{\frac{62}{252}}(1 + i_{CDImar})$$

$$(1 + i_{CDImar}) = \frac{(1 + 0{,}0682)^{\frac{83}{252}}}{(1 + 0{,}0684)^{\frac{62}{252}}}$$

$$i_{CDI\ mar} = 0{,}54527\%\ a.p.\ ou\ 6{,}74\%\ a.a.o.$$

Vamos reunir as informações obtidas e fazer algumas considerações.

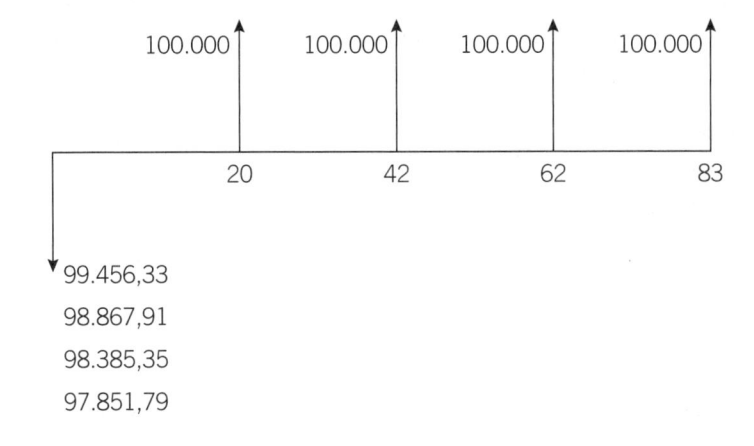

```
        100.000↑   100.000↑   100.000↑   100.000↑
        
            20        42         62         83
    ↓
  99.456,33
  98.867,91
  98.385,35
  97.851,79
```

Por meio das informações anteriores conseguimos obter as taxas esperadas para:

- 20 dias úteis, que correspondem a 7,11% a.a.o. ou 0,54664% a.p. ≅ 0,55% a.p.
- 42 dias úteis, que correspondem a 7,07% a.a.o. ou 1,14505 a.p. ≅ 1,15% a.p.
- 62 dias úteis, que correspondem a 6,84% a.a.o. ou 1,64115% a.p. ≅ 1,64% a.p.
- 83 dias úteis, que correspondem a 6,82% a.a.o. ou 2,19537% a.p. ≅ 2,20% a.p.

Note que essas projeções, no exato momento em que os contratos eram negociados pelos respectivos PUs, indicavam as expectativas entre D+0 (3/12/2012) e uma data futura.

Portanto, as taxas encontradas são taxas projetadas e denominadas taxas *spot* (*spot rates*).

Van Horne (1990, p. 85) explica que "a taxa de juros ou retorno para uma data particular é chamada de *spot rate of interest*".

Portanto, no caso das cotações examinadas a partir das informações da BM&FBOVESPA, em 3/12/2012 temos:

- $i_{spot\ 20\ dias} = 7,11\%$ a.a.o.
- $i_{spot\ 42\ dias} = 7,07\%$ a.a.o.
- $i_{spot\ 62\ dias} = 6,84\%$ a.a.o.
- $i_{spot\ 83\ dias} = 6,82\%$ a.a.o.

As taxas *spot* são utilizadas pelos investidores como uma primeira referência para as taxas práticas no mercado à vista de títulos, como CDBs, CDIs e papéis públicos.

Podemos também encontrar as taxas projetadas para os meses de janeiro, fevereiro e março. É importante notar que essas taxas encontradas correspondem às expectativas do mercado para períodos que se iniciam e terminam em uma data futura.

Para Van Horne (1999, p. 85) "quando considerada a teoria das expectativas, é possível transformar taxas *spot* (*spot rates*) em taxas *forward* (ou taxas a termo)". As taxas *forward* encontram-se implícitas nas taxas *spot*.

Portanto, as taxas *forward* (taxas a termo) são taxas projetadas entre duas datas futuras.

A seguir temos dois fluxos com a representação das taxas *spot* e *forward*, respectivamente:

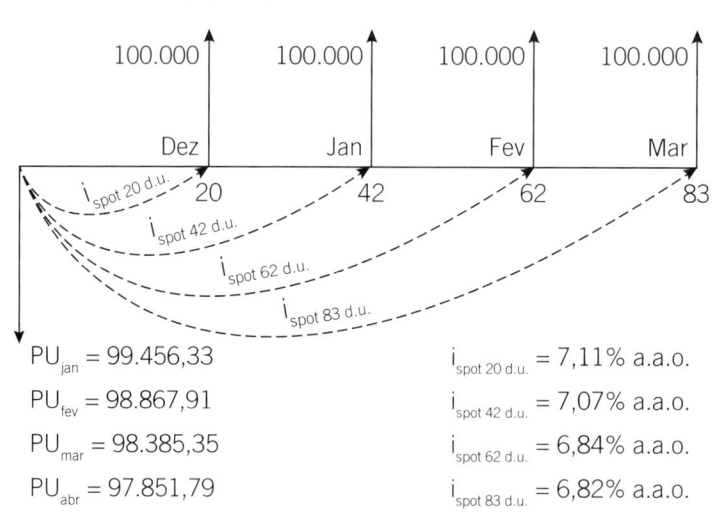

Figura 6.2 | Projeções *spot* dos contratos DI futuro em 3/12/2012

$PU_{jan} = 99.456,33$ $i_{spot\ 20\ d.u.} = 7,11\%$ a.a.o.
$PU_{fev} = 98.867,91$ $i_{spot\ 42\ d.u.} = 7,07\%$ a.a.o.
$PU_{mar} = 98.385,35$ $i_{spot\ 62\ d.u.} = 6,84\%$ a.a.o.
$PU_{abr} = 97.851,79$ $i_{spot\ 83\ d.u.} = 6,82\%$ a.a.o.

Figura 6.3 | Projeções *forward* dos contratos DI futuro em 3/12/2012

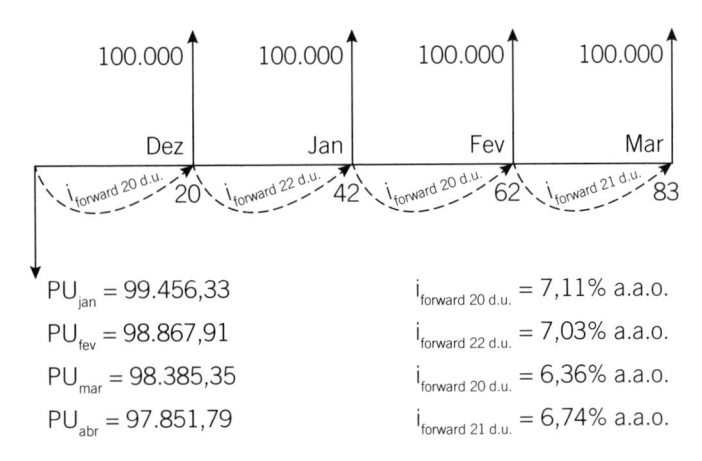

```
    100.000↑      100.000↑      100.000↑      100.000↑
       │            │             │             │
      Dez          Jan           Fev           Mar
   ╲i_forward 20 d.u.╱ ╲i_forward 22 d.u.╱ ╲i_forward 20 d.u.╱ ╲i_forward 21 d.u.╱
         20              42             62            83
```

$PU_{jan} = 99.456,33$ $i_{forward\ 20\ d.u.} = 7{,}11\%$ a.a.o.

$PU_{fev} = 98.867,91$ $i_{forward\ 22\ d.u.} = 7{,}03\%$ a.a.o.

$PU_{mar} = 98.385,35$ $i_{forward\ 20\ d.u.} = 6{,}36\%$ a.a.o.

$PU_{abr} = 97.851,79$ $i_{forward\ 21\ d.u.} = 6{,}74\%$ a.a.o.

Tabela 6.5 | Quadro resumo – taxa *spot*

Prazo	Taxa *spot* a.a.o.
20 dias úteis	7,11%
42 dias úteis	7,07%
62 dias úteis	6,84%
83 dias úteis	6,82%

Tabela 6.6 | Quadro resumo – taxas *forward* (a termo)

Mês	Taxa ao período	Taxa a.a.o.
Janeiro	0,59516%	7,03%
Fevereiro	0,49048%	6,36%
Março	0,54527%	6,74%

Negociação do contrato a partir de 18/1/2002.

A partir dessa data, o contrato futuro de taxa de juros passou a ser negociado em taxa de juros anual (base 252).

Dessa forma, ao acompanhar uma negociação do contrato no pregão da BM&FBOVESPA, a partir de um negócio fechado, já temos a taxa *spot* correspondente ao prazo em questão.

Vamos avaliar algumas negociações com DI futuro realizadas em 18/1/2002.

Tabela 6.7 | Data-base 18/1/2002 – DI futuro – BM&FBOVESPA

Vencimento	Taxa *spot*	Dias úteis
Fevereiro	18,99	10
Março	19,03	28
Abril	19,07	48
Maio	19,19	70

Com base nas informações anteriores, já obtemos as taxas *spot* para os respectivos prazos. Podemos também encontrar as taxas *forward* (taxas a termo), pois as mesmas se encontram implícitas nas taxas *spot*.

A lógica do bom e velho bazar persa é a que impera no mercado financeiro, ou seja, quando algo é barato, compramos; e quando está caro, vendemos. Portanto, assim ocorre com a expectativa da taxa de juros.

Quando a taxa esperada está alta, os investidores que assim acreditam vão querer vender a taxa. Caso contrário, vão querer comprar a taxa.

Tabela 6.8 | Quadro resumo

Expectativa	Decisão em taxa	Decisão em PU
Alta da taxa	Vender taxa	Comprar PU
Queda da taxa	Comprar taxa	Vender PU

6.4.1 Cálculo das taxas *forward*

Taxa *forward* para o mês de fevereiro de 2002:

$$i_{\text{Forward fevereiro}} = \left(\frac{1+i_{\text{spot 28 dias úteis}}}{1+i_{\text{spot 10 dias úteis}}} - 1\right) \times 100$$

$$i_{\text{Forward fevereiro}} = \left[\frac{(1{,}1903)^{\frac{28}{252}}}{(1{,}1899)^{\frac{10}{252}}} - 1\right] \times 100$$

$$i_{\text{Forward fevereiro}} = 1{,}25\% \text{ a.p.}$$

Sabendo que o mês de fevereiro possui 18 dias úteis, 19,05% a.a.o.

Taxa *forward* para o mês de março de 2002:

$$i_{\text{Forward março}} = \left(\frac{1+i_{\text{spot 48 dias úteis}}}{1+i_{\text{spot 28 dias úteis}}} - 1 \right) \times 100$$

$$i_{\text{Forward março}} = \left[\frac{(1{,}1907)^{\frac{48}{252}}}{(1{,}1903)^{\frac{28}{252}}} - 1 \right] \times 100$$

$$i_{\text{Forward março}} = 1{,}40\% \text{ a.p.}$$

Sabendo que o mês de março possui 20 dias úteis, 19,13% a.a.o.

Taxa *forward* para o mês de abril de 2002:

$$i_{\text{Forwtard abril}} = \left(\frac{1+i_{\text{spot 70 dias úteis}}}{1+i_{\text{spot 48 dias úteis}}} - 1 \right) \times 100$$

$$i_{\text{Forwtard abril}} = \left[\frac{(1{,}1919)^{\frac{70}{252}}}{(1{,}1907)^{\frac{48}{252}}} - 1 \right] \times 100$$

$$i_{\text{Forward abril}} = 1{,}56\% \text{ a.p.}$$

Sabendo que o mês de abril possui 22 dias úteis, 19,45% a.a.o.

Dessa forma, temos:

Tabela 6.9 | Taxas forward

Fevereiro	19,05% a.a.o.
Março	19,13% a.a.o.
Abril	19,45% a.a.o.

O mercado utiliza as projeções das taxas *forward* como um indicador do comportamento esperado da taxa no futuro.

Essa projeção irá permitir às tesourarias dos bancos avaliarem se vão montar posições descasadas (*gaps*), por discordarem das expectativas do mercado.

A taxa *forward* mostra-se muito importante como parâmetro para a decisão entre títulos com pagamento no final ou com pagamento de cupom, já que podemos utilizá-la como provável taxa de reinvestimento, permitindo ao gestor encontrar a Taxa Interna de Retorno Modificada (TIRM) de um título ou carteira de títulos.

CAPÍTULO 7
Carregamento de ativos

7.1 Introdução

Quando examinamos as tesourarias das empresas e dos bancos e procuramos nos aprofundar no assunto, concluímos que o ponto central das tesourarias consiste no ato de captar e aplicar recursos.

A forma de captar e aplicar esses recursos e as estratégias utilizadas darão origem a ganhos ou perdas, implicarão na necessidade de controle, de administração de liquidez, de procura e antecipação de informações, enfim, de todo um processo que se denomina administração financeira, cujo objetivo é maximizar a riqueza dos acionistas.

O ato de captar e aplicar recursos sob as condições de mercado acaba por nos levar, em termos práticos, a descasamentos que podem ser de prazo, de moeda, de indexador e de volume de recursos. Se adotarmos uma postura extremamente conservadora de não permitir a ocorrência de descasamentos, isso nos levará, indubitavelmente, à perda de oportunidades, e mesmo de mercados, o que empresas ou bancos não podem admitir, em uma economia global extremamente competitiva.

Em função disso, torna-se importante administrar o descasamento entre os recursos captados e os aplicados.

A administração dos descasamentos implica a definição de limites de riscos para os quais os acionistas estão confortáveis. Introduziremos o conceito de risco e algumas métricas para medi-lo em outros capítulos.

Neste texto, trataremos do descasamento de prazos e moedas, que são conceitos importantes na gestão das tesourarias por permitir uma administração correta da liquidez.

Este fato deve permear as ações do tesoureiro, pois é a falta de liquidez que leva bancos e empresas a uma situação falimentar.

Se no fim de cada dia tivermos excesso de liquidez, na forma de caixa, tentaremos aplicar esses recursos. Se, ao contrário, necessitarmos de recursos, podemos tentar captá-los no mercado.

Qual seria o impacto no balanço de nossa empresa ou banco, caso não conseguíssemos aplicar os excessos ou captar os recursos necessários?

No caso das empresas, inicialmente, essa falta de caixa resulta em um abalo em suas condições de crédito. A persistência dessas condições provavelmente levará a empresa à concordata ou à falência. No caso dos bancos, poderá provocar sua liquidação no dia seguinte, pois o sistema bancário não admite a continuidade de um banco que não cumpre seus compromissos.

> **NOTA**
>
> Em 1994, por meio da Resolução n. 2.099 do Banco Central, o Brasil adotou o primeiro Acordo de Capital da Basileia, conhecido como Basileia I. Criado pelo Basel Committee on Banking Supervision (BCBS) esse acordo introduzia o conceito de exigência de capital mínimo para instituições financeiras, visando conter assim o risco de crédito.
>
> Uma revisão deste acordo foi divulgada em 2004 e ficou conhecida como Basileia II. O objetivo deste novo acordo não era substituir o Basileia I, mas sim aprimorar a estrutura do acordo antigo, acrescentando três pilares de complementação, sendo eles: requerimentos de capital, revisão pela supervisão do processo de avaliação da adequação de capital dos bancos e disciplina de mercado por meio da transparência.
>
> Como resposta à crise de 2008, uma nova revisão foi feita e apresentada em janeiro de 2013, o Basileia III. Nesse acordo houve uma revisão principalmente nos indicadores de liquidez, o Liquidity Coverage Ratio (LCR), que estabelece a seguinte relação,
>
> $$LCR = \frac{\text{(Estoque de ativos de alta liquidez)}}{\text{(Saídas líquidas nos 30 dias seguintes)}} \geq 100\%$$
>
> e o Net Stable Funding Ratio (NSFR) que estabelece a relação necessária entre os ativos de longo prazo financiados.
>
> A adoção dos índices é programada para ser adotada de forma gradual, sendo que os bancos têm que adotar o LCR até 2015 e o NFSR até 2018.

São várias as formas de as empresas e bancos suprirem suas necessidades de caixa, seja com a venda de ativos, seja com capital dos acionistas, empréstimos etc. Porém, como esse não é o objetivo deste texto, não estudaremos a questão da falta de liquidez.

Nosso objetivo será o de procurar elementos de administração dos descasamentos em termos de prazos e moedas, de forma a controlar e sinalizar o volume de recursos, ou seja, os problemas de liquidez.

Dessa forma, podemos desde já considerar que, no fim de cada dia ou de outro prazo considerado, nosso caixa estará zerado. Se houver sobras, elas serão aplicadas e, se houver necessidade de recursos, eles serão captados.

Para ter uma primeira ideia dessas questões, consideremos que um banco compre um título do governo ou que uma empresa venda a prazo para um cliente. Em ambos os casos estamos deixando de dispor de dinheiro hoje para tê-lo disponível em uma data futura. Tanto o banco quanto a empresa estarão aplicando recursos na data de hoje, a uma taxa de aplicação i_A, obtendo o retorno dos recursos somente na data de resgate.

Os recursos disponíveis para essa aplicação devem vir, entretanto, de algum lugar. Poderão ser próprios ou obtidos no mercado financeiro, e, em qualquer uma das hipóteses, devemos considerar uma taxa de captação i_C.

Além de volumes convenientes, vamos considerar inicialmente que captação e aplicação tiveram o mesmo prazo, moeda e indexador; nessas condições, se $i_A > i_C$, teremos um resultado positivo na operação.

No caso dos bancos, esse resultado é chamado de *spread* bancário, e a taxa desse *spread*, aqui denominada i_s, é dada pela operação:

$$(1 + i_A) = (1 + i_C)(1 + i_S)$$

Ou seja, isolando o termo $(1 + i_S)$, teremos:

$$(1+i_S) = \frac{(1+i_A)}{(1+i_C)}$$

É importante ressaltar que a taxa de captação das operações deve ser inferior à taxa de referência. No caso do mercado brasileiro, quando praticamos operações em moeda local, a taxa de referência adotada é a taxa do CDI/Selic.

Portanto, os tesoureiros necessitam realizar projeções da expectativa do mercado em relação a essa taxa de referência, como enfatizado anteriormente. Da mesma forma, a taxa de aplicação, em teoria, deve superar a taxa de referência (CDI/Selic).

A partir desse *spread* são abatidos os custos operacionais, obtendo-se os resultados operacionais dos bancos.

Uma forma de obter a eficiência desse resultado operacional é compará-lo à taxa do CDI/Selic e verificar se este atendeu às expectativas de lucro dos controladores.

No caso das empresas, o fato de $i_A > i_C$, ou seja, a taxa de aplicação ser maior que a de captação, acaba gerando um lucro financeiro, o que não é seu objetivo maior. Nessas condições, em relação às tesourarias das empresas, podem ocorrer casos em que $i_A = i_C$. Se considerarmos que o financiamento ao cliente é uma forma de realizar o lucro operacional, facilitando a venda do produto, podemos aceitar essa igualdade. Em alguns casos, as empresas têm a possibilidade de operar apenas com $i_A < i_C$, significando que perdem parte do lucro operacional no financiamento a seus clientes. Também podemos aceitar essa possibilidade considerando o esforço de venda que a empresa está fazendo.

Em qualquer um dos casos citados como exemplo, são muitas as estratégias que bancos e empresas podem utilizar em relação a i_A e i_C. O fato importante, no entanto, é que as tesourarias dos bancos e empresas deverão ter pleno controle de suas taxas de captação (i_C) e de suas taxas de aplicação (i_A). Deverão saber se estão ganhando ou perdendo e administrar esse processo.

Na prática, entretanto, essa questão não é tão simples. Consideremos que financiamos nosso cliente a uma taxa $i = 5\%$ a.m. por 35 dias, que é o prazo solicitado por ele. Ao captar os recursos, vamos supor que o banco cobre uma taxa de captação (i_C) de 4,5% a.m., mas só faça o empréstimo por 30 dias. Nessas condições, estamos descasados por cinco dias e teremos de captar os recursos necessários, por meio de uma operação de *hot money* (de rolagem diária ou não) ou usar nossos recursos. O problema que precisa ser estudado é a situação das taxas de juros na data em questão. Se ocorreu uma elevação dessas taxas, isso acarretará perdas. Caso tenha ocorrido uma queda, poderemos obter ganhos com essa operação. Assim, é essencial a correta gestão desses descasamentos.

No caso dos bancos, o problema é exatamente o mesmo. Consideremos que um banco aplique os recursos disponíveis, comprando um lote de Letras do Tesouro Nacional (LTN) por um prazo de 90 dias úteis e capte recursos em CDI por um dia útil ou em CDB por 22 dias úteis. Em qualquer um dos casos, o banco precisará administrar esse descasamento de prazos em função da possível variação das taxas de juros. Esse tipo de operação (descasamento de prazos) é conhecido como *short funded* ou descasamento positivo, pois o prazo de vencimento do ativo é *maior* do que o prazo de vencimento do passivo, indicando que o tesoureiro acredita em uma queda nas taxas de juros. Analogamente, a operação contrária, isto é, na qual o prazo de vencimento do ativo é menor que o prazo de vencimento do passivo, é chamada *long funded* ou *descasamento negativo*.

Com os exemplos apresentados, esperamos ter convencido o leitor de que, na prática, os descasamentos são inevitáveis, e também se torna indispensável a previsão do comportamento das taxas de juros, e ainda, finalmente, ao controlarmos todo esse processo estaremos realizando a administração da liquidez. Para começar a examinar mais profundamente essa questão, estudaremos a seguir o que vem a ser carregamento de títulos, mostrando como tratar o problema.

7.2 Carregamento de ativos

7.2.1 Carregamento de títulos

As aplicações financeiras são feitas em títulos e valores mobiliários, públicos ou privados, que representam a garantia ou o lastro da operação. Em geral, esses títulos são de emissão escritural, sendo obrigatório o seu registro nas *clearings* (Cetip ou Selic). No caso de financiamento ao cliente, o título poderá ser uma duplicata ou nota promissória, conforme o bem e a negociação estabelecida.

Consideremos que um banco adquira um lote de LTNs com vencimento em 90 dias ou que uma empresa financie um cliente, na venda de um produto, para 35 dias. Em qualquer um dos casos, ambos fizeram uma aplicação de recursos e são proprietários de um ativo. Para realizar essas aplicações, precisaram captar recursos gerando passivos ou utilizaram capital próprio.

Existe, então, uma aplicação realizada na data hoje (D_0) a ser resgatada em uma data futura (D_n), sendo usual o mercado utilizar o jargão *título* ou *papel* para se referir ao ativo representado pela aplicação financeira.

Consideremos o caso de um construtor de imóveis que mensalmente aplica na construção de uma casa a ser vendida no término da obra. Na data final terá um ativo que será resgatado no momento da venda. Quando examinamos o fluxo de caixa dessa operação, também podemos pensar no imóvel como um título de aplicações mensais e resgate no fim, no momento de sua venda.

Assim, nesse contexto, estaremos tratando de *ativos*, *títulos* ou *papéis* com um mesmo conceito.

Independentemente do tipo de ativo analisado (real ou financeiro), o estudo do carregamento irá exigir do administrador financeiro um instrumental eficiente para a projeção do comportamento das taxas de juros de referência (*benchmark*). Portanto, ele necessita construir constantemente uma *estrutura temporal de taxa de juros* (ETTJ).

Nessas condições, podemos fazer as primeiras definições para dar forma a nossa teoria.

> **Definição 1: Carregamento de títulos, carregamento de papéis ou carregamento de um ativo**
> Consiste no processo de sucessivas captações de recursos, com a finalidade de aplicarmos em um título ou ativo de forma geral, a ser resgatado em uma data futura, visando superar a taxa de referência (CDI). Dizemos que essas sucessivas captações carregam ou financiam o título até o resgate.

Exemplo 7.1

Consideremos o caso de um banco que aplica R$ 10 milhões em um título prefixado por 90 dias úteis, e realizará sucessivas captações em CDI por um dia. Nesse caso, o tesoureiro está estruturando um *short funded* acreditando em uma queda nas taxas de juros. Provavelmente, ao comparar a taxa do ativo em questão com sua projeção da taxa de referência, verificou a existência de um prêmio, valendo a pena, portanto, correr os riscos da operação (alta das taxas de juros).

Nessas condições, dia a dia, teremos o seguinte:

- d_0: data inicial da operação.
- Captação de R$ 10 milhões no CDI à taxa de 6,90% a.a.o.

Com os recursos em caixa:

- Compra do título, com o desembolso dos R$ 10 milhões.
- d_1: deve pagar o CDI captado em d_0.
- Valor a pagar:

$$10.000.000 \times \left(1 + \frac{6,90}{100}\right)^{\frac{1}{252}} = 10.002.648,11$$

- Faz a rolagem da captação no CDI, no valor de R$ 10.002.648,11 à taxa do dia, de por exemplo 6,80% a.a.o., pagando a dívida contraída.
- d_2: e assim por diante, até o vencimento ou até uma data conveniente.

O tesoureiro realiza essa operação de tomar recursos no CDI (curtíssimo prazo) para carregar o título até o vencimento (ou data futura conveniente), com o objetivo de lucro. Conforme suas projeções, ele deve ter concluído que a taxa de retorno do título deve ser maior que a do CDI (*benchmark*), ou seja:

$$i_{a:\ título} > i_{passivo:\ CDI}$$

Exemplo 7.2

Consideremos o caso inverso do exemplo anterior. Um banco capta R$ 50 milhões com a venda de um CDB prefixado pelo prazo de 120 dias úteis, no intuito de realizar sucessivas aplicações em CDI por um dia. Nesse caso, o tesoureiro está estruturando um *long funded*, apostando em uma elevação das taxas de juros. Provavelmente, ao comparar a taxa do passivo em questão com sua projeção da taxa *benchmark*, verificou a existência de um prêmio, valendo a pena, portanto, correr os riscos da operação (queda das taxas de juros).

Nessas condições, dia a dia, teremos o seguinte:

- d_0: data inicial da operação.
- Captação de R$ 50 milhões no CDB à taxa de 6,50% a.a.o.

Com os recursos em caixa:

- Aplica os recursos por um dia (CDI), à uma taxa de 6,80%.
- d_1: recebe o CDI aplicado em d_0.
- Valor recebido:

$$50.000.000 \times \left(1 + \frac{6,80}{100}\right)^{\frac{1}{252}} = 50.013.054,85$$

- Faz a rolagem da aplicação no CDI, no valor de R$ 50.013.054,85 à taxa do dia, de por exemplo 6,88% a.a.o.
- d_2: e assim por diante, até o vencimento ou até uma data conveniente.

O tesoureiro realiza essa operação de captar recursos no CDB para carregar o título (ativo) até o vencimento (ou data futura conveniente), com o objetivo de lucro. Conforme suas projeções, ele deve ter concluído que o custo de captação deve ser menor que o do CDI (*benchmark*), ou seja:

$$i_{a:\ CDI} > i_{Passivo:\ CDB}$$

Exemplo 7.3

Vejamos o caso de uma empresa que financia para um cliente R$ 1 milhão por 35 dias, em uma venda a prazo. Vamos considerar que irá captar recursos em um banco por 31 dias, contraindo um empréstimo de capital de giro, e nos demais quatro dias captará em *hot money*.

Assim, teremos a seguinte estrutura de captação:

- d_0: data inicial da operação.
- Captação de recursos para o financiamento ao cliente.
- Captar R$ 1 milhão em capital de giro, por 31 dias, à taxa de 2,5% a.m.
- Com os recursos em caixa, financia o cliente.
- d_{31}: deve pagar o empréstimo do capital de giro.
- Valor a pagar: $1.000.000 \times (1 + 0{,}025)^{\frac{31}{30}} = 1.025.844{,}01$.
- Para pagar esse valor ao banco, realiza uma operação de *hot money*, por um dia, à taxa de 2,07% a.m.o., o que equivale a uma taxa de 19% a.a.o.
- d_{32}: deve pagar o *hot money*.
- Valor a pagar:

$$1.025.844{,}01 \times \left(1 + \frac{2{,}07}{3.000}\right) = 1.026.551{,}84$$

- Para pagar o empréstimo (*hot money*), capta o valor anterior, realizando uma nova operação desse tipo (*hot money*).
- d_{33}: e assim por diante, até o vencimento.

A empresa realiza essa operação de captar recursos e pagá-los com novas captações para carregar o título, no caso, o financiamento ao cliente, até o vencimento. Seu objetivo maior foi o de possibilitar o financiamento, facilitando a venda do produto. Nessas condições, a taxa de aplicação poderá até ser maior ou igual à taxa de captação, isto é:

$$i_A \geq i_C$$

Já observamos que, com finalidades bem específicas, como o incremento das vendas, pode ocorrer:

$$i_A < i_C$$

Exemplo 7.4

Consideremos um projeto industrial, ao longo de um ano, em que necessitamos captar R$ 1 milhão mensalmente, e tais recursos serão pagos (cobertos), pelo fluxo de caixa do projeto nos dois anos seguintes a sua data de conclusão. Assim, teremos:

- d_0: início do projeto.
- Captação de R$ 1 milhão, por um mês, à taxa de 1,80% a.m.
- d_1: fim do primeiro mês.

- Realizamos a rolagem da dívida inicial e captamos mais R$ 1 milhão para o próximo mês, à mesma taxa de juros[1].
- Valor a pagar em d_1: 1.000.000 × (1 + 0,018) = 1.018.000,00.
- Esse valor deve ser somado ao empréstimo desse mês, resultando em uma dívida de R$ 2.018.000,00.
- d_2: fim do segundo mês.
- Realizamos a rolagem da dívida de R$ 2.018.000,00 e captamos mais R$ 1 milhão para o próximo mês.
- Valor a pagar em d_2: 2.018.000 × (1 + 0,018) = 2.054.324,00.
- Esse valor deve ser somado ao empréstimo desse mês, resultando em uma dívida de R$ 3.054.324,00.

Esse processo continua para os próximos meses, observando-se que a partir do 13.º mês, quando o projeto estiver em funcionamento, devemos dispor dos recursos necessários para cumprir as obrigações.

Nesse exemplo, a empresa realiza a operação de captar recursos e pagá-los com novas captações para carregar o título, no caso um projeto, até sua conclusão. Seu objetivo é, naturalmente, o de obter lucro com o projeto industrial por um bom período de anos. Evidentemente, a taxa de aplicação, que é a taxa do projeto, deve ser maior que a taxa de captação, ou seja, $i_A > i_C$ (a taxa mínima de atratividade deve ser maior que o custo de capital), caso contrário não se justificaria o projeto, exceto em situações extraordinárias, como o domínio de novas tecnologias, o aumento de participação no mercado etc.

7.2.2 Características dos carregamentos de títulos

Da definição estabelecida e dos exemplos apresentados, podemos observar algumas definições e características do carregamento, tais como:

- **Carregamento**: o termo fica evidente, pois o processo de captação/aplicação tem por objetivo levar o título ao resgate, carregando-o, portanto, até a data de vencimento ou uma data conveniente, quando temos o resultado da operação.
- **Taxa de carregamento**: é a taxa i_C de captação/aplicação dos recursos.
- **Taxa do papel (ativo ou passivo)**: é a taxa i_A de remuneração/aplicação do título ou projeto (ativo ou passivo), no início da operação.
- **Descasamento**: fica claro em todo o processo de carregamento de títulos que temos um descasamento entre os prazos de captação e os prazos de aplicação. Em geral, o prazo de cada captação é menor que o da aplicação, mas isso não elimina a generalidade do problema.

Do exposto, podemos observar que o estudo do carregamento de títulos nada mais é que um problema de fluxos de caixa com distintas taxas de captação e aplicação, com

---

[1] Para facilitar os cálculos, estamos supondo que a taxa de juro incidente sobre os empréstimos permanece a mesma ao longo do ano. Vale ressaltar que essa taxa pode ser variável e, nesse caso, devem-se fazer as alterações necessárias.

descasamento de prazos, e muitas vezes de moedas e indexadores, o que obriga o tesoureiro a realizar projeções sobre o comportamento futuro das taxas continuamente.

Quando tratamos das operações de carregamento no mercado brasileiro, os fluxos de caixa dos descasamentos existentes devem ser avaliados diariamente durante o período da operação. Em economias mais estáveis pode-se trabalhar com fluxos mensais. No caso de projetos, podemos usar, a princípio, fluxos mensais ou anuais, passando para um tratamento de fluxos diários em sua execução, quando estiver em questão o mercado brasileiro.

De uma forma geral, os bancos estudam para cada título as condições de seu carregamento, o que permite um posicionamento para a decisão de compra ou venda. Os títulos de suas carteiras são consolidados como passivos e ativos, com a finalidade de controle dos descasamentos (*gaps*) de prazos, moedas, indexadores e aferição dos *spreads*.

O fato é que o tratamento de uma tesouraria por meio do conceito de carregamento de títulos nos traz inúmeras informações sobre a captação e aplicação de recursos e nos auxilia no processo de administração da liquidez.

7.3 Elementos de um carregamento de títulos

7.3.1 Curvas de compra do papel

Quando fazemos uma aplicação pré-fixada, sabemos com certeza o valor a ser aplicado, a taxa de aplicação e o prazo. Com isso, também conhecemos o valor a ser resgatado. Claro que muitas vezes podemos ter complicadores, tais como:

- o caso em que a taxa é pós-fixada;
- quando existem parcelas intermediárias;
- quando a operação é feita em moeda estrangeira etc.

Nesses casos, temos de lançar mão de previsões e, é importante que se diga, jamais estaremos livres de ter de fazê-las. Todas as decisões tomadas hoje, e temos de tomá-las, serão afetadas por eventos futuros. É fundamental, portanto, fazer boas previsões.

Temos todos os dados de nossa aplicação e podemos construir a curva de compra do papel. Se ela é feita com base em previsões, podemos chamá-la de curva projetada de compra do papel. Note que o termo *papel*, que é o mais utilizado, pode ser substituído por curva do título, curva do ativo ou curva do projeto, definida como:

> **Definição 2: Curva de compra do papel**
> A partir do valor aplicado, taxa, prazo e valor do resgate, fixe uma unidade de tempo e calcule o valor do fluxo para cada uma dessas datas. Unindo as pontas desse fluxo, teremos a curva de compra do papel.
> A curva de compra do papel nos dá o valor do título em cada data, nas condições em que a operação foi feita.

Na realidade, não é costume obtermos graficamente a curva de compra do papel, mas sim uma tabela na qual temos o valor do título em cada data. Em termos gráficos, a curva será uma exponencial, quando se tratar de capitalização composta ou uma reta, quando a capitalização for simples. Vejamos um exemplo para entender melhor.

Exemplo 7.5

Curva de compra de uma Letra do Tesouro Nacional (LTN)

Consideremos a compra de uma LTN com 19 dias úteis, adquirido a um PU = 994,737 para cada R$ 1.000,00 de resgate.

a. Qual a motivação da compra?

Naturalmente, a motivação é o lucro e acreditamos que ele ocorrerá. Essa certeza deverá estar baseada em estudos e evidências do mercado para a tomada da decisão de compra.

Para tanto, devemos ter a nossa previsão de taxas de captação para o carregamento da LTN. Supondo o caso de um banco que poderá captar, na pior das hipóteses, a taxas do CDI, elas deverão ser a base de sua decisão.

A Tabela 7.1 seguinte apresenta as taxas de CDI previstas por um banco para os 19 dias úteis, a partir do pagamento da LTN.

Tabela 7.1 | Taxas de CDI previstas

Dias úteis	Taxa prevista CDI % a.a.o.	Dias úteis	Taxa prevista CDI % a.a.o.	Dias úteis	Taxa prevista CDI % a.a.o.
1	7,10	8	7,10	14	7,17
2	7,10	9	7,13	15	7,17
3	7,10	10	7,13	16	7,17
4	7,10	11	7,13	17	7,17
5	7,10	12	7,13	18	7,25
6	7,10	13	7,17	19	7,25
7	7,10				

A taxa média do CDI ao ano *over* previsto será:

$$\left(1+\frac{i}{100}\right)^{\frac{19}{252}} = \left(1+\frac{7,10}{100}\right)^{\frac{8}{252}} \left(1+\frac{7,13}{100}\right)^{\frac{4}{252}} \left(1+\frac{7,17}{100}\right)^{\frac{5}{252}} \left(1+\frac{7,25}{100}\right)^{\frac{2}{252}} = 1,005214$$

Daí, i = 7,14% a.a.o., que é a taxa média prevista para o CDI.

Com relação ao título adquirido, a sua taxa *over* ano é dada por:

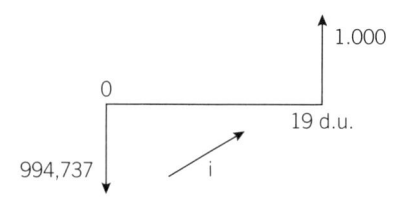

$$i = \left[\left(\frac{1.000}{994,737}\right)^{\frac{252}{19}} - 1\right] \times 100 = 7,25\% \text{ a.a.o.}$$

Assim, fica clara nossa motivação para a compra do papel:

- Podemos captar recursos à taxa do CDI prevista: $i_c = 7,14\%$ a.a.o.
- E carregar o título até o vencimento, cuja taxa de remuneração é: $i_A = 7,25\%$ a.a.o.

O *spread* da operação será:

$$(1 + i_A) = (1 + i_c)(1 + i_s)$$

$$\left(1 + \frac{7,25}{100}\right) = \left(1 + \frac{7,14}{100}\right)(1 + i_s)$$

$i_s = 0,1027\%$ a.a.o.

Para o prazo de 19 dias úteis, teremos:

$$\left(1 + \frac{0,1027}{100}\right)^{\frac{19}{252}} = (1 + i_s)$$

$i_s = 0,0077\%$ a.p.

Nessas condições, o lucro previsto, para cada R$ 1.000,00 de resgate, será:

- Fluxo do título – Aplicação

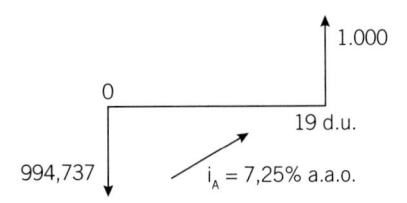

- Fluxo de carregamento – Captação

$$FV = 994,737 \left(1 + \frac{7,14}{100}\right)^{\frac{19}{252}} = 999,923$$

O que nos dá um lucro, no resgate, de:

L = 1.000 − 999,923 = 0,077; por R$ 1.000,00 de resgate.

Um lucro de R$ 0,077 para cada R$ 1.000 de resgate, embora nos pareça pequeno, reflete o atual ambiente do mercado financeiro brasileiro, o que obriga os bancos a operar volumes elevados para atingir uma escala operacional. Ao avaliarmos o *spread* em termos anuais, i_s = 0,1027% a.a.o., podemos considerá-lo bom pelo curto prazo da operação e por estarmos operando com títulos de risco soberano (república brasileira).

É claro que existe o risco de mercado, ou seja, o de variação das taxas de juros, da qual não estaremos livres.

Do exposto, observa-se como são importantes as previsões do CDI para a compra de ativos pelos bancos, o mesmo valendo para as empresas.

b. Curva de compra da LTN

Comprado o título, podemos construir a curva de compra do papel, considerando dia a dia o valor de resgate do papel, corrigido pela taxa do título. A Tabela 7.2 apresenta essa curva:

Tabela 7.2 | Curva de compra do papel

Data	Valor do título na data corrigido à taxa de 7,25% a.a.o.	Taxa % a.a.o.	Observação
0	994,737	7,25	Valor pago pelo título
1	995,013	7,25	
2	995,290	7,25	
3	995,566	7,25	
4	995,843	7,25	
5	996,119	7,25	
6	996,396	7,25	
7	996,673	7,25	
8	996,950	7,25	
9	997,227	7,25	Valores corrigidos diariamente pela taxa do papel
10	997,504	7,25	
11	997,781	7,25	
12	998,058	7,25	
13	998,335	7,25	
14	998,613	7,25	
15	998,890	7,25	
16	999,167	7,25	
17	999,445	7,25	
18	999,723	7,25	
19	1.000	−	Valor resgatado disponível para novas aplicações

Figura 7.1 | Gráfico: LTN 19 dias úteis

PU = 994,737

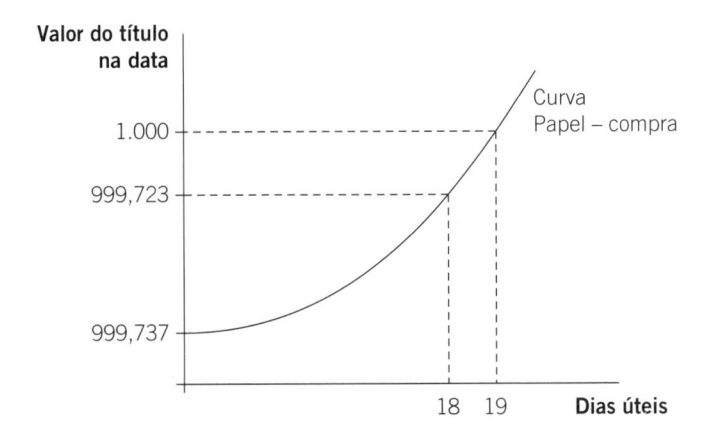

[Gráfico mostrando valor do título na data, com curva "Papel – compra", valores 1.000, 999,723 e 999,737 no eixo vertical, e 18, 19 dias úteis no eixo horizontal]

No gráfico anterior, podemos observar a curva de compra do papel.

Do exposto, adquirimos o título em função do lucro que pode ser obtido, de acordo com previsões sobre o comportamento da taxa do CDI. No entanto, esse lucro poderá ocorrer ou não, dependendo da variação efetiva do CDI no período analisado, ou seja, depende das condições do mercado. É esse risco de mercado que deve ser controlado, com atenção nas variações das taxas do CDI. Os acionistas atribuem limites para que as tesourarias dos bancos "corram" determinados riscos como, por exemplo, o risco préfixado do exemplo.

7.3.2 Curva de carregamento do papel

A partir da compra de um título prefixado, conhecemos o valor a ser pago, além da taxa e data de resgate do mesmo. O valor a ser pago deve ser captado no mercado ou corresponder a recursos próprios, a uma taxa de captação i_C. Para haver lucro, já sabemos, é preciso captar a uma taxa menor que a do papel i_A.

Assim, a cada captação efetuada, é corrigido o PU do título e o valor a ser pago, a essa taxa de captação e comparado com o valor do título, na data, nas condições de compra do papel.

Exemplo 7.6

Voltemos ao caso da LTN adquirida ao PU = 994,737 com taxa de 7,25% a.a.o. Imaginemos a seguinte sequência de captações:

- d_0: captamos R$ 994,737, para pagamento do título à taxa de 7,11% a.a.o., por um dia. No dia seguinte devemos pagar:

$$FV = 994{,}737 \left(1 + \frac{7{,}11}{100}\right)^{\frac{1}{252}} = 995{,}008$$

Comparando esse valor com a curva do papel-compra, teríamos que o valor da LTN para a data um seria R$ 995,013, produzindo um lucro de R$ 0,005 por lote de R$ 1.000 a resgatar.

- d_1: no dia seguinte a d_0, para pagar R$ 995,008, devemos captar esses recursos. Supondo que a captação seja por um dia à taxa de 7,12% a.a.o., então devemos pagar no dia seguinte:

$$FV = 995{,}008 \left(1 + \frac{7{,}12}{100}\right)^{\frac{1}{252}} = 995{,}280$$

Comparando esse valor com a curva do papel-compra para a data 2, que é de R$ 995,290, obtemos o lucro pelo carregamento dos dois dias que é de:

995,290 − 995,280 = 0, 010, e assim por diante.

Nessas condições, podemos definir:

Definição 3: curva de carregamento do papel
É a curva formada pelo valor presente do título, corrigido pelas sucessivas taxas de captação, até sua data de resgate ou de negociação.

A Tabela 7.3 nos mostra a LTN do exemplo anterior e as duas curvas para comparação:

Tabela 7.3 | Comparação entre as curvas de papel-compra e carregamento do título

Data	Curva do papel-compra		Curva de carregamento do título	
	Valor	Taxa % a.a.o.	Valor	Taxa % a.a.o.
0	994,737	7,25	994,737	7,11
1	995,013	7,25	995,008	7,12
2	995,290	7,25	995,280	7,12
3	995,566	7,25	995,551	7,13
4	995,843	7,25	995,824	7,09
5	996,119	7,25	996,094	7,09
6	996,396	7,25	996,365	7,07
7	996,673	7,25	996,635	7,06
8	996,950	7,25	996,905	7,06
9	997,227	7,25	997,175	7,05
10	997,504	7,25	997,445	7,03
11	997,781	7,25	997,714	7,01
12	998,058	7,25	997,982	6,99
13	998,335	7,25	998,249	7,09
14	998,613	7,25	998,521	7,12
15	998,890	7,25	998,793	7,13
16	999,167	7,25	999,066	7,12
17	999,445	7,25	999,339	7,11
18	999,723	7,25	999,612	7,07
19	1.000	–	999,883	–

Lucro = 1.000 − 999,883 = 0,11700, por lote de R$ 1.000,00 a resgatar.

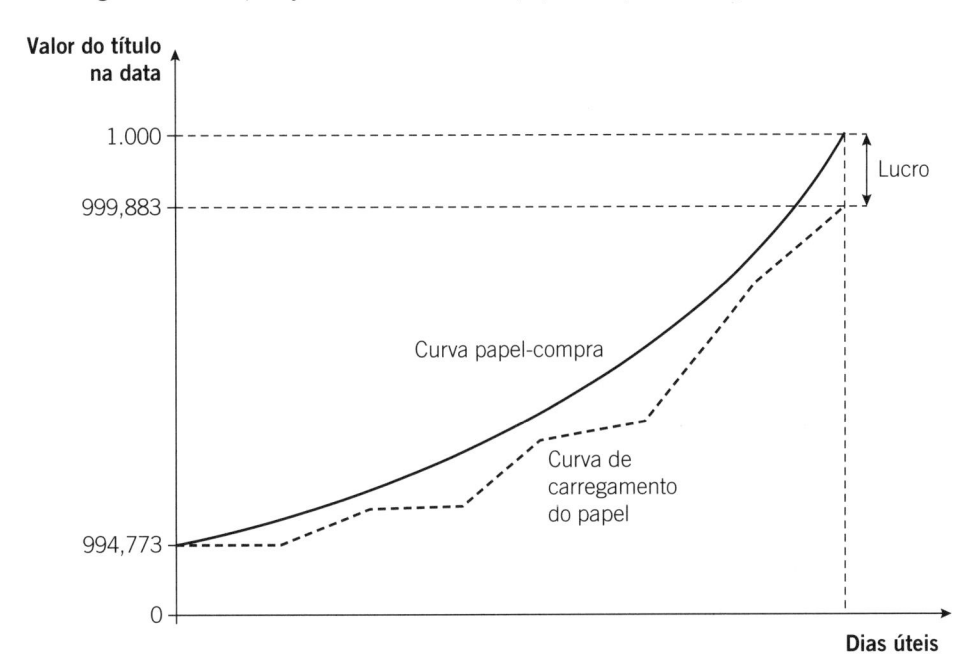

Figura 7.2 | Comparação entre as curvas de papel-compra e carregamento do título

[Gráfico: eixo vertical "Valor do título na data" com marcações em 1.000, 999,883 e 994,773; eixo horizontal "Dias úteis". Curva papel-compra (linha contínua) e Curva de carregamento do papel (linha tracejada). Diferença entre 1.000 e 999,883 indicada como "Lucro".]

7.3.3 Curva de carregamento estimada

Ao fazer o carregamento de um título, passados alguns períodos de captação, podemos, a partir da última captação, utilizar a estrutura temporal de taxas de juros, ou seja, as previsões de taxas como as possíveis taxas de captação.

Obtemos, assim, a curva de carregamento estimada, também chamada de curva de carregamento.

No mercado brasileiro utilizamos taxas diárias do CDI/Selic para o carregamento. É comum considerarmos a última taxa de captação ocorrida como representante das taxas previstas, como primeira alternativa. Obtemos o que é chamado curva de carregamento-dia, que nos indica o que deverá ocorrer com nosso carregamento, se mantida a taxa de captação.

Com base nessa ideia, podemos também calcular a taxa máxima de captação para cada data. Ela consiste na maior taxa que podemos captar para igualarmos o valor de face do título na data de resgate (taxa que empata com o custo de oportunidade).

Esses conceitos nos auxiliam na avaliação do título e na decisão de manter o carregamento ou vender o ativo, nos antecipando a eventuais possibilidades de risco.

Exemplo 7.7

No caso da LTN que estamos tratando nos exemplos considerados, vamos admitir que:

- foram completados dez dias de carregamento;
- estamos na manhã do 11.º dia e desejamos a posição do papel.

A Tabela 7.4 seguinte nos mostra os possíveis dados disponíveis e carregamentos estimados que podemos examinar:

Tabela 7.4 | Carregamentos estimados

Data	Previsão do CDI na data de compra do papel	Curva do papel-compra a 7,25% a.a.o.	Curva de carregamento do título dos dez primeiros dias		Nova previsão de taxas realizadas no 10.º dia, válidas a partir do 11.º dia (% a.a.o.)	Curva de carregamento estimadas	
			Taxa % a.a.o.	Valor		Com base nas previsões de taxas	Mantendo a taxa de 10.º dia de 7,13% a.a.o.
0	7,10	994,737	7,11	994,737			
1	7,10	995,013	7,12	995,008			
2	7,10	995,290	7,12	995,280			
3	7,10	995,566	7,13	995,551			
4	7,10	995,843	7,09	995,824			
5	7,10	996,119	7,09	996,094			
6	7,10	996,396	7,07	996,365			
7	7,10	996,673	7,06	996,635			
8	7,13	996,950	7,06	996,905			
9	7,13	997,227	7,05	997,175			
10	7,13	997,504		997,445	7,13	997,445	997,445
11	7,13	997,781			7,09	997,717	997,717
12	7,17	998,058			7,07	997,988	997,990
13	7,17	998,335			7,06	998,259	998,263
14	7,17	998,613			7,06	998,529	998,536
15	7,17	998,890			7,05	998,800	998,809
16	7,17	999,167			7,03	999,070	999,082
17	7,25	999,445			7,01	999,339	999,355
18	7,25	999,723			6,99	999,608	999,628
19	–	1.000			–	999,876	999,901

Com base nas curvas de carregamento projetadas, teremos:

$$\text{Lucro}_{previsão} = 1.000 - 999{,}876 = 0{,}124$$

$$\text{Lucro}_{última\ captação\ (7,13\%\ a.a.o.)} = 1.000 - 999{,}901 = 0{,}099$$

Para calcular a taxa máxima de captação, devemos capitalizar o PU, valor pago pelo título, pelas taxas de captação já ocorridas. A taxa máxima é aquela aplicada aos dias que faltam para o resgate, que nos leva ao FV (R$ 1.000,00 valor de resgate do título). Para o exemplo, teremos:

$$994{,}737 \times \left(1 + \frac{7{,}11}{100}\right)^{\frac{1}{252}} \times \left(1 + \frac{7{,}12}{100}\right)^{\frac{2}{252}} \times \left(1 + \frac{7{,}13}{100}\right)^{\frac{1}{252}} \times \left(1 + \frac{7{,}09}{100}\right)^{\frac{2}{252}} \times$$

$$\times \left(1 + \frac{7{,}07}{100}\right)^{\frac{1}{252}} \times \left(1 + \frac{7{,}06}{100}\right)^{\frac{2}{252}} \times \left(1 + \frac{7{,}05}{100}\right)^{\frac{1}{252}} \times \left(1 + \frac{i}{100}\right)^{\frac{9}{252}} = 1.000$$

ou seja:

$$997{,}445 \times \left(1 + \frac{i}{100}\right)^{\frac{9}{252}} = 1.000$$

i = 7,43% a.a.o.

Então, temos uma taxa de 7,43% a.a.o., significando que, se captarmos, nos próximos nove dias, a essa taxa, não teremos lucro no carregamento. Isso quer dizer que essa é a taxa máxima que nosso carregamento de títulos suporta (*break-even* de financiamento).

7.4 Carregamento da tesouraria

O carregamento da tesouraria é obtido quando consideramos o fluxo consolidado de todos os títulos, ativos e passivos, oriundos de operações financeiras realizadas pela tesouraria, a partir de uma data pré-fixada. É como se tivéssemos um único título representando todas as operações da tesouraria, conforme o exemplo:

Exemplo 7.8

Tesourarias de bancos

Consideremos a tesouraria de um banco com os seguintes títulos:

a. Ativos

1. LTN de 22 dias úteis, adquirido à taxa de 9,75% a.a.o., com PU = 991,911. O volume adquirido foi de 10.000 lotes (cada lote equivale a R$ 1.000,00 no vencimento), que já estão na carteira por cinco dias, com recursos captados a 9,50% a.a.o. por quatro dias e 9,15% a.a.o. para o 5.º dia.

   Então o PU do papel para a data hoje será:

$$PU = 991{,}911 \left(1 + \frac{9{,}50}{100}\right)^{\frac{4}{252}} \left(1 + \frac{9{,}15}{100}\right)^{\frac{1}{252}} = 993{,}686$$

O que equivale ao seguinte fluxo de caixa:

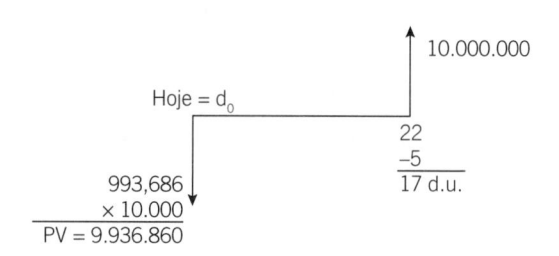

```
                                    ↑ 10.000.000
                    Hoje = d₀       |
                    ├───────────────┤
                                    22
                                   −5
                    993,686 ↓     ─────
                    × 10.000      17 d.u.
                   ──────────
                   PV = 9.936.860
```

2. Operação de crédito de capital de giro para um empresa no valor de R$ 2.000.000,00 em cinco dias úteis com valor de carregamento de PV = 1.992.745,15, o que nos dá o fluxo:

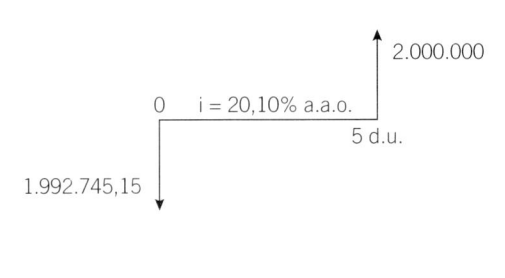

```
                        2.000.000 ↑
           0    i = 20,10% a.a.o.
                     5 d.u.
1.992.745,15 ↓
```

b. Passivos

CDB com vencimento em dez dias úteis no valor de R$ 2.000.000,00, com valor de carregamento hoje de R$ 1.993.901,30, nos dando o seguinte fluxo:

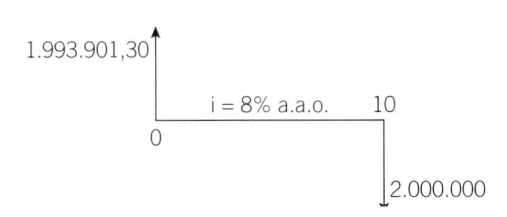

```
1.993.901,30 ↑
           i = 8% a.a.o.    10
   0
                         ↓ 2.000.000
```

Supondo apenas estas operações, o fluxo de caixa da tesouraria seria:

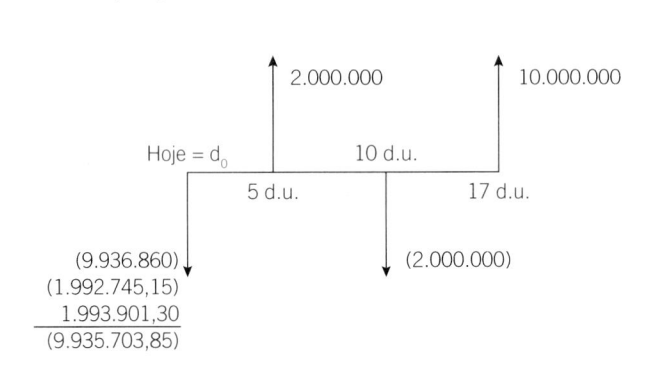

```
                    ↑ 2.000.000        ↑ 10.000.000
     Hoje = d₀           10 d.u.
            5 d.u.                17 d.u.
   (9.936.860) ↓           ↓ (2.000.000)
  (1.992.745,15)
   1.993.901,30
  ─────────────
  (9.935.703,85)
```

O fluxo da tesouraria pode ser entendido como um título de que podemos estudar o carregamento, com as seguintes características:

i. Valor a captar na data d_0: 9.935.703,85.
ii. Taxa do título dada pela taxa interna de retorno (TIR) do fluxo, que é de 10,70% a.a.o.[2]
iii. Curva de papel estimada: a partir da previsão de taxas até a data final do fluxo, conforme a Tabela 7.5:

---

[2] A TIR desse fluxo foi calculada utilizando a função "atingir meta", do Excel 2007.

Tabela 7.5 | Curva de papel estimada

Data	Taxa estimada de captação na data (% a.a.o.)	Curva estimada de carregamento (PU do título na data)	Observações	Curva da carteira equivalente a 10,70% a.a.o. (PU do título na data)
0	7,05	9.935.703,85	Valor inicial do PU na data de hoje	9.935.703,85
1	7,05	9.938.390,24		9.939.711,13
2	7,05	9.941.077,35		9.943.720,03
3	7,05	9.943.765,19		9.947.730,54
4	7,05	7.946.453,76	9.908.201,82 − 2.000.000	7.951.742,67
5	7,08	7.948.602,30		7.954.949,78
6	7,08	7.950.760,26		7.958.158,18
7	7,08	7.952.918,80		7.961.367,87
8	7,08	7.955.077,94		7.964.578,86
9	7,08	9.957.237,66	7.938.249,15 + 2.000.000	9.967.791,14
10	7,08	9.959.940,94		9.971.811,36
11	7,08	9.962.644,96		9.975.833,20
12	7,08	9.965.349,71		9.979.856,67
13	7,08	9.968.055,20		9.983.881,76
14	7,08	9.970.761,42		9.987.908,47
15	7,08	9.973.468,37		9.991.936,81
16	7,08	9.976.176,06		9.995.966,77
17	–	9.978.884,49		9.999.998,36

Lucro do carregamento na data 17 d.u. = 10.000.000,00 − 9.978.884,49 = 21.115,51

Esta é a posição da tesouraria na data hoje e deve ser refeita no fim do dia, incluindo as novas operações. Obtemos dessa forma o novo fluxo de caixa para a abertura da tesouraria no dia seguinte e assim sucessivamente.

Com esse tratamento de carregamento da tesouraria, podemos estudar, também, a influência dos custos fixos e obter a posição do banco em relação a sua liquidez, seus resultados e demais variáveis a serem controladas.

No caso do exemplo, nosso caixa foi sempre negativo, até data final projetada. Caso o caixa ficasse positivo, deveríamos ter a previsão para taxas de aplicação. No caso dos bancos, temos uma simplificação, pois as taxas do CDI podem ser utilizadas tanto para captação como para aplicação.

As tesourarias das empresas podem, e devem, ter o mesmo tratamento com alguns cuidados, tais como:

- as taxas de aplicação e captação de recursos para as empresas são, em geral, diferentes e com diferenças substanciais;
- na administração da caixa não fica claro o PU – valor presente de cada operação. Por exemplo, se comprarmos matéria-prima para pagamento de R$ 2.000.000,00 em 30 dias, nosso fluxo será:

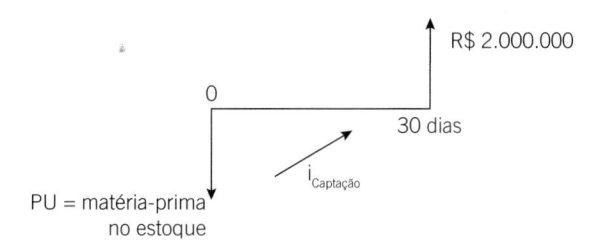

```
                           ↑ R$ 2.000.000
              0
              ├──────────────┼──→ 30 dias
              │          i_Captação
              ↓
      PU = matéria-prima
         no estoque
```

Deve-se observar que essa matéria-prima poderia gerar caixa antes ou depois da data de pagamento, na forma de venda do produto final, afetando o fluxo de caixa da tesouraria.

De uma forma geral, deveríamos entrar com o valor presente e o valor futuro de cada operação feita pela empresa para obter o fluxo de caixa da tesouraria. Esse seria um tratamento muito interessante, pois envolveria todos os ativos e passivos da empresa em um único fluxo de caixa, no tempo, que estaria avaliando a empresa continuamente.

Deixando de lado esta perfeição de análise, o que temos na prática é a caixa da tesouraria, ou seja, o contas a pagar e receber que também pode ser analisado como um carregamento de títulos, conforme o exemplo seguinte.

Exemplo 7.9

Tesouraria de empresas

Vamos considerar que uma empresa tenha o seguinte conjunto de contas a pagar e receber:

a. Ativos
- disponibilidade de caixa na data hoje de R$ 200.720.000,00 em bancos;
- financiamento a clientes de R$ 100.000.000,00 a ser recebidos de hoje a 16 dias úteis;
- aplicação em CDB com resgate em cinco dias úteis no valor de R$ 20.000.000,00.

b. Passivos
- pagamento de fornecedores em dez dias úteis no valor de R$ 20.000.000,00;
- folha de pagamento de R$ 8.000.000,00 para pagamento de hoje a sete dias úteis;
- impostos a pagar, em duas parcelas de R$ 3.500.000,00, em 12 dias úteis e 18 dias úteis.

A partir das operações existentes, podemos construir o seguinte fluxo de caixa:

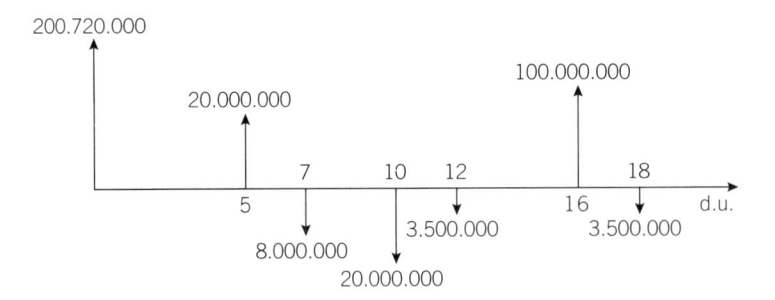

O fluxo de caixa obtido pode ser entendido como um título único com investimentos e resgates ao longo do tempo. Na realidade, não temos todos os elementos do título, pois não temos o valor presente de todas as operações, e assim, não podemos calcular sua taxa de retorno e *spread* entre ativos e passivos.

Mesmo com essas limitações, podemos estudar seu carregamento e analisar a caixa da empresa ao longo do tempo, obtendo as seguintes informações:

i. devemos aplicar na data de hoje R$ 200.720.000,00 por um prazo máximo de sete dias;

ii. curva do papel estimada: pode ser obtida a partir da previsão das taxas do CDI, que é a estrutura temporal de taxas de juros, e, com base nessas taxas, estabelecer a previsão para captações e aplicações.

No exemplo, vamos considerar que as captações e aplicações serão diárias à:

- taxa de aplicação: 99,5% do CDI;
- taxa de captação: 112,5% do CDI.

A Tabela 7.6 nos dá a previsão do CDI, as taxas de captação e aplicação e, ainda, a curva estimada do papel:

Tabela 7.6 | Previsão do CDI, taxas de captação e aplicação, e curva estimada do papel

Data	Previsão do CDI % a.a.o.	Taxa de captação 112% CDI % a.a.o.	Taxa de aplicação 99,5% CDI % a.a.o.	Curva estimada de carteira equivalente (PU na data)	Observações
0	6,90	7,76	6,86	200.720.000,00	
1	6,90	7,76	6,86	200.772.854,80	
2	6,90	7,76	6,86	200.825.723,50	
3	6,90	7,76	6,86	200.878.606,10	
4	6,90	7,76	6,86	220.931.502,60	200.931.502,60 + 20.000.000
5	6,90	7,76	6,86	220.989.679,60	
6	6,90	7,76	6,86	213.047.871,90	221.047.871,90 − 8.000.000
7	6,90	7,76	6,86	213.103.972,90	
8	6,90	7,76	6,86	213.160.088,70	
9	6,90	7,76	6,86	193.216.219,30	213.216.219,30 − 20.000.000
10	6,75	7,59	6,72	193.267.098,10	
11	6,75	7,59	6,72	189.816.984,60	193.316.984,60 − 3.500.000
12	6,75	7,59	6,72	189.865.980,60	
13	6,75	7,59	6,72	189.914.989,20	
14	6,75	7,59	6,72	189.964.010,50	
15	6,75	7,59	6,72	290.013.044,40	190.013.044,40 + 100.000.000
16	6,75	7,59	6,72	290.087.903,20	
17	−	−	−	286.662.781,30	290.162.781,30 − 3.500.000

As taxas de captação e aplicação são calculadas a partir das taxas de CDI diárias da seguinte maneira:

- d_0: primeiramente vamos determinar a taxa CDI equivalente ao dia útil:

$$i_{d.u.} = \left(1 + \frac{6,90}{100}\right)^{\frac{1}{252}} - 1 = 0,000264811$$

- A partir desse valor aplicamos os percentuais referentes à aplicação e captação:

$i_{captação} = 112\% \times 0,000264811 = 0,000296588$

$i_{aplicação} = 99,5\% \times 0,000264811 = 0,000263487$

Para podermos comparar os valores com as taxas CDI, vamos determinar as taxas de captação e aplicação equivalentes ao ano *over*:

$i_{captação} = [(1 + 0{,}000296588)252 - 1] \times 100 = 7{,}76\%$ a.a.o.

$i_{aplicação} = [(1 + 0{,}000263487)252 - 1] \times 100 = 6{,}86\%$ a.a.o.

Esses cálculos devem ser aplicados aos demais dias para determinar as taxas de captação e aplicação de acordo com o CDI diário.

O carregamento da tesouraria até a última data na qual conhecemos as entradas ou saídas de caixa nos dá uma visão das condições de liquidez e de resultados da empresa.

Em princípio, a caixa da data 18 dias úteis de nosso fluxo, no valor de R$ 286.662,781,30, é o resultado da operação da empresa. Se existirem outros custos, basta deduzi-los e teremos os resultados operacionais.

Para complementar as informações, lembramos que, se colocarmos na forma de fluxos de caixa todos os ativos e passivos gerados na empresa, ao longo do tempo, poderemos tratar a empresa como um título de longo prazo, do qual o estudo do carregamento nos informará sobre os resultados da empresa, condições de liquidez e riscos envolvidos.

7.5 Carregamento de títulos e valor de um título a mercado

Quando estudamos o carregamento de títulos, estamos considerando o fato de que os ativos e passivos serão mantidos (carregados ou financiados) até a data de vencimento. E fazemos isso porque acreditamos que teremos lucro na operação de carregamento.

Controlamos o resultado do carregamento de títulos pela comparação entre a curva de carregamento do ativo, que é conhecida, e a curva estimada do título, segundo uma estrutura temporal de taxas de juros prevista.

Dessa forma, ocorrendo variações na estrutura temporal de taxas de juros, teremos afetada nossa captação de recursos e, portanto, os resultados do carregamento de títulos.

Nessas condições, prevendo que a operação de carregamento de um ativo, a partir de uma certa data, não nos dará resultados positivos, podemos desejar vender esses ativos na tentativa de eliminar os maus resultados. No entanto, no momento de venda é razoável supor que o mercado já tenha desvalorizado os ativos pelos mesmos motivos.

Assim, embora o estudo de carregamento de títulos nos forneça inúmeras informações, não é possível capturar totalmente o risco de uma posição por variações das taxas de mercado.

A melhor forma de capturarmos esses efeitos de risco de mercado consiste em determinar o valor presente dos fluxos de caixa de nosso título a taxas de mercado. Podemos estudar, também, a perda ou o ganho, por variações na estrutura temporal de taxas de juros de mercado.

No capítulo seguinte examinaremos este assunto e ainda a *duration*, que nos auxiliará na questão do descasamento entre ativos e passivos.

CAPÍTULO 8
Duration e convexidade

8.1 Introdução

A crescente sofisticação do mercado financeiro traz, às vezes, conceitos já conhecidos aplicados de forma mais precisa ou diferenciada. *Duration* é um desses conceitos que podemos usar como indicadores nas tesourarias e no tratamento dos derivativos.

O conceito de *duration*, que podemos traduzir para duração, é uma forma de cálculo do prazo médio de um fluxo de caixa que procura levar em conta o valor do dinheiro no tempo.

Essa questão do prazo médio de um fluxo de caixa é sempre um indicador perseguido por aqueles que trabalham nas tesourarias. Temos interesse em saber qual é o prazo médio de recebimento de nossas duplicatas ou qual o prazo médio de nosso endividamento em dólares, e assim por diante. Com esse indicador, queremos ter uma ideia de como estão nossos fluxos de caixa em relação a possíveis riscos conjunturais, daí a importância de seu estudo.

8.2 Conceito de prazo médio

8.2.1 A taxa de juros dos fluxos de caixa

Considerando um fluxo de caixa como o seguinte:

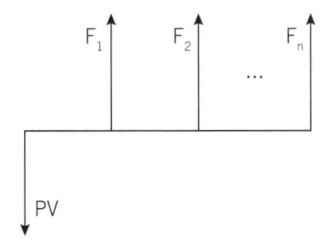

Um problema importante é o cálculo da taxa de juros do fluxo. O cálculo da taxa interna de retorno (TIR) do fluxo é um processo conhecido que apresenta problemas já sabidos e dominados.

No entanto, nossa intuição sempre nos leva à tentativa de uma solução simplista, linear, desse problema. Será que não podemos encontrar uma data na qual consideraremos concentrados os fluxos $F_1, F_2, ... F_n$? Se existisse esta data d em que pudéssemos concentrar os fluxos, de forma que $FV = F_1 + F_2 + ... + F_n$, então teríamos uma forma muito simples de calcular a taxa do fluxo, a partir de:

$$FV = PV(1 + i)^n$$

Então:

$$i = \left(\frac{FV}{PV}\right)^{\frac{1}{n}} - 1$$

Esse procedimento seria, seguramente, muito mais simples que o cálculo da TIR de um fluxo de caixa e de fácil entendimento.

Na realidade, é fácil perceber o erro cometido ao somarmos os fluxos ocorridos nas várias datas, ou seja, o termo $FV = F_1 + F_2 + ... + F_n$ representa a soma dos fluxos que ocorrem em datas distintas, o que é incorreto, pois não leva em conta o valor do dinheiro no tempo.

8.2.2 Definição de prazo médio

Apesar de reconhecer os erros cometidos na ideia de somar, simplesmente, fluxos que ocorrem em datas diferentes, talvez pudéssemos obter algum indicador dos fluxos, caso eles estivessem concentrados ao redor de uma data ou se as taxas de juros vigentes fossem baixas, de forma a não ter grande influência a soma dos fluxos em datas diferentes.

Dentro dessas condições, podemos entender prazo médio como sendo uma data d em que podemos considerar concentrada a soma dos fluxos de caixa que ocorrem em datas distintas.

Essa definição vem da física, a partir do conceito de centro de massa, e podemos nos apropriar de sua fórmula para nosso caso.

Assim, considerando fluxos de caixa que apresentem apenas entradas ou saídas, podemos obter uma fórmula para o cálculo do prazo médio d, como segue.

Considere o fluxo de caixa a seguir, em que conhecemos os valores dos fluxos $F_1, F_2, ..., F_n$ e os respectivos prazos de fluxos $d_1, d_2, ..., d_n$, em relação a uma data fixada.

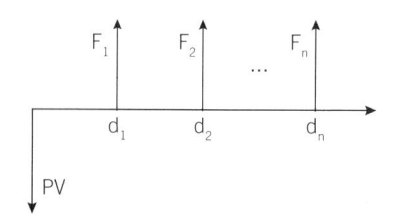

Nessas condições, definimos o prazo médio ponderado (d), ou simplesmente prazo médio, por:

$$d = \frac{F_1 d_1 + F_2 d_2 + ... + F_n d_n}{F_1 + F_2 + ... + F_n}$$

Observe que fazendo $FV = F_1 + F_2 + ... + F_n$, reduzimos o fluxo de caixa a um fluxo simples:

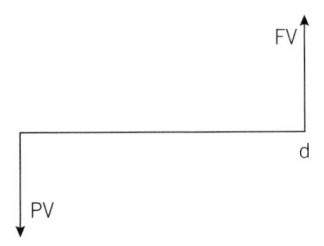

Em que podemos calcular a taxa $i = \left(\dfrac{FV}{PV}\right)^{\frac{1}{d}} - 1$, com os erros já comentados.

8.2.3 Aplicações do prazo médio

Apesar da imprecisão por erro de conceito já mencionada, visto que não se leva em conta o valor do dinheiro no tempo na fórmula de prazo médio, ela é utilizada no mercado financeiro.

É comum, ainda, o uso do prazo médio por bancos e empresas de *factoring* no caso de operações com duplicatas, conforme veremos nos exemplos seguintes.

Exemplo 8.1

Consideremos o conjunto de duplicatas que será descontado por uma empresa na data de hoje.

Tabela 8.1 | Duplicatas descontadas

Valor de face da duplicata	Número de dias para o vencimento, a partir da data hoje
100.000	28
150.000	32
200.000	36
250.000	30
70.000	37
FV = 770.000	d = ?

Assim, o prazo médio d será:

$$d = \frac{100.000 \times 28 + 150.000 \times 32 + 200.000 \times 36 + 250.000 \times 30 + 70.000 \times 37}{770.000} = 32,32$$

Com o prazo médio $d = 32,32$ dias, e sabendo a taxa de desconto dos títulos, que vamos supor $\delta = 3,70\%$ a.m., podemos calcular:

a. O valor do desconto:

- Valor total a ser descontado: FV = 770.000
- Taxa de desconto: $\delta = 3,70\%$ a.m.
- Prazo médio: $\delta = 32,32$ dias

Como o desconto é dado por $D = FV \times d \times n$, teremos:

$$D = 770.000 \times 0,0370 \times \frac{32,32}{30} = 30.693,23$$

b. O valor a ser recebido, PV, será:

$$PV = FV - D = 770.000 - 30.693,23 = 739.306,77$$

c. E o custo efetivo da operação é dado por:

$$i = \left(\frac{FV}{PV}\right)^{\frac{30}{d}} - 1 = \left(\frac{770.000}{739.306,77}\right)^{\frac{30}{32,32}} - 1 = 0,0384795$$

ou: $i = 3,85\%$ a.m.

Sabemos que há incorreções nesse cálculos, como já vimos. Mas qual seria a ordem de grandeza dessas incorreções? Na realidade, deveríamos descontar cada duplicata separadamente e calcular o PV de cada uma delas, e em seguida teríamos um fluxo de caixa do qual calcularíamos a TIR.

Nestas condições, teríamos:

Tabela 8.2 | Fluxo de caixa da TIR

Valor de face de cada duplicata	Número de dias para o vencimento	Valor de desconto de cada título $\delta = 3,70\%$ a.m.
100.000	28	3.453,33
150.000	32	5.920,00
200.000	36	8.880,00
250.000	30	9.250,00
70.000	37	3.194,33
Total desconto		30.697,66

Obtemos, então, o desconto exato de $ 30.697,66 contra o de $ 30.693,23 obtido com o uso do prazo médio.

Assim, o PV exato será de $ 739.302,34 contra o de $ 739.306,77 obtido por intermédio do prazo médio, correspondendo a uma diferença de $ 4,43.

Finalmente, podemos construir o fluxo de caixa dado por:

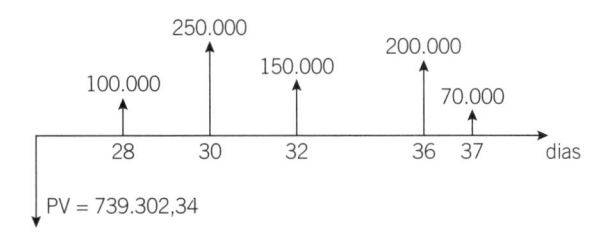

```
              250.000
              ↑       200.000
      100.000 │ 150.000 ↑
       ↑      │   ↑    │  70.000
       │      │   │    │   ↑
    ───┼──────┼───┼────┼───┼────→ dias
       28    30  32   36  37
    ↓
    PV = 739.302,34
```

Em que obtemos TIR = 0,12596% a.d., o que corresponde a TIR = 3,8486% a.m.

É praticamente o resultado obtido com o uso do prazo médio, que foi o de 3,85% a.m. É importante notar que isso ocorreu em função de os fluxos estarem concentrados ao redor do prazo médio, o que em geral ocorre nos descontos de duplicatas.

Em nosso exemplo, trabalhamos com cinco duplicatas enquanto na prática podemos ter centenas de duplicatas de uma mesma empresa para ser descontadas. É nessa linha que o prazo médio seria utilizado, evitando o cálculo do desconto de cada duplicata. Naturalmente, com o uso do computador esse problema se torna simples, e o prazo médio é cada vez menos utilizado para essa finalidade.

8.3 *Duration*

8.3.1 O conceito de *duration*

Consideremos um conjunto de fluxos de caixa F_1, F_2, ..., F_n correspondente a recursos dos quais conhecemos os prazos respectivos d_1, d_2, ..., d_n, até uma mesma origem de tempos, que em geral é a data hoje do problema, e as taxas de juros i_1, i_2, ..., i_n de cada fluxo em relação à data origem de tempos.

Assim, o conjunto de fluxos toma a forma:

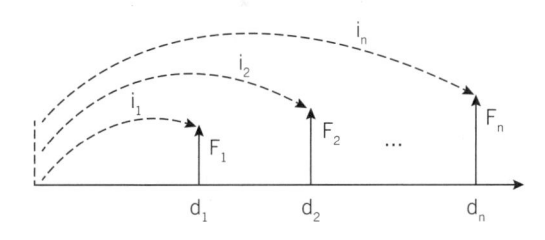

Nessas condições podemos calcular o PV, valor presente do conjunto de fluxos, dado por:

$$PV = \frac{F_1}{(1+i_1)^{d_1}} + \frac{F_2}{(1+i_2)^{d_2}} + ... + \frac{F_n}{(1+i_n)^{d_n}} = \sum_{j=1}^{n} \frac{F_j}{(1+i_j)^{d_j}}$$

A fórmula da *duration*, inicialmente sugerida por Macaulay (1938) e depois generalizada por Fisher e Weil (1971), procura levar em conta o valor do dinheiro no tempo. Assim, a partir da fórmula do prazo médio ponderado, dada por

$$d = \frac{F_1 d_1 + F_2 d_2 + \ldots + F_n d_n}{F_1 + F_2 + \ldots + F_n}$$

procura-se corrigir o valor de cada fluxo F_j, por uma taxa efetiva i_j, até uma data fixada. A data escolhida é a data origem da contagem de tempo, ou seja, a data hoje. Nessas condições, a fórmula para a *duration*, que indicaremos por *D*, será dada por:

$$D = \frac{\dfrac{F_1}{(1+i_1)^{d_1}} \times d_1 + \dfrac{F_2}{(1+i_2)^{d_2}} \times d_2 + \ldots + \dfrac{F_n}{(1+i_n)^{d_n}} \times d_n}{\dfrac{F_1}{(1+i_1)^{d_1}} + \dfrac{F_2}{(1+i_2)^{d_2}} + \ldots + \dfrac{F_n}{(1+i_n)^{d_n}}}$$

Ou:

$$D = \frac{\sum_{j=1}^{n} \dfrac{F_j}{(1+i_j)^{d_j}} \times d_j}{PV}$$

Como se observa, a fórmula da *duration* nada mais é do que a fórmula do prazo médio considerando o valor do dinheiro no tempo.

Exemplo 8.2

Voltemos ao caso do desconto de duplicatas já examinado. A partir da taxa de desconto δ, é possível obter a taxa efetiva de juros em função do prazo do título, como segue.

Indiquemos por F_j o valor de face do título a ser descontado e por d_j o prazo de vencimento. Então, o valor do desconto D_j de cada título será:

$$D_j = F_j \times \delta \times d_j$$

E o valor presente P_j será dado por: $P_j = F_j - D_j$.

Nessas condições, a taxa efetiva de juros i_j, de cada duplicata, é obtida por:

$$i_j = \left(\frac{F_j}{P_j}\right)^{\frac{1}{d_j}} - 1 =$$

$$i_j = \left(\frac{F_j}{F_j - D_j}\right)^{\frac{1}{d_j}} - 1 = \left(\frac{F_j}{F_j - F_j \times \delta \times d_j}\right)^{\frac{1}{d_j}} - 1 = \left(\frac{F_j}{F_j(1-\delta \times d_j)}\right)^{\frac{1}{d_j}} - 1 = \left(\frac{1}{(1-\delta \times d_j)}\right)^{\frac{1}{d_j}} - 1$$

Se o prazo está em dias e queremos a taxa efetiva ao mês, basta indicar o prazo em mês, obtendo:

$$i_m = \left(\frac{1}{1 - \delta \times \frac{d_j}{30}}\right)^{\frac{1}{\frac{d_j}{30}}} - 1 \qquad \delta = d_m = \text{taxa de desconto mensal}$$

Nessas condições, podemos construir a Tabela 8.3 para as duplicatas descontadas:

Tabela 8.3 | Duplicatas descontadas

Valor de face de cada duplicata F_j	Prazo em dias para o vencimento d_j	Taxa efetiva de juros correspondente à taxa de desconto $\delta = 3{,}70\%$ a.m. i_j (% a.m.)
100.000	28	3,8372
150.000	32	3,8472
200.000	36	3,8572
250.000	30	3,8422
70.000	37	3,8597

Nela, as taxas efetivas i_j foram calculadas pela fórmula deduzida, que aplicada à primeira duplicata, nos dá:

$$i_m = \left(\frac{1}{1 - \delta \times \frac{d_j}{30}}\right)^{\frac{1}{\frac{d_j}{30}}} - 1 = \left(\frac{1}{1 - 0{,}0370 \times \frac{28}{30}}\right)^{\frac{1}{\frac{28}{30}}} - 1 = 0{,}038372$$

Isso corresponde a 3,8372% a.m.

Repetindo o cálculo para as demais duplicatas, podemos aplicar a fórmula da *duration*:

$$D = \frac{\dfrac{100.000}{(1+0{,}038372)^{\frac{28}{30}}} \times 28 + \dfrac{150.000}{(1+0{,}038472)^{\frac{32}{30}}} \times 32 + \dfrac{200.000}{(1+0{,}038572)^{\frac{36}{30}}} \times 36 + \dfrac{250.000}{(1+0{,}038422)^{\frac{30}{30}}} \times 30 + \dfrac{70.000}{(1+0{,}038597)^{\frac{37}{30}}} \times 37}{PV}$$

Em que:

$$PV = \frac{100.000}{(1+0{,}038372)^{\frac{28}{30}}} + \frac{150.000}{(1+0{,}038472)^{\frac{32}{30}}} + \frac{200.000}{(1+0{,}038572)^{\frac{36}{30}}} + \frac{250.000}{(1+0{,}038422)^{\frac{30}{30}}} + \frac{70.000}{(1+0{,}038597)^{\frac{37}{30}}}$$

Ou seja, PV = 739.302,14, que é o valor obtido quando os títulos foram descontados um a um.

A *duration* será:

$$D = \frac{96.546{,}66 \times 28 + 144.079{,}93 \times 32 + 191.119{,}97 \times 36 + 240.479{,}91 \times 30 + 66.805{,}67 \times 37}{739.302{,}14}$$

Ou seja, $d = 32{,}31$ dias que é um valor muito próximo do prazo médio $d = 32{,}32$ dias.

Insistimos no fato de que essa aproximação ocorre exatamente pelo fato de que os fluxos estão com uma distribuição próxima e com certa uniformidade de prazo médio. Se os fluxos estivessem com prazos maiores entre si, os resultados da *duration* e o prazo médio teriam maior diferença.

Um fato importante a ser considerado é que a *duration* nos fornecerá sempre um melhor resultado, pois leva em conta o valor do dinheiro no tempo, e isto é um conceito que não podemos deixar de lado.

8.4 Aplicações da *duration*

8.4.1 Equivalência entre uma carteira de títulos de renda fixa e um título sintético, a mercado

Vamos considerar que temos uma carteira de títulos de renda fixa em que cada título é definido por três características:

- F_j = valor do título *j* na data de resgate;
- d_j = prazo de resgate do título *j*;
- i_j = taxa de mercado do título *j* em relação a seu vencimento.

Assim, a carteira de títulos de renda fixa pode ser representada pelo seguinte fluxo de caixa:

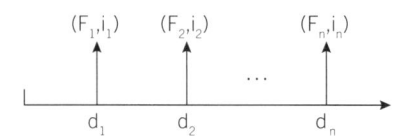

O valor presente (VP) da carteira será dado por:

$$PV = \frac{F_1}{(1+i_1)^{d_1}} + \frac{F_2}{(1+i_2)^{d_2}} + ... + \frac{F_n}{(1+i_n)^{d_n}} = \sum_{j=1}^{n} \frac{F_j}{(1+i_j)^{d_j}}$$

E a *duration* da carteira será:

$$D = \frac{\sum_{j=1}^{n} \frac{F_j}{(1+i_j)^{d_j}} \times d_j}{PV}$$

Nessas condições, o título sintético equivalente à carteira terá um prazo definido pela *duration* (D) e valor presente (PV). Para definir completamente o título sintético, devemos determinar seu valor futuro (FV) na data correspondente à *duration*.

Assim, FV será dado pela soma dos fluxos de caixa $F_1, F_2, \ldots, F_n$ corrigidos para a data D da *duration*, ou seja:

$$FV = F_1(1+\bar{i}_1)^{D-d_1} + F_2(1+\bar{i}_2)^{D-d_2} + \ldots + F_n(1+\bar{i}_n)^{D-d_n}$$

Em que $\bar{i}_1, \bar{i}_2, \ldots, \bar{i}_n$ é uma estrutura temporal de taxas de juros a ser determinada, que corrige cada fluxo para a data D da *duration*.

Dessa forma, o título sintético, equivalente à carteira, terá o seguinte fluxo de caixa:

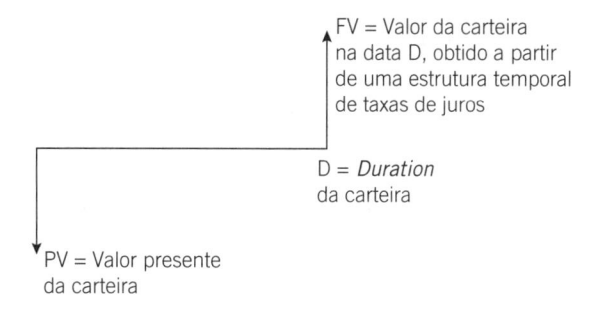

FV = Valor da carteira na data D, obtido a partir de uma estrutura temporal de taxas de juros

D = *Duration* da carteira

PV = Valor presente da carteira

A partir do título sintético, podemos calcular sua taxa de retorno I_{TS}, retorno do título sintético, que pode ser tomada como sendo o retorno da carteira, dado por:

$$I_{TS} = \left(\frac{FV}{PV}\right)^{\frac{1}{D}} - 1$$

É importante notar que I_{TS} deverá ser distinto da TIR da carteira, pois leva em conta o fato de as reaplicações ou antecipações de resgate serem feitas a taxas de mercado, o que é uma situação mais próxima da realidade das operações – o que não ocorre com a TIR.

Exemplo 8.3

Vamos considerar uma carteira com três títulos de renda fixa de riscos distintos, representados por suas estruturas de taxas de juros, como segue:

- Título 1: LTN com F_1 = R$ 1.580 mil e vencimento em d_1 = 40 dias.
- Título 2: CDB com F_2 = R$ 1.300 mil e vencimento em d_2 = 59 dias.
- Título 3: debênture de empresa do setor siderúrgico com F_3 = R$ 2.700 e vencimento em d_3 = 175 dias.

Assim, o fluxo de caixa será representado por:

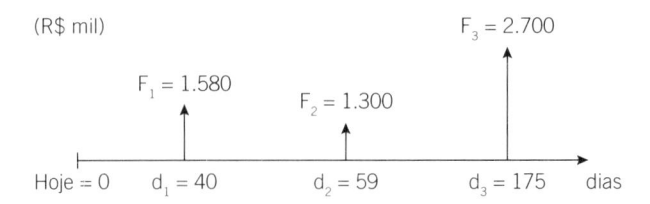

```
(R$ mil)                                    F₃ = 2.700
                                              ↑
              F₁ = 1.580      F₂ = 1.300      
                ↑               ↑             
     |_____|_____|_____|_____→
     Hoje = 0   d₁ = 40         d₂ = 59       d₃ = 175   dias
```

Como os títulos têm características muito distintas quanto ao risco, devem ter uma estrutura temporal de taxas de juros também diferenciada. Vamos considerar que a conjuntura econômica admite uma subida das taxas de juros, e as taxas de mercado apresentem, para os próximos 180 dias, as seguintes características:

	d < 30	30 < d < 60	60 < d < 90	90 < d < 120	120 < d < 180
Título 1 LTN	0,58	0,58	0,60	0,64	0,68
Título 2 CDB	0,62	0,62	0,65	0,70	0,74
Título 3 Debêntures	0,72	0,72	0,75	0,80	0,80

Taxas % a.m.

d: prazo em dias.

Observe que as taxas contidas na tabela anterior são taxas *spot*.

Na prática, deveríamos traduzir cada uma dessas taxas em termos de taxa *over*, levando em conta os dias úteis do fluxo de caixa. Neste exemplo, vamos considerar os meses de 30 dias e trabalhar com taxas mensais, que seria o procedimento equivalente se os títulos fossem de longo prazo e com taxas anuais.

Assim, devemos calcular, levando em conta a estrutura temporal de taxas de juros de cada título, o PV, valor presente do fluxo, seu D, *duration* e o FV, valor futuro do fluxo na data D, como segue:

a. Cálculo do PV (em R$ mil)

$$PV_1 = \frac{1.580}{(1 + 0,0058)^{\frac{40}{30}}} = 1.567,86$$

$$PV_2 = \frac{1.300}{(1 + 0,0062)^{\frac{59}{30}}} = 1.284,29$$

$$PV_3 = \frac{2.700}{(1 + 0,0080)^{\frac{175}{30}}} = 2.577,37$$

$$PV = PV_1 + PV_2 + PV_3 = 1.567,86 + 1.284,29 + 2.577,37 = 5.429,52$$

b. Cálculo da *duration*

$$D = \frac{1.567,86 \times 40 + 1.284,29 \times 59 + 2.577,37 \times 175}{5.429,52} = 108,58 \text{ dias}$$

c. Cálculo do FV (em R$ mil)

Nesse caso, devemos levar todos os fluxos para a data D = 108,58 dias, respeitando as taxas de mercado, dadas pela estrutura temporal das taxas.

Partindo do fluxo de caixa dado:

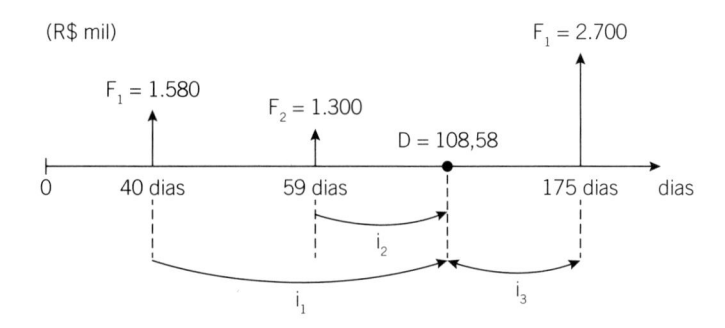

[Fluxo de caixa: (R$ mil); $F_1 = 1.580$ em 40 dias; $F_2 = 1.300$ em 59 dias; D = 108,58; $F_1 = 2.700$ em 175 dias; taxas forward $\bar{i}_1$, $\bar{i}_2$, $\bar{i}_3$]

Devemos calcular as taxas $\bar{i}_1$, $\bar{i}_2$ e $\bar{i}_3$, que são taxas *forward*.

Fluxo F_1

Devemos considerar que no resgate do título, na data $d_1 = 40$, ele será reaplicado, nas condições de mercado até a data D = 108,58.

Assim, o valor futuro de F_1 corrigido para a data D, indicado por FV_{1D}, pode ser calculado considerando-se que F_1 é corrigido para a data zero e em seguida aplicado até a data D, resultando em:

$$FV_{1,D} = \frac{F_1}{(1 + 0,0058)^{\frac{40}{30}}} \times (1 + 0,0064)^{\frac{D}{30}} = 1.567,86 \times (1 + 0,0064)^{\frac{108,58}{30}} = 1.604,48$$

Observe que, se quiséssemos explicitar, teríamos:

$$FV_{1,D} = F_1 (1 + \bar{i}_1)^{\frac{D-40}{30}} = \frac{F_1}{(1 + 0,0058)^{\frac{40}{30}}} \times (1 + 0,0064)^{\frac{D}{30}}$$

Do qual teríamos:

$$\bar{i}_1 = \left[\frac{(1 + 0,0058)^{\frac{40}{30}}}{(1 + 0,0058)^{\frac{40}{30}}} \right]^{\frac{1}{\frac{D-40}{30}}} - 1$$

que, para D = 108,58 dias nos daria: $\bar{i}_1 = 0,68\%$ a.m.

Fluxo F_2

Repetindo o raciocínio para o fluxo F_2, no qual vamos levá-lo para a data zero e em seguida capitalizá-lo até a data D, teremos:

$$FV_{2,D} = 1.284,29 \times (1 + 0,0070)^{\frac{108,58}{30}} = 1.317,13$$

Fluxo F$_3$

Da mesma forma, teremos:

$$FV_{3,D} = 2.577,37 \times (1 + 0,0080)^{\frac{108,58}{30}} = 2.652,78$$

Assim, o valor futuro do fluxo na data D será dado por:

$$FV = FV_{1,D} + FV_{2,D} + FV_{3,D} = 1.604,48 + 1.317,13 + 2.652,78 = 5.574,39$$

Daí obtemos o fluxo do título sintético equivalente à carteira de títulos de renda fixa, como segue:

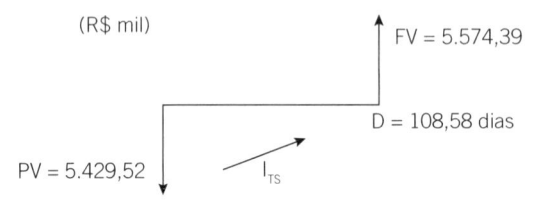

(R$ mil)

FV = 5.574,39

D = 108,58 dias

PV = 5.429,52

I_{TS}

Em que o retorno do título sintético é:

$$I_{TS} = \left(\frac{FV}{PV}\right)^{\frac{1}{n}} - 1 = \left(\frac{5.574,39}{5.429,52}\right)^{\frac{1}{\frac{108,5}{30}}} - 1 = 0,007302$$

O que corresponde a I_{TS} = 0,7302% a.m.

Este procedimento pode ser repetido dia a dia para se obter o título sintético equivalente à carteira, e com o que se procura determinar o comportamento da carteira à medida que varia a estrutura temporal das taxas de juros de mercado, questão que examinaremos mais adiante.

O importante é constatar que o título sintético nos dá um conjunto de informações que, mesmo aceitas com restrições, podem nos auxiliar na sua administração, como veremos.

NOTA

É interessante notar que, calculada a TIR do fluxo usando o valor presente calculado, encontraremos 0,025026% a.d., no caso, dias corridos, que transformado em taxa mensal, nos dará:

$$i = (1 + 0,00025026)^{30} - 1$$

Ou seja: 0,7535% a.m.

Como se observa, a TIR = 0,7535% a.m., que leva em conta as reaplicações dos fluxos à mesma taxa, é superior à taxa I_{TS} = 0,7302% a.m. do título sintético.

Exemplo 8.4

Consideremos, agora, o caso em que a estrutura temporal de taxas de juros é dada na forma de taxa *over*. Já tratamos deste assunto e vimos que a partir dos mercados futuros, por exemplo, podemos construí-la. Esta é uma situação muito mais próxima das práticas do mercado brasileiro, no qual, a partir da taxa base do CDI, construímos as demais taxas do mercado.

Vamos considerar três títulos com riscos distintos, e que a tabela seguinte represente as taxas *over*, dia a dia, para esses títulos.

Tabela 8.4 | Taxas *over*: % a.a.o.

Data	Título 1	Título 2	Título 3
0	9,05	9,15	9,30
1	9,05	9,15	9,30
2	9,05	9,15	9,30
3	9,05	9,15	9,30
4	8,70	9,10	9,20
5	8,70	9,10	9,20
6	8,70	9,10	9,20
7	8,70	9,10	9,20
8	8,70	9,10	9,20
9	8,70	9,10	9,20
10	8,70	9,10	9,20
11	8,70	9,10	9,20
12	8,70	9,10	9,20
13	8,70	9,10	9,20
14	8,70	9,10	9,20
15	8,70	9,10	9,20
16	8,70	9,10	9,20
17	8,70	9,10	9,20
18	8,70	9,10	9,20
19	8,70	9,10	9,20
20	8,80	9,00	9,10
21	8,80	9,00	9,10
22	8,80	9,00	9,10
23	8,80	9,00	9,10
24	8,80	9,00	9,10
25	8,80	9,00	9,10

Observe que as taxas contidas na tabela anterior são taxas *forward*.

Levando em conta que o fluxo de caixa a seguir represente a carteira de títulos de renda fixa sujeita à estrutura temporal da taxa de juros dada:

```
                                        F₃ = 6.570
            (R$ mil)          F₂ = 5.920    ↑
      F₁ = 3.380                ↑
              ↑
    ├─────────┼──────────────┼──────────────┼─────→ dias úteis
    0         6              16             25
```

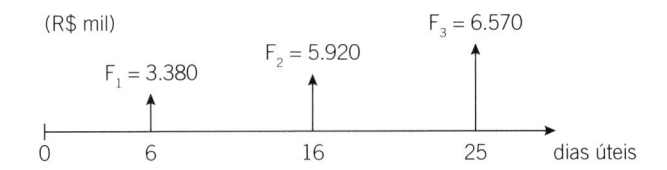

Vamos proceder da mesma forma que no exemplo anterior, calculando:

a. Valor presente do fluxo;

b. *Duration* do fluxo;

c. Valor futuro do fluxo.

Resolução

a. Cálculo do valor presente (em R$ mil)

$$PV_1 = \frac{3.380}{\left(1 + \frac{9{,}05}{100}\right)^{\frac{4}{252}} \left(1 + \frac{8{,}70}{100}\right)^{\frac{2}{252}}} = 3.373{,}12$$

Note que o recurso é remunerado na data zero e está livre na data 6, daí a remuneração do dia zero ao dia 5, em termos de dias úteis.

$$PV_2 = \frac{5.920}{\left(1 + \frac{9{,}15}{100}\right)^{\frac{4}{252}} \left(1 + \frac{9{,}10}{100}\right)^{\frac{12}{252}}} = 5.887{,}31$$

$$PV_3 = \frac{6.570}{\left(1 + \frac{9{,}30}{100}\right)^{\frac{4}{252}} \left(1 + \frac{9{,}20}{100}\right)^{\frac{16}{252}} \left(1 + \frac{9{,}10}{100}\right)^{\frac{5}{252}}} = 6.512{,}91$$

Logo, o valor presente do fluxo será:

$$PV = PV_1 + PV_2 + PV_3 = 3.373{,}12 + 5.887{,}31 + 6.512{,}91 = 15.773{,}34$$

b. Cálculo da *duration*

$$D = \frac{3.373{,}12 \times 6 + 5.887{,}31 \times 16 + 6.512{,}91 \times 25}{15.773{,}34} = 17{,}58 \text{ dias}$$

c. Cálculo do valor futuro (em R$ mil)

Nesse caso, como temos as taxas para cada dia útil, podemos levar cada fluxo para a data D = 17,58 diretamente:

$$FV_{1,D} = 3.380 \times \left(1 + \frac{8{,}70}{100}\right)^{\frac{11{,}58}{252}} = 3.392{,}98$$

Note que iniciamos a capitalização na data d = 6 por 11,58 períodos.

$$FV_{2,D} = 5.920 \times \left(1 + \frac{9,10}{100}\right)^{\frac{1,58}{252}} = 5.923,23$$

$$FV_{3,D} = \frac{6.570}{\left(1 + \frac{9,10}{100}\right)^{\frac{5}{252}} \left(1 + \frac{9,20}{100}\right)^{\frac{2,42}{252}}} = 6.553,12$$

Note que, nesse caso, devemos voltar 25 − 17,58 = 7,42 períodos diários, a começar da taxa do dia 24.

Assim, temos:

$$FV = FV_{1,D} + FV_{2,D} + FV_{3,D} = 3.392,98 + 5.923,23 + 6.553,12 = 15.869,33$$

Com isso, obtemos o título sintético, equivalente à carteira, conforme o fluxo:

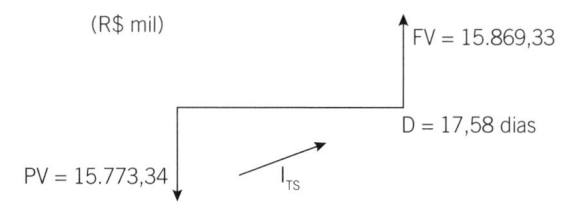

(R$ mil)

FV = 15.869,33

D = 17,58 dias

PV = 15.773,34

I_{TS}

Em que a taxa do título sintético será:

$$I_{TS} = \left(\frac{FV}{PV}\right)^{\frac{1}{n}} - 1 = \left(\frac{15.869,33}{15.773,34}\right)^{\frac{1}{17,58}} - 1 = 0,000345$$

Que corresponde a I_{TS} = 0,0345176% ao dia útil ou I_{TS} = 9,0863% ao ano *over*.

8.4.2 Aplicação da *duration* no carregamento de ativos e passivos

Nesse caso, construímos os fluxos de caixa dos ativos e passivos a partir da data d_0, hoje, e calculamos os títulos sintéticos equivalentes. Devemos calcular um título sintético para o fluxo de ativos e outro para o fluxo de passivos obtendo as seguintes informações:

- Nível de descasamento; comparando as *duration* dos ativos D_A e dos passivos, ou captações, D_C.
- *Spread* entre ativos e passivos, comparando as taxas dos títulos sintéticos dos ativos I_A e dos passivos, ou captações, I_C.

O exemplo seguinte, mostra-nos essa aplicação para o caso da tesouraria de um banco, mas que pode ser aplicado, também, à tesouraria de empresas.

O fato mais importante nesse caso é que admitimos a possibilidade de carregamento de títulos até as datas de vencimento deles, ou seja, as taxas consideradas são as dos próprios títulos e não as taxas de mercado. O exemplo seguinte nos mostra esse tipo de análise.

Exemplo 8.5

Vamos admitir que examinaremos na data de hoje, indicada por d_0, a tesouraria de um banco, antes da abertura do mercado. Nossa primeira preocupação é a de examinar as operações de captação e aplicação do banco. Vamos considerar um caso simples em que temos apenas as operações de captação, passivos, e de aplicação, ativos:

- Operações de captação:

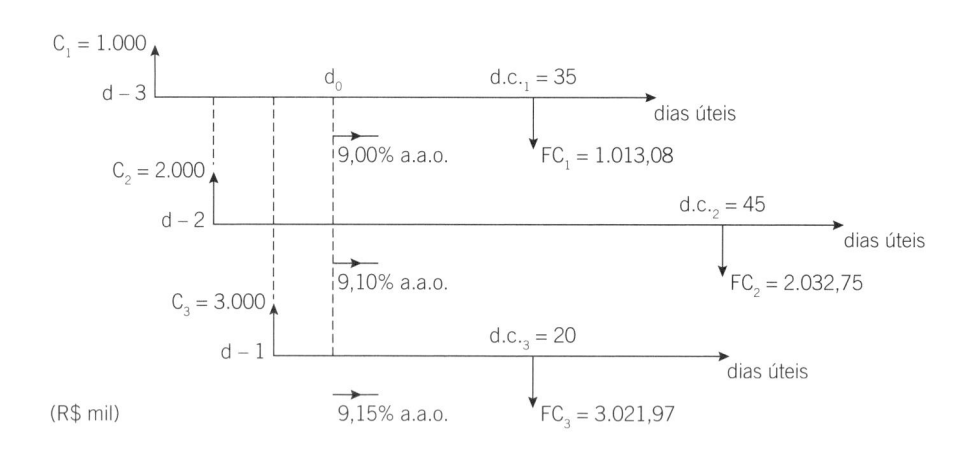

$C_1 = 1.000$
d − 3
d_0
$d.c._1 = 35$
dias úteis
9,00% a.a.o.
$FC_1 = 1.013,08$

$C_2 = 2.000$
d − 2
$d.c._2 = 45$
dias úteis
9,10% a.a.o.
$FC_2 = 2.032,75$

$C_3 = 3.000$
d − 1
$d.c._3 = 20$
dias úteis
(R$ mil)
9,15% a.a.o.
$FC_3 = 3.021,97$

Nos diagramas anteriores vemos as captações que vencem respectivamente em 35, 45 e 20 dias úteis, contados a partir da data d_0 e suas correspondentes taxas e resgates. No exemplo, utilizamos as taxas ao ano *over* indicadas por a.a.o.

- Operações de aplicação

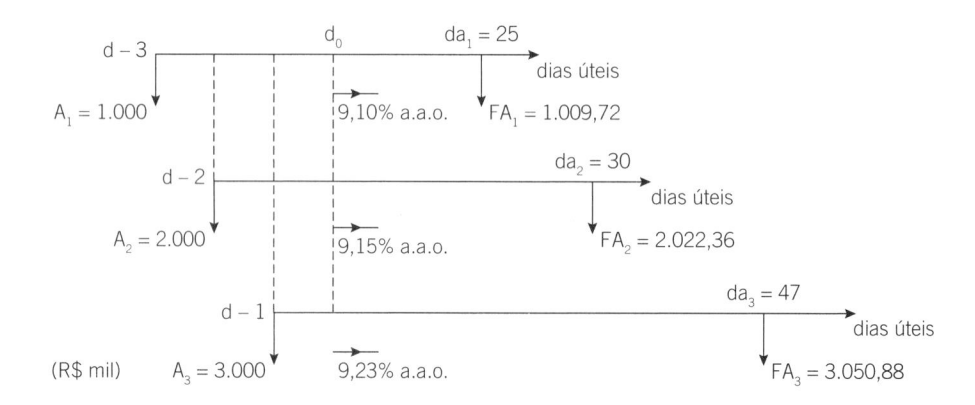

d − 3
d_0
$da_1 = 25$
dias úteis
$A_1 = 1.000$
9,10% a.a.o.
$FA_1 = 1.009,72$

d − 2
$da_2 = 30$
dias úteis
$A_2 = 2.000$
9,15% a.a.o.
$FA_2 = 2.022,36$

d − 1
$da_3 = 47$
dias úteis
(R$ mil) $A_3 = 3.000$
9,23% a.a.o.
$FA_3 = 3.050,88$

Conhecemos os prazos de vencimento das aplicações que serão, respectivamente, 25, 30 e 47 dias úteis da data d_0, bem como as taxas e valores de resgate de cada aplicação.

Ao receber os informes das operações, podemos de imediato transformar as captações em um fluxo agregado, fazendo o mesmo para as aplicações. Ao construir o fluxo agregado, é fundamental conhecermos a nossa posição hoje. Assim, todas as captações e todas as aplicações devem ser corrigidas até a data d_0, pela taxa de cada operação.

No exemplo, teremos:

- Captação (em R$ mil)

$$FVC_{D0_1} = 1.000 \times \left(1 + \frac{9,00}{100}\right)^{\frac{3}{252}} = 1.001,03$$

$$FVC_{D0_2} = 2.000 \times \left(1 + \frac{9,10}{100}\right)^{\frac{2}{252}} = 2.001,38$$

$$FVC_{D0_3} = 3.000 \times \left(1 + \frac{9,15}{100}\right)^{\frac{1}{252}} = 3.001,04$$

$$FVC_{D0_1} + FVC_{D0_2} + FVC_{D0_3} = 6.003,45 = PVC$$

- Aplicação (em R$ mil)

$$FVA_{D0_1} = 1.000 \times \left(1 + \frac{9,10}{100}\right)^{\frac{3}{252}} = 1.001,04$$

$$FVA_{D0_2} = 2.000 \times \left(1 + \frac{9,15}{100}\right)^{\frac{2}{252}} = 2.001,39$$

$$FVA_{D0_3} = 3.000 \times \left(1 + \frac{9,23}{100}\right)^{\frac{1}{252}} = 3.001,05$$

$$FVA_{D0_1} + FVA_{D0_2} + FVA_{D0_3} = 6.003,48 = PVA$$

Observe que a diferença entre PVA e PVC indicará o lucro ou prejuízo acumulado até a data d_0 e, se houver vencimentos nessa data, poderemos indicar qual o valor do caixa necessário para resgate. Assim, já sabemos se temos de entrar no mercado captando ou dando recursos para zerar nossa posição. Deixando de lado tais aspectos, podemos obter o fluxo de captação e de aplicação todos os dias, como segue no exemplo:

- Fluxo de captação (em R$ mil)

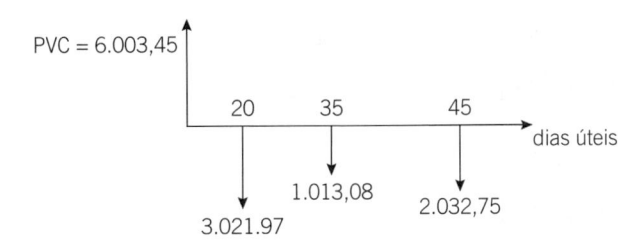

PVC = 6.003,45

20 → 3.021,97
35 → 1.013,08
45 → 2.032,75

dias úteis

- Fluxo de aplicação (em R$ mil)

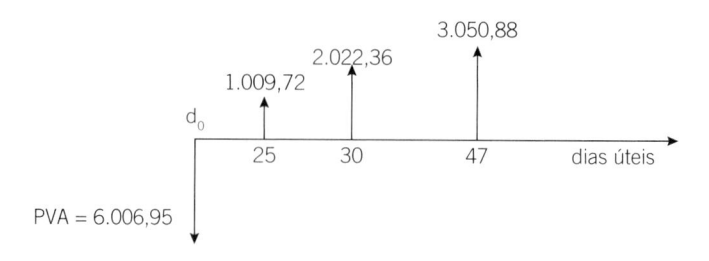

```
                          3.050,88
                  2.022,36  ↑
          1.009,72   ↑
   d₀        ↑
   |_____|_____|_____|_____→
            25      30      47     dias úteis

PVA = 6.006,95 ↓
```

Assim, a cada data hoje podemos solicitar que as operações do banco venham de forma agregada entre captações e aplicações.

A partir desse fluxos, já calculados PVA, valor presente das aplicações e PVC, valor presente das captações, podemos calcular a *duration* de cada fluxo, examinando o nível de descasamento do banco, como segue:

- Captação (em R$ mil)

$$PV_{C1} = \frac{1.013{,}08}{\left(1 + \frac{9{,}00}{100}\right)^{\frac{35}{252}}} = 1.001{,}03$$

$$PV_{C2} = \frac{2.032{,}75}{\left(1 + \frac{9{,}10}{100}\right)^{\frac{45}{252}}} = 2.001{,}38$$

$$PV_{C3} = \frac{3.021{,}97}{\left(1 + \frac{9{,}15}{100}\right)^{\frac{20}{252}}} = 3.001{,}04$$

$$PV = PV_{C1} + PV_{C2} + PV_{C3} = 6.003{,}45$$

$$D_C = \frac{1.001{,}03 \times 35 + 2.001{,}38 \times 45 + 3.001{,}04 \times 20}{6.003{,}45} = 30{,}84 \text{ dias úteis}$$

Aplicação (em R$ mil)

$$PV_{A1} = \frac{1.009{,}72}{\left(1 + \frac{9{,}10}{100}\right)^{\frac{25}{252}}} = 1.001{,}03$$

$$PV_{A2} = \frac{2.022{,}36}{\left(1 + \frac{9{,}15}{100}\right)^{\frac{30}{252}}} = 2.001{,}39$$

$$PV_{A3} = \frac{3.050{,}88}{\left(1 + \frac{9{,}23}{100}\right)^{\frac{47}{252}}} = 3.001{,}06$$

$$PV = PV_{C1} + PV_{C2} + PV_{C3} = 6.003,48$$

$$D_A = \frac{1.001,03 \times 25 + 2.001,39 \times 30 + 3.001,06 \times 47}{6.003,48} = 37,66 \text{ dias úteis}$$

Diante dessas informações, a tesouraria deve procurar captar por prazos mais longos e aplicar por prazos mais curtos, com a finalidade de reduzir o descasamento de prazos.

Considerando que se mantenham as taxas de carregamento de cada título, podemos calcular o valor futuro de cada um deles na data *duration* correspondente, obtendo:

- Captações (em R$ mil)

$$FVC_{1,D} = 3.021,97 \left(1 + \frac{9,15}{100}\right)^{\frac{30,84 - 20}{252}} = 3.033,37$$

$$FVC_{2,D} = 1.013,08 \left(1 + \frac{9,00}{100}\right)^{\frac{30,84 - 35}{252}} = 1.011,64$$

$$FVC_{3,D} = 2.032,75 \left(1 + \frac{9,10}{100}\right)^{\frac{30,84 - 45}{252}} = 2.022,83$$

$$FVC = FVC_{1,D} + FVC_{2,D} + FVC_{3,D} = 6.067,84$$

Assim, o valor do fluxo de caixa das captações na data D_C é FVC = 6.067,84.

- Aplicações

$$FVA_{1,D} = 1.009,72 \left(1 + \frac{9,10}{100}\right)^{\frac{37,66 - 25}{252}} = 1.014,15$$

$$FVA_{2,D} = 2.022,36 \left(1 + \frac{9,15}{100}\right)^{\frac{37,66 - 30}{252}} = 2.027,75$$

$$FVA_{3,D} = 2.050,88 \left(1 + \frac{9,23}{100}\right)^{\frac{37,66 - 47}{252}} = 3.040,91$$

$$FVA = FVA_{1,D} + FVA_{2,D} + FVA_{3,D} = 6.082,81$$

Assim, o valor do fluxo de caixa das captações na data D_A é FVA = 6.082,81.

Podemos, então, construir os fluxos de caixa dos títulos sintéticos das captações e aplicações, como segue:

- Título sintético das captações – Passivos

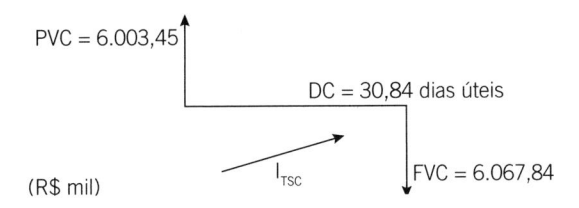

PVC = 6.003,45

DC = 30,84 dias úteis

(R$ mil) I_{TSC}

FVC = 6.067,84

Em que a taxa de juros das captações é dada por:

$$I_{TSC} = \left(\frac{FVC}{PVC}\right)^{\frac{1}{n}} - 1 = \left(\frac{6.067,84}{6.003,45}\right)^{\frac{1}{30,84}} - 1 = 0,000345987$$

Ou:

$I_{TSC} = 0,0346\%$ a.d.u., correspondendo a $I_{TSC} = 9,11\%$ a.a.o

- Título sintético das aplicações – Ativos

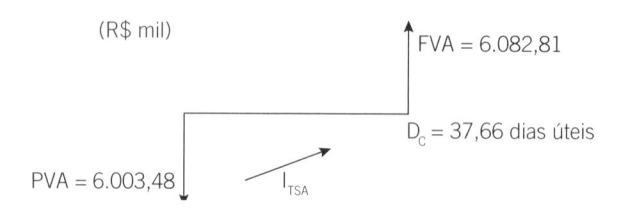

(R$ mil)

FVA = 6.082,81
D_C = 37,66 dias úteis
PVA = 6.003,48
I_{TSA}

Em que a taxa de juros das aplicações é dada por:

$$I_{TSA} = \left(\frac{FVA}{PVA}\right)^{\frac{1}{n}} - 1 = \left(\frac{6.082,81}{6.003,48}\right)^{\frac{1}{37,66}} - 1 = 0,000349$$

Ou:

$I_{TSA} = 0,0349\%$ a.d.u., correspondendo a $I_{TSA} = 9,18\%$ a.a.o.

A partir destes resultados, podemos considerar que o banco está operando com um *spread* (*s*), dado por:

$$(1 + i_{aplicação}) = (1 + i_{captação})(1 + s)$$

Que, no caso, será:

$$(1 + s) = \frac{1 + 0,0918}{1 + 0,0911}$$

O que nos dá um *spread* de $s = 0,0642\%$ a.a.o.

Uma situação discutível neste exemplo é o fato de fazermos o cálculo do valor futuro de cada fluxo de caixa utilizando a taxa do próprio título. Isso foi feito no sentido de procurarmos captar o *spread* das posições já assumidas de ativos e passivos. Assim, temos um erro nestas considerações, e outro erro ocorre ao calcularmos o *spread* com base em fluxos em datas, no caso *duration*, distintas. Apesar destas falhas do modelo, ele ainda é bastante interessante e prático para que a tesouraria possa controlar sua posição dia a dia.

Como alternativa, poderíamos introduzir uma estrutura temporal de taxas de juros para o cálculo dos valores futuros e, nessas condições, estaríamos trabalhando com taxas que não fazem parte da carteira de títulos e poderiam influenciar seus resultados.

Assim, o cálculo perfeito dessas condições fica em aberto para novos estudos. Com relação ao mercado financeiro procura-se, em todos os casos, trabalhar com as taxas de mercado.

8.5 Estudo da variação do preço dos títulos em função das variações das taxas de juros do mercado

8.5.1 Introdução

Consideremos uma carteira de títulos de renda fixa que podem ser de ativos ou passivos. Em qualquer um dos casos torna-se importante saber qual é o valor da carteira na data de hoje, ou seja, o PV, valor presente da carteira. Se for uma carteira de ativos, determinamos o valor dos ativos na data de hoje, e se forem passivos temos o valor das dívidas na data de hoje.

Para esse valor presente ser representativo do valor da carteira, devemos trazer todos os fluxos de caixa para a data hoje, corrigidos a uma taxa de juros. Essas taxas de juros devem representar taxas de mercado para negociação dos títulos, garantindo, assim, o que podemos chamar PVM, preço de mercado da carteira.

Essas ideias já foram tratadas neste capítulo, nas aplicações apresentadas, e devem ser aplicadas às carteiras de ativos e passivos das tesourarias de empresas ou bancos separadamente, com o que se obtêm excelentes instrumentos para sua administração.

Um problema interessante que surge nestes estudos consiste em avaliar o que ocorre com o PVM, valor presente de mercado da carteira, quando se alteram as taxas da estrutura temporal das taxas de juros de mercado. Ou seja, queremos saber em uma determinada data, como varia o PVM de acordo com a variação das taxas de juros do mercado. É o que passamos a examinar.

8.5.2 O título sintético equivalente à carteira de títulos e à estrutura das taxas de juros de mercado

Consideremos o fluxo de caixa $\{F_1, F_2, ..., F_n\}$ com vencimento, respectivamente, nas datas $d_1, d_2, ..., d_n$, conforme o esquema seguinte:

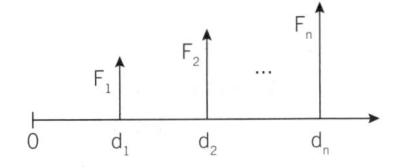

Conhecemos também a estrutura temporal de taxas de juros de mercado $i_1, i_2, \ldots, i_n$, que representam as rentabilidades de cada um dos títulos, a partir da data hoje até cada uma das datas de resgate.

A partir destes dados podemos calcular, na data zero, o PVM, valor presente ou preço de mercado da carteira na data hoje, dado por:

$$PVM = \frac{F_1}{(1+i_1)^{d_1}} + \frac{F_2}{(1+i_2)^{d_2}} + \ldots + \frac{F_n}{(1+i_n)^{d_n}} = \sum_{j=1}^{n} \frac{F_j}{(1+i_j)^{d_j}}$$

Ou:

$$PVM = \sum_{j=1}^{n} \frac{F_j}{(1+i_j)^j}$$, com taxa e prazo em unidades compatíveis.

Podemos também calcular a *duration* do fluxo dado por:

$$D = \frac{\sum_{j=1}^{n} \frac{F_j}{(1+i_j)^{d_j}} \times d_j}{PVM}$$

Ou:

$$D = \frac{\sum_{j=1}^{n} \frac{F_j}{(1+i_j)^j} \times j}{PVM}$$, com prazo e taxa na mesma unidade.

Finalmente podemos calcular, na data D, *duration*, o FVC, valor futuro da carteira, com base na estrutura temporal das taxas de mercado. Para tanto indiquemos por $i_{1D}, i_{2D}, i_{3D}, \ldots, i_{nD}$ as taxas de juros dos respectivos títulos $F_1, F_2, \ldots, F_n$ em relação à estrutura temporal de taxas de juros.

Para que se entenda melhor, consideremos a estrutura temporal de taxas de juros para o título de resgate F_j. Conforme as características do emissor do título, teremos uma taxa de juros que varia com o nível de risco e o prazo de vencimento do mesmo.

Assim, para o título de resgate F_1, que vence na data 1, temos uma taxa i_1, que é estabelecida no que se refere ao nível de risco e ao prazo de vencimento. Caso o título F_1 tivesse seu vencimento na data 2, teríamos outra taxa para representar seu nível de risco e a nova data de vencimento, designada por i_{12}. Nota-se que a taxa i_2 indicaria o nível de risco do título de resgate F_2, com vencimento na data 2, de modo que i_{12} e i_2 só seriam iguais caso os títulos de resgate F_1 e F_2 tivessem o mesmo nível de risco e vencimento na data 2.

Dessa forma, quando tratamos do título de resgate F_1, podemos considerar a seguinte estrutura de taxas de juros, em função do nível de risco do título:

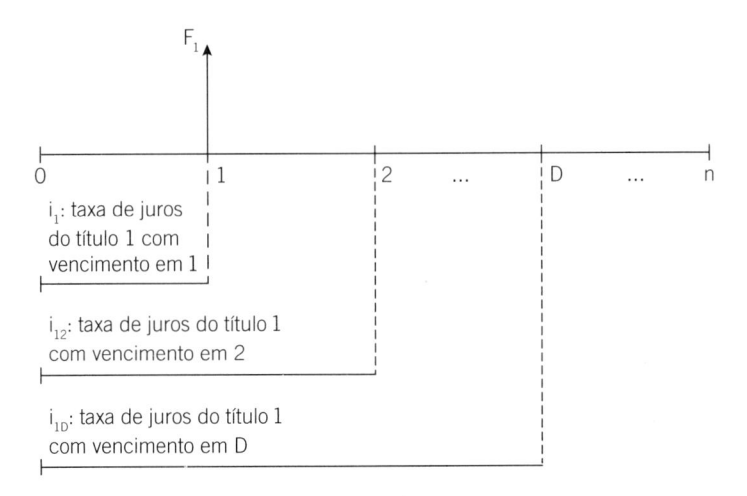

```
                    F₁↑
    |---------------|---------------|-------|-------|-------|
    0              |1              |2  ...  |D  ...  n
                   i₁: taxa de juros
                   do título 1 com
                   vencimento em 1
    |-----------------------|
        i₁₂: taxa de juros do título 1
        com vencimento em 2
    |-------------------------------|
        i₁D: taxa de juros do título 1
        com vencimento em D
    |---------------------------------------|
```

Nessas condições, podemos calcular o valor futuro do título 1, na data D, da seguinte forma:

$$FV_1 = \frac{F_1}{(1+i_1)^1} \times (1+i_{1D})^D$$

Generalizando estas ideias, para qualquer título j, teremos:

$$FV_j = \frac{F_j}{(1+i_j)^j} \times (1+i_j)^D$$

O que nos permite calcular o valor futuro da carteira dado por:

$$FVC = \frac{F_1}{(1+i_1)}(1+i_{1D})^D + \frac{F_2}{(1+i_2)^2}(1+i_{2D})^D + ... + \frac{F_n}{(1+i_n)^n}(1+i_{nD})^D$$

Ou:

$$FVC = \sum_{j=1}^{n} \frac{F_j}{(1+i_j)^j} \times (1+i_{jD})^D$$

Com isto, obtemos o título sintético equivalente à carteira dada, que tem o seguinte fluxo de caixa:

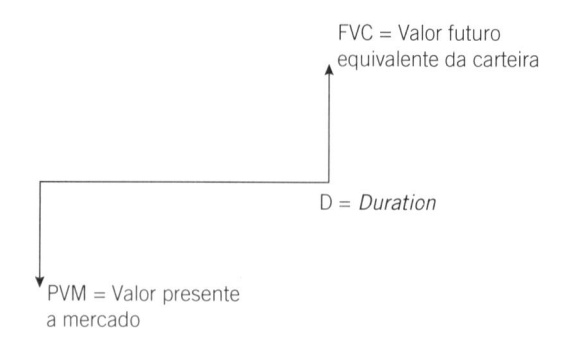

```
                          FVC = Valor futuro
                          equivalente da carteira
                    ↑
                    |
                    |
        |_____|
        |       D = Duration
        ↓
    PVM = Valor presente
    a mercado
```

A partir deste fluxo calculamos I_{TS}, taxa de juros do título sintético, dada por:

$$I_{TS} = \left(\frac{FVC}{PVM}\right)^{\frac{1}{D}} - 1$$

Nossa expectativa é a de que, por meio de análises do título sintético, possamos analisar a carteira de títulos. Trata-se de uma forma muito interessante de análise, que nos permite inúmeras simulações e, a nosso ver, é superior a análises que tomam por base a taxa interna de retorno. Naturalmente existem críticas à metodologia em função da forma de cálculo da *duration* e do próprio conceito de equivalência.

8.5.3 O preço de mercado da carteira e a variação das taxas de juros de seus títulos

Consideremos o fluxo de caixa $\{F_1, F_2, ... , F_n\}$, que representa os resgates dos títulos da carteira, e uma estrutura temporal de taxas de juros dada pela tabela a seguir:

Tabela 8.5 | Estrutura temporal de taxas de juros

Título	Data de vencimento	Valor de resgate	Taxa de juros: data zero até data *j* indicada						
			1	2	...	k	D	k + 1	...	n
T1	1	F1	i11 = i1	i12	...	i1k	i1D	i1(k+1)	...	i1n
T2	2	F2	–	i22 = i2	...	i2k	i2D	i2(k+1)	...	i2n
.	.	.		–	...			...	.
.	.	.							.
Tj	j	Fj	ij1	ij2	...	ijk	ijD	ij(k+1)	...	ijn
.	.	.							.
Tn	n	Fn	in1	in2	...	ink	inD	in(k+1)	...	inn

Em que i_{jk} é a taxa de juros do título j que capitaliza o título da data zero até a data k. Assim, a matriz $[i_{jk}]_{j=1,N;\,k=1,N}$ indica a estrutura temporal de taxas de juros.

Nessas condições, como foi visto no item anterior, podemos calcular:

- PVM = valor presente da carteira a mercado
- D = *duration*
- FVC = valor futuro equivalente da carteira
- I_{TC} = taxa do título sintético equivalente à carteira

Nossa preocupação está na variação do PVM, preço de mercado da carteira, em função das variações das taxas de mercado. Assim sendo:

$$PVM = f(i_1, i_2, \ldots, i_n)$$

Queremos estudar o que ocorre quando a estrutura temporal de taxas de juros se modifica de $(i_1, i_2, \ldots, i_n)$ para $(i_1^*, i_2^*, \ldots, i_n^*)$. Se ocorrerem modificações entre a previsão e o verdadeiro valor dessas taxas de juros, então o valor de mercado da carteira será:

$$PVM^* = f(i_1^*, i_2^*, \ldots, i_n^*)$$

Assim, indicando as variações, positivas ou negativas, das taxas de juros por $Di_1 = i_1^* - i_1$, $Di_2 = i_2^* - i_2$, ..., $\Delta i_n = i_n^* - i_n$, podemos obter a variação do valor de mercado da carteira, dada por:

$$DPVM = g(i_1, Di_1, i_2, Di_2, \ldots, i_n, \Delta i_n) = PVM^* - PVM$$

Em que *DPVM* poderá ser positiva ou negativa, significando ganho ou perda em relação ao valor esperado de mercado.

Em termos práticos, podemos estabelecer a seguinte situação:

a. Fixar uma estrutura temporal de taxas de juros.

b. Fixar Di_1, Di_2, ..., Di_n, que são as possíveis variações das taxas de juros. Para tanto, podemos tomar esses valores como as volatilidades históricas, desvios-padrão, das taxas de juros.

c. Calcular *DPVM* que indicará o erro no cálculo do PVM, ou seja, perdas ou ganhos, além daqueles previstos.

Exemplo 8.6

Consideremos o Exemplo 8.3, do item 8.4.1 deste capítulo, no qual tínhamos três títulos na carteira:

- LTN com F_1 = R$ 1.580 mil e d_1 = 40 dias
- CDB com F_2 = R$ 1.300 mil e d_2 = 59 dias
- Debêntures do setor siderúrgico com F_3 = R$ 2.700 mil e d_3 = 175 dias

Nessas condições, o fluxo de caixa da carteira era dado por:

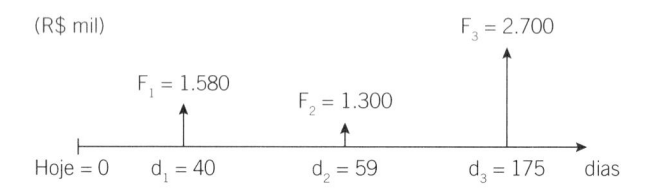

(R$ mil)

F_3 = 2.700

F_1 = 1.580

F_2 = 1.300

Hoje = 0 d_1 = 40 d_2 = 59 d_3 = 175   dias

Com a seguinte estrutura temporal de taxas de juros mensais:

	d < 30	30 < d < 60	60 < d < 90	90 < d < 120	120 < d < 180
Título 1 LTN	0,58% a.m.	0,58% a.m.	0,60% a.m.	0,64% a.m.	0,68% a.m.
Título 2 CDB	0,62% a.m.	0,62% a.m.	0,65% a.m.	0,70% a.m.	0,74% a.m.
Título 3 Debêntures	0,72% a.m.	0,72% a.m.	0,75% a.m.	0,80% a.m.	0,80% a.m.

d: Prazo em dias.

Essas taxas de juros devem representar as taxas de mercado, para negociação dos títulos, na data zero. Em termos práticos, o que se faz é calcular o valor presente de mercado para a data zero, com as taxas de juros do dia anterior, visto que desejamos uma estimativa do valor da carteira para decisões de vendas ou novas compras, que ocorrerão ao longo do dia zero.

Dessa forma, calculamos o valor presente a mercado, dado por:

$$PVM = \frac{1.580}{(1 + 0,0058)^{\frac{40}{30}}} + \frac{1.300}{(1 + 0,0062)^{\frac{59}{30}}} + \frac{2.700}{(1 + 0,0080)^{\frac{175}{30}}} = 5.429,52$$

Para obtermos o título sintético, equivalente à carteira, devemos calcular o *duration* e o valor futuro da carteira, que, para este exemplo, já foram obtidos no item 8.4.1 (Exemplo 8.3) deste capítulo, ou seja:

D = 108,58 dias

FVC = 5.574,39

Dessa forma, o título sintético, equivalente à carteira, terá o seguinte fluxo de caixa:

(R$ mil)

FVC = 5.574,39

D = 108,58 dias

PVM = 5.429,52

Com taxa de:

$$I_{TS} = \left(\frac{5.574,39}{5.429,52}\right)^{\frac{1}{\frac{108,58}{30}}} - 1 = 0,007302 \text{ ou } 0,7302\% \text{ a.m.}$$

Obtido o título sintético, com as taxas de mercado, devemos considerar o valor de FVC e D como fixos, pois são fixos os valores e prazos do fluxo de caixa da carteira.

Assim, havendo uma variação nas taxas de mercado, ela irá sensibilizar I_{TS}, que deverá sensibilizar o PVM, com FVC e D fixos.

Isto significa que, sendo PVM = f (i_1, i_2, ... , i_n) = g (I_{TS}), então, para uma mudança de estrutura das taxas para (i_1^*, i_2^*, ... , i_n^*), teremos:

PVM* = f (i_1^*, i_2^*, ... , i_n^*) = g (I_{TS}^*)

Dessa forma, se (i_1, i_2, ... , i_n) varia para (i_1^*, i_2^*, ... , i_n^*), isso significa que I_{TS} irá variar para I_{TS}^* em que:

$I_{TS}^* = I_{TS} + \Delta I_{TS}$

Como exemplo, consideremos que em nosso caso, em que I_{TS} = 0,7302% a.m., as taxas de mercado variem de forma a criar no título sintético um acréscimo ΔI_{TS} = 0,25% a.m.

Então, a partir dos valores de FVC = 5.574,39 e Δ = 108,58 dias e $I_{TS}^* = I_{TS} + \Delta I_{TS}$ = 0,7302 + 0,25 = 0,9802% a.m., podemos calcular o novo valor presente de mercado PVM*, dado por:

I_{TS}^* = 0,9802%

FVC = 5.574,39

D = 108,58 dias

PVM* = ?

$$PVM^* = \frac{FVC}{(1 + I_{TC}^*)^D} = \frac{5.574,39}{(1 + 0,009802)^{\frac{108,58}{30}}} = 5.381,03$$

Nessas condições, teremos:

DPVM = PVM* − PVM = 5.381,03 − 5.429,52 = −48,49 mil

O que significa uma perda na data zero de R$ 48,49 mil em função de uma variação nas taxas de mercado que sensibilizam o título sintético com um acréscimo positivo de ΔI_{TS} = 0,25% a.m.

No exemplo, a partir do cálculo de I_{TS} obtínhamos $I_{TS}^* = I_{TS} + \Delta I_{TS}$. Sendo ΔI_{TS} um valor dado que se comportava como um acréscimo médio, ponderado pela variação da estrutura temporal de taxas de juros.

Esse valor de ΔI_{TS} pode ser calculado a partir de um título sintético auxiliar que nos forneceria o valor I_{TS}^*, correspondente a uma nova estrutura de taxas de juros de mercado ($i_1^*, i_2^*, \ldots, i_n^*$), e cada taxa dessa nova estrutura seria dada na forma $i_j^* = i_j + D i_j$.

Para obtermos esse título sintético auxiliar a partir da nova estrutura de taxa de juros devemos:

- calcular PVM*, valor presente líquido de mercado da carteira, para a nova estrutura de taxas (i_{jk});
- com os valores de FVC e D do título sintético da carteira, considerados fixos, e o valor do PVM* calculamos I_{TS}^*;
- então obtemos $\Delta I_{TS} = I_{TS}^* - I_{TS}$.

Exemplo 8.7

Consideremos o último exemplo tratado neste item sujeito a outra possível estrutura de taxas de juros, em que são dados os acréscimos, positivos ou negativos, em relação à estrutura anterior, como segue:

	$d \leq 30$	$30 < d \leq 60$	$60 < d \leq 90$	$90 < d \leq 120$	$120 < d \leq 180$
Título 1	0,58	0,58	0,60	0,64	0,68
LTN	$\Delta = -0,02$	$\Delta = -0,02$	$\Delta = -0,03$	$\Delta = -0,03$	$\Delta = -0,03$
	0,56	0,56	0,57	0,61	0,65
Título 2	0,62	0,62	0,65	0,70	0,74
CDB	$\Delta = +0,02$	$\Delta = +0,02$	$\Delta = +0,02$	$\Delta = +0,03$	$\Delta = +0,03$
	0,64	0,64	0,67	0,73	0,77
Título 3	0,72	0,72	0,75	0,80	0,80
Debêntures	$\Delta = +0,03$	$\Delta = +0,03$	$\Delta = +0,04$	$\Delta = +0,05$	$\Delta = +0,05$
	0,75	0,75	0,79	0,85	0,85

d: Prazo em dias

Taxas % a.m.

Nessas condições, levando em conta que $i_j^* = i_j + \Delta i_j$, as taxas mensais dos títulos serão:

- LTN, $d_1 = 40$ dias: $i_1^* = 0,58 - 0,02 = 0,56$
- CDB, $d_2 = 59$ dias: $i_2^* = 0,62 + 0,02 = 0,64$
- Debêntures, $d_3 = 175$ dias: $i_3^* = 0,80 + 0,05 = 0,85$

Assim, o valor presente da carteira será:

$$PVM^* = \frac{1.580}{(1+0,0056)^{\frac{40}{30}}} + \frac{1.300}{(1+0,0064)^{\frac{59}{30}}} + \frac{2.700}{(1+0,0085)^{\frac{175}{30}}}$$

$$PVM^* = 1.568,28 + 1.283,79 + 2.569,93 = 5.422,00$$

Dessa forma, podemos calcular DPVM = PVM* − PVM, dado por:

DPVM = 5.422,00 − 5.429,52 = − 7,52 mil

O que nos dá o valor que podemos perder, no caso, em relação à variação das taxas de juros no carregamento da carteira por mais um dia.

A partir do valor de PVM*, podemos calcular I_{TS}, considerando os valores *FVC* e *D* do título equivalente à carteira, ou seja:

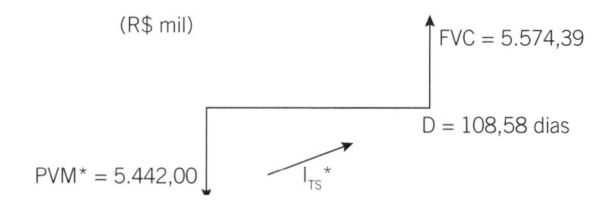

(R$ mil)
FVC = 5.574,39
D = 108,58 dias
PVM* = 5.442,00
I_{TS}^*

Em que:

$$I_{TS}^* = \left(\frac{5.574,39}{5.429,52}\right)^{\frac{1}{108,58} \cdot \frac{1}{30}} - 1 = 0,007687 \text{ ou } 0,7687\% \text{ a.m.}$$

Então, podemos obter $DI_{TS} = I_{TS}^* - I_{TS} = 0,7687\% - 0,7302\%$, ou seja, $DI_{TS} = 0,0385\%$ ao mês.

8.5.4 Forma literal da variação do preço de mercado em função do título sintético

Do que foi exposto, podemos considerar uma carteira de títulos dada pelo fluxo de caixa $\{F_1, F_2, ..., F_n\}$, que também podemos indicar por $\{F_k\}_{k=1,n}$. Considerando-se que cada um dos títulos tenha risco distinto em relação aos demais, então a matriz $[i_{jk}]_{j=1; k=1,n}$ indica a estrutura temporal de taxas de juros, em que i_{jk} é a taxa de juros do título *j* capitalizado da data origem até a data *k*.

Nessas condições, podemos calcular a taxa de juros do título sintético, equivalente à carteira, que será dada por:

$$I_{TS} = \left(\frac{FVC}{PVM}\right)^{\frac{1}{D}} - 1 = \left[\frac{\sum_{j=1}^{n} \frac{F_j}{(1+i_j)^j} \times (1+i_{jD})^D}{\left(\sum_{j=1}^{n} \frac{F_j}{(1+i_j)^j}\right)}\right]^{\frac{1}{D}} - 1$$

Em que:

$$D = \left[\frac{\left(\sum_{j=1}^{n} \frac{F_j}{(1+i_j)^j} \times j \right)}{\left(\sum_{j=1}^{n} \frac{F_j}{(1+i_j)^j} \right)} \right]$$

Dessa forma, podemos calcular $I_{TS}{}^*$, que corresponde à taxa de juros do título sintético associada à estrutura temporal de taxas de juros dada pela matriz:

$$[i_{jk}{}^*]_{j=1,N;\,k=1,n} = [i_{jk} + \Delta i_{jk}]$$

em que Δi_{jk} corresponde ao acréscimo, positivo ou negativo, da taxa i_{jk}, do título j com vencimento na data k.

Assim, o valor de $I_{TS}{}^*$ será:

$$I_{TS}{}^* = \left(\frac{FVC^*}{PVM^*} \right)^{\frac{1}{D}} - 1 = \left[\frac{\left(\sum_{j=1}^{n} \frac{F_j}{(1+i_j)^j} \times (1+i_{jD})^D \right)}{\left(\sum_{j=1}^{n} \frac{F_j}{(1+i_j)^j} \right)} \right] - 1$$

Em que:

$$PVM^* = \sum_{j=1}^{n} \frac{F_j}{(1+i_j+\Delta i_j)^j}$$

Nessas condições, $\Delta I_{TS} = I_{TS}{}^* - I_{TS}$ representa a variação de taxas de juros de títulos sintéticos, observada em função da variação da estrutura temporal de taxas de juros.

8.6 Sensibilidade do valor da carteira em relação à estrutura temporal da taxa de juros

8.6.1 Variação do preço da carteira em função da variação da taxa sintética

A partir do valor presente da carteira, dado por:

$$PVM = \frac{FVC}{(1+I_{TS})^D}$$

Podemos estudar o que ocorre com a variação do valor presente de mercado da carteira e com a variação ΔI_{TS} do título sintético, considerando as demais variáveis como constantes.

Assim, desejamos estudar o que ocorre com a variação com o quociente $\dfrac{\Delta PVM}{\Delta I_{TS}}$, para pequenos acréscimos, positivos ou negativos, de ΔI_{TS}.

Para tanto, podemos examinar esse quociente quando $\Delta I_{TS} \to 0$, o que equivale estudar a derivada do preço de mercado em relação à taxa sintética, ou seja:

$$\frac{dPVM}{dI_{TS}}$$

Calculando a derivada, temos:

$$\frac{dPVM}{dI_{TS}} = -D \frac{FVC}{(1+I_{TS})^{D+1}}$$

Dividindo ambos os membros da equação por PVM vem:

$$\frac{dVPM}{PVM \times dI_{TS}} = -D \times \frac{FVC}{PVM} \times \frac{1}{(1+I_{TS})^{D+1}}$$

Como $FVC = PVM(1 + I_{TS})^D$, então, substituindo, teremos:

$$\frac{dVPM}{PVM \times dI_{TS}} = -D \times (1+I_{TS})^D \times \frac{1}{(1+I_{TS})^{D+1}}$$

Ou, ainda:

$$\frac{dPVM}{PVM} = -D \frac{dI_{TS}}{(1+I_{TS})}$$

O que, em uma primeira aproximação, pode ser escrito na forma de acréscimos, como segue:

$$\frac{\Delta PVM}{PVM} = -D \frac{\Delta I_{TS}}{(1+I_{TS})}$$

Em que:

$$S(\Delta I_{TS}) = \frac{\Delta PVM}{PVM}$$

Nos dá a sensibilidade do valor da carteira em relação a variações da taxa de juros.

Com base no exemplo desenvolvido neste capítulo, segue que:

- PVM = 5.429,52
- D = 108,58 dias
- I_{TS} = 0,7302% a.m.
- I_{TS}^* = 0,7687% a.m.
- DPVM = – 7,52 mil

Em que DPVM foi obtido pela diferença de valor presente entre as estruturas de taxas de juros.

Para aplicar a fórmula que nos dá S (ΔI_{TS}), devemos ter as taxas diárias, pois a *duration* D está calculada em dias.

Então teremos:

$$I_{TS} = (1 + 0{,}007302)^{\frac{1}{30}} - 1 = 0{,}00024255 \text{ ou } 0{,}024255\% \text{ a.d.}$$

$$I_{TS}^* = (1 + 0{,}007687)^{\frac{1}{30}} - 1 = 0{,}00025529 \text{ ou } 0{,}025529\% \text{ a.d.}$$

de onde obtemos $\Delta I_{TS} = I_{TS}^* - I_{TS} = 0{,}001274\%$ a.d.

Nessas condições, teremos:

$$S(\Delta I_{TS}) = \frac{\Delta PVM}{PVM} = -D\frac{\Delta I_{TS}}{(1+I_{TS})} = -108{,}58 \times \frac{0{,}00001274}{(1+0{,}00024255)} = -0{,}0013830$$

Com o valor acima, poderemos calcular DPVM. Vejamos:

$$\Delta PVM = PVM \times S(\Delta I_{TS}) = 5.429{,}52 \times (-0{,}0013830) = -7{,}5090 \text{ (milhares de reais)}$$

> **NOTA**
>
> Poderíamos ter tomado a taxas mensais e escrito a *duration* em meses. Vejamos:
>
> $$S(DI_{TS}) = -D\frac{DI_{TS}}{(1+I_{TS})} = \frac{-108{,}58}{30} \times \frac{0{,}007687 - 0{,}007302}{(1+0{,}007302)} = -0{,}0013833$$
>
> o que nos dá praticamente o mesmo resultado.
>
> Como se pode observar, o valor aproximado obtido de –7,5090 mil é muito próximo do valor DPVM = –7,52 mil, obtido pela diferença dos valores presentes.
>
> Mas esta aproximação pode ser melhorada com o conceito de convexidade.

8.6.2 Convexidade

Partindo da equação do valor presente de mercado:

$$PVM = \frac{FVC}{(1+I_{TS})^D}$$

Obtivemos a primeira aproximação de DPVM por:

$$\Delta PVM = \frac{dPVM}{dI_{TS}} \times \Delta I_{TS} = PVM(-D\frac{\Delta I_{TS}}{(1+I_{TS})})$$

Ou ainda:

$$\frac{\Delta PVM}{PVM} = -D\frac{\Delta I_{TS}}{(1+I_{TS})}$$

Que era uma forma linear de aproximação.

Lembrando que a fórmula de Taylor, desenvolvida até a segunda potência, é expressa por:

$$\Delta y = f'(x) \times \Delta x + \frac{1}{2} f''(x)\Delta x^2$$

$$Dy = f'(x) \times Dx + \frac{1}{2} f''(x) Dx^2$$

Então, aplicando esse desenvolvimento de Taylor para o valor presente da carteira, teremos:

$$\Delta PVM = \frac{dPVM}{dI_{TS}}\Delta I_{TS} + \frac{1}{2} \times \frac{d^2PVM}{dI_{TS}^2} \times \Delta I_{TS}^2$$

Em que a convexidade do valor da carteira em relação à variação das taxas de juros é definida por:

$$C(\Delta I_{TS}) = \frac{d^2PVM}{dI_{TS}^2}$$

Como:

$$\frac{dPVM}{dI_{TS}} = -D\frac{FVC}{(1+I_{TS})^{D+1}}$$

Então:

$$\frac{d^2 PVM}{dI_{TS}^2} = +D(D+1)\frac{FVC}{(1+I_{TS})^{D+2}}$$

Logo, substituindo as derivadas na equação de Taylor para DPVM, obtemos:

$$\Delta PVM = -D\frac{FVC}{(1+I_{TS})^{D+1}} \times \Delta I_{TS} + \frac{1}{2} \times D(D+1)\frac{FVC}{(1+I_{TS})^{D+2}} \Delta I_{TS}^2$$

Substituindo $FVC = PVM(1+I_{TS})^D$, virá:

$$\Delta PVM = PVM \times \left[-D\frac{\Delta I_{TS}}{(1+I_{TS})} + \frac{1}{2} \times D(D+1)\frac{\Delta I_{TS}^2}{(1+I_{TS})^2} \right]$$

$$\Delta PVM = PVM \times \left[-D\frac{\Delta I_{TS}}{(1+I_{TS})} + D(D+1)\frac{\Delta I_{TS}^2}{(1+I_{TS})} \right]$$

Substituindo os valores do exemplo anterior, teremos:

$$\Delta PVM = 5.429{,}52 \times \left[-108{,}58\frac{0{,}00001274}{(1+0{,}00024255)} + \frac{1}{2} \times 108{,}58 \times (108{,}58+1) \times \frac{(0{,}00001274)^2}{(1+0{,}00024255)^2} \right]$$

$$\Delta PVM = -7{,}5036 \text{ (milhares de reais)}$$

Note que a aproximação para a variação do preço da carteira obtida com o emprego da *duration* e da convexidade foi de R$ 7,5036 mil, enquanto a variação real foi de R$ 7,52 mil.

> **NOTA**
>
> Neste exemplo pode-se constatar que o efeito da convexidade é irrelevante em função de outros erros que são cometidos, pelo fato de trabalharmos com valores que representam médias.
>
> No entanto, considerando as taxas de juros do mercado brasileiro e o curto prazo de nossas operações, é razoável admitirmos que é praticamente nulo o efeito da convexidade.
>
> Tomando-se a parcela correspondente à convexidade, dada por:
>
> $$C = D(D+1)\frac{\Delta I_{TS}^2}{(1+I_{TS})^2}$$
>
> E considerando as seguintes simplificações para o mercado brasileiro:

- prazo médio de 100 dias;
- D ≈ D + 1 de forma que, transformando para meses, teremos:

$$D^2 = \left(\frac{100}{30}\right)^2 = \frac{10.000}{900} = 11,111$$

- considerando variações de 10% da taxa, ou seja, DI = 0,10I, ou (DI)² = 0,01 x I² teremos:

$$C \cong \left(\frac{100}{30}\right)^2 \times 0,01 \times \frac{I^2}{(1+I)^2} \qquad \text{ou:} \qquad C = 0,11 \times \frac{I^2}{(1+I)^2}$$

Se, no entanto, o prazo médio da carteira for de D = 200 dias, teremos:

$$C \cong \left(\frac{200}{30}\right)^2 \times 0,01 \times \frac{I^2}{(1+I)^2} = 0,44 \times \frac{I^2}{(1+I)^2}$$

E para D = 300 dias, virá:

$$C \cong \left(\frac{300}{30}\right)^2 \times 0,01 \times \frac{I^2}{(1+I)^2} = 1 \times \frac{I^2}{(1+I)^2}$$

Mostrando que a *duration* ou prazo médio da carteira é um fator de grande sensibilidade para a convexidade.

Observe, finalmente, que o fator:

$$\frac{I^2}{(1+I)^2}$$

Considerando os prazos curtos, somente se torna sensível para taxas muito altas, pois para valores de X positivos, em que X representa o valor da taxa na forma percentual:

$$\frac{I^2}{(1+I)^2} = \frac{\left(\frac{X}{100}\right)^2}{\left(1+\frac{X}{100}\right)^2} = \frac{X^2}{100^2 + 200X + X^2} = \frac{X^2}{10.000 + 200X + X^2} < 1$$

Para o caso de D = 300 dias, em que:

$$C = \frac{X^2}{10.000 + 200X + X^2}$$

Teremos o fator representando 1% do valor de PVM para o caso de I = 11% a.m.

CAPÍTULO 9

Formação de preços dos títulos públicos

9.1 Introdução

Este capítulo procura esclarecer a metodologia de cálculo da taxa de retorno, bem como do preço unitário dos títulos públicos federais por intermédio de exemplos que demonstram a prática usual do agente emissor (Tesouro Nacional)[1] e dos investidores que participam ativamente desse mercado.

Aborda em particular os títulos públicos federais emitidos por meio de processo competitivo – oferta pública, mais conhecida por leilão primário –, que assume características diversificadas, conforme demonstra a Tabela 9.1:

Tabela 9.1 | Características dos títulos públicos federais[2]

Título	Rentabilidade	Atualização do valor nominal	Taxa de juros	Pagamento de juros
Letras do Tesouro Nacional (LTN)	Prefixada – Definida pelo deságio sobre o valor nominal	Não há	Não há	Não há
Letras Financeiras do Tesouro (LFT)	Pós-fixada	Taxa Selic	Não há	Não há
Notas do Tesouro Nacional Série B (NTN-B)[3]	Pós-fixada	Variação do Índice Nacional de Preços ao Consumidor Amplo (IPCA)	Definida quando da emissão	Semestralmente

---

[1] Embora o Banco Central tenha emitido títulos próprios no passado, cabe ressaltar que a Lei de Responsabilidade Fiscal (Lei Complementar n. 101, de 4/5/2000) proíbe tal prática a partir de maio de 2002. A precificação dos principais títulos emitidos pela autoridade monetária (BBC, LBC e NBC-E) é (era) feita de forma análoga à apresentada neste capítulo para as LTN, LFT e NTN-D, respectivamente.

[2] Existem ainda outros títulos que, por sua menor relevância do ponto de vista de precificação, não são abordados neste capítulo. Para maiores informações a respeito das características dos diversos títulos públicos federais, consulte a página do Tesouro Nacional na internet.

[3] As NTN-C, NTN-D e NTN-H já não são representativas no estoque da dívida pública. Porém, decidiu-se mantê-las neste capítulo por sua relevância histórica.

Notas do Tesouro Nacional Série B Principal (NTN-B Principal)[4]	Pós-fixada	Variação do Índice Nacional de Preços ao Consumidor Amplo (IPCA)	Definida quando da emissão	Não há
Notas do Tesouro Nacional Série C (NTN-C)	Pós-fixada	Variação do Índice Geral de Preços Mercado (IGP-M)	Definida quando da emissão	Semestralmente
Notas do Tesouro Nacional Série D (NTN-D)	Pós-fixada	Variação da cotação de venda do dólar	Definida quando da emissão	Semestralmente
Notas do Tesouro Nacional Série F (NTN-F)	Prefixada-definida pelo deságio sobre o valor nominal	Não há	Definida quando da emissão	Semestralmente
Notas do Tesouro Nacional Série H (NTN-H)[5]	Pós-fixada	Taxa Referencial (TR)	Não há	Não há

Fonte: Tesouro Nacional (2013).

Esses títulos podem ser classificados segundo dois critérios[6], a saber:

1. Títulos zero cupom ou com cupom
2. Títulos prefixados ou pós-fixados.

O primeiro critério de classificação dos títulos públicos federais leva em conta as características do fluxo de pagamento de juros e principal. Dessa forma, existem os chamados títulos zero cupom, que pagam o valor do principal e dos juros somente no vencimento (LTN, LFT, NTN-B Principal e NTN-H) e os títulos com cupons (NTN-B, NTN-C, NTN-D e NTN-F), que pagam, semestralmente, juros definidos quando da emissão do título (geralmente de 6% a.a. ou 12% a.a.).

O segundo critério de classificação discrimina os títulos como prefixados (LTN e NTN-F) e pós-fixados (NTN-B e NTN-D). Para fins de análise da metodologia empregada para o cálculo do preço e da rentabilidade dos títulos públicos, utilizaremos esse critério de classificação no decorrer deste capítulo.

É possível acompanhar os preços dos títulos praticados no mercado secundário no site do Tesouro Nacional. A tabela a seguir, divulgada pelo Tesouro Nacional, apresenta preços e taxas de compra e venda dos títulos públicos disponíveis no mercado.

Esses títulos podem ser comprados diariamente, porém, caso o investidor necessite de liquidez, o Tesouro, via tesouro direto, realiza a recompra apenas nas quartas-feiras.

---

[4] Idem nota 3.
[5] Ibdem nota 3.
[6] Costuma-se ainda classificar os títulos públicos federais de acordo com o agente emissor, ou seja, títulos do Tesouro Nacional ou do Banco Central. Contudo, em virtude do explicado anteriormente (veja nota de rodapé 1), essa classificação tende a perder o sentido.

Tabela 9.2 | Preços e taxas dos títulos públicos disponíveis para compra

Título	Vencimento	Taxa(a.a.)		Preço Unitário Dia	
		Compra	Venda	Compra	Venda
Indexados ao IGP-M					
NTNC 010717	01/07/2017	-	3,12%	-	R$ 3.127,20
NTNC 010421	01/04/2021	-	3,64%	-	R$ 3.299,97
NTNC 010131	01/01/2031	-	3,98%	-	R$ 5.575,30
Indexados ao IPCA					
NTNB 150513	15/05/2013	-	1,39%	-	R$ 2.304,21
NTNB 150515	15/05/2015	-	2,51%	-	R$ 2.445,33
NTNB Principal 150515	15/05/2015	-	2,53%	-	R$ 2.122,61
NTNB 150517	15/05/2017	-	3,09%	-	R$ 2.531,78
NTNB Principal 150519	15/05/2019	3,45%	3,51%	R$ 1.817,95	R$ 1.811,39
NTNB 150820	15/08/2020	3,50%	3,56%	R$ 2.671,88	R$ 2.662,42
NTNB Principal 150824	15/08/2024	3,99%	4,07%	R$ 1.433,56	R$ 1.420,96
NTNB 150824	15/08/2024	-	3,93%	-	R$ 2.731,08
NTNB 150535	15/05/2035	3,97%	4,07%	R$ 2.938,46	R$ 2.900,18
NTNB Principal 150535	15/05/2035	4,07%	4,17%	R$ 926,87	R$ 907,33
NTNB 150545	15/05/2045	-	4,14%	-	R$ 3.009,46
NTNB 150850	15/08/2050	4,06%	4,16%	R$ 3.137,18	R$ 3.083,97
Prefixados					
LTN 010114	01/01/2014	-	7,36%	-	R$ 938,03
LTN 010115	01/01/2015	-	8,14%	-	R$ 861,51
LTN 010116	01/01/2016	8,72%	8,78%	R$ 784,90	R$ 783,65
LTN 010117	01/01/2017	9,10%	9,16%	R$ 712,44	R$ 710,92
NTNF 010114	01/01/2014	-	7,36%	-	R$ 1.031,30
NTNF 010117	01/01/2017	-	8,93%	-	R$ 1.043,42
NTNF 010121	01/01/2021	-	9,60%	-	R$ 1.032,50
NTNF 010123	01/01/2023	9,68%	9,74%	R$ 1.031,25	R$ 1.027,59
Indexados à Taxa Selic					
LFT 070313	07/03/2013	-	0,00%	-	R$ 5.487,87
LFT 070314	07/03/2014	-	0,01%	-	R$ 5.487,28
LFT 070315	07/03/2015	-	0,02%	-	R$ 5.485,59
LFT 070317	07/03/2017	-0,02%	0,02%	R$ 5.492,33	R$ 5.483,40

Atualizado em: 06-02-2013 9:00:32

Fonte: Tesouro Nacional[7].

1. **Título**: apresenta os títulos públicos atualmente negociados no Tesouro Direto.

---

[7] Dados do Tesouro Nacional atualizados semanalmente.

2. **Vencimento**: corresponde à data de vencimento do título, que representa a data em que o título é resgatado automaticamente pelo sistema. Nesta data, o título deixa de existir, e o Tesouro Nacional repassa o valor equivalente ao resgate ao Agente de Custódia do investidor, que posteriormente repassa a este último, após a dedução de impostos e taxas.

3. **Taxa (a.a.) – Compra**: corresponde à rentabilidade bruta ao ano que o investidor receberá caso adquira o título naquele momento e o mantenha até sua data de vencimento. No caso dos títulos pós-fixados, além da rentabilidade mostrada, o investidor receberá também a variação do indexador de cada título entre a data da compra e a data de vencimento. No caso da LFT, essa coluna representa o ágio ou o deságio aplicado na taxa Selic para a compra do título pelo investidor.

4. **Taxa (a.a.) – Venda**: refere-se à taxa bruta pela qual o investidor poderá vender seu título ao Tesouro Nacional antes de sua data de vencimento. Essa coluna será preenchida somente às quartas-feiras, dias nos quais o Tesouro Nacional realiza a recompra de títulos vendidos via Tesouro Direto[8]. Note que, no caso da venda antecipada, o Tesouro Nacional recompra o título com base em seu valor de mercado. No caso da LFT, corresponde ao ágio ou deságio para a venda do título pelo investidor ao Tesouro Nacional.

5. **Preço unitário dia – Compra**: corresponde ao preço que o investidor deve pagar para adquirir uma unidade do título vendido no Tesouro Direto. Não é necessário comprar um título inteiro, sendo possível comprar frações do título. A quantidade mínima de compra é 0,1 do título (10%). O investidor pode comprar múltiplos de 0,1, como 0,4 título; 0,5 título; 0,8 título; 1,3 título e assim por diante. Não é possível comprar, por exemplo, 0,15 título ou 5,73 títulos. O valor mostrado na tabela refere-se ao preço de compra de um título e deve ser ajustado para a quantidade desejada para compra pelo investidor[9].

6. **Preço unitário dia – Venda**: corresponde ao valor bruto recebido pelo investidor caso realize a venda de seu título ao Tesouro Nacional antes de sua data de vencimento. O valor mostrado na tabela refere-se ao preço de um título, e deve ser ajustado para a quantidade desejada para venda pelo investidor.

É importante ressaltar que, entre a data de compra e de vencimento, o preço do título flutua em função das condições do mercado e das expectativas quanto ao comportamento das taxas de juros futuras. Ele é atualizado de acordo com o valor que é negociado no mercado secundário no momento, procedimento conhecido como marcação a mercado. Porém, caso o investidor mantenha o título até a data do vencimento, receberá

---

[8] Excepcionalmente, na ocorrência de reunião do Copom em uma quarta-feira, a venda e a recompra de LTN, NTN-F, NTN-C, NTN-B e NTN-B principal são suspensas a partir das 17h de quarta-feira até às 9h de quinta-feira. Durante essa suspensão, continuam a venda e recompra das LFTs. Das 9h de quinta-feira às 5h de sexta-feira, o Tesouro Nacional atuará na recompra de todos os títulos e na venda dos títulos atualmente ofertados, assim como das LFTs.
[9] Para mais detalhes sobre limites e valores de compra consultar as regras do Tesouro Direto.

a rentabilidade acordada no momento da compra, independentemente das condições de mercado. Caso o investidor venda o título antes do vencimento, o Tesouro Nacional recompra o título com base em seu valor de mercado.

9.2 Características da dívida pública federal[10]

Analisando os dados publicados pelo Tesouro Nacional sobre a dívida pública federal em 2012, vamos evidenciar alguns itens relevantes da dívida pública federal brasileira.

9.2.1 Estoque

9.2.1.1 Estoque da dívida pública federal total

A Figura 9.1 mostra a evolução mensal do estoque total da dívida pública federal de janeiro de 2004 até dezembro de 2012 de acordo com os seus indexadores. É possível notar que os títulos prefixados e de índices de preços ganharam mais relevância no período, enquanto os indexados pelo câmbio foram diminuindo. Além disso, podemos notar que o estoque total da dívida pública federal praticamente duplicou, passando de aproximadamente R$ 970 bilhões no início de 2004 para R$ 2 trilhões no final de 2012.

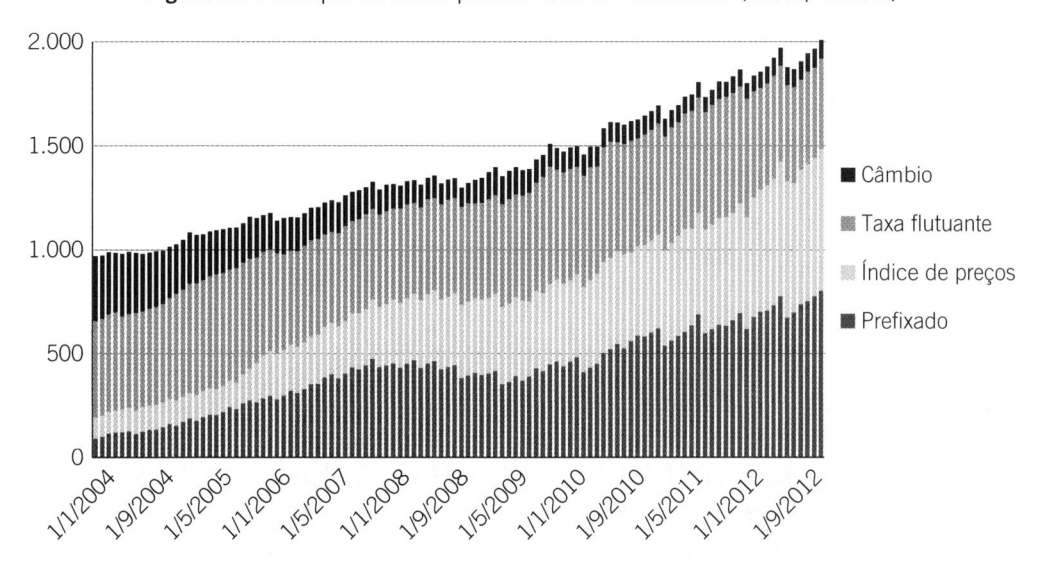

Figura 9.1 | Estoque da dívida pública federal – Indexador (em R$ bilhões)

Fonte: elaborado com base nos dados do Tesouro Nacional.

> **NOTA**
> Em 2012, a dívida pública federal representou aproximadamente 44% do PIB brasileiro, enquanto nos Estados Unidos essa porcentagem chega a aproximadamente 104%.

---

[10] As seções 9.2 e 9.4.5 deste capítulo foram incluídas a partir atualização do conteúdo para a quinta edição, sendo incorporados ao capítulo original.

9.2.1.2 Estoque da dívida pública federal interna

Em valor

A Figura 9.2 mostra a evolução mensal do estoque total da dívida pública federal interna de janeiro de 2004 até dezembro de 2012, de acordo com os seus indexadores. É possível notar que os títulos prefixados e de índices de preços ganharam mais relevância no período, enquanto os indexados pelo câmbio e as taxas flutuantes foram diminuindo. Além disso, podemos notar que o estoque total da dívida pública federal interna aumentou significativamente, passando de aproximadamente R$ 740 bilhões no início de 2004 para R$ 1,9 trilhões no final de 2012.

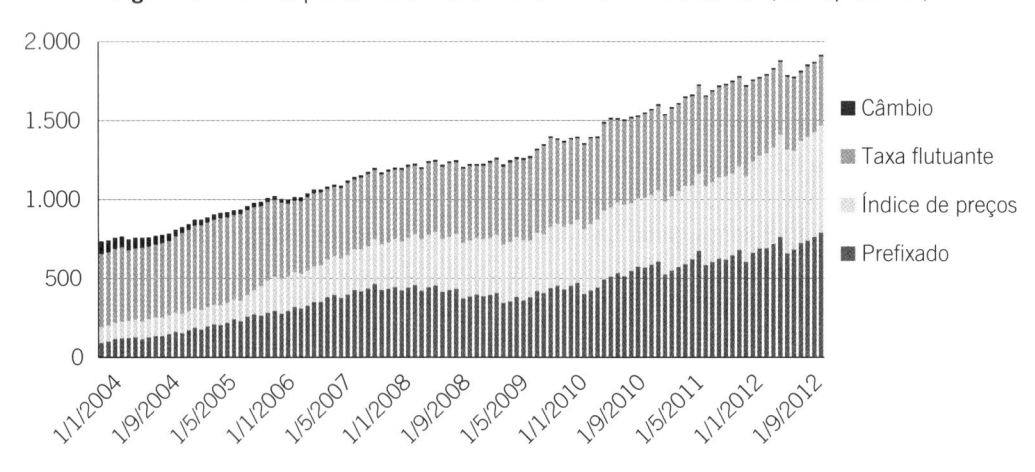

Figura 9.2 | Dívida pública mobiliária federal interna – Indexador (em R$ bilhões)

Fonte: elaborado com base nos dados do Tesouro Nacional.

Por títulos

A Figura 9.3 mostra a evolução mensal da representatividade dos títulos emitidos pelo Tesouro Nacional na composição do estoque total da dívida pública federal interna de janeiro de 2006 até dezembro de 2012. É possível notar a predominância de LFTs, LTNs e NTN-Bs em todo o período analisado, sendo que as NTN-Bs ganharam maior relevância enquanto as LFTs perderam. Além disso, as NTN-Fs obtiveram maior importância, enquanto as NTN-Cs e LTNs não apresentaram variações significativas. De acordo com publicações do Tesouro Nacional, a conta Demais títulos é composta por Títulos da Dívida Agrária (TDA), Dívida Securitizada e outros títulos diversos que não são LFT, LTN, NTN-B, NTC-C, NTN-D ou NTN-F.

Também é possível notar que as NTN-Ds deixaram de constituir o estoque da dívida a partir de julho de 2008. Segundo dados do Bacen, a última emissão desse título ocorreu em 2003. Além deles, as NTN-Cs não são emitidas desde dezembro de 2006, mas ainda estão presentes no estoque do Tesouro Nacional em pequena proporção.

Figura 9.3 | Dívida pública federal interna – Título

Fonte: elaborado com base nos dados do Tesouro Nacional.

9.2.1.3 Estoque da dívida pública federal externa

Em valor

A Figura 9.4 mostra a evolução mensal do estoque total da dívida pública federal externa de janeiro de 2004 até dezembro de 2012, de acordo com as moedas em que os títulos foram emitidos. É possível notar a predominância de títulos emitidos em dólar norte-americano. Além disso, podemos observar que o estoque total da dívida pública federal externa diminuiu significativamente, passando de aproximadamente R$ 166 bilhões no início de 2004 para R$ 90 bilhões no final de 2012.

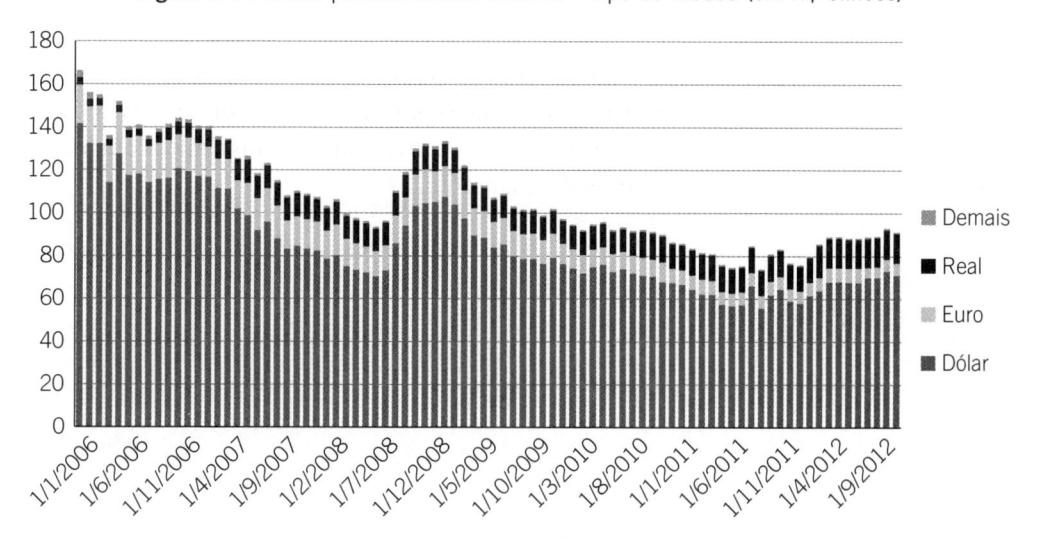

Figura 9.4 | Dívida pública federal externa – Tipo de moeda (em R$ bilhões)

Fonte: elaborado com base nos dados do Tesouro Nacional.

9.2.2 Detentores da dívida pública federal

A Figura 9.5 mostra a evolução mensal do percentual detido da dívida pública federal por diferentes entidades de janeiro de 2007 até dezembro de 2012. Em todo o período analisado, é possível notar a predominância de instituições financeiras, fundos de investimentos e de previdência e não residentes, que de acordo com o Tesouro Nacional são as pessoas físicas ou jurídicas e os fundos ou outras entidades de investimento coletivo com residência, sede ou domicílio no exterior, como detentores da dívida federal.

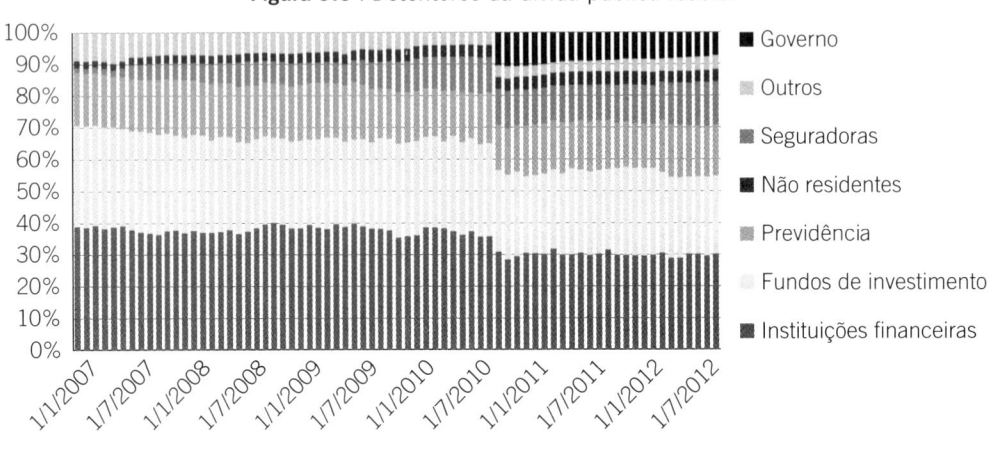

Figura 9.5 | Detentores da dívida pública federal

Fonte: elaborado com base nos dados do Tesouro Nacional.

9.2.3 Estrutura de vencimentos

9.2.3.1 Dívida interna

A Figura 9.6 mostra a evolução mensal do percentual dos prazos de vencimentos dos títulos da dívida interna do Tesouro Nacional de janeiro de 2006 até dezembro de 2012. Podemos notar um alongamento nos vencimentos, com o aumento dos títulos com prazos superiores a cinco anos durante o período analisado.

Figura 9.6 | Vencimentos – Dívida interna

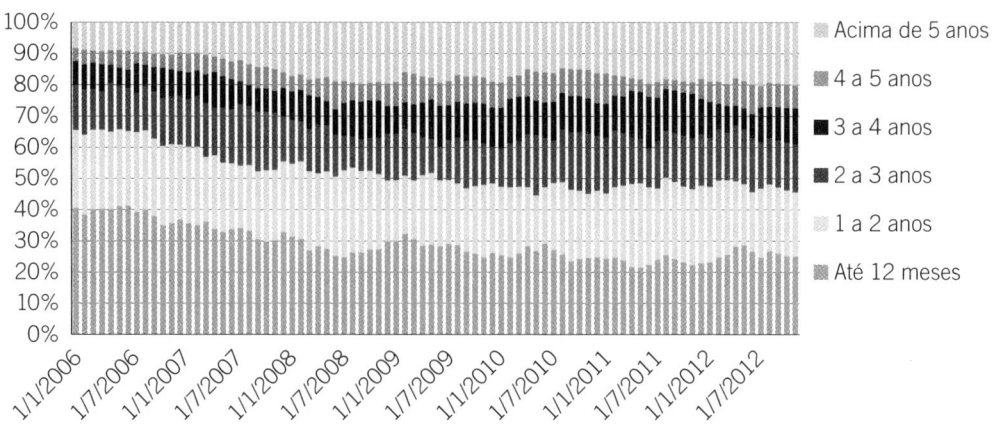

- Acima de 5 anos
- 4 a 5 anos
- 3 a 4 anos
- 2 a 3 anos
- 1 a 2 anos
- Até 12 meses

Fonte: elaborado com base nos dados do Tesouro Nacional.

9.2.3.2 Dívida externa

A Figura 9.7 mostra a evolução mensal do percentual dos prazos de vencimentos dos títulos da dívida externa do Tesouro Nacional de janeiro de 2006 até dezembro de 2012. Podemos notar a maior relevância dos vencimentos com prazos superiores a cinco anos em todo período analisado, mas a partir de 2010 houve aumento significativo de vencimentos em prazos menores, diminuindo o percentual dos superiores a cinco anos.

Figura 9.7 | Vencimentos – Dívida interna

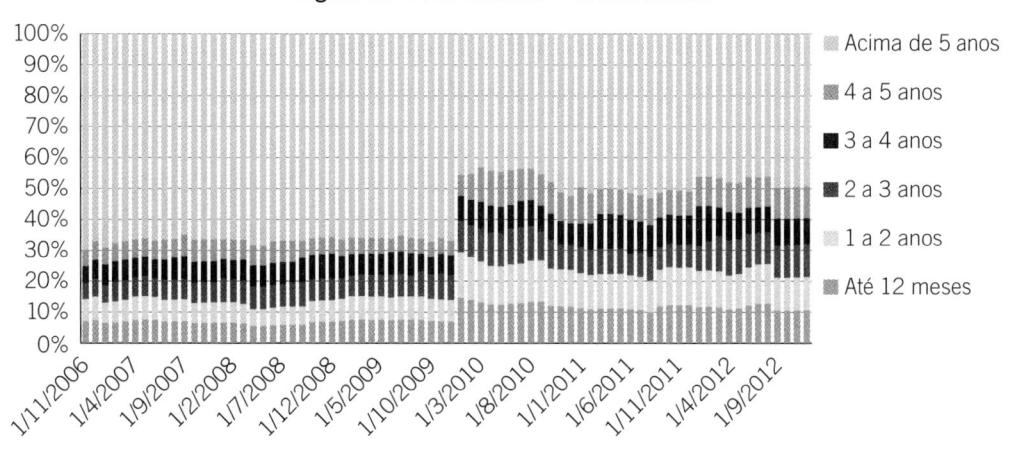

- Acima de 5 anos
- 4 a 5 anos
- 3 a 4 anos
- 2 a 3 anos
- 1 a 2 anos
- Até 12 meses

Fonte: Tesouro Nacional.

9.2.4 Custo médio

9.2.4.1 Dívida interna

A Figura 9.8 mostra a evolução mensal do custo médio mensal anualizado dos títulos da dívida interna do Tesouro Nacional de janeiro de 2005 até dezembro de 2012. O custo decresceu durante o período analisado, caindo de 16,05% a.a. em janeiro de 2005 para 11,72% a.a. em dezembro de 2012.

Figura 9.8 | Custo médio mensal – Interno (% a.a.)

Fonte: Tesouro Nacional (2013b).

Por títulos

Nessa seção vamos destacar o custo médio mensal dos principais títulos que compõem o estoque da dívida pública interna federal.

A Figura 9.9 mostra a evolução mensal do custo médio mensal anualizado das Letras do Tesouro Nacional (LTN) de janeiro de 2005 até dezembro de 2012. O custo decresceu durante o período analisado, caindo de 16,82% a.a. em janeiro de 2005 para 10,73% a.a. em dezembro de 2012.

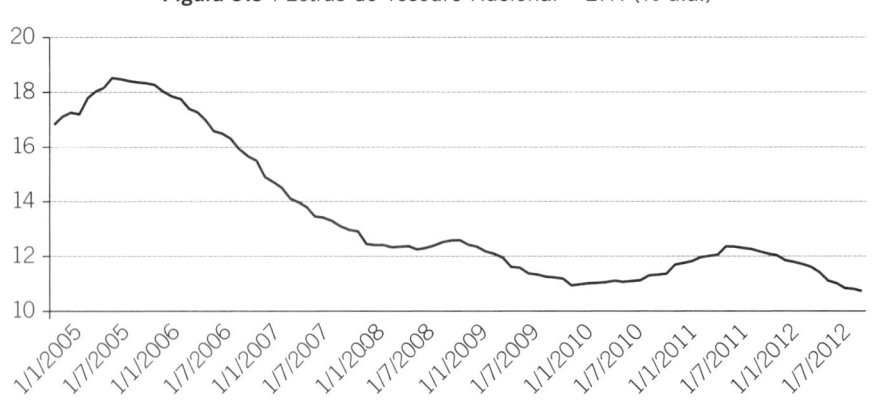

Figura 9.9 | Letras do Tesouro Nacional – LTN (% a.a.)

Fonte: Tesouro Nacional (2013b).

A Figura 9.10 mostra a evolução mensal do custo médio mensal anualizado das Letras Financeiras do Tesouro (LFT) de janeiro de 2005 até dezembro de 2012. O custo decresceu durante o período analisado, caindo de 18,02% a.a. em janeiro de 2005 para 7,16% a.a. em dezembro de 2012.

Figura 9.10 | Letras Financeiras do Tesouro – LFT (% a.a.)

Fonte: Tesouro Nacional (2013b).

A Figura 9.11 mostra a evolução mensal do custo médio mensal anualizado das Notas do Tesouro Nacional Série B (NTN-B) de janeiro de 2005 até dezembro de 2012. O custo médio não apresentou uma tendência durante o período analisado, mas mostrou alta volatilidade.

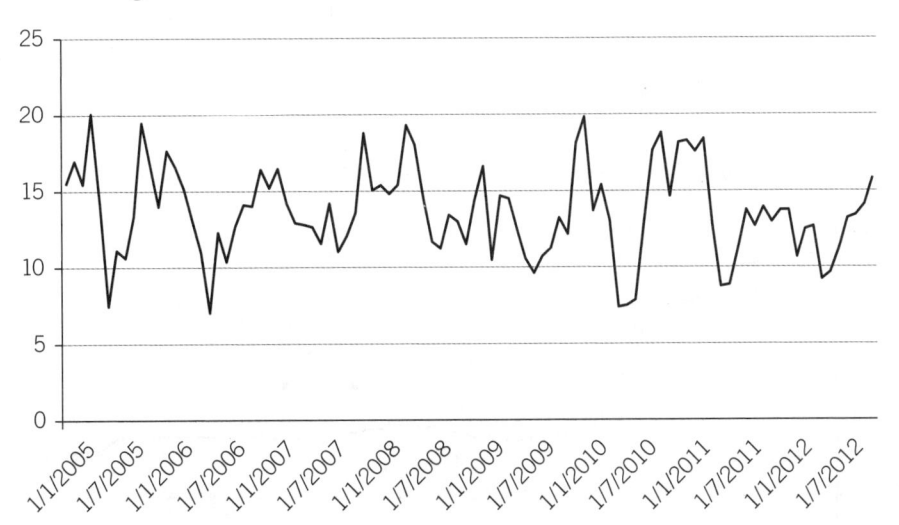

Figura 9.11 | Notas do Tesouro Nacional Série B – NTN-B (% a.a.)

Fonte: Tesouro Nacional (2013b).

A Figura 9.12 mostra a evolução mensal do custo médio mensal anualizado das Notas do Tesouro Nacional Série C (NTN-C) de janeiro de 2005 até dezembro de 2012. O custo médio não apresentou uma tendência durante o período analisado, mas mostrou alta volatilidade.

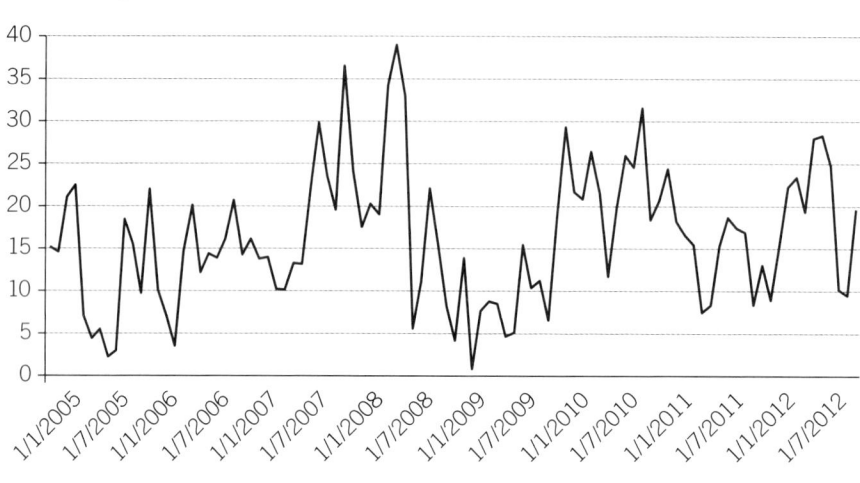

Figura 9.12 | Notas do Tesouro Nacional Série C – NTN-C (% a.a.)

Fonte: Tesouro Nacional (2013b).

A Figura 9.13 mostra a evolução mensal do custo médio mensal anualizado das Notas do Tesouro Nacional Série F (NTN-F) de janeiro de 2005 até dezembro de 2012. O custo decresceu durante o período analisado, caindo de 17,36% a.a. em janeiro de 2005 para 11,86% a.a. em dezembro de 2012.

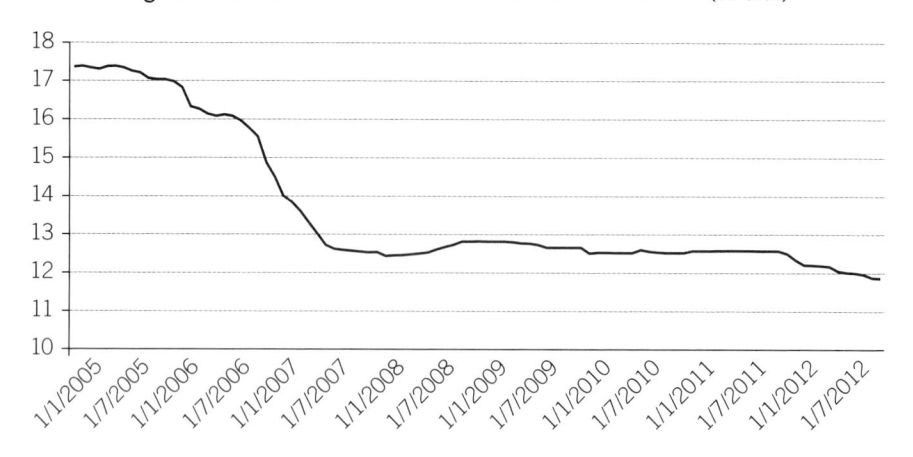

Figura 9.13 | Notas do Tesouro Nacional Série F – NTN-F (% a.a.)

Fonte: Tesouro Nacional (2013b).

9.2.4.2 Dívida externa

A Figura 9.14 mostra a evolução mensal do custo médio mensal anualizado da dívida externa do Tesouro Nacional de janeiro de 2005 até dezembro de 2012. O custo médio não apresentou uma tendência durante o período analisado, mas mostrou alta volatilidade, causada principalmente pela exposição cambial.

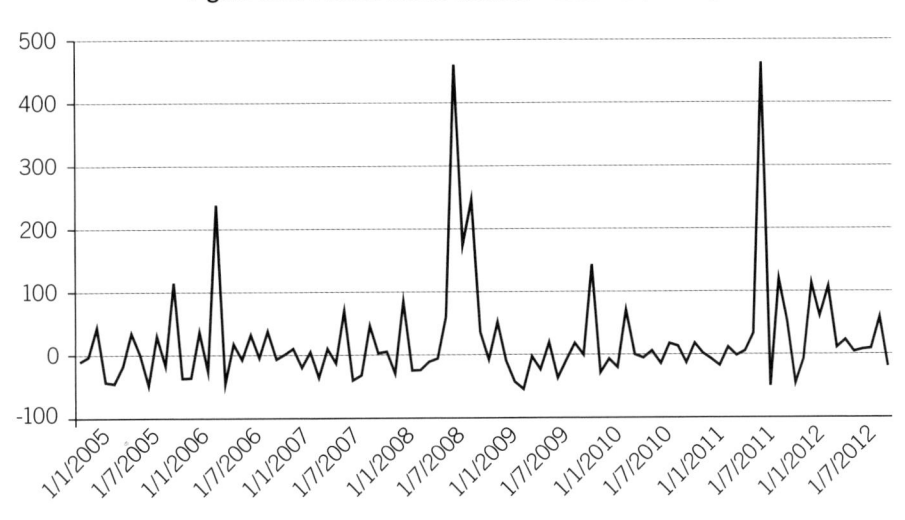

Figura 9.14 | Custo médio mensal – Externo (% a.a.)

Fonte: Tesouro Nacional (2013b).

9.2.5 Histórico da classificação para a dívida de longo prazo

A Tabela 9.3 mostra a evolução das classificações para a dívida de longo prazo do Brasil de 9/11/2004 até 17/11/2011 dadas pelas principais agências de rating: Standard & Poor's, Fitch e Moody's. Nesse período, a classificação de risco do Brasil melhorou, sendo que a partir de 2008 o país passou a ser considerado *investment grade*, ou seja, os títulos brasileiros passaram a ser considerados de baixo risco. No livro *Crédito – Análise e Avaliação do Risco*, publicado pela Saint Paul Editora, é possível encontrar mais informações sobre as classificações do risco de crédito (rating), como critérios de classificação, quais representam *investment grade* ou *high yield bonds*, entre outros.

Tabela 9.3 | Classificação para a dívida de longo prazo

	Standard & Poor's		Fitch		Moody's	
	Moeda estrangeira	Moeda local	Moeda estrangeira	Moeda local	Moeda estrangeira	Moeda local
17/11/2011	BBB	A-				
25/8/2011		BBB+				
24/6/2011					Baa2	Baa2
23/5/2011	BBB-					
4/4/2011			BBB	BBB		
28/6/2010			BBB-	BBB-		
22/9/2009					Baa3	Baa3
6/7/2009					Ba1	Ba1
12/5/2009			BBB-	BBB-		
10/11/2008			BBB-	BBB-		
29/5/2008			BBB-	BBB-		
30/4/2008	BBB-	BBB+				
1/8/2007					Ba1	Ba1
16/5/2007	BB+	BBB				
10/5/2007			BB+	BB+		
24/5/2007					Ba2	Ba2
5/2/2007			BB	BB		
22/11/2006	BB	BB+				
31/8/2006					Ba2	Ba2
1/8/2006					Ba3	Ba3
28/6/2006			BB	BB		
28/2/2006	BB	BB+				
14/12/2005			BB-	BB-		
8/11/2005	BB-	BB				
12/10/2005					Ba3	
11/10/2005			BB-	BB-		
11/7/2005			BB-	BB-		
12/1/2005					B1	Ba3
28/9/2004			BB-	BB-		
17/9/2004	BB-					
9/9/2004					B1	Ba3

Fonte: elaborado com base nos dados do Tesouro Nacional.

As informações apresentadas anteriormente buscam fornecer algumas características sobre a dívida pública federal brasileira interna e externa mostrando sua evolução, particularidades e principais mudanças ocorridas. Nesse período ocorreram eventos relevantes, internos e externos, que impactaram o perfil da dívida pública brasileira causando mudanças, como diminuição do custo médio, melhora no rating, alongamento dos vencimentos, entre outros.

9.3 Formação de preço dos títulos prefixados

Conforme demonstra a Tabela 9.1, as LTN e as NTN-F não possuem nenhum fator de remuneração de seu valor nominal. Assim, a estimativa da taxa de retorno apropriada é feita com base em projeções para as taxas de juros nominais para o período de fluência do título, compreendido entre a data de sua liquidação e a de seu resgate. Essas projeções representam o custo do dinheiro esperado e são retratadas nos contratos futuros de Depósitos Interfinanceiros (DI) registrados na BM&FBOVESPA, podendo ser obtidas por intermédio de sistemas amplamente utilizados no mercado financeiro, tais como o *Broadcast* da Agência Estado Jornal Valor Econômico ou site da BM&FBOVESPA.

Vale acrescentar que as projeções de juros retratadas nos contratos de DI são utilizadas também como *proxy* da taxa Selic esperada, que representa a taxa média ajustada dos financiamentos diários apurados no Sistema de Liquidação e de Custódia (Selic). Fazem parte do cálculo dessa taxa as operações compromissadas de um dia que possuem como lastro, títulos públicos. Tanto do ponto de vista do mercado financeiro quanto do emissor, Tesouro Nacional, a taxa Selic representa parâmetro de custo de oportunidade na formação de preço dos títulos públicos federais. Atualmente, além desses contratos futuros de DI, temos os contratos futuros de Selic que apesar da baixa liquidez, serão utilizados como parâmetro para projetar a Taxa Selic.

A Tabela 9.4 exibe algumas das principais informações disponíveis sobre os contratos futuros de DI negociados na BM&FBOVESPA, indicando a data de vencimento do contrato (sempre no primeiro dia útil do mês), suas cotações – expressas na forma de taxa de juros efetiva anual, base 252 dias úteis[11] – e o número de dias úteis (d.u.) entre a data atual (inclusive) e o vencimento dos respectivos contratos (exclusive). Tomando-se por data atual o dia 30 de janeiro de 2013, temos:

Tabela 9.4 | DI futuro em 30/1/2013

Código de vencimento	Data de vencimento	Taxa efetiva % a.a.	d.u.
G13	1/2/2013	6,94	2
H13	1/3/2013	6,97	20
J13	1/4/2013	7,00	40
K13	2/5/2013	7,03	62
N13	1/7/2013	7,04	103
V13	1/10/2013	7,11	169
F14	2/1/2014	7,20	233

Fonte: Cetip (2013).

---

[11] O contrato futuro de taxas de juros passou a ser cotado em taxa de juros efetiva anual (e não mais em preço unitário - PU) a partir de 18 de janeiro de 2002.

As taxas de juros das LTN e NTN-F são expressas em termos anuais, com base em 252 dias úteis, do mesmo modo que os contratos de DI apresentados anteriormente. Assim, utilizando as cotações do mercado de DI como referência, um investidor que desejasse comprar uma LTN no dia 30 de janeiro, com vencimento em 1/3/2013, por exemplo, deveria exigir uma rentabilidade de 6,97% a.a. Lembrando que o DI é válido apenas como referência, e as taxas não são necessariamente as mesmas. As subseções seguintes ilustram a metodologia de cálculo do preço unitário (PU) das LTN e NTN-F, bem como de suas respectivas rentabilidades.

9.3.1 Formação de preço das Letras do Tesouro Nacional (LTN)

O preço de qualquer instrumento financeiro é igual ao valor presente de seu fluxo de caixa esperado. Logo, para determinar o preço é necessário: (1) uma estimativa do fluxo de caixa esperado; e (2) uma estimativa da taxa de retorno apropriada (FABOZZI; FRANK, 1996).

Considerando o valor nominal das LTN (R$ 1.000,00) e lembrando que esses títulos são do tipo zero cupom, o fluxo de caixa deles pode ser representado por:

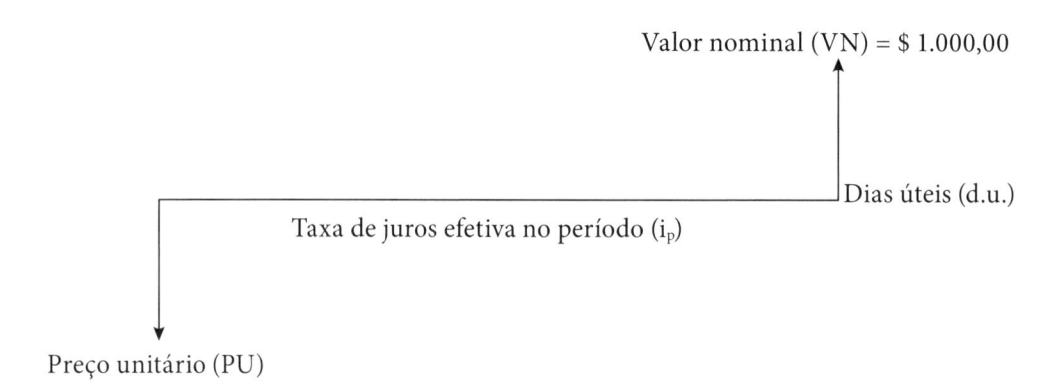

Valor nominal (VN) = $ 1.000,00

Dias úteis (d.u.)

Taxa de juros efetiva no período (i_p)

Preço unitário (PU)

A fórmula de cálculo do preço unitário (PU) desses papéis, conforme mencionado anteriormente, é idêntica à do valor presente, VP, amplamente utilizada na matemática financeira, ou seja:

$$PU = \frac{VN}{(1+i_p)} = \frac{1.000}{(1+i_p)}$$

Analisando a fórmula, é possível notar que o preço apresenta uma relação inversa ao comportamento da taxa. Intuitivamente, quanto menor a taxa de juros ofertada, maior deverá ser o preço do título e quanto maior a taxa de juros ofertada, menor deverá ser o preço do título.

Exemplo 9.1

Qual o preço unitário de uma LTN emitida em 30/1/2013, com vencimento em 1/3/2013 e taxa anual (base 252 dias) de 6,97%?

1. Cálculo da taxa efetiva para o período do título. A conversão de taxa anual efetiva para a taxa efetiva referente ao período do título obedece à seguinte fórmula:

$$i_p = \left[(1 + i_{a.a.})^{\frac{d.u.}{252}} - 1\right]$$

Neste exemplo temos:

$$i_p = \left[(1 + 0,0697)^{\frac{20}{252}} - 1\right] = 0,536\% \text{ a.p.}$$

2. Cálculo do PU. Partindo da taxa efetiva para o período do título, chega-se ao PU pela fórmula:

$$PU = \frac{VN}{(1 + i_p)} = \frac{VN}{(1 + i_{a.a.})^{\frac{d.u.}{252}}} = \frac{1.000}{(1 + 0,0697)^{\frac{20}{252}}}$$

PU = 994,666794

VN = 1.000,00

$1 + i_p = (1 + 0,0697)^{\frac{20}{252}}$ 20 d.u.

PU = 994,666794

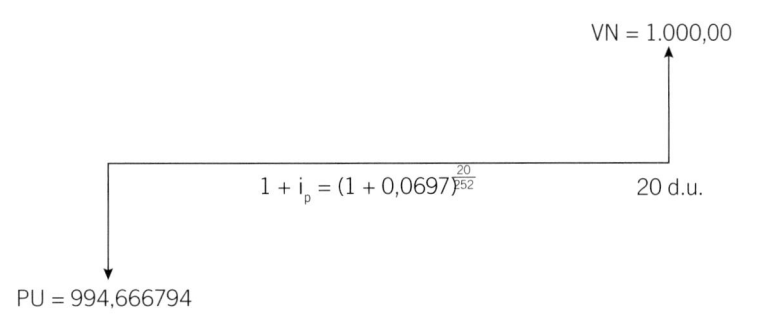

Note que a rentabilidade efetiva anual da LTN pode ser calculada a partir de seu PU, isto é:

$$i_{a.a.} = \left[(1 + i_p)^{\frac{252}{d.u.}} - 1\right] = \left[\left(\frac{VN}{PU}\right)^{\frac{252}{d.u.}} - 1\right]$$

$$i_{a.a.} = \left[(1 + i_p)^{\frac{252}{d.u.}} - 1\right] = \left[\left(\frac{1.000}{994,666794}\right)^{\frac{252}{20}} - 1\right] = 6,97\% \text{ a.a.}$$

Exemplo 9.2

Considerando a LTN 1/1/2017 presente na Figura 9.2, determine o preço unitário de compra do dia em análise.

Com os dados apresentados, é possível identificar que a LTN 1/1/2017 terá uma rentabilidade de 9,10% a.a. no período de 6/2/2013 – 1/1/2017. Como os títulos públicos são liquidados em D + 1, o período desse título vai de 7/2/2013 até 1/1/2017 (981 dias úteis). Além disso, caso a liquidação do título esteja em uma data não útil no Brasil, ela será recebida no primeiro dia útil seguinte.

Dessa forma, podemos determinar o PU da seguinte forma:

$$PU = \frac{VN}{(1+i_p)} = \frac{VN}{(1+i_{a.a.})^{\frac{d.u.}{252}}} = \frac{1.000}{(1+0,0910)^{\frac{981}{252}}}$$

$$PU = 712,448783$$

Para precificar os títulos corretamente, devemos seguir algumas regras de truncamento e arredondamento determinadas pelo Tesouro Nacional. Portanto, com auxílio do Excel, para as LTNs, temos:

- $i_{a.a.}$ = truncar na 4.ª casa decimal
- $\frac{d.u.}{252}$ = truncar na 14.ª casa decimal
- PU = truncar na 6.ª casa decimal

Exemplo 9.3

Ajustes *pro rata*

O exemplo 9.1 anterior é, intencionalmente, bastante simples. O título considerado possui data de vencimento idêntica à de um dos contratos de DI apresentados na Tabela 9.4, o que nos permitiu obter diretamente todas as informações necessárias para o cálculo da taxa efetiva para o período do título, bem como do PU correspondente.

Quais seriam então os ajustes necessários para o cálculo da taxa anual (e efetiva para o período) de um título que possua data de resgate distinta daquelas expressas para vencimento de contratos de DI? Os passos descritos a seguir tratam dessa questão e ilustram a precificação de um título com liquidação em 30/1/2013 e resgate em 17/4/2013 (52 dias úteis).

1. Identifique o contrato futuro com data de vencimento imediatamente anterior à de resgate do título (neste caso, o contrato de 1/4/2013) e calcule a taxa efetiva (i_{p40}) para o período. Esse contrato fornece a taxa anual correspondente aos próximos 40 dias úteis. Assim a taxa efetiva para esses 40 dias é dada por:

$$i_{p40} = \left[(1+0,07)^{\frac{40}{252}} - 1\right]$$

$$i_{p40} = 1,080\% \text{ a.p.}$$

2. Identifique o contrato futuro com data de vencimento imediatamente posterior à de resgate do título (neste caso, o contrato de 2/5/2013) e calcule a taxa efetiva (i_{p62}) para o período. Esse contrato fornece a taxa anual correspondente aos próximos 62 dias úteis. Assim a taxa efetiva para estes 62 dias é dada por:

$$i_{p62} = \left[(1 + 0{,}0703)^{\frac{62}{252}} - 1\right]$$

$i_{p62} = 1{,}686\%$ a.p.

3. Calcule a taxa de juros efetiva (i_{p62-40}) implícita para o período compreendido entre os contratos futuros com data de vencimento imediatamente anterior e posterior ao resgate do título (neste caso os contratos de 1/4/2013 e 2/5/2013). Note que essa taxa corresponde aos 22 dias úteis (62 − 40) referentes ao mês de abril, sendo calculada da seguinte forma:

$$i_{p62-40} = \frac{(1 + i_{p62})}{(1 + i_{p40})} - 1 = \frac{(1 + 0{,}01686)}{(1 + 0{,}01080)} - 1$$

$i_{p62-40} = 0{,}600\%$ a.p.

A representação por fluxo de caixa dessa situação pode ser representado por:

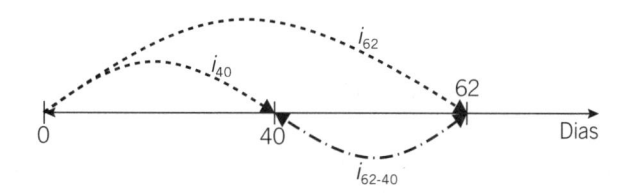

4. Com base na taxa exposta anteriormente, referente ao mês de abril, calcule a taxa efetiva (i_{p+12}) correspondente aos dias úteis que o título em questão possui no mês. Como o título vence em 17/4/2013, este possui 12 dias úteis em abril. Dessa forma temos:

$$i_{p+12} = \left[(1 + 0{,}00600)^{\frac{12}{22}} - 1\right] = 0{,}327\% \text{ a.p.}$$

5. Calcule a taxa efetiva para o período do título, obtida por intermédio do produto entre a taxa efetiva para os próximos 39 dias e a taxa efetiva referente a 13 dias úteis no mês de maio, em um total de 52 dias úteis. Note que a partir dessa taxa pode-se chegar ao PU do título, bem como a sua taxa efetiva anual, conforme exposto a seguir:

$$i_{p52} = \left[(1 + i_{p40})(1 + i_{p+12}) - 1\right] = \left[(1 + 0{,}01080)(1 + 0{,}00327) - 1\right] = 1{,}411\% \text{ a.p.}$$

$$PU = \frac{1.000}{(1 + 0{,}01411)}$$

$PU = 986{,}086322$

Taxa efetiva anual $= i_{a.a.} = \left[(1 + 0{,}01411)^{\frac{252}{52}} - 1\right] = 7{,}026\%$ a.a.

9.3.2 Formação de preço das Notas do Tesouro Nacional Série F (NTN-F)

As NTN-F, conforme descrito na Tabela 9.1, possuem fluxo de pagamento de juros semestral, sendo essa sua única distinção em relação às LTN, abordadas na subseção anterior.

A taxa de juros que será paga nos cupons é determinada na emissão de cada série de títulos, sendo publicadas nos documentos oficiais de emissão.

Exemplo 9.4

Considerando o valor nominal de R$ 1.000,00, e cupom de 6% a.a., o fluxo de caixa de uma NTN-F de dois anos de prazo, com emissão em 1/3/12, pode ser representado por:

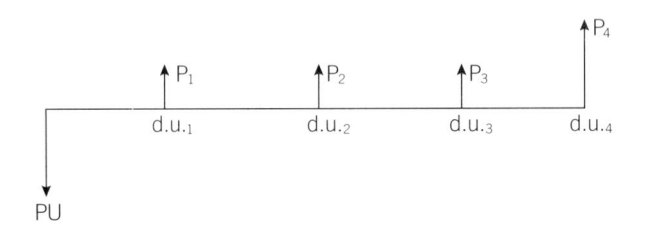

Em que, P_1 (em 3/9/2012) = P_2 (em 1/3/2013) = P_3 (em 2/9/2013) = R$ 1.000 × [$(1,06)^{\frac{1}{2}} - 1$]; e P_4 (em 3/3/2014) = R$ 1.000 × $(1,06)^{\frac{1}{2}}$

O PU deste título corresponde ao valor presente de seu fluxo de pagamentos, descontado pela taxa de retorno que se pretende obter no investimento. Cabe destacar, contudo, que o fluxo de caixa de cada parcela é descontado contemplando o número de dias úteis entre a data de liquidação e seu respectivo pagamento[12]. Dessa forma, assumindo a taxa efetiva anual de 7,27%, o PU da NTN-F é calculado conforme descrito a seguir:

$$PU = 1.000 \frac{\left[(1,06)^{\frac{1}{2}} - 1\right]}{(1+i_{a.a.})^{\frac{d.u.1}{252}}} + 1.000 \frac{\left[(1,06)^{\frac{1}{2}} - 1\right]}{(1+i_{a.a.})^{\frac{d.u.2}{252}}} + 1.000 \frac{\left[(1,06)^{\frac{1}{2}} - 1\right]}{(1+i_{a.a.})^{\frac{d.u.3}{252}}} +$$

$$+ 1.000 \frac{\left[(1,06)^{\frac{1}{2}} - 1\right]}{(1+0,0727)^{\frac{d.u.4}{252}}} + 1.000 \frac{1}{(1+0,0727)^{\frac{d.u.4}{252}}}$$

De forma genérica, o PU de uma NTN – F é determinado por:

$$PU = 1.000 \frac{\left[(1+i_{cupom})^{\frac{1}{2}} - 1\right]}{(1+i_{a.a.})^{\frac{d.u.1}{252}}} + 1.000 \frac{\left[(1+i_{cupom})^{\frac{1}{2}} - 1\right]}{(1+i_{a.a.})^{\frac{d.u.2}{252}}} + ... + 1.000 \frac{\left[(1+i_{cupom})^{\frac{1}{2}} - 1\right]}{(1+i_{a.a.})^{\frac{dun}{252}}} + 1.000 \frac{1}{(1+i_{a.a.})^{\frac{dun}{252}}}$$

---

[12] Costuma-se calcular o número de dias úteis por intermédio da função DIATRABALHOTOTAL do Excel. Essa função exige como informação apenas a data inicial (data de liquidação), a data final (data de resgate) e uma lista de feriados para o período de fluência do título. A Anbima, em seu site, fornece uma lista com os feriados até 2078.

Com auxílio da função DIATRABALHOTOTAL do Excel (veja nota de rodapé número 12), observa-se que $d.u._1$, $d.u._2$, $d.u._3$ e $d.u._4$ correspondem, respectivamente, a 129, 250, 378 e 504 dias úteis.

Logo:

$$PU = 1.000\,\frac{\left[(1,06)^{\frac{1}{2}} - 1\right]}{(1+0,0727)^{\frac{129}{252}}} + 1.000\,\frac{\left[(1,06)^{\frac{1}{2}} - 1\right]}{(1+0,0727)^{\frac{250}{252}}} + 1.000\,\frac{\left[(1,06)^{\frac{1}{2}} - 1\right]}{(1+0,0727)^{\frac{378}{252}}}$$

$$1.000\,\frac{\left[(1,06)^{\frac{1}{2}} - 1\right]}{(1+0,0727)^{\frac{504}{252}}} + 1.000\,\frac{1}{(1+0,0727)^{\frac{504}{252}}}$$

Partindo de um PU específico, o cálculo da taxa efetiva anual de uma NTN-F corresponde à fórmula da taxa interna de retorno (TIR) do título, ou seja, a taxa de desconto nos permite chegar a um valor presente líquido igual a zero. Com base no exemplo apresentado anteriormente, teríamos então de calcular a taxa de desconto dos fluxos de pagamento da NTN-F, que nos daria como PU o valor de R$ 977,442789.

Este cálculo pode ser executado com o auxílio de aplicativos como o Excel. A tabela a seguir ilustra, de forma simples, o cálculo da TIR de uma NTN-F por intermédio do Excel:

	A	B
1	Preço unitário	977,442789
2	VP do fluxo de pagamentos	977,442576
3	Taxa interna de retorno	7,27%

i. Digite o PU do título na célula B1.

ii. Digite a fórmula do fluxo de pagamentos do título na célula B2, isto é: a fórmula do PU demonstrada anteriormente.

$$PU = 1.000\,\frac{\left[(1,06)^{\frac{1}{2}} - 1\right]}{(1+0,0727)^{\frac{129}{252}}} + ... + 1.000\,\frac{\left[(1,06)^{\frac{1}{2}} - 1\right]}{(1+0,0727)^{\frac{504}{252}}} + 1.000\,\frac{1}{(1+0,0727)^{\frac{504}{252}}}$$

iii. Utilize a função Atingir Metas para alterar a taxa de juros na célula B3 de maneira incremental até o valor da célula B2 se "igualar"[13] ao da célula B1.

Exemplo 9.5

Considerando a NTN-F 010123 presente na Tabela 9.2, determine o preço unitário de compra do dia em análise.

Com os dados apresentados, é possível identificar que a NTNF 010123 estará vigente no período de 6/2/2013 – 1/1/2023. Na Portaria n. 631, de 16 de outubro de 2012, divulgada pelo Tesouro Nacional é determinado que esse título pagará cupom de 10% a.a. Portanto, temos:

---

[13] Note que, apesar de não ser idêntico, o valor obtido para a célula B2 é bastante próximo daquele referente à célula B1.

a. Com auxílio da função DIATRABALHO do Excel vamos primeiramente determinar as datas úteis de pagamento de cupom de juros do título a partir data de liquidação, 7/2/2013, e a quantidade de dias úteis.

Data	d.u.	Data	d.u.
7/2/2013	–	2/7/2018	1.354
1/7/2013	97	2/1/2019	1.480
2/1/2014	227	1/7/2019	1.603
1/7/2014	349	2/1/2020	1.733
2/1/2015	480	1/7/2020	1.856
1/7/2015	602	4/1/2021	1.984
4/1/2016	730	1/7/2021	2.107
1/7/2016	854	3/1/2022	2.235
2/1/2017	981	1/7/2022	2.359
3/7/2017	1.105	2/1/2023	2.486
2/1/2018	1.230		

b. Agora vamos determinar o PU, como descrito anteriormente:

$$PU = 1.000 \frac{\left[(1,10)^{\frac{1}{2}} - 1\right]}{(1+0,0968)^{\frac{97}{252}}} + 1.000 \frac{\left[(1,10)^{\frac{1}{2}} - 1\right]}{(1+0,0968)^{\frac{227}{252}}} + 1.000 \frac{\left[(1,10)^{\frac{1}{2}} - 1\right]}{(1+0,0968)^{\frac{349}{252}}} + \ldots +$$

$$+ 1.000 \frac{\left[(1,10)^{\frac{1}{2}} - 1\right]}{(1+0,0968)^{\frac{2.486}{252}}} + 1.000 \frac{1}{(1+0,0968)^{\frac{2.486}{252}}}$$

PU = 1.031,258226

Seguindo as regras de truncamento e arredondamento determinadas pelo Tesouro Nacional, com auxílio do Excel, para as NTNFs, temos:

- $i_{a.a.}$ = truncar na 4.ª casa decimal
- $[(1 + i_{cupom})^{½} - 1]$ = arredondar na 5.ª casa decimal
- $\frac{d.u.}{252}$ = truncar na 14.ª casa decimal
- $1.000 \frac{\left[(1+i_{cupom})^{\frac{1}{2}} - 1\right]}{(1+i_{a.a.})^{\frac{d.u.}{252}}}$ = arredondar na 9.ª casa decimal
- PU = truncar na 6.ª casa decimal

9.4 Formação de preço dos títulos pós-fixados

Os títulos pós-fixados caracterizam-se por possuir fator de remuneração de seus valores nominais. Como a rentabilidade esperada de um título deve refletir as expectativas do custo do dinheiro (juros nominais), a questão que se coloca ao formulador do preço de um título pós-fixado diz respeito ao cálculo da taxa que comporá, juntamente com o fator de atualização do valor nominal, o retorno da aplicação.

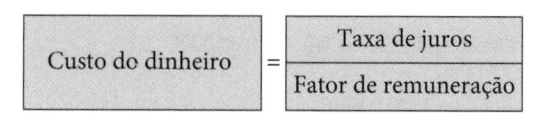

$$\text{Custo do dinheiro} = \frac{\text{Taxa de juros}}{\text{Fator de remuneração}}$$

Data-base e fungibilidade

Com o objetivo de aumentar a liquidez dos títulos negociados em mercado, o Tesouro Nacional vem estabelecendo datas-base para a atualização do valor nominal de títulos pós-fixados. Essa medida permite que títulos emitidos em datas distintas, porém com mesma data-base e data de vencimento, tornem-se fungíveis, isto é, possuam características idênticas quanto a seus fluxos, sendo consequentemente indistinguíveis.

Conforme veremos a seguir, o preço de um título pós-fixado é normalmente expresso em forma de cotação, com quatro casas decimais, que multiplicado pelo valor nominal atualizado (VNA) do título gera o PU.

$$PU = VNA \times \text{cotação\%},$$

Em que VNA = valor nominal atualizado desde a data-base, inclusive, até a data de liquidação financeira, exclusive.

9.4.1 Formação de preço das Letras Financeiras do Tesouro (LFT)

As LFT têm por fator de remuneração a taxa Selic. Tendo em vista que essa taxa representa o custo de oportunidade do investidor, sua cotação% tende a estar sempre muito próxima de 100% (ou seja, a taxa de juros exigida, além do fator de remuneração, é próxima de zero). Além disso, por se tratarem de títulos sem fluxo de pagamentos de juros, sua precificação se torna bastante simples, conforme exposto a seguir:

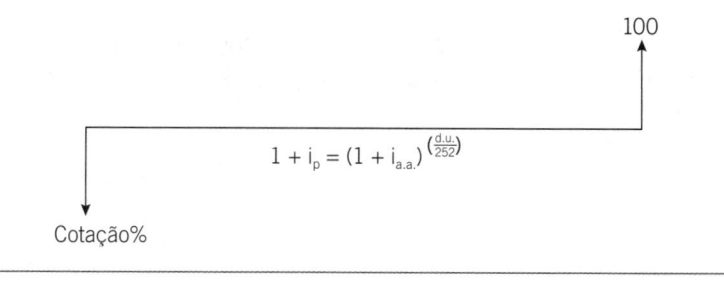

$$1 + i_p = (1 + i_{a.a.})^{\left(\frac{d.u.}{252}\right)}$$

Cotação% → 100

Exemplo 9.6

A taxa Selic projetada para o período compreendido entre 1/3/2002 e 1/3/2004 é de 18,87% a.a. Qual deveria ser a cotação de uma LFT para um investidor que pretenda alcançar uma rentabilidade de 19% a.a. nesse período? Qual o PU dessa LFT, sabendo-se que a data-base desse título é 1/7/2000 e seu fator de atualização do valor nominal entre essa data e a data de liquidação corresponde a 1,3550?

i. Calcule a taxa de juros que, juntamente com a taxa Selic projetada de 18,87% a.a., forneça uma rentabilidade esperada de 19% a.a. ao investidor.

$$(1+i_{a.a.}) = \frac{1.19}{1.1887} = 1.0010936$$

ii. Com base na taxa apresentada, calcule a cotação da LFT. (Note que, conforme vimos anteriormente, um título com liquidação em 1/3/2002 e resgate em 1/3/2004 possui 505 dias úteis.)

$$\text{Cotação\%} = \frac{100}{(1+i_{a.a.})^{\frac{d.u.}{252}}} = \frac{100}{(1+0010936)^{\frac{505}{252}}} = 99{,}7812$$

Cotação% = 99,7812%

iii. Calcule o PU da LFT por intermédio da fórmula:

PU = VNA × cotação%, em que:

VNA = R$ 1.000,00 × fator de atualização equivalente à taxa Selic acumulada desde a data-base, inclusive, até a data de liquidação financeira, exclusive. Neste exemplo temos:

VNA = R$ 1.000,00 × 1,3550 = R$1.355,00, e

PU = 1.355,00 × 99,7812%

PU = 1.352,035260

Tomando por base o PU de uma LFT, pode-se calcular sua respectiva taxa efetiva anual da seguinte forma:

a. Determine a cotação% utilizando a fórmula:

$$\text{Cotação\%} = \frac{PNU}{VNA} = \frac{1.352{,}035260}{1.355{,}00} = 99{,}7812\%$$

b. Calcule a taxa efetiva anual:

$$i_{a.a.} = \left[(1+i_p)^{\frac{252}{d.u.}} - 1\right] = \left[\left(\frac{100}{\text{cotação}}\right)^{\frac{252}{d.u.}} - 1\right] = \left[\left(\frac{100}{99{,}7812}\right)^{\frac{252}{505}} - 1\right]$$

$$i_{a.a.} = 0{,}1093\% \text{ a.a.}$$

Exemplo 9.7

Considerando a LFT 070317 presente na Tabela 9.2, determine o preço unitário de compra do dia em análise.

Com os dados apresentados, é possível identificar que a LFT 070317 estará vigente no período de 6/2/2013 – 7/3/2017. De acordo com dados do Tesouro Nacional, a data de emissão do título foi 3/7/2000 (data-base). Portanto, temos:

a. Com auxílio da função DIATRABALHO do Excel podemos determinar que a quantidade de dias úteis do título a partir data de liquidação, 07/02/2013 até 07/03/2017, é de 1.025 dias.

b. Com essas informações podemos determinar a cotação da LFT:

$$\text{Cotação\%} = \frac{100}{(1+1_{a.a.})^{\frac{d.u.}{252}}} = \frac{100}{[(1+(-0{,}02\%))]^{\frac{1.025}{252}}} = 100{,}0813\%$$

c. Determinação do Valor Nominal Atualizado (VNA)

O VNA da LFT é determinado por:

VNA = 1.000 × fator de remuneração*

VNA em 5/2/2013 = 1.000 × fator de remuneração

VNA em 5/2/2013 = 1.000 × 5,48635219605069 = 5.486,35219605069

Para determinarmos o VNA em 6/2/2013, devemos atualizar o VNA em 5/2/2013 pela taxa Selic meta em 5/2/2013 (7,25% a.a.o.), temos:

$$\text{VNA em 6/2/2013} = \text{VNA em 5/2/2013} \times \left[(1 + \text{Selic meta em 5/2/2013})^{\frac{1}{252}}\right]$$

$$\text{VNA em 6/2/2013} = 5.486{,}35219605069 \times \left[(1 + 7{,}25\%)^{\frac{1}{252}}\right]$$

VNA em 6/2/2013 = 5.487,876228

d. Cálculo do PU

O PU é dado por:

PU = VNA × Cotação%

PU = VNA em 6/2/2013 × Cotação%

PU = 5.487,876228 × 100,0813% = 5.492,337871

Seguindo as regras de truncamento e arredondamento determinadas pelo Tesouro Nacional, com auxílio do Excel, para as LFTs, temos:

- $i_{a.a.}$ = truncar na 4.ª casa decimal
- $\frac{d.u.}{252}$ = truncar na 14.ª casa decimal
- Fator de remuneração = arredondar na 16.ª casa decimal
- Cotação (%) = truncar na 4.ª casa decimal
- VNA = truncar na 6.ª casa decimal
- PU = truncar na 6.ª casa decimal

9.4.2 Formação de preço das Notas do Tesouro Nacional Série B (NTN-B), Notas do Tesouro Nacional Série B Principal (NTN-B Principal) e Série C (NTN-C)

As NTN-B, NTN-B Principal e NTN-C possuem como fator de remuneração o IPCA e o IGP-M, respectivamente. A determinação da rentabilidade a ser exigida por esses títulos é, portanto, feita de forma simples e direta por aqueles investidores preocupados em assegurar um determinado rendimento real. Contudo, para aqueles investidores que visam uma rentabilidade nominal, deve-se primeiro projetar a inflação esperada para o período de fluência do título, para então calcular o nível de taxa de juros nominal[14].

Conforme descrito na Tabela 9.1, as NTN-B, bem como as NTN-C, pagam cupom de juros semestrais definidos quando da emissão do título (geralmente de 6% ou 12% a.a.), enquanto as NTN-B Principal são do tipo zero cupom, ou seja, não pagam cupons de juros. Dessa forma, o PU (cotação × VNA) destes títulos, assim como o demonstrado para as NTN-F, representa o somatório do valor presente de cada fluxo de pagamento. Para um título com quatro pagamentos e juros de 6% a.a. temos:

$$\text{Cotação\%} = 100 \frac{\left[(1,06)^{\frac{1}{2}} - 1\right]}{(1+i_{a.a.})^{\frac{d.u.1}{252}}} + 100 \frac{\left[(1,06)^{\frac{1}{2}} - 1\right]}{(1+i_{a.a.})^{\frac{d.u.2}{252}}} + 100 \frac{\left[(1,06)^{\frac{1}{2}} - 1\right]}{(1+i_{a.a.})^{\frac{d.u.3}{252}}} +$$

$$+ 100 \frac{\left[(1,06)^{\frac{1}{2}} - 1\right]}{(1+i_{a.a.})^{\frac{d.u.4}{252}}} + 100 \frac{1}{(1+i_{a.a.})^{\frac{d.u.4}{252}}}$$

De forma genérica, a Cotação% desses títulos é determinada por:

$$\text{Cotação\%} = 100 \frac{\left[(1+i_{cupom})^{\frac{1}{2}} - 1\right]}{(1+i_{a.a.})^{\frac{d.u.1}{252}}} + 100 \frac{\left[(1+i_{cupom})^{\frac{1}{2}} - 1\right]}{(1+i_{a.a.})^{\frac{d.u.2}{252}}} + \ldots +$$

$$+ 100 \frac{\left[(1+i_{cupom})^{\frac{1}{2}} - 1\right]}{(1+i_{a.a.})^{\frac{d.u.n.}{252}}} + 100 \frac{1}{(1+i_{a.a.})^{\frac{d.u.n.}{252}}}$$

PU = VNA × cotação%, em que:

VNA = R$ 1.000,00 × fator de atualização dado pela variação do IPCA ou IGP-M desde a data-base, inclusive, até a data de liquidação financeira, exclusive.

---

[14] Na prática, por se tratar, usualmente, de títulos de longo prazo, não existem parâmetros de mercado para as taxas de juros nominais ou para a inflação esperada para seus respectivos períodos de fluência. Assim, a precificação das NTN-B e NTN-C é feita em grande medida tomando-se por base projeções de juros e inflação elaboradas pelos próprios investidores.

Exemplo 9.8

Um investidor pretende adquirir uma NTN-C que lhe garanta rendimento de 8% a.a. (base 252 dias úteis), além da correção do IGP-M. Determinar o PU dessa NTN-C, dadas suas características:

i. Juros semestrais de 6% a.a.
ii. Data-base: 1/7/2000
iii. Liquidação financeira: 1/3/2002
iv. Vencimento: 1/3/2004

Suponha que o fator de atualização equivalente à variação do IGP-M desde a data-base dessa NTN-C, inclusive, até sua data de liquidação, exclusive, seja de 1,1050.

Isto não é mais verdade na versão atual, pois o exemplo das "NTN-F examinadas anteriormente" foi modificado utilizando datas de emissão e de pagamentos de juros e de principal mais atuais (ver exemplo 9.4). Isto quer dizer que os dias uteis para cada cupom e para o principal devem ser informados. Portanto, sabe-se que:

$$\text{Cotação\%} = 100\frac{\left[(1,06)^{\frac{1}{2}}-1\right]}{(1+0,08)^{\frac{127}{252}}} + 100\frac{\left[(1,06)^{\frac{1}{2}}-1\right]}{(1+0,08)^{\frac{254}{252}}} + 100\frac{\left[(1,06)^{\frac{1}{2}}-1\right]}{(1+0,08)^{\frac{379}{252}}} +$$

$$+ 100\frac{\left[(1,06)^{\frac{1}{2}}-1\right]}{(1+0,08)^{\frac{505}{252}}} + 100\frac{1}{(1+0,08)^{\frac{505}{252}}}$$

Cotação% = 96,4541%
VNA = 1.000,00 × 1,1050 = 1.105,00

Logo:
PU = VNA × cotação% = 1.105,00 × 96,4541%
PU = 1.065,817805

Note que de posse do PU de uma NTN-C, se poderia calcular sua respectiva taxa efetiva anual da seguinte forma:

a. Determine a cotação % utilizando a fórmula:

$$\text{Cotação\%} = \frac{PU}{VNA} = \frac{1.065,817805}{1.105} = 96,4541\%$$

b. Utilizando a ferramenta Atingir Meta do Excel (veja sua aplicação para o caso da NTN-F), calcule a taxa de desconto dos fluxos de pagamento da NTN-C que nos daria como cotação% = 96,4541%.

Exemplo 9.9

Considerando a NTNB 150820 presente na Tabela 9.2, determine o preço unitário de compra do dia em análise.

Com os dados apresentados pelo Tesouro Nacional, na Portaria n. 706 de 23/12/2010, é possível identificar que a NTNB 150820 foi emitida em 23/12/2010, tem como data-base 15/7/2010 e paga cupons de 6% a.a. Portanto, temos:

a. Com auxílio da função DIATRABALHO e DIATRABALHOTOTAL do Excel vamos primeiramente determinar as datas úteis e quantidade de dias úteis de pagamento de cupom de juros do título a partir data de liquidação, 7/2/2013 até o vencimento. Temos:

Data	Vencimento útil	Prazo (d.u.)
7/2/2013	7/2/2013	–
15/2/2013	21/2/2013	4
15/3/2013	18/9/2013	130
15/4/2013	24/4/2014	259
15/5/2013	14/11/2014	382
15/6/2013	24/6/2015	511
15/7/2013	20/1/2016	635
15/8/2013	18/8/2016	758
15/9/2013	22/3/2017	885
15/10/2013	26/10/2017	1.013
15/11/2013	29/5/2018	1.136
15/12/2013	24/12/2018	1.260
15/1/2014	26/7/2019	1.386
15/2/2014	26/2/2020	1.512
15/3/2014	18/9/2020	1.636
15/4/2014	29/4/2021	1.765
15/5/2014	23/11/2021	1.889

b. Com essas informações podemos calcular a cotação% do título, vem:

$$\text{Cotação\%} = 100 \frac{\left[(1{,}06)^{\frac{1}{2}} - 1\right]}{(1 + 0{,}035)^{\frac{4}{252}}} + 100 \frac{\left[(1{,}06)^{\frac{1}{2}} - 1\right]}{(1 + 0{,}035)^{\frac{130}{252}}} + \ldots + 100 \frac{\left[(1{,}06)^{\frac{1}{2}} - 1\right]}{(1 + 0{,}035)^{\frac{1{,}765}{252}}} +$$

$$+ 100 \frac{\left[(1{,}06)^{\frac{1}{2}} - 1\right]}{(1 + 0{,}035)^{\frac{1{,}889}{252}}} + 100 \frac{1}{(1 + 0{,}035)^{\frac{1{,}889}{252}}}$$

Cotação% = 118,9604%

c. Determinação do Valor Nominal Atualizado (VNA)

O VNA das NTNBs é atualizado pelo Índice Nacional de Preços ao Consumidor Amplo (IPCA), que é publicado todo dia 15 de cada mês. O VNA deve ser atualizado desde a data-base (inclusive) até a data de liquidação financeira (exclusive). Para a NTNB 150820, temos:

Mês	Número índice	IPCA % mensal	Mês	Número índice	IPCA % mensal
Jun/00	1.614,6200		Mai/10	3.110,7400	0,43%
Jul/00	1.640,6200	1,61%	Jun/10	3.110,7400	0,00%
Ago/00	1.662,1100	1,31%	Jul/10	3.111,0500	0,01%
Set/00	1.665,9300	0,23%	Ago/10	3.112,2900	0,04%
Out/00	1.668,2600	0,14%	Set/10	3.126,2900	0,45%
Nov/00	1.673,6000	0,32%	Out/10	3.149,7400	0,75%
Dez/00	1.683,4700	0,59%	Nov/10	3.175,8800	0,83%
Jan/01	1.693,0700	0,57%	Dez/10	3.195,8900	0,63%
Fev/01	1.700,8600	0,46%	Jan/11	3.222,4200	0,83%
Mar/01	1.707,3200	0,38%	Fev/11	3.248,2000	0,80%
Abr/01	1.717,2200	0,58%	Mar/11	3.273,8600	0,79%
Mai/01	1.724,2600	0,41%	Abr/11	3.299,0700	0,77%
Jun/01	1.733,2300	0,52%	Mai/11	3.314,5800	0,47%
Jul/01	1.756,2800	1,33%	Jun/11	3.319,5500	0,15%
Ago/01	1.768,5700	0,70%	Jul/11	3.324,8600	0,16%
Set/01	1.773,5200	0,28%	Ago/11	3.337,1600	0,37%
Out/01	1.788,2400	0,83%	Set/11	3.354,8500	0,53%
Nov/01	1.800,9400	0,71%	Out/11	3.369,2800	0,43%
Dez/01	1.812,6500	0,65%	Nov/11	3.386,8000	0,52%
Jan/02	1.822,0800	0,52%	Dez/11	3.403,7300	0,50%
Fev/02	1.828,6400	0,36%	Jan/12	3.422,7900	0,56%
Mar/02	1.839,6100	0,60%	Fev/12	3.438,1900	0,45%
Abr/02	1.854,3300	0,80%	Mar/12	3.445,4100	0,21%
Mai/02	1.858,2200	0,21%	Abr/12	3.467,4600	0,64%
Jun/02	1.866,0200	0,42%	Mai/12	3.479,9400	0,36%
Jul/02	1.888,2300	1,19%	Jun/12	3.482,7200	0,08%
Ago/02	1.900,5000	0,65%	Jul/12	3.497,7000	0,43%
Set/02	1.914,1800	0,72%	Ago/12	3.512,0400	0,41%
Out/02	1.939,2600	1,31%	Set/12	3.532,0600	0,57%
Nov/02	1.997,8300	3,02%	Out/12	3.552,9000	0,59%
Dez/02	2.039,7800	2,10%	Nov/12	3.574,2200	0,60%
⋮	⋮	⋮	Dez/12	3.602,4600	0,79%

Fonte: IPEA (2013).

A tabela mostra os dados do IPCA de 15/6/2000 até 15/12/2012. Com esses dados é possível atualizar o VNA até 15/1/2013 da seguinte forma:

$VNA_{n+1} = VNA_n \times$ fator de atualização dado pelo IPCA

$VNA_{15/7/2000} = VNA_{15/6/2000} \times$ fator de atualização dado pelo IPCA

$VNA_{15/7/2000} = 1.000 \times (1 + 1,6102860115693000\%) = 1.016,102860$

$VNA_{15/8/2000} = 1.016,102860 \times (1 + 1,3098706586534400\%) = 1.029,412493$

...

$VNA_{15/1/2013} = 2.213,660076 \times (1 + 0,7901024559204610\%) = 2.231,150258$

O VNA em 15/1/2013 também pode ser determinado pelo fator de atualização acumulado desde 15/7/2000 até 15/12/2012, temos:

$VNA_{15/1/2013} = 1.000 \times (1 + 1,6102860115693000\%) \times (1 + 1,3098706586534400\%)$
$\times \times ... \times (1 + 1,1901024559204610)$

$VNA_{15/1/2013} = 1.000 \times 2,2311503635529300 = 2.231,150258$

Para calcular o PU desse papel precisamos determinar o VNA na data de liquidação (7/2/2013). Para determinarmos esse valor, precisamos atualizar o VNA em 15/1/2010 utilizando a projeção para o mês de janeiro de 2013 do IPCA publicada pela Anbima, ajustando pela quantidade de dias corridos, como mostrado pela seguinte expressão:

$VNA_{7/2/2013} = VNA_{15/1/2013} \times (1 + IPCA_{projetado})^x$

$x = \dfrac{\text{N. de dias corridos entre a data de liquidação e o 15.º dia do mês anterior}}{\text{N. de dias corridos entre o 15.º dia do mês seguinte e o 15.º dia do mês anterior}}$

Portanto, para a NTNB 150820, temos:

$x = \dfrac{\text{N. de dias corridos entre 7/1/2013 e 15/1/2013}}{\text{N. de dias corridos entre 15/2/2013 e 15/1/2013}} = \dfrac{23}{31}$

Segundo dados da Anbima, o IPCA projetado para fevereiro de 2013 é de 0,90%, temos:

$VNA_{7/2/2013} = 2.231,150258 - (1 \times 0,90\%)^{\frac{23}{31}} = 2.246,031347$

d. Cálculo do PU

O PU é determinado pela multiplicação do VNA atualizado até a data de liquidação com a cotação%, temos:

$PU = VNA_{7/2/2013} \times \text{cotação}\%$

$PU = 2.246,031347 \times 118,9604\% = 2.671,89$

Seguindo as regras de truncamento e arredondamento determinadas pelo Tesouro Nacional, com auxílio do Excel, para as NTNBs, temos:

- $i_{a.a.}$ = truncar na 4.ª casa decimal
- $[(1 + i_{cupom})^{\frac{1}{2}} - 1]$ = arredondar na 6.ª casa decimal
- $\dfrac{d.u.}{252}$ = truncar na 14.ª casa decimal
- $1.000 \dfrac{\left[(1+i_{cupom})^{\frac{1}{2}}-1\right]}{(1+i_{a.a.})^{\frac{d.u.}{252}}}$ = arredondar na 10.ª casa decimal
- Cotação% = truncar na 4.ª casa decimal
- Fator de atualização = arredondar na 16.ª casa decimal
- IPCA projetado = arredondar na 2.ª casa decimal
- x = truncar na 14.ª casa decimal
- VNA projetado = truncar na 6.ª casa decimal
- PU = truncar na 6.ª casa decimal

Exemplo 9.10

Considerando a NTNB Principal 150824 presente na Tabela 9.2, determine o preço unitário de compra do dia em análise.

Com os dados apresentados pelo Tesouro Nacional, na Portaria n. 706 de 23/12/2010, é possível identificar que a NTNB Principal 150824 foi emitida em 23/12/2010, tendo como data-base 15/7/2000. Portanto, temos:

a. Com auxílio da função DIATRABALHOTOTAL do Excel vamos primeiramente determinar as datas úteis e quantidade de dias úteis desde a data de liquidação financeira 7/2/2013, inclusive, até o vencimento 15/8/2024, exclusive. Com isso, temos 2.892 dias úteis.

b. Com essas informações podemos calcular a cotação% do título, vem:

$$\text{Cotação\%} = 100 \, \dfrac{1}{(1+0{,}0399)^{\frac{2.892}{252}}} = 63{,}8265$$

c. Determinação do Valor Nominal Atualizado (VNA)

O VNA das NTNBs Principal é atualizado pelo Índice Nacional de Preços ao Consumidor Amplo (IPCA), que é publicado todo dia 15 de cada mês. O VNA deve ser atualizado desde a data-base (inclusive) até a data de liquidação financeira (exclusive). Para a NTNB Principal 150824, temos:

Mês	Número índice	IPCA % mensal	Mês	Número índice	IPCA % mensal
Jun/00	1.614,6200		Mai/10	3.110,7400	0,43%
Jul/00	1.640,6200	1,61%	Jun/10	3.110,7400	0,00%
Ago/00	1.662,1100	1,31%	Jul/10	3.111,0500	0,01%
Set/00	1.665,9300	0,23%	Ago/10	3.112,2900	0,04%

Mês	Número índice	IPCA % mensal	Mês	Número índice	IPCA % mensal
Out/00	1.668,2600	0,14%	Set/10	3.126,2900	0,45%
Nov/00	1.673,6000	0,32%	Out/10	3.149,7400	0,75%
Dez/00	1.683,4700	0,59%	Nov/10	3.175,8800	0,83%
Jan/01	1.693,0700	0,57%	Dez/10	3.195,8900	0,63%
Fev/01	1.700,8600	0,46%	Jan/11	3.222,4200	0,83%
Mar/01	1.707,3200	0,38%	Fev/11	3.248,2000	0,80%
Abr/01	1.717,2200	0,58%	Mar/11	3.273,8600	0,79%
Mai/01	1.724,2600	0,41%	Abr/11	3.299,0700	0,77%
Jun/01	1.733,2300	0,52%	Mai/11	3.314,5800	0,47%
Jul/01	1.756,2800	1,33%	Jun/11	3.319,5500	0,15%
Ago/01	1.768,5700	0,70%	Jul/11	3.324,8600	0,16%
Set/01	1.773,5200	0,28%	Ago/11	3.337,1600	0,37%
Out/01	1.788,2400	0,83%	Set/11	3.354,8500	0,53%
Nov/01	1.800,9400	0,71%	Out/11	3.369,2800	0,43%
Dez/01	1.812,6500	0,65%	Nov/11	3.386,8000	0,52%
Jan/02	1.822,0800	0,52%	Dez/11	3.403,7300	0,50%
Fev/02	1.828,6400	0,36%	Jan/12	3.422,7900	0,56%
Mar/02	1.839,6100	0,60%	Fev/12	3.438,1900	0,45%
Abr/02	1.854,3300	0,80%	Mar/12	3.445,4100	0,21%
Mai/02	1.858,2200	0,21%	Abr/12	3.467,4600	0,64%
Jun/02	1.866,0200	0,42%	Mai/12	3.479,9400	0,36%
Jul/02	1.888,2300	1,19%	Jun/12	3.482,7200	0,08%
Ago/02	1.900,5000	0,65%	Jul/12	3.497,7000	0,43%
Set/02	1.914,1800	0,72%	Ago/12	3.512,0400	0,41%
Out/02	1.939,2600	1,31%	Set/12	3.532,0600	0,57%
Nov/02	1.997,8300	3,02%	Out/12	3.552,9000	0,59%
Dez/02	2.039,7800	2,10%	Nov/12	3.574,2200	0,60%
⋮	⋮	⋮	Dez/12	3.602,4600	0,79%

Fonte: IPEA (2013).

A tabela mostra os dados do IPCA desde 15/06/2000 até 15/12/2012, com esses dados é possível atualizar o VNA até 15/1/2013 da seguinte forma:

$VNA_{n+1} = VNA_n \times$ fator de atualização dado pelo IPCA

$VNA_{15/7/2000} = VNA_{15/6/2000} \times$ fator de atualização dado pelo IPCA
$VNA_{15/7/2000} = 1.000 \times (1 + 1{,}6102860115693000\%) = 1.016{,}102860$
$VNA_{15/8/2000} = 1.016{,}102860 \times (1 + 1{,}3098706586534400\%) = 1.029{,}412493$
...
$VNA_{15/1/2013} = 2.213{,}660076 \times (1 + 0{,}7901024559204610\%) = 2.231{,}150258$

O VNA em 15/1/2013 também pode ser determinado pelo fator de atualização acumulado desde 15/7/2000 até 15/12/2012, temos:

$VNA_{15/1/2013} = 1.000 \times (1 + 1{,}6102860115693000\%) \times (1 + 1{,}3098706586534400\%)$

$$\times \ldots \times (1 + 07901024559204610\%)$$

$$VNA_{15/1/2013} = 1.000 \times 2{,}23115036355293000 = 2.231{,}150258$$

Para calcular o PU desse papel, precisamos determinar o VNA na data de liquidação (7/2/2013). Para determinarmos esse valor, precisamos atualizar o VNA em 15/1/2010 utilizando a projeção para o mês de janeiro de 2013 do IPCA publicada pela Anbima, ajustando pela quantidade de dias corridos, como mostrado pela seguinte expressão:

$$VNA_{7/2/2013} = VNA_{15/1/2013} \times (1 + IPCA_{projetado})^x$$

$$x = \frac{\text{N. de dias corridos entre a data de liquidação e o 15.º dia do mês anterior}}{\text{N. de dias corridos entre o 15.º dia do mês seguinte e o 15.º dia do mês anterior}}$$

Portanto, para a NTNB Principal 150824, temos:

$$x = \frac{\text{N. de dias corridos entre 7/1/2013 e 15/1/2013}}{\text{N. de dias corridos entre 15/2/2013 e 15/1/2013}} = \frac{23}{31}$$

Segundo dados da Anbima, o IPCA projetado para fevereiro de 2013 é de 0,90%, então temos:

$$VNA_{7/2/2013} = 2.231{,}150258 - (1 \times 0{,}90\%)^{\frac{23}{31}} = 2.246{,}031347$$

d. Cálculo do PU

O PU é determinado pela multiplicação do VNA atualizado até a data de liquidação com a cotação%, temos:

$$PU = VNA_{7/2/2013} \times \text{cotação\%}$$

$$PU = 2.246{,}031347 \times 63{.}8265\% = 1.433{,}564526$$

Seguindo as regras de truncamento e arredondamento determinadas pelo Tesouro Nacional, com auxílio do Excel, para as NTNBs Principal, temos:

- $i_{a.a.}$ = truncar na 4.ª casa decimal

- $\frac{d.u.}{252}$ = truncar na 14.ª casa decimal

- Cotação% = truncar na 4.ª casa decimal

- Fator de atualização = arredondar na 16.ª casa decimal

- IPCA projetado = arredondar na 2.ª casa decimal

- x = truncar na 14.ª casa decimal

- VNA projetado = truncar na 6.ª casa decimal

- PU = truncar na 6.ª casa decimal

9.4.3 Formação de preço das Notas do Tesouro Nacional Série D (NTN-D)

O cálculo da taxa de retorno a ser exigida pela NTN-D requer a utilização de estimativas da correção cambial para o período do título. Nesse caso, costuma-se considerar as projeções do mercado futuro de câmbio, registradas na BM&FBOVESPA. O investidor deve procurar, portanto, definir a taxa de juros (denominada cupom cambial) que, juntamente com as expectativas da variação do câmbio, lhe proporcionará um retorno esperado idêntico ao custo do dinheiro.

$$\text{Custo do dinheiro} = \frac{\text{Taxa de juros}}{\text{Variação cambial}}$$

Cabe acrescentar algumas peculiaridades das NTN-D: i) a taxa de retorno é expressa na forma de taxa nominal anual, convenção 30/360; e ii) o cálculo dos cupons intermediários de pagamento de juros é apurado de forma linear. O exemplo a seguir ilustra a metodologia de cálculo do PU e da taxa nominal da NTN-D.

Exemplo 9.11

Um investidor pretende adquirir uma NTN-D que lhe garanta rendimento nominal (i_n) de 12% a.a. (convenção 30/360), além da variação do dólar americano. Determinar o PU desta NTN-D, dadas suas características:

i. Juros semestrais = 6% a.a.
ii. Data-base = 1/7/2000
iii. Liquidação financeira = 1/3/2002
iv. Vencimento = 1/3/2004

Suponha que o fator de atualização equivalente à variação do dólar americano desde a data-base dessa NTN-D, inclusive, até sua data de liquidação, exclusive, seja de 1,1050.

1. A partir da taxa nominal, $i_n = 12\%$ a.a., calcule a taxa efetiva anual (i_e) -TIR, base 360 dias corridos:

$$i_e = \left[\left(1+\frac{i_n}{2}\right)^{\frac{360}{180}}-1\right] = \left[(1+0{,}06)^2 -1\right]$$

$i_e = 12{,}36\%$ a.a.

2. Calcule a cotação% do título[15]

$$\text{Cotação\%} = \sum_{j=1}^{n} \frac{P_j}{(1+i_e)^{\frac{d_j}{360}}}$$

Em que:

n = número de pagamentos

P_j = pagamento referente à data j

i_e = TIR anual do título

d_j = número de dias calculados na convenção 30/360, ou seja

$d_j = (\text{ano}_j - \text{ano}_0) \times 360 + (\text{mês}_j - \text{mês}_0) \times 30 + (\text{dia}_j - \text{dia}_0)$

Sendo que:

Ano_0, mês_0 e dia_0 referem-se, respectivamente, ao ano, mês e dia da liquidação do título.

Assim, temos[16]:

$$\text{Cotação\%} = 100 \, \frac{\frac{0{,}06}{2}}{(1+0{,}1236)^{\frac{180}{360}}} + 100 \, \frac{\frac{0{,}06}{2}}{(1+0{,}1236)^{\frac{360}{360}}} + 100 \, \frac{\frac{0{,}06}{2}}{(1+0{,}1236)^{\frac{540}{360}}}$$

$$+ 100 \, \frac{\left(1+\frac{0{,}06}{2}\right)}{(1+0{,}1236)^{\frac{720}{360}}}$$

Cotação% = 89,6046%

3. Calcule o PU do título

VNA = 1.000,00 × 1,1050 = 1.105,00

Logo:

PU = VNA × cotação% = 1.105,00 × 89,6046%

PU = 990,130830

Note que, de posse do PU de uma NTN-D, poderíamos calcular sua respectiva taxa nominal anual da seguinte forma:

1. Determine a cotação% utilizando a fórmula:

$$\text{Cotação\%} = \frac{PU}{VNA} = \frac{990{,}130830}{1.105{,}00} = 89{,}6046\%$$

---

[15] Note que a NTN-D deste exemplo possui datas de emissão e de pagamentos de juros e de principal idênticas às da NTN-C. Contudo, em vez de dias úteis, o cálculo da cotação desses títulos é feito com base em dias corridos. Note ainda que as taxas de juros de 6% a.a. são pagas semestralmente de forma linear, isto é, 3% ao semestre.

[16] d_1 (isto é, o número de dias pela convenção 30/360 até o primeiro pagamento de juros do título), por exemplo, é calculado da seguinte forma: visto que as datas de liquidação e do primeiro pagamento de juros correspondem, respectivamente, a 1/3/2002 e 1/9/2002, temos: (2002 − 2002) × 360 + (9 − 3) × 30 + (1 − 1) = 180

2. Utilizando a ferramenta Atingir Meta do Excel (veja sua aplicação para o caso da NTN-F), calcule a taxa de desconto do fluxo de pagamentos (TIR), da NTN-D que nos daria como cotação% = 89,6046%.

3. A partir da TIR obtida no passo anterior, i_e = 12,36%, calcule a taxa nominal anual da NTN-D:

$$i_n = \left[(1+i_e)^{\frac{1}{2}} - 1\right] \times 2 = \left[(1+0.1236)^{\frac{1}{2}} - 1\right] \times 2$$

i_n = 12% a.a.

9.4.4 Formação de preço das Notas do Tesouro Nacional Série H (NTN-H)

Para o cálculo da taxa de retorno apropriada da NTN-H, cabe lembrar que esses títulos são remunerados pela Taxa Referencial (TR), que é calculada aplicando-se um redutor, definido pelo Conselho Monetário Nacional, sobre a Taxa Básica Financeira (TBF).

A TBF, por sua vez, representa a média da rentabilidade dos Certificados de Depósito Bancário (CDB) das 30 maiores instituições do país. Adotando-se a TBF como uma taxa indicativa do custo do dinheiro, torna-se bastante simples calcular a taxa que, juntamente com a TR, comporia o retorno esperado do título.

Como:

$$\frac{TBF}{Redutor} = TR$$

E:

$$TBF = \text{custo do dinheiro}$$

Temos que,

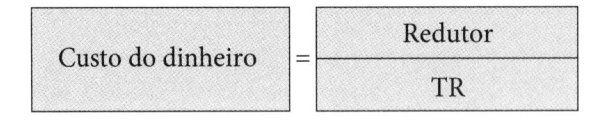

$$\text{Custo do dinheiro} = \frac{Redutor}{TR}$$

Cabe lembrar que conforme exposto na Tabela 9.1, a NTN-H não possui pagamentos intermediários de juros, sendo, portanto, um título *bullet*. Além disso, sua rentabilidade é expressa em termos de taxa efetiva anual (base 252 dias úteis).

Exemplo 9.12

O Tesouro Nacional deseja emitir em 1/3/2002 uma NTN-H com vencimento em seis meses (1/9/2002). Sabe-se que esse título possui 127 dias úteis compreendidos entre sua data de liquidação e a de resgate (1/9/2002) e o redutor a ser aplicado mensalmente sobre a TBF neste período será 1,0095 (0,95%).

1. Qual é a taxa e a respectiva cotação% (e PU) a serem exigidas por um investidor para que este obtenha um retorno esperado idêntico ao do custo do dinheiro?

2. Calcule o PU dessa NTN-H, supondo que o título possua data-base em 1/7/2000, e o fator de atualização da TR, desde a data-base até a data de liquidação do título, seja de 1,105.

Resolução

1. Como o redutor é mensal e o prazo do título compreende seis meses, a taxa a ser exigida pelo investidor será de:

$$(1,0095)^6 = 1,05837 \text{ ou } 5,84\%$$

Para o período do título (127 dias úteis), o que equivale a 11,9147% a.a. em termos de taxa efetiva anual (base 252 dias úteis), isto é,

$$i_{a.a.} = 1,05837^{\frac{252}{127}}$$

2. A cotação% da NTN-H, correspondente à taxa exigida, será de:

$$\text{Cotação\%} = \frac{100}{(1+0,119147)^{\frac{127}{252}}} = \frac{100}{1,05837}$$

$$\text{Cotação\%} = 94,4849\%$$

3. O PU da NTN-H, será dado por:

$$\text{VNA} = 1.000,00 \times 1,1050 = 1.105,00$$

Logo:

$$\text{PU} = \text{VNA} \times \text{cotação\%} = 1.105,00 \times 94,4849\%$$
$$\text{PU} = 1.044,058145$$

Note que, de posse do PU de uma NTN-H, poderíamos calcular sua respectiva taxa efetiva anual da seguinte forma:

1. Determine a cotação % utilizando a fórmula:

$$\text{Cotação\%} = \frac{\text{PU}}{\text{VNA}} = \frac{1.044,058145}{1.105,00} = 94,4849\%$$

2. Calcule a taxa efetiva anual:

$$i_{a.a.} = \left[\left(\frac{100}{\text{cotação}}\right)^{\frac{252}{d.u.}} - 1\right] = \left[\left(\frac{100}{94,4849}\right)^{\frac{252}{127}} - 1\right]$$

$$i_{a.a.} = 11,9147\% \text{ a.a.}$$

9.4.5 Títulos da dívida externa

De acordo com dados publicados pelo Tesouro Nacional[17], a dívida externa pública é composta principalmente pelos seguintes títulos:

Título	Moeda de origem	Prazos de emissão (regra geral)	Principal	Juros	Padrão de contagem de dias
Global	Dólar	10 a 30 anos	No vencimento	Varia de acordo com o prazo	30/360
BRL	Real	10, 15 e 20 anos	No vencimento	Varia de acordo com o prazo	30/360
Euro	Euro	10 anos	No vencimento	Varia de acordo com o prazo	Dc/Dc
A-Bond	Dólar	Vencimento em 2018	Em 18 parcelas iguais	8% a.a., pagos semestralmente	30/360

9.4.5.1 Global U$ *bonds* e Global BRL *bonds*

São os principais e mais líquidos títulos de financiamento externo do Tesouro. Ambos pagam cupons de juros semestrais e apresentam um único fluxo de principal na data de vencimento, de modo similar às NTN-Fs. Os Globais (U$) são títulos emitidos no mercado global (podem ser negociados em vários mercados) e são utilizados há muitos anos pelo Tesouro Nacional. Os BRLs, que também são títulos globais, são títulos prefixados em reais. Foram emitidos pela primeira vez em setembro de 2005, com o lançamento do BRL 2016.

Precificação

O fluxo de caixa de um Global ou BRL pode ser representado por:

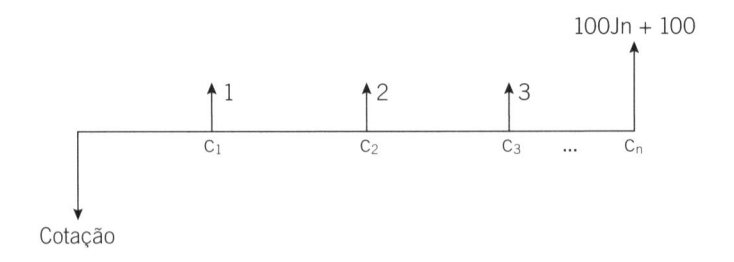

Fluxo de caixa: pagamentos $c_1, c_2, c_3, \ldots, c_n$ nas datas 1, 2, 3, ..., n, com valor final $100 J_n + 100$, e Cotação no instante inicial.

---

[17] Títulos públicos federais e suas formas de precificação (TAVARES; TAVARES, sem data).

$$\text{Cotação\%} = \frac{J1}{\left(1+\frac{i_{a.a.}}{k}\right)^{k\times\frac{t_1}{360}}} + \frac{J2}{\left(1+\frac{i_{a.a.}}{k}\right)^{k\times\frac{t_2}{360}}} + \ldots + \frac{Jn}{\left(1+\frac{i_{a.a.}}{k}\right)^{k\times\frac{t_n}{360}}} + \frac{100}{\left(1+\frac{i_{a.a.}}{k}\right)^{k\times\frac{t_n}{360}}}$$

$$PU = \sum_{t=1}^{n} \frac{J_t}{\left(1+\frac{i_{a.a.}}{k}\right)^{k\times\frac{t_t}{360}}} + \frac{100}{\left(1+\frac{i_{a.a.}}{k}\right)^{k\times\frac{t_t}{360}}}$$

- J = pagamento de juros
- k = frequência de pagamento de cupom do título a cada ano (como esse título paga cupom semestral, k = 2).
- t = número de dias corridos pelo padrão 30/360, ou seja, por convenção, cada mês possui 30 dias e cada ano 360 dias.

Os cálculos dos valores dos cupons de juros são feitos em base linear, da seguinte forma:

$$c_{semestral} = \frac{c_{anual}}{2}$$

9.4.5.2 Euro *bonds*

Esses títulos possuem pagamento de juros anuais e a contagem de dias é expressa em dc/dc.

Precificação

O fluxo de caixa de um Euro *bond* pode ser representado por:

$$\text{Cotação\%} = \frac{J1}{\left(1+\frac{i_{a.a.}}{k}\right)^{k\times 1}} + \frac{J2}{\left(1+\frac{i_{a.a.}}{k}\right)^{k\times 2}} + \ldots + \frac{Jn}{\left(1+\frac{i_{a.a.}}{k}\right)^{k\times n}} + \frac{100}{\left(1+\frac{i_{a.a.}}{k}\right)^{k\times n}}$$

$$PU = \sum_{t=1}^{n} \frac{J_t}{\left(1+\frac{i_{a.a.}}{k}\right)^{k\times\frac{t_t}{360}}} + \frac{100}{\left(1+\frac{i_{a.a.}}{k}\right)^{k\times\frac{t_t}{360}}}$$

- J = pagamento de juros
- k = frequência de pagamento de cupom do título a cada ano (como esse título paga cupom anual, k = 1).

9.4.5.3 A-bond

Esse título não é frequentemente usado pelo Tesouro, sendo originado de uma operação estruturada para substituir o extinto título *Brady C-bond,* mas mantendo algumas características dele e alongando os prazos de vencimento. O *A-bond* também possui capitalização simples dos cupons de juros e contagem de dias 30/360. Ele possui amortizações constantes desde 15/7/2009 e vencimento em 15/1/2018. A tabela a seguir[18] apresenta o fluxo do A-*bond* em 31/12/2008:

Datas	Cupom de juros	Amortizações	Prestação	Saldo devedor
15/1/2009	4		4	100
15/7/2009	4	5,56	9,56	94,44
15/1/2010	3,78	5,56	9,33	88,89
15/7/2010	3,56	5,56	9,11	83,33
15/1/2011	3,33	5,56	8,89	77,78
15/7/2011	3,11	5,56	8,67	72,22
15/1/2012	2,89	5,56	8,44	66,67
15/7/2012	2,67	5,56	8,22	61,11
15/1/2013	2,44	5,56	8	55,56
15/7/2013	2,22	5,56	7,78	50
15/1/2014	2	5,56	7,56	44,44
15/7/2014	1,78	5,56	7,33	38,89
15/1/2015	1,56	5,56	7,11	33,33
15/7/2015	1,33	5,56	6,89	27,78
15/1/2016	1,11	5,56	6,67	22,22
15/7/2016	0,89	5,56	6,44	16,67
15/1/2017	0,67	5,56	6,22	11,11
15/7/2017	0,44	5,56	6	5,56
15/1/2018	0,22	5,56	5,78	0

[18] Títulos públicos federais e suas formas de precificação (TAVARES; TAVARES, sem data).

9.4.5.4 Global 21

Esse é um dos títulos com maior liquidez no mercado. Para seu cálculo partimos de um fluxo em que calculamos o valor presente dos cupons mais o valor de face do título:

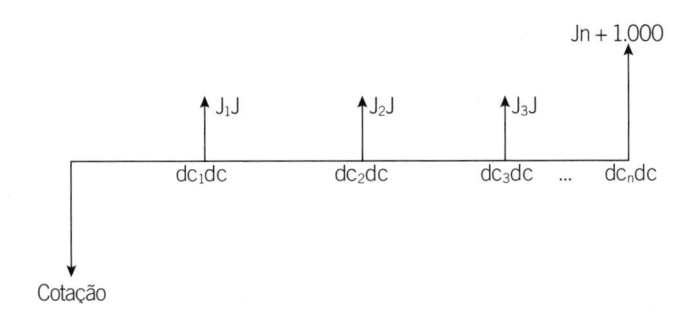

```
                                          Jn + 1.000
                                              ↑
              ↑J₁J        ↑J₂J        ↑J₃J
        ┌─────┴──────────┴──────────┴─────────────┐
              dc₁dc       dc₂dc      dc₃dc   ...  dcₙdc
        │
        ↓
     Cotação
```

Utilizando a plataforma Bloomberg, conseguimos consultar as características do título e suas informações de precificação. Nelas encontramos sua *yield*, sua taxa de cupom, as datas dos cupons (22/1 e 22/7), *duration,* maturação do título e seu juros descontado (*pro rata*).

Considerando que o título foi comprado na data 9/5/2013, tendo sua liquidação em 14/5/2013 (note que a compra se encontra entre os recebimentos de cupom), temos que precificá-lo levando em conta que os juros acumulados entre a data do último cupom e a data de liquidação pertencem ao vendedor do título. Em outras palavras, o cupom seguinte terá uma fração descontada como se parte dele pertencesse ao último detentor. A lógica é: os juros por competência incorridos até a data da liquidação pertencem ao vendedor do título – que é quem detinha sua posse até aquele momento –, e não ao seu comprador.

Esse desconto, juros *pro rata*, é precificado descontando o valor do último cupom recebido pelo vendedor, ajustado à data de liquidação do título, no valor presente do fluxo obtido pelo título até a data da liquidação. Desse modo obtemos o "preço limpo" do título.

Os dados e a precificação são dados por meio das telas e tabela apresentadas a seguir:

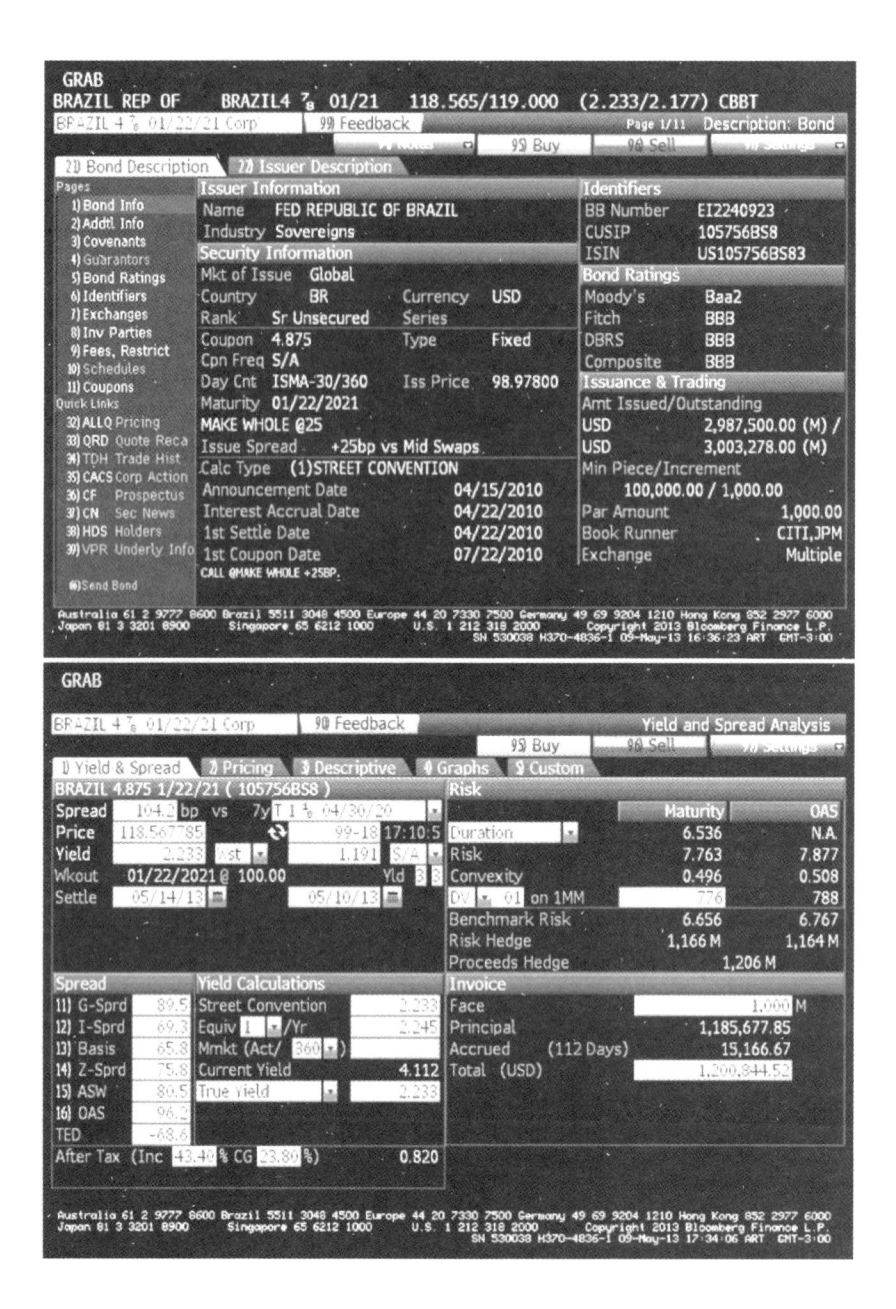

Fonte: Bloomberg (2013).

Data da precificação	Liquidação	Duration	Coupon	Yield (Bid/Offer)	Último Pagamento	Decorrido	Juros	Preço Limpo (Bid/Offer)
9/5/2013	14/5/2013	6,536	4,8750%	2,233%/ 2,1770%	22/1/2013	112	15,16667	118,56778466434%/ 119,0018%

Para o cálculo dos cupons, trabalhamos com juros simples e como são recebidos semestralmente, dividimos a taxa anual por 2:

Datas	Prazo (dc)	Fluxo	VP Bid	VP Offer
14/5/2013			1.200,84	1.205,18
22/7/2013	68	24,38	24,27	1.210,14
22/1/2014	248	24,38	24,00	1.198,67
22/7/2014	428	24,38	23,74	1.187,08
22/1/2015	608	24,38	23,48	1.175,36
22/7/2015	788	24,38	23,22	1.163,51
22/1/2016	968	24,38	22,96	1.151,54
22/7/2016	1148	24,38	22,71	1.139,43
22/1/2017	1328	24,38	22,46	1.127,20
22/7/2017	1508	24,38	22,21	1.114,82
22/1/2018	1688	24,38	21,96	1.102,32
22/7/2018	1868	24,38	21,72	1.089,68
22/1/2019	2048	24,38	21,48	1.076,90
22/7/2019	2228	24,38	21,25	1.063,98
22/1/2020	2408	24,38	21,01	1.050,92
22/7/2020	2588	24,38	20,78	1.037,72
22/1/2021	2768	1.024,38	863,59	1.024,38

Para o cálculo do juros *pro rata*, temos que a data do último pagamento foi 22/1/2013 e a data de liquidação, 14/5/2013, sendo, portanto, um intervalo de 112 dias corridos. Desse modo, calculamos:

$$J_{pro\ rata} = 1.000\left(\frac{112}{360}0,04875\right) = 15,1667$$

Por fim, subtraímos o juros *pro rata* do preço sujo do título obtendo o PU limpo, que será o valor pago pelo comprador:

$$PU_{limpo} = PU_{sujo} - J_{pro\ rata} = 1.200,84 - 15,1667 = 1.185,673$$

CAPÍTULO 10

Estrutura temporal das taxas de juros em dólar no mercado doméstico

10.1 Introdução

Nos capítulos anteriores foram examinados os mecanismos de formação das taxas de juros em moeda nacional e os instrumentos de mercado monetário e de derivativos que incorporam as informações necessárias para a construção da estrutura temporal em reais. Coloca-se aqui a questão da obtenção de informações de mercado que permitam a correta avaliação financeira de instrumentos e carteiras contendo fluxos de caixa denominados em moeda estrangeira e, em particular, no dólar norte-americano que é amplamente utilizado no Brasil.

Este capítulo está focado na precificação dos instrumentos dolarizados transacionados no mercado doméstico. Faz-se necessário, no entanto, abordar alguns aspectos da estrutura e do funcionamento dos mercados internacionais, na medida em que a formação de taxas de juros em dólar no mercado brasileiro depende diretamente do comportamento daqueles.

Alguns dos principais produtos do mercado financeiro denominados em dólar, tais como as *export notes* e os títulos públicos cambiais (NTN-D), foram apresentados nos Capítulos 3 e 9. Incluem-se também nessa categoria as operações de repasse no mercado nacional de recursos captados por bancos no exterior, chamadas Resolução n. 3844, as Notas do Banco Central cambiais (NBC-E), as operações de leasing financeiro e crédito direto ao consumidor indexadas ao dólar e, evidentemente, os derivativos de dólar futuro, cupom cambial, FRA de cupom e *swap* cambial. Excluem-se, no entanto, operações de comércio exterior ou *trade finance*, tipo adiantamento de contrato de câmbio (ACC) e adiantamento de contrato de exportação (ACE) que apresentam perfil de risco distinto.

10.2 Formas de expressão das taxas de juros e outras convenções de mercado

Ao contrário do Brasil, onde coexistem diversas formas de expressão de taxas de juros (temos, por exemplo, taxas de juros simples, baseadas em 360 dias corridos e taxas de juros compostos, baseados em 252 dias úteis), encontramos nos mercados internacionais um maior grau de padronização. Observam-se também diferenças significativas nas convenções de mercado adotadas aqui e no exterior.

10.2.1 Forma de capitalização

Nos mercados internacionais, a forma de capitalização dos juros segue, geralmente, o padrão linear (juros simples), enquanto no Brasil utilizamos o modo exponencial (juros compostos). As duas formas de cálculo são apresentadas a seguir:

- Juros simples: $F = P(1 + n \times i)$
- Juros compostos: *pro rata*

Em que:

n = prazo ou número de períodos

i = taxa de juros na unidade do prazo

F = valor futuro

P = valor presente

Na prática, toda taxa de juros é determinada no mercado com referência a um período de tempo e, eventualmente, cotada de forma padronizada. Dentro do período considerado, utiliza-se a forma de capitalização simples, enquanto a conversão para períodos mais longos é, normalmente, feita de forma composta, em virtude da frequência com que o resultado da aplicação pode ser reinvestido. No caso brasileiro, a alta inflação histórica levou à concentração do mercado em operações com prazo de um dia. Sendo as operações efetivamente "roladas" diariamente, condicionou-se o mercado à formação de taxas diárias, a partir das quais aplica-se a capitalização composta para a obtenção de taxas para períodos mais longos. Conforme visto no item 2.4 do Capítulo 2, a equação geral para conversão de uma taxa nominal para efetiva é a seguinte:

$$i_{efetiva} = \frac{i_{nominal}}{k}$$

Sendo k o número de períodos de capitalização contidos na unidade de tempo em que a taxa nominal está expressa.

Como exemplo, temos um caso em que $i_{nominal}$ = 6% ao ano com capitalização trimestral. Nessa situação temos o seguinte:

- k = 4 (note que um ano possui quatro trimestres)
- $i_{efetiva\ trimestral} = \frac{i_{nominal}}{k} = \frac{0{,}06}{4} = 0{,}015$ ou 1,5% ao trimestre

Logo, a taxa nominal $i_{nominal}$ = 6% ao ano, com capitalização trimestral, corresponde à taxa efetiva de 1,5% ao trimestre. Se quisermos obter a taxa efetiva anual, faremos mais um cálculo:

$$i_{efetiva\ anual} = (1+0,015)^4 - 1 = 6,1364\% \text{ ao ano.}$$

De maneira resumida, tem-se que a fórmula para converter taxa nominal para taxa efetiva é a seguinte:

$$i_{efetiva} = \left(1 + \frac{i_{nominal}}{k}\right)^k - 1$$

Levando ao limite o conceito de capitalização composta, isto é, levando ao infinito a frequência com que a taxa é capitalizada, obteríamos:

$$\lim_{k \to \infty} i_{efetiva} = \left(1 + \frac{i}{k}\right)^k - 1 = e^i - 1$$

Disso, surge o conceito de capitalização contínua, já explicada no item 1.6 do Capítulo 1, no qual foi evidenciado que $F = P \times e^{i \times n}$

Esta forma de representação encontra ampla aplicação na teoria financeira por sua conveniência e apelo conceitual.

10.2.2 Período convencional

A taxa em dólar é sempre expressa de forma anualizada, mesmo quando se trata de operações de curtíssimo prazo como, por exemplo, as operações de um dia em Fed funds. O mercado brasileiro conviveu e convive com taxas expressas nas mais diferentes bases (252, 360 etc.), sendo a chamada taxa ao mês *over* (expressa como 30 vezes ela mesma, por dia útil) a mais peculiar. No final de junho de 1997, o Banco Central do Brasil anunciou a decisão de alinhar o mercado nacional aos mercados mais desenvolvidos nesse aspecto. A partir do primeiro dia útil de janeiro de 1998, as taxas referenciais do Bacen (TBC, Tban e Selic) passaram a ser divulgadas na forma de taxas anuais.

No caso de alguns mercados internacionais de títulos, em que a frequência de pagamento de juros (*coupons*) é semestral, a taxa expressa em base anual representa, na realidade, o dobro da taxa semestral efetiva. Tal é o caso do mercado de títulos do tesouro americano (*treasuries bonds* ou *T-bonds*), o maior mercado de títulos públicos do mundo.

Já no vastíssimo mercado de *eurobonds*, no qual a frequência convencional para pagamento de juros é também semestral, a taxa de juros de período (semestral) é anualizada de forma composta. Nos mercados monetários interbancários (*money markets*), em que as operações normalmente não excedem um ano de prazo, não existem pagamentos de juros intermediários (operações *zero coupon*). As taxas anuais nominais representam, nesses casos, as taxas efetivas de período multiplicadas pelo número de períodos contido no ano.

Embora as taxas internacionais sejam sempre expressas na forma anualizada, o número de dias convencionado no ano varia de um segmento do mercado para outro. Na grande maioria dos mercados monetários internacionais a base da taxa é o ano comercial, ou 360 dias (a mais notável exceção é a libra esterlina, com base 365 dias). Os mercados de *treasury bonds* americanos, *eurobonds* e a maioria dos mercados de títulos públicos nacionais adotam o ano de 365 dias como base. É interessante notar que os títulos de curto prazo do tesouro americano (*treasury bills,* com vencimentos de até 52 semanas) adotam o ano de 360 dias. Conforme visto no Capítulo 9, exceto os títulos públicos federais referenciados em moeda estrangeira, todos os títulos emitidos pela STN têm sua cotação na base 252 dias úteis. A NTN-D, título público referenciado em dólar que não tem sido comercializado nos anos recentes, tem sua taxa de juros baseada em 360 dias, dado que seu objeto é o câmbio de uma moeda estrangeira.

10.2.3 Contagem de dias

A contagem do número de dias entre duas datas de um determinado intervalo temporal é sempre feita em dias corridos no exterior. Nos mercados em que são utilizados o número de dias úteis, na maioria dos casos (algumas taxas mensais são anualizadas com base nos dias corridos).

A conversão da taxa de juros em fator de desconto entre duas datas (para o cálculo de valores presentes, por exemplo) exige o conhecimento das convenções de mercado que regem a taxa cotada. A transformação requer o número de dias entre as duas datas e o período convencional da taxa base. A relação entre esses dois parâmetros exprime o número de anos (ou fração dele) no período em análise, e é usualmente denominada, em inglês, de *day count basis*.

$$fd(t_1;t_2) = \frac{1}{1+i \times dcb} = \frac{1}{1+i \times \frac{d}{b}}$$

Em que:

$fd(t_1;t_2)$ = fator de desconto para cálculo do valor presente em t_1 de fluxos de caixa previstos para t_2

i = taxa anual de juros à vista para o período de t_1 até t_2

dcb = *day count basis* = $\frac{d}{b}$

d = número de dias corridos no período de t_1 até t_2

b = base da taxa (360 ou 365)

Nos mercados monetários, e na maior parte dos mercados de títulos e derivativos adota-se o calendário solar, o número de dias utilizado corresponde exatamente aos dias efetivamente decorridos.

Alguns mercados, em particular os de títulos públicos de alguns países, adotam o ano comercial com 12 meses, de 30 dias cada mês, totalizando 360 dias. Segundo essa convenção, não existe acantonamento de juros no último dia dos meses longos, de 31 dias, enquanto, no dia 28 de fevereiro, acantonam-se três dias de juros. Este tipo de *day count basis* é comumente chamado de 30/360 (trinta trezentos e sessenta). Existem ainda outras variantes mais exóticas que são, contudo, raras e irrelevantes para o profissional de mercado brasileiro.

Duas convenções de *day count basis* são amplamente utilizadas nos mercados internacionais: *money market basis* e *bond basis*. Ambas adotam o número efetivo (*actual*) de dias corridos:

- *Money market basis*: considera que o período de um ano é composto por exatamente 360 dias corridos (no caso da libra esterlina, essa convenção passa a ser igual a 365 dias). Assim, temos:

$$Money\ markey\ basis = \frac{ACT}{360}$$

- *Bond basis*: considera que o período de um ano é composto por 365 dias. Assim, temos:

$$Bond\ basis = \frac{ACT}{365}$$

- ACT = número efetivo (*actual*) de dias corridos no período.

Figura 10.1 | Descrições de Bonds

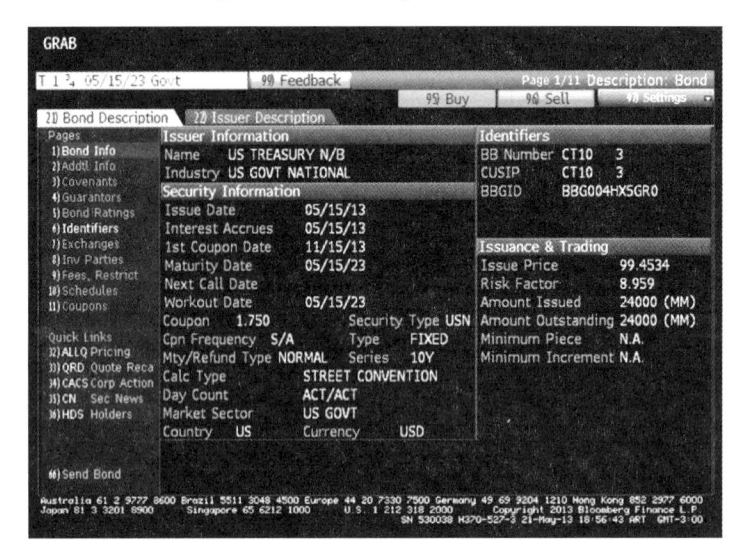

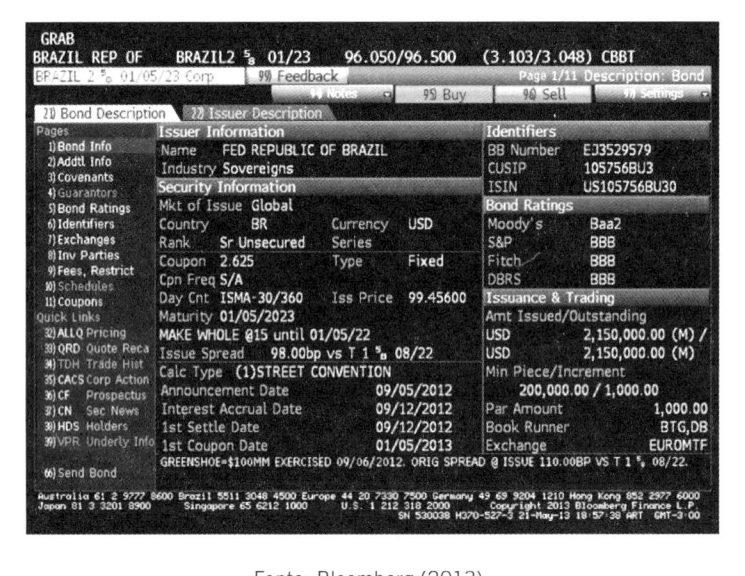

Fonte: Bloomberg (2013).

10.2.4 Libor

As taxas Libor são largamente utilizadas em todo o mundo como referencial para operações com taxas pós-fixadas, como empréstimos sindicalizados e *floating rate notes*, e são amplamente divulgadas na imprensa.

Tabela 10.1 | Eurodólares – Londres
Libor – Empréstimos interbancários (% ao ano) – 15/4/2013

Moeda	1 mês	3 meses	6 meses	1 ano
Dólar americano	0,2002	0,2771	0,4364	0,7175
Dólar australiano	3,1160	3,1660	3,2680	3,5560
Dólar canadense	1,0480	1,1760	1,3790	1,7760
Euro	0,0607	0,1307	0,2221	0,4117
Yen	0,1228	0,1571	0,2500	0,4428
Franco suíço	-0,0030	0,0200	0,0860	0,2540

Fonte: elaborado com base em Valor Data e Global Rates.

Libor é o acrônimo de London Interbank Offered Rate, ou seja, é a taxa à qual são ofertados recursos no mercado interbancário londrino. Trata-se de depósitos interbancários *off-shore* transacionados entre bancos de primeira linha, na principal praça financeira do chamado euromercado.

A Libor é apurada diariamente pela British Bankers' Association (BBA), às 11 horas de Londres, para prazos de um dia *overnight* (o/n) e *spot/next* (s/n), uma semana (1w), duas semanas (2w) e mensais de 1 a 12 meses. Originalmente, a Libor foi estabelecida para a libra esterlina e para o dólar americano, mas atualmente é disponibilizada para as principais moedas internacionais. Dezesseis bancos credenciados, reconhecidos *market-makers* ou formadores de opinião, apresentam neste horário cotações *bid-offer* (taxas captadora e aplicadora) para todos os vencimentos com, no mínimo, duas e, no máximo, cinco decimais. As quatro cotações mais altas e as quatro mais baixas são eliminadas e a média das das oito cotações remanescentes é, então, arredondada para a quinta casa decimal.

A taxa de captação média é conhecida como Libid, e alguns papéis no euromercado são parametrizados pela Limean, isto é, pela média aritmética entre a Libid e a Libor.

10.2.5 Liquidação financeira e vencimento das operações a termo

Praticamente todas as operações financeiras de mercado aberto, nos países mais desenvolvidos, são liquidadas em D+2, isto é, dois dias úteis após a contratação da operação. A essa data dá-se o nome, em inglês, de *value date*. Para que um investidor tenha recursos disponíveis em reserva D+2 deve contratar a operação em D0. Em D+1, o *back-office* da instituição pagadora deve instruir o banco correspondente na praça financeira de liquidação na moeda local (Nova York, no caso específico do dólar) para efetuar a transferência dos recursos para o banco correspondente da instituição recebedora em D+2. Normalmente, utiliza-se o sistema eletrônico Swift para a transmissão dessas instruções, que deve ser recebida pelo menos um dia antes da efetiva transferência.

A data de vencimento contratada é aquela na qual a operação deve ser efetivamente liquidada no vencimento (*value date*). No caso de operações a termo, os prazos mais comumente cotados pelos *market-makers* são 1, 2, 3, 6 e 12 meses; 2, 3, 5, 7 e 10 anos. Convenciona-se que a data de vencimento de uma operação com *value date* inicial no dia D, do mês M, com prazo P meses vença no dia D, do mês M+P. Caso este não seja dia útil, avança-se até o primeiro dia útil, D+x, desde que ainda esteja contido no mês M+P, caso contrário, retorna-se ao dia útil imediatamente anterior. Adicionalmente, operações a termo contratadas para liquidação inicial no último dia útil do mês M terão vencimento no último dia útil do mês M+P. Seguem alguns exemplos conforme Tabela 10.2:

Tabela 10.2 | Exemplos de operações a termo

Value Date	Prazo do termo	Vencimento
14/9/2012 (sexta-feira)	6 meses	14/3/2013 (quarta-feira)
17/9/2012 (segunda-feira)	6 meses	18/3/2013 (segunda-feira)
18/9/2012 (terça-feira)	6 meses	18/3/2013 (segunda-feira)
19/9/2012 (quarta-feira)	6 meses	19/3/2013 (terça-feira)
20/9/2012 (quinta-feira)	6 meses	20/3/2013 (quarta-feira)
21/9/2012 (sexta-feira)	8 meses	21/5/2013 (quinta-feira)

10.2.6 Mercado brasileiro

As operações bancárias dolarizadas efetuadas no mercado nacional (*export note*, Resolução n. 3844, ACC, *swap*) adotam as mesmas convenções dos mercados internacionais, isto é, taxa linear anual base 360. Os títulos públicos cambiais brasileiros (NTN-D e NBC-E, que são as Notas do Banco Central Série E, títulos que remuneram a variação da média ponderada da cotação de venda do dólar nos dias úteis imediatamente anteriores) utilizam taxa base 360 e contagem de dias corridos entre datas por intermédio da convenção 30/360.

Exemplo 10.1

Quando lemos nos jornais que uma operação de adiantamento de contrato de câmbio (ACC) de seis meses pode ser financiada à taxa Libor + 1%, podemos calcular o valor de resgate de U$ 1 financiado por esse prazo, a partir da seguinte equação:

$$VF = \left[1 + \frac{Libor6M + spread}{360} \times dc\right]$$

Em que:

VF = valor futuro de um dólar na data de resgate

Libor6M = taxa Libor divulgada para período de seis meses

spread = margem acrescentada à taxa básica na forma aditiva e cotada na mesma convenção da Libor (% ao ano, base 360)

dc = número de dias corridos no período

Em 16/4/2013, quarta-feira, a Libor de seis meses foi fixada em 0,43640%. Pode-se deduzir que 0,43640% ao ano era o custo básico do dinheiro para o período de 183 dias corridos, com início (value date) em 16 de abril, e vencimento em 16 de outubro, quarta-feira. O financiamento de U$ 1 dólar por seis meses, contratado em 3 de abril à taxa Libor + 1%, implicaria no pagamento final de:

$$VF = \left[1 + \frac{0,0043640 + 0,01}{360} \times 183\right] = 1,007301$$

10.3 Formação de taxas de juros em dólar no mercado brasileiro

É evidente que a formação das taxas de juros no mercado norte-americano obedece às mesmas regras fundamentais econômico-financeiras que regem a determinação do custo do dinheiro para diversos prazos no mercado brasileiro. O Federal Reserve (Fed), o banco central americano, também dispõe de mecanismos de atuação para intervir no mercado e implementar medidas de política monetária, assim como no Brasil o custo do dinheiro para operações de um dia (Fed *funds*) pode ser influenciado pela autoridade monetária e, consequentemente, afetar a expectativa do mercado para operações com diversos prazos de vencimento.

Não é o caso aqui de se aprofundar a discussão nesse nível, já que, para o efeito prático de instituições operando no Brasil, pode-se partir da estrutura temporal básica, livre de risco, para a moeda norte-americana como um dado exógeno e independente e, a partir daí, tecer as considerações relevantes para o mercado doméstico.

> **NOTA**
>
> A redução do risco associado às oscilações de câmbio, juros e índices, entre outros, é realizada, comumente, por derivativos financeiros em operações de *hedge* em contratos futuros. Acompanhando o mercado, a BM&FBOVESPA ampliou, em 27 de maio de 2013, com três novos produtos, o portfólio referenciado na taxa média das operações de títulos federais, sendo: o contrato futuro de Cupom cambial baseado em operações compromissadas de um dia (DCO), o contrato de *swap* cambial com ajuste periódico baseado em operações compromissadas de um dia (SCS) e a operação estruturada de *forward rate agreement* de cupom cambial baseado em operações compromissadas de um dia (FRO).

10.3.1 A curva básica ou primária de taxas dólar no mercado internacional

A *yield curve* dos títulos emitidos pelo Tesouro americano (*treasuries*), com prazo de vencimento de até 30 anos, é grandemente utilizada como curva básica por representar operações com o mais baixo risco de crédito possível (*risk free rate* ou taxa livre de risco). Operações com grau de risco mais elevado serão sempre precificadas com *spread* (taxa adicional) que reflita a maior incerteza associada. Exemplificado na Figura 10.2 a seguir, temos o G-*spread*, que indica o ganho de taxa sobre o *treasury*, e o Z-*spread*, que utiliza a curva de *swap* e indica o rendimento abaixo do *benchmark* estabelecido.

Figura 10.2 | G-*spread* do ganho de taxa sobre o *treasury* e Z-*spread* da curva de *swap*

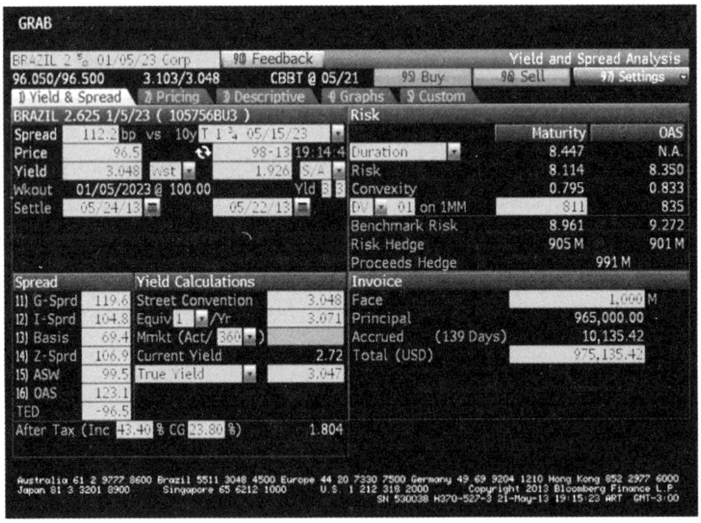

Fonte: Bloomberg (2013).

O Global Bond, título brasileiro comercializado nas principais praças financeiras do mundo, com vencimento em 10 anos estava oferecendo, conforme a tela da Bloomberg, uma rentabilidade de 3,048% a.a. em 21/05/2013, enquanto um título de mesmas características, emitido pelo governo norte-americano, estava oferecendo uma rentabilidade de 1,926%. Diz-se que os papéis brasileiros foram colocados com um *spread* de 112,2 *basis-points* sobre os *treasuries*, ou seja, (3,048% – 1,926%) . 100 *basis-points*.

É também comum, principalmente no euromercado, a utilização da chamada curva Libor como referencial. A rigor, as taxas Libor alcançam prazos máximos de um ano, mas instrumentos mais longos, como os *eurobonds*, emitidos a taxa fixa podem ser "swappados" em instrumentos pós-fixados (*floating rate notes* ou FRN) indexados à Libor (normalmente de seis meses). Denomina-se, portanto, curva Libor a estrutura temporal construída a partir das taxas de *interest rate swaps* (*swaps* de taxa de juros pré, contra Libor de seis meses) com prazos usuais de dois a dez anos.

Os bônus do Tesouro brasileiro emitidos em moeda que não o dólar, como os bônus caravela, emitidos em escudos portugueses, em abril de 1996, a 250 pontos-base de *spread* sobre a Libor, são referenciados à curva Libor em dólar, com base na estratégia possível de criação de instrumento de renda fixa sintético (FRN), resultante da compra do bônus em escudos e contratação simultânea de um *currency swap,* no qual se paga taxa prefixada na "ponta" em escudos e se recebe Libor na "ponta" em dólar.

As taxas Libor são amplamente utilizadas no mercado internacional como parâmetro de referência para operações as mais variadas, tais como empréstimos sindicalizados, *swaps, floating rate notes, caps* etc. A vantagem é que essas operações são realizadas em mercado *off-shore*, livres de medidas fiscais que possam ser introduzidas pelas autoridades norte-americanas. Além disso, representam o custo básico do dinheiro para instituições financeiras de primeira linha operando no sistema financeiro internacional, embutindo, portanto, risco de crédito muito baixo.

Embora as oscilações observadas em ambas as curvas não coincidam perfeitamente ao longo do tempo, principalmente em função das diferenças de risco percebidas, é de se esperar que operações de arbitragem (dada a mobilidade do capital) transmitam os impactos de choques econômicos do mercado interno americano para o euromercado.

10.3.2 O *spread* de risco para instituições brasileiras no mercado internacional de dólar

Qualquer emissor domiciliado no Brasil, mesmo que represente baixíssimo risco de crédito para seus investidores, está fadado a pagar nos mercados internacionais taxas mais elevadas que as pagas por empresas de mesmo rating domiciliadas, por exemplo, nos Estados Unidos. O custo do dinheiro nesse caso incorpora, além da taxa primária incrementada pelo *spread* de crédito específico, o risco país.

Tal situação pode ser bem ilustrada pelo eurobônus de U$ 300 milhões, emitido em outubro de 1996, pela Ford Brasil Ltda. O prêmio pago acima da Letra do Tesouro dos EUA de cinco anos foi de 283 pontos-base. O título incluía um forte compromisso de apoio da Ford Motor Company (garantia de manutenção de controle acionário, disponibilização de linhas de liquidez de até U$ 500 milhões e compromisso de conduzir seus negócios de modo a saldar a dívida), mas em última instância não era garantido pela matriz.

Apesar do baixo *spread*, relativamente aos padrões brasileiros (praticamente igual ao pago pelo Tesouro Nacional na época), o custo para a subsidiária deve ter sido de aproximadamente 2% ao ano, superior às taxas eventualmente pagas pela matriz. Esse *spread* é a expressão do chamado risco Brasil. O emissor pagou um sobrepreço em razão de atuar em uma economia na qual os riscos operacionais em geral são mais elevados, o que sujeita o empreendimento a maiores incertezas econômico-financeiras. Eurobônus emitidos por filiais brasileiras de bancos internacionais de primeira linha apresentavam todos essas mesmas características.

É importante salientar o diferente tratamento conferido às captações de recursos externos por instituições financeiras brasileiras que tenham por objetivo o financiamento específico de transações de comércio exterior. Em determinados momentos as chamadas linhas de comércio custavam apenas cerca de 0,25% acima da Libor para prazo de um ano, ao passo que linhas não vinculadas (linhas *clean*) custavam cerca de Libor + 2,00%. É evidente que no caso dessas operações o risco Brasil era menor que no caso da Ford, em que os recursos seriam destinados ao financiamento de instalações fixas no país.

A estrutura temporal de taxa de juros referencial para emissores brasileiros no euromercado pode ser construída a partir do rendimento da série de papéis de emissão do Tesouro Nacional negociados no mercado secundário, que incluem *global bonds* e *brady bonds*.

O Gráfico 10.1 a seguir mostra a evolução diária do índice Brazil Embi+ compilado pelo banco norte-americano J.P. Morgan, no período jan/2012-abr/2013. Os dados ilustram as fortes oscilações sofridas pelo *spread* de risco Brasil à medida que variava no tempo a percepção dos investidores estrangeiros a respeito das perspectivas da economia nacional.

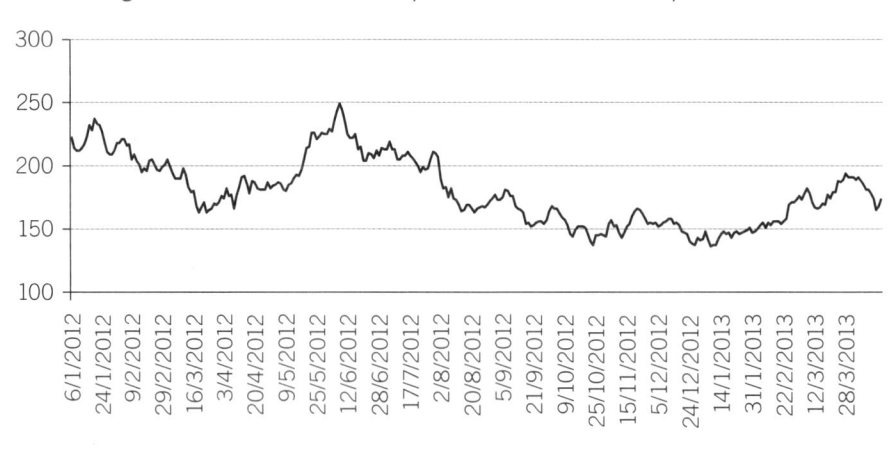

Figura 10.3 | Brazil EMBI+ – *Spread* sobre *teasuries* em pontos-base

Fonte: IPEADATA / J.P. Morgan (2013).

10.3.3 O risco inerente à internação de recursos dolarizados

Na hipótese de não haver outros riscos envolvidos, é de se esperar que investidores estrangeiros sejam indiferentes à aplicação em um título *off-shore* de emissão do Tesouro Nacional denominado em dólares (um *global bond,* por exemplo), ou em um papel doméstico do mesmo emissor indexado à moeda norte-americana e com mesmo prazo (uma NTN-D, por exemplo). Após a consideração de todos os tributos e outros custos envolvidos, operações de arbitragem garantirão a igualdade de rendimentos.

Na prática, verifica-se que a taxa dolarizada oferecida pelo Tesouro Nacional no mercado interno é normalmente mais elevada. Deve-se concluir, portanto, pela rejeição da hipótese de que não existem outros riscos envolvidos. Claramente não se trata de risco de desvalorização cambial, pois os dois instrumentos são denominados na mesma moeda. O diferencial decorre de riscos institucionais associados a mudanças bruscas e inesperadas nas regras fiscais (alteração nas alíquotas ou introdução de novas taxas ou impostos) e cambiais (restrições operacionais). Somente os instrumentos domésticos estariam sujeitos a essas alterações.

Adicionalmente, os rendimentos das NTN-Ds poderiam ser distorcidos por regulamentação do Banco Central do Brasil, como a que vigorou no início do Plano Real e exigia que recursos internados por instituições brasileiras e não repassados a tomadores finais fossem aplicados temporariamente em títulos públicos dolarizados.

O risco de conversão pode ser compreendido quando um título relacionado no exterior é necessariamente liquidado em dólares e pode ser transferido a um eventual comprador a qualquer instante, mesmo com prejuízo, independentemente de medidas restritivas impostas pelo governo emissor.

Tal não é o caso de papéis dolarizados domésticos, que são liquidados pelo contravalor em moeda nacional; uma operação cambial adicional teria de ser efetuada para a obtenção da moeda estrangeira a ser remetida ao exterior. Esse risco pode assumir desde restrições moderadas ao acesso ao mercado de câmbio (taxas punitivas e/ou imposição de limites de quantidade, prazo e tipo de conversão), até restrições legais ao fluxo de capitais mais radicais, como as impostas nos anos 1990 por Venezuela, Nigéria e Romênia (impossibilidade de conversão e remessa).

Existe, portanto, risco inerente à manutenção de recursos dolarizados no Brasil, apesar da ausência de risco de oscilações na taxa de câmbio. O capital que permanece no país está sujeito a alterações nas regras fiscais e à introdução de restrições à livre remessa de capitais. A deterioração gradual das contas nacionais, por exemplo, pode resultar na revisão, por parte dos agentes econômicos, da probabilidade de introdução de medidas restritivas. O resultado pode ser a elevação generalizada das taxas de juros para operações denominadas em moeda estrangeira no mercado doméstico, consequência do maior risco de conversão.

10.3.4 Outros fatores que impactam a formação das taxas de juros em dólar domésticas

As condições momentâneas no mercado doméstico de operações dolarizadas podem ser afetadas por diversos fatores. Entre eles podemos listar: necessidade de atração de recursos externos para atender aos objetivos da política cambial (manutenção de um determinado *spread* entre as taxas dólar e real); necessidade estrutural de *hedge*, por parte de empresas multinacionais; e disponibilidade de linhas externas em favor de agentes financeiros domiciliados no país e nível de concorrência interna entre eles.

Adicionalmente existem alguns aspectos técnicos que devem ser considerados. O primeiro deles refere-se à diferença de data de liquidação financeira entre os vários instrumentos: D0 para títulos públicos, D+1 para *export notes* e *swaps*, D+2 para operações de mercado monetário no euromercado e D+7 corridos para *eurobonds*.

É importante destacar que operações em dólar físico são geralmente liquidadas pela cotação à vista da taxa de câmbio no momento da conversão (chamada cotação Pronto). Já as operações indexadas ao dólar são liquidadas em real pelo contravalor calculado pela PTAX800 do dia anterior ao da data de negociação.

> **NOTA**
>
> Em 2010, o Banco Central determinou uma nova metodologia de cálculo da taxa PTAX, com a circular n. 3.506. Em todos os dias úteis, o Banco Central realiza quatro consultas a cada *dealer* de câmbio, até por volta das 13 horas, para captar uma cotação de compra e outra de venda para a taxa de câmbio que melhor represente as condições do mercado interbancário à vista, com liquidação em D+2. A partir do grupo de dados de cada consulta, são excluídas as duas maiores e as duas menores e realiza-se uma média aritmética, cujo resultado será validado com parâmetros objetivos do mercado e divulgadas ao final da última consulta de cada dia.

A convenção de utilização da PTAX faz com que a taxa de juros aparente dessas operações possa tornar-se negativa em momentos de forte oscilação entre a PTAX do dia anterior e o Pronto do momento da operação. Taxas de juros não deveriam assumir jamais valores negativos (o valor zero é garantido pela simples retenção inativa dos recursos financeiros). Entretanto, a taxa embutida em operações parametradas ao câmbio PTAX, comumente conhecida por cupom cambial, pode assumir valores negativos por se tratar de um híbrido entre juros e variação cambial (veja item 10.5.8 deste capítulo).

Seria perfeitamente racional aceitar taxa de juros negativa, desde que o ganho decorrente do diferencial entre as taxas de câmbio de entrada e de saída da operação mais que compensasse aquela perda. Tal teria sido o caso em janeiro de 1999, por ocasião da mudança no regime cambial e eventual flutuação da moeda nacional.

A Figura 10.4 a seguir ilustra a seguinte operação: internação de recursos em dólares e conversão em reais pelo câmbio pronto[1] (R$ 1,32/U$); aplicação em *export note* de 30 dias com rendimento negativo (-86% ao período), mas adquirida pelo contravalor em reais calculado pela PTAX do dia anterior (R$ 1,2114/U$); compra de dólares em t+29 (R$ 1,8868/U$) para remessa ao exterior; liquidação da *export note* pela PTAX da véspera da data de vencimento (R$ 1,8868/U$). A operação equivale a um investimento em dólares (sem risco cambial) com rendimento de 13,87% ao período (isto é, [1.011.560 ÷ 1.000.000-1] × 12).

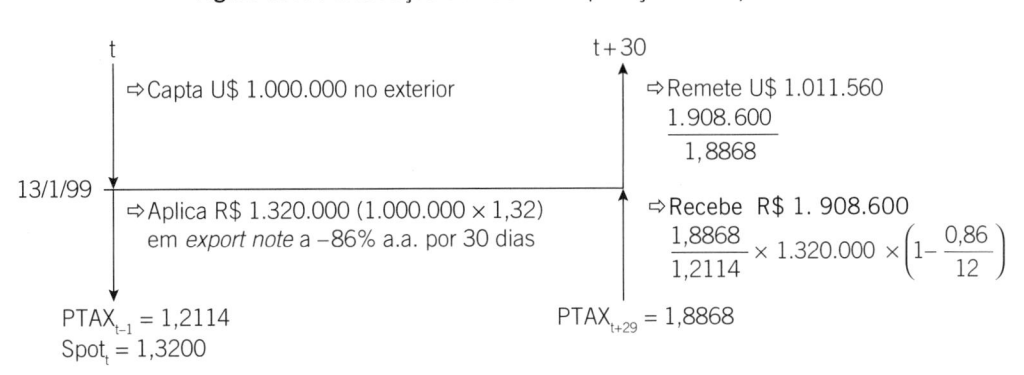

Figura 10.4 | Internação de dólares e aplicação em *export note*

```
t                                                    t+30
    ⇨ Capta U$ 1.000.000 no exterior              ⇨ Remete U$ 1.011.560
                                                    1.908.600
                                                    ─────────
                                                     1,8868
13/1/99
    ⇨ Aplica R$ 1.320.000 (1.000.000 × 1,32)      ⇨ Recebe R$ 1.908.600
       em export note a -86% a.a. por 30 dias        1,8868                  0,86
                                                    ─────── × 1.320.000 × (1 - ────)
                                                    1,2114                    12

    PTAX_{t-1} = 1,2114                           PTAX_{t+29} = 1,8868
    Spot_t = 1,3200
```

O fenômeno de taxas negativas pode ser observado, sob certas condições, também em operações não indexadas a taxas de câmbio passadas. Em presença de restrições operacionais no mercado à vista e forte expectativa de desvalorização cambial futura, a baixa remuneração na forma de juros (até mesmo negativa) poderia ser abundantemente compensada pelo ganho derivado da desvalorização cambial.

A compreensão do fenômeno demanda um aprofundamento sobre o risco de desvalorização cambial. Esse risco, por sua vez, é função do regime cambial vigente no país. Nos regimes com total liberdade cambial, como os vigentes em países mais desenvolvidos, a taxa de câmbio de equilíbrio é definida, a qualquer momento, pelo mercado (*market driven*). Consequentemente, as séries históricas de retornos apresentam comportamento estocástico: em outras palavras, são imprevisíveis. Nessas condições, as taxas de juros são insensíveis, *a priori*, a esse fenômeno.

Já em países que adotam regimes cambiais administrados (fixos, semifixos, indexados a cestas de moedas ou *commodities* etc.) observa-se assimetria na distribuição de retornos das séries históricas cambiais e um certo grau de previsibilidade nas desvalorizações (*managed devaluation*).

A regulamentação e a intervenção das autoridades monetárias nos mercados de câmbio podem induzir a formação de taxas de juros aparentemente absurdas, de modo a

---

[1] As convenções de liquidação financeira foram desconsideradas, sem prejuízo, para o efeito a ser demonstrado.

absorver o impacto derivado da desvalorização cambial esperada. O sistema monetário europeu na década de 1980, e o Brasil do período 1995/1999, quando a política cambial assumiu papel central na implementação do plano de estabilização, representam bons exemplos. O fenômeno poderia também ser denominado risco de intervenção cambial.

10.3.5 Considerações acerca da formação de taxa de juros em dólar no mercado brasileiro

Com base na discussão anterior, pode-se concluir que a formação de taxas de juros em dólar no mercado brasileiro é função de uma taxa primária externa (tal como a Libor que chamamos i) do *spread* de risco soberano (risco Brasil, que chamamos RB), do *spread* de risco associado à possibilidade de introdução de restrições institucionais à livre conversão de disponibilidades em moeda nacional e em moeda forte, e sucessiva remessa para o exterior (risco de conversão, que chamamos RC) e do *spread* de risco associado à possibilidade de oscilações extremas e descontinuidades no mercado de câmbio (risco de desvalorização, que chamamos RD).

$$r = i + RB + RC + RD$$

Em que:

    r = taxa de juros da moeda estrangeira no mercado doméstico

    i = taxa de juros básica da moeda estrangeira nos mercados internacionais

    RB = *Spread* de risco soberano, ou risco Brasil

    RC = *Spread* de risco de conversão monetária

    RD = *Spread* de risco de desvalorização cambial

Em conformidade com a teoria econômica, a taxa *i* deve ser sempre positiva. Na medida em que o Brasil representa um maior risco de crédito para os investidores (maior risco de inadimplência que os EUA) e persiste a possibilidade de introdução de restrições cambiais, os valores de RB e RC serão maiores, ou no mínimo iguais, a zero. O fator RD, entretanto, pode assumir valores fortemente negativos, a ponto de tornar a própria taxa *r* também negativa, em situações de extrema tensão no mercado cambial.

10.4 Estrutura temporal das taxas de juros em dólar no mercado doméstico

A estrutura temporal das taxas de juros de determinada moeda, isto é, a relação entre o prazo de operações financeiras e seu custo pode ser obtida a partir de instrumentos de mercado que incorporem de maneira eficiente as informações que conduzem os agentes econômicos à determinação do custo do dinheiro.

A precificação de ativos com promessa de fluxos financeiros em datas futuras requer o conhecimento da taxa de juros de mercado apropriada para cada vencimento. No caso específico da mensuração do risco de mercado de todas as carteiras de um banco, por meio da técnica de *value at risk* que requer marcação a mercado (*marking to market*) das operações, esta exigência se estende ao conhecimento das taxas para vencimentos diários até o limite do último fluxo contratado.

Como não existem instrumentos de mercado para todo e qualquer vencimento, é necessária a utilização de técnicas e métodos de interpolação (e eventualmente de extrapolação) para a estimação de dados entre duas datas para as quais existe a informação desejada. Esses pontos conhecidos são chamados de vértices.

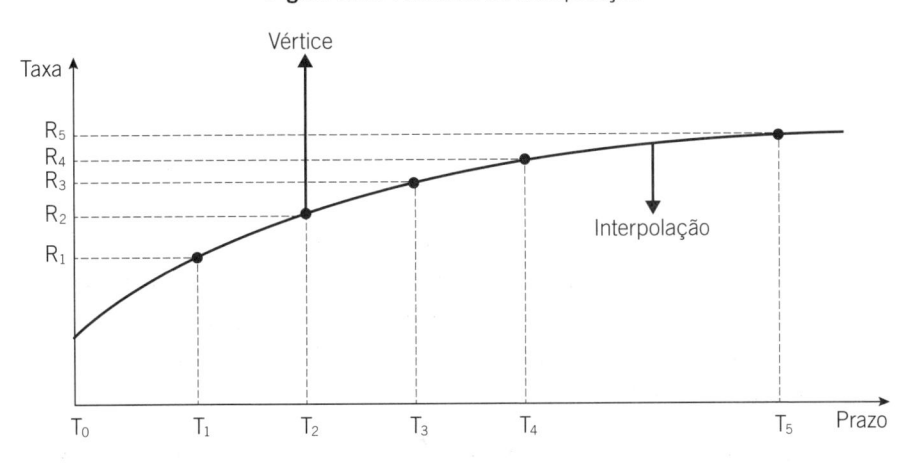

Figura 10.5 | Método de interpolação

Os vértices devem ser escolhidos, acima de tudo, em função da qualidade da informação que incorporam. Devem-se tomar, portanto, aqueles instrumentos financeiros utilizados pelos operadores profissionais para atuar de forma competitiva no mercado em operações de especulação ou *hedge*. Estes normalmente apresentam alto grau de liquidez (estão disponíveis a todo instante), baixo risco de crédito e refletem o consenso de mercado para aquele vencimento.

10.4.1 Vértices da curva

Os instrumentos derivativos – termos, futuros, *swaps* e Forward Rate Agreement (FRAs) – são aqueles que normalmente melhor atendem às exigências do problema na escolha de vértices para representar a estrutura temporal das taxas de juros.

No caso específico do mercado doméstico de taxas de juros em dólar, o candidato natural ao fornecimento das informações seria o contrato futuro de cupom cambial da BM&FBOVESPA (DDI). Esse contrato apresenta vencimentos no primeiro dia útil de cada mês, tal como o contrato DI-futuro, largamente utilizado pelos operadores na construção da estrutura temporal de taxas de juros em real.

Como esse contrato nunca adquiriu liquidez expressiva, o problema deve ser contornado pela extração do cupom cambial sintético, a partir de instrumentos mais ativamente negociados. Uma dessas soluções é a operação conhecida por DI-dólar. A posição vendida em cupom cambial sintético é obtida pela venda do contrato de DI e compra do contrato de dólar comercial, ambos com o mesmo vencimento.

Instrumentos derivativos representam sempre direitos e obrigações contidos no mesmo contrato ou, na forma de expressão contábil, ativos (direitos) e passivos (obrigações). A compra de dólar futuro, por exemplo, equivale à aquisição de direito de recebimento de determinada quantia de dólares em data futura (ativo) e de obrigação de pagamento do contravalor em reais prefixados na mesma data (passivo).

Tabela 10.3 | Derivativos - Expressão contábil

	Ativo	Passivo
Dólar futuro (compra)	U$ Pré	R$ Pré
DI-futuro (venda)	R$ Pré	R$ CDI
Posição resultante	U$ Pré	R$ CDI

Notar que a estrutura resultante, equivalente à venda do contrato cupom cambial, assemelha-se a uma posição vendida em DI-futuro, com a diferença que a "ponta" ativa refere-se à posição prefixada em dólar, ao invés de posição prefixada na moeda real. Observar também que a exposição é idêntica à assunção de um *swap* cambial CDI *versus* dólar, no qual recebe dólar e paga CDI.

Na determinação dos vértices de curto prazo (inferiores a dois meses), recomenda-se a utilização do cupom sintético, que envolve os dois contratos futuros mais líquidos do mercado brasileiro. Para prazos mais longos, entretanto, essa solução já não se aplica desde que o contrato dólar futuro perdeu liquidez, após a introdução do FRA de cupom, em fevereiro de 2001.

O FRA de cupom é uma modalidade operacional da BM&FBOVESPA que permite a negociação de taxas de juros a termo (*forward*). A data de início corresponde sempre ao primeiro vencimento em aberto do contrato de cupom cambial DDI e, por conseguinte, ao primeiro vencimento em aberto do contrato dólar futuro. As datas finais usuais correspondem aos vencimentos do contrato futuro DDI nas viradas de trimestre solar, podendo atingir prazos superiores a quatro anos.

Os vértices mais longos da estrutura temporal das taxas de juros em dólar serão determinados, portanto, pela composição entre as taxas a termo, expressas pelos FRA de cupom e, a taxa à vista de curto prazo, determinada pelo cupom sintético.

A mecânica para a obtenção de vértices a partir do dólar futuro será abordada em maior profundidade no item 10.5 deste capítulo, que trata dos mercados futuros de dólar.

> **NOTA**
>
> O DCO, contrato futuro de Cupom cambial baseado em operações compromissadas de um dia, é um derivativo que negocia cupom cambial, com preço unitário (PU) correspondente a 100.000 pontos, expresso em dólares dos Estados Unidos, descontado por taxa de juros expressa em base 360 dias corridos. Durante sua existência, ocorre oscilação mínima de 0,01%, por apregoação, e máxima, podendo ser limitada pela BM&FBOVESPA, exceto nos últimos três dias de negociação. Exige margem de garantia de todos os comitentes com posição em aberto, cujo valor será atualizado diariamente pela Bolsa. Admite operações *day trade*, liquidadas automaticamente e realizadas no dia útil subsequente. Vence no primeiro dia útil do mês de vencimento, sendo negociado até o último dia útil, anterior à data de vencimento.

10.4.2 Métodos de interpolação

O objetivo da interpolação é se estabelecer uma função contínua f(x), que defina valores de taxas de juros para qualquer período de tempo contido entre prazos para os quais a taxa é conhecida (vértices). Os vértices são normalmente obtidos a partir de instrumentos que representem a real possibilidade de intervenção no mercado. É natural, portanto, que a maioria dos métodos de interpolação force a passagem da curva por esses pontos (*good fitting*).

Por outro lado, a função deve aderir, ao máximo, ao fenômeno econômico-financeiro que se deseja descrever. A técnica matemática escolhida deve ser condicionada por critérios econômicos, e não apenas por critérios de sofisticação quantitativa. Normalmente, isso nos leva à busca de uma curva bastante suave (*smoothness*).

Existem inúmeros métodos para a determinação quantitativa de taxas de juros para períodos com vencimento entre dois vértices. A escolha de determinado método estará condicionada à necessidade de se obter o melhor compromisso entre simplicidade de aplicação, *smoothness* e *overfitting*.

O método chamado polinômios por partes é um dos mais utilizados. Diferentes polinômios são ajustados de modo a passar por dois vértices consecutivos. A curva final resultante é a "colagem" de todos os polinômios. Os polinômios mais usados são os cúbicos, da forma $a_3.x^3+a_2.x^2+a_1.x+a_0$, em razão de sua simplicidade e suavidade. Normalmente, utilizam-se condições restritivas adicionais, tais como a imposição de continuidade da derivada em cada um dos vértices, de modo a garantir maior suavidade.

O método de interpolação linear é o mais simples, consistindo na união de pares de vértices consecutivos por um polinômio de grau 1, ou seja, uma reta. O método denominado *spline* cúbico por partes utiliza polinômios de terceiro grau, de forma que a função resultante em todo o intervalo possua derivadas de 1.ª e 2.ª ordem contínuas nos n-2 vértices intermediários.

Figura 10.6 | Método de interpolação linear

[Gráfico mostrando curvas de interpolação Linear e Spline cúbico, com eixos Taxa (vertical) e Prazo (horizontal)]

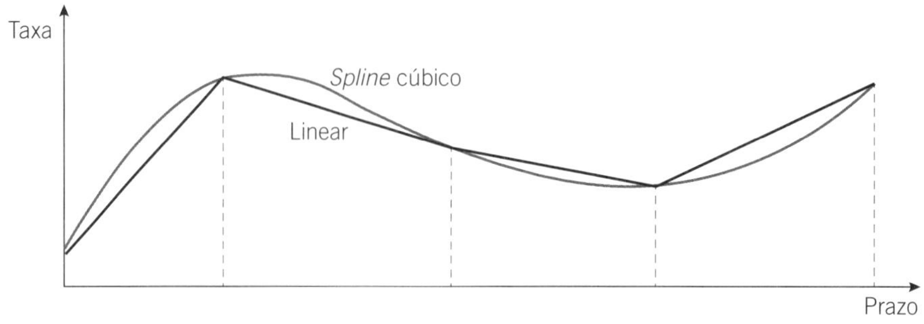

Em princípio, a técnica de interpolação, qualquer que seja ela, pode ser aplicada sobre a taxa à vista (*spot*), a taxa a termo (*forward*), sobre o fator de desconto ou qualquer outra variável.

A interpolação linear das taxas *spot* é o método mais tradicional e difundido nos mercados internacionais. Esse método é extremamente simplista, mas não apresenta maiores problemas, quando o nível de taxas é baixo e a estrutura temporal é relativamente uniforme ou *flat* (taxas similares para todo e qualquer prazo).

Um método mais sofisticado, conceitualmente mais robusto, e que tem encontrado aceitação crescente, é o método de interpolação log-linear. Esse método consiste na interpolação linear dos logaritmos dos fatores de desconto. Pode-se demonstrar que esse método se fundamenta na hipótese de taxas *forward* constantes entre vértices (na forma continuamente composta). Aproxima-se, portanto, do método de interpolação das taxas *forward*, amplamente utilizado no mercado brasileiro para operações em real.

10.5 Mercados futuros de dólar e taxas de juros para operações domésticas indexadas ao dólar

10.5.1 O contrato futuro de taxa de câmbio de reais por dólar comercial da Bolsa de Mercadorias & Futuros

Os contratos futuros de dólar comercial listados na BM&FBOVESPA apresentam vencimentos no primeiro dia útil de cada mês, e liquidação financeira com movimentação ADM no mesmo dia (reserva do dia útil consecutivo), com base na taxa média de venda apurada pelo Bacen (PTAX800) e verificada no último dia do mês, imediatamente anterior ao mês de vencimento. A unidade de negociação dos contratos tem-se mantido em U$ 50.000,00, desde fevereiro de 1999.

Vale lembrar que a data de liquidação financeira para operações de câmbio pronto no Brasil, seguindo convenção internacionalmente aceita, ocorre com movimentação de reservas no segundo dia útil após a data da transação (D+2, conhecida como *value date*). No caso de ocorrência de feriados em qualquer uma das praças financeiras relevantes (especificamente no Brasil e em Nova York), essa data se desloca de modo a garantir pelo menos dois dias úteis em cada praça (os operadores experientes se recordarão de que operações realizadas na quinta-feira, 30/6/1994, último dia de existência do cruzeiro real, foram liquidadas, em reais, na terça-feira, 5/7/1994, pois em 1/7, sexta-feira, foi feriado bancário no Brasil e 4/7, segunda-feira, foi feriado nos Estados Unidos).

Tendo em vista o exposto, pode-se afirmar que a cotação do contrato de março de 2013 representa, a qualquer instante, a expectativa (consenso) do mercado para a PTAX800 de venda a ser apurada no dia 28 de fevereiro de 2013. Em outras palavras, o contrato março/2013 reflete a quantidade de reais que podem ser recebidos (entregues) em reserva bancária do dia 1/3/2013 para cada dólar americano entregue (recebido) na mesma data em conta de reserva nos Estados Unidos.

É importante salientar a diferença entre contratos com liquidação física (*deliverable transactions*) e contratos com liquidação financeira. Operações à vista e a termo, especialmente aquelas envolvendo moedas plenamente conversíveis nos mercados internacionais (*freely exchangeable currencies*), implicam no crédito de conta bancária no país de origem da moeda adquirida e débito em conta no país de origem da outra moeda negociada na data de liquidação. A compra de contrato de dólar futuro na BM&FBOVESPA ou de contrato *non deliverable forward* (NDF) no mercado de balcão não geram movimentação dos valores de referência nas respectivas moedas envolvidas, mas resultam apenas no pagamento ou recebimento da diferença entre os dois valores.

10.5.2 A forma usual de determinação de preços dos contratos futuros de dólar

A solução para o problema da determinação do preço de equilíbrio de um contrato futuro de dólar, ou de instrumentos derivativos em geral, é possível mediante a imposição de restrições à ocorrência de oportunidades de arbitragem.

Uma situação de arbitragem se apresenta quando é possível a estruturação simultânea de uma carteira A envolvendo a compra ou venda do derivativo, e de uma carteira B envolvendo instrumentos tradicionais de mercado financeiro, de modo que os fluxos de caixa líquidos em valor presente (VPL) sejam positivos e não sensíveis a oscilações futuras no preço do ativo-base, isto é, sem risco de mercado para o investidor.

Em mercados eficientes, a ocorrência de situações de arbitragem provoca a atuação de alguns operadores (arbitradores) que, pela compra (venda) da carteira A e simultânea venda (compra) da carteira B, reconduzem os preços rapidamente ao equilíbrio. Para que o mercado seja eficiente, basta que, para um conjunto restrito de investidores, as usuais hipóteses de eficiência de mercado se verifiquem, a saber:

   a. Os custos de transação, incluindo os *spreads* entre os preços de compra e venda, corretagens e emolumentos, sejam nulos.

   b. A venda a descoberto seja sempre possível, isto é, todos os resultados estão sujeitos à mesma alíquota de imposto.

- c. Os custos de captação e aplicação de recursos sejam iguais.
- d. É sempre possível a venda a descoberto de ativos, isto é, a venda de ativos não mantidos originalmente em carteira.
- e. Os ativos sejam perfeitamente divisíveis.
- f. Os investidores possam transacionar quaisquer volumes de recursos sem sofrer restrições e sem afetar o equilíbrio do mercado.
- g. Os investidores aproveitem as oportunidades de arbitragem assim que elas surjam.

Com o intuito de simplificar a análise desenvolvida a seguir, procurou-se equiparar a mecânica de liquidação dos contratos futuros, sujeitos a ajustes diários, àquela típica dos contratos a termo, em que os fluxos de caixa ocorrem apenas no vencimento. Conforme discutido por John Hull, no livro *Introdução aos mercados futuros e de opções*, normalmente o impacto dessa simplificação não é significativo.

Foram considerados também os prazos para liquidação financeira convencionados para cada tipo de transação. As operações com liquidação ADM provocam movimentação de reservas bancárias no dia seguinte ao da realização da operação.

Optou-se pela utilização de *export notes* (cessões de direitos de créditos de exportação), com risco de crédito reduzido como ativo cambial na montagem da carteira de *hedge*, por serem instrumento doméstico dolarizado (gerando fluxos de caixa semelhantes aos gerados por ativos denominados em dólar), e com liquidação ADM pelo câmbio PTAX800 do dia anterior. Essas são também as convenções aplicadas aos contratos futuros de dólar e aos *swaps* cambiais.

No momento da análise, data de negociação = d, estrutura-se a seguinte carteira para que d:

- a. Venda de Q dólares futuros com mês de vencimento v ao preço Fvd.
- b. Compra do valor presente de Q dólares em *export notes*, com vencimento coincidente ao do contrato futuro de dólar, com mês de vencimento v (data D) e à taxa q (liquidação financeira ADM pelo contravalor em reais, ao câmbio do dia anterior S_{d-1} e movimentação de reserva em d+1).
- c. Captação do valor presente de QFvd reais, em instrumento prefixado de liquidação financeira ADM (movimentação de reserva em d+1), à taxa j e vencimento em D.

    Na data do vencimento das operações D, efetuam-se as seguintes liquidações ADM (movimentação de reserva em D+1).

Para D:

- d. Liquidação do futuro por diferença. Apurado valor Q(Fvd − S D-1) para liquidação ADM no mesmo dia.

e. Resgate das *export notes*. Contravalor de Q dólares, em reais, ao câmbio do dia anterior S D-1.

f. Reembolso da captação em reais.

Os fluxos de caixa gerados (movimentação de reservas bancárias) podem ser representados como se segue:

Figura 10.7 | Fluxo de caixa gerado pela liquidação

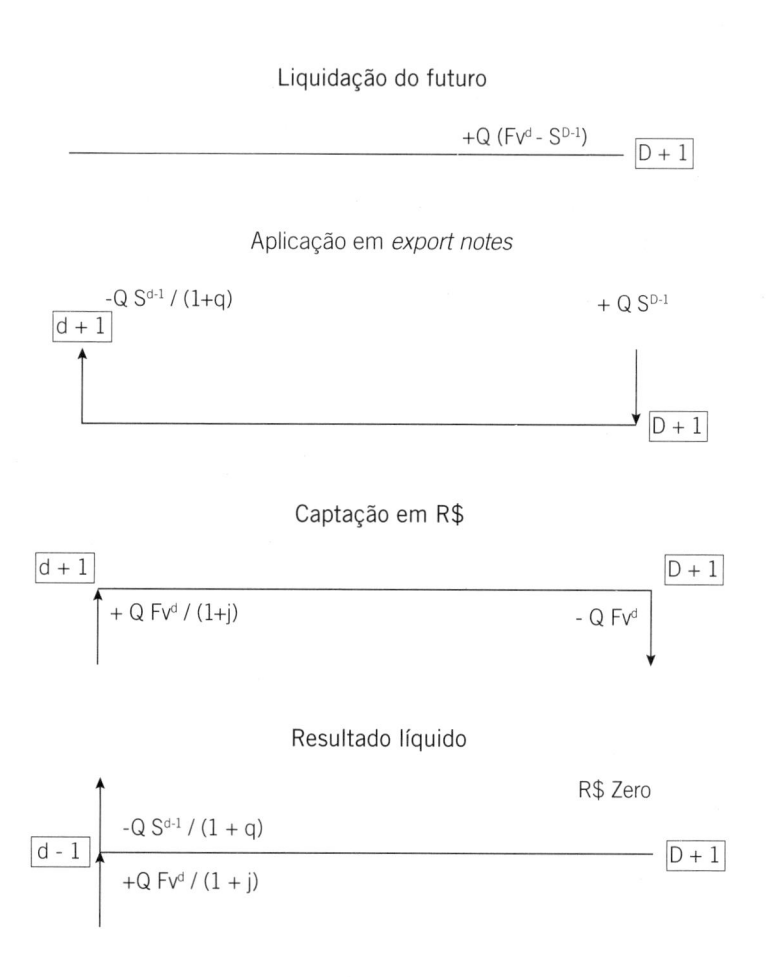

Liquidação do futuro

$+Q(Fv^d - S^{D-1})$ — $D+1$

Aplicação em *export notes*

$-Q S^{d-1}/(1+q)$ em $d+1$; $+Q S^{D-1}$ em $D+1$

Captação em R$

$+Q Fv^d/(1+j)$ em $d+1$; $-Q Fv^d$ em $D+1$

Resultado líquido

R$ Zero

$-Q S^{d-1}/(1+q)$ e $+Q Fv^d/(1+j)$ em $d-1$; $D+1$

Para evitar oportunidade de arbitragem, é necessário que o saldo líquido em conta reais (reserva de d + 1) também seja igual a zero, ou seja:

$$\frac{QFv^d}{(1+j)} = \frac{QS^{d-1}}{(1+q)}$$

$$Fv^d = \frac{S^{d-1}(1+j)}{(1+q)}$$

Ou, melhor especificando os termos:

$$Fv^d = S^{d-1} \frac{(1+j)_{[d+1;\, D+1]}}{(1+q)_{[d+1;\, D+1]}} \quad (A)$$

Em que:

d = data de negociação das operações

v = mês de vencimento do contrato futuro de dólar operado

D = data de vencimento do contrato futuro de dólar com mês de vencimento v

S^{d-1} = cotação média de venda de reais por dólar (PTAX) na data d-1

$(1+j)_{[d+1;D+1]}$ = valor de resgate de R$ 1,00 investido com transferência de reservas inicial em d+1 e final em D + 1

$(1+q)_{[d+1;D+1]}$ = valor de resgate de U$ 1,00 investido no mercado doméstico com transferência de reservas em d + 1 e D + 1

Fv^d = preço de equilíbrio, na data d, do contrato futuro de dólar com vencimento v

A variável q é normalmente denominada no mercado brasileiro de cupom cambial. Convencionou-se no Brasil, particularmente nos mercados de *export notes* e *swaps* cambiais, adotar as convenções usuais nos mercados monetários internacionais para expressão das taxas de juros: regime de capitalização linear, base anual de 360 dias e contagem, entre datas, em dias corridos.

Todavia, enquanto no exterior a contagem de dias é feita com base nas datas de liquidação financeira em reserva (*value dates*), no Brasil, a contagem de dias é feita a partir das datas ADM. Isso pode causar fortes distorções, especialmente para períodos curtos com liquidações próximas de finais de semana. Assim, o cupom cambial q deve ser calculado a partir da Equação (A) expressa em ADM, isto é, $(1+q)_{[d;\,D]}$.

Exemplo 10.2

O preço do contrato futuro de dólar abril/2013, com expectativa da PTAX do dia D-1 = 28/3/2013, será negociado em 22/1/2013. O d baseia-se na PTAX de 21/1/2013, e reflete as taxas de juros para operações ADM com início em d (22/1/2013) e vencimento em D (1/4/2013), equivalentes a operações com transferências de reserva em d + 1 (23/1/2013) e D + 1 (2/4/2013).

$$F_{abr}^{22\text{-}01} = PTAX^{21\text{-}01} \times \frac{(1+j)^u}{(1+c \times q)}$$

u = dias úteis entre os dias 22/1/2013 e 1/4/2013

c = dias corridos entre os dias 22/1/2013 e 1/4/2013

j e q = taxas pré para transferências ADM nas datas informadas anteriormente

10.5.3 Obtenção prática do cupom cambial a partir de preços de contratos futuros

O valor do cupom cambial q para certos prazos pode ser deduzido diretamente a partir da Equação (A). A observação dos preços praticados no mercado futuro de câmbio (Fv^d na BM&FBOVESPA), em determinado instante, não apresenta maiores dificuldades. O valor do câmbio à vista (S d-1) é, por convenção, a taxa PTAX de venda do dia anterior, divulgada diariamente pelo Banco Central. Não resulta imediata, entretanto, a obtenção de (1 + j).

Os contratos futuros DI-1 dia, listados na BM&FBOVESPA, apresentam vencimentos coincidentes com os vencimentos dos futuros de dólar, isto é, no primeiro dia útil de cada mês. Originalmente, esse contrato era cotado e registrado na forma de pontos de preço unitário (PU), representando o valor presente de 100.000 pontos na data de vencimento. A partir de janeiro de 2002, a cotação passou a ser feita na forma de taxa de juros (j, na convenção do Bacen), com até três casas decimais. Para apuração dos ajustes diários, entretanto, o contrato continua a ser registrado na forma de PU. Assim, o preço de registro e os preços de ajuste são dados por:

$$PUv^d = \frac{100.000}{(1+j)_{[d+1;\, D+1]}}$$

Em que $(1 + j)_{[d+1;D+1]}$ representa o valor de resgate de R$ 1,00 investido por um dia na data d e reinvestido diariamente à taxa média dos certificados de depósito interfinanceiros de um dia (CDI-*over*), conforme apurado pela Cetip, até o resgate final na data D. Tais operações estão sujeitas a liquidação ADM, portanto, as movimentações de reservas bancárias inicial e final ocorrem em d + 1 e D + 1. Operando essa expressão, obtemos o valor:

$$(1+j)_{[d+1;\, D+1]} = \frac{100.000}{PUv^d} \quad (B)$$

Substituindo a Equação (B) em (A) e rearranjando os termos obtemos, finalmente, um modelo prático de apuração do cupom cambial em ADM:

$$(1+q)_{[d;D]} = \frac{100.000/PU_v^d}{Pv^d/S^{d-1}} \quad (C)$$

Em que:

    d = data de negociação das operações

    v = mês de vencimento dos contratos futuros operados

    D = data de vencimento dos contratos futuros com mês de vencimento v

    PUv^d = preço de equilíbrio, na data d do contrato futuro DI-1, dia vencimento v

Fv^d = preço de equilíbrio, na data d do contrato futuro de dólar, vencimento v

S^{d-1} = cotação média de venda de reais por dólar (PTAX) na data d-1

$(1 + q)_{[d;D]}$ = valor de resgate de um dólar investido no mercado doméstico com liquidações ADM em d e D

Exemplo 10.3

Os dados a seguir foram publicados no site da BM&FBOVESPA no dia 18/4/2013. O valor da PTAX800 venda de 17/4/2013 (dia útil anterior) divulgada pelo Bacen foi 1,99 R$/U$. Calcule o cupom cambial q de mercado, utilizando cotações médias do dia, para os períodos com vencimento coincidente com os dos contratos mai./2013, jun./2013 e jul./2013.

Tabela 10.4 | Mercado futuro de dólar – Bolsa de Mercadoria & Futuros em 18/4/2013
Taxa do dólar comercial (Contrato = U$ 100.000,00; cotação = R$/U$ 1.000,00)

Vencimento	Contrato aberto	Contrato negociado	Preço médio	Último preço	Ajuste anterior
Mai/2013	596.943	296.320	2.019,12	2.025,00	2.007,81
Jun/2013	113.928	1.737	2.031,34	2.034,50	2.017,70
Jul/2013	26.775	10	2.036,00	2.040,00	2.027,77
Ago/2013	1.990	10	2.048,50	2.050,00	2.040,14
Out/2013	15.201	58	2.067,00	2.067,00	2.063,35

Tabela 10.5 | Mercado futuro de dólar – Bolsa de Mercadoria & Futuros em 18/4/2013
DI de um dia futuro (contrato = R$ 100.000,00; cotação = taxa de juro)

Vencimento	Contrato aberto	Contrato negociado	Preço médio	Último preço	Ajuste anterior
Mai/2013	763.654	216.475	7,278	7,27	99.744,06
Jun/2013	597.721	97.070	7,279	7,27	99.147,59
Jul/2013	4.067.481	1.278.622	7,397	7,397	98.550,30
Ago/2013	60.795	27.215	7,517	7,52	97.830,75
Out/2013	640.388	338.815	7,663	7,66	96.499,21

Contrato (v)	Mai/2013	Jun/2013	Jul/2013
PU médio	99.757,99	99.138,06	98.542,17
Dólar futuro médio	2.019,12	2.031,34	2.036,00
PTAX do dia anterior	1,99	1,99	1,99
Fator (1+q)	0,9880	0,9882	0,9919
Data da operação (d)	18/4/2013	18/4/2013	18/4/2013
Data vencimento (D)	30/4/2013	31/5/2013	29/6/2013
Dias corridos	12	43	72
Cupom cambial (q)	-36%	-10%	-4%

Calcular o preço de equilíbrio de um *swap* cambial CDI x U$ com 62 dias corridos de prazo, negociado em 18/4/2013, a partir dos vértices da estrutura temporal de taxas de juros do cupom cambial obtidos anteriormente. Utilizar dois métodos de interpolação alternativos: linear da taxa e log-linear.

- Interpolação linear da taxa

$$q_{[62]} = q_{[43]} + \{(62 - 43) \div (72 - 43)\}\{q_{[72]} - q_{[43]}\}$$
$$q_{[62]} = -0,10 + \{(62 - 43) \div (72 - 43)\} \times \{-0,04 + 0,1\}$$
$$q_{[62]} = -0,060690 \rightarrow q_{[62]} = -6,07\%$$

- Interpolação log-linear

$$\ln(1 + q)_{[62]} = \ln(1 + q)_{[43]} + \{(62 - 43) \div (72 - 43)\}\{\ln(1 + q)_{[72]} - \ln(1 + q)_{[43]}\}$$
$$\ln(1 + q)_{[62]} = \ln(0,9882) + \{(62 - 43) \div (72 - 43)\}\{\ln(0,9919) - \ln(0,9882)\}$$
$$\ln(1 + q)_{[62]} = -0,0094217 \rightarrow (1 + q)_{[62]} = \exp^{-0,0094217} = 0,990623$$
$$q_{[62]} = (0,990623 - 1) \times (360 \div 62) \rightarrow q_{[62]} = -5,4447\%$$

10.5.4 Uma forma alternativa para avaliação de preços dos contratos futuros de dólar

A utilização convencional do câmbio PTAX800 do dia anterior ($PTAX^{d-1}$) é uma peculiaridade de alguns instrumentos dolarizados brasileiros. Entretanto, as expectativas racionais dos operadores fazem com que todas as informações mais atualizadas sejam incorporadas aos preços livremente transacionados nos mercados futuros, e a $PTAX^{d-1}$, obviamente, não reflete as condições de mercado no momento da cotação do preço futuro.

Portanto, assim como nos mercados financeiros mais evoluídos, a taxa de câmbio futura pode ser expressa, a qualquer momento, como uma função das condições vigentes, no mesmo instante, nos mercados de câmbio à vista, e nos mercados de taxas de juros de cada moeda (*interest rate parity theory*). É apresentada a seguir uma metodologia para a determinação da taxa de câmbio futura, baseada na hipótese de não arbitragem, alternativa à forma usual introduzida no item 10.5.2 deste capítulo. O conceito pode ser melhor compreendido a partir de um *case* prático de *hedge*.

Exemplo 10.4

Um exportador brasileiro recebe confirmação, no dia 22 de janeiro de 2013, de que seu cliente americano pretende liquidar uma cambial no valor de U$ 50.000,00, mediante crédito em conta corrente, em Nova York, no dia 2 de abril de 2013.

É desejo do exportador eliminar o risco de câmbio associado a esse ativo financeiro. Seu objetivo poderá ser facilmente alcançado, mediante a venda de uma unidade do contrato futuro de dólar comercial com vencimento em abril/2013, na BM&FBOVESPA.

A análise que se segue é simplificada, como no item 10.5.2 deste capítulo, e sem prejuízo para as conclusões relevantes, pela hipótese de liquidação dos contratos futuros como se tratássemos de operações a termo em que os fluxos de caixa ocorrem apenas no vencimento.

Para concretizar o *hedge* proposto, o exportador deveria realizar as seguintes operações:

- Dia 22/1/2013: venda de um contrato futuro de dólar (U$) ao preço $F_{abr}^{22/1}$
- Dia 28/3/2013: venda de U$ 50.000,00 no mercado à vista (*spot*) ao preço $S^{28/3}$

Para a conclusão da análise, faz-se necessária a introdução da hipótese que $S^{28/3}$ seja igual à PTAX800, apurada em 28/3/2013 e divulgada pelo Banco Central em 1/4/2013. Apesar de não ser possível operar à taxa média do dia, pode-se obter, na prática, uma razoável aproximação. É possível afirmar, no entanto, que as simplificações anteriormente introduzidas não impactam a formação do preço do contrato futuro (F_{abr}), pois o efeito esperado é, *a priori*, nulo – podendo ser positivo ou negativo.

Conforme discutido no item 10.5.1 deste capítulo, ambas as operações de mercado geram fluxos de caixa somente no dia 2/4/2013 (*value date*). O valor de liquidação do contrato futuro é apurado no dia 1/4/2013 e movimentado no mesmo dia em ADM, isto é, em reserva do dia 2/4/2013. O contrato de venda física de dólares é liquidado no dia 2/4/2013 (D + 2 reserva).

Dia 2/4/2013	Fluxos de caixa
a) Liquidação por diferença do contrato futuro vendido	+ R$ 50.000,00 ($F_{abr}^{22/1} - P_{tax}^{28/3}$)
b) Liquidação física da operação *spot* (movimentação em contas)	+ R$ 50.000,00 $S^{28/03}$
(Nota: por hipótese, $S^{28/03} = P_{tax}^{28/3}$)	
	– U$ 50.000,00
c) Liquidação da cambial	+ U$ 50.000,00
Saldo líquido em conta reais (reserva)	+ R$ 50.000,00 $F_{abr}^{22/1}$ (D)

Conclui-se, portanto, que graças às características do contrato futuro da BM&FBOVESPA, é possível prefixar em 22/1/2013 o contravalor em moeda nacional de um recebível em dólares com liquidação em 2/4/2013. Resta saber se F_{abr} é uma taxa de câmbio apropriada e como ela é determinada pelo mercado.

10.5.5 Futuro sintético de dólar

Ainda que não existissem mercados organizados de derivativos (futuros, termos ou *swaps*), seria possível realizar o *hedge* de um recebível em dólares, caso algumas condições pudessem ser satisfeitas.

Imaginemos que fosse possível para alguns participantes do mercado financeiro contratar, em 22/1/2013, a captação de recursos denominados em dólar, provenientes do exterior, pelo prazo em questão (vencimento 2/4/2013) e à taxa prefixada *r*. Tal operação, seguindo as convenções do mercado internacional, seria liquidada financeiramente no início, em D+2 (crédito em conta corrente em dólar no dia 24/1/2013), e reembolso em 2/4/2013 – principal mais juros calculados pelo regime de capitalização simples, sobre dias corridos e base 360. Consideremos também a existência de mercado de câmbio à vista e de instrumentos monetários prefixados em moeda nacional. Assim, a seguinte carteira poderia ser estruturada:

Dia 22/1/2013:

a. Captação do valor presente de U$ 50.000,00 (*value date* 24/1/2013) à taxa r e vencimento em 2/4/2013.

b. Venda no mercado à vista do valor captado em dólares pela taxa de câmbio $S^{22/1}$ (*value date* 24/1/2013).

c. Aplicação prefixada dos reais resultantes da operação de câmbio (*value date* 24/1/2013) à taxa j com vencimento em 2/4/2013.

Os fluxos de caixa gerados pela cambial no valor de U$ 50.000,00 do Exemplo 10.4 apresentado no item 10.5.4 deste capítulo e pela carteira de 22/1/2013, podem ser representados como se segue na Figura 10.8:

Figura 10.8 | Movimentação de reserva bancária

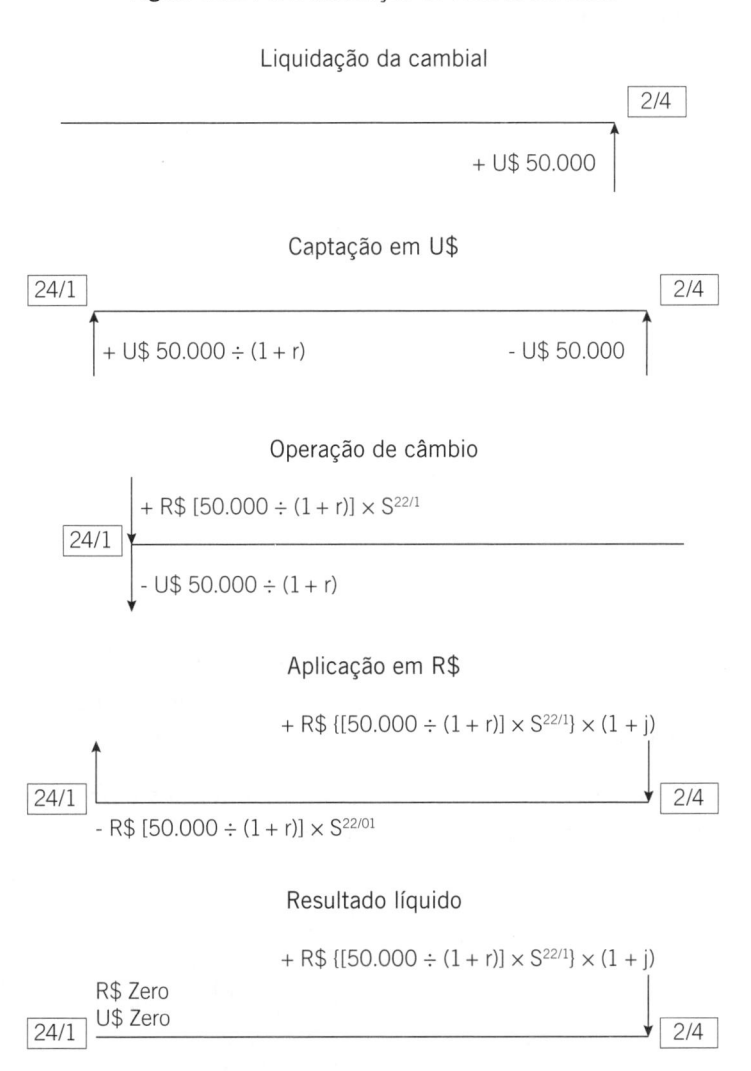

Liquidação da cambial

| 2/4 |

+ U$ 50.000

Captação em U$

| 24/1 | | 2/4 |

+ U$ 50.000 ÷ (1 + r)   − U$ 50.000

Operação de câmbio

+ R$ [50.000 ÷ (1 + r)] × $S^{22/1}$

| 24/1 |

− U$ 50.000 ÷ (1 + r)

Aplicação em R$

+ R$ {[50.000 ÷ (1 + r)] × $S^{22/1}$} × (1 + j)

| 24/1 | | 2/4 |

− R$ [50.000 ÷ (1 + r)] × $S^{22/01}$

Resultado líquido

+ R$ {[50.000 ÷ (1 + r)] × $S^{22/1}$} × (1 + j)

R$ Zero
U$ Zero

| 24/1 | | 2/4 |

Saldo líquido em conta reais (reserva de 2/4/2013)

$$+R\$50.000{,}00 \ S^{22/1}\frac{(1+j)}{(1+r)} \quad \text{(E)}$$

Fica demonstrado que, assim como exposto no item 10.5.4 (D), é possível prefixar em 22/1/2013 o contravalor em moeda nacional de um recebível em dólares com liquidação em 2/4/2013, e tal objetivo pode ser atingido, mesmo que inexistam contratos de derivativos financeiros. A carteira estruturada, apresentada anteriormente, pode ser denominada futuro sintético de dólar e representa a forma como tradicionalmente eram realizadas as operações de *hedge* de moeda, antes do surgimento das operações a termo e a futuro.

10.5.6 Formação de preços dos contratos futuros de dólar

Demonstramos nos itens 10.5.4. e 10.5.5 deste capítulo que, por meio da utilização de instrumentos financeiros diferentes, é possível construir carteiras com o mesmo perfil de risco de mercado, isto é, não sensíveis a oscilações na taxa de câmbio. Sendo nulos os fluxos de caixa iniciais de ambas as carteiras, deve-se também impor a igualdade dos fluxos finais para que não ocorram oportunidades de arbitragem.

Impondo a igualdade entre os fluxos de caixa D (item 10.5.4) e E (item 10.5.5):

$$\underset{\text{(D)}}{R\$\ 50.000{,}00\ F_{abr}^{22/1}} = R\$\ 50.000{,}00\ S^{22/1}\frac{(1+j)}{(1+r)} \quad \text{(E)}$$

Dessa igualdade deriva a equação que condiciona o preço de um contrato futuro de dólar com vencimento abril em 22/1:

$$F_{abr}^{22/1} = S^{22/1}\frac{(1+j)}{(1+r)}$$

Lembrando que (1 + j) e (1 + r) representam, respectivamente, os fatores de capitalização para R$ 1,00 e U$ 1,00 investidos em 24/1/2013, e para resgate em 2/4/2013 (datas de movimentação de reservas).

A partir da equação anterior, podemos generalizar os termos e obter um modelo de formação de preços de contratos futuros de dólar:

$$Fv^d = S^d \frac{(1+j)_{[d+2;\ D+1]}}{(1+r)_{[d+2;\ D+1]}} \quad \text{(F)}$$

Em que:

    d = data de negociação das operações

    v = mês de vencimento do contrato futuro de dólar operado

    D = data de vencimento do contrato futuro de dólar com mês de vencimento v

    S^d = cotação à vista de reais por dólar (Pronto) na data d

    $(1 + j)_{[d+2; D+1]}$ = valor de resgate de R$ 1,00 investido com transferência de reservas inicial em d+2 e final em D + 1 (*value dates*)

    $(1 + r)_{[d+2; D+1]}$ = valor de resgate de U$ 1,00 investido no mercado doméstico com transferência de reservas em d + 2 e D + 1 (*value dates*)

    Fv^d = preço de equilíbrio, na data d, do contrato futuro de dólar com vencimento v

Note que a ocorrência de feriados, próximos à data de negociação (d) e/ou à data de vencimento do contrato futuro de dólar (D) em pelo menos uma das praças financeiras, pode levar à alteração da *value date* inicial e/ou final das operações cambiais. Uma maior generalização da equação anterior implicaria na adoção do índice [d + 2 + n; D + 1 + N], em que n e N representam as postecipações nas datas de liquidação, causadas pelas convenções de *value date*, expostas no item 10.5.1 deste capítulo.

10.5.7 Obtenção prática da taxa de juros para operações domésticas indexadas ao dólar, a partir de preços de contratos futuros

O valor de r para alguns prazos específicos pode ser deduzido a partir da Equação (F). A observação dos preços praticados nos mercados de câmbio à vista (S = Pronto) e a futuro (F = BM&FBOVESPA), em dado instante, não apresenta maiores dificuldades. Não resulta imediata, entretanto, a obtenção da variável (1 + j).

Os contratos futuros DI – 1 dia – listados na BM&FBOVESPA apresentam vencimentos coincidentes com os vencimentos dos futuros de dólar, isto é, no primeiro dia útil de cada mês. Retomemos a Equação (B) apresentada no item 10.5.3 deste capítulo:

$$(1+j)_{[d+1; D+1]} = \frac{100.000}{PUv^d}$$

Denominando CDI_d a taxa de um dia, negociada no dia d para liquidação ADM (reserva de d + 1), pode-se operar a seguinte transformação:

$$(1+j)_{[d+1; D+1]} = (1+CDI_d) \times (1+j)_{[d+2; D+1]} = \frac{100.000}{PUv^d}$$

Ou ainda:

$$(1+j)_{[d+2;\,D+1]} = \frac{100.000}{PUv^d \times (1+CDI_d)} \quad (G)$$

O termo $PU_v^d \times (1 + CDI_d)$ é comumente conhecido como PU_v corrigido em d + 1. Substituindo a Equação (G) em (F) do item 10.5.6 deste capítulo e rearranjando os termos, obtemos finalmente um modelo prático de apuração de taxas de juros para operações domésticas indexadas ao dólar:

$$(1+r)_{[d+2;\,D+1]} = \frac{100.00 / \left[PUv^d \times (1+CDI_d) \right]}{Fv^d / S^d} \quad (H)$$

Em que:

    d = data de negociação das operações

    v = mês de vencimento dos contratos futuros operados

    D = data de vencimento dos contratos futuros com mês de vencimento v

    PUv^d = preço de equilíbrio, na data d, do contrato futuro DI – 1, com dia de vencimento v

    CDI_d = taxa do CDI-*over* médio apurado pela Cetip e negociado no dia d

    Fv^d = preço de equilíbrio, na data d, do contrato futuro de dólar vencimento v

    S^d = cotação à vista de reais por dólar (Pronto) na data d

    $(1 + r)_{[d+2;\,D+1]}$ = valor de resgate de um dólar investido no mercado doméstico com transferência de reservas (*value dates*) em d+2 e D+1

Valem aqui as ressalvas introduzidas no final do item 10.5.6 com relação à ocorrência de feriados em pelo menos uma das praças financeiras, próximos à data de negociação (d) e/ou à data de vencimento do contrato futuro de dólar (D). Nesses casos, a Equação (H) deveria ser ajustada no seu numerador pela introdução de taxas de curto prazo CDI referentes a dias úteis contidos nos períodos n e N.

10.5.8 Conciliação entre as fórmulas usual e modificada

No item 10.5.2 deste capítulo foi apresentado um modelo para a determinação do preço de equilíbrio de um contrato futuro de dólar, representado pela Equação (A), em que a taxa de câmbio futura era função do câmbio à vista no dia anterior e do chamado cupom cambial q. Já no item 10.5.6 deste capítulo foi apresentada a Equação (F), um modelo alternativo baseado no câmbio à vista, no momento da cotação do preço futuro e na taxa de juros em dólar doméstico r.

A dedução algébrica de ambos os modelos foi baseada na hipótese de não ocorrência de oportunidades de arbitragem. É evidente, portanto, que para se evitar arbitragem os valores de Fv^d, em cada uma das equações, devem ser iguais, portanto:

$$(A) S^{d-1} \frac{(1+j)_{d+1,D+1}}{(1-q)_{d+1,D+1}} = S^d \frac{(1+j)_{d+2,D+1}}{(1+r)_{d+2,D+1}} \quad (I)$$

Rearranjando os termos:

$$(1+q)_{[d+1;D+1]} = (S^{d-1} \div S^d)(1+r)_{[d+2;D+1]} [(1+j)_{[d+1;D+1]} \div (1+j)_{[d+2;D+1]}]$$

A igualdade anteriormente apresentada pode ser modificada considerando-se que:

$$(1+j)_{[d+1;D+1]} = (1+j)_{[d+1;d+2]} (1+j)_{[d+2;D+1]}$$
$$(1+r)_{[d+2;D+1]} = (1+r)_{[d+1;D+1]} \div (1+r)_{[d+1;d+2]}$$

Substituindo e simplificando obtemos a Equação (I):

$$(1+q)_{[d+1;D+1]} = S^{d-1} [(1+j)_{[d+1;d+2]} \div (1+r)_{[d+1;d+2]}](1+r)_{[d+1;D+1]} \div S^d$$

Analisemos separadamente o termo:

$$S^{d-1}[(1+j)_{[d+1;d+2]} \div (1+r)_{[d+1;d+2]}] \quad (J)$$

Recordemos que a operação à vista S^{d-1} é liquidada com movimentação de reservas bancárias após dois dias úteis, isto é, no dia d+1. No mercado de câmbio internacional, é usual a cotação de operações, denominadas *spot-next*, que essencialmente permitem a transformação de operações *spot* (com liquidação após dois dias úteis) em operações à vista, com liquidação após três dias úteis (na prática a rolagem da liquidação da *value date spot* para o próximo, *next*, dia útil).

Portanto, a expressão (J) representa operação à vista em d – 1 para liquidação reserva em d+2. Lembrando que S^d representa operação à vista em *d* para liquidação reserva também em d+2. Para que não haja possibilidade de arbitragem, devemos inferir que:

$$S^{d-1}[(1+j)_{[d+1;d+2]} \div (1+r)_{[d+1;d+2]}] = E^{d-1} \times (S^d) \times (K)$$

Isto é, a expressão (J) exprime a expectativa (consenso) do mercado em d–1, para o valor do câmbio à vista (S^d) a ser negociado no dia seguinte *d*, anteriormente representada por $E^{d-1}(S^d)$, esperança matemática, na data d–1, do *spot* a ser operado na data *d*. É importante notar também que a Equação (K) representa o câmbio futuro, com prazo de um dia, negociado na véspera da data *d*.

Retornando à Equação (I), substituindo (K) e rearranjando os termos, obtemos finalmente a relação que exprime o cupom cambial q, em função da taxa de juros em dólar doméstico r.

$$(1 + q)_{[d+1; D+1]} = [E^{d-1}(S^d) \div S^d](1 + r)_{[d+1; D+1]} \quad (L)$$

Podemos afirmar que $[E^{d-1}(S^d)/S^d]$ é uma forma de expressão da volatilidade da taxa de câmbio à vista (S), pois reflete o erro (o efeito surpresa) entre o valor esperado pelo mercado em d–1 e o valor efetivamente operado em d. Concluímos, portanto, que o cupom cambial q não é uma taxa de juros "pura", mas uma função da taxa de juros r e da volatilidade da taxa de câmbio à vista.

Analisemos a Tabela 10.6 e a Figura 10.9 a seguir, em que estão ilustradas estruturas temporais de taxas de juros q e r, calculadas a partir das Equações (C) e (H) e expressas na forma de taxas lineares por dias corridos, na base 360.

Tabela 10.6 | Estruturas temporais de taxas de juros

Vencimento	Taxa q (ao período)	Taxa r (ao período)
Mai/2013	-1,2032580%	0,0200892%
Jun/2013	-1,1831245%	0,0404721%
Jul/2013	-0,8133566%	0,4148186%
Ago/2013	-0,7461851%	0,4828218%
Out/2013	-0,9791222%	0,2470004%
PTAX	1,99 (17/04)	2,01 (18/04)

Fonte: elaborado pelos autores.

Figura 10.9 | Estruturas temporais de taxas de juros em 19/4/2013

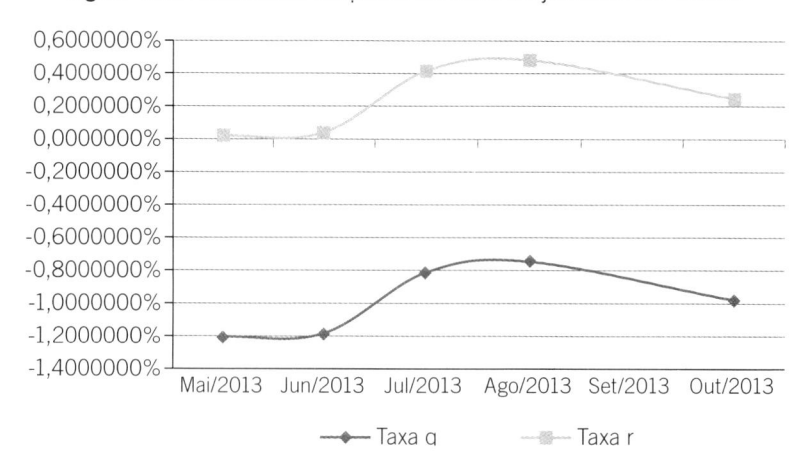

Fonte: elaborado pelos autores.

Excluindo-se o efeito da contagem dos dias, efetuado entre datas ADM para $q_{[d;D]}$ e entre datas reserva para $r_{[d+2;D+1]}$, pode-se demonstrar que a divergência entre as duas estruturas é causada pela variação entre a PTAX do dia útil anterior à análise (17/4/2013) e a PTAX do dia analisado (18/4/2013). As taxas convergem à medida que tal efeito é diluído pelo maior prazo da operação.

No período março de 1995 a janeiro de 1999, quando vigorou o regime cambial de bandas de oscilação, administrado pelo Banco Central do Brasil, as variações da taxa de câmbio de um dia para o outro eram muito limitadas. Assim, o termo $[E^{d-1}(S^d)/S^d]$, da Equação (L), aproximava-se da unidade e os valores das taxas q e r pouco divergiam, conforme ficou ilustrado pela tabela e figura anteriores.

A liberação do câmbio em janeiro de 1999 alterou o panorama, tornando as variações diárias (retornos) mais drásticas e imprevisíveis, o que se pode observar na Figura 10.10 a seguir. Consequentemente, o cupom cambial q tornou-se bem mais volátil e passou a registrar valores, especialmente no curto prazo, ora negativos ora bastante elevados.

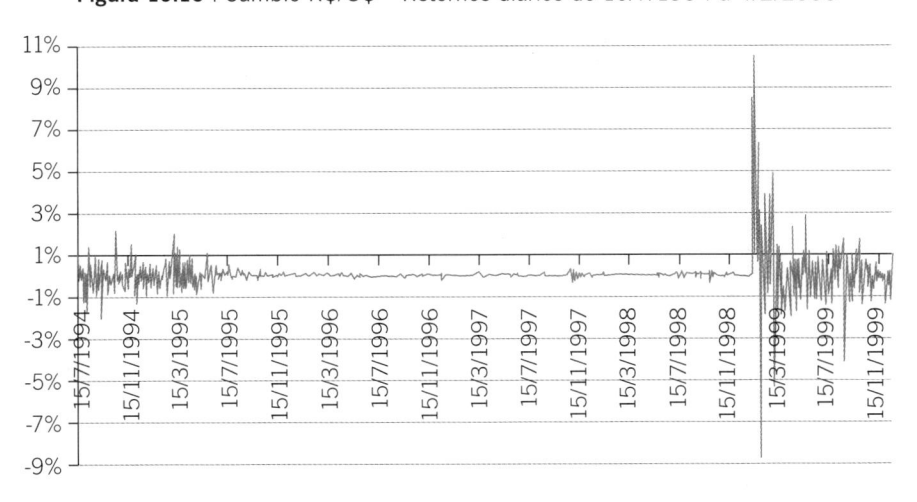

Figura 10.10 | Câmbio R$/U$ – Retornos diários de 15/7/1994 a 4/2/2000

A negociação de taxas q mais voláteis tornou-se inconveniente em algumas situações. Como solução para esse problema, o mercado criou o conceito de cupom cambial limpo, uma taxa de juros insensível aos efeitos da variação cambial diária. O cupom limpo foi inicialmente definido com base em uma variante da Equação (A), em que o termo S^{d-1} foi substituído por S^d. Depois de algum tempo, e de certa confusão no mercado, ficou evidente a inconsistência financeira de tal proposta. Chegou-se finalmente a uma definição de cupom cambial limpo idêntica ao termo r na Equação (F).

Em fevereiro de 2001, a BM&FBOVESPA introduziu, com grande sucesso, o contrato FRA de cupom. Como mencionado no item 10.4.1 deste capítulo, esse instrumento é negociado na forma de taxa de juros a termo (*forward*) e registrado como uma posição comprada e uma posição vendida em contratos DDI, com diferentes vencimentos.

Como o DDI é um instrumento indexado à PTAX800 do dia anterior, a compra/venda simultânea de contratos neutraliza os efeitos de variações na taxa de câmbio. Por esse motivo, convencionou-se dizer que o FRA de cupom é um contrato futuro que permite a negociação direta do cupom cambial limpo. Entretanto, demonstra-se, a seguir, que as taxas de FRA de cupom representam igualmente taxas a termo (*forward*) de q e de r.

A Equação (L) sintetiza a relação entre o cupom cambial q (ou cupom cambial sujo) e a taxa de juros em dólar doméstico r (ou cupom cambial limpo) com vencimento (liquidação reserva) em D+1. Para operações financeiras com T dias corridos a mais de prazo, ou seja com vencimento em D+1+T, é válida a seguinte igualdade:

$$(1 + q)_{[d+1; D+1+T]} = [E^{d-1}(S^d) \div S^d](1 + r)_{[d+1; D+1+T]} \quad (M)$$

Os termos $(1 + q)$ e $(1 + r)$ citados podem ser reescritos na seguinte forma:

$$(1 + q)_{[d+1; D+1+T]} = (1 + q)_{[d+1; D+1]}(1 + q)_{[D+1; D+1+T]} \quad (N1)$$
$$(1 + r)_{[d+1; D+1+T]} = (1 + r)_{[d+1; D+1]}(1 + r)_{[D+1; D+1+T]} \quad (N2)$$

Substituindo (N1) e (N2) em (M), e simplificando os termos com base na Equação (L), obtemos a seguinte igualdade:

$$(1 + q)_{[D+1; D+1+T]} = (1 + r)_{[D+1; D+1+T]} \quad (P)$$

Enquanto a Equação (L) mostra a diferença entre taxas q e r à vista (*spot*), a Equação (P) demonstra a igualdade entre taxas q e r a termo (*forward*).

Na análise de risco de mercado utilizando-se técnicas de *value at risk* (veja Capítulo 13), é fundamental que se atente para algumas questões de coerência interna nos modelos adotados. Os valores presentes de carteiras compostas de fluxos de caixa dolarizados, e marcadas a mercado, com utilização da estrutura temporal do cupom cambial q, deverão ser convertidos em moeda nacional pelo câmbio PTAX do dia anterior.

Resta alertar que, a volatilidade do cupom cambial q, medida pelos métodos tradicionais poderá ser elevada mesmo em momentos em que a taxa de juros em dólar doméstico r não oscile, bastando para tanto que o mercado de câmbio apresente alta volatilidade no período, já que $(1 + q) = f\{(1 + r); PTAX^{d-1} \div PTAX^d\}$. Assim, a soma algébrica do VaR de taxa de juros, em dólar, e do VaR de taxa de câmbio, sem levar em conta a alta correlação negativa entre q e PTAX (bem mais elevada que a correlação entre r e PTAX), levaria à grave superestimação dos riscos realmente envolvidos.

CAPÍTULO 11
Títulos de longo prazo

11.1 Introdução

Podem existir obrigações de empresas com todos os prazos de vencimento possíveis, desde operações de endividamento de um dia (*hot money*) até as perpetuidades (*consols*), com prazo de vencimento ou maturidade indeterminado.

A dívida de longo prazo é uma dívida com prazo de reembolso superior a um ano, a contar da data da emissão. Sua finalidade principal é financiar projetos de investimento ou alongar posições passivas.

O mercado de títulos de longo prazo no Brasil esteve bastante comprometido nos últimos 40 anos, em decorrência das elevadas taxas inflacionárias e da incerteza gerada pela instabilidade das políticas financeiras implementadas por governos sucessivos.

O efeito decorrente da falta de prática dos empréstimos de longo prazo, como instrumento de financiamento, tem se refletido no mercado como um todo. As exceções ficam por conta das captações de recursos no exterior, da emissão de algumas debêntures no mercado interno, de empréstimos de algumas agências governamentais e do mercado imobiliário, recentemente ressuscitado.

Os reflexos dessa falta de cultura de empréstimos de longo prazo defasaram os próprios mecanismos usados para sua prática, qual seja, a existência de papéis de longo prazo emitidos pelo governo federal – supostamente livres de risco – e os títulos de longo prazo emitidos pelas empresas e pelo mercado financeiro, ambos fundamentais para a estrutura temporal das taxas de juros de longo prazo.

Os modelos de precificação dos títulos de longo prazo geralmente baseiam-se na estrutura temporal das taxas governamentais de longo prazo e nos ratings definidos pelas empresas especializadas. No Brasil, a instabilidade econômica inibiu tanto tomadores quanto investidores de pensar e agir com horizontes temporais mais extensos. Isso teve como consequência a falta de desenvolvimento de um mercado de títulos governamentais e de empresas de longo prazo como existe nos grandes centros financeiros internacionais. No entanto, a estabilidade financeira e política que tem se pronunciado desde junho de 1994, com a implementação do Plano Real, nos deu confiança para pensar no iminente desenvolvimento desses mercados, com patrocínio governamental e do mercado mobiliário, uma vez que são de amplo interesse social.

Grande parte das práticas utilizadas no mercado financeiro nacional e internacional tem como modelo o mercado americano, berço do desenvolvimento da moderna teoria financeira, a partir dos anos 1950, com os trabalhos pioneiros de Harry Markowitz e William Sharpe, ambos ganhadores do Prêmio Nobel de Economia em 1990. Nada mais natural, portanto, que este capítulo tenha sido desenvolvido com base nos mecanismos e instituições encontrados no mercado americano que, de alguma forma, esperamos ver reproduzidos em nosso país, o que tornará o mercado financeiro existente mais completo, eficiente e competitivo internacionalmente.

Este capítulo examina as principais características dos títulos de longo prazo que, por se tratar de títulos com maturidade alongada, são inerentemente mais arriscados, pois lidam com um conjunto de incertezas que se estende ao longo de sua vida: taxas de juros, desempenho da empresa, medidas governamentais de natureza econômica e interação do mercado internacional, entre outras, ou seja, riscos de mercado, de liquidez, de crédito e outros. Lidando com maior incerteza, os instrumentos para reduzi-la tornam-se mais sofisticados. De uma maneira prática, procuramos mostrar as características dos principais títulos, como calcular seus rendimentos em decorrência do risco apresentado, e a forma de negociação nos mercados primário, secundário e internacional. Apresentamos as principais inovações ocorridas no mercado e, no apêndice, desenvolvemos um modelo completo para cálculo de um título conversível.

11.2 O que são títulos de longo prazo

Títulos de longo prazo podem ser emitidos tanto por órgãos governamentais quanto por empresas. Os títulos emitidos pelo Tesouro Nacional, sob a égide do Banco Central, como visto no Capítulo 9, além de captar recursos para financiar as despesas governamentais, têm um papel fundamental na economia, o de servir de referencial para a fixação das taxas de juros básicas, também conhecidas como taxas livres de risco.

Títulos de longo prazo, ou obrigações, quando emitidos por empresas, também prometem pagar juros, mais o principal, em um determinado período. No entanto, as formas que podem assumir são as mais variadas, podendo ser vendidos com desconto, com garantias específicas (próprias ou de terceiros), ou apenas com o aval (confiança) da empresa emissora. Os juros podem ser pagos parcelados ou na maturidade (zero cupom) e, geralmente, são indexados a um fator de atualização das taxas. A amortização do principal costuma ocorrer no vencimento do título, juntamente com o pagamento da última parcela de juros.

11.3 Características das debêntures ou obrigações

Atualmente, no mercado brasileiro, o único título de longo prazo comercializado é o de debêntures que, devido a sua exclusividade, têm sido confundido com o próprio conceito geral de títulos de longo prazo, que é bem mais amplo, abrangendo papéis com diferentes características, como títulos governamentais (federais, estaduais e municipais), obrigações hipotecárias, obrigações de empresas (renda, participação, garantidas, conversíveis etc.), *warrants*, *consols* etc.

No caso das debêntures no Brasil, o processo geral de oferta pública é semelhante ao utilizado no lançamento de ações, condicionado ao registro na Comissão de Valores Mobiliários (CVM). A exceção fica por conta das emissões feitas com colocação direta – fundos de pensão, seguradoras etc. –, quando o registro na CVM pode ser dispensado.

Uma debênture é um instrumento pelo qual o emissor (tomador dos recursos) promete pagar ao credor (investidor, obrigacionista, debenturista) a quantidade emprestada, mais juros sobre algum período de tempo especificado. O prazo de maturidade de uma debênture é o número de anos durante os quais o emissor promete cumprir as condições da obrigação. A maturidade de uma debênture se refere ao dia em que o empréstimo cessará, e ao dia em que o emissor redimirá a debênture pelo pagamento do montante devido. A prática no mercado de debêntures, entretanto, é referir-se ao prazo de maturidade (*term to maturity*) de um título, simplesmente, como maturidade (*maturity*) ou vencimento (*term*).

O valor principal, ou simplesmente, principal, de uma debênture é o valor que o emissor concorda em pagar ao debenturista na data do resgate. Esse valor é também conhecido como valor ao par, valor na maturidade ou valor de face.

O valor anual do pagamento de juros feito aos credores, durante a vida da debênture, é chamado cupom. A taxa de cupom é a taxa de juros que o emissor concorda em pagar a cada ano. A taxa do cupom, quando multiplicada pelo principal da debênture, fornece a quantidade em dinheiro do cupom.

Exemplo 11.1

Uma debênture com uma taxa de cupom de 8% a.a. e um principal de $ 1.000,00 pagará juros anuais de $ 80,00.

Nos Estados Unidos, no Japão e no Brasil, a prática usual é pagar o cupom em duas parcelas iguais e semestrais. Já as debêntures emitidas na maioria dos mercados de debêntures da Europa e no mercado de *eurobonds* fazem o pagamento dos cupons uma vez por ano.

Quadro 11.1 | Características de uma emissão de debêntures

Empresa	Cemig	CMDT13 – Cemig Distribuição SA
Valor	R$ 418.817.000	Obrigação no valor de R$ 418.817.000
Quantidade	410.817	410.817 de debêntures de R$ 1.000 cada
Valor de face	R$ 1.000	Cada debênture pagará esse valor no vencimento
Remuneração (juros)	100% do CDI + *Spread* de 0,69% a.a.	Remuneração para as debêntures de primeira série

Prêmio	–	Não prevê o pagamento de prêmio
Atualização monetária	IPCA	Atualização do valor pelo IPCA
Data de emissão	15/2/2013	Prazo inicial para cômputo dos prazos
Data de vencimento	15/2/2018	Data de vencimento da primeira série de debêntures
Agente fiduciário	GDC Partners Serviços Fiduciários Distribuidora	Assegura o cumprimento das cláusulas contratuais por parte do emitente
Registro	Escritural	Banco Bradesco SA
Conversibilidade	Não conversíveis	Não conversíveis em ações
Espécie	Quirografária	Não oferece nenhum privilégio ao acionista, que concorre com os demais credores da companhia
Destinação de recursos	Resgate antecipado de notas promissórias e investimento na melhora da distribuição de energia Emissora	Alterando o perfil da dívida e investindo na operação da empresa
Garantia	Garantia fidejussória	Fiança pelo agente fiduciário
Amortizações programadas	Para a Primeira Série, será pago em uma única parcela na data de vencimento	Para a Segunda Série ocorrerão 3 pagamentos, de respectivamente 33%, 33% e 34%
Resgate antecipado	Aviso com antecedência de 15 dias para resgate antecipado obrigatório	Não haverá resgate antecipado facultativo

A respeito das debêntures é importante conhecer:

- **Forma e tipo**: as debêntures podem ser nominativas, escriturais e conversíveis em ações ou não.
    - **Nominativas**: são aquelas cujo controle e registro de transferências são efetuados pela própria empresa.
    - **Escriturais**: são aquelas cujo controle e registro de transferências ficam a cargo da Comissão de Valores Mobiliários (CVM).
    - **Conversíveis**: são aquelas que, em sua data de vencimento, pode ser convertida em ações da empresa.
- **Espécie**: geralmente são subordinadas, isto é, têm prioridade de recebimento apenas sobre os acionistas.
- **Remuneração**: reflete o pagamento pelo empréstimo do dinheiro, ou seja, os juros.
- **Cupom**: geralmente semianual, corresponde ao pagamento dos juros especificados – atualmente seu registro é na forma escritural.
- **Prêmio**: geralmente uma condição que as torna competitivas com as taxas de mercado – visam reduzir a incerteza com relação às taxas futuras.

- **Garantias**: poderão ter garantias próprias ou de terceiros.
- **Cláusulas especiais**: geralmente contêm cláusulas de aquisição facultativa, resgate antecipado facultativo, amortizações, atualização monetária, publicidade etc.
- **Rating:** é definido por empresas especializadas e implica determinar a probabilidade de falência (*default*) da empresa e, consequentemente, o valor do título (será objeto de discussão específica mais adiante).
- **Cláusulas protetoras**: fazem parte do contrato de empréstimo e limitam determinadas ações do tomador de recursos. Podem ser classificadas como cláusulas negativas e positivas. As negativas limitam ou proíbem ações da empresa. Por exemplo: limitam o montante de dividendos que podem ser pagos; impedem comprometimento de ativos com outras dívidas; proíbem fusões; proíbem venda de ativos sem aprovação prévia do credor etc. As positivas podem ser do tipo: manutenção de um nível predeterminado de capital de giro; fornecimento periódico de demonstrações financeiras etc.
- **Cláusula de resgate antecipado**: essa cláusula é muito importante para o tomador de recursos, pois representa proteção contra uma possível situação desfavorável em relação às taxas de juros vigentes. Por exemplo, se os recursos são tomados a uma taxa de 12% a.a., e posteriormente as taxas caem para 8% a.a., esta cláusula permite ao tomador resgatar os títulos emitidos a 12%, e emitir novos, a taxas mais favoráveis de 8%. Pela implicação econômica dessa cláusula, pode-se concluir que ela tem valor e esse valor pode ser refletido no preço de lançamento da debênture. Devido a sua importância, essa cláusula será objeto de estudo específico mais adiante.

Recentemente, foram implementadas importantes mudanças no mercado de debêntures. Em novembro de 2003, a CVM instituiu a prática do *book building* no mercado de debêntures, assim como as práticas comuns nos mercados internacionais, como o registro de prateleira, o *green shoe* e a possibilidade de aumentar a oferta em 20%.

Em fevereiro de 2004, a CVM instituiu as debêntures uniformes, títulos que possuem escrituras com cláusulas uniformes e que devem ser negociados em ambientes especiais, com formadores de mercado, para que deem liquidez ao título.

11.4 Rendimento de uma obrigação

O rendimento de uma obrigação deve refletir o rendimento da taxa do cupom, mais qualquer ganho ou perda de capital, que será realizado por se manter um título até o vencimento.

Por exemplo, se uma debênture de cinco anos, com uma taxa de cupom de 6,0% a.a. e um valor ao par de $ 1.000,00 é vendida por $ 977,44, o rendimento deveria refletir os juros do cupom de $ 60,00 (6,0% de $ 1.000,00) a cada ano, mais o ganho de capital de $ 22,56 ($ 1.000,00 menos $ 977,44), quando o título é resgatado no vencimento.

Além disso, o rendimento da debênture deve refletir o valor do dinheiro no tempo, considerando o prazo dos vários pagamentos associados com a debênture.

Figura 11.1 | Fluxo de caixa de uma obrigação

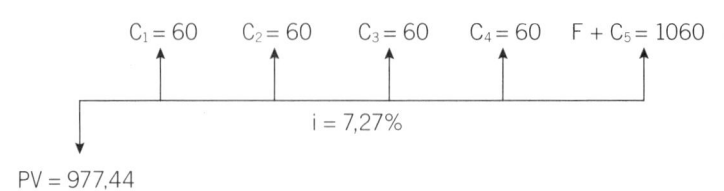

$C_1 = 60 \quad C_2 = 60 \quad C_3 = 60 \quad C_4 = 60 \quad F + C_5 = 1060$

$i = 7,27\%$

$PV = 977,44$

O valor de *i* corresponde à taxa interna de retorno (TIR), ou seja, a taxa que iguala o fluxo inicial de saída aos vários fluxos de entrada.

O rendimento até o vencimento[1], expresso pela TIR, é uma medida formal e completamente aceita da taxa de retorno de uma obrigação. O rendimento até a maturidade é definido como a taxa de juros que torna o valor presente dos fluxos de caixa de uma obrigação igual a seu preço de mercado.

$$PV = \frac{F}{(1+i)^n} + \sum_{t=1}^{n} \frac{C}{(1+i)^t}$$

Sendo:

PV = valor presente de um título

n = prazo para a maturidade

C = valor do cupom

F = valor de face do título

i = taxa de retorno exigida

Exemplo 11.2

Suponha uma debênture de cinco anos, que paga juros anualmente, tem um valor ao par de $ 1.000,00, uma taxa de cupom de 8,0% a.a., e está sendo vendida no mercado por $ 961,10. A Tabela 11.2 mostra valores das várias taxas de juros.

Figura 11.2 | Fluxo de caixa

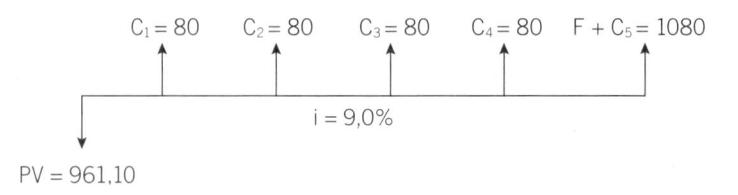

$C_1 = 80 \quad C_2 = 80 \quad C_3 = 80 \quad C_4 = 80 \quad F + C_5 = 1080$

$i = 9,0\%$

$PV = 961,10$

---

[1] Costuma-se designar rendimento até o vencimento por *yield to maturity* (YTM). A TIR será igual ao YTM se o detentor do título permanecer com ele até o vencimento.

Tabela 11.1 | Rendimento de uma debênture de $ 1.000,00, com pagamento anual, prazo de cinco anos, taxa de cupom 8,0% a.a. e preço de mercado $ 961,10

TIR	Valor presente líquido
1%	R$ 1.339,74
2%	R$ 1.282,81
3%	R$ 1.228,99
4%	R$ 1.178,07
5%	R$ 1.129,88
6%	R$ 1.084,25
7%	R$ 1.041,00
8%	R$ 1.000,00
9%	R$ 961,10
10%	R$ 924,18
11%	R$ 889,12
12%	R$ 855,81
13%	R$ 824,14
14%	R$ 794,02
15%	R$ 765,35

Há alguns pontos interessantes a observar na Tabela 11.1:

- se o preço de mercado é igual ao valor ao par, então o rendimento, até o vencimento, é igual à taxa do cupom;
- se o preço de mercado é menor que o valor ao par, então o rendimento é maior que a taxa do cupom;
- se o preço de mercado é superior ao valor ao par, então o rendimento é menor que a taxa do cupom.

Para pagar rendimentos semestrais, a convenção adotada no mercado de obrigações é pagar a taxa proporcional, isto é, dividir a taxa anual por dois; isso implica também em ajustar o prazo e o cupom para valores semestrais.

Vejamos o mesmo exemplo anterior, ajustado para pagamento de taxa semestral: suponha uma debênture de cinco anos, que paga juros semestralmente, tem valor ao par de $ 1.000,00, uma taxa de cupom de 8,0% a.a. (4,0% a.s.), e está sendo vendida no mercado por $ 959,45.

$$959,45 = \frac{1.000,00}{(1+i)^{10}} + \sum_{t=1}^{10} \frac{40,00}{(1+i)^t}$$

i = 4,5% a.s. ou 9% a.a.

Tabela 11.2 | Rendimento anual de uma debênture de $ 1.000,00, com pagamento semestral, prazo de cinco anos, taxa de cupom 10% a.a.

TIR	VPL
1%	1.834,49
2%	1.705,86
3%	1.588,94
4%	1.482,51
5%	1.385,50
6%	1.296,96
7%	1.216,05
8%	1.142,00
9%	1.074,16
10%	1.011,92
11%	954,74
12%	902,16
13%	853,73
14%	809,08
15%	767,86

A Tabela 11.2, à semelhança da anterior, mostra os valores ajustados para várias taxas de juros. Percebe-se uma pequena variação para maior nos valores correspondentes às taxas abaixo do valor ao par (10,0% a.a.), e uma variação para menor, nos valores correspondentes às taxas apresentadas na tabela, do valor ao par. Essas variações se devem à forma de capitalização semestral.

A diferença entre o rendimento de dois títulos emitidos é chamada *spread* de rendimento ou, simplesmente, *spread*. O *spread* no mercado americano é tipicamente medido em pontos, equivalendo um ponto-base a 0,01%. Por exemplo, se o *yield* da debênture da Artis REIT é 4,92%, e o *yield* da debênture da Student Transportation Inc. é 6,65%, o *spread* de rendimento é 173 pontos base.

11.5 A taxa de juros básica

Os títulos emitidos pelo Departamento do Tesouro dos Estados Unidos são popularmente conhecidos como letras do tesouro (*treasury securities* ou simplesmente *treasury*) e são lastreadas por toda a fé e confiança que se possa depositar no governo dos Estados Unidos. Consequentemente, os participantes do mercado em todo o mundo as reconhecem como isentas de risco de crédito. As taxas de juros das letras do tesouro, além disso, representam o *benchmark* das taxas de juros de toda a economia americana, assim como dos mercados internacionais de capitais. O fato de o tesouro dos Estados Unidos ser individualmente o maior emissor de débito no mundo, e também o maior devedor de uma única espécie emitida, contribui para tornar o mercado das *treasury* o mais ativo e, por isso, o mais líquido mercado no mundo.

Há duas categorias de *US treasury*: letras descontadas e cupons. A diferença fundamental entre os dois tipos reside na forma do fluxo de pagamentos que o portador recebe, o que, por seu turno, reflete-se nos preços pelos quais os títulos são emitidos.

Títulos com cupom pagam juros a cada seis meses, mais o principal, no vencimento. Títulos descontados pagam somente um montante fixo contratado na maturidade. Os títulos do tesouro são emitidos tipicamente como em um leilão, de acordo com ciclos regulares, para títulos de maturidade específicos.

A prática corrente do tesouro é emitir todos os títulos com maturidade de um ano ou menos como títulos descontados. Esses títulos são chamados *treasury bills*. Todos os títulos com maturidade de dois anos ou mais são emitidos com pagamento de cupons; são os chamados *treasury coupon securities*.

Os leilões mais recentes para emissões de *treasury* de cada maturidade são referidos como rendimentos correntes. A Tabela 11.3 mostra os preços correntes das *US treasury*, no fechamento dos negócios de 2 de maio de 2013.

Tabela 11.3 | Rendimento corrente de uma letra do tesouro (*US treasury*) em 2 de maio de 2013

Vencimento	Yield (%)
1 mês	0,02
3 meses	0,05
6 meses	0,08
1 ano	0,11
2 anos	0,20
3 anos	0,30
5 anos	0,65
7 anos	1,07
10 anos	1,66
20 anos	2,44
30 anos	2,82

Fonte: US Department of the Treasury.

A grande importância dos títulos governamentais é que eles indicam o piso das taxas de juros, por se tratar de títulos de mínimo risco. O governo também se preocupa com a atualização das expectativas em relação ao comportamento da economia e com a estrutura temporal das taxas; em consequência, os títulos são leiloados semanalmente e com diferentes prazos de vencimentos.

Anteriormente, a não existência desses indicadores de longo prazo na economia brasileira fazia com que essa lacuna fosse suprida por outros meios, tendo como referencial diversos conceitos financeiros que iam desde previsões, com métodos mais ou menos sofisticados, até a importação de expectativas de taxas dos mercados financeiros internacionais.

Atualmente, a existência de títulos indexados a inflação, com vencimentos de longo prazo e prefixados, contribuem para a adoção de indicadores próprios da nossa economia, como pode ser visto na Tabela 11.4 a seguir:

Tabela 11.4 | Características gerais dos títulos públicos federais

Título	Índice	Cupom de juros	Vencimento mais longo	Tipo	Valor de face no vencimento
LTN (Letra do Tesouro Nacional)	–	–	Aprox. 24 meses	Prefixado	R$ 1.000,00
NTN–F (Nota do Tesouro Nacional – Série F)	–	10% a.a. pago semestralmente	Aprox. 10 anos	Prefixado	R$ 1.000,00
NTN–B (Nota do Tesouro Nacional – Série B)	IPCA – Índice de Preços Fonte: IBGE	6% a.a. pago semestralmente	Aprox. 40 anos	Indexado à inflação	–
NTN–C (Nota do Tesouro Nacional – Série C)	IGP-M – Índice de Preços Fonte: FGV	6% a.a. pago semestralmente	Aprox. 25 anos		
LFT (Letra Financeira do Tesouro)	Selic – Taxa de Juros Fonte: Banco Central	–	Aprox. 5 anos	Flutuante	–

Fonte: Elaborado com base em dados da Secretaria do Tesouro Nacional.

A taxa mínima de juros, ou taxa básica de juros, que investidores aceitarão para investir em um título que não seja do tesouro é a renda oferecida de uma maturidade comparável, para um título corrente do tesouro. Por exemplo: se um investidor desejasse comprar uma debênture de dez anos, em 2 de maio de 2013, o rendimento mínimo que aceitaria seria de 1,66% a.a., o rendimento equivalente de uma letra do tesouro, conforme relacionado na Tabela 11.3.

Como abordado no capítulo anterior, intuitivamente, podemos pensar que a remuneração de qualquer título é definida como a taxa paga pelo *treasury* de mesmo prazo de vencimento, mais um *spread* que é diretamente relacionado com o risco que esse título oferece. Matematicamente, podemos dizer:

$$r^t = r^{tr} + s$$

Em que:

r^t = rendimento de um título qualquer

r^{tr} = rendimento de um *treasury* de mesmo vencimento do título

s = *spread* diretamente associado ao risco do título

11.5.1 Os títulos zero cupom

Uma obrigação do tesouro, *treasury note* ou *bond*, que não possua cláusula de recompra, pode ser vista como um portfólio composto somente de títulos descontados ou de forma equivalente a um portfólio de títulos zero cupom (*zero coupon bonds*). Cada pagamento de cupom, assim como o principal, pode ser visto como uma obrigação em si, e o investidor que detenha uma carteira de títulos pode ser considerado como possuidor de uma quantidade de títulos puros, descontados. Esse conceito é muito importante, pois é a base de um mecanismo de proteção (*hedge*) chamado imunização, analisado no Capítulo 10.

11.5.2 *Coupon stripping*

Usando o conceito dos títulos zero cupom, que considera cada pagamento de cupom e o principal como uma obrigação em si, em 1982, algumas empresas especializadas começaram a isolar esses componentes, em um processo chamado separação de cupons (*coupon stripping*).

Utilizando esse processo, *treasury bonds* de uma determinada emissão são comprados e colocados, por exemplo, em custódia em um banco. Conjuntos de *recibos* são então emitidos, um para cada data de cupom. Por exemplo, um *recibo* para 5 de fevereiro de 2013 pode assegurar a seu proprietário o recebimento de $ 1.000,00, naquela data, e nada mais em qualquer outra. O montante necessário para efetuar o pagamento total, em 5 de fevereiro de 2013, será exatamente igual ao montante recebido pelo investimento na *treasury* até aquela data, pela empresa custodiante (*trustee*).

As empresas custodiantes, dessa forma, passaram a oferecer um leque de opções de títulos zero cupom para seus clientes, mediante a cobrança de uma taxa pelos serviços de divisão e custódia. Esse tipo de serviço, que proporciona a disponibilidade de papéis com diversos valores e vencimentos, torna-se extremamente necessário para a chamada imunização de títulos, que objetiva, em última análise, uma operação de proteção contra uma possível variação das taxas de juros.

Em 1985, notando a reação favorável do mercado aos chamados *Strips*, o governo americano lançou um programa federal de custódia chamado *Separate Trading of Registered Interest and Principal Securities* (STRIPS). Esse programa permite aos compradores de determinada *treasury* manter os pagamentos que lhes interessam e vender os restantes. Considerando as vantagens do Federal Reserve System, pelo qual todos os pagamentos são feitos eletronicamente e com o máximo de segurança, virtualmente, todas as negociações são, agora, efetuadas por meio do programa STRIPS.

Os títulos, quando vendidos na forma de STRIPS, passam a valer mais que seu valor original, rendendo uma taxa para as empresas que prestam esse tipo de serviço. Por exemplo, o *treasury bond*, com vencimento em 2023, que era vendido em 2 de maio de 2013 com uma taxa de rendimento de 1,75% a.a, quando vendido como zero cupom, na forma *stripped*, reduzia seu rendimento para 1,67% a.a. Isso ocorre devido à diferença das taxas de desconto do título original e dos STRIPS, cuja maturidade é variável.

Exemplo 11.3

Considere um título de $ 1.000,00, emitido em 2013, com vencimento para 2016, que paga uma taxa anual de 0,4% a.a., e foi vendido pelo valor ao par. Os STRIPS serão descontados à taxa dos títulos públicos constantes da Tabela 11.5.

Tabela 11.5 | Rendimento de um título *stripped*

Maturidade	Fluxo de caixa	PV à taxa de 0,4% a.a.	Rendimento para maturidade	PV à taxa de rendimento
1,00	4,00	3,98	0,11%	4,00
2,00	4,00	3,97	0,20%	3,98
3,00	1004,00	992,05	0,30%	995,02
Total		1000,00		1003,00

Pelo resultado da Tabela 11.5, verifica-se que um título de três anos, vendido pelo valor ao par de $ 1.000,00, cujo rendimento original era de 0,4% a.a., quando vendido sob a forma de STRIPS ou como um conjunto de zeros, aumenta seu valor em $ 3,00 ou 0,3%, em consequência de uma operação de arbitragem do *dealer*. Se considerássemos o rendimento do título *stripped*, este seria de 0,3% a.a.

11.6 Comercialização de títulos (mercados primário e secundário)

11.6.1 *US treasury bills*

Apesar de serem títulos de curto prazo, as *treasury bills* se relacionam com os títulos de longo prazo, devido à sua importância na formação da estrutura temporal das taxas de juros.

As *treasury bills* são emitidas como títulos descontados, com prazo de maturidade de até 52 semanas, e com valor de face múltiplo de U$ 100,00. Todas são emitidas na forma escritural, na qual o comprador recebe um comprovante da época da compra e o valor na maturidade. Os leilões das *treasury bills* que vencem em 4, 13 ou 26 semanas são realizados semanalmente, enquanto os leilões das que vencem em 52 semanas são realizados a cada quatro semanas. Na base competitiva, cada interessado oferta o preço que está disposto a pagar, o qual pode ser convertido em uma taxa de juros que seria ganha, caso a oferta seja aceita. Por exemplo, um investidor pode fazer uma oferta para uma determinada quantidade de títulos de 13 semanas, a um preço de $ 98.512. Se a oferta for aceita, o investidor pagará $ 9.851,20, por um valor de face de $ 10.000,00, significando que um investimento de $ 9.851,20 gerará uma receita de $ 10.000,00, se mantido até a maturidade, ou seja, 13 semanas adiante.

Com uma oferta na base não competitiva, o investidor concorda em pagar o preço médio de todas as ofertas que serão aceitas pelo tesouro. Toda quinta-feira, o *Wall Street Journal* publica os resultados dos leilões ocorridos no dia anterior. Os *dealers* desses títulos mantêm um ativo mercado secundário que é noticiado diariamente pela imprensa. O Quadro 11.2 a seguir mostra uma cotação do pregão de 5 de maio de 2013, exibido pelo site do Treasury Direct.

Quadro 11.2 | Cotação do pregão de 5 de maio de 2013

Data	Compra	Venda	Variação	Rendimento
24/10/2013	0,85	0,86	-0,01	0,01%

A cotação indica que uma *treasury bill* com vencimento para 24 de outubro de 2013 (171 dias de maturidade) estava sendo cotada em uma base de compra a 0,85% a.a., significando que estava sendo negociada com um desconto de 0,40, isto é, o *dealer* estava comprando por 99,60% (99,60 = 100 − 0,40) do valor de face, ou seja, pagava $ 9.960,00 por cada título de $ 10.000,00. Calculando da mesma forma, com a taxa de 0,86% a.a., o *dealer* está vendendo o mesmo título por $ 9.959,00. A diferença entre o preço de venda e compra, $ 1,00 (9.960,00 − 9,959,00), é a taxa cobrada pelo *dealer* por sua atividade no mercado.

O rendimento até a maturidade de 0,01% a.a. é calculado com base no resultado do título pelo preço de venda, transposto para uma taxa anual: 0,41 ÷ 9959,00 = 0,00004

$$[0,01 = 0,004(360 \div 171)]$$

11.6.2 *US treasury notes*

As *treasury notes*, ou simplesmente *notes*, têm prazo de maturidade de dois a dez anos e são os títulos mais líquidos do mundo porque, além de serem emitidos pelo maior devedor individual – o governo dos Estados Unidos –, também são os títulos emitidos em maior volume, tendo alcançado a astronômica cifra de U$ 7,5 trilhões, no final de abril de 2013.

Atualmente, as *notes* são todas escriturais, emitidas com cupons semianuais, cujo valor corresponde a sua colocação inicial, próxima do valor ao par. Os títulos são negociados em valores múltiplos de U$ 100,00, obedecem também à restrição de compra de U$ 5 milhões por pessoa, por leilão, e sua colocação é feita por meio de leilões com ofertas competitivas ou não, semelhantes às dos leilões das *treasury bills*.

As *treasury notes* são comercializadas em um ativo mercado secundário com a intermediação de *dealers* especializados nesses papéis. O Quadro 11.3 a seguir mostra a cotação de 16 de abril de 2013.

Quadro 11.3 | Cotação do pregão de 16 de abril de 2013

Taxa	Vencimento	Compra	Venda	Variação	Rendimento
0,064	Jul/2013	100,06	100,07	0,01%	8,5%

A cotação indica que uma *note* (*p*), com vencimento para julho de 2013, possui uma taxa de cupom de 6,4%, e poderá ser comprada por um *dealer*, por 100,6% do valor ao par ($ 1.000,00), que é equivalente a $ 1.006,00. Alternativamente, ele poderia ser vendido pelo mesmo *dealer* por 100,07% do valor ao par, o que é equivalente a $ 1.007,00; consequentemente, o *spread* do *dealer*, será igual a $ 1,00 (1.007,00 − 1.006,00). A variação, em relação a negociação do dia anterior, foi positiva de 0,01%. O rendimento efetivo até a maturidade, baseado no preço de venda (*ask*) de $ 1.007,00, com um cupom semestral de $ 32,00, é de aproximadamente 6,92% ao ano:

$$1.007,00 = \frac{1.032,00}{(1+i)^{0,3}}$$

$$i = 0,085\% = 8,5\%$$

Na prática, a situação é um pouco mais complicada porque se deve considerar a fração de dias. Por exemplo, se o vencimento do próximo cupom é em 31 de maio, já decorreram 116 dias, faltando ainda 66 para o recebimento do cupom. Então, uma parcela correspondente a 0,6373 [= 116 ÷ (116 + 66)] do cupom semestral deve ser acrescida ao valor da compra ou venda do título: 0,6373 × 32,00 = $ 20,39. O valor final da *treasury note* será $ 1.026,36 (= 1.006,00 + 20,39) para venda e de $ 1.027,36 (= 1.007+20,39) para compra. Esse procedimento é adotado para ambos, títulos do governo e corporativos.

11.6.3 **US treasury bonds**

Os *treasury bonds* têm prazo de maturidade acima de 30 anos, pagam cupom de juros semestralmente e seu preço e taxa são definidos em leilões, da mesma forma como os títulos tratados anteriormente. Até final de 2009 existiam os *call bonds*, títulos que poderiam ter o pagamento de seus cupons de juros suspensos (*called*) pelo governo norte-americano. Seu valor varia acima de $ 1.000,00 e, atualmente, são de forma escritural. Sua negociação é feita por *dealers*, com preços de compra e venda, à semelhança das *treasury notes*.

11.6.4 **US savings bonds**

Os *savings bonds* são títulos não negociáveis, oferecidos para pessoas físicas ou organizações selecionadas. Atualmente, o teto por pessoa física, por ano, é de $ 10.000,00 e um piso de $ 25,00. Seus prazos têm variado de 18 a 30 anos. Há duas séries disponíveis: os *EE bonds*, que a partir de 2005 pagam uma taxa de juros fixa durante toda a vida do título (antes de 2005 era praticado uma taxa variável); e os *I bonds* recebem uma remuneração composta por uma taxa prefixada no momento da compra, mais uma taxa corretiva da inflação. Ambos os títulos podem ser comercializados somente após 12 meses da compra.

Os termos dos *saving bonds* têm sido revisados periodicamente e seus rendimentos, algumas vezes, têm sido inferiores aos de outros instrumentos semelhantes. Por isso, o tesouro vende os *savings bonds* apelando mais para o patriotismo que para o desejo de altos retornos.

11.6.5 Comercialização de títulos corporativos

Apesar de a maioria das negociações com obrigações de corporações ocorrer pela intermediação direta de *dealers*, de forma extramercado, muitos títulos corporativos são listados na New York Stock Exchange (NYSE). As negociações na NYSE ocorrem em local próprio, separado das negociações de ações, chamado *bond room*, onde os interessados oferecem suas cotações de compra ou venda. Isso estimula os outros interessados a fazer suas contraofertas ou aceitar os preços propostos.

Títulos inativos listados na NYSE são negociados por um sistema computadorizado chamado Automated Bond System (ABS). Nesse sistema, os interessados entram com seus preços e quantidades a negociar nos terminais de computador existentes no *bond room*, e nos mesmos terminais recebem as propostas de fechamento de negócios.

Devido às negociações serem administradas pela NYSE, os preços podem ser divulgados pela imprensa especializada. O Quadro 11.4 a seguir mostra uma cotação do dia 8 de maio de 2013, no *New York Times*, de 9 de maio de 2013.

Quadro 11.4 | Cotação do pregão no dia 8 de maio de 2013

Obrigações	Rendimento corrente	Cupom	Fechamento	Variação
Goldman Sachs Cap	0,06	6,35% a.a.	106,75	-0,20%

Os registros indicam que a obrigação do Goldman Sachs possui um cupom de 6,35% a.a., maturando em fevereiro de 2034. A última transação do dia foi a 106,75. O rendimento corrente, calculado como o valor do cupom dividido pelo último valor de venda, é de aproximadamente 6,0% a.a. Dados do segundo semestre de 2012 divulgados pelo Federal Reserve dão conta que o total de títulos disponíveis no mercado, por emissão de corporações (inclusive estrangeiras), alcançou cerca de $ 5 trilhões, dos quais apenas $ 750 bilhões (15%) estavam disponíveis para negociação na NYSE. Isso significa que a maioria das transações é realizada geralmente por *dealers* ou investidores institucionais, diretamente, ou por meio de corretores (*brokers*), o que pode tornar a NYSE um fraco indicador para transações de grande porte.

11.6.6 *Eurobonds*

Os *eurobonds* são obrigações transacionadas globalmente no mercado de capitais, possuindo algumas características peculiares: (1) a operação de lançamento (*underwriting*) é feita por um sindicato internacional; (2) na emissão, eles são oferecidos simultaneamente para investidores de diversos países; (3) são emitidos fora da jurisdição de qualquer país específico; (4) eles são do tipo não registrado em bolsa; apesar de os *eurobonds* serem listados em alguma bolsa de mercadorias – as mais comuns são Luxemburgo, Londres ou Zurique – para atender a exigências legais de investidores, o grosso das transações ocorre extrabolsa (*over the counter*, OTC).

Tomadores no mercado de *eurobonds* incluem corporações não financeiras, bancos, governos soberanos, estados, municípios, cidades e entidades supranacionais como o Banco Mundial. Em 2012, aproximadamente U$ 1 bilhão foi emitido no mercado de *eurobonds*.

O termo *eurobond* é livremente aplicado às obrigações que são oferecidas fora do país do tomador ou emissor, e fora do país em cuja moeda os títulos são valorizados. Assim, um título emitido por uma corporação americana, que é valorizado em ienes japoneses (ou dólares americanos) e vendido na Alemanha, poderia ser referido como um *eurobond*.

Obrigações estrangeiras, emitidas em dólares nos Estados Unidos, são conhecidas como *yankee bonds*. Títulos estrangeiros, emitidos em ienes no Japão, são conhecidos como *samurai bonds*. Temos ainda os *bulldog bonds* na Grã-Bretanha, os *rembrandt bonds* na Holanda etc. A Tabela 11.6 a seguir mostra alguns *yankee bonds* brasileiros.

Tabela 11.6 | Preços de *eurobonds* brasileiros

Emissor	Cupom (%)	Vencimento	Emissão (milhões U$)	*Issue price* (%)	Rendimento (%)	*Spread* (bps)	Líder
Global 21	4,875	22/1/2021	750	98,97	2,23	104,2	Citi e JPM
Petrobras	4,375	20/5/2023	3500	98,82	4,52	256	BB, BofA, Itaú BBA, MS, HSBC, Citi e JPM
Vale	4,375	1/1/2022	1.000	101,34	4,205	200	Barclays, Citi e Deutsche

Fonte: elaborado com base em dados do Bloomberg.

Os registros indicam que a Vale emitiu U$ 1 bilhão em *eurobonds*. Paga uma taxa de cupom de 4,375% com prazo de vencimento em 1 de janeiro de 2022. Os títulos são ofertados por 101,34% do valor ao par ($ 1.000,00) e garantem um rendimento de 4,205%. Esses títulos apresentam um *spread* de 2,00% sobre um título governamental com características semelhantes. Os bancos líderes da emissão são o Barclays, Citi e Deutsche.

Interessante notar que a obrigação do governo brasileiro está pagando um *spread* de 104,2 bps acima das *treasury* equivalentes, enquanto que o título da Petrobras paga um *spread* de 256 bps. Como o mercado de *eurobonds* não é nem regulamentado nem taxado, ele oferece vantagens substanciais para muitos emissores e compradores de títulos. Por exemplo, uma subsidiária estrangeira de uma corporação americana pode emitir um *eurobond* ao portador. Nenhum imposto será retido pela corporação, e o imposto (se incidir algum) pago pelo comprador dependerá de seu país de residência. Por questões de impostos, as taxas de juros dos *eurobonds* tendem a ser um pouco mais baixas que as dos títulos domésticos emitidos na mesma moeda.

11.6.7 *Foreign bonds*

O mercado de obrigações estrangeiras (*foreign*) refere-se a títulos emitidos e valorizados em moeda diferente a do país onde o emissor é sediado. Por exemplo, um título australiano comercializado em dólar com vencimento em 15 anos paga uma rentabilidade de 3,57% ao ano. Ao emitir títulos no estrangeiro, o emissor deve acatar as regras e os regulamentos do país em que os títulos foram emitidos. Uma das principais vantagens de emitir um título estrangeiro é permitir ao investidor diversificar seu risco, sem correr também o risco cambial. Por exemplo, se a Petrobras emitir um título nos Estados Unidos, em dólares, o investidor pode correr o risco Petrobras, sem ficar sujeito ao risco cambial do real-dólar.

11.7 O prêmio por risco

Os participantes do mercado falam das taxas de juros dos títulos não pertencentes ao tesouro dando ênfase a um *spread*, para um determinado título corrente do tesouro.

Por exemplo, se um título corporativo de dez anos oferece um rendimento de 3,63% e o rendimento do título equivalente do tesouro é de 2,63%, o *spread* é de 100 pontos-base. Esse *spread* reflete o risco adicional de que o investidor aceita um título que não é emitido pelo governo e também pode ser chamado de prêmio pelo risco. Dessa forma, podemos expressar a taxa de juros oferecida em um título não emitido pelo Tesouro como:

Taxa básica de juros + *spread*

Ou:

Taxa básica de juros + prêmio pelo risco

Os fatores que afetam o *spread* incluem: (1) a espécie de emissor; (2) a credibilidade percebida do emissor; (3) o prazo ou maturidade do investimento; (4) cláusulas que deem opções ao emissor ou ao investidor de fazer alguma coisa; (5) os impostos sobre os juros recebidos pelos investidores; e (6) a expectativa de liquidez do emissor.

11.7.1 Tipos de emissão

Um aspecto importante das obrigações de débito é a natureza do emissor. Além do governo central, há agências do governo, governos municipais, empresas (nacionais e estrangeiras) e governos estrangeiros que emitem títulos.

O mercado de obrigações é classificado por tipo de emissor e por grupos de títulos securitizados de várias espécies de emissores, que normalmente são mencionados como setores de mercado. O *spread* entre taxas de juros oferecidas em dois setores do mercado de debêntures, sobre obrigações com o mesmo prazo de vencimento, é indicado como um *spread* de setor intermercado e representa a posição relativa do setor na economia como um todo.

Excluindo o setor de *Treasury securities*, os outros setores de mercado incluem um grande número de emissores, cada um com diferente capacidade para satisfazer suas obrigações contratuais. Por exemplo, dentro do setor de mercado de corporações, os emissores são classificados da seguinte forma: utilidades, transportes, industrial e bancos e empresas financeiras. O *spread* entre dois emissores dentro de um setor de mercado é chamado de *spread* de setor intramercado.

Por exemplo: se para a semana de 27 de março de 2013 o rendimento das obrigações de cinco anos das empresas do setor industrial e das empresas de utilidade, com o mesmo rating, era de 5,10%, ano base 252, e 5,16% ao ano base 252, respectivamente, o *spread* intermercado era de seis pontos-base.

11.7.2 Credibilidade percebida do emissor

Risco de *default*, inadimplência ou risco de crédito referem-se ao risco de que o emissor de um título possa não ser capaz de pagar os juros ou o principal no vencimento. A maioria dos participantes do mercado confia nos ratings das empresas que os comercializam, isso é, estabelecem o risco de *default* de um emissor de obrigações. Essas companhias fazem sua análise de crédito e expressam suas conclusões por um sistema de classificação conhecido internacionalmente como ratings.

É importante saber que um rating deve expressar uma probabilidade de *default* que, em última análise, determinará a taxa de juros a ser paga pelo tomador dos recursos.

11.7.2.1 Ratings

As três empresas comerciais de ratings mais conhecidos dos Estados Unidos são: Moody's Investors Service, Standard & Poor's e Fitch Investors Service.

Os dois sistemas de crédito, ou qualidade de ratings, mais amplamente usados são os da Moody's e Standard & Poor's. Em ambos, o termo alto grau significa baixo risco de crédito ou, de outra forma, alta probabilidade de futuros pagamentos.

A Standard & Poor's usa sinais + ou – para discriminar dentro das classes, e a Moody's, os números 1, 2 ou 3 para refinar sua classificação. As obrigações classificadas de AAA (ou Aaa) até BBB (ou Baa) são consideradas no grau de investimento. As obrigações com classificação inferior são consideradas especulativas, também conhecidas como de alto rendimento ou títulos podres *(junk bonds)*.

Quadro 11.5 | Ratings da Standard & Poor's e da Moody's Investors Service

Rating	Standard & Poor's	Rating	Moody's
AAA	O rating de débito mais elevado. A capacidade de pagamento do tomador é extremamente forte	Aaa	Empresas julgadas da melhor qualidade com baixo grau de risco
AA	A capacidade de pagamento é forte e difere do grau mais elevado por um pequeno grau	Aa	Alta qualidade, mas classificadas abaixo da Aaa porque possuem menos margem de proteção, ou elementos de risco, no longo prazo
A	Tem forte capacidade de pagamento; entretanto o tomador é sensível a efeitos adversos das condições econômicas	A	As obrigações possuem atributos favoráveis para investimento, mas podem apresentar risco no futuro
BBB	Tem capacidade adequada de pagamento, mas condições econômicas adversas podem torná-lo arriscado	Baa	Capacidade adequada de pagamento: nem altamente protegidas, nem pobremente suportadas
BB	Considerados especulativos devido aos dados de balanço, sendo BB o menor grau de especulação e CC o mais elevado	Ba	Possui elementos especulativos, não tendo um futuro promissor
B		B	Não possui as características de um investimento desejável; pequena probabilidade de pagamento
CCC		Caa	Padrões inadequados, sendo talvez inadimplente ou contendo elementos perigosos
CC			
C	Refere-se a obrigações cujos juros não estão sendo pagos	Ca	Muito especulativo; já com elementos inadimplentes
D	Refere-se a empresas com pagamentos em atraso ou inadimplentes	C	Extremamente especulativo; muitas vezes, inadimplentes

Fonte: elaborado pelos autores.

O *spread* entre títulos *treasury* e não *treasury*, que são idênticos em todos os aspectos, exceto pela qualidade, é referido como um *spread* de qualidade ou *spread* de crédito.

Por exemplo, para a semana de 31 de maio de 2013, o rendimento de uma debênture da AES Tietê com um rating AA(bra) e dois anos para o vencimento era 8,7% ao ano, e o rendimento de um título governamental equivalente era 7,50% ao ano. Por isso o *spread* de qualidade ou prêmio por *default* era de 120 pontos-base.

11.7.3 Prazo de vencimento (maturidade)

A volatilidade de um título, debênture ou obrigação depende de sua maturidade. Mais especificamente, com todos os outros fatores permanecendo constantes, quanto maior o prazo de maturidade de uma debênture, maior a volatilidade do preço resultante de uma mudança nos rendimentos de mercado. Apesar de conceitualmente uma dívida de longo prazo ser aquela com prazo de reembolso superior a um ano, a contar da data de sua emissão, é comum considerar obrigações com maturidade entre 1 e 5 anos como de curto prazo; obrigações com maturidade entre 5 e 12 anos como de prazo médio; e, aquelas obrigações cuja maturidade é superior a 12 anos como de longo prazo.

O *spread* entre quaisquer duas maturidades do setor de mercado é chamado *spread* de maturidade. A relação entre os rendimentos de títulos comparáveis, mas de diferentes vencimentos, é chamada de estrutura temporal das taxas de juros (esse tópico é tão importante que é objeto do Capítulo 5 deste livro, destinado inteiramente a seu estudo).

11.7.4 Inclusão de cláusulas de opções

É normal que a emissão de títulos inclua cláusulas que dão ao credor, ou ao emissor, opções de tomar alguma atitude contra a outra parte. Uma opção que é incluída em uma debênture emitida é chamada de opção embutida.

O tipo mais comum de opção na emissão de obrigações é uma opção de compra a favor do emissor, sob a forma de uma cláusula de pagamento (*call*). Essa cláusula garante ao emissor o direito de saldar o débito, total ou parcialmente, antes do prazo de maturidade estabelecido. A inclusão de uma possibilidade de pagamento antecipado beneficia o emissor, permitindo-lhe substituir uma debênture antiga por uma emissão de baixo custo de juros, caso as taxas de juros declinem no mercado.

Efetivamente, uma cláusula de pagamento permite ao emissor alterar a maturidade da debênture. Uma cláusula de pagamento é danosa ao credor, porque o debenturista ficará incerto quanto à maturidade e poderá ter de reinvestir os resultados recebidos a uma taxa mais baixa de juros, caso a debênture seja paga e o portador do título deseje manter seus fundos em emissões de risco semelhante.

Um emissor pode também incluir uma cláusula que permita ao portador do título alterar a maturidade de uma debênture. Um título com uma cláusula de recebimento antecipado é na realidade uma opção de venda (*put*), pois garante ao credor o direito de vender o título de volta ao emissor pelo valor ao par em determinadas datas. Aqui a vantagem para o investidor é que, se as taxas de juros aumentam depois da data de emissão e resulta que o preço é menor que o valor ao par, o investidor pode forçar o emissor a resgatar a debênture pelo valor ao par.

Uma debênture conversível é um título que dá ao investidor o direito de trocar aquela debênture por um determinado número de ações. Essa cláusula permite ao credor tirar vantagem de movimentos favoráveis no preço das ações comuns.

A presença dessas opções embutidas tem efeito no *spread* de uma emissão, em relação às letras do tesouro (*Treasury securities*), e o *spread* relativo pode ser verificado relacionando-se o papel com outros semelhantes que não têm opções embutidas. De uma forma geral, os investidores exigirão um *spread* mais elevado – tomando como base uma letra do tesouro comparável – para uma emissão com opção embutida favorável ao emissor, isto é, uma opção de pagamento ou resgate antecipado, que para uma emissão sem tal opção. Ao contrário, os investidores aceitarão um *spread* menor sobre um título emitido com uma opção que lhes seja favorável, no caso uma opção de venda antecipada (*put*), ou uma opção de conversão.

Podemos encontrar cláusulas de opções na debênture CMDT13, emitida pela Cemig, que permite vencimento antecipado (item 7 do papel) caso ocorra evento de inadimplemento como:

vencimento antecipado de qualquer obrigação pecuniária da Cemig e/ou da garantidora decorrente de inadimplemento em obrigação de pagar qualquer valor individual ou agregado superior a R$ 50.000.000,00 ou equivalente em outras moedas, em razão de inadimplência contratual ou não; ou transformação em Cemig em sociedade limitada; dentre outras.

11.7.5 Impostos sobre os juros

O Imposto de Renda é o principal tributo que incide sobre os juros ganhos em investimentos no mercado financeiro no Brasil. Suas taxas são decrescentes ao longo do tempo para os investimentos em renda fixa, atingindo um mínimo após 720 dias da realização do investimento.

Outro imposto federal de magnitude relevante é o Imposto sobre Operações Financeiras (IOF) que tributa o rendimento de alguns títulos que tenham prazo de vencimento inferior a 30 dias. Assim como o Imposto de Renda, o IOF tem taxas que decrescem ao longo desse período de 30 dias.

Alguns investimentos no mercado financeiro são isentos de tributação federal, como é o caso dos investimentos em poupança. As tabelas a seguir mostram as taxas do Imposto de Renda e IOF para operações de renda fixa como função do tempo decorrido desde a realização do investimento.

Tabela 11.7 | Tabela de tributação de IR sobre títulos de renda fixa

Prazo de aplicação	Alíquota de IR
Até 180 dias	22,5%
De 181 dias a 360 dias	20,0%
De 361 dias a 720 dias	17,5%
Acima de 720 dias	15,0%

Tabela 11.8 | Tabela de tributação de IOF sobre títulos de renda fixa

Dias	IOF	Dias	IOF	Dias	IOF
1.º	96%	11.º	63%	21.º	30%
2.º	93%	12.º	60%	22.º	26%
3.º	90%	13.º	56%	23.º	23%
4.º	86%	14.º	53%	24.º	20%
5.º	83%	15.º	50%	25.º	16%
6.º	80%	16.º	46%	26.º	13%
7.º	76%	17.º	43%	27.º	10%
8.º	73%	18.º	40%	28.º	6%
9.º	70%	19.º	36%	29.º	3%
10.º	66%	20.º	33%	30.º	0%

Fonte: elaborado com base em dados da Receita Federal do Brasil.

O rendimento de um título tributável, depois que os impostos são pagos, é igual a:

$$\text{Rendimento depois do IR} = \text{Rendimento antes do imposto} - \\ - (\text{Rendimento antes do imposto} - \text{Principal}) \times \text{Alíquota do IR}$$

Por exemplo, suponhamos que uma debênture de R$ 1.000.000,00, sujeita a tributação em sua emissão, ofereça um rendimento de 9,5% a.a.o., e é adquirida por um investidor que tem uma taxação marginal de 22,5%, por um período de 150 dias corridos (106 dias úteis).

O rendimento antes do imposto será:

$$\text{Rendimento antes do IR} = \text{Principal} \times (\text{Taxa de rendimento a.a.o.} + 1)^{d.u./252} = \\ = 1.000.000 \times (0,095 + 1)^{106/252} = 1.038.912,44$$

Assim, o rendimento depois do imposto será:

$$\text{Rendimento depois do IR} = 1.038.912,44 - \\ - (1.038.912,44 - 1.000.000,00) \times 22,5\% = 1.030.157,14$$

Alternativamente, pode-se determinar o rendimento a ser oferecido por uma emissão de debêntures sujeita à tributação para dar a mesma taxa que um título isento de tributação. Esse rendimento é chamado rendimento tributável equivalente e é determinado como se segue:

$$\text{Rendimento tributável equivalente} = \left[\left(\frac{\text{Redimento antes da tributação}}{\text{Principal}} \right)^{\left(\frac{252}{d.u.} \right)} \right] - 1$$

Em que,

$$\text{Rendimento antes da tributação} = \left[\frac{\text{Rendimento isento de IR} - \text{Principal}}{1 - \text{Alíquota de IR}} \right] + \text{Principal}$$

E:

$$\text{Rendimento isento de IR} = \text{Principal} \times (\text{Taxa de rendimento a.a.o.} + 1)^{d.u./252}$$

Por exemplo, considere um investidor com uma taxa marginal de tributação de 22,5% que comprasse um título isento de tributação com principal de 1.000.000,00, com um rendimento de 6,5% a.a.o., durante um período de 150 dias corridos (106 dias úteis). O rendimento tributável equivalente é então:

$$\text{Rendimento isento de IR} = 1.000.000 \times (0{,}065 + 1)^{106/252} = 1.026.843{,}34$$

$$\text{Rendimento antes da tributação} = \left[\frac{1.026.843{,}34 - 1.000.000}{1 - 0{,}225}\right] + 1.000.000 = 1.034.636{,}57$$

$$\text{Rendimento tributável equivalente} = \left[\left(\frac{1.034.636{,}57}{1.000.000}\right)^{\left(\frac{252}{106}\right)}\right] - 1 = 8{,}43\% \text{ a.a.o.}$$

No Brasil nenhum imposto estadual ou municipal incide sobre os rendimentos de investimentos em renda fixa.

11.7.6 Expectativa de liquidez de um título

Obrigações são negociadas com diferentes graus de liquidez. Quanto maior a expectativa de liquidez com que o título será negociado, tanto menor será o rendimento exigido pelos investidores. Como foi mencionado anteriormente, os títulos do tesouro dos Estados Unidos são os títulos de maior liquidez no mundo. O rendimento mais baixo oferecido pelo título do tesouro reflete significativamente a diferença em liquidez. Mesmo dentro do mercado de letras do tesouro ocorrem algumas diferenças de liquidez, porque os títulos correntes têm mais liquidez que os títulos mais antigos.

11.8 Risco e taxas de juros

Segundo Sharpe, a composição das taxas de juros de longo prazo pode ser melhor entendida como resultante do pagamento de prêmios pela interação de três elementos principais:

1. Taxa de juros livre de risco
2. Taxa de risco sistemático
3. Taxa de risco de *default*

Inicialmente, vamos considerar que a taxa de juros livre de risco é a taxa da *Treasury security*, equivalente à maturidade e às condições de pagamento do título com risco. A taxa de juros livre de risco é, simplesmente, o piso abaixo do qual nenhuma transação será realizada, pois o investidor pode optar por adquirir um seguro título governamental que lhe pagará com certeza a taxa contratada. Nessa situação, o investidor receberá apenas o prêmio pela decisão de postergar seu consumo.

É comum comparar o retorno de um título qualquer com o retorno de um título livre de risco equivalente. Em um mercado eficiente essas diferenças de retorno estão relacionadas com a relevância do risco sistemático, ou não diversificável do título. Isso quer dizer que, quando a economia como um todo vai mal, os negócios também vão mal, e a maioria das firmas é afetada.

O valor de mercado de uma ação entrará em declínio quando o mercado antecipar um movimento de recessão. Os títulos de longo prazo não ficarão imunes. Eles também são correlacionados com o mais bem diversificado de todos, que é o portfólio de mercado – incluindo obrigações e ações. Essa parte do risco de um título, conhecida como risco sistemático, é que motiva um retorno acima do título livre de risco, como prêmio pelo risco não diversificável.

Finalmente, sabemos que títulos com grande possibilidade de insolvência terão uma grande sensibilidade às mudanças do mercado. Quanto maior a probabilidade de *default* evidenciada pelos ratings das empresas, maior o prêmio que pagarão por esse tipo de risco. Todo título que tiver risco de *default* terá de oferecer esse prêmio.

As taxas das *Treasury securities*, cujas características de prazo e condições de pagamento os tornam equivalentes aos dos títulos com risco, são responsáveis pelo pagamento de um prêmio de juros, correspondente ao aluguel do dinheiro. O prêmio pelo risco sistemático pode ser comparado à diferença paga por um título AAA e uma *treasury* equivalente. O prêmio por risco de *default* é representado pela diferença entre um título AAA – que pode ser considerado de risco mínimo ou sem risco de *default* – e a classificação da empresa tomadora (rating A, por exemplo). Veja Figura 11.3 a seguir.

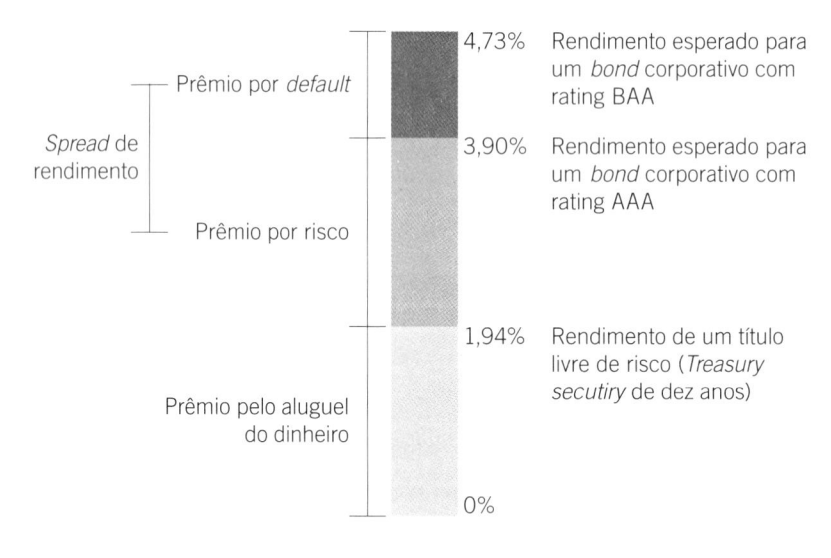

Figura 11.3 | Rendimento de um título com risco

Prêmio por *default*	4,73% — Rendimento esperado para um *bond* corporativo com rating BAA
Spread de rendimento	3,90% — Rendimento esperado para um *bond* corporativo com rating AAA
Prêmio por risco	
Prêmio pelo aluguel do dinheiro	1,94% — Rendimento de um título livre de risco (*Treasury secutiry* de dez anos)
	0%

Normalmente, a taxa de risco sistemático e a taxa de risco de *default* são referidas como um *spread* de rendimento e, quando levadas às piores consequências, têm um efeito comum que é a insolvência da empresa. Por isso, é uma prática comum de mercado englobá-las em uma taxa única, tratada simplesmente como taxa de *default*.

11.8.1 Taxas de retorno prometidas *versus* esperadas

As taxas de rendimento calculadas, até o vencimento ou maturidade do título, são apenas taxas prometidas. Elas são calculadas de acordo com a premissa de que uma obrigação, apesar de seu rating, pagará todos os fluxos de caixa prometidos.

Por exemplo, um título com cupom de 1,94%, com somente um ano de vencimento e que promete pagar $ 1.000,00 de valor de face, mais U$ 19,40 no vencimento. Ele será livre de risco se a taxa livre de risco de mercado for de 1,94% e o valor do título, PV, será:

$$PV = 1.000,00 = \frac{1.000,00 + 19,40}{1,0194}$$

Suponha que esse título seja o da Figura 11.3, com probabilidade de inadimplência de tal forma que seu preço de mercado está cotado a $ 964,28. Então sua taxa de rendimento será calculada da seguinte forma:

$$PV = 964,28 = \frac{1.000,00 + 19,40}{1 + i}$$

$$i = \frac{1019,40}{964,28} - 1 = 0,05716 = 5,72\%$$

Segundo Weston e Copeland, 5,72% é somente uma promessa de pagamento e uma probabilidade de inadimplência e *p*, pode ser calculada a partir desses dados. Assumindo zero de pagamento em caso de inadimplência, temos:

$$964,28 = \left[\frac{p \times 0 + (1 - p) \times 1019,40}{1,0194} \right]$$

$$982,98 = 1019,40 - 1019,40 \times p$$

$$p = 0,0357 = 3,57\%$$

Dessa forma, podemos afirmar que um título de um ano que paga 3,78% – ou seja, 5,72% – 1,94% = 3,78% – de *spread*, como prêmio de *default*, tem probabilidade de inadimplência de aproximadamente 3,6%.

É importante caracterizar que estamos considerando não apenas um título, mas uma ampla carteira diversificada de títulos, com taxa de risco de *default* semelhante e não correlacionada com o mercado. Senão, vejamos:

$$PV = \frac{E(cupom) + principal}{1 + E(taxa\ de\ retorno)}$$

Em que E(.) é o operador esperança.

Os fluxos de caixa esperados são aqueles multiplicados por sua probabilidade de recebimento. Se supusermos que nenhum pagamento está inadimplente e a probabilidade de inadimplência é de 3,57%, temos:

$$E(\text{cupom} + \text{principal}) = 0{,}0357 \times (\text{não pagamento}) + 0{,}9643 \times (1019{,}40) = 983{,}01$$

O fluxo de caixa esperado é o que será recebido, caso tenhamos um amplo e bem diversificado portfólio de títulos com risco de *default* semelhante (mas sem correlação com o mercado). Se o valor de mercado, PV, do título é $ 964,28, então a esperança de retorno será:

$$964{,}28 = \frac{\$\,983{,}01}{1 + E(\text{taxa de retorno})}$$

$$E(\text{taxa de retorno}) = 1{,}94\%$$

Supondo uma taxa de recuperação de 40,0%, em caso de inadimplência (neste ponto fica claro o papel da garantia), a probabilidade de inadimplência sendo a mesma de 3,57%, assim como o retorno de um título livre de risco de 1,94%, a taxa de juros a ser cobrada do tomador pode ser reduzida em virtude da garantia apresentada. Senão, vejamos:

$$964{,}28 = \frac{0{,}0357 \times (0{,}40 \times 1019{,}40) + 0{,}9643 \times (1019{,}40)}{1 + i}$$

$$i = \frac{14{,}54 + 983{,}01}{964{,}28} - 1 = 0{,}0345 = 3{,}45\%$$

O percentual de 3,45% suporta a taxa prometida, exigida para uma obrigação com a qualificação de risco definida, que tem uma garantia de 40% de retorno em caso de inadimplência. A taxa é superior em apenas 1,51% relativamente à taxa sem risco, mas inferior aos 3,78% de *spread* do título sem garantia.

Podemos calcular a relação para títulos com prazos mais longos. Suponhamos que um título governamental zero cupom (PV), com zero risco de *default*, valor de face de $ 1.000,00 e prazo de 20 anos, está sendo negociado por $ 422,41, e o título com risco (PVrisco) por $ 226,68. Assim, temos:

$$PV = 422{,}41 = \frac{1.000{,}00}{(1+i)^{20}}$$

$$i = 4{,}40\% \text{ (rendimento esperado)}$$

$$PV = 226{,}68 = \frac{1.000{,}00}{(1+i)^{20}}$$

$$i = 7{,}70\%$$

Verifica-se que o título com risco apresenta um *spread* de 3,30% sobre o título sem risco de *default*, supondo que o risco de *default* do título de rendimento mais elevado é não correlacionado com a economia como um todo, e os rendimentos esperados dos dois títulos sejam os mesmos.

Se a obrigação nada paga em caso de *default*, podemos calcular a probabilidade de *default* a partir da diferença dos retornos estimados.

$$226{,}68 = \frac{p \times 0 + (1-p) \times 1.000{,}00}{(1 + 4{,}40\%)^{20}}$$

$$p = 0{,}4637 = 46{,}37\%$$

Note que a probabilidade de *default* desse título de longo prazo é muito mais alta que a de um título de um ano, calculado previamente. Isso ocorre porque o *spread* de rendimento do título com risco ocorre por 10 anos, portanto é necessária uma elevada probabilidade de *default* para igualar os retornos esperados.

11.9 Avaliando títulos híbridos

De forma resumida, patrimônio líquido representa um direito residual dos proprietários sobre os fluxos de caixa e ativos da firma e geralmente é associado com o controle gerencial. O passivo, ao contrário, representa um direito firme dos credores sobre os fluxos de caixa e ativos da firma, e usualmente não é associado com o controle da empresa. Damodaran conceitua como *híbridos* aqueles títulos que não se enquadram exclusivamente em uma dessas categorias ou, mais precisamente, reúnem características de títulos pertencentes tanto ao patrimônio líquido quanto ao passivo.

A designação de híbridos está ligada à possibilidade de mudança da natureza financeira dos compromissos assumidos pelas partes contratantes. Dessa forma, um título híbrido reuniria características ligadas tanto aos direitos dos proprietários quanto aos dos credores.

11.9.1 Títulos conversíveis

É aquele que pode ser convertido em um predeterminado número de ações, de acordo com a vontade do obrigacionista. Naturalmente, por ocasião da aquisição do título a convertibilidade não é um bom negócio, tornando-se uma opção atrativa à medida que aumenta o valor da ação. As empresas geralmente acrescentam opções de convertibilidade para reduzir as taxas contratadas por ocasião do lançamento dos títulos.

Na prática, um título conversível pode ser visto como um título não conversível ao qual foi anexada uma opção de compra sobre as ações da empresa. Seu valor é o resultado da soma algébrica dos valores do título não conversível mais a opção de compra.

Apesar de a opção não poder ser exercida sem se resgatar o título, é comum, quando da avaliação de um título conversível, analisar separadamente o valor do título e o valor da conversão em ações. O valor do título é aquele pelo qual o título seria vendido se não fosse convertido. Alternativamente, o valor da conversão em ações iguala o preço que a conversão alcançaria se o título tivesse sido convertido de imediato.

11.9.1.1 Valor do título

O valor de um título conversível é igual ao valor presente dos futuros pagamentos dos cupons mais o pagamento do principal:

$$PV = \sum_{t=1}^{n} \frac{C}{(1+i)^t} + \frac{F}{(1+i)^n}$$

Sendo:

PV = valor presente de um título

n = prazo para a maturidade

C = valor do cupom

F = valor de face do título

i = taxa de retorno exigida

Vamos aplicar o modelo para avaliar a debênture da Cemig, supondo uma taxa anual para títulos de risco semelhante, não conversíveis, de 8%; segundo a prática de mercado, a taxa semestral será de 4,0%. Temos $i = 4,0\%$, $C = 70,00$, $F = R\$ 1.000,00$ e $n = 8$. Sendo assim, a debênture da Cemig, não conversível, valerá:

$$\text{Valor da debênture} = \sum_{t=1}^{8} \frac{70,00}{1 + 0,04} + \frac{1.000,00}{1 + 0,04^8} = 1.201,98$$

O valor calculado representa o piso abaixo do qual a debênture conversível não será vendida. Entretanto, o valor do título poderá variar ao longo do tempo, em decorrência da variação das taxas de juros e do valor da empresa. O valor da firma aumenta à medida que a probabilidade de *default* diminui, as demais variáveis permanecendo constantes; consequentemente o valor do título também aumenta. Alternativamente, o valor do título poderá declinar quando a empresa não estiver atravessando uma boa fase.

O valor máximo de um título ocorrerá quando ele for livre de risco. Quando isso ocorrer, o título será negociado à taxa livre de risco. Suponha que a taxa livre de risco é de 2,0% ao ano (1,0% ao semestre), então o valor da debênture da Cemig, não conversível, será:

$$\text{Valor da debênture} = \sum_{t=1}^{8} \frac{70,00}{(1 + 0,01)^t} + \frac{1.000,00}{(1 + 0,01)^8} = 1.459,10$$

A relação entre o valor de um título conversível e o preço de mercado de uma ação – o qual é uma *proxy* para o valor da firma – é mostrada na Figura 11.4 a seguir. Apesar de o valor do título alcançar seu pico quando é essencialmente livre de risco, o preço do título conversível continuará a crescer, acompanhando linearmente o preço da ação, devido a seu valor de conversão.

11.9.1.2 Valor da conversão

O valor de conversão de um título conversível é direta e linearmente relacionado com o preço de mercado da ação ao qual o título pode ser convertido. Especificamente, o valor de conversão iguala o preço de mercado da ação, vezes a razão da conversão. Suponha que, por ocasião da compra da debênture da Cemig, esta tivesse uma cláusula de convertibilidade na razão de 200 ações por debênture, e a ação da Cemig estivesse sendo negociada a $ 21,32; o valor da convertida seria de $ 21,32 × 200 = $ 4.264,00. Se o preço da ação sobe para $ 25,00, o valor de conversão da debênture sobe para $ 25,00 × 200 = $ 5.000,00. Alternativamente, se o preço cai para $ 20,00, o valor da conversão declinará para $ 20,00 × 200 = $ 4.000,00. Claramente, um título conversível nunca será vendido abaixo do seu valor de conversão, se não os arbitradores comprariam os títulos, os converteriam em ações e as venderiam com lucro.

11.9.1.3 Valor de mercado

O valor de mercado de um título conversível será no mínimo igual ao valor máximo, entre o valor do título ou o valor da conversão. Antes do vencimento, o mercado pagará um prêmio acima desses números, porque o obrigacionista, além de poder escolher a possibilidade ou não de conversão, ainda tem um prazo para fazer essa escolha e, à semelhança do modelo de opções, esse prazo tem um valor. A diferença entre o valor de um título conversível e o maior de seus valores – como título, ou como ações – iguala o valor da opção de compra (*call*). Essa opção de compra dá ao titular o direito de comprar um número de ações igual à razão de conversão. No caso da debênture conversível da Cemig, a opção de compra é o direito de comprar 200 ações a $ 21,32, para cada debênture possuída, até 15 de fevereiro de 2018. A decisão deverá ser tomada comparando-se e escolhendo a alternativa mais lucrativa.

Considerando todos os demais fatores constantes, o preço de mercado de uma debênture conversível comportar-se-á como demonstrado pela linha mais sólida da Figura 11.4. O prêmio pela conversão pode ser visto como um prêmio para assegurar um rendimento mais alto de uma debênture conversível e uma proteção, em caso de queda do mercado acionário. Esse prêmio tende a ser menor à medida que o preço da ação sobe. Ele aumenta quando o preço da ação declina porque a segurança torna-se mais valiosa. Geralmente, debêntures conversíveis com um baixo prêmio de conversão seguem mais estreitamente o valor das ações, enquanto as com prêmios de conversão maiores são negociadas mais como obrigações, reagindo com muita sensibilidade às taxas de juros.

Figura 11.4 | Valor de um título conversível

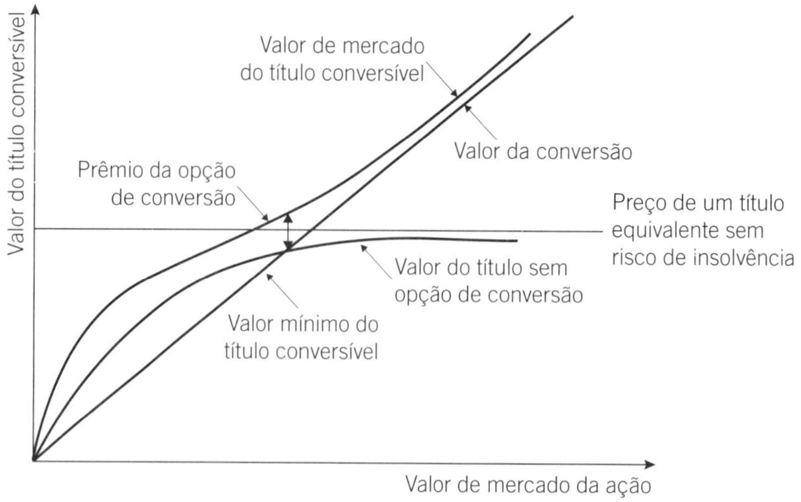

(gráfico: eixo vertical "Valor do título conversível", eixo horizontal "Valor de mercado da ação"; curvas e rótulos: "Valor de mercado do título conversível", "Valor da conversão", "Prêmio da opção de conversão", "Preço de um título equivalente sem risco de insolvência", "Valor do título sem opção de conversão", "Valor mínimo do título conversível")

Fonte: elaborado pelos autores.

Um outro caminho para analisar o diagrama é considerar o prêmio sobre o valor do título, isso é, a diferença entre o valor de mercado do conversível e seu valor como obrigação. A preços relativamente baixos das ações, o prêmio sobre o valor dos títulos é relativamente pequeno, porque o valor da *call* é mínimo. Mas, assim que o valor da ação reage, o valor da opção de compra também sobe. Consequentemente, o valor de conversão do título sobe em termos absolutos e relativamente a seu valor como obrigação, causando um aumento no prêmio sobre o valor do título. O prêmio sobre o valor de conversão é limitado pela provisão da *call*, normalmente introduzida no contrato do título conversível, e pelo fato de que, com um elevado preço da ação, a conversão se torna praticamente certa.

11.9.1.4 Determinantes do valor

Uma opção de conversão é uma opção sobre o ativo-base, ou seja, a ação. Seu valor será, portanto, afetado por todas as variáveis que afetam uma opção de compra: o preço da ação-base, a razão de conversão (determina o preço de exercício), a vida do título conversível, a variância do preço da ação-base e o nível das taxas de juros. Como uma opção de compra, o valor da opção de conversão aumentará na razão direta do preço da ação, além da variância e do prazo de vencimento ou vida do título, e declinará na razão inversa do preço de exercício, que é determinado pela razão de conversão.

O valor do título conversível pode ser decomposto em seus dois elementos básicos, o valor de um título puro e o valor do componente acionário. O valor de um título puro é determinado pelo valor do cupom, rating da empresa que implicará a taxa de desconto, valor de face e prazo de maturidade. O valor da opção de compra é facilmente calculado, caso a empresa seja negociada em bolsa, caso não seja, o levantamento dos dados será mais demorado.

11.9.1.5 Aplicação: avaliando uma obrigação conversível

Shapiro apresenta um exemplo interessante no qual procura mostrar as principais relações entre os títulos puros, conversíveis e as ações da firma.

Considere uma firma financiada com os seguintes instrumentos: uma ação do seu patrimônio líquido (PL); uma obrigação ordinária com um valor de face de $ 100.000,00 que deve ser resgatada em seis meses; e uma obrigação subordinada, conversível que tem um valor de face de $ 50.000,00, que também matura em seis meses, e pode ser convertida em uma ação do PL. Legalmente, nenhum pagamento poderá ser feito aos obrigacionistas subordinados até que as obrigações ordinárias tenham sido completamente resgatadas.

Quanto valerá cada um desses títulos, ao cabo de seis meses?

Consideremos V o valor dos ativos da firma, S o valor das ações existentes, B o valor da obrigação ordinária, e BC o valor da obrigação conversível.

Se daqui a seis meses os ativos valerem pelo menos $ 100.000,00, a obrigação ordinária pode ser paga integralmente. De outra forma, a firma estará insolvente e o possuidor da obrigação ordinária ficará com o que restar da firma.

$$B = \min \{\$ 100.000,00, V\}$$

Em que *min* refere-se ao menor dos dois termos entre chaves.

A seguir, considere a obrigação conversível. Se os ativos valem mais que $ 200.000,00 o obrigacionista ordinário será pago, deixando mais que $ 100.000,00. O obrigacionista conversível pode escolher entre ser pago com $ 50.000,00 ou converter sua obrigação em uma ação. Ao converter, passam a existir duas ações, as que valem mais de $ 100.000,00, nesse caso, o valor da firma será dividido com o outro acionista e ele ganhará mais que $ 50.000,00, o valor de face de seu título original. Por isso, a obrigação será convertida se os ativos excedem $ 200.000,00.

Se os ativos valem entre $ 150.000,00 e $ 200.000,00 a obrigação não será convertida, porque os $ 50.000,00 do valor de face valem mais que dividir a firma com o atual acionista. Se os ativos valem menos que $ 150.000,00 – e mais que $ 100.000,00, a firma tornar-se-á insolvente, assim o obrigacionista conversível pode aguardar se restará algum valor após o obrigacionista ordinário receber sua parte, $ 100.000,00. Finalmente, se V, o valor dos ativos, é menor que $ 100.000,00, o obrigacionista conversível não receberá nada. Nesse caso, o valor do obrigacionista conversível, em seis meses, será:

$$B_C = \max \{(V - \$ 100.000,00) \div 2, \min [\$ 50.000,00, V - \$ 100.000,00], 0\}$$

O valor do patrimônio líquido é simplesmente $V - (B + B_C)$.

No Apêndice B deste capítulo encontra-se um exemplo completo sobre a precificação de um título conversível.

11.9.1.6 Os títulos conversíveis são mais baratos?

Alguns administradores alegam preços mais competitivos de mercado como uma das razões para emitir títulos conversíveis, referindo-se ao fato de que eles alcançam taxas de desconto mais baixas que as dos títulos puros e, consequentemente, atingem preços mais altos de colocação. Tal fato efetivamente ocorre, não por transformarem sua atratividade em rentabilidade, mas por que têm uma opção de compra embutida, cujo valor está influindo na redução das taxas de colocação.

Outro fator de atratividade, não devidamente precificado, decorre da própria característica híbrida do título conversível, que permite ao obrigacionista a possibilidade de se transformar em acionista, neutralizando um clássico conflito de relacionamento (*agency*) entre credores e proprietários. Isso ocorre quando os dirigentes da firma usam sua capacidade de controle para beneficiar os acionistas em detrimento dos credores, isto é, sem alterar o valor da firma, alteram a razão risco/retorno, transferindo riqueza dos credores para os acionistas. Segundo Perera, a relação risco/retorno é naturalmente alterada em benefício dos acionistas quando a empresa se empenha em negócios de maior risco, assume mais débito ou distribui dividendos extraordinários.

11.9.2 Ações preferenciais

As ações preferenciais são um outro tipo de título que possui algumas características híbridas, isto é, de interesse de credores e de proprietários. Como credores, os titulares das ações preferenciais têm direito a um dividendo fixo; se a empresa não tem caixa para pagá-lo, ele é acumulado e pago quando houver rendimentos suficientes. Como credores, os acionistas preferenciais não detêm o controle da empresa, e sua capacidade de voto é restrita apenas aos assuntos que possam afetar diretamente seus interesses nos fluxos de caixa e ativos da empresa.

Como proprietários, seus ganhos não são dedutíveis de impostos, e são pagos somente após o pagamento dos impostos devidos. Como proprietários seu crédito não tem um valor de face nem prazo de vencimento. Finalmente, em caso de falência, sua prioridade de recebimento é apenas em relação aos proprietários portadores de ações ordinárias.

Embora as ações preferenciais tenham algumas características semelhantes às das debêntures, possuem algumas referências bem distintas: não têm garantia quanto ao recebimento de dividendos, não são causa de insolvência e, em caso de falência, têm pela prioridade mínima quanto ao recebimento dos seus haveres.

Ultimamente, têm aparecido no mercado americano algumas variações nos lançamentos de ações preferenciais para torná-las mais atrativas ou menos arriscadas para os eventuais investidores. Uma variação são as ações preferenciais conversíveis, que podem ser convertidas em ações ordinárias com preços prefixados, o que seria uma condição análoga a das obrigações conversíveis. Outra variação é o dividendo atrelado a um indexador, como uma taxa de título governamental, com todas as vantagens e desvantagens de uma taxa flutuante.

11.10 Inovações no mercado de títulos de longo prazo[2]

As décadas de 1970 e 1980 foram pródigas em inovações acrescidas aos títulos de longo prazo. Percebe-se claramente no caminho seguido por essas inovações um aperfeiçoamento nos mecanismos de proteção contra os riscos naturais do mercado, que permitem às partes interessadas modelar o produto que mais convenha à acomodação de seus interesses.

Parte das inovações ocorreu como consequência do aperfeiçoamento dos mecanismos de precificação das opções. Percebe-se também que, quanto mais sofisticado o mecanismo de proteção, mais complexa também a forma de cálculo do valor do título. O Quadro 11.6 apresenta um resumo das principais inovações introduzidas no mercado de títulos de longo prazo.

Quadro 11.6 | Inovações no mercado de títulos de longo prazo

Inovação	Descrição/ano da introdução	Racional da motivação
Obrigações com taxas flutuantes	A taxa de juros varia de acordo com o índice (1973-74)	Evitar volatilidade da inflação e taxa de juros
Obrigações com opção de venda	Os obrigacionistas podem vender o título de volta para a empresa, pelo valor de face, sob determinadas circunstâncias (1976)	Proteger o interesse dos obrigacionistas
Conversível com taxas flutuantes	Obrigações com taxas flutuantes, que podem ser convertidas em ações (1978)	Proporcionar mais flexibilidade aos obrigacionistas
Títulos com o prazo prorrogável	A vida dos títulos pode ser ampliada por opção do emissor	Proporcionar mais flexibilidade ao emissor
Caps e floors	Limitam a variação das taxas de juros das obrigações com taxas flutuantes (1983)	Limitar o risco para emissores e obrigacionistas
Swaps	Títulos podem ser trocados por títulos com características diferentes – de fixos para flutuantes, moedas diferentes (1983)	Permitir às empresas alterarem seu mix financeiro
Inversão de taxas flutuantes	A taxa de juros varia inversamente com um índice; quando a taxa do índice aumenta, a taxa do título desce (1985)	Implementar a duration e a sensibilidade do preço do título
Swaptions	Opção sobre um swap (1989-90)	Permitir às firmas comprar opções sobre swaps
Captações externas	Início das captações externas (1991)	O início das captações externas criou uma concorrência ao mercado nacional
Notas promissórias	Resolução do CMN n. 1.723/95 regulamenta a oferta pública de notas promissórias	Em 1995 as notas promissórias começaram a se consagrar como títulos de renda fixa de emissão mais simples e de menor prazo
Mudanças recentes	Bookbuilding, green shoe, registro de prateleira e debênture padronizada (2003-04)	A instrução n. 400 de 2003 e a introdução n. 404 de 2004, ambas do CMN, instituíram novas práticas para o mercado de debêntures, que já eram comuns em outros mercados do mundo

---

[2] Leia o conteúdo adicional sobre títulos de longo prazo no Apêndice B, p. 537.

CAPÍTULO 12
Introdução ao risco

12.1 Introdução

O trabalho nas tesourarias impõe a necessidade de manter-se constantemente informado sobre o comportamento dos diversos ativos financeiros existentes no mercado. Dados a esse respeito são publicados diariamente em revistas e jornais especializados, e podem ser obtidos em tempo real por meio de diversos sistemas de *broadcasting* de informações. A Tabela 12.1 a seguir mostra alguns desses dados:

Tabela 12.1 | Ativos financeiros

Ativo	Cotação
CDB pré de 30 dias	6,55%a.a.
Conta garantida	CDI + 1% a.a.
Dólar comercial	R$ 2,05
PN Petróleo Brasileiro SA - Petrobras	R$ 20

Mas o que representa cada um desses números? Será que todos os negócios com CDB pré de 30 dias, naquela data, foram fechados a 6,55% a.a.? Será que todos os empréstimos via conta garantida foram realizados ao custo de CDI + 1% a.a.? Será que todos os negócios com câmbio foram fechados a R$ 2,05, e todas as ações PN Petroleo Brasileiro SA - Petrobras foram negociadas a R$ 20,00? Certamente não. Os valores divulgados na imprensa normalmente representam um conjunto de operações de determinada data.

12.2 A média

Suponha que a Tabela 12.2 a seguir represente todos os negócios com CDB de 30 dias, em uma data qualquer:

Tabela 12.2 | Representação do CDB de 30 dias

Índice	Volume (R$ milhões)	Xi = taxa negociada (%a.a.)	P(Xi) = Frequência relativa (volume/volume total)
1	100	6,14	5%
2	250	6,34	14%
3	350	6,44	19%
4	320	6,55	17%
5	360	6,65	20%
6	260	6,7	14%
7	150	6,80	8%
8	50	7,00	3%
Volume total	1840		Frequência total 100%

Se quisermos representar todos esses negócios por apenas um número que possa nos dar alguma informação a respeito do conjunto de operações, uma das opções seria utilizar a média aritmética ponderada das taxas negociadas, dada por:

$$\mu_x = \sum_{i=1}^{n} x_i . P(x_i)$$

Para o exemplo do CDB de 30 dias:

$$\mu_x = 6,55\% \text{ a.a.}$$

Nesse dia, o CDB de 30 dias foi negociado a uma taxa média de 6,55% a.a. Apesar de apenas 17% dos negócios terem sido fechados a essa taxa (veja o índice i = 4), esse é o número que representará, nos jornais do dia seguinte, o mercado de CDB de 30 dias. De fato, a maioria das informações sobre o mercado financeiro é representada por médias. Assim, a próxima pergunta que devemos fazer é: será que a média é uma boa representação para a variável observada? Em caso afirmativo, qual o risco que estamos correndo ao tomar decisões com base em valores médios?

Para conseguir um valor quantitativo para esse risco, vamos buscar suporte nas medidas de dispersão da estatística, como a variância e o desvio-padrão, que nos dão um parâmetro para dizer o quanto uma média é representativa de sua amostra ou da população original.

12.3 Variância e desvio-padrão

Já vimos que o valor médio para o CDB de 30 dias é de 6,55%. Agora, queremos saber qual a representatividade desse valor. A variância, que é uma das medidas de dispersão da estatística citadas anteriormente, pode ser calculada de acordo com a seguinte fórmula:

$$\sigma_x^2 = \sum_{i=1}^{n}[x_i - \mu_x]^2 \times P(x_i)$$

Para o exemplo do CDB de 30 dias:

$$\sigma_x^2 = 0{,}033116$$

Observe que a unidade de medida da variância não é a mesma da média, sendo difícil comparar as duas grandezas. O desvio-padrão, calculado como a raiz quadrada da variância, resolve esse problema, e nos indica o quanto os dados estão concentrados ou não ao redor da média.

$$\sigma_x = \sqrt{\sigma_x^2}$$

Para o exemplo do CDB de 30 dias:

$$s_x = 0{,}182\% \text{ a.a.}$$

A partir de agora, sempre deveremos nos lembrar do desvio-padrão como sendo o valor que representa o risco de tomarmos decisões em função de médias. Podemos caracterizar o que ocorreu com o CDB naquele dia, de forma mais precisa, com a informação da média e do desvio-padrão.

12.4 A distribuição de dados

Quando temos uma variável aleatória (taxa de um CDB de 30 dias, por exemplo), além de estudar o valor médio e o desvio-padrão, devemos conhecer o tipo de distribuição da variável. Vamos estudar, como exemplo, a variável com a seguinte distribuição observada:

Tabela 12.3 | Distribuição do CDB em um determinado intervalo

Intervalo	Número de ocorrências da variável no intervalo	Intervalo	Número de ocorrências da variável no intervalo
6,00 – 6,15	40	7,05 – 7,20	271
6,15 – 6,30	61	7,20 – 7,35	214
6,30 – 6,45	90	7,35 – 7,50	148
6,45 – 6,60	132	7,50 – 7,65	99
6,60 – 6,75	194	7,65 – 7,80	66
6,75 – 6,90	256	7,80 – 7,95	44
6,90 – 7,05	284		

Um histograma de frequências, que é um gráfico que representa o número de ocorrências para um dado valor da variável estudada, é muito útil para nos dar uma visão do tipo de distribuição. Observe a seguir um exemplo de histograma, baseado na Tabela 12.3:

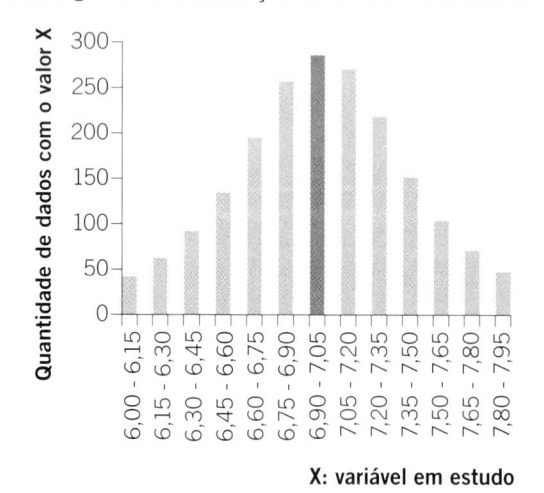

Figura 12.1 | Histograma da distribuição do CDB em um determinado intervalo

A barra em destaque no exemplo representa o número de ocorrências do evento: {a taxa do CDB está entre 6,90% e 7,05%}. À medida que o intervalo estudado é reduzido, a resolução da distribuição melhora. Na Tabela 12.4 a seguir, para a mesma variável na mesma data, os eventos estudados são do tipo: {a taxa do CDB está entre 7,05% e 7,10%}.

Tabela 12.4 | Variação do CDB em um determinado intervalo

Intervalo	Número de ocorrências da variável no intervalo	Intervalo	Número de ocorrências da variável no intervalo
6,00 – 6,05	12	7,00 – 7,05	96
6,05 – 6,10	13	7,05 – 7,10	94
6,10 – 6,15	15	7,10 – 7,15	91
6,15 – 6,20	18	7,15 – 7,20	86
6,20 – 6,25	20	7,20 – 7,25	79
6,25 – 6,30	23	7,25 – 7,30	72
6,30 – 6,35	26	7,30 – 7,35	63
6,35 – 6,40	30	7,35 – 7,40	56
6,40 – 6,45	34	7,40 – 7,45	49
6,45 – 6,50	38	7,45 – 7,50	43
6,50 – 6,55	44	7,50 – 7,55	37
6,55 – 6,60	50	7,55 – 7,60	33
6,60 – 6,65	57	7,60 – 7,65	29
6,65 – 6,70	64	7,65 – 7,70	25
6,70 – 6,75	73	7,70 – 7,75	22
6,75 – 6,80	80	7,75 – 7,80	19
6,80 – 6,85	86	7,80 – 7,85	17
6,85 – 6,90	90	7,85 – 7,90	15
6,90 – 6,95	93	7,90 – 7,95	12
6,95 – 7,00	95		

Observe o novo histograma:

Figura 12.2 | Histograma da variação do CDB em um determinado intervalo

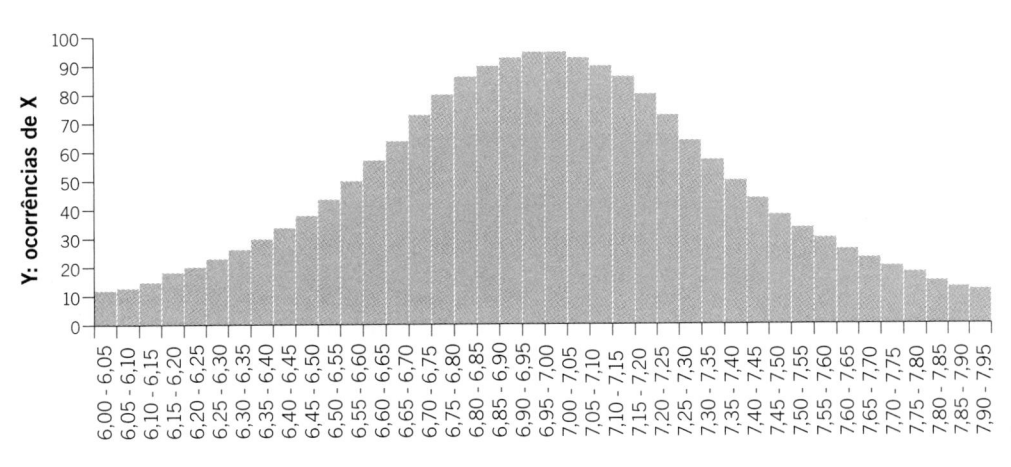

X: variável em estudo

Se uma variável pode assumir qualquer valor real dentro do intervalo estudado, é dito que ela tem uma distribuição contínua. Caso ela possa assumir apenas um número finito de valores dentro do intervalo estudado, dizemos que é uma distribuição discreta. Caso a variável em estudo seja contínua, podemos reduzir o tamanho do intervalo estudado até o limite em que se aproxime de zero. Fazendo isso, encontraremos uma função contínua, que representaria os valores possíveis da variável no eixo x. No eixo y observamos a densidade de probabilidade e não mais a frequência. Isso porque, quando tratávamos de distribuições discretas, e queríamos saber a probabilidade de um certo evento, bastava dividir o número observado de ocorrências pelo total de eventos ocorridos.

Agora, tratando-se de uma distribuição contínua, temos infinitos eventos possíveis em qualquer intervalo. A probabilidade de ocorrer um valor exato é sua densidade de probabilidade (uma constante) dividida por infinito (total de eventos), o que é igual a zero. Por essa razão, quando falarmos em distribuições contínuas, estaremos sempre estudando a probabilidade de uma variável estar dentro de um intervalo.

12.5 A distribuição normal

Uma questão relevante no estudo de uma distribuição contínua é conhecer a probabilidade da rentabilidade do CDB de 30 dias estar entre 6,75% a.a. e 6,25% ao ano (ou 6,5% ± 0,25%). Para isso, é preciso conhecer a função densidade de probabilidade resultante, que está apresentada na Figura 12.3 a seguir. Foi Carl Friedrich Gauss, possivelmente o maior matemático da primeira metade do século 19, quem demonstrou essa função, conhecida como curva normal ou curva de Gauss, formulada a seguir:

$$N(x) = \frac{1}{\sigma_x \sqrt{2\pi}} e^{-\frac{1}{2}\left(\frac{x-\mu_x}{\sigma_x}\right)^2}$$

Em que,

e = base do logaritmo natural, aproximadamente 2,7183

π = número pi, aproximadamente 3,1416

μ_x = média da distribuição estudada

σ_x = desvio-padrão

A função normal é representada pela Figura 12.3:

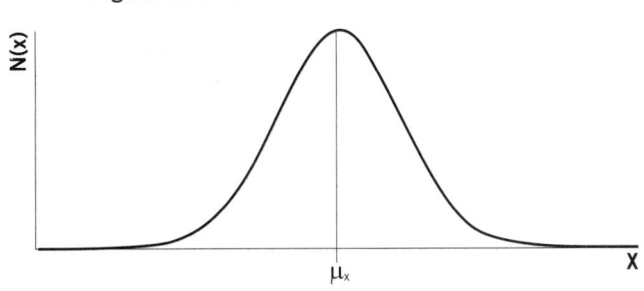

Figura 12.3 | Curva normal ou curva de Gauss

Quando trabalharmos com taxas de juros, seja na forma de um CDB de 30 dias, seja da rentabilidade de uma ação negociada em bolsa, e usarmos a média como estimador, estaremos pressupondo, em geral, que a distribuição associada é contínua e normal. Trabalhar com esse pressuposto tem inúmeras vantagens, pois conhecemos, além da função normal, suas inúmeras propriedades:

- A curva normal é simétrica em relação à média, sendo $x = \mu_x$, como se observa na Figura 12.3.
- A área sob a curva é unitária, equivalente a 100%.
- A função está definida de $-\infty$ até $+\infty$.
- A função é contínua e diferenciável em qualquer ponto.
- A combinação linear de diversas variáveis com distribuição normal também terá distribuição normal, desde que não seja uma constante.
- Pelo teorema do limite central: se sortearmos amostras de uma população com qualquer distribuição, a população formada pelas médias das amostras terá uma distribuição que tenderá a da normal.
- A probabilidade de a variável em estudo estar dentro de um intervalo qualquer é a área compreendida sob a curva dentro desse intervalo.
- A probabilidade de a variável em estudo estar entre $(\mu_x - s_x)$ e $(\mu_x + s_x)$, ou na área em destaque na Figura 12.4 a seguir é 68,3%.

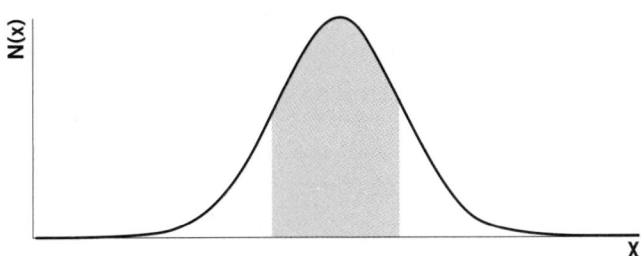

Figura 12.4 | Curva normal com variável entre $(\mu_x - s_x)$ e $(\mu_x + s_x)$

- A probabilidade de a variável em estudo estar entre $(\mu_x - 2s_x)$ e $(\mu_x + 2s_x)$ é 95,5%.
- A probabilidade de a variável em estudo estar entre $(\mu_x - 3s_x)$ e $(\mu_x + 3s_x)$ é 99,7%.
- A probabilidade de a variável em estudo estar entre $(\mu_x - 1,65s_x)$ e $(\mu_x + 1,65s_x)$ é 90%.
- Se a probabilidade de o valor está dentro do intervalo $(\mu_x - s_x)$ e $(\mu_x + s_x)$ é 68,3%, então a probabilidade de o valor estar fora desse intervalo, ou seja, na área das duas caudas que restam, é de 100% – 68,3% = 31,7%.
- Como a curva é simétrica em relação à média, se as duas caudas somadas têm área, ou probabilidade, igual a 31,7%, então apenas uma delas terá área igual a 31,7 ÷ 2 = 15,85%.
- Agora fica mais simples observar que a probabilidade de o valor ser maior que $(\mu_x - s_x)$ é 68,3% + 15,85% = 84,15%, de acordo com a área em destaque na Figura 12.4.
- Se eu quisesse saber uma área qualquer sob a curva normal, bastaria usar uma planilha eletrônica, ou ainda, consultar uma tabela de valores para a curva normal nos livros de estatística básica.
- Normalmente, as tabelas serão para uma distribuição com $\mu_x = 0$ e $s_x = 1$, conhecida como normal padrão. Para converter qualquer curva normal para a normal padrão, basta usar a seguinte relação:

$$z = \frac{x - \mu_x}{\sigma_x}$$

Se tivermos uma curva com $\mu_x = 12$ e $s_x = 3$, e achar o ponto z correspondente para $x = 9$, então na tabela da normal padrão deveremos buscar o valor -1.

$$z = \frac{9 - 12}{3} = -1$$

Isto significa que o valor x está um desvio-padrão abaixo da média ($9 = \mu_x - s_x = 12 - 3$). Descubra qual a área referida na tabela, e faça as somas ou subtrações de áreas necessárias para conseguir o intervalo desejado. A tabela pode estar fornecendo a área de menos infinito até x (15,85% no exemplo), de μ_x até x (68,3% ÷ 2 = 34,15% no exemplo), ou outra qualquer.

A função que descreve a probabilidade acumulada, ou a área sob a curva, de $-\infty$ até x, é caracterizada pela Figura 12.5 a seguir:

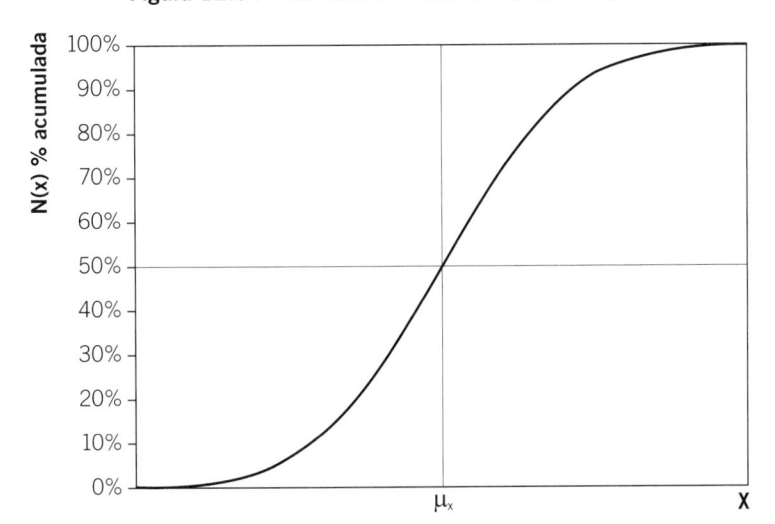

Figura 12.5 | Probabilidade acumulada de -∞ até x

12.6 Aplicações em finanças: testando os modelos

Agora que nós já conhecemos as propriedades da curva normal e suas aplicações, será que estamos preparados para tomar R$ 100.000.000,00 em um banco e testar sua validade no mercado financeiro? Poderíamos aplicar esse valor no mercado de futuros, esperando que as taxas de juros fiquem no intervalo ($\mu_x \pm s_x$) com 68,3% de certeza? Qual o pressuposto envolvido nessa decisão? Essas questões ainda precisam ser respondidas.

Nós já vimos como são calculados a média, o desvio e a área sob a curva normal, e que a área sob a curva normal baseia-se em dados passados. O primeiro pressuposto assumido é, portanto, que o futuro será uma repetição do passado, ou que o valor esperado para a minha taxa no futuro continuará sendo ($\mu_x \pm s_x$). Segundo, assumimos que a variável taxa de juros tem distribuição normal. Existem técnicas de diversificação e proteção ao risco que nos permitem obter melhores níveis de confiabilidade nas inferências estatísticas. Analisemos agora o Exemplo 12.1 a seguir, e suas implicações para o mercado financeiro, com as ferramentas aqui apresentadas.

Exemplo 12.

As Tabelas 12.5 e 12.6 a seguir são exemplos de taxas de juros de renda fixa e de rentabilidade da bolsa, no ano 20x1:

Tabela 12.5 | Taxas de juros de renda fixa e da bolsa

20x1	Renda fixa (% a.m.)	Bolsa (% a.m.)
Jan.	0,86%	11,13%
Fev.	0,84%	4,34%
Mar.	0,92%	-1,98%
Abr.	0,84%	-4,17%
Mai.	0,99%	-11,86%
Jun.	0,95%	-0,25%
Jul.	0,97%	3,21%
Ago.	1,07%	1,72%
Set.	0,94%	3,71%
Out.	0,88%	-3,56%
Nov.	0,86%	0,71%
Dez.	0,9%	6,05%

Para calcular a média e o desvio-padrão nesse caso, vamos supor que para todos os meses:

$$P(x) = \frac{1}{12}$$

Quando P(x) é igual para todos os termos da série, podemos calcular a média e o desvio-padrão utilizando as seguintes fórmulas:

$$\mu_x = \frac{1}{n}\sum x$$

$$\sigma_x = \sqrt{\frac{n\sum(x^2) - \sum(x)^2}{n^2}}$$

E assim, para as séries dadas no problema, encontramos:

Tabela 12.6 | Taxa de juros de renda fixa da bolsa

20x1	Renda fixa (% a.m.)	Bolsa (% a.m.)
Média	0,92%	0,75%
Desvio	0,07%	5,59%

Se investirmos R$ 100.000.000,00 em renda fixa em janeiro de 20x2, isso significa que estamos esperando que no fim desse mês consigamos, com 68,3% de probabilidade, uma rentabilidade entre 0,85% e 0,99%.

Lembrando que:

$\mu_x - s_x = 0{,}92\% - 0{,}07\% = 0{,}85\%$ $\mu_x + s_x = 0{,}92\% + 0{,}07\% = 0{,}99\%$

Portanto, esperamos que no fim do mês de janeiro de 20x2, estejamos com um valor entre R$ 100.085.000,00 e R$ 100.099.000,00. Fazendo o mesmo cálculo para a bolsa de valores, a esperança de retorno, com 68,3% de certeza, deve estar na faixa entre R$ 95.016.000,00 e R$ 106.034.000,00 milhões. Ou seja, temos maiores oportunidades de ganho ou perda na bolsa de valores, que apresenta um risco muito maior que o da renda fixa, e para tanto deveria oferecer um retorno proporcional. Vamos ver o que ocorreu em 20x2, na Tabela 12.7 a seguir:

Tabela 12.7 | Taxas de juros de renda fixa e da bolsa

20x2	Renda fixa (% a.m.)	Bolsa (% a.m.)
Jan.	0,89%	-3,94%
Fev.	0,74%	1,21%
Mar.	0,81%	1,79%
Abr.	0,7%	-3,58%
Mai.	0,73%	-2,29%
Jun.	0,64%	-3,43%
Jul.	0,68%	-5,74%
Ago.	0,69%	-3,96%
Set.	0,54%	-7,38%
Out.	0,61%	11,49%
Nov.	0,54%	-2,51%
Dez.	0,53%	-0,21%
Média	0,68%	-1,55%
Desvio	0,11%	4,68%

Observe que tanto a renda fixa quanto a bolsa caíram no intervalo de um desvio-padrão de nossa esperança. Para confirmar essa afirmação faremos os cálculos, usando a fórmula de conversão para a curva normal padrão:

Tabela 12.8 | Cálculo de conversão para curva normal padrão

	Renda fixa	Bolsa
X = valor observado	0,89%	-3,94%
μ_x	0,92%	0,75%
σ_x	0,07%	5,59%
$z = \dfrac{x - \mu_x}{\sigma_x}$	$z = \dfrac{0{,}89 - 0{,}92}{0{,}07}$	$z = \dfrac{-3{,}94 - 0{,}75}{5{,}59}$
N. de desvios percorridos	z = -0,429	z = -0,803

> Ou seja, enquanto a renda fixa andou 0,429 desvio para baixo, a renda variável percorreu 0,803 desvio para baixo. Esse tipo de experiência é conhecido como testar o passado (*back test*), que consiste em pegar os dados passados e dividi-los em dois períodos (20x1 e 20x2). No primeiro, ou mais antigo (20x1), aplicamos o modelo que queremos testar, e observamos os eventos do segundo período (20x2) para verificar se o modelo representou adequadamente a realidade.

12.6.1 Para o futuro

Trabalhando com a média, estávamos supondo que as taxas de juros teriam uma tendência para 20x2 de se manter constantes e em torno de 0,92% ± 0,07%. Porém, podemos observar que, do final de 20x1 até o final de 20x2, a tendência da renda fixa foi de queda. Com base em métodos econométricos, que utilizam além da estatística a conjuntura econômica para fazer previsões, podemos traçar, a partir dos dados que coletamos, uma tendência evidenciada na Figura 12.6.

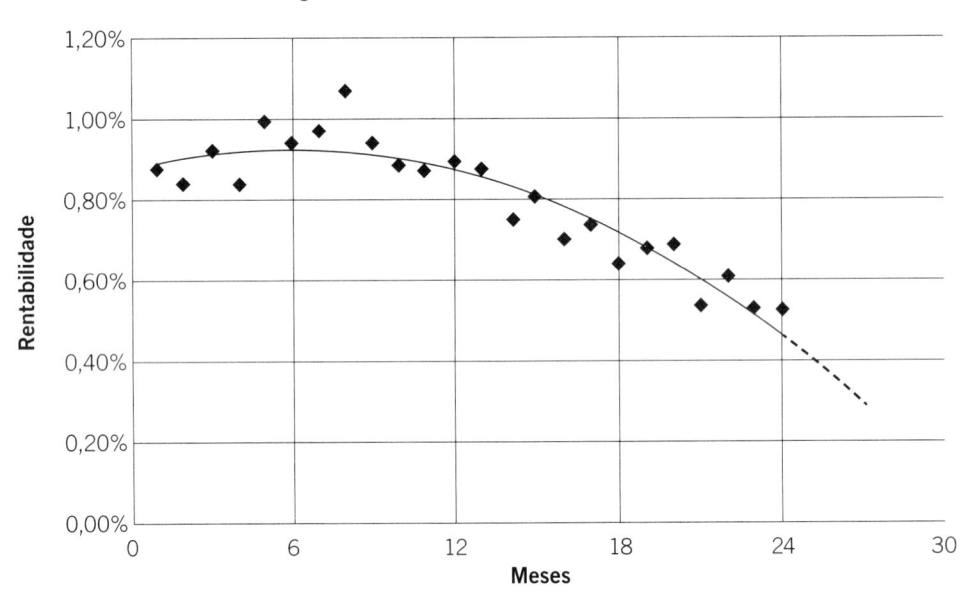

Figura 12.6 | Tendência da taxa de juros

A Figura 12.6 mostra que, aparentemente, até o mês 12 (Dezembro de 20x1) há uma pequena queda na rentabilidade. Porém, a partir do próximo mês, esta queda começa a ser acentuada. Em uma análise da linha de tendência deste período, que possui a equação Rentabilidade = 0,8786 + [0,01548 × (número do mês)] − [0,00134 × (número do mês)^2], podemos fazer uma estimativa de como se comportará a rentabilidade nos próximos meses. Lembrando que estimativas econômicas estão sujeitas a mudanças a todo o momento e, cada nova notícia, é importante para o desenvolvimento delas.

Podemos, portanto, criar nossos próprios estimadores para o desempenho esperado de um ativo financeiro. No caso das taxas de juros, poderíamos observar quanto o mercado futuro está projetando suas taxas, e acrescentar esses pontos à nossa série para melhorar a regressão. Poderíamos também recorrer a alguns modelos específicos para calcular a estrutura temporal da taxa de juros, que incluem outras variáveis além da própria taxa. Para a bolsa de valores, analogamente, pode-se estudar o mercado futuro, e usar modelos de regressão mais avançados. O mais importante é entender com profundidade os conceitos teóricos sobre o mercado financeiro e conseguir aplicá-los corretamente na prática.

12.7 Aplicações em finanças: o conceito de volatilidade e risco

Quando falamos em risco, referimo-nos a uma medida quantitativa: o desvio-padrão. Ao dizer que no ano de 20x1 a renda fixa teve uma taxa média mensal de 0,92% ± 0,07, supomos que ao investir R$ 100 milhões em 20x2 possamos conseguir, com 68,3% de certeza, terminar o mês com um valor entre R$ 100.085.000,00 e R$ 100.099.000,00. A medida do desvio representa a expectativa de risco, em relação a um ativo financeiro. Existem diversas medidas que, dependendo da série estudada, são análogas ao desvio-padrão e, portanto, também consideradas medidas de risco, como, por exemplo, a volatilidade.

Para calcular o retorno de uma série de valores discretos, usamos a fórmula:

$$r_{d,t} = \frac{(A_t - A_{t-1})}{A_{t-1}}$$

Em que A_i é o preço do ativo A no instante t = i. O desvio-padrão calculado para uma série de retornos calculados por essa fórmula também pode ser chamado risco.

Por outro lado, ao trabalhar com séries contínuas, deveremos usar a fórmula:

$$r_{c,t} = \ln\left(\frac{A_t}{A_{t-1}}\right)$$

O desvio-padrão dessa nova série de retornos é chamado de volatilidade. Observe na Tabela 12.9 a seguir, uma comparação entre risco e volatilidade para uma mesma série de preços:

Tabela 12.9 | Comparação entre risco e volatilidade para uma mesma série de preços

Preços (R$)	Rentabilidade (%a.p.)		Rentabilidade (% a.p.)	
100,00				
102,22	$=\left(\dfrac{102{,}22-100{,}00}{100{,}00}\right)=$	2,22%	$=\ln\left(\dfrac{102{,}22}{100{,}00}\right)=$	2,20%
107,96		5,62%		5,46%
106,69		-1,18%		-1,18%
110,62		3,68%		3,62%
114,35		3,37%		3,32%
118,76		3,86%		3,78%
117,58		-0,99%		-1,00%
121,57		3,39%		3,34%
125,86		3,53%		3,47%
131,65		4,60%		4,50%
135,09		2,61%		2,58%
	Média	2,79%	Média	2,74%
	Desvio-padrão (risco)	2,02%	Desvio-padrão (volatilidade)	1,98%

12.8 Considerações finais

Os conceitos aprendidos neste capítulo são uma introdução à interpretação das medidas de risco. Vimos que é fundamental, sempre que trabalharmos com modelos matemáticos e estatísticos, conhecer as premissas dos modelos e seus pontos fortes e fracos. Se alguém pudesse prever o futuro, não existiria risco, pois ele está associado à probabilidade de fracasso de um dado evento. Para cada expectativa em relação ao futuro existe uma medida numérica capaz de quantificar esse risco. No mercado financeiro essa medida é o desvio-padrão.

Aprendemos também que, ao estudar os modelos que estamos utilizando, apresentam-se alternativas para aprimorar as aproximações dos valores futuros. O investimento feito no mundo inteiro para quantificar o risco, principalmente após o crescimento assombroso do mercado de derivativos, tem sido da ordem de bilhões de dólares. Com o Acordo da Basileia, o modelo Risk Metrics^{TM} do J.P. Morgan, e alguns Prêmios Nobel para pesquisadores nessa área, as formas de calcular o risco vêm melhorando a cada dia. Para conseguir a liderança no setor financeiro, é preciso participar desse desenvolvimento, e não apenas "importar" os modelos prontos para aplicar no mercado nacional.

CAPÍTULO 13

Introdução ao *value at risk*

13.1 Motivação para controlar os riscos

A dinâmica do cenário operacional das empresas vem exigindo crescente capacitação de seus administradores, além da implementação de sistemas de controle eficazes que, direcionados pela estratégia corporativa, constituam importantes ferramentas de apoio à decisão. O empirismo e a complacência vêm sendo sistematicamente banidos da gestão empresarial. O empirismo, como decorrência do aumento da complexidade operacional, tornando inviável que um único profissional administre o grande volume de variáveis envolvidas nos processos de decisão e trate delas por meio de modelos mentais, normalmente denominados *feeling*. A complacência, pela maior concorrência, reduz as chances de se reverem erros sem custos consideráveis para a posição competitiva do banco.

As consequências dessa nova realidade, que demandam tão fortemente dos executivos das organizações, são sentidas no aumento dos riscos incorridos. Esse quadro econômico-institucional não permite mais que se assumam riscos cujo controle fuja ao domínio dos administradores. A instabilidade das taxas de juros e de câmbio e as oscilações nos preços dos insumos e produtos da empresa podem induzir a perdas significativas e de difícil recuperação.

Entre os fatores novos no cenário empresarial, a internacionalização dos mercados surge como um dos mais relevantes. Na medida em que as organizações lançam-se à atuação global, novos fatores de incertezas passam a afetar seus fluxos de caixa. Uma empresa brasileira que, porventura, se aventure a operar no mercado asiático passará a conviver com as flutuações das taxas de câmbio das moedas dos países nos quais estabelecer representações, bem como com as variações das taxas de juros e dos preços dos insumos nesses mercados. Por outro lado, mesmo optando por permanecer em seu país de origem, novas situações surgem, na medida em que a globalização econômica afeta os mercados nacionais, pela entrada de novos participantes e pelas importações que trazem novos comportamentos de movimentação dos preços, respondendo a eventos ocorridos em diversos pontos do planeta.

Esse ambiente operacional mais hostil exige técnicas de gestão científicas que possibilitem, a qualquer momento, uma clara identificação, mensuração e avaliação dos riscos incorridos, para que possam ser eficazmente gerenciados, justificando até mesmo o surgimento de uma nova função nos organogramas: a função de gestão de riscos.

Evidências recentes dessa preocupação de administrar riscos são encontradas no enorme desenvolvimento que os mercados de ativos derivados (também chamados derivativos) experimentaram nos últimos anos, devido à demanda crescente dos agentes econômicos por instrumentos de gestão de riscos.

Paralelamente, associada ao potencial de tais instrumentos, torna-se cada vez mais premente a implantação de metodologias de controle que possibilitem uma visão global desses riscos. Mais do que mero instrumento de controle interno, os modelos de gestão de riscos bem elaborados representam importante ferramenta estratégica na conquista e manutenção de mercados, permitindo aos gestores decisões sobre aumentar, reduzir ou manter as posições em risco, bem como sobre a realização de transferências de posição entre suas diversas carteiras e seu impacto no risco global do banco.

13.2 Conceitos importantes sobre gestão de risco

13.2.1 Riscos de mercado

Os riscos financeiros decorrem exclusivamente de eventos que afetam diretamente as posições das carteiras dos bancos e são consequência de decisões de natureza financeira. Os riscos desse tipo são classificados como risco de crédito (eventualidade de as contrapartes de contratos dos quais a empresa é credora não honrarem suas obrigações, conforme as cláusulas originais), risco de liquidez (dificuldade de obtenção de fundos para o financiamento dos ativos ilíquidos da instituição, acarretando, assim, o não cumprimento de suas obrigações) e riscos de mercado (variação no resultado da empresa devido ao efeito de mudanças de preços dos ativos financeiros sobre as posições da empresa). Nosso trabalho se concentra sobre este último tipo de risco, que será melhor detalhado a seguir.

Figura 13.1 | Efeito de mudanças sobre as posições da empresa

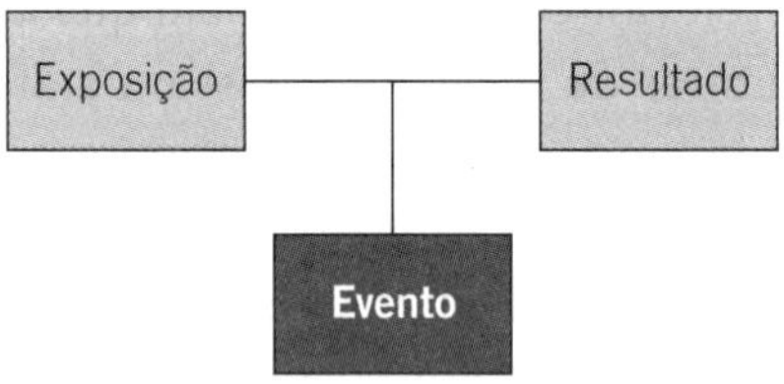

Os riscos de mercado surgem pelo fato de as empresas sistematicamente manterem posições ativas e passivas, não completamente coincidentes no que diz respeito a vencimentos e moedas ou indexadores, tornando-os sensíveis a vários preços de ativos reais (por exemplo, *commodities*) ou financeiros (por exemplo, taxa de câmbio), o que pode levar a pesadas perdas diante de flutuações desfavoráveis dos preços.

Ao longo deste capítulo, será correntemente utilizado o termo fator de risco para referir qualquer parâmetro de mercado cuja variação possa acarretar impacto no resultado do banco, por afetar os valores de suas carteiras. Entre os principais fatores de risco de mercado podemos citar:

- taxas de juros de cada moeda operada pela empresa;
- taxa de câmbio das diferentes moedas com que a empresa realiza suas operações;
- preços de metais preciosos, *commodities* e quaisquer outros produtos nos quais a empresa carregue posição.

Exemplo 13.1

Uma empresa voltada para o cultivo de milho assume um financiamento rural no montante de R$ 4.000.000 para o plantio, à taxa prefixada de 60% a.a., por seis meses. Nesse caso, pode-se dizer que a empresa apresenta ativos cujos valores acompanham o preço do milho, financiados a uma taxa de juros prefixada.

Fatores de risco envolvidos e movimentos indutores de perda para a empresa:

- preço do milho (redução);
- taxa de juros (redução).

Exemplo 13.2

Uma empresa atacadista brasileira capta recursos externos mediante a emissão de U$ 25.000.000 de *eurobonds* de cinco anos, à taxa de 13% a.a. Nesse caso, a empresa possui ativos em reais financiados por recursos em dólares.

Fatores de risco envolvidos e movimentos indutores de perda para a empresa:

- índice de preços internos da empresa (redução);
- taxa de câmbio do dólar norte-americano (elevação);
- taxa de juros do euromercado (redução).

Exemplo 13.3

Uma empresa industrial financia seus consumidores por seis meses, com acréscimo de 12% sobre o preço à vista, e capta recursos entre os bancos por meio de operações de capital de giro de 60 dias. Nesse caso, a empresa possui ativos prefixados de longo prazo, financiados por recursos prefixados de curto prazo.

Fatores de risco envolvidos e movimentos indutores de perda para a empresa:

- taxa de juros prefixadas (elevação).

Uma discussão mais aprofundada sobre esses fatores de risco será realizada mais adiante, neste capítulo.

Sempre que a empresa assume posições em uma determinada moeda ou sujeita-se a um certo indexador, em que os volumes captados e aplicados não coincidem, submete-se ao risco de taxa de câmbio. Isso decorre do fato de que, na medida em que o valor dessa moeda ou indexador se altera, em relação à moeda do país de origem da empresa, os valores das posições também se alteram, somente não na mesma magnitude, dado que os ativos e passivos expostos a tal risco não são de mesma grandeza. Assim sendo, uma valorização da cotação representa um aumento de valor das posições, gerando ganho no ativo e perda no passivo, o que significa dizer que representa ganho à empresa se esta estiver mais aplicada do que captada nesse fator de risco ou, caso contrário, perda. Alternativamente, uma redução da cotação implica em desvalorização das posições, gerando perda, se os ativos no fator de risco forem superiores ao passivo ou ganho verificar-se o oposto.

Resumindo, considere o caso da empresa do Exemplo 13.2, no exato momento em que a captação foi realizada (taxa de câmbio = R$ 1,02/U$).

$$U\$ \ 25.000.000 \times R\$ \ 1,02/U\$ = R\$ \ 25.500.000$$

Tabela 13.1 | Cálculo da captação

Ativo	Passivo
Caixa	Empréstimo
25.500.000	25.500.000

Caso a cotação da moeda sofra imediatamente uma variação de Dr = 5%, a nova estrutura de ativos e passivos passará a ser:

$$U\$ \ 25.000.000 \times R\$ \ 1,02/U\$ \times 1,05 = R\$ \ 26.775.000$$

Tabela 13.2 | Nova estrutura de ativos e passivos

Ativo	Passivo
Caixa	Empréstimo
25.500.000	25.500.000
	Prejuízo
	1.275.000

Genericamente, sendo A e P os valores do ativo e do passivo na moeda em questão, tem-se que:

- Resultado no ativo = $A \times (1 + Dr) - A$
- Resultado no passivo = $P - P \times (1 + Dr)$

Assim, o resultado do banco será afetado em (A − P) × Dr.

No exemplo, (0 − 25.500.000) × 0,05 = − R$ 1.275.000

O risco de taxa de juros é assumido toda vez que a organização realizar operações financeiras com fluxos de caixa futuros previamente contratados, normalmente ditas de renda fixa. Quando não houver coincidência entre os fluxos futuros das captações e das aplicações, seja em seus valores, seja em seus prazos, na medida em que as taxas de juros do mercado se modifiquem, os valores das posições ativas e passivas sofrem variações não coincidentes, valorizando-se quando as taxas caem, o que significa ganho nos ativos e perda nos passivos, e desvalorizando-se pelo aumento dos juros, levando a perda na posição ativa e a ganho na passiva.

Tomemos a empresa do Exemplo 13.3, considerando que o banco cobre 1% a.m. de juros e que o volume mensal de vendas financiadas seja de R$ 12.000.000, que a empresa capta integralmente entre os bancos.

Valor dos recebimentos mensais: 6 parcelas de 12.000.000 × (1 + 0,12) ÷ 6 = R$ 2.240.000.

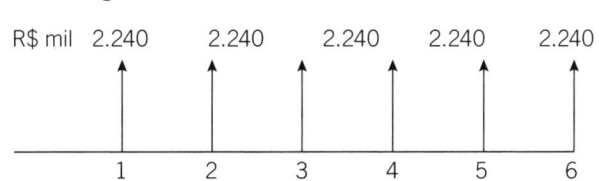

Figura 13.2 | Fluxo de caixa dos recebimentos

R$ mil   2.240   2.240   2.240   2.240   2.240

         1   2   3   4   5   6

No fluxo de caixa do financiamento, supomos que as taxas de financiamento não se alterem (considerando que o recebimento das vendas será utilizado integralmente para quitar a captação):

Tabela 13.3 | Volume de vendas

Mês	Valor presente	Valor futuro
0	12.000.000,00	12.120.000,00
1	9.880.000,00	9.978.800,00
2	7.738.800,00	7.816.188,00
3	5.576.188,00	5.631.949,88
4	3.391.949,88	3.425.869,38
5	1.185.869.38	1.197.728,07

Figura 13.3 | Fluxo de caixa

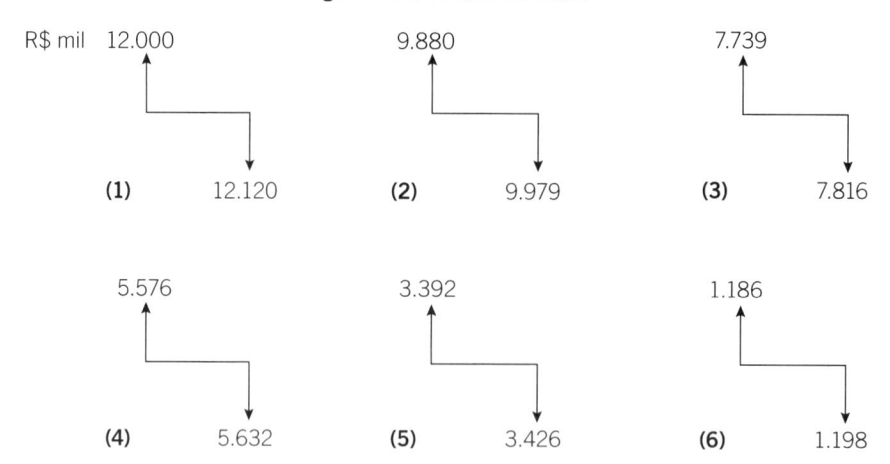

R$ mil 12.000   9.880   7.739

(1)   12.120   (2)   9.979   (3)   7.816

         5.576   3.392   1.186

(4)   5.632   (5)   3.426   (6)   1.198

Resultado em T = 6 meses : 2.240.000 − 1.197.728 = R$ 1.042.272

Caso as taxas de juros para captação se elevem para 4% a.m. ao longo do primeiro mês e permaneçam nesse patamar, a nova situação da empresa será:

Tabela 13.4 | Volume de vendas

Mês	Valor presente	Valor futuro
0	12.000.000,00	12.120.000,00
1	9.880.000,00	10.275.200,00
2	8.035.200,00	8.356.608,00
3	6.116.608,00	6.361.272,32
4	4.121.272,32	4.286.123,21
5	2.046.123,21	2.127.968,14

Figura 13.4 | Fluxo de caixa

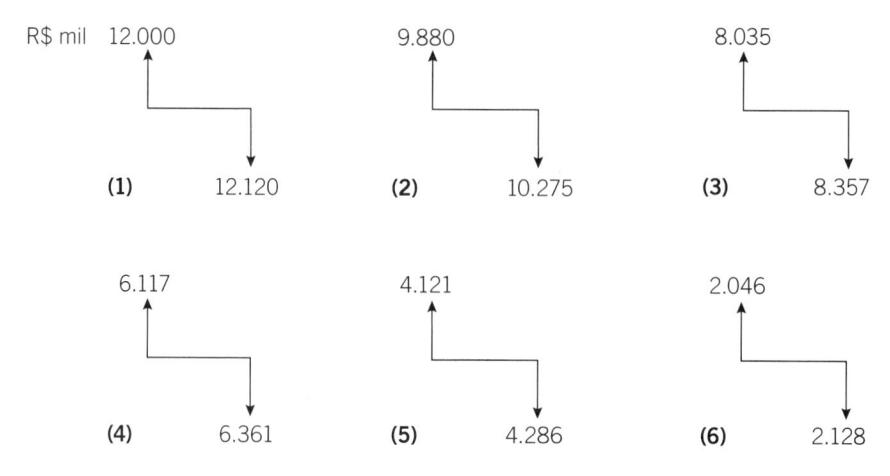

R$ mil 12.000   9.880   8.035

(1)   12.120   (2)   10.275   (3)   8.357

         6.117   4.121   2.046

(4)   6.361   (5)   4.286   (6)   2.128

Resultado em T = 6 meses : 2.240.000 − 2.127.968 = R$ 112.032

Assim, o descasamento de prazos entre a aplicação e a captação pode levar, nas rolagens de posição, a variações significativas no resultado da empresa, na medida em que a taxas de juros oscilam.

13.2.2 Gestão de riscos

O sucesso de longo prazo da empresa diz respeito a sua capacidade de oferecer os produtos demandados pelos clientes, com o nível de qualidade desejado, a um custo que permita rentabilidade adequada dos acionistas, remunerando a contento os riscos associados. O resultado de uma organização decorre de sua disposição em assumir riscos e é a qualidade da gestão desses riscos que determina sua habilidade de atrair créditos. A eficaz administração de riscos direciona as ações para diversificar ou eliminar riscos desnecessários, que não geram recompensa. Modelos de controle de riscos adequados orientam a eliminação de riscos excessivos, enquanto possibilitam a maximização dos retornos do banco, otimizando a relação risco-retorno.

Quando uma organização sujeita-se ao risco de mercado, ela apresenta dois tipos de exposição. O primeiro é a exposição financeira, decorrente do fato de a empresa manter posições sensíveis a um fator de risco qualquer que gera a reavaliação dessas posições à medida que os preços se alteram, sendo de medição direta. O segundo tipo é a exposição econômica, que altera a situação concorrencial da empresa em virtude das oscilações de preços, que podem levar ao aumento da concorrência ou à procura de produtos substitutos por parte dos clientes, gerando efeitos não apenas sobre o valor das posições da empresa, mas também sobre os volumes transacionados por ela.

Exemplificando os efeitos da exposição econômica, tomemos uma empresa que só atue no mercado interno e utilize apenas insumos adquiridos no próprio país. Essa empresa não possui exposição financeira à taxa de câmbio, mas sua competitividade pode ser afetada caso a moeda nacional se valorize significativamente em relação ao dólar, tornando os produtos importados mais baratos e, portanto, mais atrativos para os clientes.

Outro exemplo pode ser apresentado tomando-se o custo dos insumos. Se a empresa possui estoques desses produtos e seus preços se elevam, sua exposição financeira gera ganho, pois tais estoques serão valorizados. Entretanto, há uma exposição econômica que pode fazer com que seus resultados declinem, na medida em que o encarecimento de sua produção pode levar os consumidores a procurarem substitutos para os produtos da empresa. Assim sendo, quando se avalia o risco da organização, não se pode perder de vista a exposição econômica que, muitas vezes pode ser a condicionante do sucesso da empresa.

13.2.2.1 Requisitos para eficácia da gestão de riscos de mercado

Pode-se estabelecer que somente existe risco em uma determinada posição se houver os três componentes que, juntos, afetam o resultado no caso de alterações das condições do mercado. São eles:

a. **Exposição:** é o valor exposto às oscilações do fator de risco. Nos modelos tradicionais, essa variável (denominada comumente *gap* ou descasamento) é normalmente considerada a própria medida de risco. Entretanto, não basta haver exposição ao fator de risco para afirmar que existe o risco, ou pelo menos não é possível afirmar qual o tamanho do risco a partir dela. Assim, vamos tomar duas organizações, uma argentina e outra brasileira, que apresentem as seguintes estruturas patrimoniais em operações cambiais:

Tabela 13.5 | Organização argentina

Ativo	Passivo
U$ 5.000.000	U$ 15.500.000

Tabela 13.6 | Organização brasileira

Ativo	Passivo
U$ 5.000.000	U$ 15.500.000

Ambas as empresas têm a mesma exposição (U$ 10.500.000, vendidos) a variações da taxa de câmbio, mas como o comportamento dos mercados de câmbio brasileiro (flutuação semilivre) e argentino (paridade fixa) são distintos, podemos afirmar que não possuem o mesmo risco, pois seus resultados sofrerão impactos completamente diferentes, a partir dessas exposições.

b. **Sensibilidade:** além de haver exposição, deve-se considerar a sensibilidade ao fator de risco em análise. Tomemos como exemplo duas empresas que captam recursos a taxas de juros prefixadas para financiar estoques, sendo que a companhia A capta recursos por 30 dias e a companhia B capta a 180 dias. Vamos considerar que ambas tenham captado em um mesmo momento R$ 1.000.000 e a estrutura de taxas de juros seja tal que as taxas não apresentem diferença em virtude do prazo das operações (estrutura dita *flat*), estando atualmente em 3,0% a.m., apesar de ambas as empresas possuírem a mesma exposição; ao ocorrer variações nas taxas de juros, seriam verificados efeitos diferentes em cada uma delas, uma vez que suas sensibilidades à taxa de juros são diferentes, acarretando riscos distintos.

Figura 13.5 | Fluxo de caixa Companhia A

1.000.000

0

30

1.030.000

Figura 13.6 | Fluxo de caixa Companhia B

```
1.000.000
   ↑
   |                    180
   |                     |
   0─────────────────────┼──────
                         |
                         ↓
                     1.194.052
```

Caso as taxas de juros se reduzam imediatamente a 2,5% a.m., os impactos sobre as duas empresas serão:

- **Companhia A**: $1.000.000 - 1.030.000 \div (1 + 0,025) = -\text{R\$ } 4.878$
- **Companhia B**: $1.000.000 - 1.194.052 \div (1 + 0,025)^6 = -\text{R\$ } 29.627$

Generalizando, no caso de risco de taxas de juros, quanto menor a diferença de prazos entre os ativos e passivos, menor a sensibilidade, o mesmo ocorrendo para menores diferenças entre os valores do ativo e do passivo. Assim, supondo duas situações:

Tabela 13.7 | Risco de taxa de juros

Situação 1			Situação 2		
Item	Valor	Prazo	Item	Valor	Prazo
Ativo	A	T_{A1}	Ativo	A	T_{A2}
Passivo	P	T_{P1}	Passivo	P	T_{P2}
		$(T_{P1} = T_{A1})$			$(A = P)$

tem-se que, para a Situação 1, quanto maior a diferença entre A e P, maior a sensibilidade do banco a oscilações da taxa de juros. No caso da Situação 2, quanto maior a diferença entre T_{P2} e T_{A2}, maior também a sensibilidade às taxas de juros. Tomando-se, ainda, a Situação 3:

Tabela 13.8 | Risco de taxa de juros

Situação 3		
Item	Valor	Prazo
Ativo	A	T_{A3}
Passivo	P	T_{P3}

Neste caso, quanto maior a diferença $(A \times T_{A3} - P \times T_{P3})$, maior a sensibilidade do banco. Portanto, não basta haver exposição para avaliar o risco incorrido, faz-se necessário ainda o conhecimento da sensibilidade dessa exposição ao fator de risco.

Exemplificando, tomemos oito situações associadas às condições anteriormente descritas, considerando que a estrutura temporal de taxas de juros é *flat* e todas as operações foram contratadas em um momento em que as taxas eram de 3% a.m.:

Tabela 13.9 | Situações associadas ao risco de taxa de juros

Situação 1.a			Situação 1.b		
Item	Valor	Prazo	Item	Valor	Prazo
Ativo	1.000.000	30 dias	Ativo	1.000.000	30 dias
Passivo	2.000.000	30 dias	Passivo	3.000.000	30 dias

Situação 2.a			Situação 2.b		
Item	Valor	Prazo	Item	Valor	Prazo
Ativo	1.000.000	30 dias	Ativo	1.000.000	30 dias
Passivo	1.000.000	90 dias	Passivo	1.000.000	180 dias

Situação 3.a			Situação 3.b		
Item	Valor	Prazo	Item	Valor	Prazo
Ativo	1.000.000	30 dias	Ativo	1.000.000	30 dias
Passivo	2.000.000	90 dias	Passivo	3.000.000	90 dias

Situação 3.c			Situação 3.d		
Item	Valor	Prazo	Item	Valor	Prazo
Ativo	1.000.000	30 dias	Ativo	1.000.000	30 dias
Passivo	2.000.000	180 dias	Passivo	3.000.000	180 dias

Caso as taxas de juros se alterem para 2,5 % a.m., os efeitos correspondentes serão:

Tabela 13.10 | Efeitos da taxa de juros

Situação 1.a		
Ativo	$1.000.000 \times (1 + 0,03) \div (1 + 0,025) - 1.000.000$	= + R$ 4.878
Passivo	$2.000.000 - 2.000.000 \times (1 + 0,03) \div (1 + 0,025)$	= - R$ 9.756
Resultado		= - R$ 4.878

Situação 1.b		
Ativo	$1.000.000 \times (1 + 0,03) \div (1 + 0,025) - 1.000.000$	= + R$ 4.878
Passivo	$3.000.000 - 3.000.000 \times (1 + 0,03) \div (1 + 0,025)$	= - R$ 14.634
Resultado		= - R$ 9.756

Situação 2.a

Ativo	1.000.000 × (1 + 0,03) ÷ (1 + 0,025) − 1.000.000	= + R$ 4.878
Passivo	1.000.000 − 1.000.000 × [(1 + 0,03) ÷ (1 + 0,025)]3	= − R$ 14.706
Resultado		= − **R$ 9.828**

Situação 2.b

Ativo	1.000.000 × (1 + 0,03) ÷ (1 + 0,025) − 1.000.000	= + R$ 4.878
Passivo	1.000.000 − 1.000.000 × [(1 + 0,03) ÷ (1 + 0,025)]6	= − R$ 29.628
Resultado		= − **R$ 24.750**

Situação 3.a

Ativo	1.000.000 × (1 + 0,03) ÷ (1 + 0,025) − 1.000.000	= + R$ 4.878
Passivo	2.000.000 − 2.000.000 × [(1 + 0,03) ÷ (1 + 0,025)]3	= − R$ 29.411
Resultado		= − **R$ 24.533**

Situação 3.b

Ativo	1.000.000 × (1 + 0,03) ÷ (1 + 0,025) − 1.000.00	= + R$ 4.878
Passivo	3.000.000 − 3.000.000 × [(1 + 0,03) ÷ (1 + 0,025)]3	= − R$ 44.117
Resultado		= − **R$ 39.239**

Situação 3.c

Ativo	1.000.000 × (1 + 0,03) ÷ (1 + 0,025) − 1.000.000	= + R$ 4.878
Passivo	2.000.000 − 2.000.000 × [(1 + 0,03) ÷ (1 + 0,025)]6	= − R$ 59.255
Resultado		= − **R$ 54.377**

Situação 3.d

Ativo	1.000.000 × (1 + 0,03) ÷ (1 + 0,025) − 1.000.000	= + R$ 4.878
Passivo	3.000.000 − 3.000.000 × [(1 + 0,03) ÷ (1 + 0,025)]6	= − R$ 88.883
Resultado		= − **R$ 84.005**

Assim, vemos que, para o mesmo ativo, os impactos da variação das taxas de juros em cada situação de passivo foram:

Tabela 13.11 | Impactos da variação das taxas de juros

		Prazo		
		30	90	180
	1.000.000	0	-9.828	-24.750
Valor	2.000.000	-4.878	-24.533	-54.377
	3.000.000	-9.756	-39.239	-84.005

c. **Variação**: finalmente, não basta haver exposição e sensibilidade ao fator de risco, pois, se o preço não variar, nada ocorre ao resultado da empresa e, portanto, não há risco, uma vez que é tal oscilação que acarreta variação no resultado da organização. Um banco que apresentasse as mesmas posições de carteiras e, portanto, mesma exposição e sensibilidade, em dois cenários distintos de mercado, sendo um mais conturbado e outro mais tranquilo, apresentaria riscos distintos, uma vez que a possibilidade de grandes oscilações é maior no primeiro caso. Se o banco medisse seu risco exclusivamente pelas medidas de exposição e de sensibilidade, apresentaria em ambos os casos riscos idênticos.

Assim, podemos dizer que o risco ao qual a instituição se submete se deve ao conjunto destes três fatores: exposição, sensibilidade e variação. Cumpre notar nesse ponto que, desses três componentes, a exposição e a sensibilidade são controláveis pela instituição, que pode tomar ações para reduzi-las ou aumentá-las. O terceiro componente, entretanto, é uma característica do mercado, portanto, fora do controle do banco.

Cabe ao modelo de controle de riscos do banco, portanto, especificar a forma de apuração desses três componentes e de como relacioná-los para que sejam obtidos os valores dos riscos.

Apesar de o tema gestão de riscos ser bastante comum na literatura financeira, o enfoque tradicional trata tal problema com a segmentação dos modelos de controle por fator de risco (taxa de juros, taxa de câmbio etc.), normalmente quantificando o risco com o uso de uma única medida, o descasamento existente entre passivos e ativos. Dessa forma, o risco de taxa de câmbio é expresso pela diferença entre os ativos e passivos em cada moeda, e o risco de taxa de juros pelo diferencial de prazos entre ativos e passivos. Em alguns casos, utilizam-se conceitos mais elaborados como a *duration*.

O uso do descasamento como medida de risco não possibilita comparações entre riscos de naturezas distintas, uma vez que não é possível dizer objetivamente, para um mesmo valor de descasamento em dólares e em marcos alemães, qual o de maior risco. Até no caso do mesmo fator de risco, essa medida peca, quando comparamos momentos diferentes, pois não permite afirmar, para duas ocorrências de descasamento de U$ 10.000.000 observadas em duas datas distintas, qual trouxe maior risco à empresa. O uso dessa medida de risco não permite também a visão integrada dos riscos corporativos, visto que não é viável realizar uma operação agregando os descasamentos de moedas aos de prazos, e às posições em ações para a obtenção do risco global da instituição.

Pode-se afirmar que a base da gestão de riscos consiste na medição objetiva e acurada do risco.

Um aspecto relevante na análise dos fatores de risco da instituição é a identificação do seu perfil de risco em relação a cada um deles, que pode ser obtido medindo a variação do valor da instituição para diversos níveis de preços de cada fator de risco, levantando curvas como as exemplificadas a seguir.

Figura 13.7 | Curva do fator de risco 1

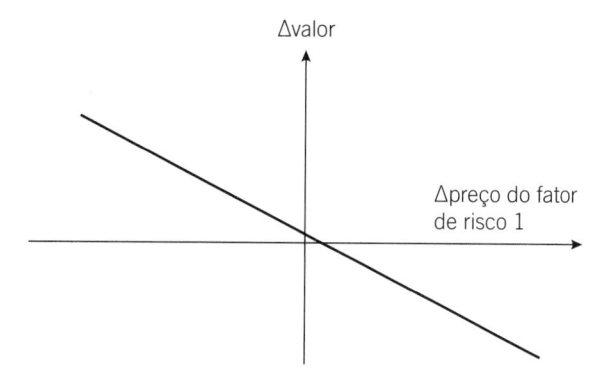

Figura 13.8 | Curva do fator de risco 2

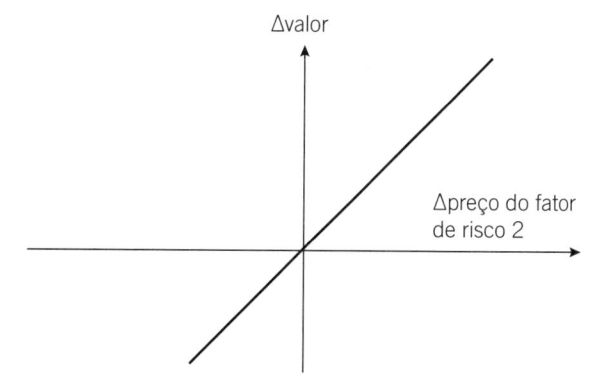

Estes dois perfis de risco mostram que a instituição em questão está sujeita a perdas, no caso de valorização do fator de risco 1 e de desvalorização do fator de risco 2.

Apenas recentemente começaram a se difundir metodologias que procuram sanar as deficiências dos modelos tradicionais, utilizando os princípios da teoria de carteiras, procurando a determinação de uma única medida para representar todos os riscos incorridos pela empresa, de forma a possibilitar comparações e a integração deles. Um modelo eficaz de controle de riscos deve atender aos seguintes requisitos.

- **Quantificação do risco**: o modelo deve possuir uma medida objetiva e mensurável de risco que possibilite sua apuração independentemente de julgamentos subjetivos e possa ser medida autônoma e concomitantemente por diversas áreas da empresa (tesouraria, controladoria, auditoria etc.) sem problemas de consistência.

- **Unidade de medida única**: todos os riscos devem ser expressos em uma única unidade de medida que permita compará-los e realizar, a partir daí, movimentações para reduzi-los, aumentá-los ou mesmo transferi-los de uma carteira para outra. Mediante o uso de uma mesma unidade de valor, torna-se viável realizar operações somando ou subtraindo riscos às várias posições da instituição.

- **Visão integrada**: deve ser viável a apuração de todos os riscos de mercado para cada carteira e sua consolidação, de modo a se apurar uma medida do risco global da instituição.

- **Interação entre mercados**: o modelo em questão deve considerar as interações e correlações entre os diversos mercados em que se possui exposição, possibilitando apurar efeitos de diversificação de riscos.
- **Reflexo da situação atual dos mercados**: a medida de risco deve considerar o cenário atual dos mercados e as variações viáveis de ocorrer, dado o ambiente em que se inserem as exposições da empresa.
- **Efeito da liquidez do mercado**: deve ser considerado pelo modelo a facilidade com que se pode desfazer ou proteger as atuais posições, uma vez que a liquidez de mercado dos instrumentos com os quais se opera afeta o risco. Em cenários de menor liquidez, pode ocorrer a situação na qual, acumulando-se prejuízos, haja o desejo de sair do risco e não conseguir por falta de contrapartes com as quais operar. Dessa forma, quanto mais tempo demorar para se reverter a exposição, maior o risco.
- **Simulação de situações específicas**: deve ser possível simularem-se mudanças bruscas das situações desses mercados e avaliar seus impactos sobre o resultado.
- **Apuração de efeito no valor da instituição**: a medida de risco deve explicitar os efeitos que o risco incorrido pode acarretar no valor da empresa.
- **Controle e avaliação do modelo**: deve ser possível, ao longo do tempo, acompanhar os resultados gerados pelo modelo para avaliar sua adequação e eficácia.
- **Resultado ajustado ao risco**: o modelo deve possibilitar o ajuste dos resultados das diversas áreas operacionais aos riscos incorridos pelas mesmas, mediante a alocação do capital a ser remunerado por elas.

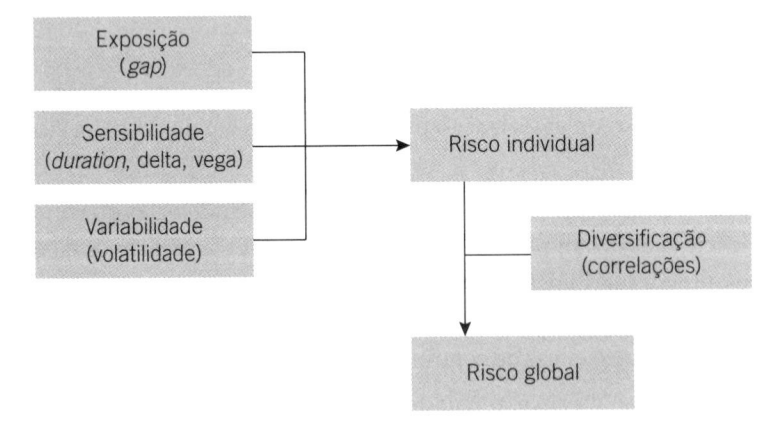

Figura 13.9 | Controle de risco

13.2.3 Apuração da exposição

Ao contrário dos valores registrados na contabilidade, que refletem o valor histórico de suas posições, para efeito de gestão de risco, o enfoque relevante consiste na obtenção dos valores de mercado das posições, que representam seus reais valores econômicos. Assim, o cuidado principal a ser tomado para a apuração da exposição consiste na conversão de todas as operações da instituição a preços de mercado, dado que o relevante a ser avaliado quando se analisa o risco é quanto de nosso resultado está em jogo, a partir do que já foi auferido até o momento, caso as cotações do mercado oscilem. Na realidade, a variação observada nas posições em valor de mercado representam mesmo a variação ocorrida no valor de mercado da própria instituição.

Dessa forma, quando se avalia o risco de uma posição de ações, não interessa identificar quanto o banco pode perder ou ganhar em relação ao valor de aquisição delas, mas sim em comparação com o que obteria, caso se desfizesse da carteira nesse momento, ou se fosse realizado o *hedge* da posição. O resultado de toda avaliação de risco é exatamente uma decisão entre desfazer ou manter uma determinada posição assumida pela instituição.

Na realidade, quando avalia sua exposição a preços de mercado, o que o banco quer é apurar em valor presente o resultado que, decorrente da variação do mercado, será reconhecido pela contabilidade somente no futuro. Tome-se como exemplo a seguinte estratégia: o banco resolveu captar o valor V em uma operação de n dias à taxa i_c e repassar o recurso por m dias (m > n) à taxa i_a ($i_a > i_c$).

Figura 13.10 | Estratégia de captação de valor

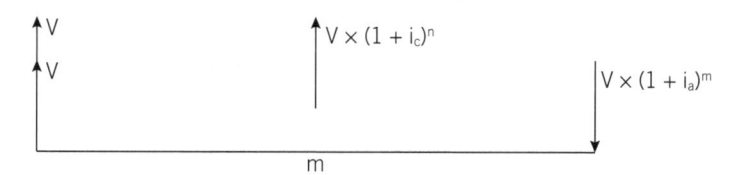

Supondo que a taxa de juros passe imediatamente para i ($i > i_a$), e seja idêntica para captar e aplicar recursos, como resultado na contabilidade, apurado apenas após o prazo m, ocorrerá:

$$\text{Resultado} = V \times (1 + i_a)^m - V \times (1 + i_c)^n \times (1 + i)^{(m-n)}$$

Caso as posições fossem controladas a preços de mercado, teríamos como resultado, na data da mudança das condições de mercado:

$$\text{Resultado} = \frac{V \times (1+i_a)^m}{(1+i)^m} - \frac{V \times (1+i_c)^n \times (1+i)^{m-n}}{(1+i)^m} =$$
$$= \frac{V \times (1+i_a)^m - V \times (1+i_c)^n \times (1+i)^{m-n}}{(1+i)^m}$$

Esse valor nada mais é do que o valor presente do resultado contábil, descontado pela nova taxa de mercado. Entretanto, ao considerar o valor contábil, embora na realidade o banco esteja em uma situação mais desfavorável, aparecerá na demonstração de resultados um lucro durante todo o prazo n, surgindo o prejuízo somente depois de vencida a captação e realizada sua rolagem à nova taxa de juros. Essa é a primordial razão pela qual a utilização de preços de mercado para expressar a exposição torna-se mais adequada. As figuras dos exemplos a seguir mostram isso.

Neste exemplo, um banco captou R$ 1.000.000, por 90 dias, e aplicou esse recurso por 30 dias. No dia de realização da operação, o mercado operava com a seguinte estrutura de taxas de juros a termo:

Figura 13.11 | Estrutura de juros a termo

```
0              30             60             90
|---------------|--------------|--------------|
     i = 4,0%       i = 3,5%       i = 3,0%
```

As taxas das operações de aplicação e de captação são apresentadas a seguir. Como primeira hipótese, suponha que, ao longo dos 90 dias, as taxas efetivamente praticadas pelo mercado tenham respeitado a projeção original.

Exemplo 13.4

Operação de renda fixa (risco de taxa de juros)

Valor = R$ 1.000.000,00

Captação por 90 dias a 10,87% a.p. (1,1087 = 1,04 × 1,035 × 1,03)

Aplicação por 30 dias a 4,00% a.m.

Hipótese 1

Tabela 13.12 | Taxas futuras de rolagem confirmam expectativa inicial do mercado

Período (dias)	Taxas mercado em T_0 (a.p.)
0 – 30	4,00%
30 – 60	3,50%
60 – 90	3,00%

Nesse caso, o banco precisará rolar seu ativo mensalmente e os valores de resgate (e respectivas reaplicações) são mostrados nos fluxos de caixa da Tabela 13.13, calculados conforme segue:

Tabela 13.13 | Fluxos de caixa do banco

T = 30 dias	Resgate = 1.000.000 × (1 + 0,04) = R$ 1.040.000
	Reaplicação = R$ 1.040.000, por 30 dias, à taxa de 3,5%
T = 60 dias	Resgate = 1.040.000 × (1 + 0,035) = R$ 1.076.400
	Reaplicação = R$ 1.076.400, por 30 dias, à taxa de 3,0%
T = 90 dias	Resgate = 1.076.400 × (1 + 0,03) = R$ 1.108.692

Nota-se que, como as taxas de rolagem foram exatamente aquelas que originaram a formação da taxa à vista de 90 dias, o valor de resgate da aplicação foi idêntico ao de vencimento da captação, sendo o fluxo de caixa consolidado dessa estratégia igual a zero em todos os momentos até seu vencimento, o que implica em um resultado também nulo.

Figura 13.12 | Apuração de resultados: fluxos de caixa

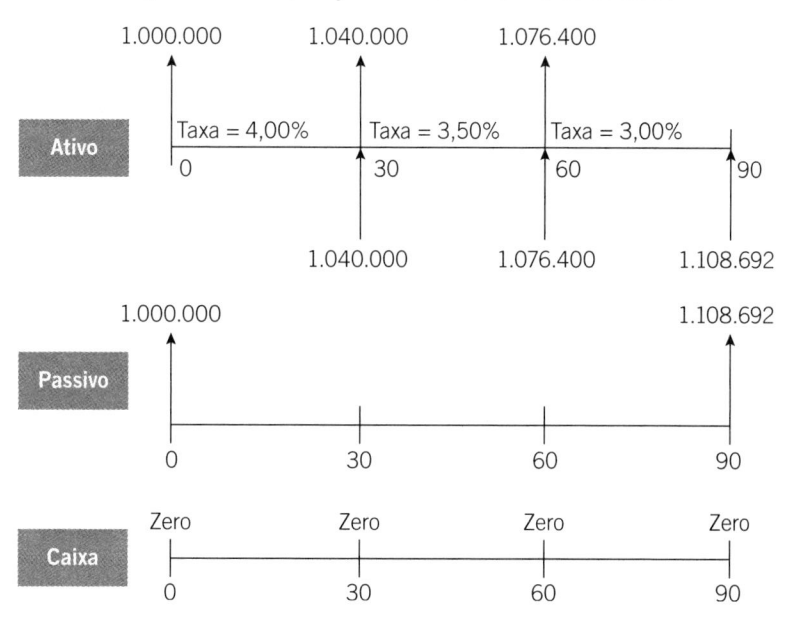

Ativo

```
1.000.000      1.040.000      1.076.400
    ↑              ↑              ↑
    | Taxa = 4,00% | Taxa = 3,50% | Taxa = 3,00% |
    0             30             60             90
                   ↓              ↓              ↓
              1.040.000       1.076.400      1.108.692
```

Passivo

```
1.000.000                                   1.108.692
    ↑                                           ↑
    |              |              |             |
    0             30             60             90
```

Caixa

```
  Zero          Zero           Zero           Zero
    |             |              |             |
    0            30             60             90
```

Na Figura 13.13 a seguir são apresentados os resultados apurados no fim de cada mês para o banco, de acordo com o princípio contábil de apropriação de rendas e de despesas.

Figura 13.13 | Apuração de resultados: contabilização por apropriação de dados históricos

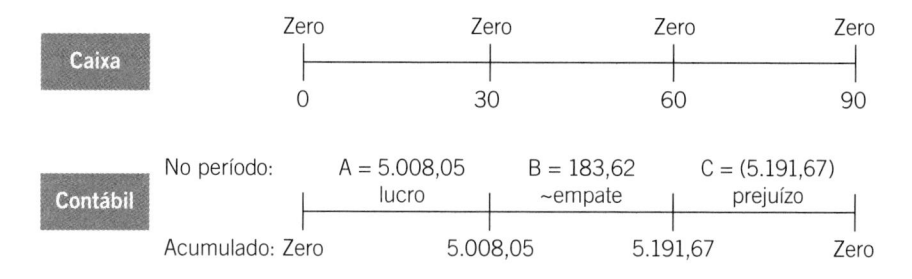

Caixa

```
  Zero          Zero           Zero           Zero
    |             |              |             |
    0            30             60             90
```

Contábil

```
No período:    A = 5.008,05    B = 183,62     C = (5.191,67)
                  lucro          ~empate         prejuízo
               |              |              |
Acumulado: Zero   5.008,05      5.191,67        Zero
```

Tabela 13.14 | Apuração de resultados

A (período 0-30 dias)	Ativo: 1.000.000,00 × 0,04	= 40.000,00
	Passivo: -1.000.000,00 × (1.1087$^{30/90}$ − 1)	= 34.991,95
B (período 30-60 dias)	Ativo: 1.040.000,00 × 0,035	= 36.400,00
	Passivo: -1.000.000,00 × (1.1087$^{30/90}$ − 1.1087$^{30/90}$)	= 36.216,38
C (período 60-90 dias)	Ativo: 1.076.400,00 × 0,03	= 32.292,00
	Passivo: -1.000.000,00 × (1.1087$^{30/90}$ − 1.1087$^{30/90}$)	= 37.483,67

Fica claro que a contabilidade apresenta um resultado distorcido nesse caso, uma vez que a taxa da captação se forma pela composição das taxas esperadas pelo mercado para o prazo total da operação, podendo ser vista como uma média das taxas a termo até seu vencimento. No final, o resultado é efetivamente zerado, mas ao longo da vida da estratégia, os valores são desprovidos de significado, pois o que representa um lucro de R$ 5.000 em um mês, referente a uma estratégia que, sabe-se de antemão, terá em seu término resultado nulo? Caso o banco tenha um sistema de remuneração variável, é merecido o prêmio pago no mês que apresentou lucro?

A avaliação das posições a mercado e a apuração dos resultados a partir desses valores representa uma situação isenta dessas distorções, como pode ser comprovado a seguir. Assim, descontando os fluxos de caixa contratados pelas taxas de mercado a cada momento, o diferencial entre o valor do ativo e o do passivo nos fornece a situação real do resultado do banco, ou seja, zero ao longo de todo período da estratégia dado que as taxas de mercado não se alteraram.

Figura 13.14 | Apuração de resultados: operações marcadas a mercado

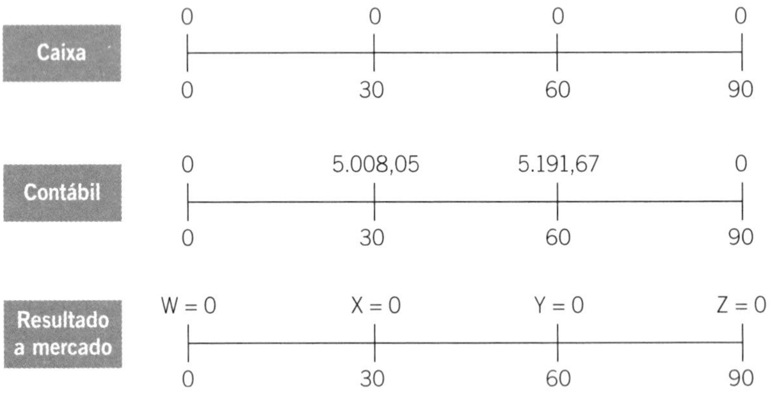

Tabela 13.15 | Apuração de resultados

Valor de mercado = Valor presente dos fluxos de caixa futuros		
W (no dia 0)	Ativo: 1.040.000,00 ÷ 1,04	= 1.000.000,00
	Passivo: -1.108.692,00 ÷ (1,03 × 1,035 × 1,04)	= 1.000.000,00
X (no dia 30)	Ativo: 1.076.400,00 ÷ 1,035	= 1.040.000,00
	Passivo: -1.108.692,00 ÷ (1,03 × 1,035)	= 1.040.000,00
Y (no dia 60)	Ativo: 1.108.692,00 ÷ 1,03	= 1.076.400,00
	Passivo: -1.108.692,00 ÷ 1,03	= 1.076.400,00
Z (no dia 90)	Ativo:	= 1.108.692,00
	Passivo:	= 1.108.692,00

Adotando, agora, essa mesma estratégia em um outro cenário de taxas, considerando-se que elas caíram imediatamente após a contratação das operações, o novo cenário passa a ser:

Figura 13.15 | Novo cenário da estratégia

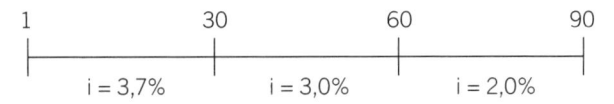

```
1            30           60           90
|-------------|------------|------------|
    i = 3,7%     i = 3,0%     i = 2,0%
```

Exemplo 13.5

Operação de renda fixa (risco de taxa de juros)

Valor = R$ 1.000.000,00

Captação por 90 dias a 10,87% a.p. (1,1087 = 1,04 × 1,035 × 1,03)

Aplicação por 30 dias a 4,00% a.m.

Hipótese 2

Tabela 13.16 | Taxas futuras de rolagem inferiores à expectativa do mercado*

Período (dias)	Taxas mercado em T_0 (a.p.)	Taxas mercado em T_1 (a.p.)
0 – 30	4,00%	3,70%
30 – 60	3,50%	3,00%
60 – 90	3,00%	2,00%

* Caem no primeiro dia e se mantêm nos dias seguintes.

Nesse novo cenário, o banco rolará seu ativo mensalmente com os valores de resgate (e respectivas reaplicações) apresentados nos fluxos de caixa e calculados conforme segue:

Tabela 13.17 | Fluxos de caixa do novo cenário

T = 30 dias	Resgate = 1.000.000 × (1 + 0,04) = R$ 1.040.000
	Reaplicação = R$ 1.040.000, por 30 dias, à taxa de 3,0%
T = 60 dias	Resgate = 1.040.000 × (1 + 0,030) = R$ 1.071.200
	Reaplicação = R$ 1.071.200, por 30 dias, à taxa de 2,0%
T = 90 dias	Resgate = 1.071.200 × (1 + 0,02) = R$ 1.092.624

Como as taxas de rolagem caíram, o valor de resgate da aplicação foi inferior ao de vencimento da captação, sendo o fluxo de caixa consolidado desta estratégia igual a zero em todos os momentos antes do vencimento, com uma saída de caixa líquida de R$ 16.068 no vencimento, o que implica em resultado negativo desse mesmo valor.

Figura 13.16 | Apuração de resultados: fluxos de caixa

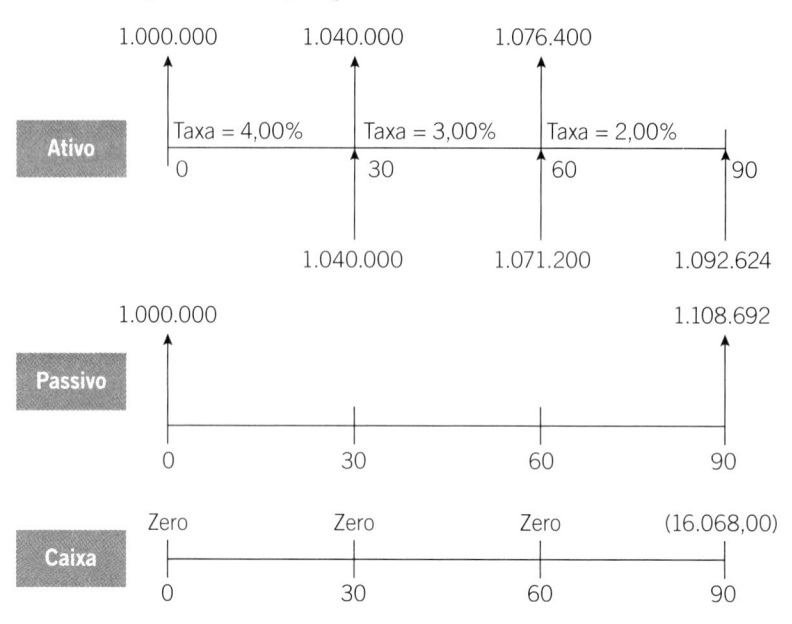

Ativo:
```
1.000.000      1.040.000      1.076.400
   ↑              ↑              ↑
   | Taxa=4,00%   | Taxa=3,00%   | Taxa=2,00%
   0─────────────30─────────────60─────────────90
                  ↓              ↓              ↓
              1.040.000      1.071.200      1.092.624
```

Passivo:
```
1.000.000                                 1.108.692
   ↑                                         ↑
   0─────────────30─────────────60─────────────90
```

Caixa:
```
  Zero          Zero           Zero       (16.068,00)
   0─────────────30─────────────60─────────────90
```

Assim, a partir do momento T = 1, já se sabe que tal operação representará uma perda para o banco, mas a apuração de resultados a partir da contabilidade nos dá, mês a mês, uma visão diferente, conforme mostrado na Figura 13.17 a seguir.

Figura 13.17 | Apuração de resultados: contabilização por apropriação de dados históricos

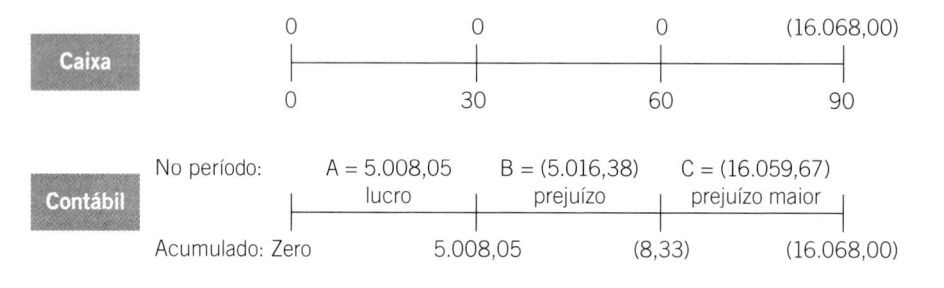

Caixa:
```
    0              0              0         (16.068,00)
    0─────────────30─────────────60─────────────90
```

Contábil:
```
No período:    A = 5.008,05    B = (5.016,38)    C = (16.059,67)
                  lucro           prejuízo        prejuízo maior
Acumulado: Zero   5.008,05        (8,33)          (16.068,00)
```

Tabela 13.18 | Apuração de resultados

A (período 0-30 dias)	Ativo: 1.000.000,00 × 0,04	= 40.000,00
	Passivo: -1.000.000,00 × ($1{,}1087^{30/90} - 1$)	= 34.991,95
B (período 30-60 dias)	Ativo: 1.040.000,00 × 0,03	= 31.200,00
	Passivo: -1.000.000,00 × ($1{,}1087^{30/90} - 1{,}1087^{30/90}$)	= -36.216,38
C (período 60-90 dias)	Ativo: 1.071.200,00 × 0,02	= 32.292,00
	Passivo: -1.000.000,00 × ($1{,}1087^{30/90} - 1{,}1087^{30/90}$)	= 37.483,67

Durante o primeiro mês é apurado um ganho, e somente após a primeira rolagem é que os prejuízos começam a ser mostrados. Também neste caso, no final dos 90 dias o resultado acumulado é corretamente apurado, mas ao longo desse período a informação pode induzir a erros na tomada de decisão.

Quando passamos a considerar as posições a preços de mercado, entretanto, a informação obtida nos fornece a visão correta da situação do banco, como se observa a seguir. É interessante notar que já em T = 1, caso fosse apurado o resultado, seria reconhecido o impacto da mudança de taxas, sendo tal resultado simplesmente corrigido até o vencimento pelas novas taxas em vigor no mercado.

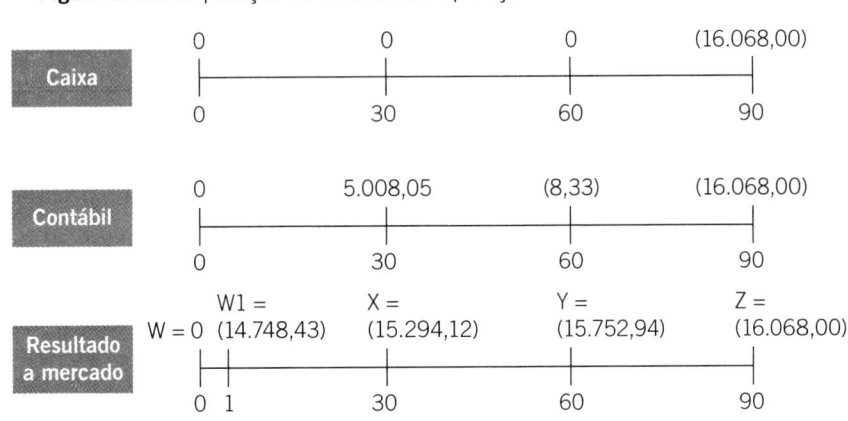

Figura 13.18 | Apuração de resultados: operações marcadas a mercado

Caixa

0	0	0	(16.068,00)
0	30	60	90

Contábil

0	5.008,05	(8,33)	(16.068,00)
0	30	60	90

Resultado a mercado

W = 0	W1 = (14.748,43)	X = (15.294,12)	Y = (15.752,94)	Z = (16.068,00)
0	1	30	60	90

Tabela 13.19 | Apuração de resultados

Valor de mercado = Valor presente dos fluxos de caixa futuros

W (no dia 0)	Ativo: 1.040.000,00 ÷ 1,04	= 1.000.000,00
	Passivo: -1.108.692,00 ÷ (1,03 × 1,035 × 1,04)	= 1.000.000,00
W1 (no dia 1)	Ativo: 1.040.000,00 ÷ 1,037	= 1.002.892,96
	Passivo: -1.108.692,00 ÷ (1,02 × 1,03 × 1,037)	= 1.017.641,39
X (no dia 30)	Ativo: 1.071.200,00 ÷ 1,03	= 1.040.000,00
	Passivo: -1.108.692,00 ÷ (1,02 × 1,03)	= -1.055.294,12
Y (no dia 60)	Ativo: 1.092.624,00 ÷ 1,02	= 1.071.200,00
	Passivo: -1.108.692,00 ÷ 1,02	= 1.086.952,94
Z (no dia 90)	Ativo:	= 1.092.624,00
	Passivo:	= -1.108.692,00

Nesse esforço de avaliar os preços de mercado das posições, são encontrados vários problemas, sendo que, entre as dificuldades mais frequentes, podemos citar:

a. **Avaliação de posições de renda variável (moedas, metais, ações etc.)**: quando tais instrumentos são negociados em mercados ativos e com boa liquidez, pode-se partir das cotações disponíveis e públicas, cabendo, entretanto, decidir quanto a que momento tomar tais valores e em qual mercado colhê-los, no caso de se negociar em vários locais. Estas definições são relevantes para possibilitar estudos posteriores sobre o comportamento dos mercados, para avaliar a eficácia do modelo de controle adotado e para permitir a realização de auditagem sobre os riscos do banco. Assim, como no caso de moedas, cujo mercado funciona praticamente 24 horas por dia, é importante definir:

- em que momento tomar os dados;
- entre as diversas cotações disponíveis (compra, venda, negócio), qual deve ser tomada;
- no caso de mercados de bolsas, qual o mercado a ser tomado como base para cada ativo;
- em se tratando de mercado de balcão, que participantes devem ser escolhidos como referência para a tomada de cotações;
- quais as alternativas, caso o principal mercado não esteja operando ou as instituições de referência não estejam cotando no momento da coleta de dados.

Dificuldades maiores surgem quando as posições reavaliadas são negociadas em mercados de baixa liquidez, fazendo-se necessário lançar mão de outros artifícios para a obtenção desses preços. Para isso, devem ser escolhidos modelos adequados de formação de preços, de equilíbrio de mercados ou mesmo de arbitramento e, a partir deles, obtemos os preços teóricos de mercado. Nesses casos, as dificuldades são bem maiores e requerem uma especialização mais profunda dos profissionais envolvidos no processo. Além dos problemas relacionados anteriormente, que continuam a existir desde que os modelos dependem de outros preços de mercado para definir aquele do ativo que se deseja avaliar, pode-se citar adicionalmente:

- qual o melhor modelo a ser adotado para cada tipo de ativo, e em que situações ele é recomendado;
- qual o período para reavaliar a eficácia do modelo escolhido;
- identificar qual o impacto que as restrições assumidas pelo modelo adotado acarretam sobre o preço calculado.

Uma vez determinados tais preços, o valor da exposição pode ser facilmente determinado:

Exposição = Quantidade × Preço

b. **Avaliação de posições de instrumentos sujeitos à taxa de juros (renda fixa)**: obtida por meio da apuração do valor presente dos fluxos de caixa futuros, descontados pelas taxas de juros vigentes no mercado, tais operações são normalmente transacionadas em mercados de balcão e possuem apenas alguns prazos com maior liquidez (no Brasil, múltiplos de 30 dias). Nesse caso, surgem dificuldades, uma vez que o banco carrega posições com diversos prazos que decorrem até seus vencimentos, negociados com distintas formas de amortização e realizados com diferentes contrapartes. Faz-se necessário, então, apurar, para cada fluxo de caixa contratado destas operações, a taxa de desconto apropriada e, em alguns casos, ajustá-la pelo risco de crédito da contraparte. Assim é que, por exemplo, os títulos da dívida externa brasileira negociados no exterior possuem sua taxa de mercado oscilando em função de dois componentes: a taxa de juros sem risco, normalmente considerada como sendo a dos títulos do governo norte-americano de prazo semelhante, e o *spread* de risco Brasil, cobrado pelos investidores.

Assim, mesmo que as taxas de juros internacionais se mantenham estáveis, o valor dos títulos pode variar se houver uma reavaliação pelo mercado do risco de crédito do emitente. A apresentação de modelos de apuração das taxas de desconto dos fluxos de caixa será realizada em capítulo específico deste trabalho. Assim, conhecidas as taxas de desconto, obtém-se o valor da exposição em renda fixa do banco:

$$\text{Exposição} = \frac{FC_1}{(1+i_1+r_1)} + \frac{FC_2}{(1+i_2+r_2)} + \frac{FC_3}{(1+i_3+r_3)}$$

Em que:

FC_t = fluxo de caixa no momento t

i_t = taxa de juros de mercado sem risco para operações de prazo t

r_t = *spread* de risco de mercado para operações de mesmo risco e de prazo t

Ressalte-se que as taxas utilizadas para valorar os fluxos de caixa são obtidas a partir de operações com pagamento único no vencimento e de mesmo prazo do fluxo de caixa correspondente. Assim sendo, faz-se necessária a construção de modelos para a elaboração das curvas que representem a estrutura temporal das taxas de juros de cada mercado e do *spread* de risco de crédito de cada categoria de contraparte. Esquematicamente, tem-se:

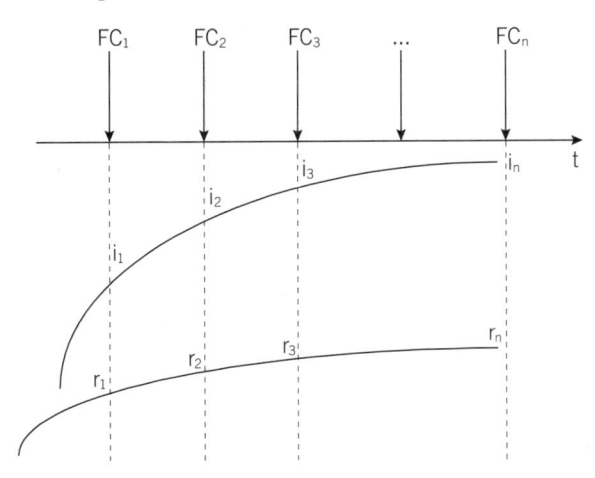

Figura 13.19 | Curvas de estrutura temporal

13.2.4 Sensibilidade aos fatores de risco

Uma vez estabelecida a exposição da instituição, o passo seguinte consiste em identificar quão sensível ela é em relação ao fator de risco considerado, identificando, para determinada oscilação dos preços de mercado, qual o impacto dela no resultado da posição.

$$\text{Sensibilidade} = \frac{\Delta \text{Resultado}}{\Delta \text{Preço}}$$

$$\frac{\Delta \text{Preço}}{\Delta \text{Resultado}} \rightarrow \text{Exposição (sensibilidade)} \rightarrow \Delta \text{Resultado}$$

No caso de carteiras de renda variável e de moedas, cuja sensibilidade em relação aos preços dos ativos de renda variável e às taxas de câmbio, respectivamente, segue um comportamento linear (a variação de preço gera efeitos proporcionais nos resultados), o cálculo é bastante simplificado. Já para as posições de renda fixa e para os derivativos, que seguem um perfil de risco não linear, o tratamento é mais complexo e requer esforços adicionais.

Figura 13.20 | Perfil de risco de posição de renda variável

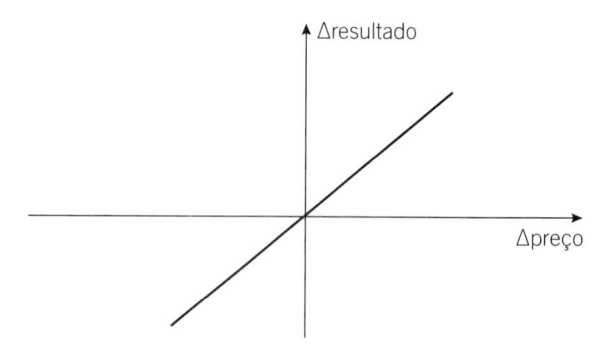

Figura 13.21 | Perfil de risco de posição de renda fixa

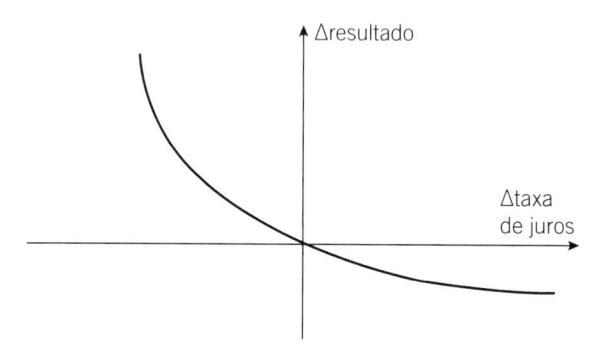

Entretanto, em determinadas situações, pode-se aproximar o perfil de risco destes ativos não lineares de um comportamento linear para simplificar cálculos e facilitar o uso do modelo. Quando avaliamos operações sujeitas ao risco de taxas de juros, uma forma de se fazer isto é por meio do uso da *duration* e da convexidade.

Assim, o efeito total das variações de taxa de juros sobre o resultado das posições de renda fixa pode ser representado por:

$$\frac{\Delta P}{P} = -D \times \frac{\Delta i}{(1+i)} + \frac{1}{2}C(\Delta i)^2$$

Em que:

D = *duration* da exposição

ΔP = variação do valor da exposição

P = valor da exposição

Δi = variação de taxa de juros analisada

i = taxa de juros de mercado

C = convexidade da exposição

Apesar de o ajuste possível pela convexidade reduzir o problema decorrente da curvatura da relação preço *versus* taxa de juros, isso não o resolve completamente, uma vez que mesmo a convexidade é uma medida local, sendo variável com o nível de taxa de juros, o que implica dizer que a curvatura não é constante para todo o espectro de taxas de juros possíveis. A eliminação dessa distorção só se torna possível, nestes casos, se realizarmos a completa reavaliação do instrumento financeiro para o novo nível de taxas de juros, sendo a variação de resultado obtida pela diferença entre o atual preço de mercado do ativo e seu preço obtido a partir do novo cenário.

$$\Delta \text{Resultado} = P_{atual} - P_{cenário}$$

Figura 13.22 | Curva da relação preço *versus* taxa de juros

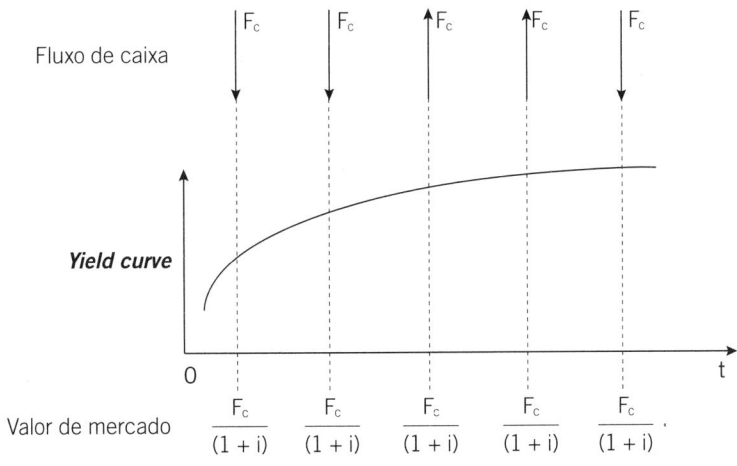

Dessa forma, fica evidenciado que o risco de taxa de juros decorre não apenas da alteração de uma única taxa de juros, mas sim de toda a estrutura temporal de taxas de juros.

Figura 13.23 | Risco da taxa de juros

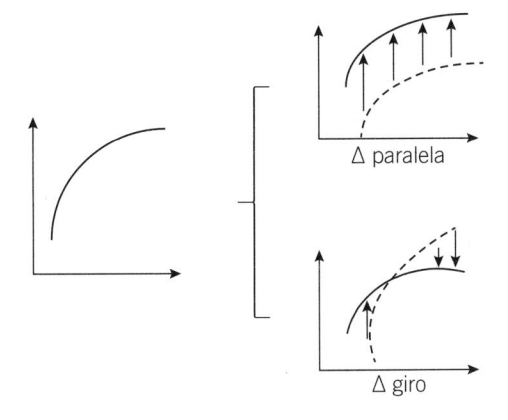

13.2.5 Geração de cenários para os mercados financeiros

O terceiro componente para a avaliação do risco das posições do banco é a volatilidade do mercado do fator de risco considerado. Quando se utilizam tratamentos estatísticos sofisticados, é preciso criar hipóteses sobre o comportamento da distribuição de probabilidades das oscilações do fator de risco, de forma que possam ser tomados valores viáveis de ser observados. Comumente, conforme apresentado pelo J.P. Morgan em sua metodologia de gestão de riscos – *risk metrics* (1995), considera-se que os retornos dos ativos seguem uma distribuição normal, dada a facilidade de serem realizados estudos quando tal distribuição explica a aleatoriedade dos dados coletados no mercado. De acordo com essa hipótese, utiliza-se o desvio-padrão dos retornos como medida de volatilidade do mercado. Entre as vantagens dessa medida, podemos citar que ela torna fácil a identificação da probabilidade de ocorrência de variações de qualquer magnitude. Mais apropriadamente, é possível ainda avaliar, para vários níveis de probabilidade, qual o nível de oscilação que pode ser esperado para o fator de risco em questão.

Assim, exposições em mercados mais voláteis acarretam maiores riscos do que em mercados mais estáveis, o que significa dizer que em mercados mais voláteis há maior probabilidade de se verificar oscilações de grande magnitude. As questões que se colocam, a partir desse ponto, dizem respeito à hipótese de normalidade dos retornos do fator de risco e ao cálculo do desvio-padrão. Quanto a este último, cabe questionar a especificação do período de referência para o qual serão apurados os retornos e a quantidade de dados utilizados para o cálculo do desvio-padrão. É facilmente constatável que a volatilidade dos mercados não permanece constante ao longo de todo o tempo, tornando complexa a escolha do período a ser utilizado no cálculo.

Quanto ao aspecto da normalidade, caso se verifique que ela não é adequada aos dados observados, podem ser desenvolvidos procedimentos não paramétricos para apurar a medida de volatilidade necessária. No caso brasileiro, cujo mercado se sujeita à atuação frequente do Banco Central nos segmentos de câmbio e taxa de juros, comumente não se obtém validação da hipótese de normalidade.

Outra hipótese normalmente formulada considera que a série dos retornos dos mercados não apresenta autocorrelação serial, significando que os mesmos são independentes dos valores passados. Esta hipótese é de grande relevância, principalmente quando se consideram instrumentos de baixa liquidez no mercado, cuja volatilidade induzida ao resultado do banco corresponde à variação acumulada de todo o período necessário para sair da posição. Nesse caso, se os retornos são independentes, pode-se calcular a volatilidade total desse período como sendo:

$$s_{período} = s_{dia} \times n^{1/2},$$

Em que:

$s_{período}$ = volatilidade referente ao prazo necessário para sair da posição de risco;

s_{dia} = volatilidade de um dia;

n = prazo necessário, em dias, para sair da posição de risco.

O exemplo a seguir mostra a relevância da apuração do cenário para o risco da instituição. Neste caso, tem-se uma mesma exposição às variações da taxa de câmbio, cujo comportamento ao longo do segundo semestre de 20x4 e durante 20x5 pode ser visto no gráfico a seguir.

Figura 13.24 | Retorno: dólar comercial

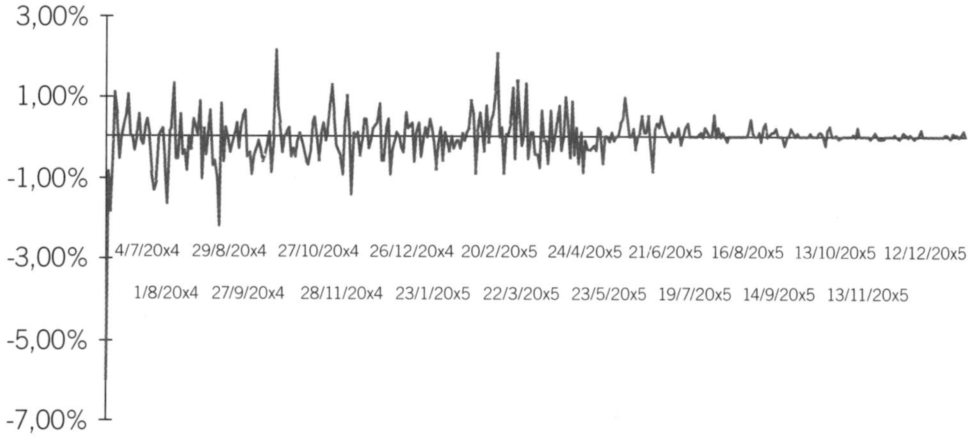

Caso o banco mantivesse a exposição representada pelo descasamento de U$ 10.000.000 ao longo de todo esse período, seu resultado seria expresso como o valor exposto em reais, multiplicado pela variação da taxa de câmbio.

Ativo	Passivo
U$ 10.000.000,00	U$ 20.000.000,00

R$ 1,000 / U$
Resultado = -10.000.000 × 1,000 × r

A Tabela 13.20 nos mostra a volatilidade do resultado do banco a cada trimestre ao longo desses 18 meses.

Tabela 13.20 | Volatilidade do resultado do banco

Amostra	Volatilidade
Período total	56.995,62
3.º trimestre/20x4	100.689,07
4.º trimestre/20x4	58.028,22
1.º trimestre/20x5	57.140,69
2.º trimestre/20x5	42.095,41
3.º trimestre/20x5	13.054,21
4.º trimestre/20x5	7.011,80

É interessante notar que a variabilidade dos resultados foi decrescendo ao longo do tempo, à medida que as variações da taxa de câmbio se reduziam, a ponto de podermos dizer que a mesma exposição representava para o banco, no início do Plano Real, um risco aproximadamente 14 vezes superior ao risco assumido no final de 20x5.

13.2.6 *Value at risk*

Obtidos os três componentes do risco da instituição (exposição, sensibilidade e volatilidade), é necessário identificar um modelo que processe esses dados e os integre para a mensuração do risco. O modelo mais adequado para tratamento de riscos é o denominado *value at risk model*, que gera uma medida, o *value at risk*, que será, a partir de agora, identificada como a quantificação do risco das posições da instituição.

Figura 13.25 | Risco de mercado – Evolução

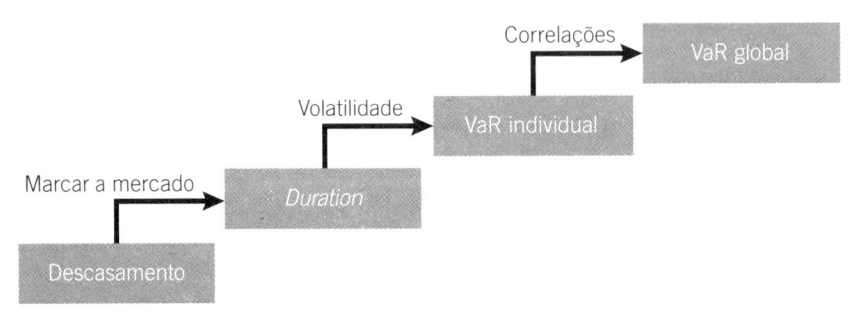

Descasamento → (Marcar a mercado) → Duration → (Volatilidade) → VaR individual → (Correlações) → VaR global

Os modelos para controle de riscos de mercado sofreram um significativa evolução ao longo dos últimos anos. Inicialmente, os modelos de gestão de ativos e passivos utilizavam as medidas de descasamento (de prazo médio e moeda) como indicativo do risco, normalmente apurado a partir das posições contábeis. Uma evolução significativa foi a adoção da *duration* como medida de risco, refletindo os descasamentos de moeda e de *duration* em valores de mercado. Até esse ponto, o risco era apenas medido com base nos dados internos do banco. A evolução seguinte foi a incorporação da situação do mercado na apuração do risco, por meio da geração de um cenário futuro desfavorável, com certo grau de confiança, adotando-se como medida de risco o valor da perda decorrente desse cenário, esse valor foi denominado *value at risk*. Nesse estágio, o risco ainda era apurado individualmente, para cada fator de risco. Finalmente, um passo além foi dado quando se passou a considerar o efeito de diversificação entre os fatores de risco mediante a incorporação das correlações entre os mercados, possibilitando, desse modo, a apuração do risco global da instituição.

O *value at risk* representa, dada uma determinada exposição, a perda máxima, com determinado grau de confiança, que pode ser experimentada pela instituição decorrente de variações ocorridas nos preços de mercado entre o momento da análise e o término de um período relevante de acompanhamento (por exemplo, perda máxima para um dia, uma semana, um mês etc.). Para que seja possível associar-se um determinado grau de confiança a um resultado futuro, deve ser estimada a sua distribuição de probabilidades:

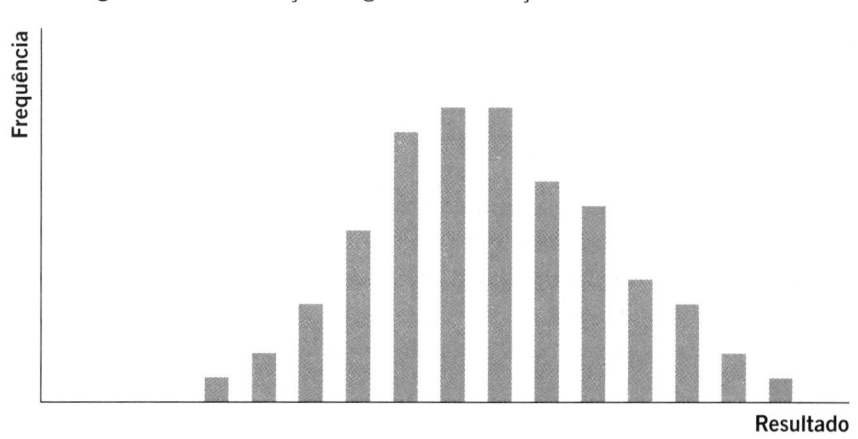

Figura 13.26 | Avaliação do grau de confiança de um resultado futuro

Assim, supondo que as variações de preços dos fatores de risco seguem uma distribuição normal, é possível determinar, a partir do desvio-padrão dessas variações, posições extremas para vários níveis de confiança. Levando em conta um fator de risco, por exemplo, a taxa de câmbio de reais por dólar, cujo desvio-padrão seja s, podemos considerar que, com 97,5% de confiança, a máxima variação desfavorável possível no valor da cotação da moeda estrangeira, para o período em questão, será de $2 \times s$. Normalmente, a maioria das instituições parte dessa hipótese para a estruturação de seus modelos de controle. O J.P. Morgan, cuja metodologia, *risk metrics*, vem cada vez mais se tornando um marco de referência para o mercado, é uma delas. Nesses casos, diz-se que a instituição optou por um modelo de *value at risk* paramétrico, uma vez que sua distribuição de probabilidades de resultados pode ser descrita por dois parâmetros, no caso, o valor esperado e seu desvio-padrão. A apuração do risco do banco para determinada posição, nesses casos, passa a ser bastante simples e expressa pela relação:

$$\text{Risco} = \text{Exposição} \times \text{Sensibilidade} \times (n \times s) = \textit{value at risk}$$

Em que *n* representa, para o grau de confiança desejado, a distância em desvios-padrão do valor esperado.

Nos casos de se possuir posições de perfil de risco não linear, o risco pode ser medido pela relação:

$$\text{Risco} = P(0) - P(n \times s) = \textit{value at risk}$$

Em que:

P(0) = valor da exposição do banco em valor de mercado atual.

P(n × s) = valor da exposição em valor de mercado após oscilação de *n* desvios-padrão no fator de risco, sendo *n* função do grau de confiança desejado.

Por outro lado, o banco pode não optar pelo modelo paramétrico e não assumir hipótese nenhuma sobre o comportamento dos retornos do fator de risco, analisado simplesmente pela adoção de uma abordagem não paramétrica e utilizando, para o grau de confiança almejado, o percentual correspondente da distribuição de probabilidades obtida, conforme modelo adotado pelo Chase Manhattan Bank e apresentado por Makarov (1995).

Entendido o conceito financeiro do *value at risk*, deve-se definir o conceito econômico que explica tal medida. Pode-se interpretar o *value at risk* de duas formas diferentes, o que implica em tratamentos também distintos em sua apuração. O primeiro modo de interpretá-lo é identificá-lo com a perda que pode ocorrer nas carteiras do banco se as mantivermos inalteradas por um determinado prazo. Sob este enfoque, supõe-se que o que é relevante medir é o resultado de uma posição estática, que não será movimentada.

Alternativamente, o *value at risk* pode ser visto como a perda possível de uma posição durante o prazo necessário para liquidá-la ou neutralizá-la em relação a oscilações do fator de risco. Neste segundo caso, a abordagem parte de uma visão dinâmica das carteiras, reconhecendo que o gestor de riscos movimenta as posições para adequá-las ao nível de risco aceitável pela instituição. Sob esse ponto de vista, passa a ser relevante a consideração das condições de liquidez de mercado e o tamanho da posição do banco, que geram impactos quando se tenta liquidar ou neutralizar a exposição, uma vez que, em mercados de menor liquidez ou para carteiras muito grandes, o tempo necessário para reverter o risco tende a ser maior, o que mantém a instituição por mais tempo sujeita ao risco e, portanto, a perdas que podem se acumular por dias sucessivos antes que se consiga reposicionar o banco, ou mesmo proteger ou administrar sua posição.

Por isso, o *value at risk* dado o aspecto de iliquidez, reflete melhor o risco do banco, pois, considerando a perda até o momento da efetiva imunização contra o risco, melhor orienta os gestores sobre o momento de se iniciar uma estratégia de proteção.

Nessa condição, passa a ser relevante o comportamento dos retornos do fator de risco considerado durante o prazo necessário para liquidação da posição. Comumente, supõe-se que os retornos são independentes, portanto, não existindo autocorrelação serial de retornos, o que permite supor que a volatilidade segue a relação apresentada no final da seção anterior. Deve-se, assim, realizar o ajuste na volatilidade diária do fator de risco quando se incorpora a preocupação com a liquidez dos mercados, tomando-se como medida de variação para aquela posição o valor de $s \times n^{½}$.

Pelo que foi exposto até aqui, fica claro que cabe à instituição determinar tanto o nível de confiança com o qual pretende trabalhar, que deve variar tanto de acordo com o grau de aversão ao risco – maior aversão leva a maiores intervalos de confiança –, quanto com o período para cálculo da perda potencial.

Ao ter os valores de *value at risk* de todas as posições do banco, obtidos por critérios uniformes, torna-se possível comparar, por este modelo, os respectivos riscos, uma vez que todos eles são representados por uma mesma medida, inclusive permitindo que se façam análises de tranferência de riscos entre posições. Entretanto, a apuração do *value at risk* global do banco não pode ser realizada pela simples soma dos riscos de suas diversas carteiras, uma vez que, assim procedendo, supõe-se que todas as posições poderiam perder, ao mesmo tempo, o máximo possível, dado o grau de confiança adotado. Isso, apesar de conservador, é muito pouco realista.

Dessa forma, deve-se considerar o fato de que há compensações de resultados dentro de uma carteira diversificada, como é o caso do total das posições carregadas pelo banco. Portanto, faz-se relevante identificar como tal mecanismo atua. Para isso, e incorporando ao modelo de risco os conceitos da teoria de administração de carteiras de investimentos, devem ser consideradas as correlações existentes entre as variações de todos os fatores de risco aos quais o banco está exposto. Procedendo dessa maneira, pode-se obter o risco do banco mediante a seguinte relação:

$$s_{global} = (s \times C \times s^T)^{½}$$

Em que:

s_{global} = desvio-padrão dos retornos da carteira.

s = vetor dos desvios-padrão dos retornos dos ativos componentes da carteira do banco, multiplicados por suas participações na carteira:

$$s = [a_1 \times s_1 \rightarrow a_2 \times s_2 \quad a_3 \times s_3 \ldots a_n \times s_n]$$

C = matriz de correlações *r* entre os retornos dos fatores de riscos:

$$C = \begin{bmatrix} 1 & r_{12} & r_{13} & r_{14} & \ldots & r_{1n} \\ r_{21} & 1 & r_{23} & r_{24} & \ldots & r_{2n} \\ r_{31} & r_{32} & 1 & r_{34} & \ldots & r_{3n} \\ \ldots & \ldots & \ldots & \ldots & \ldots & \ldots \\ r_{n1} & r_{n2} & r_{n3} & r_{n4} & \ldots & 1 \end{bmatrix}$$

s^T = transposta do vetor s:

$$C = \begin{bmatrix} a_1 \times s_1 \\ a_2 \times s_2 \\ a_3 \times s_3 \\ ... \\ a_n \times s_n \end{bmatrix}$$

a_i = participação do ativo i na carteira da instituição:

$$a_i = \frac{P_i}{\sum_{k=1}^{n}(P_k)}$$

P_k = valor da exposição do ativo

Assim, pode-se reescrever cada termo do vetor s da seguinte forma:

$$a_i \times s_i = \frac{P_i}{\sum_{k=1}^{n}(P_k)} \times s_i = \frac{VaR_i}{\sum_{k=1}^{n}(P_k)}$$

VaR_i = *value at risk* do ativo i

A partir dessas relações, pode-se deduzir que:

$$\textit{Value at risk} = (V \times C \times V^T)^{½}$$

Em que:

V = vetor dos riscos individuais de cada posição, medidos por seus respectivos *value at risk* (VaR):

$$V = [VaR_1 \quad VaR_2 \quad VaR_3 \quad ... \quad VaR_n]$$

C é a matriz de correlações (r) entre as variações dos fatores de riscos, conforme apresentada anteriormente.

V^T é a transposta do vetor V:

$$V^T = \begin{bmatrix} VaR_1 \\ VaR_2 \\ VaR_3 \\ ... \\ VaR_n \end{bmatrix}$$

Para que se possa avaliar de forma adequada o uso do modelo de *value at risk*, deve ser dada atenção às hipóteses normalmente feitas e nele embutidas.

Seja para viabilizar os cálculos ou para utilização da teoria de carteiras, as restrições mais comuns, normalmente, dizem respeito ao comportamento das variações dos fatores de risco e podem ser listadas como sendo:

- os preços de instrumentos financeiros seguem um processo aleatório estável;
- as variações de preço são normalmente distribuídas;
- as variações de preço não são autocorrelacionadas;
- os parâmetros do movimento aleatório são estáveis no tempo e, portanto, previsíveis;
- as interrelações entre variações de preços de ativos diferentes são estáveis no tempo (seguem uma distribuição normal conjunta);
- a variância e a correlação dos retornos são estáveis no tempo;
- toda posição só é liquidada ao término do período avaliado;
- o único efeito sobre o valor da posição até sua liquidação é aquele decorrente da variação do preço do fator de risco;
- as posições podem ser descritas como tendo perfil de risco linear.

Todas essas hipóteses, em maior ou menor grau, estão sujeitas a críticas, havendo mesmo mercados em que podem ser inadmissíveis por conduzir a conclusões equivocadas e distantes da realidade. No que diz respeito às correlações, principalmente quando se referem a mercados de ativos distintos (por exemplo, ações e taxas de câmbio), verifica-se que são muito instáveis e, quando há movimentos violentos, elas mesmas tendem a aumentar, mas não se sabe em que sentido. Isso pode comprometer seriamente uma estratégia de risco baseada na diversificação, pois justamente nas crises, que é quando se espera seus benefícios, os resultados podem ser mais desfavoráveis para o banco.

Quanto à forma da distribuição dos retornos, diversos estudos rejeitam a hipótese de normalidade dos retornos para várias séries financeiras. As conclusões dos testes, conforme discutido por Lawrence e Robinson (1995) e pelo relatório técnico do *risk metrics*, indicam a existência de leptocurtose, levando a probabilidades maiores de ocorrência de valores extremos, quando comparado com o esperado pela distribuição normal, além de maior probabilidade ao redor da média, em relação ao esperado em uma curva normal. Além disso, verifica-se ainda assimetria negativa, com mais observações na cauda esquerda que na direita.

Quanto mais os mercados se submetem a controles externos de autoridades monetárias e cambiais ou de manipuladores, maiores são as discrepâncias entre a distribuição real e a normal. No caso da gestão de riscos, cuja preocupação é com retornos extremos, tais conclusões implicam que a ocorrência de resultados extremos pode ser maior que o esperado, sendo que a hipótese de normalidade pode induzir a riscos subestimados. Apesar dessas constatações, a hipótese de normalidade mantém-se pela dificuldade de se obter alternativas.

As hipóteses relativas à independência dos retornos, testadas pelo J.P. Morgan e cujos resultados são apresentados no material técnico do *risk metrics*, levaram a conclusões que, para extrapolação semanal, as taxas de câmbio e as taxas de juros de longo prazo apresentam bons resultados, embora as taxas de juros de curto prazo não estejam de acordo com tal hipótese. Já para extrapolação mensal, nenhum desses ativos testados confirmou a hipótese de independência. Comentando os resultados obtidos, conclui-se ainda que, mesmo com autocorrelação nula entre os retornos, usar a raiz do prazo para obter volatilidades de prazos diferentes do calculado gera distorções que tendem a ser tanto maiores quanto maiores forem as diferenças de prazo.

13.3 Apuração do *value at risk*

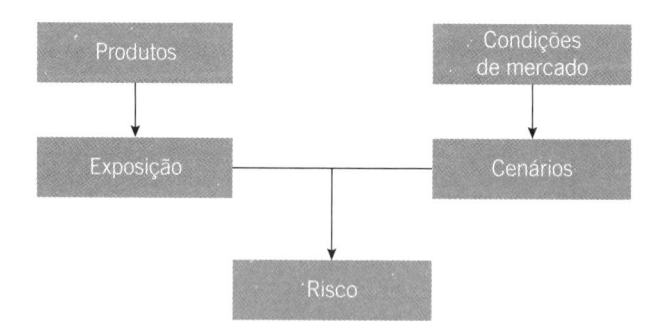

Figura 13.27 | Apuração do risco

O problema de apuração de risco pode ser decomposto em três modelos que exigem conhecimentos, informações e procedimentos bem diferenciados: um modelo que gere a atual situação das carteiras do banco (modelo interno ou MI), um modelo que origine os cenários necessários para o horizonte de tempo em análise (modelo externo ou ME), e o modelo que integre MI e ME e apure o impacto desses cenários no resultado do banco (modelo de risco ou MR).

O modelo interno envolve a determinação dos critérios para, a partir das operações realizadas que permanecem em aberto no banco, gerar a exposição da instituição, exigindo para seu desenvolvimento um profundo conhecimento sobre as peculiaridades dos instrumentos financeiros. Como resultados, o MI gera os fluxos de caixa, as posições avaliadas a mercado e os mapas de descasamento. As principais definições a serem incorporadas na estruturação do MI envolvem:

- determinação da estrutura de taxas de juros mais adequada para desconto dos fluxos de caixa gerados em cada moeda que o banco opera;
- especificação do critério de geração de fluxos de caixa, cabendo definir se serão gerados a partir das taxas de juros contratadas, ou a partir das taxas internas de transferência de fundos;
- mecanismo de decomposição dos contratos de derivativos nos fluxos de caixa de seus instrumentos financeiros básicos;
- forma de tratamento dos ativos híbridos (por exemplo, debêntures conversíveis em ações);
- acerto dos fluxos de caixa em função da forma de liquidação financeira das operações (Selic, ADM etc.), equalizando-os em um mesmo padrão;
- preparação dos fluxos de caixa das operações sujeitas a taxas flutuantes (por exemplo: TR, CDI, Libor etc.), conforme sua real exposição aos riscos de mercado;
- como "prover" informações quando a atualização de dados ocorrer com atraso (por exemplo, sistemas com atualização semanal ou carteiras com registro de operações retroativas);
- forma de agrupamento dos fluxos de caixa conforme os fatores de risco (*books*) e a estrutura de consolidação das diversas visões de agregação.

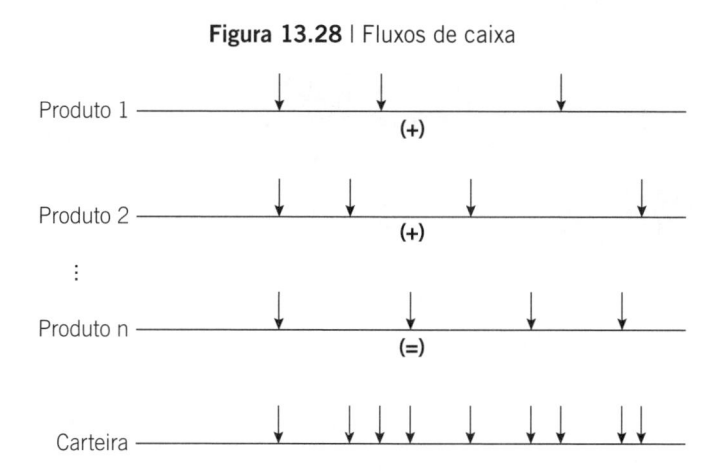

Figura 13.28 | Fluxos de caixa

O modelo externo requer uma análise do comportamento dos diversos mercados em que a organização atua, visando gerar cenários, requerendo em sua concepção bons conhecimentos de modelos estocásticos e da microestrutura dos mercados financeiros. Seus produtos principais são as medidas de volatilidade dos mercados, as matrizes de correlações entre mercados, estruturas temporais de taxas de juros e simulações. A geração desses cenários pode embasar-se no tratamento de dados históricos, análises de conjuntura e o julgamento pessoal dos profissionais do banco.

Os modelos de geração de cenários podem visar a obtenção de cenários de rotina, viáveis de ocorrer com níveis de confiança conhecidos e mensuráveis, ou de cenários de crise (*stress analysis*), representativos de situações de reduzidíssima possibilidade de ocorrência, mas cujo impacto pode ser fatal para a empresa. Estão envolvidos na definição do ME os seguintes pontos:

- especificar o tratamento do problema de falta de cotações ou de valores de preços pouco representativos por efeito de reduzida liquidez do mercado;
- identificar os modelos de formação de preços a utilizar para os derivativos operados pelo banco;
- definir o modelo para a construção de estruturas temporais de taxas de juros;
- especificar os testes sobre a forma da distribuição de probabilidades dos retornos;
- desenvolver os modelos de apuração da matriz de covariância para os mercados nos quais o banco atua;
- determinar os modelos de simulação a serem adotados.

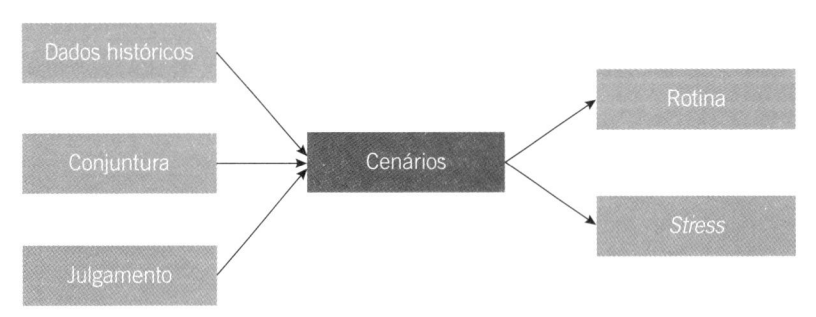

Figura 13.29 | Definição do ME

13.3.1 Exemplificando o conceito de *value at risk*

Tabela 13.21 | Valor de mercado do banco

Ativo	Passivo
U$ 6.000.000,00	U$ 10.000.000,00
Títulos públicos R$ 8.000.000,00	CDB R$ 8.000.000,00
I (a.m.) = 10%	I (a.m.) = 8%
Prazo (meses): 3	Prazo (meses): 1
TEL: R$ 3.000.00,00	Patrimônio líquido R$ 2.000.000,00
VAL: R$ 2.000.000,00	
Ativo permanente: R$ 1.000.000,00	

Tomando como exemplo o banco cuja exposição em 4/2/20x6, em valor de mercado, é representada na Tabela 13.21. Percebe-se que o banco apresenta exposição aos fatores de risco taxa de juros (descasamento de dois meses), taxa de câmbio (descasamento de U$ 4.000.000), cotação de uma empresa de telecomunicações (TEL) (posição de R$ 3.000.000) e cotação de uma empresa de minaração (VAL) (R$ 2.000.000). Além disso, dispõe de R$ 2.000.000 de capital para fazer frente a todo esse risco.

A pergunta que se pode fazer é: o que é possível acontecer com o resultado desse banco entre hoje e o final do dia seguinte, considerando a exposição atual? A resposta a essa pergunta vai depender do que pode acontecer com os preços dos fatores de risco citados na Tabela 13.21. Assim, se as ações de TEL se desvalorizarem, o banco perderá parte de seu patrimônio. O mesmo ocorrerá se as ações da VAL desvalorizarem ou se as taxas de juros caírem, ou ainda se a moeda norte-americana se valorizar perante a moeda brasileira.

Mas qual o tamanho possível de uma queda no preço de TEL? É realista supor, ainda, que todos os eventos desfavoráveis listados anteriormente ocorram simultaneamente? Para responder a essas perguntas, é necessário que seja gerado um cenário para todos esses mercados, de forma que possamos avaliar o impacto sobre o resultado de nosso banco. Nesse momento, suponhamos que não temos informação alguma sobre os mercados, mas, por outro lado, nada nos leva a crer que seu comportamento será muito destoante do verificado no passado recente, iniciado em 1.º/10/20x5. Assim, consideraremos que a distribuição de probabilidades de resultados para o dia seguinte seguirá a mesma distribuição que seria verificada por essa mesma exposição ao longo dos últimos dias.

A Tabela 13.22 a seguir nos dá uma ideia disso. Caso o banco estivesse com essa mesma exposição no início do dia 3/10/20x5, teria perdido R$ 82.319,02. Nesse dia, as taxas de juros permaneceram estáveis, mas as ações de TEL e VAL sofreram desvalorização e o dólar valorizou-se diante do real. Já se estivéssemos com essa exposição em 3/11/20x5, o resultado seria um ganho de R$ 63.973,92, pois a TEL se valorizou, o dólar recuou, a VAL ficou estável e as taxas de juros sofreram uma leva alta. Finalmente, em 3/12/20x5 essa exposição teria gerado uma perda de R$ 78.508,51, resultante da desvalorização de TEL e do aumento da taxa de juros, amenizados pela valorização de VAL.

Tabela 13.22 | Distribuição

Data	TEL	VAL	U$	Pré	Total
3/10/20x5	-17.026,14	-50.633,01	-14.659,87	0,00	-82.319,02
3/11/20x5	64.699,28	0,00	1.256,50	-1981,87	63.973,92
1/12/20x5	-112.372,43	37.848,00	0,00	-3.984,09	-78.508,51

Repetindo esse procedimento para todo o período compreendido entre 3/10/20x5 e 3/2/20x6, obtém-se a Figura 13.30 a seguir. Ao longo desse período, a exposição atual teria gerado um ganho máximo de R$ 326.208,60 e uma perda máxima de R$ 313.602,65.

Figura 13.30 | Resultado total

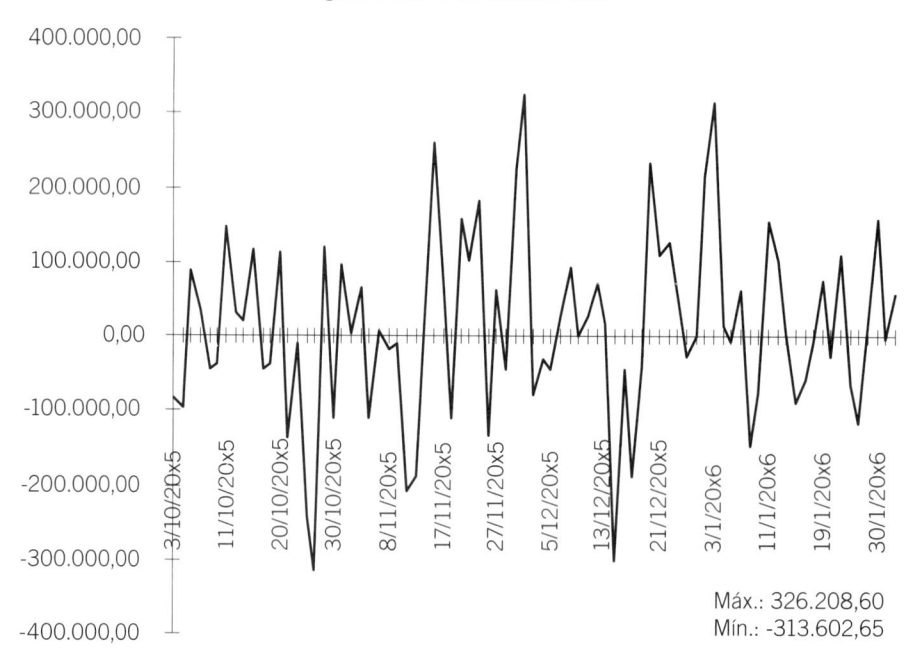

A distribuição de probabilidades dos resultados ao longo do período que será considerada como a distribuição de probabilidade do cenário esperado para 4/3/20x6, é apresentada a Figura 13.31 a seguir.

Figura 13.31 | Resultado total

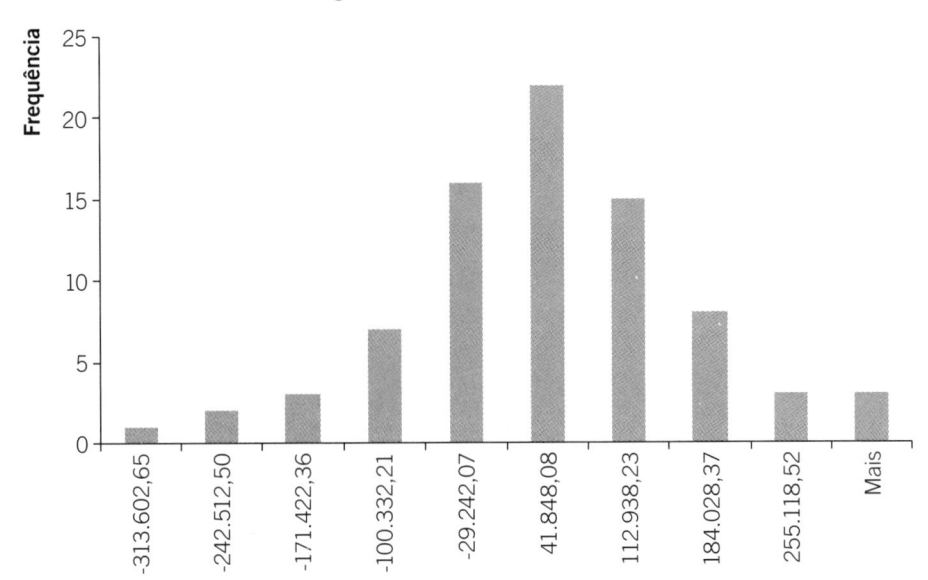

Suponhamos que queremos saber qual pior resultado pode ser obtido com 95% de confiança, ou seja, qual o resultado possui somente 5% de probabilidade de se verificar um evento mais desfavorável, ou ainda, qual o pior resultado pode ser esperado em 19 dias a cada 20?

Da distribuição anterior, tiramos que esse valor é uma perda de R$ 189.630,00. Ele é denominado *value at risk*. Assim, *value at risk* é o pior resultado esperado com determinado grau de confiança para o conjunto de cenários possíveis de ocorrer para o horizonte de tempo considerado (no nosso exemplo, 95% de grau de confiança e horizonte de um dia).

É importante frisar que o *value at risk* é obtido a partir de uma condição de rotina de mercado, sem choques ou mudança brusca de comportamento. No caso de se desejar avaliar o impacto de uma situação de crise de baixíssima probabilidade de ocorrência, mas de impacto significativo, então deve ser realizada uma análise de situações extremas (*stress analysis*).

Figura 13.32 | Análise de rotina

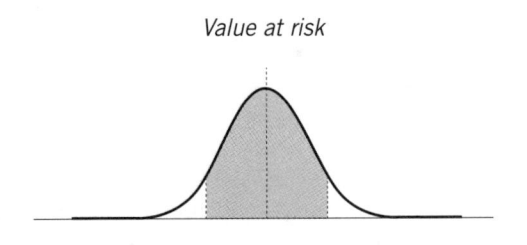

Value at risk

Figura 13.33 | Análise de crise

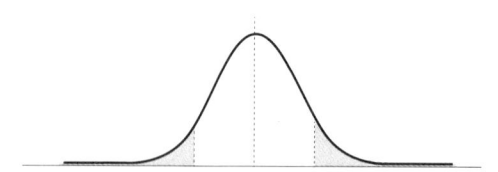

Stress analysis

É interessante ressaltar, nesse caso, a necessidade de se considerar o efeito de diversificação sobre o risco total. No caso do nosso banco, se refizéssemos o mesmo procedimento apenas para cada fator de risco, teríamos obtido os seguintes valores:

Tabela 13.23 | Avaliação do risco

Fator de risco	Value at risk
TEL	105.562
VAL	82.278
Dólar	7.120
Taxa de juros	13.822
Total	208.782
Banco	189.630

A diferença entre o risco medido para o banco e o valor obtido pela soma dos riscos de cada fator se deve exatamente o efeito de diversificação que gerou, neste caso, uma redução do risco de R$ 17.152 (ou 8,2%).

Figura 13.34 | Avaliação do risco

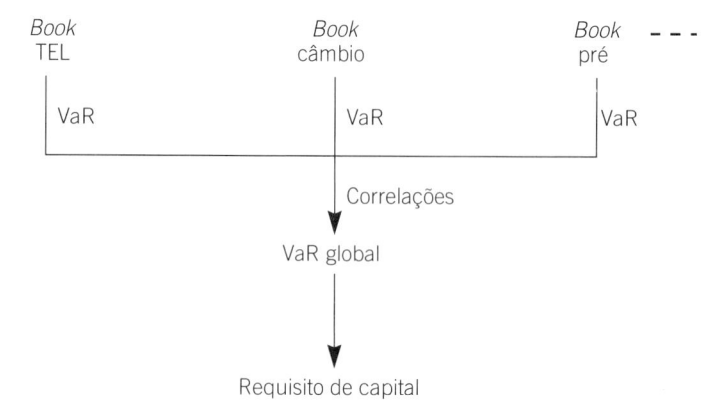

Apesar de o conceito ser bastante simples, seu cálculo pode variar de forma significativa de instituição para instituição, conforme os parâmetros e modelos empregados. Assim, para a mesma exposição apresentada em nosso exemplo, bancos diferentes poderiam chegar a valores completamente distintos de risco. Os principais pontos de conflito entre os diversos modelos podem ser elencados a seguir:

- **Uso de correlação**: os bancos divergem significativamente ao considerar o efeito de correlação entre os fatores de risco. Alguns usam indiscriminadamente as correlações entre todos os fatores de risco, considerando completamente o efeito de diversificação. Outros, mais conservadores, não usam nenhum tipo de diversificação. A grande instabilidade dos valores das correlações entre alguns fatores de risco explica a cautela do segundo grupo e compromete os resultados obtidos pelo primeiro grupo. Um terceiro grupo adota correlações apenas entre fatores de risco de mesma natureza (por exemplo, entre ações e entre moedas, mas não entre ações e moedas), por considerá-las mais estáveis.

- **Grau de confiança**: as instituições divergem também quanto ao grau de confiança a ser adotado, havendo casos de 90%, 95%, 97,5%, 99% etc. Basicamente, o grau de conservadorismo é que determina qual deles é mais confortável para a instituição.

- **Horizonte de análise**: há casos de bancos que usam um dia, outros usam dez dias e entre os gestores de carteiras é comum adotar-se o horizonte de 30 dias. Outro aspecto relevante diz respeito à forma de se considerar o efeito da liquidez do mercado, havendo organizações que observam o prazo para zerar a posição assumida (considerando, para isso, a liquidez do mercado dos instrumentos com os quais opera), enquanto outras apenas se preocupam com o prazo para zerar o risco (considerando apenas a liquidez dos mercados de *hedge* de maior liquidez).

- **Geração de cenário**: conforme a instituição adote ou não a hipótese de normalidade dos retornos, lançará mão, respectivamente, de técnicas paramétricas de geração de cenários (utilizando volatilidades e correlações) ou de técnicas não paramétricas (utilizando simulações). Mesmo entre os bancos que adotam uma linha ou outra, há divergências quanto ao modelo de cálculo de volatilidade a empregar (média simples, média exponencial, Garch etc.) ou quanto ao modelo de simulação (histórica, Monte Carlo etc.).

- **Base histórica considerada**: finalmente, outro foco de divergência diz respeito ao tamanho do histórico a ser levado em conta para apuração das medidas estatísticas relevantes (volatilidades, correlações, simulações históricas), havendo bancos que utilizam 252 dias úteis, enquanto outros procuram horizontes de comportamento uniforme de mercado.

Figura 13.34 | Medidas de risco

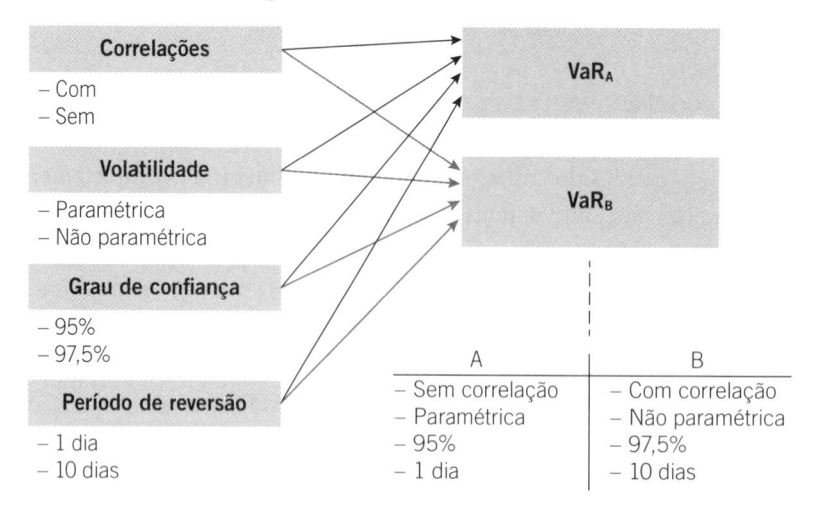

```
Correlações
- Com
- Sem

Volatilidade
- Paramétrica
- Não paramétrica

Grau de confiança
- 95%
- 97,5%

Período de reversão
- 1 dia
- 10 dias
```

	A	B
	- Sem correlação - Paramétrica - 95% - 1 dia	- Com correlação - Não paramétrica - 97,5% - 10 dias

Voltando ao exemplo do banco, a Tabela 13.24 a seguir mostra o impacto que a alteração no nível de confiança adotado gera no risco da instituição. Tomando o caso do *book* dólar, o aumento do grau de confiança de 84,1% para 95,1% implicou em uma elevação do risco da ordem de 115% (de R$ 1.577,41 para R$ 3.387,04). Aumentando o grau de confiança de 95,1% para 97,7%, a elevação é de aproximadamente 30% (de R$ 3.387,04 para R$ 4.361,47). Isto mostra a relevância de se considerar com atenção a definição do grau de confiança. É evidente que se o banco escolher um valor que cubra com alta probabilidade os eventos desfavoráveis, por exemplo, optando por considerar tudo o que pode ocorrer com até 99,9% de probabilidade – portanto, ficando "no escuro" apenas em relação a eventos com menos de 0,1% de probabilidade de ocorrência –, o valor de risco medido ficará muito elevado e o banco poderá tornar-se muito cauteloso diante desses números e deixar de realizar operações que poderiam ser rentáveis. Como paralelo, poderíamos associar tal situação a alguém que, antes de uma viagem, avaliasse riscos com baixa probabilidade de ocorrência e desistisse da empreitada com medo da queda do avião.

Tabela 13.24 | VaR do dia 1/2/20x6

Intervalo de confiança	*Book* TEL	*Book* VAL	*Book* USD	*Book* CDI
84,1%	-112.711,67	-47.375,26	-1.577,41	-10.965,83
95,1%	-193.548,75	-79.982,11	-3.387,04	-19.277,69
97,7%	-237.076,41	-97.539,65	-4.361,47	-23.748,59
99,9%	-361.441,16	-147.704,04	-7.145,52	-36.504,46

Período: 2/10/20x5 a 1/2/20x6

A tabela nos mostra o efeito de outro parâmetro, o prazo de reversão, sobre o valor medido do risco do banco. Considerando o grau de confiança de 95,1 %, caso seja simulado o resultado diário do banco. Como exemplificado, obtém-se um risco para a posição de TEL de R$ 193.548,75. Ao se elevar o prazo de apuração para dez dias, é evidente que tal valor não será multiplicado por dez, pois não é esperado que haja uma sequência de dez dias consecutivos de cenários desfavoráveis com o grau de confiança estipulado. Simulando novamente o comportamento que seria obtido a partir dessa exposição, mas considerando agora resultados de períodos de dez dias, o *value at risk* com 95,1% elevaria para R$ 410.395,28, portanto um acréscimo de 112% e não de 1.000%. Caso os retornos de TEL fossem independentes e respeitassem uma distribuição normal, tal valor esperado para 10 dias seria:

$$VaR_{10dias} = VaR_{1\,dia} \times 10^{0,5} = 193.548,75 \times 3,162278 = R\$ 612.054,90$$

Pelos valores obtidos, percebe-se que, pelo menos nesse período observado, não se verificou tal independência, dada a discrepância de R$ 201.659,62 entre os valores simulados e esperados. No caso específico, poderíamos concluir por uma autocorrelação negativa dos retornos diários.

Tabela 13.25 | *Book* TEL

Intervalo de confiança	VaR 1 dia	VaR dez dias	VaR um dia* raiz (10)	Diferença
95,1%	-193.548,75	-410.395,28	-612.054,90	201.659,61
97,7%	-237.076,41	-499.348,92	-749.701,45	250.352,53

Período: 2/10/2x05 a 1/2/20x6.

Outra questão relevante está associada à hipótese da forma da distribuição de probabilidades dos retornos dos fatores de risco, uma vez que a geração dos cenários futuros é condicionada por ela. Caso se assuma a hipótese de normalidade, e considerando que o retorno médio é nulo, é facilmente apurado o cenário mais desfavorável para o grau de confiança desejado a partir do desvio-padrão (volatilidade) dos retornos. Aqui, diz-se que o método de apuração de risco é o *value at risk* paramétrico, pois se vale de um parâmetro da distribuição de probabilidade, no caso o desvio-padrão, para o cálculo. Assim, uma vez conhecido o desvio-padrão dos retornos, a adoção de um grau de confiança de 84,1% implica na escolha de um cenário de retorno distante, um desvio-padrão da média. Utilizar 97,7% de grau de confiança, implica na seleção de um cenário de retorno distante dois desvios-padrão da média e assim por diante. A Tabela 13.26 apresentada a seguir mostra, para o banco de nosso exemplo, esses valores para cada fator de risco.

Tabela 13.26 | Fator de risco do banco

	TEL		
Desvios-padrão	Intervalo de confiança	VaR não paramétrico	VaR paramétrico
1	84,1%	-54.483,45	-112.711,67
1,65	95,1%	-105.561,87	-193.548,75
2	97,7%	-160.045,57	-237.076,41
3	99,9%	-238.365,47	-361.441,16

VAL

Desvios-padrão	Intervalo de confiança	VaR não paramétrico	VaR paramétrico
1	84,1%	-44.303,79	-47.375,26
1,65	95,1%	-82.278,36	-79.982,11
2	97,7%	-101.265,83	-97.539,65
3	99,9%	-113.924,09	-147.704,04

USD

Desvios-padrão	Intervalo de confiança	VaR não paramétrico	VaR paramétrico
1	84,1%	-3.350,84	-1.577,41
1,65	95,1%	-7.120,35	-3.387,04
2	97,7%	-8.377,11	-4.361,47
3	99,9%	-14.659,87	-7.145,52

Taxas de juro

Desvios-padrão	Intervalo de confiança	VaR não paramétrico	VaR paramétrico
1	84,1%	-4.061,43	-10.965,83
1,65	95,1%	-13.822,20	-19.277,69
2	97,7%	-30.375,10	-23.748,59
3	99,9%	-34.322,70	-36.504,46

Período: 2/10/20x5 a 1/2/20x6

Entretanto, a hipótese de normalidade não parece ser muito adequada em alguns mercados, principalmente no caso brasileiro, onde há um Banco Central que atua de forma ativa nos mercados de taxa de juros e de câmbio. As figuras a seguir mostram o resultado de testes de normalidade para os fatores de risco considerados.

Figura 13.35 | Retorno: TEL

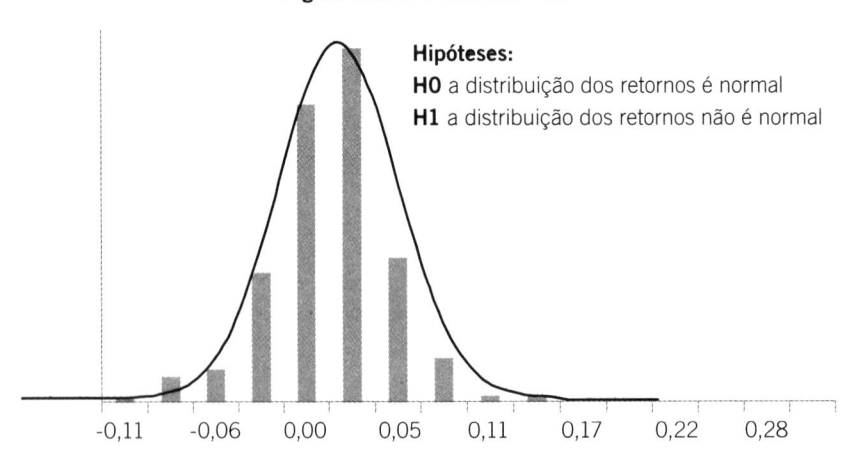

Hipóteses:
H0 a distribuição dos retornos é normal
H1 a distribuição dos retornos não é normal

	Significância	Conclusão
Teste qui-quadrado	1%	Rejeita H0
	5%	Rejeita H0
Teste Kolmogorov-Smirnov	1%	Aceita H0
	5%	Rejeita H0
Teste de assimetria	1%	Rejeita H0
	5%	Rejeita H0

Período: 2/1/20x5 a 29/2/20x6

Figura 13.36 | Retorno: VAL

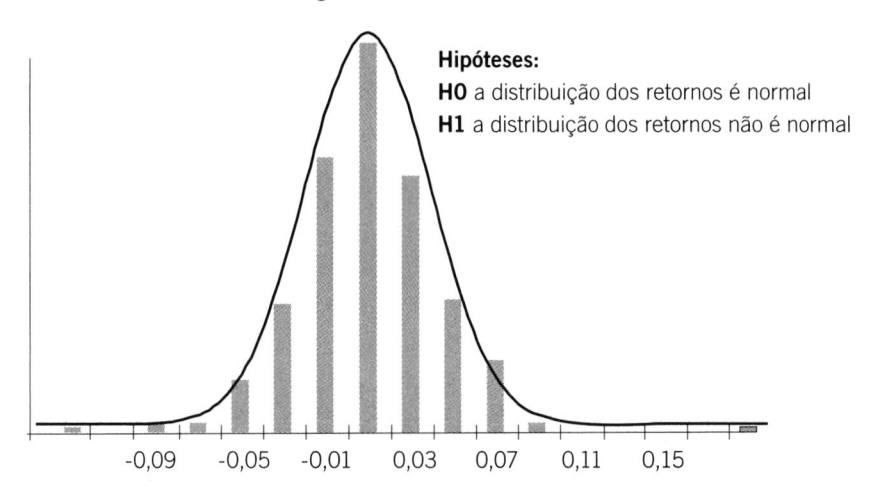

Hipóteses:
H0 a distribuição dos retornos é normal
H1 a distribuição dos retornos não é normal

	Significância	Conclusão
Teste qui-quadrado	1%	Aceita H0
	5%	Aceita H0
Teste Kolmogorov-Smirnov	1%	Aceita H0
	5%	Aceita H0
Teste de assimetria	1%	Aceita H0
	5%	Rejeita H0

Período: 2/1/20x5 a 29/2/20x6

Figura 13.37 | Retorno: dólar

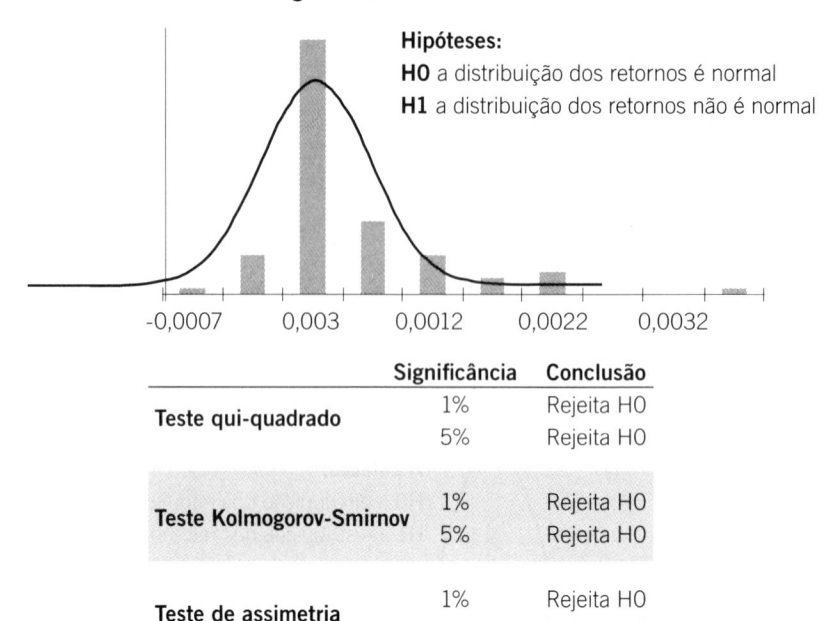

Hipóteses:
H0 a distribuição dos retornos é normal
H1 a distribuição dos retornos não é normal

	Significância	Conclusão
Teste qui-quadrado	1%	Rejeita H0
	5%	Rejeita H0
Teste Kolmogorov-Smirnov	1%	Rejeita H0
	5%	Rejeita H0
Teste de assimetria	1%	Rejeita H0
	5%	Rejeita H0

Período: 2/1/20x5 a 29/2/20x6

Figura 13.38 | Taxa média Andima – 2/1/20x6 – 30/9/20x6
Distribuição frequência dos 167 retornos logarítmicos das taxas

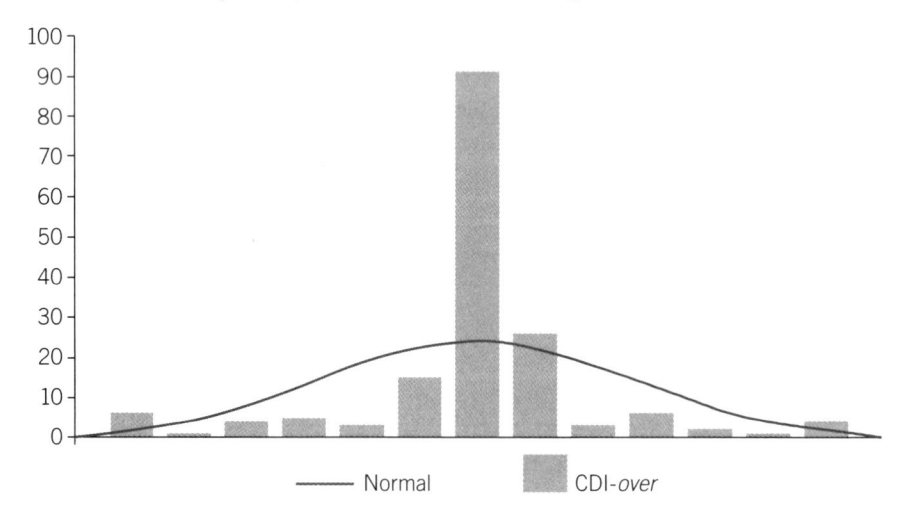

Teste do X^2

Alfa	X^2 calc.	X^2 crítico	Conclusão
5,00%	230,522	18,307	rejeita H0

Teste Kolmogorov-Smirnov

Alfa	D calc.	D crítico	Conclusão
5,00%	0,2516	0,1052	rejeita H0

É interessante notar, a partir dessas figuras, que há um forte viés de alta no dólar (retornos positivos) e que, para as taxas de juros diárias, existe uma grande concentração em torno da média e uma elevada probabilidade de ocorrência de valores extremos, quando comparado à curva normal. Quanto aos retornos de TEL, apesar de sua distribuição assemelhar-se a uma normal, os testes rejeitam tal hipótese em quase todas as situações. Finalmente, os retornos da VAL se comportaram mais de acordo com a distribuição normal. Voltando à Figura 13.37, percebe-se que tais efeitos podem ser observados quando comparamos as colunas de *value at risk* paramétrico com o *value at risk* não paramétrico, cujos valores foram obtidos diretamente das distribuições reais de probabilidades observadas.

No caso do fator de risco dólar, percebe-se claramente essa assimetria na medida em que os valores obtidos pelo método paramétrico são sistematicamente e significativamente menores que os obtidos pelo método não paramétrico, sendo os valores gerados pelo último método aproximadamente o dobro daqueles do método paramétrico. Como o banco está com uma exposição líquida vendida em dólar, a alta das cotações é que representa seu risco, e a distribuição real de probabilidades é fortemente viesada nessa direção. Assim, o uso do método paramétrico no caso leva a um subdimensionamento do risco do banco que pode gerar efeitos graves futuramente.

Quanto às taxas de juros, o banco está com uma exposição tal que o sujeita a perdas no caso de elevação de taxas. Percebe-se que o VaR paramétrico é bem superior ao não paramétrico para os graus de confiança menores devido à elevada concentração dos retornos próximos da média, ocorrendo, para cenários mais extremos, uma inversão nesse comportamento (no nível de 97,7% de confiança) e uma certa equiparação no nível de 99,9%.

TEL, por sua vez, apresenta os valores não paramétricos significativamente inferiores aos paramétricos (aproximadamente metade), denotando uma forte concentração também em torno da média. Já a VAL, por apresentar uma distribuição mais próxima da normal, possui seus riscos calculados pelos dois métodos dentro de uma faixa estreita de variação.

Os números apresentados neste exemplo dão uma boa mostra da relevância de se testar convenientemente as hipóteses formuladas para a geração de cenários, de modo a evitar problemas de sub ou sobreavaliação de riscos que podem, respectivamente, acarretar grandes sustos ou perda de oportunidades de mercado.

Finalmente, uma última discussão que pretendemos fazer neste livro diz respeito à forma de se considerar a ocorrência de diversificação entre os fatores de risco. Quando apuramos o risco total do banco, mediante a técnica não paramétrica da simulação histórica de seus resultados, já consideramos nesse procedimento a diversificação efetiva ocorrida no mercado durante o período analisado, sem haver a necessidade de realizar nenhum cálculo adicional ou assumir hipótese alguma sobre esse comportamento, exceto a de que se espera que ele não se altere para o horizonte de geração de cenário com o qual estamos trabalhando.

Alternativamente, poderíamos adotar a hipótese de normalidade conjunta dos fatores de risco e trabalharmos com a matriz de correlações entre eles, optando assim por uma abordagem paramétrica. Os resultados do uso das duas técnicas podem ser comparados na Tabela 13.27 a seguir.

Tabela 13.27 | Comparação

Grau de confiança	VaR não paramétrico com diversificação	VaR paramétrico com diversificação
84,1%	107.862,45	110.647,17
95,1%	189.631,00	190.971,65
97,7%	300.588,09	234.223,30
99,9%	313.602,65	357.799,43

O problema principal associado ao uso de correlações reside na instabilidade de seus valores ao longo do tempo. As figuras apresentadas a seguir nos dão uma boa mostra disto.

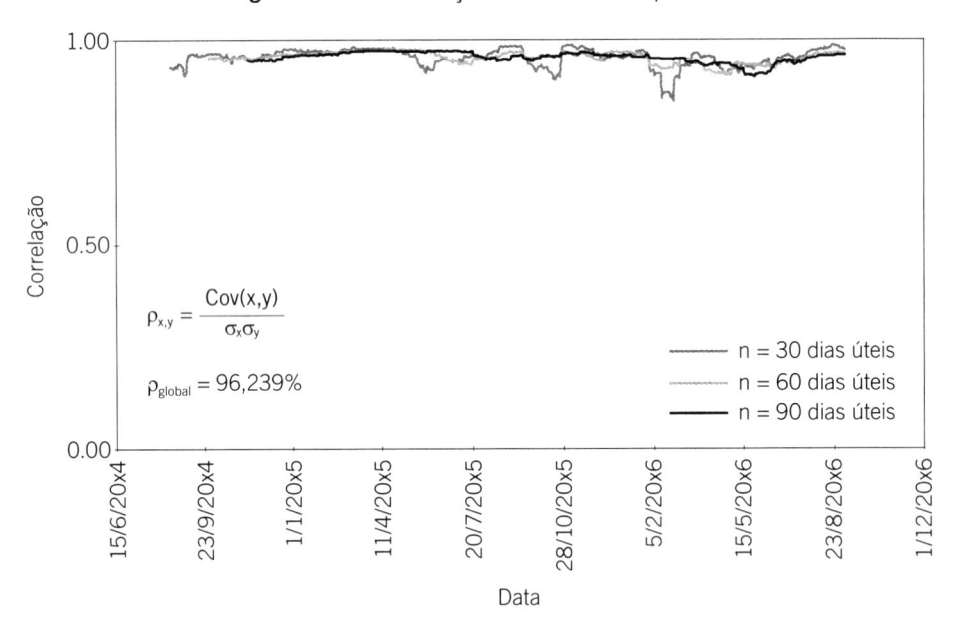

Figura 13.39 | Correlação histórica Ibovespa-TEL

$$\rho_{x,y} = \frac{Cov(x,y)}{\sigma_x \sigma_y}$$

$\rho_{global} = 96,239\%$

n = 30 dias úteis
n = 60 dias úteis
n = 90 dias úteis

Figura 13.40 | Correlação histórica Ibovespa-Eletrobrás

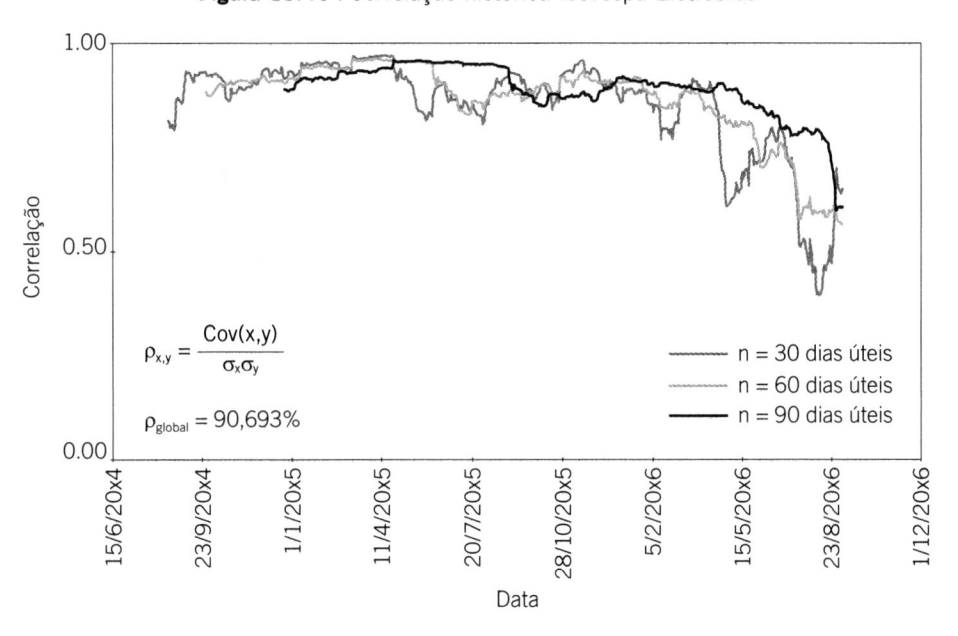

$$\rho_{x,y} = \frac{Cov(x,y)}{\sigma_x \sigma_y}$$

$\rho_{global} = 90{,}693\%$

— n = 30 dias úteis
— n = 60 dias úteis
— n = 90 dias úteis

Figura 13.41 | Correlação histórica Ibovespa-Eletrobrás

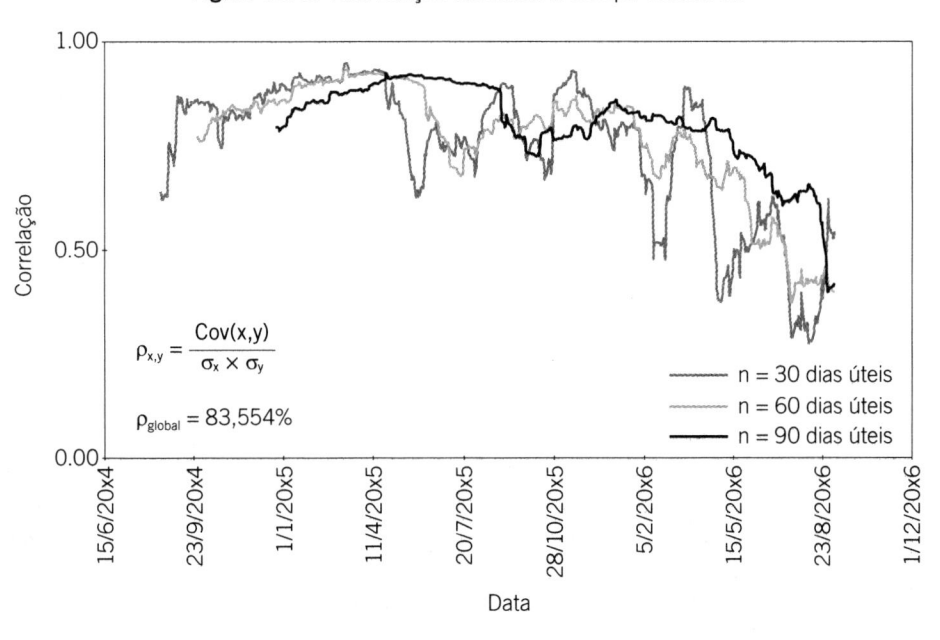

$$\rho_{x,y} = \frac{Cov(x,y)}{\sigma_x \times \sigma_y}$$

$\rho_{global} = 83{,}554\%$

— n = 30 dias úteis
— n = 60 dias úteis
— n = 90 dias úteis

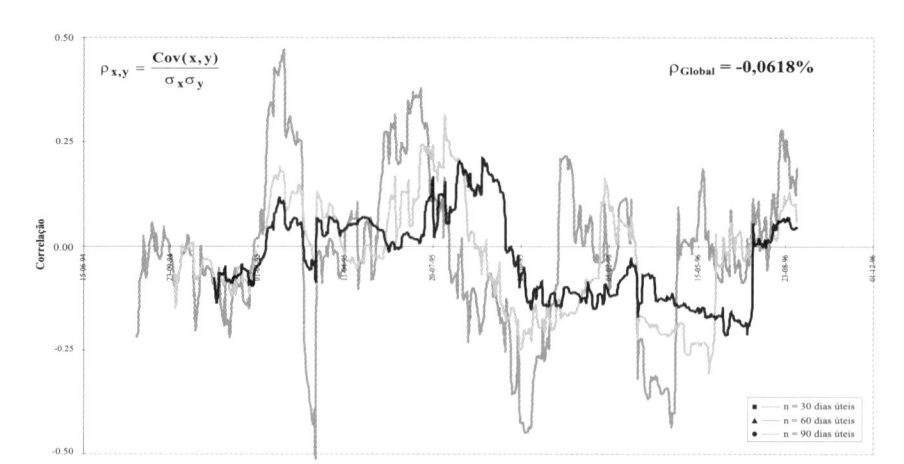

Figura 13.42 | Correlação histórica Ibovespa-Dólar

$$\rho_{x,y} = \frac{Cov(x,y)}{\sigma_x \sigma_y} \qquad \rho_{Global} = -0{,}0618\%$$

Como pode ser percebido pelos gráficos, as correlações entre ações tendem a ser mais estáveis, embora oscilem significativamente em alguns momentos, do que as verificadas entre ativos de naturezas distintas, como é o caso do Índice Bovespa e do dólar. Essas oscilações se tornam mais fortes quando são consideradas janelas menores de tempo para o cálculo. Percebe-se que a própria correlação pode ser vista como uma variável aleatória.

Em vista dessa instabilidade, muitas organizações optam por não considerar a diversificação entre fatores de risco de naturezas distintas. Essa postura, entretanto, é demasiadamente conservadora uma vez que, mesmo no caso das ações com a taxa de câmbio, apesar de haver oscilações bruscas nos valores das correlações, em nenhum momento elas se aproximam de +1 ou -1. Desconsiderar a diversificação é assumir correlação unitária positiva ou negativa entre os fatores. Uma postura ainda conservadora, no entanto mais realista, pode ser, no caso em questão, assumir como correlação entre Índice Bovespa e dólar, por exemplo, o valor de +0,4, se as posições forem ambas compradas ou vendidas em cada mercado, ou -0,4, se uma delas for comprada e a outra vendida. Esse valor pode ser calculado a partir de uma distribuição de probabilidade de valores para a correlação e determinado grau de confiança.

Finalizando, cumpre destacar que, dadas as diversas hipóteses levantadas por ocasião da definição do modelo de cálculo do *value at risk*, faz-se necessário estruturar uma sistemática de acompanhamento dos resultados obtidos para verificar se os valores apurados refletem efetivamente o grau de confiança com o qual estamos trabalhando. Para isso, diariamente registramos o *value at risk* fornecido pelo modelo e o resultado real obtido sobre aquela exposição após o dia seguinte. Assim, se utilizamos um grau de confiança de 95% e, ao longo de um ano, em nenhum deles o resultado foi superior ao risco medido, temos uma indicação de que nosso modelo está superestimando o risco real. Por outro lado, se o resultado ultrapassou o *value at risk* em metade dos dias, o que transparece é que nosso modelo subestima o risco incorrido. Por meio de testes estatísticos apropriados, temos condição de avaliar a eficácia de nosso modelo a partir desses dados. A Figura 13.43 a seguir representa o exemplo de um gráfico de acompanhamento. A simetria que está refletida nos valores do *value at risk*, deve-se ao fato de o modelo em questão adotar hipótese de normalidade.

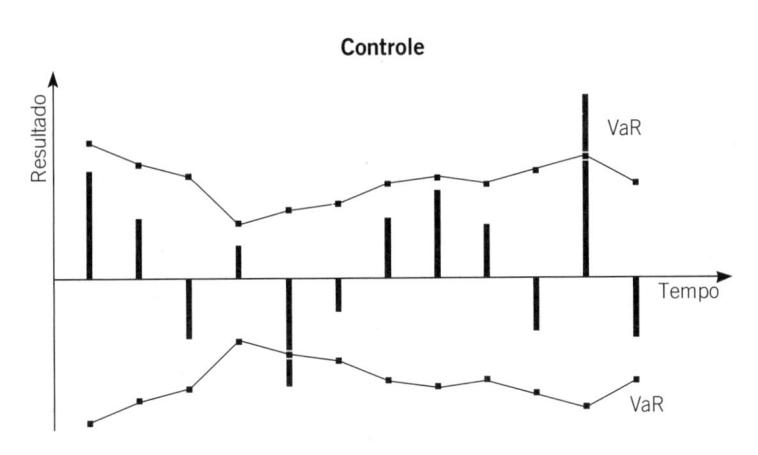

Figura 13.43 | *Value at risk*

13.3.2 *Value at risk* não paramétrico – Simulação histórica

Quando se percebe que os comportamentos dos retornos dos fatores de risco não podem ser considerados como tendo distribuição normal, deve-se procurar outras técnicas para apuração do *value at risk*, sendo que uma das mais utilizadas por sua simplicidade é a simulação histórica. Consiste em se tomar a exposição atual e aplicar sobre ela a distribuição de probabilidades real que se verificou no passado. Como exemplo, tomemos uma exposição de 1.000.000.000 de ações de TEL no final do dia 17/1/20x5, quando o preço da ação fechou a R$ 34,64/lote de mil, o que significa uma exposição de R$ 34.640.000,00. O que pode ocorrer com o preço no dia seguinte?

A hipótese básica que se faz é que o comportamento esperado para amanhã seguirá a mesma distribuição de probabilidade dos últimos 20 pregões. Assim, conforme Tabela 13.28 apresentada a seguir, caso em 18/1/20x5 se verifique o mesmo comportamento de 20/12/20x4, o resultado será uma perda de R$ 950.000. Por outro lado, se o comportamento for igual ao de 21/12/20x4, o resultado será uma perda de R$ 2.150.000, e assim por diante. Como não se sabe qual exatamente será a variação de preço da ação de TEL, usa-se para indicá-la a distribuição de retornos possíveis representados pelas 20 últimas variações observadas.

Tabela 13.28 | Distribuição de retornos possíveis

Data	Preço fechado	Retorno logarítmico	Preço simulado para 18/1	Resultado em 18/1
19/12/20x4	43,24	–		
20/12/20x4	42,05	-2,79%	33,69	-950.000
21/12/20x4	39,44	-6,41%	32,49	-2.150.000
22/12/20x4	36,44	-7,91%	32,01	-2.630.000
23/12/20x4	38,15	4,59%	36,27	1.630.000
26/12/20x4	36,85	-3,47%	33,46	-1.180.000
27/12/20x4	35,64	-3,34%	33,50	-1.140.000
28/12/20x4	36,24	1,67%	35,22	580.000
29/12/20x4	37,95	4,61%	36,27	1.630.000
2/1/20x5	37,45	-1,33%	34,18	-460.000
3/1/20x5	35,64	-4,95%	32,97	-1.670.000
4/1/20x5	34,34	-3,72%	33,38	-1.260.000
5/1/20x5	34,84	1,44%	35,14	500.000
6/1/20x5	32,44	-7,14%	32,25	-2.390.000
9/1/20x5	30,94	-4,73%	33,04	-1.600.000
10/1/20x5	27,93	-10,23%	31,27	-3.370.000
11/1/20x5	30,24	7,95%	37,51	2.870.000
12/1/20x5	32,54	7,33%	37,27	2.630.000
13/1/20x5	34,24	5,09%	36,45	1.810.000
16/1/20x5	33,44	-2,36%	33,83	-810.000
17/1/20x5	34,64	3,53%	35,88	1.240.000

Na Tabela 13.28, o retorno logarítmico *r* é calculado pela relação:

$$r_t = \ln (P_t \div P_{t-1})$$

Em que P_k é o preço do momento *k*.

O preço simulado para 18/1 ($P_{18/1}$) referente a cada retorno passado observado é obtido como:

$$P_{18/1} = P_{17/1} \times e^r$$

Quando $P_{17/1}$ é preço de fechamento de 17/1, ou seja, R$ 34,64.

O resultado, portanto, é a diferença entre o preço simulado para 18/1 e o de fechamento de 17/1, multiplicado pela quantidade total de títulos possuídos:

$$\text{Resultado} = (P_{18/1} - P_{17/1}) \times 1.000.000$$

Calculados os resultados possíveis, procede-se agora à classificação desses valores em ordem crescente para alocá-los nas classes de valores para construção do histograma de frequências de resultados, como apresentado a seguir.

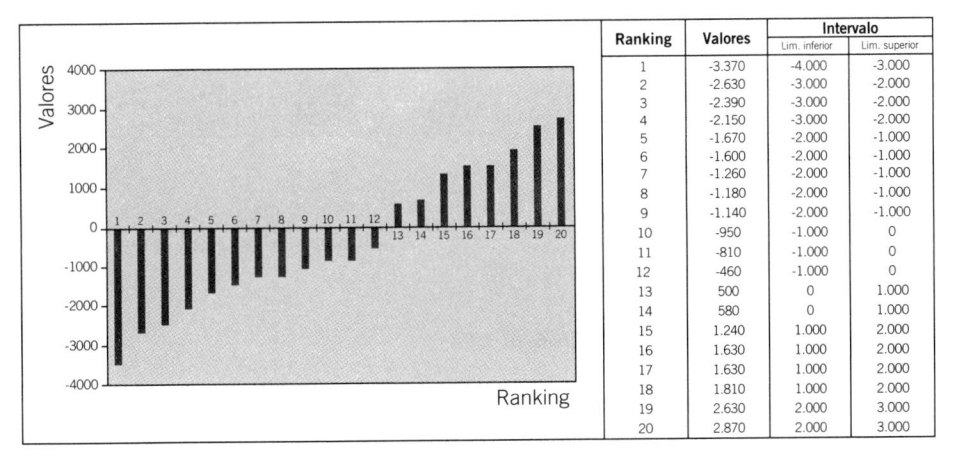

Figura 13.44 | Histograma de frequências de resultados

Ranking	Valores	Intervalo	
		Lim. inferior	Lim. superior
1	-3.370	-4.000	-3.000
2	-2.630	-3.000	-2.000
3	-2.390	-3.000	-2.000
4	-2.150	-3.000	-2.000
5	-1.670	-2.000	-1.000
6	-1.600	-2.000	-1.000
7	-1.260	-2.000	-1.000
8	-1.180	-2.000	-1.000
9	-1.140	-2.000	-1.000
10	-950	-1.000	0
11	-810	-1.000	0
12	-460	-1.000	0
13	500	0	1.000
14	580	0	1.000
15	1.240	1.000	2.000
16	1.630	1.000	2.000
17	1.630	1.000	2.000
18	1.810	1.000	2.000
19	2.630	2.000	3.000
20	2.870	2.000	3.000

Média = –R$ 336.000
Desvio-padrão = R$ 1.830.000

Como se percebe na Figura 13.44, dividindo os resultados possíveis em intervalos de R$ 1.000.000, há uma ocorrência no intervalo de (-4.000.000 a -3.000.000), três ocorrências no intervalo de (-3.000.000 a -2.000.000), cinco ocorrências no intervalo entre (-2.000.000 a -1.000.000), e assim por diante. Isto permite a construção do histograma mostrado a seguir. É fácil notar que a distribuição de resultados difere muito do que seria uma distribuição normal de mesma média e mesmo desvio-padrão, também apresentada na Figura 13.45. É bem verdade que 20 pontos não é um valor de observações que permita conclusão alguma sobre a forma da distribuição, mas estamos assumindo tal capacidade para fins de exemplificação.

Caso estejamos trabalhando com grau de confiança de 95% para cálculo do *value at risk*, o que significa tomar o resultado que represente o pior desempenho que é possível ser superado somente uma vez a cada 20 dias, e assumirmos que o comportamento segue um comportamento normal, temos que o risco dessa posição, calculado como 1,65 desvio, seria de R$ 3.019.500. Tomando a realidade verificada nos últimos dias, temos que tal valor é de R$ 2.630.000.

Figura 13.45 | Distribuição de resultados

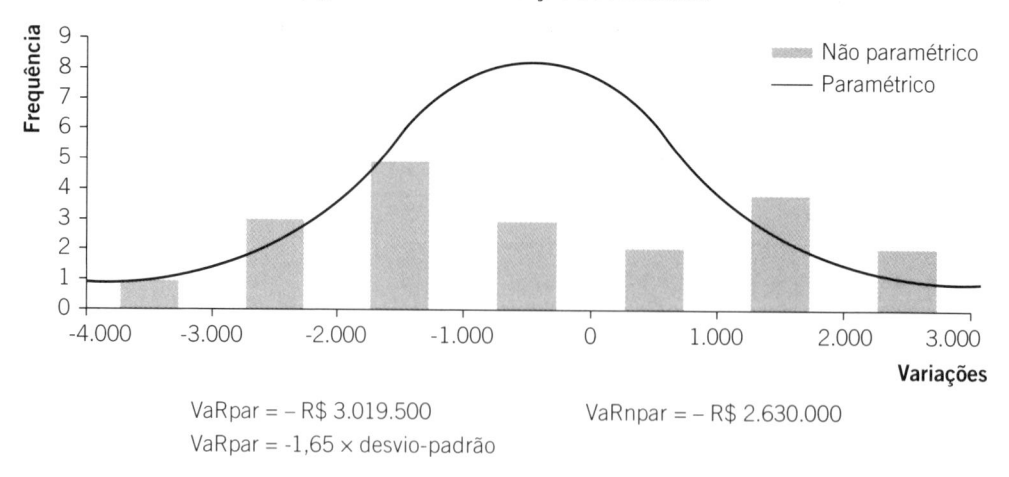

VaRpar = – R$ 3.019.500
VaRpar = -1,65 × desvio-padrão

VaRnpar = – R$ 2.630.000

13.3.3 Exemplos de cálculo de *value at risk*

13.3.3.1 Risco de taxa de juros

Tomemos uma carteira de renda fixa composta por duas operações, uma captação de CDB e uma operação de financiamento pessoal, contratadas quando a taxa de juros do mercado estava em 34% a.a., assumindo que a estrutura temporal de taxas de juros é constante. Os dados das operações são apresentados a seguir:

Captação: CDB

Prazo = 30 dias

Valor de emissão = R$ 10.000.000

Taxa = 28% a.a.

Prazo decorrido = 4 dias

Taxa referência = 34% a.a.

Aplicação: Financiamento pessoal

Prazo = 6 meses

Valor financiado = R$ 10.000.000

Taxa = 50% a.a.

Pagamento = 6 parcelas de R$ 1.872.776

Prazo decorrido = 4 dias

Taxa referência = 34% a.a.

$$\text{Spread captação} = \frac{(1+0,34)}{(1+0,28)} - 1 = 0,0469 = 4,69\% \text{ a.a.}$$

$$\text{Spread aplicação} = \frac{(1+0,50)}{(1+0,34)} - 1 = 0,1194 = 11,94\% \text{ a.a.}$$

Consideremos, adicionalmente os seguintes dados sobre o fator de risco da taxa de juros:

Volatilidade da taxa de juros = 2% a.a.
Taxa atual de mercado = 38% a.a.

Temos, para esse banco, os seguintes fluxos de caixa, a partir do momento atual:

Figura 13.46 | Ativo: financiamento pessoal

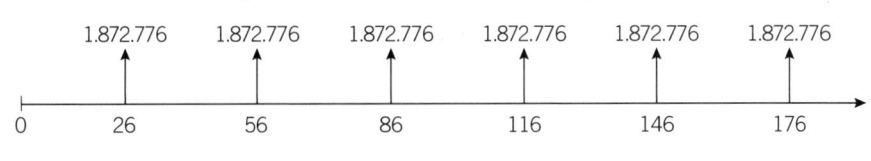

| 0 | 26 | 56 | 86 | 116 | 146 | 176 |

Fluxos: 1.872.776 em cada período (26, 56, 86, 116, 146, 176).

Passivo: CDB

Em 26: 10.207.847 (saída)

Apuração da exposição

Considerando que os *spreads* se mantêm constantes, apesar da alteração da taxa de juros, têm-se:

Ativo

Taxa de desconto = $(1 + 0,38) \times (1 + 0,1194) - 1 = 0,5448 \Rightarrow 54,48\%$ a.a.

$$VM = \frac{1.872.776}{(1,5448)^{\frac{26}{360}}} + \frac{1.872.776}{(1,5448)^{\frac{56}{360}}} + \frac{1.872.776}{(1,5448)^{\frac{86}{360}}} + \frac{1.872.776}{(1,5448)^{\frac{116}{360}}} + \frac{1.872.776}{(1,5448)^{\frac{146}{360}}} + \frac{1.872.776}{(1,5448)^{\frac{176}{360}}}$$

$$= R\$ \ 9.965.049$$

Passivo

Taxa de desconto = $(1 + 0,38) \div (1 + 0,0469) - 1 = 0,3189 \Rightarrow 31,82\%$ a.a.

$$VM = \frac{10.207.874}{(1+0,3182)^{\frac{26}{360}}} = R\$ \ 10.006.192$$

Assim, a exposição atual do banco é:

Ativo	Passivo
9.965.049	10.006.192

Cálculo do *value at risk* com 84% de grau de confiança (um desvio-padrão)

Procederemos o cálculo do *value at risk* reavaliando ambas as operações a mercado e verificando a diferença de valor com o atual.

Ativo

Taxa de desconto = $(1 + 0,38) \times (1 + 0,02) \times (1 + 0,1194) - 1 = 0,5757 \Rightarrow 57,57\%$ a.a.

$$VM = \frac{1.872.776}{(1,5757)^{\frac{26}{360}}} + \frac{1.872.776}{(1,5757)^{\frac{56}{360}}} + \frac{1.872.776}{(1,5757)^{\frac{86}{360}}} + \frac{1.872.776}{(1,5757)^{\frac{116}{360}}} + \frac{1.872.776}{(1,5757)^{\frac{146}{360}}} + \frac{1.872.776}{(1,5757)^{\frac{176}{360}}}$$

$$= R\$ \ 9.911.599$$

Variação de valor do ativo = 9.911.599 − 9.965.049 = − R$ 53.450

Passivo

Taxa de desconto = $(1 + 0,38) \times (1 + 0,02) \div (1 + 0,0469) - 1 = 0,3445 \Rightarrow 34,45\%$ a.a.

$$VM = \frac{10.207.874}{(1+0,3445)^{\frac{26}{360}}} = R\$ \ 10.006.192$$

Variação de valor do passivo = 9.991.926 − 10.006.192 = − R$ 14.266

VaR 84% = -53.450 − (-14.266) = − R$ 39.184

13.3.3.2 Risco de taxa de câmbio

Tomemos uma carteira composta por duas operações, uma captação de euro-CD e uma operação de financiamento à exportação, contratadas quando a taxa de juros do mercado externo estava em 10% a.a., assumindo que a estrutura temporal de taxas de juros é constante. Os dados das operações são apresentados a seguir:

Captação: *Euro-commercial paper*
   Prazo = 180 dias
   Valor de emissão = U$ 10.000.000
   Coupon = 10 % a.a.
   Prazo decorrido = 80 dias
   Taxa referência = 10 % a.a. (6 meses)

   Spread captação: $(1 + \frac{0,10}{2}) \div (1 + \frac{0,10}{2}) - 1 = 0,0$

Aplicação: ACC
   Prazo = 120 dias
   Valor financiado = U$ 8.000.000
   Taxa = 19 % a.a.
   Prazo decorrido = 80 dias
   Taxa referência = 10% a.a. (6 meses)

   Spread aplicação: $[(1 + 0,19 \div 3) \div (1 + 0,10 \div 2)^{\frac{120}{180}}]^{\frac{360}{120}} - 1 = 0,0905 \Rightarrow 9,05\%$ a.a.

Consideremos, adicionalmente os seguintes dados sobre os fatores de risco taxa de juros externa e taxa de câmbio:

   Volatilidade da taxa de juros = 1% a.a.
   Taxa de mercado = 9,5% a.a. (6 meses)
   Taxa de câmbio = R$ 0,988 / U$
   Volatilidade da taxa de juros = 0,4% a.d.

Temos, para este banco, os seguintes fluxos de caixa, a partir do momento atual:

Figura 13.47 | Ativo: ACC

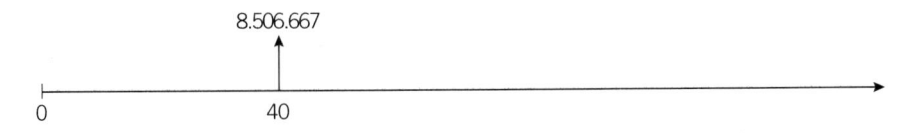

```
           8.506.667
              ↑
   |----------|----------------------→
   0         40
```

Passivo: *Euro-commercial paper*

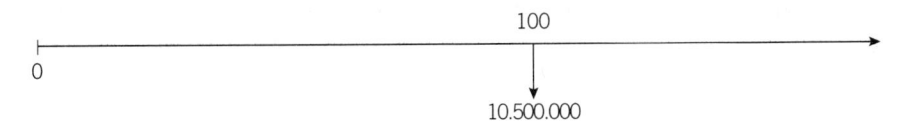

```
                      100
   |-------------------|------------→
   0                   ↓
                   10.500.000
```

Apuração da exposição

Considerando que os *spreads* se mantêm constantes apesar da alteração da taxa de juros, tem-se:

Ativo

$$\text{Taxa de desconto} = (1 + 0{,}095 \div 2)^2 \times (1 + 0{,}0905) - 1 = 0{,}1966 \Rightarrow 19{,}66\% \text{ a.a.}$$

$$VM = \frac{8.506.667}{(1+0{,}1966)^{\frac{40}{360}}} = U\$\ 8.338.701$$

$$VM = 8.338.701 \times 0{,}988 = R\$\ 8.238.637$$

Passivo

$$\text{Taxa de desconto} = (1 + 0{,}095 \div 2)^2 \div (1 + 0{,}0) - 1 = 0{,}0973 \Rightarrow 9{,}73\% \text{ a.a.}$$

$$VM = \frac{10.500.000}{(1+0{,}0973)^{\frac{100}{360}}} = U\$\ 10.232.643$$

$$VM = 10.232.643 \times 0{,}988 = R\$\ 10.109.851$$

Assim, a exposição atual do banco à taxa de juros externa é:

Ativo	Passivo
U$ 8.338.701	U$ 10.232.643

Quanto à taxa de câmbio, a exposição atual do banco é:

Ativo	Passivo
R$ 8.238.637	R$ 10.109.851

Cálculo do value at risk de taxa de juros externa com 84% de grau de confiança (um desvio-padrão)

Procederemos o cálculo do *value at risk* reavaliando ambas as operações a mercado e verificando a diferença de valor com o atual. Como o descasamento atual é de passivo maior e mais longo que o ativo, o cenário a ser avaliado é de queda dos juros externos.

Ativo

Taxa de desconto = [(1 + 0,095 ÷ 2)² ÷ (1+ 0,01)] × (1 + 0,0905) − 1 = 0,1847 => 18,47% a.a.

$$VM = \frac{8.506.667}{(1+0,1847)^{\frac{40}{360}}} = U\$ \ 8.347.967$$

Variação de valor do ativo = 8.347.967 − 8.338.701 = + U$ 9.566

Passivo

Taxa de desconto = [(1 + 0,095 ÷ 2)² ÷ (1+ 0,01)] ÷ (1 + 0,0) − 1 = 0,0864 => 8,64% a.a.

$$VM = \frac{10.500.000}{(1+0,0864)^{\frac{100}{360}}} = U\$ \ 10.261.058$$

Variação de valor do passivo = 10.261.058 − 10.232.643 = + U$ 28.415

$VaR_{84\%}$ = 9.566 − 28.415 = − U$ 18.849

=> $VaR_{84\%}$ = − 18.849 × 0,988 = − R$ 18.623

Cálculo do value at risk de taxa de câmbio com 84% de grau de confiança (um desvio-padrão)

Como o descasamento atual é de passivo maior que o ativo, o cenário a ser avaliado é de elevação da cotação do dólar.

Variação de valor do ativo = 8.238.637 × 0,004 = + R$ 32.955

Variação de valor do passivo = − 10.109.851 × 0,004 = − R$ 40.439

$VaR_{84\%}$ = 32.955 − 40.439 = − R$ 7.484

13.3.3.3 Risco global

Consideremos agora que um único banco possua todas as operações apresentadas nos dois tópicos anteriores. O próximo passo é apurar o *value at risk* global da carteira do banco. Para isto, considerar-se-á a seguinte matriz de correlações:

Tabela 13.29 | Matriz de correlações

	Taxa de juros	Taxa de câmbio	Taxa de juros externa
Taxa de juros	1,0000		
Taxa de câmbio	−0,4367	1,0000	
Taxa de juros externa	0,1345	−0,2344	1,0000

Vamos calcular inicialmente o risco global do banco, com 84% de grau de confiança, sem considerar o efeito de diversificação:

$$VaR_{global} = VaR_{juros} + VaR_{câmbio} + VaR_{externa}$$
$$VaR_{global,84\%} = 39.184 + 7.484 + 18.623 = R\$\ 65.291$$

Considerando agora o efeito da diversificação, tem-se que o risco global da carteira será:

$$VaR_{global} = (VaR_{juros}^2 + VaR_{câmbio}^2 + VaR_{externa}^2 + 2 \cdot VaR_{juros} \times VaR_{câmbio} \times r_{juros,câmbio} + 2 \times VaR_{juros} \times VaR_{externa} \times r_{juros,externa} + 2 \cdot VaR_{externa} \times VaR_{câmbio} \times r_{externa,câmbio})^{½}$$

$$VaR_{global,84\%} = [39.184^2 + 7.484^2 + 18.623^2 + 2 \times 39.184 \times 7.484 \times (-0,4367) + 2 \times 39.184 \times 18.623 \times 0,1345 + 2 \times 18.623 \times 7.484 \times (-0,2344)]^{½} = R\$\ 42.580$$

Assim, o efeito de diversificação contribui com uma redução de R$ 22.711 no risco global da instituição.

Referências

ALLES, L. A. Investment risk concepts and measurement of risk in asset returns. *Managerial Finance*, v. 21, n. 1, 1995.

BANCO CENTRAL DO BRASIL. *Histórico das taxas de juros*. 2015. Disponível em: <https://www.bcb.gov.br/?COPOMJUROS>. Acesso em: jun. 2015.

FABOZZI, F. J. *Fixed income mathematics:* Analytical and statistical tecniques. Irwin, 1997.

_____. *Managing fixed income portfolios*. New York: F. J. F., 1997.

_____. *Measuring and controlling interest rate risk*. New York: F. J. F, 1996.

FABOZZI, F. J.; MODIGLIANI, F. *Capital markets* – Institutions and instruments. 2nd ed. New Jersey: Prentice Hall, 1996.

HEMPEL, G. H.; SIMONSON, D. G.; COLEMAN, A. B. *Bank management:* Text and cases. John Wiley & Sons, Inc., 1994.

HULL, J. *Options, futures, and other derivative securities*. 2nd ed. New Jersey: Prentice Hall, 1993.

JORION, P. *Value at Risk*. Chicago: Irwin Professional Publishing, 1997.

LONGERSTAEY, J.; SPENCER, M. RiskMetricsTM—Technical document. *J.P. Morgan/ Reuters*, New York, 4th ed., 1996.

LUEMBERGER, D. G. *Investment Science*. New York: Oxford University, 1998.

MALUF, J. A. F. *Modelo integrado de gestão de riscos de mercado de ativos derivados em instituições financeiras*. 1996. Tese (Doutorado)– Faculdade de Economia, Administração e Contabilidade da Universidade de São Paulo , São Paulo, 1996.

MARKOWITZ, H. *Portfolio Selection*. 2nd ed. Cambridge: Blackwell Publishers, 1991.

ORINVEST. *O que é* CDB / DPGE? 2011. Disponível em: <http://www.ourinvest.com.br/pt/cdb-dpge>. Acesso em: jun. 2015.

PARK, C. S.; SHARP-BETTE; GUNTER, P. *Advanced engineering economics*. New York: John Wiley & Sons, Inc. 1990.

SAUNDERS, A. *Financial institutions management: a modern perspective*. New York: Irwin, 1993.

SECURATO, J. R. *Decisões financeiras em condições de risco.* São Paulo: Saint Paul Editora, 2007.

SINKEY, Jr.; JOSEPH, F. *Commercial bank financial management in the financial service industry.* Macmillan Publishing Company, 1989.

SHARPE, W. F.; ALEXANDRE G. J.; BAILEY, J. V. *Investments.* 5th ed. New York: Prentice Hall, 1995.

SMITH, Jr.; CLIFFORD, W.; SMITHSON, C., W.; WILFORD, D. S. *Managing financial risk.* In: SMITH, Jr.; CLIFFORD, W.; SMITHSON, C. W. The handbook of financial engineering. Harper Business Books, 1990.

SMITHSON, C.; MINTON, L. *Value at Risk:* understanding the various ways to calculate Var. Risk, Jan. 1996.

TESOURO. TAVARES, R. G.; TAVARES, M. F. T. *Títulos públicos federais e suas formas de precificação.* Disponível em: <http://www3.tesouro.gov.br/divida_publica/downloads/Parte%203_2.pdf>. Acesso em: jun. 2015.

VAN, Horne, J. C. *Financial market:* Rares and flows. 4th ed. New Jersey: Prentice Hall, 1994.

Sites consultados

BANCO CENTRAL DO BRASIL - BCB. Disponível em: <http://www.bcb.gov.br/pt-br/paginas/default.aspx>. Acesso em: jun. 2015.

BM&FBOVESPA. Disponível em: <www.bmfbovespa.com.br>. Acesso em: jun. 2015

CETIP. Disponível em: <www.cetip.com.br>. Acesso em: jun. 2015.

FGV. Disponível em: <http://portal.fgv.br/>. Acesso em: jun. 2015.

INSTITUTO BRASILEIRO DE GEOGRAFIA E ESTATÍSTICA - IBGE. Disponível em: <http://www.ibge.gov.br/home/>. Acesso em: jun. 2015.

TESOURO NACIONAL. Disponível em: <http://www.tesouro.fazenda.gov.br/>. Acesso em: jun. 2015.

U.S. DEPARTMENT OF THE TREASURY. Disponível em: <http://www.treasury.gov/Pages/default.aspx> Acesso em: jun. 2015.

Apêndice A

Histórico das taxas de juros fixadas pelo Copom e evolução da taxa Selic

A tabela a seguir mostra a evolução, o histórico das taxas de juros fixadas pelo Copom e a evolução da taxa Selic, desde a primeira reunião a ocorrida em 26/6/1996, até a 170.ª reunião realizada em 29/4/2015, também indicando o período de vigência, viés adotado, taxa acumulada no período de vigência e a taxa média anualizada com base em 252 dias úteis.

- EX – Reunião extraordinária.
- Baixa – Reunião em que a meta para a Taxa Selic foi fixada com viés de baixa.
- Alta – Reunião em que a meta para a Taxa Selic foi fixada com viés de alta.
- Viés – Utilização da faculdade para alterar a meta para a Taxa Selic entre reuniões do Copom.

Número da reunião	Data	Viés	Período de vigência	Meta Selic % a.a (1) (6)	TBAN % a.m (2) (6)	Taxa Selic % (3)	Taxa Selic % a.a. (4)
170ª	10/10/2012		11/10/2012 - 28/11/2012	7,25		0,88	7,14
169ª	29/8/2012		30/8/2012 - 10/10/2012	7,50		0,82	7,39
168ª	11/7/2012		12/7/2012 - 29/8/2012	8,00		1,06	7,89
167ª	30/5/2012		31/5/2012 - 11/7/2012	8,50		0,93	8,39
166ª	18/4/2012		19/4/2012 - 30/5/2012	9,00		0,99	8,90
165ª	7/3/2012		8/3/2012 - 18/4/2012	9,75		1,07	9,65
164ª	18/1/2012		19/1/2012 - 7/3/2012	10,50		1,30	10,40
163ª	30/11/2011		1/12/2011 - 18/1/2012	11,00		1,45	10,90
162ª	19/10/2011		20/10/2011 - 30/11/2011	11,50		1,21	11,40
161ª	31/8/2011		1/9/2011 - 19/10/2011	12,00		1,48	11,90
160ª	20/7/2011		21/7/2011 - 31/8/2011	12,50		1,40	12,42
159ª	8/6/2011		9/6/2011 - 20/7/2011	12,25		1,33	12,17
158ª	20/4/2011		21/4/2011 - 8/6/2011	12,00		1,49	11,92
157ª	2/3/2011		3/3/2011 - 20/4/2011	11,75		1,46	11,67
156ª	19/1/2011		20/1/2011 - 2/3/2011	11,25		1,27	11,17
155ª	8/12/2010		9/12/2010 - 19/1/2011	10,75		1,21	10,66
154ª	20/10/2010		21/10/2010 - 8/12/2010	10,75		1,34	10,66
153ª	1/9/2010		2/9/2010 - 20/10/2010	10,75		1,34	10,66
152ª	21/7/2010		22/7/2010 - 1/9/2010	10,75		1,21	10,66

Número da reunião	Data	Viés	Período de vigência	Meta Selic % a.a (1) (6)	TBAN % a.m (2) (6)	Taxa Selic % (3)	Taxa Selic % a.a. (4)
151ª	9/6/2010		10/6/2010 - 21/7/2010	10,25		1,16	10,16
150ª	28/4/2010		29/4/2010 - 9/6/2010	9,50		1,04	9,40
149ª	17/3/2010		18/3/2010 - 28/4/2010	8,75		0,93	8,65
148ª	27/1/2010		28/1/2010 - 17/3/2010	8,75		1,09	8,65
147ª	9/12/2009		10/12/2009 - 27/1/2010	8,75		1,09	8,65
146ª	21/10/2009		22/10/2009 - 9/12/2009	8,75		1,09	8,65
145ª	2/9/2009		3/9/2009 - 21/10/2009	8,75		1,09	8,65
144ª	22/7/2009		23/7/2009 - 2/9/2009	8,75		0,99	8,65
143ª	10/6/2009		11/6/2009 - 22/7/2009	9,25		1,01	9,16
142ª	29/4/2009		30/4/2009 - 10/6/2009	10,25		1,12	10,16
141ª	11/3/2009		12/3/2009 - 29/4/2009	11,25		1,40	11,16
140ª	21/1/2009		22/1/2009 - 11/3/2009	12,75		1,57	12,66
139ª	10/12/2008		11/12/2008 - 21/1/2009	13,75		1,43	13,66
138ª	29/10/2008		30/10/2008 - 10/12/2008	13,75		1,53	13,65
137ª	10/9/2008		11/9/2008 - 29/10/2008	13,75		1,79	13,66
136ª	23/7/2008		24/7/2008 - 10/9/2008	13,00		1,70	12,92
135ª	4/6/2008		5/6/2008 - 23/7/2008	12,25		1,61	12,17
134ª	16/4/2008		17/4/2008 - 4/6/2008	11,75		1,41	11,63
133ª	5/3/2008		6/3/2008 - 16/4/2008	11,25		1,23	11,18
132ª	23/1/2008		24/01/2008 - 5/3/2008	11,25		1,18	11,18
131ª	5/12/2007		6/12/2007 - 23/1/2008	11,25		1,40	11,18
130ª	17/10/2007		18/10/2007 - 5/12/2007	11,25		1,40	11,18
129ª	5/9/2007		6/9/2007 - 17/10/2007	11,25		1,18	11,18
128ª	18/7/2007		19/7/2007 - 5/9/2007	11,50		1,51	11,43
127ª	6/6/2007		7/6/2007 - 18/7/2007	12,00		1,31	11,93
126ª	18/4/2007		19/4/2007 - 6/6/2007	12,50		1,59	12,43
125ª	7/3/2007		8/3/2007 - 18/4/2007	12,75		1,38	12,68
124ª	24/1/2007		25/1/2007 - 7/3/2007	13,00		1,36	12,93
123ª	29/11/2006		30/11/2006 - 24/1/2007	13,25		1,89	13,19
122ª	18/10/2006		19/10/2006 - 29/11/2006	13,75		1,43	13,67
121ª	30/8/2006		31/8/2006 - 18/10/2006	14,25		1,75	14,17
120ª	19/7/2006		20/7/2006 - 30/8/2006	14,75		1,64	14,67
119ª	31/5/2006		1/6/2006 - 19/7/2006	15,25		1,92	15,18
118ª	19/4/2006		20/4/2006 - 31/5/2006	15,75		1,69	15,72
117ª	8/3/2006		9/3/2006 - 19/4/2006	16,50		1,77	16,50
116ª	18/1/2006		19/1/2006 - 8/3/2006	17,25		2,11	17,26

Número da reunião	Data	Viés	Período de vigência	Meta Selic % a.a (1) (6)	TBAN % a.m (2) (6)	Taxa Selic % (3)	Taxa Selic % a.a. (4)
115ª	14/12/2005		15/12/2005 - 18/1/2006	18,00		1,66	18,00
114ª	23/11/2005		24/11/2005 - 14/12/2005	18,50		1,01	18,49
113ª	19/10/2005		20/10/2005 - 23/11/2005	19,00		1,60	18,98
112ª	14/9/2005		15/9/2005 - 19/10/2005	19,50		1,71	19,48
111ª	17/8/2005		18/8/2005 - 14/9/2005	19,75		1,37	19,74
110ª	20/7/2005		21/7/2005 - 17/8/2005	19,75		1,44	19,75
109ª	15/6/2005		16/6/2005 - 20/7/2005	19,75		1,80	19,73
108ª	18/5/2005		19/5/2005 - 15/6/2005	19,75		1,37	19,75
107ª	20/4/2005		22/4/2005 - 18/5/2005	19,50		1,35	19,51
106ª	16/3/2005		17/3/2005 - 21/4/2005	19,25		1,69	19,24
105ª	16/2/2005		17/2/2005 - 16/3/2005	18,75		1,37	18,75
104ª	19/1/2005		20/1/2005 - 16/2/2005	18,25		1,20	18,25
103ª	15/12/2004		16/12/2004 - 19/1/2005	17,75		1,63	17,74
102ª	17/11/2004		18/11/2004 - 15/12/2004	17,25		1,27	17,23
101ª	20/10/2004		21/10/2004 - 17/11/2004	16,75		1,11	16,71
100ª	15/9/2004		16/9/2004 - 20/10/2004	16,25		1,44	16,23
99ª	18/8/2004		19/8/2004 - 15/9/2004	16,00		1,12	15,90
98ª	21/7/2004		22/7/2004 - 18/8/2004	16,00		1,17	15,83
97ª	16/6/2004		17/6/2004 - 21/7/2004	16,00		1,46	15,79
96ª	19/5/2004		20/5/2004 - 16/6/2004	16,00		1,11	15,79
95ª	14/4/2004		15/4/2004 - 19/5/2004	16,00		1,41	15,80
94ª	17/3/2004		18/3/2004 - 14/4/2004	16,25		1,13	16,09
93ª	18/2/2004		19/2/2004 - 17/3/2004	16,50		1,08	16,28
92ª	21/1/2004		22/1/2004 - 18/2/2004	16,50		1,21	16,30
91ª	17/12/2003		18/12/2003 - 21/1/2004	16,50		1,39	16,32
90ª	19/11/2003		20/11/2003 - 17/12/2003	17,50		1,28	17,32
89ª	22/10/2003		23/10/2003 - 19/11/2003	19,00		1,38	18,84
88ª	17/9/2003		18/9/2003 - 22/10/2003	20,00		1,81	19,84
87ª	20/8/2003		21/8/2003 - 17/9/2003	22,00		1,58	21,84
86ª	23/7/2003		24/7/2003 - 20/8/2003	24,50		1,74	24,32
85ª	18/6/2003		19/6/2003 - 23/7/2003	26,00		2,21	25,74
84ª	21/5/2003		22/5/2003 - 18/6/2003	26,50		1,87	26,27
83ª	23/4/2003		24/4/2003 - 21/5/2003	26,50		1,78	26,32
82ª	19/3/2003	alta	20/3/2003 - 23/4/2003	26,50		2,16	26,32
81ª	19/2/2003		20/2/2003 - 19/3/2003	26,50		1,68	26,30
80ª	22/1/2003		23/1/2003 - 19/2/2003	25,50		1,81	25,36

Número da reunião	Data	Viés	Período de vigência	Meta Selic % a.a (1) (6)	TBAN % a.m (2) (6)	Taxa Selic % (3)	Taxa Selic % a.a. (4)
79ª	18/12/2002		19/12/2002 - 22/1/2003	25,00		2,05	24,90
78ª	20/11/2002		21/11/2002 - 18/12/2002	22,00		1,58	21,90
77ª	23/10/2002		24/10/2002 - 20/11/2002	21,00		1,44	20,90
76ª ex.	14/10/2002		15/10/2002 - 23/10/2002	21,00		0,53	20,90
75ª	18/9/2002		19/9/2002 - 14/10/2002	18,00		1,18	17,90
74ª	21/8/2002	baixa	22/8/2002 - 18/9/2002	18,00		1,31	17,87
73ª	17/7/2002		18/7/2002 - 21/8/2002	18,00		1,64	17,86
72ª	19/6/2002	baixa	20/6/2002 - 17/7/2002	18,50		1,35	18,40
71ª	22/5/2002		23/5/2002 - 19/6/2002	18,50		1,26	18,07
70ª	17/4/2002		18/4/2002 - 22/5/2002	18,50		1,62	18,35
69ª	20/3/2002		21/3/2002 - 17/4/2002	18,50		1,28	18,45
68ª	20/2/2002		21/2/2002 - 20/3/2002	18,75		1,38	18,80
67ª	23/1/2002		24/1/2002 - 20/2/2002	19,00		1,25	19,05
66ª	19/12/2001		20/12/2001 - 23/1/2002	19,00		1,60	19,05
65ª	21/11/2001		22/11/2001 - 19/12/2001	19,00		1,39	19,05
64ª	17/10/2001		18/10/2001 - 21/11/2001	19,00		1,60	19,05
63ª	19/9/2001		20/9/2001 - 17/10/2001	19,00		1,32	19,07
62ª	22/8/2001		23/8/2001 - 19/9/2001	19,00		1,32	19,04
61ª	18/7/2001		19/7/2001 - 22/8/2001	19,00		1,74	18,96
60ª	20/6/2001	baixa	21/6/2001 - 18/7/2001	18,25		1,34	18,31
59ª	23/5/2001		24/5/2001 - 20/6/2001	16,75		1,17	16,76
58ª	18/4/2001		19/4/2001 - 23/5/2001	16,25		1,45	16,30
57ª	21/3/2001		22/3/2001 - 18/4/2001	15,75		1,11	15,84
56ª	14/2/2001		15/2/2001 - 21/3/2001	15,25		1,30	15,20
55ª	17/1/2001		18/1/2001 - 14/2/2001	15,25		1,13	15,19
54ª	20/12/2000		21/12/2000 - 17/1/2001	15,75		1,05	15,76
53ª	22/11/2000		23/11/2000 - 20/12/2000	16,50		1,21	16,38
52ª	18/10/2000		19/10/2000 - 22/11/2000	16,50		1,41	16,56
51ª	20/9/2000		21/9/2000 - 18/10/2000	16,50		1,16	16,60
50ª	23/8/2000		24/8/2000 - 20/9/2000	16,50		1,16	16,54
49ª	19/7/2000		20/7/2000 - 23/8/2000	16,50		1,53	16,51
48ª		uso/baixa	10/7/2000 - 19/7/2000	17,00		0,50	16,96
	20/6/2000	baixa	21/6/2000 - 7/7/2000	17,50		0,76	17,34
47ª	24/5/2000		25/5/2000 - 20/6/2000	18,50		1,28	18,39
46ª	19/4/2000		20/4/2000 - 24/5/2000	18,50		1,57	18,55
45ª		uso/baixa	29/3/2000 - 19/4/2000	18,50		1,09	18,60

Número da reunião	Data	Viés	Período de vigência	Meta Selic % a.a (1) (6)	TBAN % a.m (2) (6)	Taxa Selic % (3)	Taxa Selic % a.a. (4)
	22/3/2000	baixa	23/3/2000 - 28/3/2000	19,00		0,28	18,94
44ª	16/2/2000		17/2/2000 - 22/3/2000	19,00		1,59	18,88
43ª	19/1/2000		20/1/2000 - 16/2/2000	19,00		1,45	18,87
42ª	15/12/1999		16/12/1999 - 19/1/2000	19,00		1,74	19,00
41ª	10/11/1999		11/11/1999 - 15/12/1999	19,00		1,67	18,99
40ª	6/10/1999	baixa	7/10/1999 - 10/11/1999	19,00		1,59	18,87
39ª	22/9/1999		23/9/1999 - 6/10/1999	19,00		0,69	19,01
38ª	1/9/1999		2/9/1999 - 22/9/1999	19,50		1,00	19,52
37ª	28/7/1999		29/7/1999 - 1/9/1999	19,50		1,78	19,51
36ª	23/6/1999	baixa	24/6/1999 - 28/7/1999	21,00		1,90	20,88
35ª		uso/baixa	9/6/1999 - 23/6/1999	22,00		0,87	21,92
	19/5/1999	baixa	20/5/1999 - 8/6/1999	23,50		1,09	23,36
34ª		uso/baixa	13/5/1999 - 19/5/1999	27,00		0,47	26,96
		uso/baixa	10/5/1999 - 12/5/1999	29,50		0,31	29,53
		uso/baixa	29/4/1999 - 7/5/1999	32,00		0,77	31,91
	14/4/1999	baixa	15/4/1999 - 28/4/1999	34,00		1,05	33,92
33ª		uso/baixa	6/4/1999 - 14/4/1999	39,50		0,93	39,42
		uso/baixa	25/3/1999 - 5/4/1999	42,00		0,84	41,96
	4/3/1999	baixa	5/3/1999 - 24/3/1999	45,00		2,08	44,95
32ª	18/1/1999		19/1/1999 - 4/3/1999	25,00	41,00	3,98	37,34
31ª	16/12/1998		17/12/1998 - 18/1/1999	29,00	36,00	2,16	29,21
30ª	11/11/1998		12/11/1998 - 16/12/1998	19,00	42,25	3,02	34,93
29ª	7/10/1998		8/10/1998 - 11/11/1998	19,00	49,75	3,26	42,12
28ª ex.	10/9/1998		11/9/1998 - 7/10/1998	19,00	49,75	2,58	40,18
27ª	2/9/1998		3/9/1998 - 10/9/1998	19,00	29,75	0,45	25,49
26ª	29/7/1998		30/7/1998 - 2/9/1998	19,75	25,75	1,76	19,25
25ª	24/6/1998		25/6/1998 - 29/7/1998	21,00	28,00	1,86	20,45
24ª	20/5/1998		21/5/1998 - 24/6/1998	21,75	29,75	1,85	21,23
23ª	15/4/1998		16/4/1998 - 20/5/1998	23,25	35,25	1,92	23,16
22ª	4/3/1998		5/3/1998 - 15/4/1998	28,00	38,00	2,74	27,51
21ª	28/1/1998		29/1/1998 - 4/3/1998	34,50	42,00	2,72	34,20
20ª	17/12/1997		2/1/1998 - 28/1/1998	38,00	43,00	2,43	37,47
19ª	19/11/1997		1/12/1997 - 31/12/1997	2,90	3,15	2,97	39,87
18ª ex.	30/10/1997		31/10/1997 - 30/11/1997	3,05	3,23	3,18	45,67
17ª	22/10/1997		1/11/1997 - 30/11/1997	1,58	1,78	(5)	(5)
16ª	17/9/1997		1/10/1997 - 30/10/1997	1,58	1,78	1,53	19,05

Número da reunião	Data	Viés	Período de vigência	Meta Selic % a.a (1) (6)	TBAN % a.m (2) (6)	Taxa Selic % (3)	Taxa Selic % a.a. (4)
15ª	20/8/1997		1/9/1997 - 30/9/1997	1,58	1,78	1,59	19,81
14ª	23/7/1997		1/8/1997 - 31/8/1997	1,58	1,78	1,59	20,78
13ª	18/6/1997		1/7/1997 - 31/7/1997	1,58	1,78	1,60	19,04
12ª	21/5/1997		1/6/1997 - 30/6/1997	1,58	1,78	1,61	21,08
11ª	16/4/1997		1/5/1997 - 31/5/1997	1,58	1,78	1,58	21,91
10ª	19/3/1997		1/4/1997 - 30/4/1997	1,58	1,78	1,66	21,84
9ª	19/2/1997		1/3/1997 - 31/3/1997	1,62	1,80	1,64	24,11
8ª	22/1/1997		1/2/1997 - 28/2/1997	1,66	1,84	1,67	26,14
7ª	18/12/1996		1/1/1997 - 31/1/1997	1,70	1,88	1,73	21,73
6ª	27/11/1996		1/12/1996 - 31/12/1996	1,74	1,90	1,80	23,94
5ª	23/10/1996		1/11/1996 - 30/11/1996	1,78	1,90	1,80	25,27
4ª	23/9/1996		1/10/1996 - 31/10/1996	1,82	1,93	1,86	23,48
3ª	21/8/1996		1/9/1996 - 30/9/1996	1,88		1,90	25,40
2ª	30/7/1996		1/8/1996 - 31/8/1996	1,90		1,97	25,01
1ª	26/6/1996		1/7/1996 - 31/7/1996	1,90		1,93	23,28

(1) No período de 1/7/1996 a 4/3/1999, o Copom fixava a TBC e, a partir de 5/3/1999, com a extinção da taxa passou a divulgar a meta da taxa Selic para fins de política monetária.

(2) A TBAN foi criada em 28/8/1996 e extinta em 4/3/1999.

(3) Taxa de juros acumulada no período.

(4) Taxa média diária de juros, anualizada com base em 252 dias úteis.

(5) As taxas de juros fixadas na 17.ª reunião não entraram em vigor.

(6) A partir de 2/1/1998, as taxas de juros passaram a ser fixadas na expressão anual.

Fonte: elaborado com base em dados do Banco Central do Brasil.

Apêndice B

Títulos de longo prazo

B.1 Avaliando um título conversível

Na prática, um título conversível pode ser decomposto em um título não conversível e uma opção de compra sobre as ações da empresa e seu valor é a soma algébrica de seus componentes:

Valor do título conversível = Valor do título sem conversão + Opção de compra sobre as ações

1. Valor do título sem conversão

    O valor de um título sem conversão é dado pela fórmula a seguir, ajustando *i*, que é a taxa de retorno exigida, à probabilidade de *default* do título.

$$PV = \sum_{t=1}^{n} \frac{C}{(1+i)^t} + \frac{F}{(1+i)^n} \quad (1)$$

    Desse modo,
    PV = valor presente de um título
    n = prazo para a maturidade
    C = valor do cupom
    F = valor de face do título
    i = taxa de retorno exigida

2. Opção de compra sobre as ações

    A fórmula de Black-Scholes, que resulta na avaliação de uma opção de compra europeia, antes de seu vencimento é a seguinte:

$$C = Se^{-yt}N(d_1) - Xe^{-rt}N(d_2) \quad (2)$$

    Sendo:

$$d_1 = \frac{\ln\left(\frac{\sigma}{x}\right) + (r + 0{,}5\sigma^2)T}{\sigma\sqrt{T}} \quad (3)$$

$$d_2 = d_1 - \sigma\sqrt{T} \quad (4)$$

Uma rápida inspeção da fórmula de Black-Scholes mostra que o valor de uma opção de compra é função do preço do ativo-objeto S, do preço de exercício X, do prazo para a maturidade T, da variância instantânea s^2, e da taxa livre de risco r.

Os termos N($d1$) e N($d2$) são as probabilidades acumuladas para uma variável normal Z, lembrando que uma variável normal padronizada tem média zero e desvio-padrão um.

B.2 Problemas com a utilização do modelo Black-Scholes

Como sabemos, um modelo para se tornar praticável exige algumas simplificações da realidade, e a Teoria de precificação de opções não foge à regra. A precificação de opções, como apresentada em ambos os modelos, binomial ou de B-S, é construída sob a premissa de que se pode construir um portfólio replicante, usando-se o ativo básico e emprestando-se e tomando emprestado sem risco.

Apesar de essas premissas serem perfeitamente justificáveis no contexto das ações tradicionalmente negociadas em bolsa, torna-se menos defensável quando o ativo básico não é transacionado e a arbitragem, por isso mesmo, não é praticável. Como algumas das opções que são objeto de nossa atenção não são normalmente transacionadas em bolsa, seus resultados devem ser vistos com cuidado.

Seguindo a orientação de Damodaran, vejamos algumas das principais hipóteses do modelo que podem ser auferidas e como superar esse impasse.

- **Preço do ativo segue um processo contínuo**: a fórmula de B-S foi derivada na hipótese de que o processo de precificação do ativo-base segue um processo contínuo, isto é, ele não é precificado aos saltos. Se essa hipótese for violada, como acontece na maioria das opções reais, o modelo subestimará o valor das opções que estão profundamente "fora do dinheiro". Uma solução é usar variâncias elevadas para estimar o valor de opções profundamente "fora do dinheiro" e baixas variâncias para opções "no dinheiro". Outra solução é usar um modelo de precificação de opções que explicitamente permita preços aos saltos, apesar de os *inputs* para esses modelos serem muito difíceis de estimar.

- **A variância é conhecida e não muda ao longo da vida da opção**: essa hipótese é perfeitamente aplicável às opções de curto prazo sobre as ações negociadas em bolsa. Quando a teoria de precificação de opções é aplicada às opções reais de longo prazo, entretanto, surgem problemas, pois é pouco provável que a variância permaneça constante ao longo do tempo. Novamente, a solução seria usar um modelo explícito para mudanças de variância. No entanto, tais modelos exigem que o processo de mudança da variância seja descrito ou modelado, o que apenas transfere o problema.

- **Exercício é instantâneo**: a teoria de precificação de opções parte da premissa de que seu exercício é instantâneo. Essa hipótese pode ser difícil de ser justificada com opções reais, em que exercer pode significar construir uma fábrica ou um oleoduto, fatos que não ocorrem instantaneamente. Essa restrição não é aplicável aos títulos de longo prazo, cujas opções, em geral, podem ser exercidas instantaneamente. Vale o registro para outros tipos de opções reais.

- **O ativo básico não paga dividendos**: uma das restrições do modelo de B-S é que o ativo básico não paga dividendos ou outros desembolsos de nenhuma espécie. Essa restrição é superada na medida em que possamos estimar uma taxa de dividendos esperada constante e utilizemos o modelo adequado, como veremos a seguir.

B.3 Precificando uma opção embutida

Ao usarmos o modelo de Black-Scholes para precificarmos uma opção embutida em um título de longo prazo, devemos levar em consideração dois efeitos importantes.

I. Dividendos

Os dividendos reduzem o preço da ação. Consequentemente, opções de compra se tornam menos valiosas e opções de venda mais valiosas quando o pagamento de dividendos aumenta. O ajustamento que deve ser feito para títulos de longo prazo é o seguinte:

$$C = Se^{-yt}N(d_1) - Xe^{-rt}N(d_2) \quad (5)$$

$$d_1 = \frac{\ln\left(\frac{S}{X}\right) + (r - y + 0,5\sigma^2)T}{\sigma\sqrt{T}} \quad (6)$$

$$d_2 = d_1 - \sigma\sqrt{T} \quad (7)$$

Sendo y a taxa de dividendos, também suposta constante ao longo da vida do título.

De um ponto de vista intuitivo, o ajustamento tem dois efeitos. Primeiro, o valor do ativo é descontado pelo valor presente dos dividendos. Segundo, a taxa de juros é compensada parcialmente pela taxa de dividendos paga, para refletir a diminuição no custo de manter a ação.

II. Ajuste da quantidade de ações

A derivação do modelo de Black-Scholes pressupõe que o exercício da opção não afetará o valor do ativo-base. Isso não acontece quando uma *warrant* ou uma opção decorrente de uma cláusula de conversão é exercida, quando haverá o equivalente a uma emissão de ações na quantidade pela qual a opção é exercida, ou seja, aumenta-se significativamente o número de ações, implicando redução no preço das ações. O ajustamento para diluição do preço das ações no modelo de B-S compreende três passos:

- **Passo 1**: o preço da ação é ajustado para a diluição esperada, decorrente do exercício da opção.

$$S \text{ (ajustado à diluição)} = \frac{(S.n_s + Op.n_{Op})}{(n_s + n_{Op})} \quad (8)$$

Sendo:
    S = valor de mercado da ação
    Op = valor de mercado da opção de conversão
    n_s = número de ações existentes
    n_{Op} = número de ações a converter

Quando os títulos conversíveis são exercidos, o número de ações disponíveis aumentará, reduzindo o preço da ação.

- **Passo 2**: a variância usada na fórmula para precificação da opção é a variância no valor do patrimônio líquido da empresa (o valor das ações mais o valor da conversão).

- **Passo 3**: uma vez que a opção (*call*) tenha sido calculada usando-se o modelo de precificação de opções, o valor final da opção é ajustado para refletir a diluição:

$$S \text{ (ajustado à diluição)} = \text{Valor da } call \text{ do modelo} \times \frac{n_s}{(n_s + n_{Op})} \quad (9)$$

B.3.1 Calculando o preço de lançamento da debênture da Santana Hills

A Santana Hills está lançando no mercado 3.000 debêntures conversíveis, com valor de face de $ 1.000,00, taxa de cupom de 12,0% (6,0% a.s.), pagamento semestral, prazo de cinco anos, conversível na razão de 1/100, isto é, 100 ações para cada debênture. O rating da empresa indica um prêmio de *default* de 15% a.a., o qual corresponderá ao rendimento esperado.

1. Valor do título sem conversão

    Aplicando a equação (1), temos:

    $$PV = \sum_{t=1}^{10} \frac{60,00}{(1+0,075)^t} + \frac{1.000,00}{(1+0,075)^{10}} = 897,04$$

2. Valor da opção de conversão

    Para calcularmos o valor da opção de conversão, precisamos das informações relacionadas a seguir.

    S (preço da ação, no lançamento) = 7,00
    X [preço de exercício ($ 1.000,00, 100) conversão] = 10,00
    r (taxa livre de risco) = 8% a.a.
    s (desvio-padrão) = 33% a.a.
    T (prazo do título) = 5 a.
    y (dividendos anuais) = 1,2% a.a.
    Número de ações existentes = 3.124.170
    Número de títulos conversíveis[1] = (3.000 × 100) = 300.000

    Aplicando as equações (6) e (7), que correspondem às equações (3) e (4) do modelo de B-S, modificadas para a inclusão de dividendos, encontramos os seguintes valores:

    - $d_1 = 0,3464$ $N(d_1) = 0,6355$
    - $d_2 = (0,3915)$ $N(d_2) = 0,3477$

    Aplicando a equação (5) que corresponde à equação (2), modificada para inclusão de dividendos, encontramos:

    $$C = 7,00 \times e^{-(0,0125)} \times 0,6355 - 10,00 \times e^{-(0,085)} \times 0,3477 = 1,8585$$

    O valor de C = 1,8585 é então aplicado na equação (8) para encontrarmos o valor de ação ajustado à diluição:

    $$S \text{ (ajustado à diluição)} = \frac{(7,00 \times 3.124.170) + (1,8585 \times 300.000)}{(3.124.170 + 300.000)} = 6,5495$$

    O passo seguinte é aplicarmos novamente as equações (5), (6) e (7) para encontrarmos o valor da opção ajustado ao novo número de ações. A variância utilizada foi a mesma e os resultados encontrados foram os seguintes:

    - $d_1 = 0,2562$ $N(d_1) = 0,6011$
    - $d_2 = (0,4817)$ $N(d_2) = 0,3150$

---

[1] Razão de conversão × Quantidade de títulos

$$C = 6,5495 \times e^{-(0,0125)} \times 0,6011 - 10,00 \times e^{-(0,085)} \times 0,3150 = 1,5961$$

Finalmente, utilizando a equação (9), faz-se o ajuste à diluição:

$$S \text{ (ajustado à diluição)} = 1,5961 \times \frac{3.124.170}{(3.124.170 + 300.000)} = 1,4563$$

3. Preço justo de colocação da debênture no mercado

$$\text{Preço da debênture} = 897,04 + (100 \times 1,4563) = \$\ 1.042,67$$

Saint Paul
Editora

Conhecimento em Administração,
Contabilidade e Economia

Confira outros títulos publicados pela Saint Paul Editora

Crédito – Análise e avaliação do risco

Pessoas Físicas e Jurídicas

Coordenação: José Roberto Securato

Decisões financeiras em condições de risco

Autor: José Roberto Securato

Mercado financeiro

Conceitos, cálculo e análise de investimento

Coordenação: José Roberto Securato/ José Cláudio Securato

www.saintpaul.com.br